近代以来 1978—2012
中国农村变迁史论

总主编 宋洪远　　本卷主编 郑有贵 陈洁

清华大学出版社
北京

内 容 简 介

本卷是《近代以来中国农村变迁史论》的第四卷,通过对制度方面的农村基本经营制度、农村土地管理制度、农产品市场制度、农业支持保护制度、农村财税金融制度、乡村治理机制、农村领导管理体制、农业法制,发展方面的现代农业建设、新农村建设、农村工业化和城镇化、农村扶贫开发、农民的全面发展、农业对外开放等中国农村改革和发展变迁重大成果的展示,呈现了1978—2012年中国农村改革和发展变迁的轨迹,系统反映了中国农村在三十四年时间里的巨大变化。本卷还把农村改革和发展变迁纳入国家工业化进程进行考察,对农村为什么率先进行改革、农村改革改了什么和农村改革成功的原因,以及农村发展变迁影响因素和经验进行了分析。

本书封面贴有清华大学出版社防伪标签,无标签者不得销售。
版权所有,侵权必究。侵权举报电话:010-62782989 13701121933

图书在版编目(CIP)数据

近代以来中国农村变迁史论. 1978—2012 / 宋洪远总主编. 郑有贵,陈洁本卷主编. —北京:清华大学出版社,2019
ISBN 978-7-302-52281-2

Ⅰ. ①近⋯ Ⅱ. ①宋⋯ ②郑⋯ ③陈⋯ Ⅲ. ①农村-社会变迁-研究-中国-1978—2012 Ⅳ. ① C912.82

中国版本图书馆 CIP 数据核字(2019)第 025790 号

责任编辑:周　菁
封面设计:贺维彤
责任校对:王荣静
责任印制:李红英

出版发行:清华大学出版社
　　　　网　　址:http://www.tup.com.cn, http://www.wqbook.com
　　　　地　　址:北京清华大学学研大厦 A 座　　　　邮　编:100084
　　　　社 总 机:010-62770175　　　　　　　　　　　邮　购:010-62786544
　　　　投稿与读者服务:010-62776969, c-service@tup.tsinghua.edu.cn
　　　　质量反馈:010-62772015, zhiliang@tup.tsinghua.edu.cn
印 装 者:三河市金元印装有限公司
经　　销:全国新华书店
开　　本:185mm×260mm　　　印　张:36.75　　　字　数:650 千字
版　　次:2019 年 9 月第 1 版　　　　　　　　　　印　次:2019 年 9 月第 1 次印刷
定　　价:186.00 元

产品编号:081110-01

本书编辑委员会

主　任：陈锡文　韩　俊

总主编：宋洪远

委　员（按姓氏拼音排序）：

曹幸穗　陈　洁　崔晓黎　段应碧　冯开文　郭书田　何秀荣
何宇鹏　黄道霞　刘　奇　孟庆国　孙金荣　王景新　王思明
王亚华　魏　唯　武　力　邢善萍　尹成杰　张红宇　张晓山
郑有贵

本卷编撰工作组

主　编：郑有贵　陈　洁

成　员：孔祥智　温　锐　隋福民　冯开文　徐建青　王丹莉　刘　洋
张雯丽　徐雪高　肖　鹏　何安华　刘同山　张静宜　杭　静
范　博　邹心平　李　竣

总　序

　　从1911年辛亥革命结束封建君主专制制度，到目前全面建设小康社会进而阔步走向现代化，中国已经走过了一百多年的发展历程。百年来，伴随着共和国的发展，中华大地发生了沧桑巨变，中国农村几经变迁，走过了极不平凡的历程。回顾百年来中国经济社会发展变迁的历史和农村发展变迁的历史，可以欣喜地看到：经过新中国六十多年和十二个"五年计划"的建设，中国综合国力稳步提升，已成为全球经济发展最快最好最有活力的第二大经济体；中国农村面貌已经发生翻天覆地的变化，我们在农业领域为世界创造了辉煌和奇迹；农业发展为国家工业化、城市化和现代化发展奠定了坚实基础，农村早已告别贫穷落后的面貌，农村小康社会正在变为现实。

1. 项目课题设立的背景

　　目前，中国社会正处于新的起点，正走上伟大复兴之路，农村正与城市一起向着全面小康的方向发展。在此之际，梳理农村发展变迁的历史，特别是对"三农"政策和农村制度发展演进等进行系统的研究，从中汲取历史智慧，以史为鉴，对中国全面建成小康社会无疑具有重要的参考借鉴价值。

　　农村经济社会变迁始终是中国历史变迁的主体内容。农村经济社会发展状况在很大程度上决定了中国社会转型的状态和发展的整体质量。从已有研究来看，对百年中国农村发展和制度变迁史进行系统研究目前在学术界还是一项空白。

　　面向未来，悠久的农业历史、源远流长的农业和农村传统文化、与时俱进的农村制度变迁、历经波折积累下来的政策经验等，还将在国家现代化进程中继续发挥作用，这是一批老前辈、老领导和农经学者的共识，也是本项研究得以开启的重要原因。

2. 课题内容和承担单位

2012年初，在段应碧主任的倡议下，在陈锡文和韩俊两位院领导的亲自谋划下，清华大学中国农村研究院设立重大项目"中国近代以来农村变迁史研究"。该项目以农业农村部农村经济研究中心为牵头单位，由宋洪远主任担任主持人，项目集合了南京农业大学、中国农业大学、浙江师范大学、山东农业大学、中国社会科学院当代中国研究所、中国农业博物馆等国内多家研究机构和农业技术史、农业经济史、农村社会学、当代农业农村问题等领域的专家学者，组建了四个子课题组，形成跨学科的研究团队。

2012年6月，"中国近代以来农村变迁史研究"项目正式启动。在宋洪远主任的组织协调和统筹安排下，项目组承担起课题申报、内容确定、组织方式确立、沟通协调联络、组织拟定编写大纲和编写体例、文献资料收集、开展研究和书稿撰写等大量烦琐的工作。根据研究工作的需要，课题主要分为两大内容：一是系统收集和梳理可资利用的有关晚清、民国、新中国三十年以及改革开放后的农村变迁历史的文献目录库。二是在总的研究框架下分时段设置四个子课题，分别由不同的单位牵头承担。

项目子课题一：晚清时期中国农村经济社会变迁史研究。由南京农业大学中华文明研究院王思明教授牵头，开展晚清和民国数据库建设以及晚清农村变迁史的研究。

项目子课题二：民国时期中国农村经济社会变迁史研究。由全国农业博物馆研究员曹幸穗牵头，开展民国时期农村变迁史的研究。

项目子课题三：新中国三十年中国农村经济社会变迁史研究。由浙江师范大学农村研究中心原主任王景新教授和车裕斌教授、中国农业大学农业经济史学科冯开文教授共同牵头，开展新中国三十年农村变迁史的研究。

项目子课题四：改革开放以来中国农村经济社会变迁史研究。由中国社会科学院当代中国研究所郑有贵研究员、农业农村部农村经济研究中心陈洁研究员共同牵头，开展改革开放以来中国农村变迁史的研究。

到2013年6月，中国农村变迁史资料库初步建成，其中晚清数据文献库近14万字、民国数据文献库近14万字、中华人民共和国成立到改革开放前数据文献库10余万字、农村改革开放以后数据文献库近5万字，基本涵盖海内外学者对于中国农村变迁史研究的绝大部分文献资料。到2015年底，四个时段的课题研究工作基本结束，向委托方提交课题报告成果。

近代以来中国农村变迁史的研究时间跨度大，对晚清至民国（1840—1911）、民国至中华人民共和国成立（1911—1949）、新中国三十年（1949—1978）、农村改革开放以来（1978—2012）四个时段进行了长时间的研究，全景式展现了传统农业在近代化、现代化过程中的演进更迭、发展变化，展现了近代以来中国农村变迁的漫长画卷，描绘了百年农村发展和制度变迁的历史。项目课题研究涉及单位7家，参与研究工作50余人，具体执笔撰写的老中青三代学者48人，在充分沟通协调的基础上，内外联动，分工合作，完成了百年中国农村变迁史这一大型研究项目。

3. 课题成果和各卷内容

在做好一系列研究准备工作的基础上，课题组于2013年正式启动本书各卷的编撰工作。经过四年的努力，在合作单位的通力协作下，全书编撰工作进展顺利，取得了卓有成效的工作成果。2016年以来，在清华大学中国农村研究院和各位领导的建议下，课题组继续对各卷进行修订完善，并积极申报国家出版基金项目。经过国家出版基金评审专家评审并报国家出版基金管理委员会批准，2018年2月，本书最终获得2018年度国家出版基金的正式资助，并拟于2019年出版。

《近代以来中国农村变迁史论》重点围绕"农村变迁"主线，书写和刻画了近代以来中国农村经济社会变迁史，记述与经济社会相关的农村生活变化及其特点，全面反映一百多年中国社会转型中的"三农"演变过程及全景全貌。研究成果由反映四个时段相关情况的四卷组成。研究以时间为顺序，以农村发展、制度演进为主线，从人地关系、人口布局、土地布局、资源环境、土地制度、农业结构、农村商品经济、城镇化和工业化、农村财政与金融、"三农"政策等多方位全视角展开。研究揭示了近代以来封建主义、资本主义、工业化、城市化、市场化、国际化浪潮等对中国农业、农村和农民的影响，反映了近代以来中国在农业基本经营制度、农业科技与教育、农村基础设施建设、农业经济与农村发展等方面的演进情况，梳理了中国农村制度变迁的历史和现实情况，阐释了近代以来中国农业衰落、农村凋敝的深层次原因，分析了新中国三十年农业农村变迁的经验与教训，总结了中华人民共和国成立以来特别是改革开放以来农业农村发展的成就和"三农"政策的成功经验，展现了制度变迁对农业和农村经济社会发展的巨大作用，加深了对当前农村制度现状的深刻认识和全面理解，对未来中国农村制度变迁提供了有益启示并指明了方向。

下面主要介绍本书各卷的框架结构。

第一卷：《近代以来中国农村变迁史论（1840—1911）》。该卷概述了传统农业的历史地位及面临的挑战，指出人地关系是中国农业的基本命题，人地矛盾加剧对农业生产的挑战刺激了近现代农业发展。晚清是中国社会由传统迈向现代的起点,自晚清以来,中国的社会性质、社会结构、经济结构、价值观、社会生活均在发生巨变。晚清农村社会变迁实际上就是中国近代化进程中的农村变迁,这一视角的选择非常重要,它描绘了中国百年前农村变迁的图景,也可作为研究同时代东亚最重要的国家之一——中国的近现代化历程的重要参考文献。

第二卷:《近代以来中国农村变迁史论(1911—1949)》。该卷主要揭示民国时期农村变迁的原因和动力,揭示这一时期的乡村制度、经济基础、科技进步、文化演替、教育兴起等因素对于乡村社会变迁所产生的深刻作用,以及对后来的新中国产生的重要影响。

第三卷:《近代以来中国农村变迁史论(1949—1978)》。该卷首先分析了中华人民共和国成立后农村发展的起始条件、中国国情、国际背景,在此基础上解释了为什么新中国三十年选择了重工业化的发展战略和推行农业集体化、城乡二元户籍制度、"统购统销"、社队企业发展等农村政策制度。1949—1978年的农村变迁历程,基本可以划分为土地改革、农业合作化、人民公社化三个阶段。土地改革是以工业化为核心的制度体系建立的预备阶段,农业合作化是这一制度体系的初步构成阶段,此后的人民公社化是这一制度固化乃至僵化的阶段。

第四卷:《近代以来中国农村变迁史论(1978—2012)》。该卷通过对制度层面的农村基本经营制度、农村土地管理制度、农产品市场制度、农业支持保护制度、农村财税金融制度、乡村治理机制、农村领导管理体制、农业法制以及发展层面的现代农业建设、新农村建设、农村工业化和城镇化、农村扶贫开发、农民的全面发展、农业对外开放等中国农村改革和发展变迁重大成果的展示,呈现了1978—2012年中国农村改革和发展变迁轨迹,系统反映了中国农村在三十四年时间里的巨大变化。该卷还把农村改革和发展变迁纳入国家工业化进程进行考察,对农村为什么率先进行改革、农村改革改了什么和农村改革成功的原因以及农村发展变迁影响因素和经验进行了分析。

4. 主要发现和基本观点

(1)晚清农村社会变迁是多种因素交织互动的结果,晚清农村社会变迁反映了中国近代化进程。

晚清时期是近代中国社会动荡、瓦解与新生的历史时期,也是中国传统社会发生转型的关键时期。晚清是由传统迈向现代的起点,其社会性质、社会结构、经济结构、价值观、社会生活均在发生巨变，呈现出向近代社会转型的特点。晚清卷（1840—1911）作者提出，晚清农村社会变迁受到来自政治、经济、思想等多方面的综合性因素影响。在政治统治方面，封建的中央集权制度逐渐瓦解；在经济活动方面，封建社会的自然经济统治地位已经动摇；在思想禁锢方面，儒家思想的统治地位已遭遇多方挑战。在旧体制解体过程中，晚清政府的社会整合能力削弱，加剧了社会失序。

晚清农村社会出现了近代化趋向，以机器工业为代表的资本主义经济成分已经出现；在西方商品化大潮冲击下，传统自然经济逐渐瓦解，单一小农经济不再一统天下；近代工商业开始在经济结构中占据一席之地，社会中出现了买办阶级、新型工商业者和近代产业工人。沿海沿江、通商口岸和交通枢纽地区的商品经济获得较大发展，社会近代化程度和速度存在从沿海到腹地递减的态势。

晚清人地矛盾加剧，通过平面扩展、开发边疆和边缘土地，扩大了土地面积，通过引进西方近代农业科技，开展精耕细作、提高农田水利水平等，提高了土地利用率，促进了传统农业向近代农业的转化。但晚清乡村社会矛盾和冲突不绝，社会动荡，造成农村破败，生产、投资和消费受到抑制，农村呈现"普遍贫困化"。

晚清农村社会新旧风俗杂陈。随着西方民主思想、政治理论引入，新式学堂兴起，科举制度废除，外来宗教开始渗入，新型知识分子群体应运而生，新知识、新思想突破了传统社会思想和文化价值观的藩篱。近代城市经济兴起和近代工商业、交通运输业发展，城乡商品和要素流动加速，对农村传统思想观念产生影响。但农村仍沿袭传统习俗和生活方式，孔孟之道、儒家学说仍是占据主体的价值观。

（2）民国农村变迁史很短，乡村社会边缘化、乡村阶层结构劣质化，乡村社会危机重重。

民国卷（1911—1949）作者认为，民国历史虽短，但它站在历史的转折点上，结束了两千多年"帝皇家天下"的封建统治，开启了共和立国的时代，使中国以"落后国家"的身份进入"世界版图"，在中华历史上是第一次。辛亥革命胜利，中华民国成立，标志着绵延两千多年的封建专制统治结束，开启了中华民族的历史新篇章。但民国时期并没有脱去旧时代的烙印，民国的三十八年间政权更迭频繁，民国政府历经南京临时政府、北洋军阀政府以及南京国民政府三个阶段，各政权虽然采取了不同于清王朝的治理模式，但受自身的局限，终究不能引领中国走向富强，乡村社会变革也以失败告终。

民国时期的中国社会处于半殖民地半封建时代，从以手工劳动为基础的小生产到社会化大生产，从以一家一户为单位的农业与家庭手工业紧密结合的自然经济到商品市场经济，从传统的以家庭的血缘维系的宗法关系到由"法治"所保障的自由、独立的人际关系，从迷信到科学，从专制到民主，从封闭到开放，从地域性联系到世界性联系，民国开启的是一个由旧制向新制转型的过渡时代。

辛亥革命后，传统社会政治结构发生变化，乡村社会出现了多重权力中心，社会秩序的稳定结构受到了影响。与此同时，乡村阶层结构的变化整体上呈现出乡村劣质化演变的特点。在国家推行现代化的进程中，乡村社会被隔离在外，农民利益被置于一边，造成乡村社会不断破败、边缘化，乡村社会危机重重，农民境遇悲惨。民国农民在封建势力统治下，处于保守、停滞的极端落后的状态，同辛亥革命以前并无根本不同。民国时期，政府主导开展了地方自治和农村建设，一些有识之士也进行了乡村建设的尝试，但这些均在战乱中无法延续。

（3）中华人民共和国成立前中国共产党的农村政策日益向着重视农民、发动农民的方向演化。

建党初期，中国共产党就开始关注农民问题，但早期中国共产党更重视工人运动，对于农村和农民在中国革命中的地位尚未认识。随着斗争的演进，农民阶级在中国革命中的地位凸显。共产党肯定了农民阶级的伟大革命潜力及其工人阶级可靠同盟军的阶级地位，认识到"国民革命不得农民参与，也很难成功"。

第一次国共合作时期，国民党改组完成，成为工人、农民、小资产阶级和民族资产阶级四个阶级的革命联盟。中共四大决议指出，要保障农民政治上经济上的利益。此后明确了在土地问题上的主张："没收大地主军阀官僚庙宇的田地交给农民"，认为不实现耕地农有，农民就不能成为革命的拥护者。这是共产党第一次树立起自己关于解决农民问题的旗帜，呼吁保护农民的政治经济权利，并提出了土地问题是农民问题的根本。由于斗争形势变化和认识差别，在不同时期党内对于土地问题的主张认识都不同。1947年《中国土地法大纲》极大地推动了解放区的土改运动。土地改革的胜利，标志着农村土地所有制和阶级关系发生了根本的变化，农村封建剥削制度已在解放区消失。这极大地鼓舞了农民的生产热情，他们迫切要求组织互助合作以发展生产。中华人民共和国成立后推行的一系列农村土地改革和合作化运动是中华人民共和国成立前解放区革命实践的延续，对中华人民共和国成立初期国家农业生产的恢复发展，对在全国农村推行社会主义改造，开展土地改革和农村合作化，均提供了宝贵的历史借鉴。

（4）新中国三十年的历史功绩不可磨灭，为改革开放和社会主义现代化建设提供了基础和条件。

新中国三十年卷（1949—1978）通过分析中华人民共和国成立后农村发展的起始条件、中国国情、国际背景等，解释了当时选择重工业化的发展战略和推行农业集体化、城乡二元户籍制度、"统购统销"、社队企业发展等农村政策制度的社会根源。中华人民共和国成立伊始，中国经济起点低、经济剩余少、资金资源短缺，分散的个体农业经济和手工业经济在国民经济中居于主体地位，内忧外患促使新中国把工业化作为当务之急。农村土地改革后，中国农村经济全面恢复，主要农产品产量达到甚至超过中华人民共和国成立前的最高水平，农业剩余增加。在从外部获得资源不可能的情况下，农业剩余成为国家工业化积累最重要的来源。在重工业为主体的国家工业化战略主导下，通过统购统销、农业税费、价格剪刀差和城乡二元户籍制度，农业为国家工业化和城市建设提供了重要的制度依托。在这一阶段，农村经济社会发展对国民经济和社会发展起到全面支撑的作用：农业发展为国民经济发展提供了稳定的物质和资金供给；农民通过为国家工程建设提供义务工支援工业和基础设施建设；农民通过农村临时吸纳城市人口和"农民事业农民办"为国家经济社会发展作出隐性贡献。

新中国三十年的农村发展变迁虽有起伏波动，但成就辉煌。在农村发展变迁的过程中，中国共产党积累了宝贵的经验与历史教训，包括农业基础地位认识的形成、农业生产关系与生产力发展之间关系的认识、尊重农民的选择和创造等。

（5）改革开放以来的制度变迁对中国农村发展变迁起到根本性的推动作用，使农村现代化水平大幅度提高。

农村改革开放以来卷（1978—2012）对中共十一届三中全会至十八大的三十四年间的中国农村发展变迁进行研究。这一时期农村发展变迁最为显著的特征是：农民、农业和农村现代化水平显著提升，实现了由长期受温饱困扰到小康水平的重大历史性跨越，并朝着全面建成小康社会的目标迈进。1978—1984年，以实行家庭承包经营为主的农村改革率先成功突破，使农村发展变迁在新的生产经营体制下展开；1985—2002年，以取消农产品统派购制度而率先运用市场机制为主的改革，使农村发展变迁在资源配置由计划为主向市场为主的转变中展开；2002—2012年，实行以统筹城乡经济社会发展、促进城乡一体化发展、工业反哺农业为新取向的政策并深化的改革使农村发展变迁按照建设社会主义新农村的要求全面展开。

农村实现巨大发展变迁的首要原因在于改革解放和发展了农村社会生产力，激发和释放了微观经济主体的活力，使之成为推动农村巨大发展变迁的生力军。制度创新植根于农村、来自于农民。在经济发展进入工业化中期阶段之后，中国共产党提出了统筹城乡经济社会发展的方略，做出了"两个趋向"的重大论断，做出了中国已进入工业支持农业、城市支持农村阶段的重大判断，从而促进了从"农业是国民经济的基础"到"重中之重"、从城乡兼顾到统筹城乡、从工业的发展要依靠农业提供积累到"两个趋向"的思想和论断的演进，在实践中推进农业养育工业向工业反哺农业、城乡分割到城乡一体化发展的政策转变。这是中国农村实现巨大发展变迁的另一重要原因。这些宝贵的理论与思想财富将在中国实现"两个一百年"奋斗目标的过程中继续发挥指导和引领作用。

本书着眼于晚清大变局以来的中国农村变迁，无论是对充实当下国内的农村变迁史研究和农村政策理论研究，还是对更好更深入地开展农村现实研究，都具有非常重要的意义。

本书是集体智慧的结晶。本书编辑委员会审定了编写大纲，提出了一些建设性的意见。在编写和修改过程中，各位领导和专家提出了许多宝贵的修改意见。清华大学出版社周菁编辑、沈葆华老师，在国家出版基金申报、书稿审校等方面给予了专业性的建议和指导。在此一并表示衷心的感谢！

农村制度变迁问题涉及经济学、社会学、政治学、史学、科技和乡土文化等学科，不同专业背景的人员在写作风格、叙述习惯等方面也有很大不同。我们努力在全书编写过程中统一体例，进行统筹安排，但仍有挂一漏万的情况。由于编写者水平所限，本书编写中存在不尽如人意之处，恳请读者批评指正。

宋洪远

2018 年 9 月 20 日

本卷编写说明

本卷是清华大学中国农村研究院重大项目《中国近代以来农村变迁史研究》的子课题四的研究成果。该子课题由中国社会科学院当代中国研究所和农业农村部农村经济研究中心共同承担，研究内容和编写大纲由项目主持人宋洪远提出，由郑有贵（中国社会科学院当代中国研究所经济史研究室主任、研究员）和陈洁（农业农村部农村经济研究中心副主任、研究员）担任主编，中国社会科学院当代中国研究所、农业农村部农村经济研究中心和中国农业大学等9家单位的16位研究人员组成课题组。

本卷是全书的最后一卷，与前三卷相通。因编写工作始于2013年，本卷的历史跨度选定为1978年至2012年，重在描述改革开放以来的农村制度变迁、发展成果和基本经验，力图反映改革开放三十四年时间里中国农村的巨大变化，展现这一时期中国"三农"发展的轨迹和影响因素，特别是制度变迁的重要作用。本卷由16个部分组成，除引论和余论外，前八章阐述农村制度变迁，后六章描述农村发展变迁。

各章撰写分工是：郑有贵负责引论，刘同山（南京林业大学教授）和孔祥智（中国人民大学农业与农村发展学院教授）负责第一章，范博（上海社会科学院助理研究员）、邹心平（江西财经大学生态文明与现代中国研究中心讲师）和温锐（江西财经大学生态文明与现代中国研究中心教授）负责第二章，徐建青（中国社会科学院经济研究所研究员）负责第三章，隋福民（中国社会科学院经济研究所研究员）负责第四章，王丹莉（中国社会科学院当代中国研究所副研究员）负责第五章，冯开文（中国农业大学经济管理学院教授）负责第六章，刘洋（农业农村部农村经济研究中心副研究员）和陈洁负责第七章，肖鹏（中国农业大学人文与发展学院副教授）和陈洁负责第八章，张雯丽（农业农村部农村经济研究中心副研究员）负责第九章，何安华（农业农村部农村经济研究中心副研究员）负责第十章，徐雪高（江苏省农业科学研究院农业经济与发展研究所研究员）负责第十一章，杭静（农业农村部农村经济研究中心助理研究员）负责第十二章，李竣（农业农村部农村经济研究中心助理研究员）和陈洁负责第十三章，张静宜（农业农村部农村经济研究中心助理研究员）负责第十四章，陈洁负责余论。郑有贵、陈洁负责全书的统、定稿。

  本卷采用专题研究方式，多人参与撰写，写作风格各异，统稿过程中虽已尽量统筹，但仍存在不尽人意之处，敬请读者不吝指正。

目 录

引论 /1

    第一节　农村发展变迁的阶段 /3

    第二节　农村发展变迁的原因 /17

第一章　农村基本经营制度 /23

    第一节　家庭承包经营制度的实行 /25

    第二节　双层经营体制的确立 /29

    第三节　农业产业化经营的兴起与发展 /33

    第四节　新型农民合作组织的发展 /37

    第五节　构建新型农业经营体系 /43

    第六节　农村集体经济的改革与发展 /49

第二章　农村土地管理制度 /59

    第一节　农村土地制度变迁及其特征 /61

    第二节　农村土地承包制度 /66

    第三节　基本农田保护制度 /69

    第四节　农村宅基地管理制度 /74

    第五节　农村集体建设用地制度 /81

    第六节　农村土地征收制度 /87

第三章　农产品市场制度 /95

第一节　农产品流通体制改革 /97

第二节　农产品市场体系建设 /109

第三节　农产品流通主体培育 /124

第四节　农产品市场的宏观调控与法制建设 /137

第四章　建立农业支持保护制度 /151

第一节　农业投入保障机制 /153

第二节　农业补贴制度 /167

第三节　农产品价格支持制度 /173

第四节　农业生态环境补偿制度 /179

第五章　农村财税金融制度 /187

第一节　减轻农民负担与农村税费改革 /189

第二节　公共财政支持农村 /197

第三节　建立农村金融组织体系 /205

第四节　发展农业和农村保险 /213

第六章　建立乡村治理机制 /221

第一节　撤销人民公社建立乡政府 /223

第二节　探索和实行村民自治制度 /230

第三节　培育农村社会组织 /245

第四节　优化农村社会管理 /251

第七章　农村领导管理体制变迁 /259

第一节　农村工作领导体制改革 /261

第二节　建立农业行政管理体制 /269

第三节　实行行政首长"负责制" /281

第四节　建立干部考核评价体系 /287

第八章　农业法制建设 /291
  第一节　农业法制建设的历程 /293
  第二节　农业法律体系的结构和特点 /300
  第三节　农业法律体系的主要内容 /306
  第四节　农业法制建设的主要作用 /323

第九章　农业对外开放 /331
  第一节　发展农产品国际贸易 /333
  第二节　农业利用外资与开展对外投资 /342
  第三节　促进农业技术交流合作 /355

第十章　现代农业建设 /363
  第一节　现代农业建设的进程 /365
  第二节　改善农业生产条件 /367
  第三节　发展农业科学技术 /378
  第四节　建立农业产业体系 /391
  第五节　发展农业社会化服务 /397

第十一章　美丽新农村建设 /405
  第一节　农村生产生活设施建设 /407
  第二节　农村社会事业发展 /415
  第三节　农村文化事业 /425
  第四节　农村社会福利事业 /432
  第五节　农村生态文明建设 /438

第十二章　农村扶贫开发 /443
  第一节　扶贫的演进历程 /445
  第二节　采取的扶贫措施 /455
  第三节　取得的扶贫成就 /467

第十三章　农村现代化 /473

　　第一节　农村工业化 /475
　　第二节　农村城镇化 /485
　　第三节　城乡发展一体化 /492

第十四章　农民的全面发展 /509

　　第一节　农民收入大幅度提高 /511
　　第二节　农民就业充分放活 /516
　　第三节　农民生活条件明显改善 /522
　　第四节　农民权益受到保护 /528
　　第五节　农民获得全面发展 /535

余论 /543

　　第一节　农村变迁的重要成果 /545
　　第二节　农村变迁的深远影响 /557

参考文献 /563

第一节　农村发展变迁的阶段
第二节　农村发展变迁的原因

引　论

从中共十一届三中全会到中共十八大前,中国农村发展变迁的显著特征是,在中国特色社会主义道路形成和完善过程中,不断推进制度创新和政策完善,极大地调动了广大农民的积极性,解放发展了农村社会生产力,农民、农业和农村现代化水平显著提升,实现了由长期受温饱困扰到小康水平的重大历史性突破,并朝着全面建成小康社会的目标迈进。这些发展变迁能够得以实现的原因,主要是形成了适应特定历史发展阶段的实现路径,即通过改革解放和发展农村社会生产力,通过组织化、规模化增强农村内生发展能力,通过强农惠农富农政策的实施促进"三农"发展。

第一节 农村发展变迁的阶段

1978—2012年,中国农村发展变迁不是孤立的,而是在复杂的社会系统中展开的,呈现明显的阶段性特征,每个发展阶段所面临的主要问题和所实现的成功突破有一些差异。以形成发展变迁新的重大促进因素为依据,1978—2012年中国农村发展变迁大致可以划分为3个阶段:1978—1984年,以实行家庭承包经营为主的农村改革率先成功突破,使农村发展变迁在新的生产经营体制下展开;1985—2002年,以取消农产品统派购制度而率先运用市场机制为主的改革,使农村发展变迁在资源配置由计划为主向市场为主的转变中展开;2002—2012年,实行以统筹城乡经济社会发展、促进城乡一体化发展、工业反哺农业为新取向的政策,全面深化农村改革,使农村发展变迁按照建设社会主义新农村的要求全面展开。

一、重构农业微观经营主体促进农村发展变迁（1978—1984）

1978—1984年，中国农村发展变迁的主线是，随着改革开放的推进和工作重心向经济建设的转移，中国共产党和政府基于中共十一届三中全会提出的在经济上充分关心农民的物质利益和在政治上切实保障农民的民主权利，解放思想，从实际出发，尊重农民的首创精神，肯定了农民创造的家庭联产承包责任制①，并在全国范围内加以普遍推广，借此扩大农民的生产经营自主权，以此为主的农村改革，使农民的积极性充分调动起来，激活了农业和农村经济，促进农业和农村经济快速发展。具体而言，这一阶段农村的发展变迁呈现以下特征。

1. 解放思想、实事求是的思想路线的确立，改革开放的推进，工作重心向经济建设转移，成为农村改革发展的强大推动力。从新中国成立到改革开放前，中国在什么是社会主义、怎样建设社会主义的问题上，还仅仅是探索过程中的一个阶段，其间也有过不符合实际的做法。就整个国家而言，这时中国共产党和政府还没有认识到中国还处于生产力落后的社会主义初级阶段。就农村而言，忽视农业特点和生产力水平低对生产经营组织的要求，把不适应农业的"一大二公"（生产经营组织规模大、公有化程度高）和政社合一的农村人民公社当作通向共产主义的阳光大道，并在理论上加以固守。在实践上把计划经济体制及其组成部分的人民公社体制下实行的自留地、自由市场、自由借贷和包产到户当作走资本主义道路加以批判。在这种理论认识和政策逻辑下，国家面对经济困难和农民不得温饱的问题，不得不实行自留地、自由市场、自由借贷政策，但仅仅是权宜之计，对包产到户仍加以严防死守，不能越雷池一步。包产到户在1978年前三次由农民自发兴起，但每次都遭"封杀"。

1978年开展的"实践是检验真理的唯一标准"大讨论，确立了解放思想、实事求是的思想路线。中共十一届三中全会开启改革开放新征程，使中国共产党和政府的工作重心由以阶级斗争为纲转移到经济建设上。国家与农民共同推动改革发展，即中国共产党和政府一方面主动探索农村改革之策，另一方面尊重农民的首创精神，将群众在实践中创造的包干到户、村民自治等做法加以总结，上升为理论认识，转化为具体

---

① 改革初期至中共十五届三中全会前将包产到户、包干到户等统称为家庭联产承包责任制。中共十五届三中全会将此前的"以家庭联产承包为主的责任制、统分结合的双层经营体制"，改为"以家庭承包经营为基础、统分结合的经营制度"，这种正名使其名副其实。

政策。其中,中央发布的较为重要和产生重大作用的政策性文件有:《中共中央关于加快农业发展若干问题的决定》(1979年9月28日)、《关于进一步加强和完善农业生产责任制的几个问题》(1980年9月27日)、《关于积极发展多种经营的报告》(1981年3月30日)、《全国农村工作会议纪要》(1982年1月1日)、《当前农村经济政策的若干问题》(1983年1月2日)、《关于实行政社分开建立乡政府的通知》(1983年10月12日)、《关于1984年农村工作的通知》(1984年1月1日)、《关于开创社队企业新局面的报告》(1984年3月1日)。改革开放的推进以及搞活政策的高密度出台和实施,成为推动农村发展变迁的直接因素,农村发展缓慢的态势得以改变。

2. 改革农村组织制度,形成新的乡村治理结构和机制,使农民可以自主多元发展,特别是所形成的新的生产经营组织成为引领农村发展的生力军。率先成功突围的改革是实行家庭承包经营制度,国家将安徽省小岗村等地农民实行的包产到户、包干到户的做法加以总结,并在全国普遍推广。全国实行包产到户、包干到户的生产队,由1980年的14.4%,迅速提高到1983年的99.5%,其中包干到户的生产队占总数的比例高达97.8%。[①] 这一改革的实施引发了对农村人民公社体制的改革:在政权组织方面,实行政社分开,建立与经济组织分离的乡政府,还基于生产大队、生产队建立自治组织——村民委员会,从而形成了新的农村治理结构和机制;扩大农民的生产经营自主权、允许农户进行资本积累、允许劳力和资金等生产要素流动组合、恢复集市贸易、放开部分农产品市场和价格、鼓励发展乡镇企业和多种所有制经济、调整农村产业结构等因素共同作用,重塑了农村经济组织,建立形成了以土地集体所有为基础的农户、联合经营体、乡镇企业等经营主体。在家庭经营上,经过激烈争论后,从适应家庭经营发展的需要出发,在政策上开始允许农民个人购置拖拉机、汽车等生产和交通工具,允许农民雇用一定数量的劳动力,开展多种形式的联合与合作。在这样的改革及其配套政策下重塑的农户和乡镇企业这两个生产经营主体充满生机和活力,引领农村实现了快速发展变迁。实行家庭承包经营制度成为农村改革的重大突破之一,也是农村第一步改革的标志。

3. 改革农村流通体制,在局部领域引入市场机制,打破长期实行的封闭的农产品流通体制,多渠道、少环节、开放式的流通体制初步形成,促进了产品经济向商品经济转变。中共十一届三中全会决定恢复农贸市场,逐步减少农产品统派购的品种,扩

[①] 《当代中国农业合作化》编辑室:《建国以来农业合作史料汇编》(内部发行),1 390页,北京,中共党史出版社,1992。

大议价收购和市场调节的范围。到1984年年底,属于统派购的农副产品由改革开放前最多时的180多种,减少到38种(其中中药材24种)。农民出售农副产品总额中(不包括农民之间的交换),国家按计划牌价统购派购的份额,由1978年的84.7%,下降到1984年的39.4%;国营商业和供销社代国家经营的农产品的绝对额大幅度增加,但其市场份额则由1978年的82%,下降到1984年的73%。① 农村市场的逐步放开,促进了农民向按市场需求组织生产经营方向的转变。

4. 调整农村产业结构政策,促进产业结构和就业结构变迁。中共十一届三中全会强调"以粮为纲,全面发展"的方针。1981年3月30日,中共中央、国务院批转国家农业委员会《关于积极发展多种经营的报告》,将"以粮为纲,全面发展"的方针,改为"决不放松粮食生产,积极开展多种经营"。为了给农业结构调整创造条件,中央还减少粮食征购指标并多进口粮食、棉花。国民经济发展、市场机制引入、家庭承包经营等,促进了农业和农村产业结构的调整。这一阶段,人尽其力,物尽其用,农业农村产业全面发展,粮食大幅度增产,由1978年的30 477万吨,增加到1984年的40 731万吨②,局部地区还出现"卖粮难"现象。乡镇企业实现快速发展,开启了中国特色农村工业化道路。改革开放前,农村劳动力与土地捆绑在一起,1978年全国三次产业就业人员中第一产业所占份额高达70.5%,在全国总人口中乡村人口所占比例高达82.1%,由此造成农村大量富余劳动力。搞活政策的实施和乡镇企业的发展,促进了农民就业和进城务工,形成了农民离土不离乡、进厂不进城、上班和务农两不误的"两栖"就业模式。

5. 农业和农村经济的发展,促进了农民增收和生活水平的显著改善。在中共十一届三中全会作出加强农业发展的决定和在国民经济调整中加强农业的政策取向下,国家对农业实施了更有力的支持政策。其中,最重要的是改变长期实行低价收购农产品的政策,较大幅度地提高农副产品收购价格。如1979年国家提高了18种农副产品的收购价格,使当年农副产品的收购价格总指数比上年提高了20.1%。1980年国家又提高了部分农产品收购价格。到1984年,全国农产品收购价格总水平比1978年提高53.7%,明显高于同期农村工业品零售价格总水平增长7.8%的增幅。③ 在农业和农村

---

① 朱荣等主编:《当代中国的农业》,329页,北京,当代中国出版社,1992。
② 国家统计局国民经济综合统计司编:《新中国六十年统计资料汇编》,37页,北京,中国统计出版社,2010。以下凡引用国家统计局数字或根据其推算的增长率、份额等的注释均略。
③ 中华人民共和国农业部计划司编:《中国农村经济统计大全》,436页,北京,中国农业出版社,1989。

经济快速发展、农产品价格大幅度提高的情况下,农民人均纯收入迅速增长,由1978年的133.6元增加至1984年的355.3元;城乡居民收入之比由1978年的2.57∶1缩小为1984年的1.84∶1。农民收入结构也发生重大变化,家庭经营收入比重由1978年的26.8%提高到1984年的80.3%;农民全部收入来自非农业生产的部分由1978年的只占7%增加为1984年的18.2%。随着生产的发展和收入的增加,农民生活水平有了较大幅度的提高,基本解决了温饱问题,居住条件显著改善,文化生活也开始丰富。

农村改革率先成功突破,促进了农业、农村经济的发展,为坚定改革信心、积累改革经验、提供推进改革的物质基础等作出了重大贡献。

二、资源配置由计划为主向市场为主转变激活农村发展变迁(1985—2002)

1985—2002年,农村发展变迁的主线是,在社会主义计划经济公有制基础上的有计划的商品经济的重大理论创新和前一阶段农村改革率先成功突破,实现粮食连年丰收以及局部地区发生"卖粮难"现象的条件下,中共中央、国务院果断决定在农村资源配置方式上进行突破——取消实行长达三十多年的农产品统派购制度,农民开始由按国家计划向按市场需求生产转变。在这种资源配置方式和其他搞活政策的影响和推动下,农村产业结构和就业结构发生了重大变化。具体而言,这一阶段的农村发展变迁呈现以下特征。

1. 稳定和完善农村基本政策,为农业农村发展提供保障。家庭承包经营制度的建立及在此基础上引发的一系列改革,是权宜之举,还是需要长期坚持并不断加以完善,需要予以明确。继1982年中央一号文件第一次将包产到户、包干到户明确为社会主义性质,1984年中央一号文件将土地承包期由三年(各地开始承包时间大多如此)[①],明确延长为十五年之后,中央又先后发布文件:包括1985年的中央一号文件《中共中央国务院关于进一步活跃农村经济的十项政策》、1986年的中央一号文件《中共中央国务院关于一九八六年农村工作的部署》、1987年的中央五号文件《把农村改革引向深入》、1988年的《中共中央国务院关于夺取明年农业丰收的决定》、1991年11月中共十三届八中全会审议通过的《中共中央关于进一步加强农业和农村工作的决定》。这期间,在理论与政策上实现重大突破,主要有:一是在发展方向上,邓小平提出

---

① 祖国补:《农村土地承包期十五年政策的出台经过》,载《中国农村改革决策纪事》,187页,北京,中央文献出版社,1999。

了农业"两个飞跃"的构想,一方面强调家庭联产承包为主的责任制要长期坚持不变,另一方面指出要适应科学种田和生产社会化的需要,发展适度规模经营和集体经济①;二是中共十三届八中全会明确将"以家庭联产承包为主的责任制、统分结合的双层经营体制",提升为"我国乡村集体经济组织的一项基本制度"。②在稳定和完善农村基本经营制度的同时,还积极推进农业农村法制建设,出台了一系列法律法规:1984年5月第六届全国人民代表大会常务委员会第五次会议通过的《中华人民共和国水污染防治法》,1984年9月第六届全国人民代表大会常务委员会第七次会议通过的《中华人民共和国森林法》,1985年6月第六届全国人民代表大会常务委员会第十一次会议通过的《中华人民共和国草原法》,1986年1月第六届全国人民代表大会常务委员会第十四次会议通过的《中华人民共和国渔业法》,1986年6月第六届全国人民代表大会常务委员会第十六次会议通过的《中华人民共和国土地管理法》,1987年11月第六届全国人民代表大会常务委员会第二十三次会议通过的《中华人民共和国村民委员会组织法(试行)》,1988年11月第七届全国人民代表大会常务委员会第四次会议通过的《中华人民共和国野生动物保护法》,1989年12月第七届全国人民代表大会常务委员会第十一次会议通过的《中华人民共和国环境保护法》,1991年6月第七届全国人民代表大会常务委员会第二十次会议通过的《中华人民共和国水土保持法》,1993年7月第八届全国人民代表大会常务委员会第二次会议通过的《中华人民共和国农业法》和《中华人民共和国农业技术推广法》,1996年10月第八届全国人民代表大会常务委员会第二十二次会议通过的《中华人民共和国乡镇企业法》,2000年7月第九届全国人民代表大会常务委员会第十六次会议通过的《中华人民共和国种子法》。

  2. 深化农产品流通体制改革和发育市场,促进农村资源由计划向市场配置的转变。第一阶段农村改革成功且实现了农产品大幅度增产和供给日益充裕,为解决农产品统派购制度不适应农业和农村经济发展的问题提供了物质保障。1985年中央一号文件《中共中央国务院关于进一步活跃农村经济的十项政策》指出:"在农村生产向商品经济转化中还存在着种种不协调现象。农业生产不能适应市场消费需求,产品数量增加而质量不高、品种不全,商品流通遇到阻碍;生产布局和产业结构不合理,地区优势不能发挥,一部分地区贫困面貌改变缓慢,产生这些问题的原因是多方面的,国家对农村经济的管理体制存在缺陷是一个重要原因。其中,农产品统购派购制度,过去曾起了

---

① 《邓小平文选》,第三卷,355页,北京,人民出版社,1993。
② 《人民日报》,1991年12月26日。

保证供给、支持建设的积极作用，但随着生产的发展，它的弊端就日益表现出来，目前已经影响农村商品生产的发展和经济效益的提高。"针对农产品流通体制存在的问题，这一文件开启了农产品流通制度的重大改革。文件指出："在打破集体经济中的'大锅饭'之后，还必须进一步改革农村经济管理体制，在国家计划指导下，扩大市场调节，使农业生产适应市场的需求，促进农村产业结构的合理化，进一步把农村经济搞活。"文件提出的十项经济政策中，第一项就是改革农产品统派购制度，规定"从今年起，除个别品种外，国家不再向农民下达农产品统购派购任务，按照不同情况，分别实行合同订购和市场收购"，任何单位都不得再向农民下达指令性生产计划，农产品不再受原来经营分工的限制而实行多渠道直线流通。[①] 在改革实践中，受向工业倾斜政策和1985年实施结构调整政策使粮棉油糖等大宗农产品大幅度减产影响，加之由于相关配套措施没有跟进，大宗农产品供给不足的问题再现，因而不得不将这一农产品流通制度改革方案修改为"双轨制"，开始实行"利用双轨制、走出双轨制"的农产品价格和流通体制改革。[②] 到1992年前后，全国基本实现了肉、蛋、奶、鱼、蔬菜、水果等"菜篮子"产品的生产、经营和价格的全面放开。1998年起，对粮食和棉花这两个重要农产品流通的市场化改革进行攻坚，国务院出台了以"四分开、一完善"（即政企分开、中央与地方责权分开、储备与经营分开、新老财务分开，完善粮食价格机制）为主要内容的政策，并实行按保护价敞开收购农民余粮、国有粮食收储企业实行顺价销售、粮食收购资金实行封闭运行和加快国有粮食企业改革（简称"三项政策一项改革"）的措施加以保障；同年4月，将棉花收购价格由政府定价改为指导价，供应价格则放开。1985年中央一号文件开启农产品流通市场化改革，取消农产品统派购制度，一方面，加快了中国农业和农村经济的市场取向改革进程，促进了生产经营主体按照市场需要进行生产和优化资源配置，促进了农村商品经济的发展，促进了农村产业结构的调整，促进了被计划经济体制分割的生产、加工、销售向着一体化的农业产业化经营方向发展，为乡镇企业的发展创造了条件；另一方面，为农民就业打开了更广阔的空间，为工业和城市的发展提供了充足而又廉价的劳动力资源，为整个国家作出社会主义市场经济改革方向的选择探索了路子。因此，这一改革又被誉为农村的第二步改革。

---

① 中共中央文献研究室、国务院发展研究中心编：《新时期农业和农村工作重要文献选编》，327页，北京，中央文献出版社，1992。
② 陈锡文：《序二》，载郑有贵、李成贵主编：《一号文件与中国农村改革》，3页，合肥，安徽人民出版社，2008。

3. 进一步放活农村政策的实施和推进城市改革，促进乡镇企业异军突起，这是没有预料到的重大收获。继改革初期社队企业的快速发展后，1984年3月1日中共中央、国务院转发了农牧渔业部和部党组《关于开创社队企业新局面》的报告，把"社队企业"更名为乡镇企业，除集体企业外，还包括联户办企业、户办企业，以反映农村企业的变化；突破了原来就地取材、加工和销售（简称"三就地"）的限制；从舆论、资金、税收等方面对乡镇企业给予大力支持。这一文件的发布是乡镇企业发展的里程碑，从此，乡镇企业进入大发展的新阶段。在国家政策鼓励和支持下，以乡（镇）村集体企业为主的苏南模式，以户办和联户办企业为主的温州模式，乡（镇）、村、联户、个体企业"四轮驱动"的廊坊模式共同发展，广大农民发扬踏遍千山万水、吃尽千辛万苦、说尽千言万语、历经千难万险的"四千四万"精神，推动乡镇企业快速发展。1984—1988年，乡镇企业从业人员由5 028万人增加到9 545万人，增加值由633亿元增加到1 742亿元，利润总额由188亿元增加到526亿元，上缴税金由90亿元增加到310亿元。1987年，邓小平将乡镇企业的大发展赞誉为异军突起。① 随后，乡镇企业在1989—1991年的国民经济治理整顿中经历整改提高后，1992—1996年再次实现快速发展，1996—1998年分化重组，经过产权制度改革，成为农村经济的主体力量、全国工业的"半壁江山"和国民经济的重要支柱。

4. 实施"两个大局"发展战略和快速推进城镇化，促进农村富余劳动力异地转移，并出现"民工潮"现象。20世纪70年代末至80年代末，农村富余劳动力的解决主要是依靠乡镇企业而实现就地就近转移。然而，当时仅靠乡镇企业的发展还是不能完全解决农村富余劳动力的就业问题。1978年12月召开的中央工作会议，邓小平在《解放思想，实事求是，团结一致向前看》的讲话中，提出了允许一部分地区先富起来，带动其他地区从而使整个国家经济梯度式地向前发展的思想，到1988年9月正式形成"两个大局"发展的战略思想。从创立深圳特区到沿海地区开放和率先发展，正是邓小平"两个大局"发展战略的实践。"两个大局"发展战略的实施，促进东部地区和大中城市经济快速发展，同时也使东部地区与中西部地区发展的差距进一步拉大。在这种情况下，包括农村资金、劳动力等在内的生产要素大量向东部地区和大中城市流动，农民大规模异地就业，由此生成一个新词——"农民工"。20世纪90年代出现了壮观的"民工潮"，大量的农村富余劳动力向东部地区和大中城市转移。由于农民

---

① 《邓小平文选》，第三卷，238页，北京，人民出版社，1993。

不能到城市落户的限制，加上城乡二元体制的制约，城镇化战略的推进没有惠及和解决更大范围的农民问题，农民问题依然严重，留守儿童、留守妇女现象也开始成为农村新的社会问题。

5. 实行向工业和城市倾斜政策导致农业的波动。1984年10月中共十二届三中全会通过《中共中央关于经济体制改革的决定》，促进经济体制改革步伐的加快。在这一背景下，政策向工业和城市倾斜，在国家财政支出中，农业支出所占比重处于极低水平，由1978年的13.4%，下降到1984年的8.3%，再下降到2002年的7.2%。从20世纪80年代中期起，受农业生产资料价格快速上涨推动，农业生产追加成本过多，加上有关机构拖欠农民应收款项"打白条"，以及不法分子坑害农民的"假农药、假种子、假化肥"事件的蔓延，农民从事粮棉油糖等大宗农产品生产的收益较低，严重地挫伤了农民的积极性，农业生产投入减少，导致农业基础设施老化失修。在延续城乡二元财税政策下，农民还要承担应由国家负担的农村基础设施和社会事业建设任务，加之受乡村治理行政化的影响，在农村基础设施和社会事业建设中存在多种达标摊派和搞形象工程现象。国家尽管采取严厉措施解决农民负担重问题，但只是治标而没能治本，农民负担反而加重。据农业部统计，1990—1998年，全国农民承担的税费总额由469亿元增加到1 360亿元，增长了1.9倍，农民人均负担也增长1.9倍；农民在国家的低价征地中利益受损；农民工与城市职工同工不同酬，据有关单位调查，2004年农民工与同类城镇职工平均工资相差500~800元；农村资金通过金融存贷大部分流向城市。①向工业和城市经济倾斜政策的复归，加之产业结构调整政策的实施，1985—1988年粮、棉、油等大宗农产品大幅度减产，1989—1991年国民经济整顿治理期间对农业的加强，因1992—1993年引发国民经济过热导致农业波动。

6. 农业和农村实现发展，由于城乡二元政策的延续，导致城乡二元经济社会结构依旧，城乡差距没有缩小，反而有所扩大。在工农两个产业投入的收益率差距拉大的情况下，一些地方出现了明显的撂荒现象，农业发展缓慢，粮食产量由1984年的40 730.5万吨，下降到1988年的39 408.1万吨，之后增产，1998年达到51 229.5万吨，到2001年又下降至45 263.7万吨。农民人均纯收入呈低速增长，1985—1991年仅增长2.8%，1992—1996年上升至5.6%，1997—2000年增幅又连续4年下降，到2000年仅2.1%，均比1979—1984年的年均增幅有较大的下降，使城镇居民人均可支配收入

---

① 郑有贵：《农业养育工业政策向工业反哺农业政策的转变——"取""予"视角的"三农"政策》，载《中共党史研究》，2007（1）。

与农民人均纯收入之比，由1984年的1.84∶1，迅速扩大到2002年的3.11∶1，高于1978年的2.57∶1；城乡居民消费差距持续扩大，由1984年的2.04∶1，扩大到1992年的2.54∶1，再扩大到2002年的3.29∶1；农村基础设施、社会事业建设和社会保障实现发展，但城乡差距明显。2000年平均预期寿命农民为69.5岁，比城镇居民的75.2岁低5.7岁。①

三、实施城乡一体化改革和工业反哺农业政策促进农村发展变迁按照建设社会主义新农村的要求全面展开（2002—2012）

2002—2012年，农村发展变迁的主线是，在全面建设小康社会的背景下，基于中国进入工业化中期阶段，针对长期实行城乡分割和农业养育工业政策导致"三农"问题凸显的状况，国家开始实施统筹城乡经济社会发展、促进城乡一体化发展、工业反哺农业、城市支持农村的政策。在此基础上，2005年中共十六届五中全会提出建设社会主义新农村。这些政策的调整和实施，促进了粮食连年增产、产业结构优化；农村居民与城镇居民收入增幅差距缩小，自2010年开始前者高于后者；基础设施和生产生活环境显著改善；社会事业快速发展，社会保障体系快速构建；城镇化稳步推进，农民单一向外流动就业转变为部分回乡创业，新型农民成长步伐加快；农民生活由小康水平向全面小康社会迈进。具体而言，这一阶段的农村发展变迁呈现以下特征：

1. 统筹城乡经济社会发展、确立和实施工业反哺农业政策，促进农村朝着"生产发展、生活宽裕、乡风文明、村容整洁、管理民主"方向发展。21世纪初，中国工业化进入中期阶段，其显著标志是：2001年二三产业在国内生产总值中的占比高达85.6%，从业人员占全社会从业人员的50%。在这种重大结构演进下，针对城乡二元体制、二元结构制约农业现代化乃至整个国家现代化进一步发展的问题，中央从2002年11月十六大起，对"三农"工作指导思想和政策作出重大调整。一是十六大首次提出统筹城乡经济社会发展，明确指出："统筹城乡经济社会发展，建设现代农业，发展农村经济，增加农民收入，是全面建设小康社会的重大任务。"② 二是胡锦涛在2003年1月召开的中央农村工作会议上提出"重中之重"的指导思想，指出："为了实现十六

---

① 钟蓝：《我国人口平均预期寿命十年提高2.85岁》，载《中国信息报》，2002年6月21日。
② 《江泽民文选》，第三卷，546页，北京，人民出版社，2006。

大提出的全面建设小康社会的宏伟目标，必须统筹城乡经济社会协调发展，更多地关注农村，关心农民，支持农业，把解决好农业、农村和农民问题作为全党工作的重中之重，放在更加突出的位置，努力开创农业和农村工作的新局面。"① 三是作出"两个趋向"的重要论断和中国已进入工业支持农业、城市支持农村阶段的重大判断。胡锦涛在2004年9月召开的中共十六届四中全会上作出"两个趋向"的重要论断，即"综观一些工业化国家发展历程，在工业化初始阶段，农业支持工业、为工业提供积累是带有普遍性的趋向；但在工业化达到相当程度以后，工业反哺农业、城市支持农村，实现工业与农业、城市与农村协调发展，也是带有普遍性的趋向"。② 胡锦涛在2004年12月召开的中央经济工作会议上进一步指出："我国在总体上已进入以工促农、以城带乡的发展阶段。"③ 这些重大论断，为启动并实施工业反哺农业政策提供了科学依据。四是中共十六届五中全会提出："建设社会主义新农村是我国现代化进程中的重大历史任务，要按照生产发展、生活宽裕、乡风文明、村容整洁、管理民主的要求，扎实稳步地加以推进。"④ 从此，建设社会主义新农村成为包括政策目标、政策取向、发展战略、切入点和抓手等在内的新的"三农"政策体系。⑤ 在这样的指导思想、理论体系、发展阶段判断和发展目标下，国家"三农"政策取向发生变化，由城乡二元体制向城乡一体化转变，由农业养育工业向工业反哺农业转变，并通过每年召开中央农村工作会议、发布中央一号文件、中共十七届三中全会通过的《中共中央关于推进农村改革发展若干重大问题的决定》等，逐步形成与社会主义市场经济体制大体相适应的农村政策体系。在新的政策体系和工作推动下，农村经济、政治、文化、社会、生态建设全面推进。

2. 国家加大对农业的支持力度，促进农业现代化稳步推进，粮食连年丰收。这一阶段深受农民欢迎的政策是国家明确公共财政覆盖农村、大幅度增加对"三农"的财政支持、免除农业税，开启对农业实行直接补贴的先河。中央财政"三农"支出，由2002年的1 925亿元，增加到2012年的13 799亿元。⑥ 农业保险也从2004年起开始

---

① 中共中央文献研究室编：《十六大以来重要文献选编》（上），112页，北京，中央文献出版社，2005。
② 《胡锦涛文选》，第二卷，247页，北京，人民出版社，2016。
③ 《胡锦涛文选》，第二卷，248页，北京，人民出版社，2016。
④ 《人民日报》，2005年10月12日。
⑤ 郑有贵：《目标与路径：中国共产党"三农"理论与实践60年》，193页，长沙，湖南人民出版社，2009。
⑥ 财政部：《关于2012年中央和地方预算执行情况与2013年中央和地方预算草案的报告》，载《人民日报》，2013年3月20日。

在上海、吉林、黑龙江试点，并在此基础上稳步推行，2008年中共十七届三中全会明确要求，加快建立农业保险和巨灾风险分散机制，2012年国务院第222次常务会议审议通过《农业保险条例》。工业反哺农业政策的实施，有力地促进了农业现代化的发展。以农业机械装备为例，2002—2012年，全国农用机械总动力由57 930万千瓦增加到102 559万千瓦，农用大中型拖拉机由911 670台增加到4 852 400台。粮食生产实现连年增产，总产量由2002年的45 706万吨，增加到2012年的58 958万吨。农业全面发展，产业结构持续改善。在农产品质量上，政府明确按照高产、优质、高效、生态、安全的要求发展现代农业，2006年4月第十届全国人民代表大会常务委员会第二十一次会议通过《中华人民共和国农产品质量安全法》，逐步形成包括监管体制、质量认证、标准管理、农产品生产、农产品包装和标识、监测追溯等在内的政策和制度框架，农产品质量大幅提高，无公害食品、绿色食品和有机食品生产快速发展。

3. 实行城乡一体化发展政策，促进要素市场一体化和社会保障一体化改革加快。中共十六大以来，国家进一步采取措施，促进城镇化的发展。2004年中央一号文件《中共中央国务院关于促进农民增加收入若干政策的意见》提出："国家固定资产投资要继续支持小城镇建设，引导金融机构按市场经济规律支持小城镇发展。重点渔区渔港、林区和垦区场部建设要与小城镇发展结合起来。"① 中共十七届三中全会通过的《中共中央关于推进农村改革发展若干重大问题的决定》提出："坚持走中国特色城镇化道路，发挥好大中城市对农村的辐射带动作用，依法赋予经济发展快、人口吸纳能力强的小城镇相应行政管理权限，促进大中小城市和小城镇协调发展，形成城镇化和新农村建设互促共进机制。"② 2009年中央一号文件《中共中央国务院关于2009年促进农业稳定发展农民持续增收的若干意见》进一步采取赋权措施，以促进小城镇的发展，提出："依法赋予经济发展快、人口吸纳能力强的小城镇在投资审批、工商管理、社会治安等方面的行政管理权限。"③ 随着对城乡二元体制的逐步改革和小城镇建设的展开，农村人口向城镇转移的进程明显加快。全国城镇人口占总人口的比重由2001年的37.7%，上升到2012年的52.6%，平均每年增加1.4个百分点。在推进城镇化的同时，进一步促进城乡一体化发展。中共十七大报告提出："建立以工促农、以城带乡长效

---

① 《人民日报》，2004年2月9日。
② 《人民日报》，2008年10月20日。
③ 《人民日报》，2009年2月2日。

机制,形成城乡经济社会发展一体化新格局。"① 中共十七届三中全会通过的《中共中央关于推进农村改革发展若干重大问题的决定》提出:"必须统筹城乡经济社会发展,始终把着力构建新型工农、城乡关系作为加快推进现代化的重大战略。"② 经过几年的探索,2008年中央一号文件《中共中央国务院关于切实加强农业基础建设进一步促进农业发展农民增收的若干意见》进一步明确提出:"探索建立促进城乡一体化发展的体制机制。着眼于改变农村落后面貌,加快破除城乡二元体制,努力形成城乡发展规划、产业布局、基础设施、公共服务、劳动就业和社会管理一体化新格局。健全城乡统一的生产要素市场,引导资金、技术、人才等资源向农业和农村流动,逐步实现城乡基础设施共建共享、产业发展互动互促。切实按照城乡一体化发展的要求,完善各级行政管理机构和职能设置,逐步实现城乡社会统筹管理和基本公共服务均等化。"③ 中共十六大以来的十年间,积极推进城乡二元体制向一元体制的转变,探索促进城乡一体化发展,具体的政策改进有:以建立覆盖城乡的公共财政制度为标志,大幅增加对"三农"的财政投入;以取消农业税为标志,实行城乡统一的税赋制度;以实施农村义务教育"两免一补"为标志,实行城乡同等的义务教育制度;以建立新型农村合作医疗制度为标志,实行城乡平等的医疗服务制度;以探索建立农民最低生活保障制度为标志,实行覆盖城乡的社会保障制度;以全面保护农民工权益为标志,实行城乡统一的劳动力市场和公平竞争的就业制度。这些制度尽管处于起步阶段,且需要在实践中完善,但实现了政策取向的重大转变,其历史性意义,足以载入史册。

4. 实施公共财政覆盖农村政策,促进农村基础设施、社会事业、环境卫生迅速改善。尽管在推进农村税费改革中取消了"三提五统"④和农村"两工"(义务工和劳动积累工),但由于国家逐步加大公共财政对农村道路、水利、电力、通信等基础设施建设的投入,加上通过村民"一事一议"向农民筹资筹劳,为农村基础设施、社会事业、环境卫生的快速改善提供了资金保障,有力地促进了农村的发展变迁。经过几十年的努力,特别是中共十六大后,广大农民学有所教、劳有所得、病有所医、老有所养、住有所居的格局基本形成。新农村建设和现代农业发展,吸引了城里人开始就近休闲和体验农耕文化,乡村旅游业随之迅速发展起来。

---

① 《人民日报》,2007年10月25日。
② 《人民日报》,2008年10月20日。
③ 《人民日报》,2008年2月1日。
④ 三提留为村公积金、公益金、管理费等村提留费。五统筹为乡村两级办学、计划生育、优抚、民兵训练、修建乡村道路等乡统筹费。

5. 按照市场经济的要求培育市场主体,促进新型农民合作经济组织快速成长,农业社会化服务体系进一步构建,农业自我发展能力增强。在坚持和完善以家庭承包为基础、统分结合的双层经营体制方面,明确农民权益,推动产权改革。一方面,明确农民土地承包经营权的用益物权。2003年3月1日起开始实施《中华人民共和国农村土地承包法》,使农村土地承包在法律保障下有序进行;2007年3月第十届全国人民代表大会第五次会议通过《中华人民共和国物权法》,将农民的土地承包经营权纳入用益物权范畴并作出具体规定,使土地承包经营权的财产权性质得到法律保障。另一方面,在加强集体经济组织"三资"管理的同时,实行资产清查登记、村财乡管、村财公开、乡村审计等举措,以保障集体资产的保值增值,并在有条件的地方推进产权制度改革。截至2012年年底,全国有27个省份的3.2万个村实施了产权制度改革,占全国总村数的5.3%。其中,完成产权制度改革的2.4万个村,量化资产总额3 618.6亿元,设立集体股东9.4万个、社员个人股东3 403.9万人,股金分红812.8亿元。①在促进新型农民合作社发展方面,《中华人民共和国农民专业合作社法》于2007年7月1日开始实施。此外,国家还出台了一系列支持农民合作社的政策,促进农民合作社的快速发展,到2012年年底在工商部门登记的农民专业合作社达68.9万户,出资总额1.1万亿元。同时,农业产业化龙头企业进一步发展,农业社会化服务体系也进一步构建,为农业发展提供了所需要的社会化服务。

6. 培育新型农民政策的制定和实施,促进农村人力资源水平提升。解决农民问题,根本还是要通过提高农民素质,增强自我发展能力。这一阶段,国家在农村人才队伍建设方面出台了一系列政策措施,每年的中央一号文件对农民的培训补贴、创业计划都作出政策规定。2003年9月国务院办公厅转发农业部、劳动和社会保障部、教育部、科技部、建设部、财政部六部委制定的《2003—2010年全国农民工培训规划》,2004年3月起农业部、财政部、劳动和社会保障部、教育部、科技部、建设部共同组织实施对农村劳动力转移前的非农技能培训给予补助的农村劳动力转移培训阳光工程,2007年中共中央办公厅、国务院办公厅发布《关于加强农村实用人才队伍建设和农村人力资源开发的意见》。这些政策的制定和实施,促进了农村人力资源水平和农民就业创业能力提升,成长起来一大批有文化、懂技术、会经营的新型农民。农民人均纯收入由2002年的2 476元,增加到2012年的7 917元,按可比价格增长1.2倍,

---

① 农业部经管司、经管总站研究组:《推进农村产权制度改革培育发展多元化服务主体——"中国农村经营体制机制改革创新问题"之三》,载《毛泽东邓小平理论研究》,2013(8)。

并在 2010—2012 年增速超过城镇居民。农民生活水平持续提高,仅以农村居民家庭恩格尔系数为例,在由 1978 年的 67.7% 下降到 2001 年的 47.7% 后,2012 年再降低至 39.3%。

第二节 农村发展变迁的原因

1978—2012 年,中国农村发生巨大发展变迁的原因,有显著的时代特征,如通过改革解放和发展农村社会生产力,通过组织化、规模化增强农村内生发展能力,通过强农惠农富农政策促进农村发展等。

一、通过改革解放和发展农村社会生产力

1978—2012 年,农村巨大发展变迁的实现,首先归功于改革,即针对传统计划经济体制阻碍农业和农村发展而导致难以走出"一统就死,一放就乱"怪圈的问题,党和政府与基层干部和群众上下联动,勇敢推进改革,实践与理论互动,形成中国特色社会主义农业和农村发展道路、理论、制度,解放和发展了农村社会生产力。

改革开放前的很长时期内,严重影响经济社会发展的根源是思想僵化,导致实践中遇到的诸多问题得不到解决。这一格局的打破,源于 1978 年全国范围内开展的"实践是检验真理的唯一标准"的大讨论,中国共产党明确了解放思想、实事求是的思想路线,正视中国落后的现实与落后的原因。有了这样的认识和共识,中共十一届三中全会开启了励精图治的改革开放新征程。

结束"文化大革命"后,人心思治、思稳、思发展,但如何实现发展,没有现成的答案。不仅如此,由于受传统观念和思想的束缚及与之对应的体制障碍,处处是荆棘,需要有勇气闯出一条血路。鉴于此,最紧迫的任务是进行拨乱反正,针对当时的短板因素,逐个攻坚突破,这被称之为渐进式改革。其中,一个显著特点就是上下联动,协同推进改革。

一方面,党和政府主动求变,站在历史发展的前沿,以国家现代化和中华民族伟

大复兴为己任，尊重历史，尊重现实，主动改革，通过政策、发展战略、法律的制定和实施的引导，促进农村发展变迁。不可否认，改革开放前中国长期实行的计划经济体制，保障了国家工业化战略的实施，但也限制了农民、农业和农村发展的空间。通过实行家庭承包经营、放开农村集市和部分农产品价格、允许农民在农村非农部门就业和进城经商务工等政策，逐步解除计划经济体制中自上而下的部门条条和地方块块的约束，既调动了农民的积极性，又让资源配置更加优化，极大地解放了农村社会生产力。

另一方面，农民寻求改革红利。在放活政策下，农民不仅艰苦创业，还主动改革和开拓创新，不断探索实现发展的路径。其中，对农民、农业和农村发展有重大贡献和历史性意义的举措有：发明家庭承包经营制度，并在此基础上不断创新和完善家庭农场、多种新型农民合作组织、农业产业化龙头企业等多种市场主体；探索形成农业产业化经营，促进被计划经济体制分割的产供销、贸工农产业链各环节的联结；探索实行"民主选举、民主决策、民主管理、民主监督"的村民自治；开创了中国特色农村工业化和城镇化之路，促进农村产业结构变迁和农民就业的非农化。党和政府尊重基层的首创精神，在社会主义民主集中制下，让农民充分表达利益诉求，总结推广群众实行家庭承包经营、村民自治、乡镇企业、农业产业化经营、农村城镇化的经验。正是这种上下联动，开创了改革开放以来中国农村发展变迁之路。

改革实践的发展，促进了中国特色社会主义理论创新。例如，在长期把包产到户当作走资本主义道路，改革开放初期仍然对其进行激烈争论的情况下，以实行家庭承包经营制度为主的农村改革实践的成功突破，不仅为进一步推进改革奠定了物质基础，还积累了改革经验，增强了改革信心。改革实践也呼唤理论创新，其中在实行家庭承包经营改革过程中，实事求是地总结了农民的做法，打破了理论认识上的偏见，将以家庭承包为基础、统分结合的双层经营，升华为"在党的领导下我国农民的伟大创造，是马克思主义农业合作化理论在我国实践中的新发展"。[①] 邓小平在中共十二大开幕词中提出了"走自己的道路"，从此逐步形成了中国特色社会主义理论体系。理论的发展创新，指引"三农"的发展，实现了实践与理论的良性互动。在中国特色社会主义理论体系下，从国情、农情出发，从"摸着石头过河"，到顶层设计，逐步走出一条中国特色社会主义"三农"发展之路。如果没有中国特色社会主义理论创新，改革开放以来的农村巨大发展变迁是不可能实现的。

---

① 中共中央文献研究室、国务院发展研究中心编：《新时期农业和农村工作重要文献选编》，165 页，北京，中央文献出版社，1992。

二、通过组织化规模化增强农村内生发展能力

1978—2012年,农村巨大发展变迁的实现,第二个方面的原因是探索出中国特色的农业组织化、规模化发展之路,进而增强了农村的内生发展能力。

"三农"的发展,最终要靠农民自己来实现。农民是个体单家独户经营,还是靠组织化经营,才能实现现代化和解决好"三农"问题?无疑是需要组织化。各国在组织化的形式上都做出了自己的选择。中华人民共和国成立前,毛泽东就提出了农民组织起来的发展方向,探索实行了适应当时生产力发展水平的多种组织化形式。在建立社会主义制度、实现农业现代化特别是为国家工业化提供农产品原料和资金积累的目标下,加之理论上的偏差,导致在实践上追求纯而又纯的公有经济和大的经营规模,快速建立高级农业生产合作社,特别是其后实行政社合一和统一经营、集体劳动、统一分配的农村人民公社体制,难以充分体现按劳分配,普遍存在"大锅饭"现象,严重地挫伤了农民发展生产的积极性。在改革开放前,面对这些问题,农民发明创造了包产到户,但没有得到准允推广。

改革开放以来农民再次实行包产到户特别是包干到户,之所以能够率先成功突破,一方面是中央尊重农民的首创精神,各种反对的声音最终不敌家庭承包经营的增产增收效益的事实,因而逐步在政策和法律上给予肯定;另一方面是理论创新的指引。1982年和1983年中央一号文件作出家庭联产承包责任制属于社会主义经济的论断。中共十五届三中全会提出家庭承包经营符合生产关系要适应生产力发展要求的规律,不仅适应以手工劳动为主的传统农业,也能适应采用先进科学技术和生产手段的现代农业,具有广泛的适应性和旺盛的生命力。[1] 特别是邓小平关于农业"两个飞跃"的重大论断,指明了家庭承包经营制度是适应"现阶段生产力水平和农业特点"要求的,应当长期坚持不变,而长远看还是要朝着组织化和规模化方向发展。在这些重大论断指导下,广大农村一方面不断完善家庭承包经营制度,另一方面积极探索家庭农场、农民合作社、集体经济组织、农业公司、农业行业协会等多种组织化和规模化经营形式,既保障农民的各项权益和各种投入得到相应的收益回报,又调动农民积极性,还探索出与市场对接、节约交易成本、获得规模效益而能够实现发展的组织形式。这

---

[1] 《人民日报》,1998年10月19日。

种新型农业生产经营主体的形成,成为推动农村巨大发展变迁的主体力量。

三、通过实施强农惠农富农政策促进"三农"发展

1978—2012年农村巨大发展变迁的实现,第三个方面的原因是实施强农惠农富农政策,即针对工业化进程中长期实行向工业、城市倾斜而导致工农城乡发展失衡,从理论上实现了从农业是国民经济的基础到"三农"是"重中之重"、从城乡兼顾到统筹城乡、从工业的发展要依靠农业提供积累到"两个趋向"论断的演进,在实践中推进农业养育工业向工业反哺农业、城乡分割到一体化发展的政策转变,通过实施强农惠农富农政策,促进"三农"发展。

(1)从农业是国民经济的基础到"三农"是"重中之重"的思想。中国历史上就形成了重农抑商的思想和政策取向。在全球工业化的发展潮流下,中国从"一五"计划时期开始实施国家工业化战略,这种政策导向和结构演进与传统农业社会完全不同,带来了如何处理工农城乡关系的新课题。在这种历史条件下,毛泽东形成了以农业为基础、以工业为主导和农业是国民经济的基础的思想。开启改革开放进程的中共十一届三中全会把加强农业发展作为重要议题,原则通过《中共中央关于加快农业发展若干问题的决定(草案)》,并决定将其发到各省、自治区、直辖市讨论和试行。此后在改革开放的实践中,进一步深化了农业基础地位的认识。到2003年1月,胡锦涛在中央农村工作会议上提出把解决好"三农"问题作为全党工作"重中之重"的思想。

(2)从城乡兼顾到统筹城乡、从工业的发展要依靠农业提供积累到"两个趋向"论断,明确了工业与农业、城市与农村的关系及制度和政策选择的方向。在实施国家工业化战略的情况下,中央政府注重工农、城乡发展的平衡,提出要工农城乡兼顾。这种平衡和城乡兼顾,是以保障国家工业化战略的顺利实施为前提的,具体而言是以保障居民低消费、国家高积累而推进工业化,以农业和农村向城市和工业提供原料和食品、保障农业向工业提供积累为条件的。以此为特定发展阶段目标政策的实施,导致工农城乡发展失衡。进入21世纪,基于中国已进入工业化中期阶段,提出了统筹城乡经济社会发展的方略,中央作出了"两个趋向"以及中国已进入工业支持农业、城市支持农村阶段的重大判断。

在上述理论不断发展的情况下,中国共产党和政府高度重视"三农"问题,1978年以来有5次中共中央全会讨论通过了以"三农"为主题的决定(中共十一届三中全

会原则通过的《中共中央关于加快农业发展若干问题的决定（草案）》、十一届四中全会通过的《中共中央关于加快农业发展若干问题的决定》、十三届八中全会通过的《中共中央关于进一步加强农业和农村工作的决定》、十五届三中全会通过的《中共中央关于农业和农村工作若干重大问题的决定》、十七届三中全会通过的《中共中央关于推进农村改革发展若干重大问题的决定》）。1982—1986年和2004—2012年共14年的中央一号文件都以"三农"为主题（2013—2018年中央一号文件仍以"三农"为主题），不仅为农村巨大发展变迁提供了有力的组织领导、工作布局等方面的保障，更为重要的是"三农"政策实现了历史性突破：实现农业养育工业向工业反哺农业、城乡分割到一体化发展的政策取向的转变以及具体的增加"三农"投入、废除历史上长期实行的农业税、实行历史上从未有过的农业直接补贴、公共财政覆盖农村等强农惠农富农政策，提出了破解通过农民自身和市场手段无法解决的工农城乡结构中"三农"短板问题的新思路。例如，通过加强对"三农"的支持保护，实施科教兴农战略，促进农村基础设施建设和技术进步，夯实"三农"基础，增强"三农"的抗风险能力；通过区域发展战略特别是扶贫开发计划的实施促进贫困地区脱贫致富，通过实施城乡统筹发展战略、城乡一体化发展战略及公共财政覆盖农村的政策促进城乡失衡问题的解决，拓展了"三农"发展的空间；通过实施开放政策，在改革开放初期以实行接受外援和引进外资、技术、管理经验为主，到后来把农业的引进来与走出去战略结合起来，不仅为农村发展变迁提供了资金、技术、管理经验，还打开了发展空间，农业企业、农村工业企业开始活跃于国内外市场。随着强农惠农富农政策的实施，激发了农民建设新农村的积极性，提升了农村发展能力，成就了社会主义新农村建设的新篇章。

第一节　家庭承包经营制度的实行
第二节　双层经营体制的确立
第三节　农业产业化经营的兴起与发展
第四节　新型农民合作组织的发展
第五节　构建新型农业经营体系
第六节　农村集体经济的变迁与发展

第一章　农村基本经营制度

中国现行农业基本经营制度是在改革过程中逐步形成和完善的。20世纪70年代末期开始的农村改革，使农户重新成为农业发展的基础性微观经营主体。80年代的五个中央一号文件构建了农村土地集体所有、农户承包经营的农村基本经营制度框架，并被中共十三届八中全会正式表述为"统分结合的双层经营体制"而纳入《宪法》和《农业法》。1993年的中央11号文件开启了第二轮土地承包的进程，并明确实行"增人不增地，减人不减地"。1998年召开的中共十五届三中全会和2002年出台的《农村土地承包法》以中央文件和法律的形式强化了这种稳定性。之后，2008年召开的中共十七届三中全会以"稳定现有土地承包关系并保持长久不变"继续强化这种稳定性。2014年中央一号文件提出的"三权分置"进一步保障了农村基本经营制度的稳定。在这个过程中，中国政府先后通过农业产业化经营、培育新型农民合作组织、构建新型农业经营体系等方式不断完善基本经营制度。

第一节　家庭承包经营制度的实行

农业生产过程的连续性、季节性、不易细分等特点决定了家庭是基本经营单位。自从1956年全面实行高级社以后，农民群众就自发地进行了至少三次较大的以"包产到户"为主要内容的探索，最后都被取缔了。这些探索客观上为中共十一届三中全会以后家庭承包经营制度的实施积累了经验。

一、改革的过程

1978年年底,在解放思想、实事求是的思想路线指引下,中共十一届三中全会决定把全党的工作重心转移到经济建设上来,并提出要集中精力把农业搞上去,原则上通过了《中共中央关于加快农业发展若干问题的决定(草案)》(以下简称《草案》)。《草案》指出:"我们一定要加强对农业的合乎客观实际的领导,切实按照经济规律和自然规律办事,按照群众利益和民主方法办事。""我们的一切政策是否符合发展生产力的需要,就是要看这种政策能否调动劳动者的积极性。"《草案》提出了发展农业生产力的25条政策和措施,包括大幅度提高粮食收购价格和降低农业生产资料价格。

在当时的背景下,《草案》仍然强调"不许包产到户,不许分田单干"。尽管如此,广大农民也从字里行间感受到了中共中央在政策上的松动。安徽省凤阳县小岗村村民在讨论生存出路的时候,想到了20世纪60年代实行的"责任田",于是就在别的公社实行包干到组的基础上,队长严俊昌、副队长严宏昌带领18户村民私下里推行了包干到户制度,走出了后来被称之为"家庭联产承包责任制"的关键一步。18户农民还秘密承诺如果村干部因包产到户而坐牢,村民们自愿把他们的孩子养到18岁。当年,小岗村的粮食获得了前所未有的大丰收,总产量达到132 370斤,相当于1966—1970年5年粮食产量的总和;油料总产量35 200斤,超过此前20年的总产量;生猪饲养量135头,超过历史任何一年;家庭副业也有很大的发展。1979年,小岗村自1956年农业生产合作化以来第一次向国家交售公粮,超过任务(2 000斤)7倍多,还向国家卖花生、芝麻、肥猪等;第一次还国家贷款800元。小岗村的成功,带动了周边其他村民纷纷私下搞起了包干到户。没有实行包干到户的生产队,也搞起了包干到组、小段包工、任务到人等其他责任制形式。

此后,随着党内思想的进一步解放,农村改革的呼声逐渐加大。终于在1979年9月通过的《中共中央关于加快农业发展若干问题的决定》中,把《草案》中的"不许包产到户,不许分田单干",改为"不许分田单干。除某些副业生产的特殊需要和边远山区、交通不便的单家独户外,也不要包产到户"。正是这一改动,使广大农民和基层干部看到了制度创新的希望。到1979年年底,全国包产到户的比重已经达到9%。但是,在党内特别是在高级干部中统一认识,尚需时日。包产到户的主要倡导者杜润生曾坦言,像包产到户这样的问题,能否推动的关键在于中共主要领导人。据杜润生回忆，1980年1月，当时的国家农委就包产到户向中央作汇报时，邓小平说："对于包产到户这一大问题，事先没有通气，思想毫无准备，不好回答。"① 可见，此时中央领导对包产到户有顾虑。同年4月，在中央召开的长期规划会议上，杜润生提出在贫困地区搞包产到户试验。会议主持人、时任国务院副总理兼国家计委主任的姚依林表示支持。在姚依林向邓小平汇报时，邓小平也表示赞成。此后，更多的高级干部开始接受包产到户、包干到户。②

为了进一步推进农业生产责任制，1980年9月，中共中央召开省市区第一书记座谈会，会议文件草稿提到"要遵从群众意愿，不禁止自愿选择家庭承包"，受到了多数参会者的反对。他们希望在非贫困地区设个"闸门"，以免包产到户自由蔓延。其中一位负责同志说："包产到户，关系晚节，我们有意见不能不提，留个记录也好。"③ 作为妥协的结果，会议通过了国家农委代中央起草的《关于进一步加强和完善农业生产责任制的几个问题》（后中央以75号文件下发）。该文件肯定了"党的十一届三中全会以来……普遍建立各种形式的生产责任制，改进劳动计酬办法，初步纠正了生产指导上的主观主义和分配中的平均主义"，同时又强调"集体经济是中国农业向现代化前进的不可动摇的基础。它具有个体经济所不能比拟的优越性，这是二十年来农业发展的历史已经证明了的。……毫无疑问，农业集体化的方向是正确的，是必须坚持的"。"中国多数地区集体经济是巩固的或比较巩固的"，但"在那些边远山区和贫困落后的地区，长期'吃粮靠返销，生产靠贷款，生活靠救济'的生产队，群众对集体丧失信心，因而要求包产到户的，应当支持群众的要求，可以包产到户，也可以包干到户，并在一个较长的时间内保持稳定"。这实际上是给"双包"责任制开了个更大的口子。杜润生在那次会议上的发言："据今年麦收前后的不完全统计，全国90%的生产队建立了各种形式的责任制，其中，定额包工的约占55%，包产到组的约占25%，……6月以后，包产到户有较大发展，初步估计，现在可能达到20%左右，并且向中心地区发展。"④ 尽管这次会议争论比较大，但在当年5月31日，邓小平在与中央负责同志谈话时对安徽省凤阳县大包干制度的肯定，⑤ 不仅有利于统一会议参加者的思想，也直接鼓励了正在推进和准备推进"双包"责任制的地方干部和农民。杜

---

① 杜润生：《杜润生自述：中国农村体制变革重大决策纪实》，108~111页，北京，人民出版社，2005。
② 杜润生：《杜润生自述：中国农村体制变革重大决策纪实》，114~115页，北京，人民出版社，2005。
③ 杜润生：《杜润生自述：中国农村体制变革重大决策纪实》，118页，北京，人民出版社，2005。
④ 杜润生：《杜润生文集（1980—1998）》（上），2页，太原，山西经济出版社，1998。
⑤ 此次谈话的部分内容，后来中央以讲话稿的形式发布了题为《关于农村政策问题》的文件，参见《邓小平文选》，第二卷，2版，315~317页，北京，人民出版社，1994。

润生认为:"75号文件也可以说是一份承前启后的文件,它实际上把十一届三中全会决议中关于生产责任制的规定向前推进了一步。它肯定包产到户是一种解决温饱问题的必要措施,应承认群众自由选择的权利,不能自上而下用一个模式强迫群众。这是在农业政策上对'两个凡是'的破除。"① 会后各地改革的步伐大大加快,说明大包干这种责任制形式在当时已经成为无法阻挡的大趋势。至1980年年底,安徽全省实行包产到户、包干到户的生产队已经发展到总数的70%。② 贵州、内蒙古和辽宁等地的包产到户也发展很快。

1981年,中共中央召开全国农村工作会议。这次会议通过的《全国农村工作会议纪要》作为1982年中共中央一号文件下发,指出包产到户、包干到户"不同于合作化以前的小私有的个体经济,而是社会主义农业经济的组成部分",正式承认了"双包"责任制的合法性。1983年的中共中央一号文件进一步明确,分户承包的家庭经营是合作经济中一个经营层次,是一种新型的家庭经济。到1983年春天,全国95%以上的生产队实行了"双包"责任制。至此,家庭再次成为中国农业的微观经营主体。

二、家庭经营的优势

家庭经营,尤其是作为双层经营体制中基础层次的家庭经营,具有十分明显的优势。

(1) 它与农业生产的特征相适应。土地在农业生产中的不可替代性决定了农业生产过程具有极强的空间分散性;农业以动植物为劳动对象又决定了生产过程具有极强的连续性;农业生产时间与劳动时间不一致决定了其具有季节性;农业生产受环境影响较大决定了其具有不稳定性。家庭经营则能够实现对动植物的精心管理和照料,这也是中国几千年来农业精耕细作的优良传统。同时,农业活劳动资源弹性大,家庭经营可以根据实际需要及时合理地调节劳动投入,并可以采取机动灵活的适应性措施。

(2) 它与当时的农业生产力水平相适应。20世纪70年代末期,尽管农业生产力比新中国成立之初有了一定发展,但并未改变以手工操作为主、以畜力为主要动力的状况。在这种生产力水平下,社会分工不发达,社会化程度不高,市场发育不健全,农业劳动力整体素质不高,不宜简单地扩大生产规模,进行较大规模的集体经营。而家庭经营则与这种生产力水平相适应。小规模生产中适宜互助和合作的部分,则可以

---

① 杜润生:《杜润生自述:中国农村体制变革重大决策纪实》,119页,北京,人民出版社,2005。
② 陈锡文:《中国农村改革:回顾与展望》,67页,天津,天津人民出版社,1993。

由统一经营层次完成。当生产力水平有了较大提高后，家庭经营可以借助统一经营层次提供的逐步完善的社会化服务，或者通过农户之间的联合与合作，进一步参与社会分工与专业化生产，克服规模小和决策分散等不利因素，实现与大市场的顺利对接，实现农业的现代化。目前，中国农村家庭经营正在实现由传统向现代的转变。

（3）它与血缘关系、历史关系相适应。家庭经营是以最亲密的血缘与婚姻关系为基础，加之中国传统家庭观念，能够使家庭在农业中集经营者与劳动者于一身，保证利益目标和行为动机的一致与协调。家庭成员自愿把自身目标与家庭整体目标统一起来，在农业生产中尽其所能地发挥自己的体力和智力，还能够精打细算，节省开支，降低成本，这就不存在控制和监督失效或成本过高的问题。相反，雇工经营或者集体经营的农业，往往难以达到农场主预期的经营效果。家庭经营在中国得以推行，还有重要的历史原因。中国几千年来自给自足的农业生产体系，使得以家庭为主经营的传统观念根深蒂固，家庭作为一个生产单位在农业中很难被割裂或者替代。时至今日，中国农村家庭仍是一个活跃的社会经济细胞。

第二节　双层经营体制的确立

为了发挥公有制和统一经营的优越性，同时减轻制度变迁的阻力，1982年中央一号文件还强调，包括"双包"责任制在内的各种责任制都是"建立在土地公有基础上的，农户和集体保持承包关系，由集体统一管理和使用土地、大型农机具和水利设施，接受国家的计划指导，有一定的公共提留，统一安排烈军属、五保户、困难户的生活，有的还在统一规划下进行农业基本建设"。"实行责任制以后，有些事情分散到农户承担，这样更需要改进工作方法，加强集体统一领导、统一管理和协调的工作……生产大队、生产队作为集体经济组织，仍应保留必要的经济职能。"可见，这个文件已经把"统一经营"中"统"的必要性和职能阐述得非常清楚了。1991年，中共十三届八中全会将农村基本经营制度正式表述为"统分结合的双层经营体制"。这是广大农民的伟大创造，是中国社会主义实践对马克思合作经济理论的重大贡献。

一、坚持土地集体所有有利于农村改革平稳进行

由于各国的文化、经济和政治形势不同,一些原社会主义国家在农村改革时,大都抛弃了农村土地的国家所有制或集体所有制,选择了土地私有化政策,有些国家甚至允许土地自由交易。如南斯拉夫在农村改革后,很快就退回合作化之前的土地私有。这是由于南斯拉夫的合作化只搞了3年,人们对土地私有的记忆比较深刻,对合作化感情则没有那么深。因此,一旦集体化出现问题,退回合作化之前的愿望较强,遇到的制度阻力也较小。越南1988年开始的土地改革,放弃了土地集体所有,实行"土地国家所有+农户20年使用权"的政策。在承包期内,在不改变土地用途的前提下,农户的农地和宅基地可进行买卖、抵押、转租、继承等所有权交易。2003年,在修订的《土地法》颁布后,越南的土地实现了变相私有。[①] 苏联解体后的东欧国家的农村改革是在共产党失去执政地位后进行的。首先这些国家从思想上就放弃了社会主义,甚至急于和任何带有社会主义属性的事物划清界限,因此,没有动机也没有理由再坚持单一的公有制度,于是它们承认并构建了国家所有、私人所有、集体所有、集体股份所有等多元化土地所有制结构。

中国农村改革之所以坚持土地集体所有制,主要是由以下三方面原因决定的:

(1)执政的中国共产党有坚定的社会主义信念。二十多年的集体化道路,已经让绝大部分党员认为土地集体所有是社会主义的重要标准,改变土地的集体所有就是走资本主义道路,是断然不能接受的。就连承包经营,党内高层的争论也是异常激烈,并反映在中央文件上。杜润生在1981年全国农村工作会议上的讲话中提道:"有的同志说,在包产到户这个问题上,中央几个文件前后不连贯,下面很被动。对于包产到户,先是说'不准',后来说'不要',再后来是有条件的要。"[②] 实际上,1980年前后,当时农村自发实行的责任制形式很多,有联产的,也有不联产的。不联产的如小段包工定额计酬,即定额包工,一般是按农事季节将农活承包给作业组或个人,按质、按量、按时完成任务后,由生产队按照定额规定拨付工分。联产的,当时主要是包产到组,一般是将土地、劳力、耕畜、农具固定到作业组,制定出产量、用工和生产费用三项

---

① 李昌平:《土地农民集体所有制之优越性——与越南之比较》,载《华中科技大学学报(社会科学版)》,2009(1)。
② 杜润生:《杜润生文集(1980—1998)》(上),56页,太原,山西经济出版社,1998。

指标，作业组承包并完成任务后，包产部分上交生产队统一分配，剩余的由作业组在组内分配。一些地方在包产到组的基础上进一步发展为包产到户，再到包干到户，并逐渐成为责任制的主要形式，承包者除了上交一定数量的集体提留和农业税，其余部分全部归自己所有①，已经不存在联系产量问题了，但为了减少阻力，这种以"大包干"为核心内容的责任制仍然采用了《草案》中肯定的做法——"联系产量计算劳动报酬"，在名称上确定为"家庭联产承包责任制"。②把这种体制上的重大变化仅仅归结为计算劳动报酬方式、方法的改变，表现了当时"大包干"推进者和主要领导人的政治智慧。

（2）农民只想获得土地使用权，像自留地那样，并不奢望土地所有权。包产到户或其他承包方式能够持续多少年，他们不去想也不敢想。最早搞包产到户的安徽省凤阳县小岗村，当时的滁县地委书记王郁昭也只能"允许小岗干三年，继续进行试验，并在实践中不断完善提高"。③时任安徽省第一书记的万里在1980年春节前到小岗村考察时批准干5年。④当时广大农民对于政策的要求只限于此。较为稳定的土地使用权，已经能够满足广大农民最根本的需求，包产到户就可以提高生产积极性和农业生产率，从而改善他们的生存状态。此外，从中华人民共和国成立以后的历史看，自土地改革起，农民真正拥有土地所有权的时间很短。经过几十年的社会主义教育，他们早已接受土地集体所有或者公有的现实，要求土地私有的愿望并不强烈。

（3）这是由中国农村特殊的资源禀赋决定的。人多地少，只有采取社区所有的集体所有制，才能保证土地分配的公平性。当时一些村集体、生产队（村民小组）等的确拥有少量不可分割的固定资产，如农机具、村办企业等，他们可以依托这部分资产为农户提供统一服务。温铁军认为："1978年以来的农村政策之所以始终强调土地的集体所有，农民分户承包经营，主要在于社区集体仍然或多或少地拥有生存保障和教育、治安等基本公共品。"⑤"农村土地的'村社所有制'的制度收益是社会稳定。""中国农村土地制度的福利化特征属于不以人的意志为转移的趋势。只要政府尊重这个客观规律，农村就会相对稳定。"⑥如果当时采取的是和后来苏联、东欧等国家一样的土地私有化改革，经过30多年努力形成的农村基层政权体系就会轰然倒塌，不复存在，

---

① 杜润生：《杜润生文集（1980—1998）》（上），2页脚注，太原，山西经济出版社，1998。
② 1998年中共十五届三中全会开始使用"家庭承包经营"这个名称，实现了责任制名称上的"正本清源"。
③ 王郁昭：《往事回眸与思考》，192页，北京，中国文史出版社，2012。
④ 王郁昭：《往事回眸与思考》，206页，北京，中国文史出版社，2012。
⑤ 温铁军：《"三农"问题与制度变迁》，35页，北京，中国经济出版社，2009。
⑥ 温铁军：《"三农"问题与制度变迁》，289页，北京，中国经济出版社，2009。

后果可能是灾难性的。

二、坚持统一经营能够发挥农业服务的规模效益

1982年1月,中央关于农业农村政策的第一个一号文件要求"宜统则统,宜分则分,通过承包把统和分协调起来,有统有包",指出"联产承包制的运用,可以恰当地协调集体利益与个人利益,并使集体统一经营和劳动者自主经营两个积极性同时得到发展"。承包者开始在政策上被视作一个独立的经营主体。1983年的中央一号文件指出:"完善联产承包责任制的关键是,通过承包处理好统与分的关系。以统一经营为主的社队,要注意吸取分户承包的优点。……以分户经营为主的社队,要随着生产发展的需要,按照互利的原则,办好社员要求统一办的事情。"这实际上已经指出,农村的基本经营形式分为两类,一类是统一经营,另一类是分户经营。"统"的层次主要是为农户经营提供服务,解决那些一家一户办不好的事情。1984年的中央一号文件进一步指出:"为了完善统一经营和分散经营相结合的体制,一般应设置以土地公有为基础的地区性合作经济组织。""地区性合作经济组织应当把工作重点转移到组织为农户服务的工作上来。"这不仅明确了"统分结合"的经营体制,同时强调了"统"的重点是组织为农户的服务工作。

1986年的中央一号文件再次强调:"地区性合作经济组织……应当坚持分统结合,切实做好技术服务、经营服务和必要的管理工作。"1987年,中共中央政治局向全党发布了《把农村改革引向深入的通知》,提出"完善双层经营,稳定家庭联产承包制",强调"乡、村合作组织实行分散经营和统一经营相结合的双层经营制,农民是满意的,要进一步稳定和完善,绝不搞'归大堆',再走回头路"。文件还指出:"乡、村合作组织主要是围绕公有土地形成的,与专业合作社不同,具有社区性、综合性的特点。由于经济发展程度不同,目前在乡一级,有些根据政企分开的原则设立了农工商联合社等机构;在村一级,有的单设合作机构,有的则由村民委员会将村合作和村自治结合为一体。不管名称如何,均应承担生产服务职能、管理协调职能和资产积累职能,尤其要积极为家庭经营提供急需的生产服务。有条件的地方,还要组织资源开发,兴办集体企业,以增强为农户服务和发展基础设施的经济实力。"这不仅明确了"统"的内在原因和必要性(公有土地),还构建了"统"的基本框架。此后的中央文件,尽管说法有异,但关于统一经营的核心内容基本上没有离开这个《通知》的构想。1991年,

中共十三届八中全会通过了《中共中央关于进一步加强农业和农村工作的决定》，把这一体制正式表述为"统分结合的双层经营体制"，并一直沿用至今。该决定同时指出："要在稳定家庭承包经营的基础上，逐步充实集体统一经营的内容。一家一户办不了、办不好、办起来不合算的事，乡村集体经济组织要根据群众要求努力去办。要做到集体财产有人管理，各种利益关系有人协调，生产服务、集体资源开发、农业基本建设有人组织。这不仅不会影响家庭经营，而且会给家庭经营注入新的活力，推动全体农户共同发展。"这进一步明确了"统一经营"的内容及作用。

从农村改革之初的文件可以看出，中央始终认为，集体经济组织的"统"是必要的，因为在分散经营的情况下，有许多事是一家一户办不了、办不好，或者办了也不合算的。农民在大型农机具的使用、农田水利设施的建设、农业中某些环节的合作等方面确实有"统"的需要。可以说，在农业生产力较落后的条件下，集体的"统"，有利于落实国家在农村的各项基本政策和保持已有的农业生产力。我国农村改革的实践证明，这一判断是极为正确的。

第三节　农业产业化经营的兴起与发展

一、农业产业化经营兴起的背景与概念内涵

在家庭承包经营制度下，小规模农户经济与现代化农业共存。面对竞争激烈、千变万化的市场，分散弱小的农户难以克服其规模小、信息不灵、专业技术和专业化水平低、经济实力差等弱点，生产出来的农产品需要经过产地中间商、市场批发商、市场中间商、零售商等多个环节才能进入消费者手中。因难以获取准确的市场信息而出现了"买难卖难"现象，分散的小农户缺乏资本无法与庞大的"买方市场"谈判，形成了"小农户与大市场"之间的矛盾。如何将农民联合起来，是解决"小农户与大市场"矛盾、提高农民收入、稳定农产品价格、优化农业生产结构的关键。在上述背景下，2010年《国务院关于发展高产优质高效农业的决定》提出要建立"贸工农一体化的经营体制，按照市场需要组织生产和加工，形成生产、加工和流通环节紧密相连的产业

体系"。正是在这种背景和初衷下，1993年年初，山东省潍坊市按照省委、省政府领导的要求，在广泛调查研究、全面总结潍坊自中共十一届三中全会之后农业农村经济发展的基础上，提出了"农业产业化"这个对中国农业发展具有历史性重大影响的概念。潍坊市有关部门对农业产业化这一概念的具体内涵进行了长时间的反复推敲和提炼，最初概括为"发展主导产业，坚持区域布局，突出龙头带动，实现规模效益"，稍后修改为"立足主导产业，形成区域发展，发挥龙头作用，发展规模经营"，最后确定为"确立主导产业，实行区域布局，依靠龙头带动，发展规模经营"。1995年12月11日，《人民日报》发表社论，介绍了潍坊市农业产业化的做法并给予充分肯定，并连续发表三篇由艾丰、潘承凡执笔的《山东潍坊农业产业化述评》。从这几篇较早的文献可以看出，农业产业化是以国内外市场为导向，以提高经济效益为中心，对当地农业的支柱产业和主导产品实行区域化布局、专业化生产、一体化经营、社会化服务、企业化管理，把产供销、贸工农、经科教紧密结合起来，形成"一条龙"的经营体制。① 《人民日报》社论认为，农业产业化体现了当时中国农村改革由单项突破进入整体推进的新阶段，着眼于生产力各个要素的优化组合，是和农村工业化、城镇化有机结合的"三化一体"进程。② 其实质就是用管理现代工业的办法组织现代农业的生产和经营。

二、有关农业产业化经营的争论

1995年3月22日，《农民日报》发表《产业化是农村改革与发展的方向》，在国家级媒体上第一次提出"产业化是农村改革与发展的方向"，并认为"产业化是农村改革自家庭联产承包制以来又一次飞跃"。同年5月2日，《农民日报》一版头条发表评论员文章《积极稳妥发展农业产业化》，是国家级媒体中第一篇正面肯定农业产业化的评论员文章。1995年11月，人民日报社派出时任经济部主任的艾丰和记者潘承凡，专程赴潍坊就农业产业化问题进行了为期一周的深入系统的调查研究。同年12月11日，《人民日报》以大社论的规格、超常规的篇幅发表社论《论农业产业化》，并配发《必由之路》《造就一种新关系新格局》《更广更深更实的思考》三篇述评。1996年2月4日，时任中共中央总书记的江泽民致信供销合作社全国代表会议，第一次提出"引导农民进市场、推动农业产业化"。同年6月4日，江泽民视察农业、农村工作，

① 艾丰、潘承凡：《造就一种新关系新格局》，载《人民日报》，1995年12月13日。
② 《论农业产业化》，载《人民日报》，1995年12月11日。

提出"农业发展也要靠两个转变"的重要思想,为农业产业化提供了理论基础。他在讲话中对产业化给予了充分肯定,为农业产业化的顺利健康发展指明了方向。

但是,"农业产业化"的提法也受到了一些学者的质疑。有学者指出,农业本身就是第一产业,再提农业产业化在理论上、逻辑上不通。艾丰在查阅文献和思考后,写出了《关于"农业产业化"的提法》的内参,报送中央有关领导。当时主管农业的国务院副总理姜春云和主管体制改革的体改委主任李铁映,分别对艾丰递交的内参作了批示。姜春云批示的大意是,这篇文章写得很好,从理论到实践把"农业产业化"说明白了,说得很正确,说得很明确,建议在报纸上公开发表。李铁映也作了类似的肯定。后来,艾丰的这篇文章在《经济日报》1997年3月24日的《理论周刊》上公开刊出。[①]1998年10月召开的中共十五届三中全会进一步对"农业产业化"给予了高度评价,认为:"农村出现的产业化经营,不受部门、地区和所有制的限制,把农产品的生产、加工、销售等环节联成一体,形成有机结合、相互促进的组织形式和经营机制。这样做,不动摇家庭经营的基础,不侵犯农民的财产权益,能够有效解决千家万户的农民进入市场、运用现代科技和扩大经营规模等问题,提高农业经济效益和市场化程度,是中国农业逐步走向现代化的现实途径之一。发展农业产业化经营,关键是培育具有市场开拓能力、能进行农产品深度加工、为农民提供服务和带动农户发展商品生产的'龙头企业'。"此后,"农业产业化"和"龙头企业"的概念开始被政界和学界接受并广泛使用。

三、农业产业化经营的主要形式及其发展

在之后的短短几年内,农业产业化经营取得了巨大成效,并逐渐形成多种发展模式。有学者通过对农业部1996—2000年对农业产业化三次调查结果分析发现,中国农业产业化经营采取了多种组织模式,各种形式竞相发展。其中,居于首位的是龙头企业带动型。不论从经济实力、经营规模、技术和管理水平,还是从组织带动作用方面看,龙头企业带动型都是最强的,所占比例也最大,5年间其组织个数增加4倍;居第二位的是合作经济等中介组织带动型,在多种组织形式中占到1/3,而且所占比例逐年增加,5年间其组织个数增加5.5倍;居第三位的是专业市场带动型,5年间其

---

① 成思行:《一个记者能走多远?——艾丰评传》,93~102页,北京,北京大学出版社,2007。

所占比例先增后减，比重变化不大，但其组织个数却增加4倍多（见表1-1）[1]。

表1-1 农业产业化经营组织形式的多样性　　　　　　　　单位：个

年　份	1996	1998	2000
龙头企业带动型	5 381	15 088	27 000
合作经济等中介组织带动型	3 384	8 024	22 000
专业市场带动型	1 450	4 848	7 600
其他类型	1 600	2 384	9 600

资料来源：牛若峰：《中国农业产业化经营的发展特点与方向》，载《中国农村经济》，2002（5）。

农业产业化龙头企业通过契约直接与分散的农户建立联系，进行农副产品的加工销售，在一定程度上缓解了"小农户与大市场"的矛盾。牛若峰总结分析发现，1998年通过农业产业化经营，全国新增就业人数为571.5万人，平均每个组织新增就业者188人；农户新增收入总额为551.55亿元。2000年年末农业产业化组织总数比1996年增加4.6倍，加盟农户增加近2倍；全国有25%的农牧户加盟产业化经营，平均每户从产业化经营中增收900元，比1998年增加100元（见表1-2）。

表1-2 农业产业化经营及其带动农户情况

指　标 \ 年　份	1996	1998	2000
农业产业化经营组织总数（个）	11 824.0	30 344.00	66 000.0
带动农户数目（万户）	1 995.1	4 923.27	5 900.0
约占全国农户总数目的比例（%）	10.0	15.00	25.0
每户从产业化经营中增加收入（元）	—	800.00	900.0

资料来源：牛若峰：《中国农业产业化经营的发展特点与方向》，载《中国农村经济》，2002（5）。

经过近20年的探索实践，中国的农业产业化经营取得长足发展，农业产业化组织数量不断增加，规模实力快速增长，龙头企业队伍不断壮大，保障了重要农产品有效供给，促进了农民就业增收，并呈现工商资本加速进入、与农民联结机制创新等特点。农业产业化不仅在保障农产品有效供给方面发挥了突出作用，还切实带动了农民就业增收。据新华网报道，至2013年年底，各类产业化组织辐射带动种植业生产基地约占全国农作物播种面积的六成，带动畜禽饲养量占全国的2/3以上，带动养殖水面占全国的八成以上；各类产业化组织通过订单、合作、入股等形式，带动农户从事农业产业化经营，吸纳农民就业；各类产业化组织辐射带动农户1.22亿户，农户参与产业化经营户均增收3 097元。

当然，农业产业化这种组织形式具有契约约束的脆弱性和协调困难的内在缺陷，

---

[1] 牛若峰：《中国农业产业化经营的发展特点与方向》，载《中国农村经济》，2002（5）。

承受农副产品市场多变性的外在压力。周立群和曹利群以山东莱阳市的产业化发展为例,说明了当市场价格高于双方契约价格时,农户会把农副产品转手给市场;当市场价格低于契约价格时,龙头企业倾向于违约而从市场上收购。当农户违约时,由于农户分散使得诉讼执行成本过高,进行诉讼对企业来说并不是理性选择;当企业违约时,单个农户交易量小而诉讼成本高昂,农户也只能"忍气吞声"。由于契约的约束力非常弱,企业(公司)与农民之间的矛盾不可调和,因而企业和农户之间的关系只能是松散的产品买卖关系。① 也正是意识到农业产业化经营的上述弊端,国家才将新型农民合作经济组织作为提升农民组织化程度和改变农业经营模式的重要举措,对其发展予以大力扶持。

第四节 新型农民合作组织的发展

这里说的新型农民合作组织,是相对于20世纪50年代开始的互助组、初级社、高级社乃至人民公社等合作组织而言的,不是一个规范的概念。这一说法起源于20世纪80年代,随着人民公社的解体,一批新的真正由农民组织的机构出现了,如经济联合体、农民专业技术协会等;90年代出现了各类股份合作社,如土地股份合作社、资金股份合作社等;进入21世纪以后,出现了农民专业合作社。尽管目前很少有人使用,但新型农民合作组织这一概念体现了历史的进程。

一、探索发展阶段(1978—1989)

中共十一届三中全会以后,家庭联产承包制与双层经营逐步在农村建立并巩固。实行家庭承包制后,农户作为独立的经济主体,必须独自解决产前、产中和产后各个环节的问题。但是,这种千家万户分散生产的方式在某种程度上又面临生产经营规模小、技术水平提高困难、生产手段落后、商品信息闭塞、市场进入成本高昂等问题。所以,

---

① 周立群、曹利群:《农村经济组织形态的演变与创新——山东省莱阳市农业产业化调查报告》,载《经济研究》,2001(1)。

建立在农民家庭经营基础上的市场经济的发展,导致了他们对社会化服务的强烈需求。与此相对应的农村社区组织服务功能却弱化,难以满足农民对技术等方面的服务需求。各级政府的涉农部门围绕建立农村社会化服务体系,开始推动新型社会中介组织发展,各种农村专业技术协会等新型农民合作组织就在这一形势下发展起来。

改革开放初期阶段,广大农民从生产的实际需要出发,在实践中自发形成了一些合作经济组织,对于这些新型经济组织,相关政策以积极的姿态进行探索和引导。这一时期出台的有关政策,主要体现在连续几个中共中央一号文件中,具体表现在以下几个方面:一是承认合法地位。1983年的中央一号文件指出:"经济联合是商品生产发展的必然要求,也是建设社会主义现代化农业的必由之路。当前,各项生产的产前产后的社会化服务,诸如供销、加工、储藏、运输、技术、信息、信贷等各方面的服务,已逐渐成为广大农业生产者的迫切需要。"中央以一号文件的形式,肯定了合作经济组织的作用和地位,这就为其进一步发展奠定了基础。二是探索合作经济多种发展形式。对于合作经济组织究竟以何种形式发展,从普通群众到中央决策层都在进行探索。从中央的相关文件中能够感受到这种积极的尝试:"根据中国农村情况,在不同地区、不同生产类别、不同的经济条件下,合作经济的生产资料公有化程度,按劳分配方式以及合作的内容和形式,可以有所不同,保持各自的特点。"三是进行初步规范。由于合作经济组织的发展还处在探索阶段,因此,在20世纪80年代,对于合作经济组织的规范也处在起步阶段。例如,1985年1月发布的《中共中央国务院关于进一步活跃农村经济的十项政策》中就规定:"各种合作经济组织都应当拟订简明的章程,合作经济组织是群众自愿组成的,规章制度也要由群众民主制订。"

中共中央出台的一系列政策具有积极的作用,主要体现在以下方面:首先,正确地支持和引导,使新兴的农民专业合作经济组织规模逐步扩大。从1983年的中共中央一号文件到1987年的《把农村改革引向深入》等一系列文件的出台,从承认其合法性到积极探索尝试再到初步规范,在国家一步步的支持和引导下,农民合作经济组织规模不断壮大。1984年,中国农村经济联合体数量为46.7万个,从业人员355.7万人;1986年联合体数量增加为47.8万个,从业人员422.5万人;1988年,农村经济联合体数量达到47万个,从业人员为433.9万人,促进了农民的组织化程度的提高。其次,促进以农户为主的联合,一定意义上巩固稳定了家庭承包经营。20世纪80年代初,中国农村实行家庭承包经营的改革,使农户有了可以长期打算、属于自己支配的土地,通过积累资产,成为独立的经济主体,为农户开展互助合作提供了前提和保障,有利于发展合作经济。农村合作经济组织不改变生产资料的产权关系,不改变现有的土地承包关系。它建立在家庭承包经营的基础上,在农业生产的各个环节,从事技术、生产、服务等方面的联合与合作,以提高农民生产经营的组织化程度,增强市场竞争能力,维护成员利益。农民专业合作社的发展,能够有效提高农民进入市场的组织化程度,促进千家万户生产与千变万化市场有效对接,是对农村经营体制的丰富和完善,通过合作为家庭承包经营提供更有效、更全面的服务。从这个意义上说,20世纪80年代中国政府不断出台的一系列具有积极作用的政策文件,促进了农民合作组织的发展壮大,在客观上稳定、巩固并完善了农村家庭承包经营的基本制度。

二、迅速成长阶段(1990—1999)

20世纪90年代初,国内制度环境发生重大变化,给农民原有的生产经营方式带来不少新问题,原有的合作组织形式也进行了重大调整。整体来看,在农产品市场流通方面的改革,是这一时期最大的制度背景变化。流通领域的变革,带来了一系列新变化,改变了农民所处环境,使得农民在农产品生产方面面对"怎么种"的难题。普通农产品供过于求,利润薄弱,加之在生产资料的投入方面,分散的农民没有讨价还价能力,出现了农民卖粮所得难抵生产投入的现象。因此,生产技术革新、优良品种的引进在农业生产中变得尤为重要。此外,在农产品经营上,农民面临"怎么卖"的问题。初级农产品的销售利润薄弱已是共识,然而,分散的农民没有能力进入市场,眼看着更大的利润在销售、加工阶段流失。在观念意识上,随着改革的进一步深化,农民已经不再满足于改革初的温饱,急需走上致富之路。1985—1988年农业增长的停滞,以及20世纪90年代面临的新困难,使得单纯依靠"分"的制度的农民和其他主体开始思考。走在农业发展前端的农民、地方政府和学界,开始寻求在流通、加工领域进行合作,以弥补流通领域放开后原有服务功能的缺失。

20世纪90年代以后,农业产业化经营成为带动农民致富的重要途径,最初的"龙头企业+农户"模式一度非常成功,国家也对龙头企业进行了大力支持,试图通过扶持龙头企业带动农民增收。然而,前文已经指出,在农业产业化经营中,龙头企业与农户本质上是买卖关系。在市场条件下,企业和农户是各自独立的利益主体。企业追求利润,不能代替提供服务为主的合作组织的功能。于是,农民合作组织进入农民与企业的中间环节,一方面将农民组织起来增加谈判能力、保护农民利益,另一方面产生约束机制，降低与企业之间的交易成本。合作组织属于农民自己的组织，政府对其作用逐步重视，开始将原来支持龙头企业的资源转向专业合作经济组织的发展。

进入90年代之后，农民专业合作经济组织快速发展。经过近10年的发展，农民专业合作经济组织在中国的广大农村已经有了一定的基础，这一时期的政策法规也逐步调整和丰富。

一是鼓励多方支持。主要体现在每年度的中央农业和农村工作政策文件中，鼓励相关部门和机构积极支持农民专业合作组织的发展。例如，《中共中央国务院关于做好1995年农业和农村工作的意见》中提到："金融部门在增加农业信贷投入的同时，要改进农村信贷管理，调整信贷结构……支持农村多种形式的贸工农一体化经济实体，支持为农业产前、产中、产后服务的互助合作性质的新型经济组织。"二是引导发展形式。这一时期，对于合作经济组织发展形式的引导体现在相关文件中。例如，1998年中共中央二号文件指出："发展多种形式的联合与合作。农民自主建立的各种专业合作社、专业协会以及其他形式的合作与联合组织，多数是以农民的劳动联合和资本联合为主的集体经济，有利于引导农民进入市场，完善农业社会化服务体系，要积极鼓励和大力支持。"三是强调规范管理。在80年代初步探索的基础上，90年代相关的政策文件进一步强调了合作经济组织的规范管理，除了比较宏观的规定之外，已经有一些具体的规章出台，这是21世纪以后合作经济组织立法的基础。如1996年3月14日出台的《农村合作经济组织财务制度（试行）》，对于合作经济组织的资金筹集、流动资产、固定资产及其他资产、对外投资、经营收支、收益及其分配、财务报表和财务档案、民主理财和财会人员八个方面作了详细的规定。四是出台税收优惠政策。20世纪90年代，国家出台了一些针对农业生产的税收优惠政策，这些政策促进了农村合作经济组织的发展。例如，1994年财政部、国家税务总局的《关于企业所得税若干优惠政策的通知》、1995年6月出台的《增值税暂行条例》等，对农民专业技术协会、专业合作社提供的技术服务或劳务所取得的收入等免征所得税或增值税；财税字〔1994〕第2号文件和国税函〔1998〕82号文件免除了农民专业合作经济组织的相关营业税。

政策效果评价。这一阶段的政策文件更加侧重于对农民专业合作经济组织发展形式的引导、组织管理的规范及相关税收上的优惠支持，以此促进农民专业合作经济组织形式的升级、服务功能的拓展及经济实力的增强，推动农民专业合作经济组织发展到了一个更高的层次。首先，丰富了农民专业合作经济组织的服务内容，使其呈现单一到综合的拓展。20世纪90年代，经过近10年的发展出现了新的变化，突出地表现为其服务内容逐步拓宽，活动内容逐渐从技术合作转向共同购买生产资料、销售农产品乃至资金、生产设施等生产要素的合作。据农业部统计，截至20世纪90年代后期，全国共有农民专业合作社经济组织148多万个。这些组织中，从事技术服务的占79.6%，从事购买服务的占15.1%，从事销售服务的占23%，从事资金服务的占7.9%，从事信息服务的占38.3%，它们活动的范围主要在乡村，少数跨县跨省。其次，加强了对农民专业合作经济组织管理规范的要求，推动农民专业合作经济组织在形式上从松散型、契约型向实体型发展。这一阶段，政府出台了一系列指导规范合作组织发展的政策，对处于转型中的农民专业合作经济组织在组织结构、管理规范上的升级提供了较好的指导、规范。经过20世纪90年代的发展、调整，农民专业合作经济组织在组织结构和管理规范上都进入了一个更高层次的发展。从80年代组织松散的成员间相互交流经验、信息沟通到加工、购销为一体的实体型专业合作组织，出现了契约型、出资型等有资产连接的合作组织。最后，税收优惠政策的出台，促进了农民专业合作经济组织兴建经济实体进行农产品加工增值的积极性，增强了经济实力。这一阶段，国家一系列税收优惠政策颁布，给尚处于发展初级阶段、力量薄弱的农民专业合作经济组织大力支持，扫除了阻碍其发展的一些障碍，促进了农民专业合作经济组织在加工、包装、储藏、运输等领域的业务拓展，把农产品的生产、加工、销售有机结合起来，满足了农业的市场化需求，扩大了农产品升值空间。据相关资料显示，1993年底全国农民专业合作经济组织中，从事加工业的仅占总数的0.81%；而到了1998年底，加工类的农民专业合作经济组织在总数中的比重上升到了2.4%。

三、大力推进阶段（2000年至今）

21世纪以来，破解"三农"问题已成了国家政策的重中之重，农民增收、提高农业生产力、发展现代农业再次成为焦点，而新型农民合作组织就成为实现这一目标的重要载体。由于没有一部关于合作经济组织的法律，现实中的合作经济组织无法可依、无章可循，农民合作组织主体地位不明确，发展受到一些限制。缺乏法律保护，使新型农民合作经济组织的发展面临外力不适当介入的问题。在这一背景下，2004—2006年连续3年的中央一号文件都明确提出要加快合作社立法进程。经过3年的广泛调研、论证、起草和审议修改工作，十届全国人大常委会第二十四次会议于2006年10月

31日通过了《中华人民共和国农民专业合作社法》(以下简称《合作社法》),并于2007年7月1日起实施。

2007年之后,关于合作经济组织的政策法规明显增多。政策法规具体化,推动了这一时期合作经济组织的建设和发展。一是大力支持发展。从宏观层面上看,这个阶段,国家在很多政策文件中都提到要鼓励支持发展合作经济组织。2004—2008年,每年的中共中央一号文件都提到要支持合作经济组织的发展,如2004年的中共中央一号文件提出要"积极推进有关农民专业合作组织的立法工作",指出了下一步工作的重点。二是部门积极推进。在这一时期,相关部门也出台了很多具体政策文件,采取各项措施大力推进农民合作经济组织的发展。首先体现在相关政策文件的数量上,财政部、农业部、中华全国供销合作总社、中国科协等17个部级机构都出台文件,采取措施促进农民专业合作经济组织的发展。三是界定发展形式。在前两个时期,对于何为"农民专业合作社"没有准确界定,对于合作经济组织的发展形式虽然有多种探索,但是难以形成清晰有力的判断。《合作社法》中规定:"农民专业合作社是在农村家庭承包经营基础上,同类农产品的生产经营者或者同类农业生产经营服务的提供者、利用者,自愿联合、民主管理的互助性经济组织。"虽然这仍是一个比较宽泛的概念,但是以它为标准可以区分哪些属于合作经济组织的范畴。《合作社法》对于合作经济组织的发展形式也有了界定:"农民专业合作社以其成员为主要服务对象,提供农业生产资料的购买,农产品的销售、加工、运输、储藏以及与农业生产经营有关的技术、信息等服务。"四是建立发展规范。进入21世纪后,不少政策文件都提到了建立标准和规范发展的问题,规范合作经济组织发展的政策法规体系的主体已经基本确立。《合作社法》的内容包括:合作社建立程序的规定,如设立和登记以及合并、分立、解散和清算;合作社的内部管理,如成员、组织机构、财务管理;关于合作社的扶持政策和法律责任,等等。《合作社法》通过以上几个方面的规定,对于合作经济组织的发展进行了全面的规范,以规范促发展。2007年6月5日国务院颁布《农民专业合作社登记管理条例》,2007年6月21日国家工商总局颁布《关于农民专业合作社登记管理的若干意见》和《农民专业合作社登记文书格式规范》,对农民专业合作社的登记管理问题进行了详细规定。2007年6月29日,农业部发布《农民专业合作社示范章程》,实际上是法律的细化和操作化。财政部发布的《农民专业合作社财务会计制度(试行)》自2008年1月1日开始实施。农民专业合作经济组织的发展有了规范的财会制度保障。五是给予税收等方面的优惠。2008年6月24日,财政部、国家税务总局联合发布《关于农民专业合作社有关税收政策的通知》,以法规的形式专门出台针对合作社的税收优惠政策。

新世纪以来,农民专业合作经济组织进一步发展,其服务的内容和形式不断创新和完善,在农业社会化服务体系中的作用日益突出,社会效益日益明显,各级政府开始对其进行实质上的引导和扶持,新型合作经济组织进入实质性的制度建设阶段。

在《合作社法》、示范章程、登记管理条例、财会制度等规章以及税收优惠政策等的作用下,各地农民专业合作社呈现蓬勃发展的局面。一批内部管理制度逐步健全,章程内容不断丰富,成员(代表)大会、理事会、监事会"三会"功能不断完善的合作社开始涌现。一些农民专业合作组织通过成员共同投资,兴建了一大批从事农产品加工的经济实体。专业合作组织的品牌意识不断增强,有的注册了自主产品商标,有的建立了无公害产品、绿色食品、有机食品生产基地并获得了相关认证。

在积极发展新型合作经济的政策指导下,中央和地方政府制定了具体的扶持合作经济组织发展的措施,探索解决新型合作经济发展中遇到问题的途径。2007年,农民专业合作组织示范项目专项资金2 500万元,扶持农民专业合作组织示范点100个。通过农民专业合作组织示范项目的实施,增强了合作社的经营服务功能,提高了可持续发展能力;强化品牌和精品意识,提高了市场开拓能力,增强了合作组织的经营服务功能;培育主导和特色产业,提升了农业产业化经营水平。2009年,中共中央一号文件指出:"加快发展农民专业合作社,开展示范社建设行动。"农业部等九个部门联合开展了农民专业合作社示范社建设行动,这些示范社为全国农民专业合作社的规范发展起到了很好的示范带动作用。

此外,农民专业合作社联合社开始出现并呈现巨大的发展潜力。从有关部门公布的数据看,全国每个农民专业合作社平均成员数不足70人,单个合作社对市场的影响很小。因此,2010年以后,随着合作社的发展日渐成熟,社际间的联合逐渐成为一种趋势。

第五节　构建新型农业经营体系

为了解决家庭承包造成的农业经营规模小、现代化程度低等缺陷,21世纪以来,中共中央、国务院高度重视"三农"在党和国家事业全局中的基础地位和关键作用,始终把解决好"三农"问题作为全部工作的重中之重，不断通过完善农村土地制度（包括土地流转）、培育新型农业经营主体、构建新型农业服务体系等方式加快形成有中国特色的农业经营体系。

一、完善农村土地制度

农村土地制度，是农业经营体系的基础，事关农业生产发展、农村社会稳定和农民群众利益，一直受到中央的高度关注。进入21世纪后，"土地"一词在中央重要文件中出现次数最多，关于农村土地制度的改革也最引人注目。中国对农村土地制度的完善，主要体现在以下三个方面。

（一）坚持农村土地家庭承包

农村土地家庭承包是中国创新发展农业经营体系的制度起点。自1978年农村改革以来，中国就形成了城市土地国家所有，农村土地集体所有，农户家庭承包经营这种颇具特色的土地制度。第一轮农村土地承包期为15年，从20世纪80年代末农户家庭承包算起，至1994年左右到期。此后，国家又发起了为期30年的第二轮农村土地承包，并规定承包合同期内，农村土地不进行调整，即施行"增人不增地，减人不减地"。但很多省份为了体现公平，没有遵守"30年的土地承包期内不得调整变动承包地"的规定，依然推行承包地"三年一小动，五年一大动"的"土政策"。频繁的土地调整，不仅阻碍了农业投资，导致农村土地掠夺式使用，还进一步加剧了耕地细碎化，土地适度规模经营难以发展。2008年中共十七届三中全会通过《关于推进农村改革发展若干重大问题的决定》指出："要保持现有土地承包关系稳定并长久不变。"这意味着，第二轮承包到期后，现有的土地承包关系也不会改变。

中国为什么要坚持农村土地的家庭承包？这一问题可以从三个方面理解：首先，农村的社会保障制度还很不完善，土地对很多农民而言，生存和生活保障功能依然十分突出；其次，农村土地是农民最重要的资产，土地家庭承包可以让农民获得农产品价格上涨、土地价值上升等带来的经济收益；最后，农民拥有一份承包地，有助于保障粮食安全和社会稳定。农村土地问题不仅是经济问题，还是重要的政治问题。截至2012年年底，常年生活在农村的人仍然占全国总人口的47.4%。即使到2030年城镇化率达到70%，仍有5亿人生活在农村。稳定农村承包关系，保障这部分人的利益，有利于中国粮食安全、农村农业繁荣和城乡一体化发展。

（二）加快土地承包经营权流转

发展现代农业，必须解决耕地细碎化问题。承包地流转是在农村土地家庭承包基础上实现土地规模经营的必由之路。早在1987年，中央5号文件就明确提出，有条件的地方可以稳妥地推进土地适度规模经营。1990年，邓小平指出农业"两个飞跃"，要"适应科学种田和生产社会化的需要，发展适度规模经营"。20世纪末，农业科技的发展和农村劳动力的转移，让适度规模经营的条件愈发成熟。自1995年《国务院批转〈农业部关于稳定和完善土地承包关系意见的通知〉的意见》提出"建立土地承包经营权流转机制"后，土地流转逐渐出现。在2000年前后，农业税的存在，增加了农村土地流转成本，抑制了土地流转，耕地抛荒现象屡见不鲜。至2006年，农村劳动力大量涌向城镇，农业兼业化加快，同时农业税的取消也降低了土地租金，土地流转势不可当。中央开始引导和支持土地流转。据农业部统计，至2007年年底，参与流转的农村承包地面积占承包地总面积的比例达到5.2%。2008年中共十七届三中全会进一步提出要"加强土地承包经营权流转管理和服务，建立健全土地承包经营权流转市场"。受中央政策鼓励和多个重要文件的推动，此后农村土地流转比例迅速上升。2008年流转土地面积占农村家庭承包总面积的比例为8.9%，2012年年底这一比例达到21.5%。

承包地流转的一个直接效应就是促进了农业经营规模的提高。农业部2012年农村经管工作报告显示，中国经营耕地面积在10～100亩的农户达到了3 033.3万户，其中经营面积30亩以上的种植专业大户超过900万户，100亩以上的专业大户、家庭农场超过270万户。另据农业部估算，经营面积在30亩以上的种植大户的土地耕种面积超过5.1亿亩，超过耕地总面积的1/4（中国耕地总面积约为18.26亿亩），已经成为最重要的农村土地规模经营主体。

（三）强化农民的土地财产权利

农民财产权利尤其是土地财产权利缺失，是中国城乡二元结构形成的根源之一，严重阻碍了农村农业发展，并以多种形式影响农村社会稳定。自农村改革以来，国家就逐步强化农民承包地的财产权利，并不断扩大其外延，明确其内涵。进入21世纪后，随着农村改革步伐加快，有关承包地财产权利的法律政策密集出台。

2002年颁布的《中华人民共和国农村土地承包法》第十六条指出，土地承包方"依法享有承包地使用、收益和土地承包经营权流转的权利"，把《中华人民共和国土地管理法》中的土地使用权细化为使用、收益、流转三个具体权利。此外，该法还明确了土地流转的各种方式，规定："通过家庭承包取得的土地承包经营权可以依法采取转包、出租、互换、转让或者其他方式流转。""承包方之间为发展农业经济，可以自愿联合将土地承包经营权入股，从事农业合作生产。"2007年实施的《中华人民共和国物权法》把土地承包经营权界定为用益物权，指出土地承包经营权人"有权将土地承包经营权采取转包、互换、转让等方式流转"。2008年中共十七届三中全会通过的《中共中央关于推进农村改革发展若干重大问题的决定》指出："允许农民以转包、出租、互换、转让、股份合作等形式流转土地承包经营权。"2012年十八大之后，随着全面深化改革的推进，中央进一步强化农民承包土地更多的权利权能。

二、培育新型经营主体

农户超小规模的分散经营，严重束缚了农业生产力。加快培育新型农业经营主体，是中国从传统农业向现代农业转型的现实选择。近几年，农村劳动力的大规模转移，农业劳动力数量的不断减少和素质的结构性下降使"谁来种地"成为一个重大而紧迫的问题。大部分地区的农业生产以妇女和中老年人为主，且小学及以下文化程度的农业从业者比例超过50%，占农民工总量60%以上的新生代农民工不愿意回乡务农。[①]针对上述情况，近年来中央开始着力培育专业大户、家庭农场、农民合作社、农业企业等新型经营主体。

中国对新型农业经营主体的培育起步于2005年。这一年的中央一号文件首次提出支持农民专业合作组织发展。2007年中央一号文件明确要求培育现代农业经营主体，积极发展种养专业大户、农民专业合作组织、龙头企业和集体经济组织等各类适应现代农业发展要求的经营主体，中国培育新型经营主体的步伐加快。2007年7月1日《中华人民共和国农民专业合作社法》实施后，农民专业合作社大量涌现。2008年召开的十七届三中全会指出："有条件的地方可以发展专业大户、家庭农场、农民专业合作社等规模经营主体。"2009年中央一号文件要求加大对农机大户、种粮大户和农机服务组织的扶持力度，加快推进农业机械化。为了支持种粮大

---

① 韩长赋：《发展现代农业将着力培育新型农业经营主体》，新华网，2012年12月21日。

户、农民合作社等新型经营主体，2012 年中央一号文件强调新增农业补贴要向其倾斜，并加大信贷投放力度。此后，中共中央、国务院把家庭农场作为与专业大户、农民合作社并列的一种新型农业经营主体加以扶持。家庭农场开始成为人们关注的焦点（见表 1-3）。

表 1-3　一号文件关于培育新型农业经营主体的政策梳理

年　份	文　件　内　容
2005	支持农民专业合作组织发展，对专业合作组织及其所办加工、流通实体适当减免有关税费
2006	要加快立法进程，加大扶持力度，积极引导和支持农民发展各类专业合作经济组织，并且要建立有利于农民合作经济组织发展的信贷、财税和登记等制度
2007	培育现代农业经营主体，积极发展种养专业大户、农民专业合作组织、龙头企业和集体经济组织等各类适应现代农业发展要求的经营主体
2008	扶持农机大户、农机合作社和农机专业服务公司发展，通过实施农业标准化示范项目，引导龙头企业、农民专业合作组织、科技示范户和种养大户率先实行标准化生产
2009	扶持农民专业合作社发展，开展示范社建设行动，加大对农机大户、种粮大户和农机服务组织的扶持力度，加快推进农业机械化
2010	推动统一经营向发展农户联合与合作，大力发展农民专业合作社，在政府补助、贷款担保和自办农产品加工企业方面给予照顾
2012	新增农业补贴向主产区、种养大户、农民专业合作社倾斜，加大对种养大户、农民专业合作社等的信贷投放力度

据农业部的数据，至 2012 年年底，全国共有符合统计标准的家庭农场 87.7 万个，经营耕地面积 1.76 亿亩，平均经营规模 200.2 亩，其中从事种养业的家庭农场达到 86.1 万个，占家庭农场总数的 98.2%。[①]

21 世纪以来中国新型农业经营主体生成路径逐渐明朗，一是传统农户中少部分种养殖能手或经营能人发展为专业大户、家庭农场，从而获得专业化生产经营的优势；二是传统农户或者家庭农场、专业大户等联合起来，成立农民合作社，通过合作社为成员农户提供产前、产中、产后各项农业服务；三是无法发展成为家庭农场，暂时也不愿加入合作社的传统农户，可以引导其走联户经营的路子，或者与农业产业化龙头企业、家庭农场或农民合作社合作，形成"公司+农户""公司+合作社+农户"等发展模式，充当龙头企业的原料供应方或生产基地。

---

① 冯华：《全国种粮大户和粮食生产合作社首次摸底：种了 1/10 地产出 1/5 粮》，载《人民日报》，2013 年 3 月 24 日。

三、建设新型农业服务体系

构建新型农业经营体系,除了要大力培育新型经营主体,实现农业生产的集约化、组织化之外,还必须配套一系列农业服务组织,推动农业服务的专业化、社会化。自农村改革以来,中国政府高度重视农业服务体系建设。早在20世纪80年代,中央就将"发展农业社会化服务,促进农村商品生产发展"作为农村第二步改革的突破口。进入90年代后,中央明确提出要"建立健全农业社会化服务体系",并将农业社会服务提到与家庭承包经营同等重要的高度。

21世纪初,农民收入增速放缓,中国农业服务体系建设的重点由此定为加大农业科技创新与技术推广体系建设,以期通过科技创新与技术进步提高农业综合生产能力,实现农业增效、农民增收。2003年《中共中央关于完善社会主义市场经济体制若干问题的决定》把农业社会化服务体系建设确定为深化农村改革、完善农村经济体制的主要内容之一,要求"深化农业科技推广体制和供销社改革,形成社会力量广泛参与的农业社会化服务体系"。2004—2007年,连续4个中央一号文件对深化农业科技推广体系改革和建设作出明确部署,提出通过公益性服务与经营性服务相结合的方法,完善农技推广的社会化服务机制。

随着农业结构调整向纵深推进,城乡经济社会联动力度不断加大,以科技创新与技术推广为重点的农业服务无法满足现代农业发展的需要。因此,2008年中共中央一号文件提出:"必须推动农业科技创新取得新突破,农业社会化服务迈出新步伐,农业素质、效益和竞争力实现新提高。"2008年中共十七届三中全会要求"构建新型农业社会化服务体系",并指出要"加快构建以公共服务机构为依托、合作经济组织为基础、龙头企业为骨干、其他社会力量为补充,促进公益性服务和经营性服务相结合、专项服务和综合服务协调发展的新型农业社会化服务体系"。新型农业社会化服务体系的发展方向、依靠力量和实现路径都得以明确。此后,中国特色的农业服务体系逐渐形成。

2010年中央一号文件提出,要"推动家庭经营向采用先进科技和生产手段的方向转变,推动统一经营向发展农户联合与合作,形成多元化、多层次、多形式经营服务体系的方向转变",并要求"积极发展农业农村各种社会化服务组织,为农民提供便捷高效、质优价廉的各种专业服务"。2012年中共中央要求通过政府订购、定向委托、招投标等方式,培育和支持新型农业社会化服务组织发展。

第六节　农村集体经济的改革与发展

农村集体经济是中国社会主义公有制经济的重要组成部分。《宪法》第六条规定："中华人民共和国的社会主义经济制度的基础是生产资料的社会主义公有制，即全民所有制和劳动群众集体所有制。"农村中劳动群众集体所有制的体现就是农村集体经济，它形成于计划经济时期，到1962年形成"三级所有，队为基础"的农村集体经济框架。1978年起开始的农村改革，仅仅是在操作层面上把"队为基础"继续向下延伸到户，所有制关系并没有变化，集体经济的框架依然存在。1982年的中央一号文件强调了家庭经营也是集体经济的组成部分："目前，中国农村的主体经济形式，是组织规模不等、经营方式不同的集体经济。与它并存的，还有国营农场和作为辅助的家庭经济。""目前实行的各种责任制，包括小段包工定额计酬，专业承包联产计酬，联产到劳，包产到户、到组，包干到户、到组，等等，都是社会主义集体经济的生产责任制。"中共十五届三中全会通过的《中共中央关于农业和农村工作若干重大问题的决定》也指出："实行土地集体所有、家庭承包经营，使用权同所有权分离，建立统分结合的双层经营体制，理顺了农村最基本的生产关系。这是能够极大促进生产力发展的农村集体所有制的有效实现形式。"在这样的共识下讨论农村集体经济是很有必要的。

一、中国农村集体经济的改革

1983年10月，中共中央、国务院发出《关于实行政社分开，建立乡政府的通知》，要求各地实行政社分开，建立乡政府，同时按乡建立乡党委，并根据生产的需要和群众的意愿逐步建立经济组织。规定乡的规模一般以原有公社的管辖范围为基础，要求各地有领导、有步骤地搞好农村政社分开的改革，争取在1984年年底以前大体上完成建立乡政府的工作，改变党不管党、政不管政和政企不分的状况。此后，公社、生产大队、生产小队相应改为乡（镇）、村、村民小组，集体经济的载体和运作方式均发生了变化。农村集体经济改革，按照最核心的资产—土地的制度变迁来划分，经历了三大阶段。

（1）1978—1993年。这一阶段,农村集体经济的特点有二：一是在第一轮承包期内,土地和生产性固定资产基本全部均分到户,只有部分村集体还保留少量机动地,以及林地、园地、鱼塘等,这些土地的发包可以为村集体获取一部分收入；二是乡镇企业在这一阶段"异军突起",为农村集体经济的发展注入了新的活力。

改革初期,广大农民对原集体经济组织造成的"大呼隆"、低效率深恶痛绝,因而在承包时绝大多数把能分的都分到户,集体资产所剩无几。河北省灵寿县南朱乐村党支部书记李年发在谈到承包时的状况时说："能搬走的、能挪动的都卖了,要说集体还有财产,那就剩下搬不走、挪不动、国家政策不允许变卖的土地了。"[①] 中共中央政策研究室、农业部农村固定观察点办公室从改革初期就跟踪调查了274个村庄,发现改革前一年,平均每村集体拥有生产性固定资产原值31万元,1984年只有22万元,减少了29.1%。其中最突出的是役畜、种畜、产品畜和大中型农机具及农林牧渔业机械,三者分别减少85.4%、65.3%和46.8%。越过了改革的"阵痛期"之后,不论村干部还是广大农民都感受到集体经济的重要性,在这一阶段的后期,集体所有的固定资产迅速增加。在274个调查村中,1990年村集体拥有的生产性固定资产原值比1984年增长了283.6%,年均增长20%。其中,工业机械增长了291.9%,农牧渔业机械增长了145.6%,运输机械增长了93.8%,生产用房增长了180.5%。[②] 这样高的增长速度,在很大程度上是发展乡镇企业的结果。

（2）1993—2008年。1993年,中共中央发布11号文件,规定在原定的耕地承包期到期之后,再延长30年不变,从而开启了第二轮承包的进程。第二轮承包,不仅仅是承包期限的延长,还有两个重要特点：一是强调"增人不增地,减人不减地",基本杜绝了土地的频繁调整；二是严格控制"机动地"。村集体留有"机动地"的原因很多,但最主要的是通过对"机动地"的发包,可以增加乡、村集体的收入,这样在一定程度上使农民的收益减少。为此,1997年8月,中共中央办公厅、国务院办公厅联合发布了《关于进一步稳定和完善农村土地承包关系的通知》,强调各地"原则上不应留'机动地'"。上述两项规定堵住了村集体通过土地获取一部分收入的做法。

在此期间,发生了一件对农村集体经济发展具有重要意义的事件：1992年8月,《吕

---

① 王武德：《创建村级财富积累机制探索与实践》,8页,北京,中国铁道出版社、中国农业出版社,2012。
② 中共中央研究室、农业部农村固定观察点办公室：《完善中的农村双层经营体制——对274个村庄的跟踪调查》,79页,北京,中共中央党校出版社,1992。

梁地委行署关于拍卖荒山荒沟荒坡荒滩使用权、加速小流域治理》的文件出台了。该文件规定，不管是谁，都可购买"四荒"的使用权。购买形式，可竞标拍卖，亦可招标、议标拍卖。购买期限，可30年，亦可50年、100年。山西省吕梁地区的做法引起了其他地区的效仿，各地纷纷出台办法对域内"四荒"资源进行拍卖，从而为农村集体经济增加了新的收入来源。1999年，国务院办公厅专门出台了二号文件对"四荒"资源使用权拍卖进行了规范。2002年实施的《农村土地承包法》第三章专门对"四荒"资源的招标、拍卖、公开协商等方式进行了具体规定。

这一阶段，针对农村集体资产管理混乱的现象，国务院于1995年12月发布了《关于加强农村集体资产管理工作的通知》，明确集体经济组织是集体资产管理的主体，要求集体经济组织建立健全产权登记、财务会计、民主理财、资产报告等制度，把集体所有的资产纳入管理范围之内。这一文件的实施大大提高了农村集体资产规范化管理的水平。

20世纪80年代后期和90年代前期大办乡镇企业，使一些地区的农村集体经济负债增加，为此，这一阶段清理债务也成为农村集体经济组织的一项重要工作。1999年5月，国务院办公厅发布了《关于彻底清理乡村两级不良债务的通知》，要求妥善处理已经形成的债权债务，制止新的不良债务继续增加。2006年10月，国务院办公厅发布《关于做好清理化解乡村债务工作的意见》，要求全面清理核实，锁定债务数额，坚决制止发生新的乡村债务，并确定化解乡村债务的试点范围和顺序。

（3）2008年以后。2008年10月，中共十七届三中全会提出："赋予农民更加充分而有保障的土地承包经营权，现有土地承包关系要保持稳定并长久不变。"加上2007年出台的《物权法》等一系列法律、政策，进一步推动了土地承包经营权的流转。土地流转对于中国农业规模经营和现代农业的发展意义重大，很多地方政府都出台了对土地流转的奖励政策，包括对村集体经济组织推动或组织流转达到一定规模的给予一定的奖励。这一政策推动了以村为单位、以村两委为主导的土地流转合作社（有些地方也叫土地股份合作社）应运而生，客观上推动了土地流转，也为村集体经济组织增加了收入。

现代农业发展水平越高，就越需要完善的社会化服务，而我国村级集体组织的服务一直处于较低水平。中国人民大学课题组2007年对山东、山西、陕西三省30个行政村进行了问卷调查，在所调查的39项社会化服务中，只有在技术指导和灌溉两个项目上提供服务的村占样本村的比重超过50%，其他提供较多的服务分别是信用评级证明、政策法律信息、购买良种和技术培训、技术信息等，而诸如介绍贷款渠道、统一购买化肥农药、产品运输加工等则基本没有提供服务。调查表明，村集体组织之所以无法为农民提供高水平的服务，根本原因在于集体资产有限，不足以支撑必要的社会化服务。而缺少村级组织这个环节，农业社会化服务体系是不完善的。因此，在本阶段，中共中央文件多次提及集体经济的发展。2008年10月召开的中共十七届三中全会提出："发展集体经济、增强集体组织服务功能。"中共十八大报告提出："壮大集体经济实力。"中共十八届三中全会也提出要"发展壮大集体经济"。

集体产权不清晰、成员权不明确、成员权与用益物权不衔接等问题随着集体经济的发展越来越突出。这一阶段，产权制度改革成为集体经济发展必须突破的瓶颈。随着《物权法》等相关法律的完善，对农民财产权益的保护也显得越来越重要。因此，中共十八届三中全会指出："保障农民集体经济组织成员权利，积极发展农民股份合作，赋予农民对集体资产股份占有、收益、有偿退出及抵押、担保、继承权。"2014年11月，农业部、中央农办、国家林业局联合下发《关于印发〈积极发展农民股份合作赋予农民对集体资产股份权能改革试点方案〉的通知》。改革试点方案经中央审议通过以后，全国共有北京市等29个省、自治区、直辖市各选定1个县（市、区）开展试点。2014年中央一号文件指出："推动农村集体产权股份合作制改革，保障农民集体经济组织成员权利，赋予农民对落实到户的集体资产股份占有、收益、有偿退出及抵押、担保、继承权。"2016年中央一号文件提出了农村集体产权改革的目标："到2020年基本完成土地等农村集体资源性资产确权登记颁证、经营性资产折股量化到本集体经济组织成员，健全非经营性资产集体统一运营管理机制。"

表1-4给出了2011年和2012年中国村级集体经济发展的状况。总的来看，当年无经营收益的村数占比超出当年有收益的村数，说明集体经济收入形势不容乐观。收入在5万元以上的村数较少。

表1-4　2011年和2012年中国农村集体经济状况　　　　单位：万个

	2011年	2012年
汇入本表村数	58.9	58.9
当年无经营收益的村	31.0	31.1
当年有经营收益的村	27.9	27.8
5万元以下的村	15.9	15.1
5万~10万元的村	5.0	5.2
10万~50万元的村	4.5	4.8
50万~100万元的村	1.1	1.2
100万元以上的村	1.4	1.5

资料来源：历年《中国农业统计年鉴》。

二、中国农村集体经济发展的模式

改革开放30多年来,中国农村集体经济的发展呈现多样化的态势,各地根据自身的资源条件,创造出了不同的发展模式。

(一)工业化模式

工业化模式主要指那些距离大中城市较近、接受辐射能力较强、改革开放前就具有一定发展基础的村。这样的村大多在20世纪80年代初期没有把土地承包到户,而是发挥自身的资源优势,把农业当作一个车间,采取工业化的经营方式,集体经济的收入主要来自于工业。如江苏省江阴市华西村,始建于1961年,50多年来始终不懈地坚持发展集体经济,从最初的占地0.96平方公里,发展成为拥有5个子村的大华西。华西村的集体经济经过多年的发展,拥有固定资产60多亿元,形成钢铁、纺织、旅游三大产业;有8家上市公司,下属60多家企业;2010年,华西村创造35.4亿元工农业生产总值,实现4.6亿元利税,人均14.3万元年经济收入,走出了一条以工业化致富农民、以城镇化发展农村、以产业化提升农业的华西特色发展之路,为社会主义新农村建设做出了示范和表率,并将努力建设一个文明富裕、和谐稳定、名副其实的"天下第一村"。这类村在长江三角洲、珠江三角洲和山东的胶东半岛等经济发达地区存在,尽管总体上数量不多,但示范效应明显。这类村集体经济快速积累的重要原因之一,就是工业化过程中对土地、劳动力等要素的隐性贡献内部化,形成村级经济发展资金。改革开放以来,中国农民在劳动力、土地和工农产品价格"剪刀差"三大方面做出的隐性贡献累计高达约18.9万亿~23.9万亿元,为国家工业化、城镇化提供了巨额资金支持。① 这类村在工业化过程中使大量土地非农化,并且吸收了大量外来劳动力就业,实际上是把土地、劳动力的贡献内部化,形成村集体经济积累。华西村合并周边村庄,也有通过村民集中居住结余建设用地用于工业化的意图。

(二)后发优势模式

这类村主要指改革开放初期以及以后,在能人的带动下,充分挖掘自身资源潜力,有的以工业兴村,有的以农产品加工业兴村,有的以旅游兴村。这类村的大部分集体经济积累没有前一类村那么多,名气没有那么大,但也有少部分村的集体经济超

---

① 孔祥智:《城乡差距是怎样形成的——改革开放以来农民对工业化、城镇化的贡献研究》,载《世界农业》,2016(1)。

过了前一类村。如永联村曾是当时沙洲县（现张家港市）最小、最穷的一个村。1978年，吴栋材作为第七任工作组组长、第五任党支部书记被南丰镇派驻永联村工作。从此，他扎根永联一干就是几十年，带领永联人将一个30万元的作坊式小工厂建设成为年销售收入达380亿元、利税20亿元的大型联合型钢铁企业。今日的永联村，在全国60万个行政村中，经济总量排名前三、上交税收排名前二、全面建设名列前茅。

（三）集腋成裘模式

这类村绝大部分长期属于表1-4中"无经营收益的村"，但在改革中盘活各类看似不起眼的资金、资源、资产，如仍属村集体管理的果园、荒山、鱼塘、小型水利设施等，采取租赁、入股、拍卖等方式为集体经济注入新的血液，从而增加集体经济收入。如河北省石家庄市建立的村级财富积累机制就是欠发达地区发展集体经济的很好案例。其具体做法是从规范农村集体资产、资源、资金管理入手，盘活闲置资产、资源，合理定价，竞标承包，规范管理，最大限度地实现农村集体资产、资源的保值增值，并合理运营，最终达到发展壮大集体经济，完善农村基本经营制度的目的。在石家庄市的探索中，首先是完善合同，承包、租赁合同的合法签订和及时完全兑现，将农村集体"三资"管理纳入法制轨道。其次，实现民主监管。以前农村集体"三资"之所以流失、丧失，就是因为缺乏有效监管。各村成立了一个由村两委成员和村民代表参加的村集体"三资"管理领导小组，负责本村集体"三资"的核实、登记和台账管理，对集体所有的土地、闲散地、林地、山场、滩涂、水面，以及房屋、厂房、沿街门脸、机具、农业基础设施、公用公益设施等，都逐项分门别类地登记，核查清楚后建立台账，做好发包、租赁及合同建档管理等工作。在此基础上清产核资，并向全体村民公开，接受村民监督。村集体"三资"的处置，由村集体"三资"管理领导小组集体研究。村集体资源、资产经营权变更、大项开支等重大事项，都必须由村民大会或村民代表会讨论决定。村集体"三资"管理领导小组定期向村民大会或村民代表会报告村集体"三资"运营情况，并接受全体村民的监督。从运行结果看，石家庄市建立村级财富积累机制的尝试取得了很好的效果，不仅大部分村的财力有了较大幅度的增加，还形成了全新的村级经济治理模式，实现了农村集体经济的市场化运营和长期保值增值。

贵州省六盘水市在农村集体产权制度改革中推动了贫困村集体经济的发展。六盘水市地处贵州西部乌蒙山区，大部分村的集体积累很少，相当一部分属于"空壳村"，村干部没有为村民服务的基本手段。农村产权制度改革后，村集体可以把以前利用不充分甚至闲置的耕地、林地、荒山、池塘、场地等资源入股到新型经营主体，使这些资源充分发挥作用，产生经济效益，从而使参与改革的村摆脱了过去"等、靠、要"的状态，能够利用这些财力为农民提供公共服务，村干部的腰杆也"硬"了起来。

三、中国农村集体经济发展需要解决的几个问题

中国农村集体经济的发展，在农村改革之后一度处于低迷状态，而在21世纪以后的改革中逐渐呈恢复态势。但从根本上看，中国农村集体经济的进一步发展，需要解决以下三大问题。

（一）集体经济的主体

《宪法》第六条规定："中华人民共和国的社会主义经济制度的基础是生产资料的社会主义公有制，即全民所有制和劳动群众集体所有制。"农村集体经济是劳动群众集体所有制的最重要组成部分。全民所有制的代表是国家，根据《中华人民共和国企业国有资产法》，各级政府组建相应级别的国有资产监督管理委员会（局）负责本级国有资产的监督和管理工作，并委派法人代表和经营团队进行管理和经营，使之保值、增值。改革前政社不分，由人民公社、生产大队、生产小队分别负责本级范围内资产的管理，改革后则基本处于无主体状态，乡镇一级的资产（包括部分仍然属于乡镇所有的土地）由乡镇政府代管，只有少数地区成立了农工商联合公司或类似名称的经营管理机构。村、组两级基本上由村委会、村民小组代管。截至2009年年底，全国农经统计调查的近62万个行政村中，只有25万个建立了村级集体经济组织，占全部行政村的40.5%。[①] 2010年中央一号文件要求："力争用3年时间把农村集体土地所有权证确认到每个具有所有权的农民集体经济组织。"按照这个部署，到2012年年底，全国范围内农村土地的所有权已经基本落实到乡镇、村、组三级。由于缺乏相应的管理组织，大部分处于"名不正、言不顺"状态。当然，即使成立了相应集体经济组织，也没有法人主体资格，在资产的管理上仍然没有法律效力，并且不能取得合法营业资格和组织机构代码，严重影响了集体经济的运营。

为了解决法律缺位的问题，江苏省要求各地成立村级社区股份合作社，将村级集

---

① 关锐捷、黎阳、郑有贵：《新时期发展壮大集体经济组织的实践与探索》，载《毛泽东邓小平理论研究》，2011（5）。

体所有的经营性资产以股权的形式量化给每个村级集体组织成员,并遵循股份合作制的原则,形成一个民主管理、民主决策、独立核算、自主经营、风险共担的新型合作经济组织。规定一个行政村只能设立一个农村社区股份合作社,如该行政村下设的村民小组有独立的集体经营性资产,可单独设立农村社区股份合作社。农村社区股份合作社经县(市、区)工商行政管理局依法登记,领取农民专业合作社法人营业执照,取得法人资格。设立农村社区股份合作社时,行政村的村民为合作社当然的设立人;居住在该行政村辖区内的其他人员,经该行政村村民会议2/3以上村民或者2/3以上村民代表同意,也可以成为合作社的设立人。江苏省的做法很有推广价值。但是,社区股份合作社毕竟是和农民专业合作社不一样的组织,硬把专业合作社的"壳"套在社区股份合作社上,难免出现漏洞,甚至捉襟见肘。北京市海淀区农村集体经济组织产权制度改革后,按文件要求成立农村社区股份经济合作社,并要求在农业部门登记注册,但没有取得法人资格。因此,尽快构建一个适合农村集体经济的组织机构是很有必要的。

(二)农村集体经济组织的成员权

成员权不清晰,在法律上说不清楚,是影响农村集体经济发展的又一重大问题。在这种情况下,一旦出现纠纷,就有可能出现法律上很难处置的问题。

农村集体经济组织的成员权,是指农民基于其成员身份,针对农民集体就集体财产和集体事务管理等方面的事项所享有的复合性权利,[1] 是以集体成员资格为基础进行界定的。问题在于,这个"资格"究竟是什么?是指出生地还是贡献?不同时期出生的成员资格是否相同?等等。这些问题弄不清楚,就有可能损害一部分集体组织成员的权益,甚至出现内部控制问题,阻碍农村基层民主政治的发展。[2] 从这个角度看,也有必要出台一部有关农村集体经济组织的法律,把成员、成员权界定清楚。

(三)法人治理结构

2007年,农业部《关于稳步推进农村集体经济组织产权制度改革试点的指导意见》下发后,各地开始加快推进以股份合作为主要形式,以清产核资、资产量化、股权设置、股权界定、股权管理为主要内容的农村集体产权制度改革。完成产权制度改革的集体经济组织大都要成立一个机构,如前述江苏省叫农村社区股份合作社,北京市海淀区

---

[1] 管洪彦:《农民集体成员权研究》,12页,北京,中国政法大学出版社,2013。
[2] 关锐捷、黎阳、郑有贵:《新时期发展壮大集体经济组织的实践与探索》,载《毛泽东邓小平理论研究》,2011(5)。

叫股份经济合作社，也有叫其他名称的。这些经济组织的共同特点是，主要负责人基本上由村书记或者村主任担任，或者直接由村"两委"班子兼任。据统计，北京市村党支部书记兼任董事长的占 93.8%。从市场角度看，专业人才不足成为制约股份合作社发展的重要因素。一方面，原有的村社干部缺乏资本运营、管理分配与市场拓展等专业性知识，加大了集体资产运营管理上的风险；另一方面，新型集体经济组织也缺乏引进人才、留住人才的机制，造成能力强的职业经理人很难留在集体经济组织发挥作用。

第一节　农村土地制度变迁及其特征
第二节　农村土地承包制度
第三节　基本农田保护制度
第四节　农村宅基地管理制度
第五节　农村集体建设用地制度
第六节　农村土地征收制度

第二章　农村土地管理制度

土地家庭承包经营的时间由最初的短期，逐步延长为十五年、三十年以至"长久不变"，农民对农用地的权益趋向完整。与其相对应的是，国家对土地的管理，经历了执法体系从无到有并不断完善的过程。① 在这个过程中，随着管理的规范化以及城市化进程中土地财政的影响，农民对农用地之外的宅基地、建设用地② 拥有的产权权能经历了变化，主要表现在征地强制性、征地补偿安置、征地程序、两种建用地的权益、宅基地初始取得的程序等方面。与此同时，国有农垦系统也进行了系列改革，但因它属国有土地系列，故未纳入本章研究范围。

第一节　农村土地制度变迁及其特征

改革开放以来，中国农村土地制度经历了重大变革，这是人们对适合中国国情的农业生产经营方式加深认识的过程，也是深刻调整农民与国家关系的过程。这段时期，农村土地制度的变迁呈现出还权赋能、还利于民的特征，农民与国家的关系也朝着治理型、服务型方向发展。

一、农民土地财产权改革的还权赋能

（一）农地承包经营权从债权到用益物权的转变

1983年的中央一号文件（《当前农村经济政策的若干问题》）强调，农村工作的

---

① 宋洪远：《中国"三农"重要政策执行情况及实施机制研究》，10页，北京，科学出版社，2016。
② 农用地被征先要转换为非农用地，故非农用地这里未列入。

主要任务是"稳定和完善农业生产责任制""林业、牧业、渔业、开发荒山、荒水以及其他多种经营方面，都要抓紧建立联产承包责任制"。同年10月，中共中央、国务院发出《关于实行政社分开建立乡政府的通知》，要求政社分设。土地家庭承包经营的核心是土地所有权归集体所有，使用权、收益权归农户家庭所有，从而实现了土地所有权和使用权的分离。农民自此获得了生产经营的自主权，更重要的是重新获得了土地的使用权、收益权。中国土地制度改革没有触及农村土地的所有权，是把家庭承包经营制度作为一种租赁制。但是这种制度使农民能根据自己的预期使用土地和安排生产，基本实现了农民的自主经营；农户的收益直接与承包地的经营好坏挂钩，打破了原有的平均分配方式，农户经营承包地的收益在作了必要的扣除（主要是乡统筹、村提留）之后，全部归农户自己所有。在这一时期，中国农村劳动力出乡就业的规模尽管还不超过200万人，[①] 土地流转也还未成为农民的普遍需求，但使用权与收益权的获得，极大地刺激了农业生产与农民增收，使农村重新焕发活力。

20世纪80年代以后，国家为了有利于农民安心农业生产、增加农业投入与保护农地资源，农地家庭承包制度向着法制化、稳定化、长期化的方向发展；农民土地权利也持续进行物权化、市场化改革，土地权利趋向完整。农民的土地承包经营期不断延长，从"15年不变"到"30年不变"，再到"长久不变"。在历年的中央一号文件中反复强调在农村长期坚持以家庭承包经营为基础、统分结合的基本经营制度。1998年将土地承包期30年的政策写入了修订后的《土地管理法》，农村土地承包权首次得到了法律保障。2003年3月，中国正式实施《农村土地承包法》。这部法律的最大意义在于以法律形式，明确规定在承包期内不允许调整和收回土地，肯定了"生不增、死不减"的土地政策，同时允许土地承包经营权的继承和依法、有偿转让。该法还对侵害农民承包经营权的行为规定了法律责任。2007年全国人大通过的《物权法》明确将农民的土地权利定义为用益物权。2008年10月，中共十七届三中全会通过的《中共中央关于推进农村改革发展若干重大问题的决定》再次指出："完善土地承包经营权权能，依法保障农民对承包土地的占有、使用、收益等权利。加强土地承包经营权流转管理和服务，建立健全土地承包经营权流转市场，按照依法自愿有偿原则，允许农民以转包、出租、互换、转让、股份合作等形式流转土地承包经营权，发展多种形式

---

① 杜鹰等：《中国农村人口变动对土地制度改革的影响》，175页，北京，中国财政经济出版社，2002。

的适度规模经营。"2012年党的十八大召开,强调"坚持和完善农村基本经营制度""依法维护农民土地承包经营权、宅基地使用权、集体收益分配权"等,使农民土地权益的保障更为切实。

(二)宅基地使用权权能从受限管制到放宽搞活

1982年,国务院发布《村镇建房用地管理条例》,对宅基地面积做出了限制性规定,同时规定农村宅基地的取得要经过政府的审批,并且不准出卖、出租房屋后再申请宅基地。该规定强化了政府对宅基地管理权。1982年国务院《国家建设征用条例》规定了国家对农村宅基地的征用权力,并且征用宅基地不付给安置补偿费。1986年的《土地管理法》对上述国家权力从法律上予以确定,同时还明确了政府的处罚权等管理权。1995年,在国家土地管理局的《确定土地所有权和使用权的若干规定》中,首次提出闲置宅基地由集体收回的规定,并提出清理以前超占的宅基面积。该规定是对农民宅基地处分权的进一步限制。1997年中共中央、国务院《关于进一步加强土地管理切实保护耕地的通知》,明确了一户一宅的规定。1998年新修改的《土地管理法》,在法律上彻底关闭了城镇居民到农村购房的大门。2007年12月,国务院办公厅出台《关于严格执行有关农村集体建设用地法律和政策的通知》,再次强调"城镇居民不得到农村购买宅基地、农民住房或'小产权房'"。如此一来,农民宅基地财产的增值机会缺失。由于宅基地使用权处于受政府长期严格管制的状态,农民的住房作为农民重要财产,因为处分权及其流转权受限等原因,无法发挥其财产增值功能。此外,农民无力守护宅基地财产,其权益因无从申述面临可能随时丧失的威胁,如"增减挂钩"中出现的强制"赶农民上楼"等现象时有发生。

面对农民土地财产保障难和增值难困境,2008年中共十七届三中全会通过《中共中央关于推进农村改革发展若干重大问题的决定》,提出"完善农村宅基地制度,严格宅基地管理,依法保障农户宅基地用益物权",并要求建立城乡统一的土地市场、实行同地同价。2010年国务院出台《关于严格规范城乡建设用地增减挂钩试点 切实做好农村土地整治工作的通知》。2012年2月国土资源部宣布选择部分城市进行"小产权房"清理试点工作。中共十八大提出着力在城乡规划、基础设施等方面推进一体化,促进城乡要素平等交换的思路。至此,宅基地使用权完成从债权到用益物权的转换,进行从严格受限管制到城乡市场流转的探索。

(三)农村集体建设用地从禁止转让到同地同价入市流转

1978—1983年,农村集体建设用地转让只能在集体成员内部进行,流转范围十分有限。1982年《国家建设征用土地条例》规定："禁止任何单位直接向农村社队购地、租地或变相购地、租地。农村社队不得以土地入股的形式参与任何企业、事业的经营。"1984—1995年,农村集体建设用地被允许以有限的市场方式流转。1985年《中共中央、国务院关于进一步活跃农村经济的十项政策》提出："允许农村地区性合作经济组织以土地入股的方式参与（小城镇建设），分享收益或者建成店房及服务设施自主经营或出租。"1998年《土地管理法》依旧把农村集体建设用地限制在上述小范围,超出此范围,就"不得出让、转让或者出租于非农业建设"。1994年的《城市房地产管理法》则规定："城市规划区内的集体所有的土地,经依法征用转为国有土地后,该幅国有土地的使用权方可有偿出让。"

1996—2012年,国家大规模试点探索农村建设用地流转,揭开同地同价同权的序幕。国土资源部在全国各地进行试点,形成了有影响的"芜湖模式""湖州模式""南海模式"等,总结各地经验,并加以推广。2004年,《国务院关于深化改革严格土地管理的规定》为集体建设用地自由流转开闸,提出："在符合规划的前提下,村庄、集镇、建制镇中的农民集体所有建设用地使用权可以依法流转。"2008年的十七届三中全会通过《中共中央关于推进农村改革发展若干重大问题的决定》,提出："逐步建立城乡统一的建设用地市场……在符合规划的前提下与国有土地享有平等权益。"这一决定维护了农民对集体建设用地的财产权,同时极大削弱了国家对集体建设用地的控制权和收益权。十八届三中全会的《中共中央关于全面深化改革若干重大问题的决定》进一步表示,在符合规划和用途管制前提下,允许农村集体经营性建设用地出让、租赁、入股,实行与国有土地同等入市、同权同价。此项举措丰富和完善了农民财产权能,使农民能直接参与集体土地增值收益的分配,能有效保障其合法财产权益,为农民增收提供了新的途径。

二、农地征收中收益分配的还利于民

随着改革开放的深入,建设用地需求量猛增。在以经济建设为中心,"效率优先,兼顾公平"的社会氛围中,初期的土地征收政策法规更注重国家利益,更关注征收效率,农民权益没有得到充分保障。1982年5月出台的《国家建设征用土地条例》规定："国家建设征用土地,凡符合本条例规定的,被征地社队的干部和群众应当服从国家需要,不得妨碍和阻挠。"首次明确提出了征地的强制性。[①] 1998年国务院发布的《土地管理法实施条例》将征地强制性进一步强化，其第二十五条规定："征地补偿、安置争议不影响征用土地方案的实施。"2001年国土资源部的《征用土地公告办法》第十五条也作了同样规定。随着土地征收中农民群体性事件及上访事件的增多，土地征收中农民权益的保护受到关注，强制性征地的势头衰退。2011年国土资源部办公厅《关于切实做好征地拆迁管理工作的紧急通知》（以下简称《紧急通知》）要求，各地政府"要认真反复做好政策宣传解释和群众思想疏导工作，得到群众的理解和支持，不得强行实施征地拆迁；对于群众提出的合理要求，必须妥善予以解决。"《紧急通知》已显露与被征地者协商、取得其同意的内涵，土地征收的强制性大为弱化，农民的财产权益与主体地位越来越得到重视。党的十八届三中全会《中共中央关于全面深化改革若干重大问题的决定》提出："缩小征地范围，规范征地程序，完善对被征地农民合理、规范、多元保障机制。"在市场决定资源配置和城乡发展一体化视野下对其进行解读，可以发现所提出的深化改革征地制度就是最大限度减少政府的行政力量对城乡土地配置的干预，完整地赋予并充分保障农民的土地支配权、处置权和收益权。

农村土地征收安置补偿事关农民的切身利益，也是土地征收工作中矛盾的焦点。1982年国务院公布了《国家建设征用土地条例》（以下简称《土地条例》），规定耕地补偿费是"该耕地年产值的200%至15倍""征用宅基地的，不付给安置补助费"。在此，征地补偿费低甚至没有，农民的财产利益不能得到充分体现。《土地条例》在就业安置上，鼓励发展集体工副业和服务性产业，但土地入股被明令禁止。进入20世纪90年代后，城市化的快速发展使土地价格飙升，农民的征地补偿所得与国家垄断的土地市场价格差别巨大，使农民对补偿产生更高的期望。1998年的《土地管理法》上调了各项安置补偿标准，将原来的各项补偿费用之和不得超过"被征土地前三年平均年产值的二十倍"调整为"三十倍"。2005年7月，国土资源部《制定征地统一年产值标准和区片综合地价工作的通知》提出，经济发达东部地区"应制定区片综合地价"，具备条件的中、西部地区"应积极推进区片综合地价制定工作"，"其他暂不具备条件的地区可制定统一年产值标准"。2008年10月，十七届三中全会提出按"同地同价原则"进行征地补偿。征地制度的沿革，表明农民的财产权利在征地制度中逐渐受到重视，兼顾国家、集体、个人的土地增值收益分配机制正在构建。

---

① 冯昌中：《中国征地制度变迁》，载《中国土地》，2001（9）。

第二节 农村土地承包制度

1983年年底,在政策肯定与农民积极推动下,家庭承包经营普遍实行,亿万农民的生产积极性得到极大的调动,有力地促进了这一阶段农业生产的超常规增长,全国粮食产量从1984年的3.05亿吨猛增到1987年的4.07亿吨。中央在看到这一经营形式调动农民生产积极性和促进农业生产发展后,开始考虑将其稳定下来。

一、确定家庭承包经营15年不变

1984年《中共中央关于一九八四年农村工作的通知》(即中央一号文件)明确规定:"土地承包期一般应在十五年以上。在延长承包期以前群众有调整土地要求的,可以本着'大稳定、小调整'的原则,经过充分商量,由集体统一调整。"这是中央第一次以政策文件形式规定了农村土地的承包期。1987年中共中央政治局通过的《把农村改革引向深入》强调:"要进一步稳定土地承包关系。只要承包户按合同经营,在规定的承包期内不要变动,合同期满后,农户仍可连续承包。已经形成规模、实现了集约经营并切实增产的,可以根据承包者的要求,签订更长期的承包合同。"1991年《中共中央关于进一步加强农业和农村工作的决定》提出:"把家庭承包这种经营方式引入集体经济,形成统一经营与分散经营相结合的双层经营体制,使农户有了生产经营自主权,又坚持了土地等基本生产资料公有制和必要的统一经营。这种双层经营体制,在统分结合的具体形式和内容上有很大的灵活性,可以容纳不同水平的生产力。具有广泛的适应性和旺盛的生命力。这是我国农民在党的领导下的伟大创造,是集体经济的自我完善和发展,绝不是解决温饱问题的权宜之计,一定要长期坚持,不能有任何的犹豫和动摇。"① 1998年中共十五届三中全会高度评价了农村改革20年所取得的成就与经验,强调"以家庭承包经营为基础、统分结合的经营制度,……必须长期坚持"。②

---

① 中共中央文献研究室、国务院发展研究中心:《新时期农业和农村工作重要文献选编》,764~765页,北京,中央文献出版社,1992。
② 《中共中央关于农业和农村工作若干重大问题的决定》,10页,北京,人民出版社,1998。

中共十七届三中全会进一步明确，必须毫不动摇地坚持以家庭承包经营为基础、统分结合的双层经营体制。同时，对农业经营形式的完善提出了两个转变方式：一是家庭经营要向采用先进科技和生产手段的方向转变；二是统一经营要向发展农户联合与合作，形成多元化、多层次、多形式经营服务体系的方向转变。这是一个具有重大理论创新意义的论断，为完善农业基本经营制度指明了方向，赋予了双层经营体制更加丰富、更符合实际的内涵。

二、推进第二轮土地承包三十年不变

20世纪90年代以后，由于农村土地十五年承包期即将到期或已经到期，诱发了农民的短期行为，生产积极性消减。另外，各地农村在这十五年间出现许多新问题，农民尤为关注两个问题：一是部分地区的农民不满所在地方过于频繁地调整土地；二是在一些经济发达地区，随着农村劳动力较大幅度转移，农民对土地使用权流转的需求日益强烈。[①] 这些问题交织在一起导致各地土地资源遭受不同程度的受损与浪费。中央顺应时代潮流，满足农民需求，于1993年11月公布了《关于当前农业和农村经济发展若干政策措施》，巩固稳定承包经营关系，鼓励农民增加投入，提高土地生产率。文件提出："在原定的承包期到期后，再延长三十年不变；开垦荒地、营造林地、治沙改土等从事开发性生产的，承包期可以更长。""为避免承包耕地的频繁变动，防止耕地经营规模不断被细分，提倡在承包期内实行'增人不增地，减人不减地'的办法。"为完善土地承包制度，提高农民生产积极性与土地利用率，文件提出："在坚持土地集体所有和不改变土地用途的前提下，经发包方同意，允许土地使用权依法有偿转让；少数第二、第三产业比较发达，部分劳动力转向非农产业并有稳定收入的地方，可以从实际出发，尊重农民的意愿，对承包土地作必要的调整，实行适度的规模经营。"1994年12月，农业部在《关于完善土地承包关系的意见》中要求积极、稳妥地做好土地承包再延长三十年的工作。1997年中央和国务院在有关文件中，再次重申了稳定承包关系的政策，明确提出，不提倡"两田制"，严格控制预留"机动地"。不允许借"两田制""小调整"名义，随意收回承包地，提高承包费等。1998年秋，全国正在开展第二轮承包工作，为了给农民真正吃"定心丸"，中央向农民承诺："中央关于土地承包

---

① 陈锡文、韩俊：《如何推进农民土地使用权合理流转》，载《中国改革·农村版》，2002(9)，35~37页。

的政策是十分明确的，就是承包期再延长三十年不变。而且三十年以后也没有必要再变。"① 为了防止对农民三十年土地承包权的侵害行为，2001年国务院出台有关土地政策的18号文件，禁止集体组织强制收回农民土地并有偿发包给非本村村民。文件还规定，所有土地使用权流转必须坚持依法、自愿、有偿的原则；土地流转的主体是农户，有权依法自主决定承包地是否流转和流转的形式；土地流转的所有收益归农户；集体经济组织和乡镇政府不得擅自截留或扣缴农户的任何流转收益。

三、明确土地家庭承包长久不变

为稳定农民对土地经营的预期，满足农民夙愿，中央一直在考虑土地承包期的延长。自1998年提出土地承包期"三十年以后也没有必要再变"后，中央出台的政策及有关领导讲话都强调土地承包的长久性。2001年12月《中共中央关于做好农户承包地使用权流转工作的通知》强调："稳定和完善土地承包关系，是党的农村政策的基石"，土地流转"要在长期稳定家庭承包经营制度的前提下进行"。2008年10月12日，中共十七届三中全会通过了《中共中央关于推进农村改革发展若干重大问题的决定》，"赋予农民更加充分而有保障的土地承包经营权，现有土地承包关系保持稳定并长久不变"。

四、稳定家庭承包经营制度的法律保障

中共中央对"以家庭承包经营为基础、统分结合的双层经营体制"的巩固，不仅表现在政策层面，而且在法律层面跟进夯实。1998年8月通过的《土地管理法》第14条指出："农民集体所有的土地由本集体经济组织的成员承包经营，从事种植业、林业、畜牧业、渔业生产，承包期限为三十年。"将三十年的承包期上升为法律。1999年3月九届全国人大二次会议修订《宪法》，将农村基本经营制度写入中国的根本大法。修订后《宪法》规定，"以家庭承包经营为基础、统分结合的双层经营体制"是中国农村集体经济组织的基本经营体制。2001年8月29日，第九届

---

① 参见江泽民1998年考察安徽时的讲话《开创农业和农村工作新局面》，见《江泽民文选》，第二卷，213页，北京，人民出版社，2006。

全国人民代表大会常务委员会第二十九次会议通过了《农村土地承包法》。其总则第一条言简意赅地阐明："为稳定和完善以家庭承包经营为基础、统分结合的双层经营体制，赋予农民长期而有保障的土地使用权，维护农村土地承包当事人合法权益，促进农业、农村经济发展和农村社会稳定，根据宪法，制定本法。"立法初衷表达明确：为保障农民长期的土地使用权，维护农村土地承包人的合法权益；进而稳定和完善以家庭承包经营为基础、统分结合的双层经营体制；最终促进农业、农村经济发展和农村社会稳定。《农村土地承包法》规定："耕地的承包期为三十年。草地的承包期为三十至五十年。林地的承包期为三十至七十年；特殊林木的林地承包期，经国务院林业行政主管部门批准可以延长。""承包期内，发包方不得收回承包地"或"调整承包地"。2007年3月16日，第十届全国人民代表大会第五次会议通过的《物权法》，将土地承包权由在此之前的债权转变并界定为用益物权，进一步为巩固农业基本经营制度、稳定农村土地承包关系提供了强而有力的法律保障。

家庭承包经营制度的确立及巩固完善，是政府与农民形成良性互动的结果。在这一过程中，中国共产党与时俱进地对农村涌现的新情况进行理性剖析与吸纳，适时进行政策调整，以适应国情、农情、民情；在政府对农村政策的不断完善中，农民的土地权利逐步回归并获得保障，珍惜土地、投资土地的积极性不断释放，创新致富的空间也得到拓展。家庭承包经营制度，是政府与农民探索中国传统农业向现代农业转型过程中取得的重大成果，是党的整个农村政策的基石。

第三节　基本农田保护制度

"基本农田"是一个具有中国特色的概念，最早出现在1963年黄河中下游水土保持工作会议上关于《建立旱涝保收、产量最高的基本农田》的决议中，之后没有推广应用。改革开放以来，中国进入了快速工业化和城市化的发展阶段，人地矛盾日益激烈。中央既要坚守18亿亩耕地红线、保障国家粮食安全，又要兼顾工业化与城镇化的发展对建设用地与日俱增的必要需求，基本农田保护制度的建立与完善顺应国情地受到重视与发展。

一、基本农田保护体制的起始

1982年，农业部成立了土地管理局，专门负责农村土地的管理。1988年3月，原荆州地区土地管理局、监利县人民政府在该县周老嘴镇划定了3个保护区块105个保护片，保护面积37 792亩，这是中国设立的第一块基本农田保护区。荆州成功保护基本农田的经验，得到社会的好评和有关部门的认可。1989年5月，国家土地管理局、农业部联合在荆州召开了"全国基本农田保护区现场会"，推广荆州经验。会后，周老嘴镇划定基本农田保护区的做法和经验在全国得到推广和完善。以此为标志，基本农田保护制度进入建立并逐步完善的阶段。

1992年，国务院批转了国家土地管理局、农业部《关于在全国开展基本农田保护工作批示的通知》，正式确定"基本农田"的概念。1994年7月，国务院发布《基本农田保护条例》，明确耕地保护目标，对基本农田的划定、保护和监督等问题作了具体规定。1997年修订《土地管理法》，并以耕地保护作为修订的主题和指导思想。[①] 1998年，进行了大幅度修订的《基本农田保护条例》将基本农田定义为：按照一定时期人口和社会经济发展对农产品的需求，依据土地利用总体规划确定的不得占用的耕地。

1997年3月，全国八届人大五次会议修订《刑法》，增设"破坏耕地罪""非法批地罪"和"非法转让土地罪"三项罪名。中央明确指出，要在中国建立世界上最严格的耕地保护制度。1998年修订的《土地管理法》将基本农田保护确定为法定规划内容，实行土地用途管制，并采用"严格的农用地转用审批制度"保护基本农田。该法第四十五条明确规定，征用基本农田的，需经由国务院批准。[②] 该法规定耕地占补平衡制度，具体为非农业建设经批准占用耕地的，按照"占多少，垦多少"的原则，由占用耕地的单位负责开垦与所占用耕地的数量和质量相当的耕地；没有条件开垦或者开垦的耕地不符合要求的，应当按照省、自治区、直辖市的规定缴纳耕地开垦费，专款用于开垦新的耕地。与此同时，国务院修改《基本农田保护条例》，规定基本农田

---

① 宋洪远：《中国"三农"重要政策执行情况及实施机制研究》，10页，北京，科学出版社，2016。
② 1998年修订、1999年实施《土地管理法》第四十五条："征用下列土地的，由国务院批准：（一）基本农田；（二）基本农田以外的耕地超过35公顷的；（三）其他土地超过70公顷的。"

保护区划定后不得改变或者被占用；国家重点建设项目选址确实无法避开基本农田保护区，需要占用基本农田，涉及农用地转用或者征用土地的，必须经国务院批准；占用单位按照"占多少，垦多少"的原则，开垦与所占基本农田的数量与质量相当的耕地；没有条件开垦或者开垦的耕地不符合要求的，缴纳耕地开垦费。1999 年 2 月，国土资源部发布了《土地利用年度管理办法》和《建设用地审查报批管理办法》，将耕地保护与土地利用规划相结合，把耕地管理纳入宏观调控的覆盖范围。

二、基本农田的划定与调整

（一）基本农田保护区全面划定

1989 年荆州对基本农田保护的经验在全国得到推广，1994 年《基本农田保护条例》颁布，国家在全国范围内开展了大规模基本农田规划编制、划定工作。依据《基本农田保护条例》的规定，基本农田保护规划是土地利用总体规划的一项重要内容。经过第二轮土地利用总体规划（1997—2010），全国确定基本农田面积为 16.28 亿亩。

（二）基本农田划定调整

从 1999 年开始，为贯彻新《土地管理法》和《基本农田保护条例》精神，落实新修编的《全国土地利用总体规划纲要（1997—2010）》的要求，进一步加强基本农田保护，国家开展了基本农田保护区调整划定工作。到 2002 年，经国土、农业等部门和各地各级人民政府两年多努力，全国基本农田保护区调整划定工作基本完成。根据国土资源部提供的数据，全国调整划定基本农田保护区面积 17.2014 亿亩，其中基本农田面积 16.315 亿亩，基本农田保护率为 83.64%，比全国土地利用总体规划确定的 16.28 亿亩多 350 万亩；还包括 2 147 万亩优质园地、苗圃等农用地及 409 万亩开发整理新增优质耕地。

三、基本农田的保护措施

随着中国农产品尤其是粮食供求关系变得宽松，2000 年开始，中国的耕地保护政策有了一定的松动。一些地方政府，尤其是经济发达的地区，在地方利益驱动下，为了规避审批环节，通过调整县、乡（镇）土地利用总体规划，经常性地进行土地利用规划的局部调整，导致基本农田的位置时有变动，调整划定现象一直存在，基本农田数量趋于减少。在这一背景下，基本农田保护区调整划定工作结束后，基本农田保护政策的工作重心，便从保护区划定与调整向加强基本农田管理与建设方向转变。

（一）建立最严格的基本农田管理制度

2003—2004年，我国出台了11个部级以上的法规文件，加强保护基本农田。虽然，此之前在法律方面，《农业法》《土地管理法》《基本农田保护条例》都对划定基本农田保护区做出了明确规定，在具体政策措施方面，也已经制定了基本农田保护责任制、基本农田保护区用途管制、占用基本农田严格审批与占补平衡、基本农田质量保护、基本农田保护监督检查等制度，但新法规对基本农田的保护力度更加严格。2004年10月国务院出台的《关于深化改革严格土地管理的决定》指出："实行最严格的土地管理制度，是由我国人多地少的国情决定的。"2004年以后，中央一号文件都对基本农田建设有明确要求，实行最严格的基本农田管理制度，严格执行基本农田保护制度"五不准"，并规定，基本农田已经划定，任何单位和个人不得擅自占用，或者擅自改变用途，这是不可逾越的"红线"。2005年10月，国务院办公厅为贯彻落实《国务院关于深化改革 严格土地管理的规定》，建立了省级政府耕地保护目标责任制，将基本农田保护面积纳入省级政府考核指标，明确省长、主席、市长为第一负责人。该规定具体要求：耕地保护责任制从2006年起，每5年为一个规划期，在每个规划期的期中和期末，国务院对各省、自治区、直辖市各考核一次。对基本农田的考核标准是：① 省级行政区域内的基本农田保护面积不得低于国务院下达的基本农田保护面积考核指标；② 省级行政区域内各类非农建设经依法批准占用耕地和基本农田后，补充的耕地和基本农田的面积与质量不得低于已占用的面积与质量。2007年8月，国土资源部为落实耕地占补平衡，防止占优补劣，在中国试行补充耕地数量质量实行按等级折算。补充耕地数量质量实行按等级折算是确保补充耕地与被占用耕地数量和质量相当的必要手段。2008年10月，《全国土地利用总体规划纲要（2006—2020）》进一步提出，划定的基本农田落实到地块和农户，明确各类建设严禁占用基本农田，经国务院批准占用的，按照"先补后占"原则，补划数量、质量相当的基本农田。

（二）以建设促保护，变被动保护为主动建设

中国现有基本农田中，中低产田约占70%，相当数量的基本农田利用不充分，农田建设设施条件较差，提高基本农田质量，改善基本农田生产条件的潜力较大。2005年召开的全国基本农田保护会议提出了"以建设促保护"的基本思路；国土资源部于同年10月，在全国确定了116个基本农田保护与建设示范区，基本农田总面

积 886.67 万公顷。要求各省（区、市）通过示范区建设，建设高标准基本农田，梳理以建设促保护的典范，探索长效机制，全面提升各地基本农田保护管理和建设水平。

2008 年，中共十七届三中全会通过了《中共中央关于推进农村改革发展若干重大问题的决定》，明确提出了"永久基本农田"的概念；要求"坚持最严格的耕地保护制度，层层落实责任，坚决守住十八亿亩耕地红线"；"划定永久基本农田，建立保护补偿机制"，严格落实耕地占补平衡的相关规定，"确保基本农田总量不减少、用途不改变、质量有提高"；"做好农村土地承包经营权的确权、等级和颁证工作"，以市场之手加强耕地的保护和管理；强化土地利用总体规划和年度计划对新增建设用地规模、结构和时序安排的调控，对占用农地进行非农建设必须依法办理审批手续等长效机制的建立，从严控制城乡建设用地总规模。同时，还强调了最严格的节约用地制度。该决定还强调，在土地流转过程中，要坚持"不得改变土地集体所有性质，不得改变土地用途，不得损害农民土地承包权益"这三个"不得"。相较于国家以往的基本农田保护制度，中共十七届三中全会的相关决议有两个亮点受到关注：一是"永久基本农田"中的"永久"二字，意味着基本农田一经划定，永远不得占用或调整，而且划定为永久基本农田的耕地在任何时候、任何情况下都不能改变性质或挪作他用，"永久"使基本农田的保护制度更具刚性、约束性；二是提出"基本农田总量不减少、用途不改变、质量有提高"的保护目标，并将农田质量建设具体落实到 2012 年国务院批复的《全国土地整治规划（2011—2015）》，即"十二五"期间要再建成 4 亿亩高标准基本农田，整治后的基本农田平均质量等级可提高一等，相当于每亩提高 100 千克的生产能力。该保护目标的提出意味着中国的土地资源管理正从单纯的数量管理向数量质量并重管理迈进。这些基本农田保护的新举措，标志我国基本农田管理进入了一个新时期。

纵观上述国家出台的相关基本农田保护政策与措施，政府为保证基本农田数量和质量的稳定，依法不断完善基本农田保护制度，优化保护区的调整划定，沿着以建设促保护、变被动保护为主动建设思路，大力开展高标准基本农田、永久基本农田和基本农田生态建设，同时加强基本农田质量等级动态监测，使基本农田更集中、更连片、更优质。

第四节　农村宅基地管理制度

农村宅基地的管理，在改革开放之前基本处于乡村自为状态，由于当时对宅基地的需求小，并未出现问题。改革开放后，农村经济发展，农民生活水平提高，农民住房建设增多，导致乱占耕地等无序现象，政府由此开始了对宅基地的规范管理，农村宅基地的权能也因此出现变化。建立市场经济体制后，城市化使市区及周边的土地价格飙升，巨大的获利空间加深了政府、农村集体、个体农民在宅基地上的博弈，农民的宅基地权能萎缩，因而出现了"小产权房"问题，也有了住房及宅基地抵押担保等突破法律法规限制的改革探索。

一、农村宅基地管理变革三阶段

现行的宅基地制度奠基于改革开放之前。1962年的《农村人民公社工作条例修正草案》第21条规定："生产队范围内的土地，都归生产队所有。生产队所有的土地，包括社员的自留地、自留山、宅基地等等，一律不准出租和买卖。"1963年中共中央《关于对社员宅基地问题作一些补充规定的通知》，第一次使用了"宅基地使用权"概念，并规定：社员的宅基地，仍旧归各户长期使用。生产队应保护社员的使用权，不能想收就收，想调剂就调剂；社员需建新房又没有宅基地时，由本户申请，经社员大会讨论同意，由生产队统一规划，帮助解决；社员新建住宅占地无论是否耕地，一律不收地价。这一文件奠定了改革开放前农村宅基地的管理制度，以后1975年、1978年的《宪法》及1978年修订的《人民公社条例》均没有对农村宅基地的管理做出新的调整。这种只要生产队同意即可取得宅基地使用权的做法，一直持续到了20世纪80年代初。1978年开启的改革开放，提高了广大农民的经济实力，出现了新建、扩建住房的普遍现象，农村宅基地面积无序扩张，耕地保护问题显现，由此宅基地管理进入新时期。

在资源的配置与管理上，行政手段与市场机制两者相辅相成、必不可少。在还没有从计划经济中走出来的当时，没有任何行政管理方式可以借鉴，采取行政手段进行管理不仅有其必要性，也有其合理性。由此，以此为开端的农村宅基地管理制度，行政手段逐步强化与规范化，并呈现以下阶段性。

（一）1978—1985年，管理制度初步建立

1981年，国务院颁布《关于制止农村建房侵占耕地的紧急通知》，要求农村住房建设用地必须统一规划、合理布局、节约用地。1982年，国务院发布《村镇建房用地管理条例》（该条例于1986年被《土地管理法》明令废止），对宅基地面积做出了限制，规定农村宅基地的取得要经政府的审批，并且不准出卖、出租房屋后再申请宅基地。1985年，城乡建设环境保护部《村镇建设管理暂行规定》规定："村镇规划分为总体规划和建设规划两个阶段，总体规划以乡（镇）为规划范围……建设规划应在总体规划指导下按镇、村分级制定。"农村宅基地管理纳入村镇建设规划。这一阶段的特点是从无序走向有序，政府开始从审批、规划等程序上介入并规范农村宅基地管理。

（二）1986—1997年，农村宅基地管理走上正轨

这一阶段，"土地执法体系从无到有，并不断完善"。[①] 一是专门的统一管理机构的建立与健全。1986年作为国务院直属机构的国家土地管理局成立，负责全国土地、城乡地政的统一管理工作；从省到县、乡的各级相应机构也相继成立，标志城乡统一的国土管理模式建立。1998年国土资源部成立，土地管理机构升格。二是土地专门法的出台及其相关配套法律的完善。1986年《土地管理法》颁布，标志包括农村宅基地在内的土地管理法制化建设迈向新台阶。1986年的《民法通则》及1995年的《担保法》等也对农村宅基地管理做出了法律规定。三是管理细化与规范化，密集出台了一系列政策。1986年中共中央、国务院《关于加强土地管理、制止乱占耕地的通知》首次提出对所有非农业用地进行登记和发证工作，建立健全地籍管理制度。1987年，国家计划委员会、国家土地管理局发布《建设用地计划管理暂行办法》，进一步加强对农村个人建房用地计划指标的管理。1990年国务院批转《国家土地管理局关于加强农村宅基地管理工作请示的通知》，要求各地根据实际情况对农村建房的对象、条件、用地标准、审批手续做出明细规定，建立严格的申请、审核、批准和验收制度，对用地指标、申请宅基地的户数、审批条件和结果等，张榜公告，实行公开办事制度。1995年，国家土地管理局《确定土地所有权和使用权的若干规定》首次提出闲置宅基地由集体收回的规定，对清理以前超占的宅基面积提出了处理办法。1997年中共中央、国务院发布

[①] 宋洪远：《中国"三农"重要政策执行情况及实施机制研究》，10页，北京，科学出版社，2016。

《关于进一步加强土地管理切实保护耕地的通知》,首次提出建设公寓式楼房集中居住模式,并明确了"一户一宅"的规定。这一时期还进行过农村宅基地使用收费的试点工作,但不久在减轻农民负担的呼声中被取消了,并在以后的政策中一直严禁收费。

(三)1998—2012 年,管理重点进入城乡统筹与小产权房的治理

市场经济体制的建立与发展,城市化进程的快速推进,使农村宅基地的商品属性显性化,资产功能增强,尤其是在城市郊区,因城市土地市场中的炒卖投机使住房价格快速上涨,带动了周边农村居民住房与土地的增值,其炒卖之风也蔓延到郊区农村。1998 年《土地管理法》修订之前,允许城镇居民到农村申请宅基地。有人就利用这一政策炒卖农村宅基地与小产权房。虽然这一政策在 1998 年的《土地管理法》中取消了,但宅基地资产功能的逐利性与流动性使炒卖现象仍然存在,影响了国家规划与宏观调控,农村宅基地的管理因此转入了对城镇居民到农村购房的严格管控。另一方面,土地征收中农民权益受损以及城乡差距扩大等问题日益引起了社会重视,工业反哺农业的时机也日渐成熟,城乡统筹发展的国策浮出水面,并在农村宅基地的管理中得到体现。1999 年国务院办公厅《关于加强土地转让管理严禁炒卖土地的通知》不仅提出对城乡的土地炒卖进行严管,农村居民点也要严格控制规模和范围的土地集约型利用思想,而且进一步提出了农村住宅逐步向中心村和小城镇集中的城乡土地统筹管理思想。2000 年中共中央、国务院《关于促进小城镇健康发展的若干意见》再次提出要严格限制分散建房的宅基地审批,鼓励农民进镇购房或按规划集中建房,正式拉开了宅基地管理中城乡统筹的序幕。2004 年 10 月,国务院《关于深化改革严格土地管理的决定》提出"城镇建设用地增加要与农村建设用地减少相挂钩",首次提出了通过农村建设用地整理方式,使农村建设用地减少与城镇建设用地增加相挂钩,找到了一种统筹城乡发展的较好模式,引起了各地政府对宅基地整理的浓厚兴趣。为落实国务院这一精神,2004 年 11 月,国土资源部出台《关于加强农村宅基地管理的意见》,对城乡建设用地"增减挂钩"做出了详细规定。这一文件还提出了农村宅基地的申请取得要张榜公布、土地机构在管理中要"三到场"等规范要求,是中国目前较为系统、完整、专门规定宅基地管理的文件。2007 年 10 月《城乡规划法》通过,结束了城乡规划分治局面,标志城乡一体规划的开始。2007 年 12 月,国务院办公厅出台《关于严格执行有关农村集体建设用地法律和政策的通知》,又一次强调"城镇居民不得到农村购买宅基地、农民住房或'小产权房'"。2008 年中共十七届三中全会通过的《中共中央关于推进农村改革发展若干重大问题的决定》,提出"完善农村宅基地制度,严格宅基

地管理，依法保障农户宅基地用益物权""农村宅基地和村庄整理所节约的土地，在土地利用规划下可调剂为建设用地"，并要求逐步建立城乡统一的建设用地市场，以公开规范的方式转让土地使用权，在符合规划的前提下实行同地同价。针对"增减挂钩"中出现的侵犯农民宅基地财产权益问题，2010年国务院出台《关于严格规范城乡建设用地增减挂钩试点切实做好农村土地整治工作的通知》予以纠正。2012年2月国土资源部宣布选择部分城市进行"小产权房"清理试点工作。2012年中共十八大召开，提出着力在城乡规划、基础设施等方面推进一体化，促进城乡要素平等交换。在随后进行的新一轮全面深化改革中，农村宅基地管理进入新阶段。

二、农村宅基地的权能演变

农村宅基地权能的分割主体包括政府、村级集体、个体农民。这三个主体间的权能变化主要体现在国家的法律法规中。

（一）政府与农村宅基地权能

1981年国务院《关于制止农村建房侵占耕地的紧急通知》要求，农村建房用地必须统一规划、合理布局、节约用地，拉开了政府在农村宅基地中建立规划权的序幕。1982年国务院发布《村镇建房用地管理条例》，提出农民获得宅基地要经政府审批，而审批的基本依据是村镇规划和用地标准，政府审批权由此开始，规划权也得到加强。该条例通过"出卖、出租房屋的，不得再申请宅基地"等规定，同步强化了管理权。1982年国务院《国家建设征用条例》规定了国家对农村宅基地的征用权力，并且征用宅基地不付给安置补偿费，此为国家对农村宅基地征收权的明确规定。1986年的《土地管理法》对上述政府对农民宅基地的权力从法律上予以确认，同时还明确了政府的处罚权等管理权。因而，政府实际上享有农村宅基地的规划权、征收权、审批权、处罚权等，并通过对宅基地使用权的取得、转让、灭失的管理控制，取得了法律意义上的处分权。

（二）村级集体与农村宅基地权能

1962—1982年，农村宅基地明确属于生产队所有，当时的生产队相当于现在的村民小组。1982年新修订《宪法》规定宅基地属农村集体所有，以后一直沿用；而农村集体有三级，即乡（镇）、村集体（村委会）、村内集体（村小组），均可作为农村宅基地的所有者，产权主体范围由此扩展到了村级及以上集体。1982年的《村镇建房用地管理条例》规定，生产队有权收回闲置的宅基地，开始赋予农村集体组织回收权。以后的法律法规对农村集体的这一权利做了进一步的强化，规定对超面积的宅基地村集体也有权收回。在宅基地的申请程序上，1985年之前的成文法规都是村民提出申请，由村民小组社会员大会通过，再进行下一步程序；1985年的《村镇建设管理暂行规定》则改为村民向村委会申请，由村委会决定报政府审批，取消了村民小组会议的决定权；1991年《土地管理法实施条例》和1998年的《村民委员会组织法》，又进一步确认需经"村民代表会或村民大会讨论通过"的规定，直接避开了村民小组这一更为基层的组织。2004年《关于加强农村宅基地管理的意见》使村民小组的分配权利有些许回归。总体而言，村级集体（村委会）对农村宅基地无疑有更多的权力，尤其是在具体的实践操作中。

（三）农民与农村宅基地权能

农民可凭借农村集体组织成员身份无偿取得宅基地的使用权，这种福利性质的地权保障，一度保证了农民的基本生存条件，维护了农村的稳定。这项保障农民取得并持有宅基地使用权的规定，是自1962年实施宅基地集体所有以来一直沿用的制度。改革开放以来，因规范管理的需要，农民的使用权能不可避免地呈现逐步受限的变迁。如前所述，在1982年之前，村民取得宅基地只要本生产队的社员大会（即现在村小组会议）同意通过即可。到1982年，《村镇建房用地管理条例》则明确规定还要经政府批准方可取得，村民宅基地的初始取得开始在程序上受限。同时，该条例还规定闲置的宅基地要由村集体收回，农民的处分权又被限制。1986年的《土地管理法》规定面积限制，超面积的可由村集体收回。1995年《担保法》规定农民宅基地使用权不能抵押，连带影响了农民住房的抵押。1998年《土地管理法》在法律上关闭了城镇居民到农村购房的大门，更为严格地限制了农民对宅基地的权能。2007年《物权法》将农民宅基地使用权界定为"用益物权"，为农民宅基地权能的回归预留了空间，但该法依然重申农村宅基地不能抵押。就经济变迁和理顺管理体制的自然规律而言，在制度演进中限制农民对宅基地权能有其一定合理性，是强化宅基地管理的必然现象。但强化管理的关键之处，在于应在依法限制农民的农村宅基地部分权能的同时，不断根据宅基地功能的变化加快市场化进程，利用市场机制充分扩展农村宅基地使用权的其他权能。

（四）对农村宅基地流转权能的规定

在计划经济时代，资源由行政手段配置，宅基地自然无法自由流动。1978年的《农村人民公社条例》将以前可以买卖、出租农村住房的内容再删除，规定宅基地为集体所有。直到 1988 年的《土地管理法》提出农地使用权可以依法转让，才出现新的转折。1988 年的《土地管理法》虽然主要是针对耕地而言，但农村宅基地使用权也包括在内。尽管后来该法提到的将"由国务院另行规定的"宅基地使用权"转让办法"没能出台，但该法给农村宅基地走向市场做了铺垫。1995 年的《担保法》明确规定农村宅基地不能抵押，这便给农村宅基地的市场化流转设置了极大障碍。1999 年之前，城镇居民申请农村宅基地一直受到许可，这在 1982 年的《村镇建房用地管理条例》、1986 年和 1988 年的《土地管理法》中均可找到明确依据。但随着市场化经济发展出现的炒房炒地乱象，使国家不得不中止这一政策。1999 年国务院办公厅《关于加强土地转让管理严禁炒卖土地的通知》明确规定："农民住宅不得向城市居民出售，也不得批准城市居民占用农民集体土地建住宅。"这一规定是禁止城镇居民取得农村宅基地的开始，农村宅基地的交易、转让对象自此进一步受到限制。此项禁限，再加上 1986 年《土地管理法》规定闲置、超面积的宅基地要由集体收回政策，使宅基地的转让既缺少受让对象，也缺少可靠的预期，还与《继承法》产生冲突，极大地抑制了市场化发展。市场化进程的峰回路转是在 2004 年开始出现的城乡建设用地"增减挂钩"机制，该模式虽然主要是由政府主导，但却开启了盘活农村宅基地并在城乡之间流转的大幕，农民的土地财产权益可以在一定程度上得到实现。2007 年颁布的《物权法》对农民宅基地使用权用益物权属性的界定，在法律上为农村宅基地的市场化提供了前行的基础。

三、地方经济与农村宅基地流转

经济发展和城市化推进，使农村宅基地尤其是城郊地区的农村宅基地的保障功能日渐萎缩，而资本功能日益加强。农村宅基地功能的这种变化，客观上要求有关管理制度也作相应的改革，以适应资本增值的本性与流动的冲动，从而优化资源配置，增加社会财富。在中央政府、地方政府、农民三者的博弈中，中央政府的目标更多的是倾向于耕地保护、宏观经济与社会的稳定，地方政府尤其是基层政府关注的是本地的 GDP 与农民收益的提高，农民的目标则全在如何提高宅基地的收益。三者目标的不同，必然导致其行为取向存在差异。农民及地方政府积极主动地推动农村宅基地的市场化，形成"宅基地市场普遍存在，越是经济发达的地区越活跃"[①] 的状况。

---

① 黄小虎：《建立城乡统一的建设用地市场研究》，载《上海国土资源》，2015（2）。

（一）地方政府与农民合作进行的"小产权房"开发

"小产权房"是由村委会或乡镇政府主导，利用"旧村改造""村镇建设"等名义进行的住宅开发建设；有的则是得到村、乡镇两级甚至县级政府认可，由农民自行开发的住宅。购买"小产权房"能得到村委会或乡镇政府颁发的产权证书，有一定的产权保障，只是因其得不到法律的保障，故称"小产权"。"小产权房"占用的绝大部分是宅基地，非宅基地的建设用地约占20%，是农村宅基地资源配置的一种创新模式。这一模式至迟在20世纪90年代初就已出现，因为1993年北京曾清查过"小产权房"。① 2007年"小产权房"引起了全国范围内的争论，各地的"小产权房"浮出水面。北京、成都、深圳等地均有大面积连片建设的"小产权房"。② 在2009年的北京，"小产权房"占在售楼盘总量的两成左右。③ 在2007年的全国大讨论中，国务院办公厅出台了《关于严格执行有关农村集体建设用地法律和政策的通知》，规定城镇居民不得到农村购买"小产权房"。但"小产权房"仍是禁而不止。它以低廉的价格吸引买者，又因不要交纳土地出让金与配套税费，利润可观，基层政府与农民均可获得超额利益，吸引了开发者；它在现行法律法规框架下实现了消费者、农民、地方政府三方共赢。这是"小产权房"屡禁不止的根本原因。

（二）农村住房抵押撬动宅基地流转的探索

允许农村住房抵押，却不允许宅基地抵押的法律，对农村住房抵押的负面影响很大，实际上是给住房抵押设置了巨大障碍。一些地方政府因此做了些改革探索。早在1987年浙江瑞安就进行了农村土地与房产抵押贷款试验，将农村集体土地上建造的住房与国有土地上建造的住房同等对待。截至2009年6月底，仅瑞安市农村合作银行就发放农房抵押贷款1 473笔，金额4.4亿多元。④ 浙江温州于2006年则采取"多户联保"的方法，为村民进行住房按揭贷款。《中国青年报》的一则报道认为，安徽在2008年实行的农房抵押贷款，有望实现农村宅基地的市场化流转。湖南则从农房入手，将农村产权改革渐次推及宅基地流转。⑤ 由于住房属不动产，一旦抵押过程中实现住房收归银行的情况，实际上就等于收走了宅基地，发生了农村宅基地的流转。正如学者指出的，这一政策"其实等同于试行农村宅基地抵押"。⑥ 除了住房抵押外，农村宅

---

① 武建东：《"城乡规划法"将"小产权房"送到改革热点顶端》，焦点房地产网，2007年12月25日。
② 王小乔：《变革土地制度的时机已经成熟》，载《南方周末》，2007年10月11日。
③ 黄小虎：《新土改：政府不再经营土地》，载《经济导刊》，2013（7/8）。
④ 喻文莉：《转型期宅基地使用权制度研究》，199页，北京，法律出版社，2011。
⑤ 李丽：《农村住房抵押贷款，撬动农村内需的阿基米德支点？》，载《中国青年报》，2009年4月13日。
⑥ 佚名：《沉睡资本苏醒，浙江涌现农民住房抵押贷款试验》，新浪网，2007年12月10日。

基地改革走在前列的广东省国土地资源厅还在 2007 年上报了《关于加强农村宅基地管理的通知》，提出"农民合法宅基地可以上市流转"的政策建议。[①] 虽然这一方案没有批准，但面对土地资源的"饥渴"，一些地方政府开始赞成农民得到更充分的宅基地权益，让农民通过市场行为供应更多的土地，实现地方政府与农民的双赢。[②]

（三）拆村并点与宅基地换房

农村宅基地的使用一直处于粗放状态，并随着农村劳动力流动、常住人口的减少而呈加剧态势。住房闲置、空心村均在增加，这就对农村宅基地的集约利用提出了要求。而要实现集约利用，就要有宅基地的流动。在城市化较早、土地供求矛盾尖锐的一些地区，适应这一要求产生了拆村并点、宅基地换房等制度创新。其做法主要是政府主导，兴建新的农民集中居住区，将旧的村居宅基地进行整理，或作耕地或作建设用地，视规划情况等而定。也有少数政府监督、企业主导的模式。这些做法的关键之处是让农民得到实惠，实现政府、农民、企业等多方共赢。江苏昆山市早在 1985 年就开始了这项工作，并取得了较好成效，到 2002 年已动迁农户 8 394 户，减少自然村 208 个，建立了 15 个新型农民社区，村庄整理总面积达 6 100 亩。[③] 上海市也在 20 世纪 90 年代提出了"农民向集镇集中、农田向农场集中、工业向工业园集中"的"三集中"战略，拆村并点是其中的重要内容。农村宅基地换房则主要是郊区农民以宅基地置换城镇的住房，并辅以社保等福利供给，让农民融入城市，实现市民化。上海、天津等在这方面探索较早，成效显著。这些做法是后来中央提倡的"增减挂钩"的先声。

第五节　农村集体建设用地制度

"农村建设用地"概念的正式提出是在 1986 年的《土地管理法》中。农村建设用地，包括农民宅基地、乡镇企业用地、公共设施和公益事业用地以及经依法办理了合法的农地转用手续的农用地四个组成部分。一般认为这是广义的农村集体建设用地。2008

---

① 《广东再探"法律雷区"，拟让农村宅基地上市流转》，新华网，2007 年 6 月 26 日。
② 吴远来：《农村宅基地产权制度研究》，145 页，长沙，湖南人民出版社，2010。
③ 朱洪才、王雪明：《建设新型农民社区——对昆山市开展村庄整理的调查与思考》，载《中国土地》，2003（2）。

年中共十七届三中全会提出的"农村经营性建设用地"概念，是指除农村宅基地、公益性用地之外的用于经营的建设用地，主要是指乡村企业用地。这可理解为狭义的农村建设用地。本章的农村建设用地不包括宅基地。

一、农村集体建设用地政策的演变

农村集体建设用地的政策演变，以1997年为界，分为两个时期。1997年之前，农村建设用地的取得相对宽松。1978年之前，城市化率低，乡镇企业也不发达，农村集体建设用地数量少，耕地紧张问题没有显现，农村集体建设用地的管理松散，人民公社持有一定的审批权，但在实际操作中，可以不经公社而由生产队自行决定，只要社员没意见即可。改革开放初期，基本延续了这种管理模式。农村集体建设用地的初始取得也比较容易，"生产队办企业只需调整一下社员承包地"，而"公社、大队办企业只需调整一下生产队的土地"即可。① 此后，随着农村经济的发展，农村建设用地增加，政策有所调整但力度不大，依然相对宽松。1982年《村镇建房用地管理条例》规定："农村社队企业、事业单位申请建设用地，经社员代表大会讨论通过后，报县级以上人民政府批准。"1986年、1988年的《土地管理法》都规定"乡（镇）村企业建设需要使用土地的……由县级以上地方人民政府批准"。

改革开放初期，国家鼓励利用集体土地兴办乡镇企业，发展农村经济。至20世纪90年代，乡镇企业占全国经济总量的一半，如浙江湖州1997年年底乡镇企业占全市工业经济的80%以上。乡镇企业的迅速发展，必然导致农村建设用地需求增大。据统计，1978年全国乡镇企业为152.4万个，乡村工业用地为15.7万公顷；1985年乡镇企业增至1 222.5万个，用地增至56.3万公顷，比1978年扩大了约2.6倍；到1995年，乡村集体企业仅占用耕地数就达75.07万公顷；② 1985—1997年，农村集体建设用地的每年使用量都超过同期国有建设用地使用量。在当时对土地的经济社会需求骤增且土地可无偿取得的制度环境下，必然导致土地的粗放利用，管理失序及危及耕地等问题显现，从而使规范管理、从严控制农村集体建设用地的初始取得变得十分紧要。与此同时，20世纪90年代末乡镇企业的大规模改制，使原先的集体所有大多改成了私人所有，私人企业当然就不能再无偿地使用集体的土地，相关政策也需要实行必要的

---

① 蒋省三、刘守英、李青：《中国土地政策改革——政策演进与地方实践》，52页，上海，上海三联书店，2010。
② 陈利根、龙开胜：《中国农村集体建设用地流转的发展历程及改革方向》，载《中国农史》，2008（2）。

转变。于是，建设用地指标的审批管理应运而生。

用地指标审批管理始于1998年。指标主要用于省会城市及其他中心城市，县级很少分配到用地指标。在用地指标政策转向的同时，国家法律也随之跟进，1998年的《土地管理法》第六十条规定："农村集体经济组织使用乡（镇）土地利用总体规划确定的建设用地兴办企业……县级以上地方人民政府批准；其中，涉及占用农用地的，依照本法第四十四条的规定办理审批手续。"而第四十四条的规定是："建设占用土地，涉及农用地转为建设用地的，应当办理农用地转用审批手续。""涉及农用地转为建设用地的，由省、自治区、直辖市人民政府批准。"也就是说，当要把农用地转为农村建设用地时，要有省级政府批准。而地方政府征用基本农田一律要上报国务院批准，征用基本农田之外的耕地超过35公顷也要上报国务院批准。农村建设用地虽然可不作为土地征用处理，但"在地方重点工程和产业优先发展项目的建设用地都要经过严格审批才能获得的现实下，农民利用集体土地从事建设在政府的考虑中无疑处于不利的地位"。同时，该法还有下列新的提法："兴办企业的建设用地必须严格控制。""农村村民一户只能拥有一处宅基地。""农民集体所有的土地的使用权不得出让、转让或者出租用于非农业建设。"显然，关于农村集体建设用地政策朝着控制趋紧方向发展。①

二、农村集体建设用地的流转

城乡之间建设用地的配置，改革开放之前是计划经济的行政手段调配，之后则是国家对城市建设用地一级市场的垄断及指标管控。在农村经济发展中，集体建设用地的利用与流转，长期以来只能在夹缝中蹒跚前行，从严禁流转，到有限范围的流转，再到同地同价同权的提出，逐渐探索农村建设用地制度改革的市场化方向。

（一）1978—1983年，禁止土地流转

改革开放前，在政社合一的人民公社体制下，农村集体建设用地的自由流转被全面禁止，土地的配置完全由行政权力进行。1978年之后，这种农村集体建设用地的行政管理方式仍沿用了一段时期，农村集体建设用地流转被限制在集体成员内部进行。1980年《国务院关于中外合营企业建设用地的暂行规定》强调："严禁买卖或变相

---

① 刘梦琴、傅跃华：《农村集体建设用地制度的演进和创新——以广州市为例》，载《南方农村》，2008（6）。

买卖土地,违者应受法律制裁。……到期的土地……企业不得自行转让。"1981年《国务院制止农村建房侵占耕地的紧急通知》重申"分配给社员的宅基地、自留地(自留山)和承包的耕地,社员只有使用权……不准出租、买卖和擅自转让"。这里的"不准擅自转让"虽暗含"转让"之意,但那完全是由行政手段支配进行的。1982年《国家建设征用土地条例》规定:"禁止任何单位直接向农村社队购地、租地或变相购地、租地。农村社队不得以土地入股的形式参与任何企业、事业的经营。"

(二)1984年至1995年,允许有限的市场方式流转

1984年中央一号文件"鼓励土地逐步向种田能手集中",这虽是开放耕地流转的政策,但也为农村集体建设用地流转的放开营造了氛围和参照系。1985年《中共中央国务院关于进一步活跃农村经济的十项政策》提出:"允许农村地区性合作经济组织按规划建成店房及服务设施自主经营或出租。"这与1982年《国家建设征用土地条例》提出的"禁止以土地入股的形式参与任何企业、事业的经营"规定相比,是一大突破。1986年《土地管理法》规定:"国有土地和集体所有的土地的使用权可以依法转让。土地使用权转让的具体办法,由国务院另行规定。"1988年《宪法》也明确提出:"土地使用权可以依照法律的规定转让。"据此,意味着包括农村集体建设用地在内的土地流转,在法律上获得了一定认可。然而,这一时期为农村建设用地市场化流转的起步阶段,改革力度较小,流转的限制仍然较多,在两处表现得尤为突出:一是该时期修订的《土地管理法》仍将流转限制在农村集体经济组织之内;二是政府仍垄断国有土地一级市场。1994年的《城市房地产管理法》规定:"城市规划区内的集体所有的土地,经依法征用转为国有土地后,该幅国有土地的使用权方可有偿出让。"过多的限制,使这一时期的法规政策仍然滞后于经济发展的需要。乡镇企业的异军突起,在对农村建设用地的初始取得有新的要求时,更对建设用地的流转提出了要求。在公开、正规流转受限的情况下,经济发展客观要求的流转就转入了地下,隐性土地流转市场涌现,并发展出转让、入股、联营、出租等多种形式。政策创新的实践进入20世纪90年代之后,在珠江三角洲、长江三角洲及一些大城市郊区,农民利用政策和法律空间,自建标准厂房、仓库和店铺等用于出租,或者干脆不顾相关法律限制,直接进行土地的非法出租或转让。这种通过隐性市场将农地转变为非农建设用地,已经达到"巨大的、惊人的"数量。[①]

---

① 方湖柳:《农村非农建设用地进入市场的时机已到》,载《中国改革》,2006(6)。

（三）1996—2012 年，同地同价同权的试点探索

在现实经济发展中应需而生的农村建设用地隐性的市场流转，引起了国家的关注，促使国家开始以大规模试点的办法探索农村建设用地流转。1996 年，在国家土地管理局的支持下，苏州市出台《苏州市农村集体存量建设用地使用权流转管理办法》，一方面扩大流转范围，另一方面对无序的隐性流转市场进行规范管理。此后几年里，国土资源部相继在安徽芜湖、江苏南京、上海青浦区、浙江湖州、广东南海进行土地流转试点工作，形成了有影响的"芜湖模式""湖州模式""南海模式"等成果。2001—2002 年，国土资源部组织试点地区在湖州市、苏州市、安阳市召开了三次"土地制度创新座谈会"，总结各地经验，力图加以推广，但在"2003 年前后……有关决策层对集体土地进入市场的认识出现反复，改革试点事实上停止了"。[①] 2004 年《国务院关于深化改革严格土地管理的规定》提出："在符合规划的前提下，村庄、集镇、建制镇中的农民集体所有建设用地使用权可以依法流转。"在大规模试点探索创新精神的鼓舞下，2005 年，广东省出台《广东省集体建设用地使用权流转管理办法》，规定省内的农村集体建设用地可以直接进入市场，并与国有土地同地同价同权；2008 年，河北省《集体建设用地使用权流转管理办法（试行）》明确规定土地收益属所有权人所有，把地方政府和其他单位排除在收益分配主体之外。[②] 这些构成了地方政府在农村建设用地改革中又一重大的突破性举措。

与此同时，在 20 世纪 90 年代各地开始的试验，逐渐演变成了城乡建设用地与耕地"增减挂钩"这一带有共性的模式，并得到中央的肯定。2000 年国土资源部《关于加强耕地保护促进经济发展若干政策措施的通知》提出："对国家和省级试点小城镇，单列编报下达一定数量的建设占用耕地周转指标。小城镇建设建新拆旧完成后，经复核认定的复垦成耕地的面积必须大于建设占用的耕地面积。"2004 年国务院《关于深化改革严格土地管理的决定》明确提出城镇建设用地增加与农村建设用地减少相挂钩的总量控制做法。国土资源部于 2005 年出台《关于规范城镇建设用地增加与农村建设用地减少相挂钩试点工作的意见》，在天津、山东、浙江、安徽、江苏、广东、湖北、四川等省（市）确定了 28 个县（市、区）进行大规模的试点，正式启动城乡建设用地增减挂钩工作。2005 年的这份文件被称作"中央政府首次对地方政府在土地

[①] 黄小虎：《征地制度改革的历史回顾与思考》，载《上海国土资源》，2011（2）。
[②] 伍振军、林倩茹：《农村集体经营性建设用地的政策演进与学术论争》，载《改革》，2014（2）。

制度方面的创新给予合法表达，挂钩项目区的概念正式形成"。① 2006年，国土资源部在《关于坚持依法依规管理节约集约用地支持社会主义新农村建设的通知》中又强调："稳步推进城镇建设用地增加和农村建设用地减少相挂钩试点、集体非农建设用地使用权流转试点，不断总结试点经验，及时加以规范完善。"在各地的试验中，成都、重庆规模较大，成效显著，影响深广。成都市将农地确权、土地整理、增减挂钩工作综合推进，通过给农村集体土地还权赋能、城乡建设用地同地同权同价，实现农民土地权益，缓解城市用地紧张，统筹城乡发展。据统计，成都市在2003—2008年实施试点的5年间，城市居民收入增长了1.76倍，与北京（1.78倍）、上海（1.79倍）、天津（1.88倍）、重庆（1.78倍）相当。而成都市农村居民收入增长更快，5年间增长了1.77倍，高于北京、上海、天津、重庆。② 当全国的城乡居民可支配收入差距由2003年的3.21∶1上升到2008年的3.33∶1时，成都的城乡差距却在缩小，从2003年的2.64∶1缩小到2008年的2.61∶1，③ 以土地改革为中心的城乡统筹确有成效。2008年，重庆市实施《重庆市农村土地交易所管理暂行办法》，将包括农村集体建设用地内的集体土地使用权进行公开交易。其做法是将城乡建设用地增减挂钩中节约出来的建设用地指标作为"地票"进入土地交易所进行交易。交易方式主要是公开拍卖。交易所得费用绝大部分返还给土地的主人即农民。正是在各地广泛试验的基础上，2008年的十七届三中全会通过的《中共中央关于推进农村改革发展若干重大问题的决定》提出："逐步建立城乡统一的建设用地市场，对依法取得的农村集体经营性建设用地，必须通过统一有形的土地市场、以公开规范的方式转让土地使用权，在符合规划的前提下与国有土地享有平等权益。"这一精神成为全国集体建设用地改革的发展方向。

综上所述，在农村集体建设用地的制度改革中，人们看到的是国家政策与地方政策在渐进地作出调整，而国家法律的变迁仍明显地滞后于经济社会发展的需要。1998年《土地管理法》依旧把农村集体建设用地限制在较小的范围，即"农村集体经济组织使用乡（镇）土地利用总体规划确定的建设用地兴办企业或与其他单位、个人以土地使用权入股、联营等形式共同举办企业"，以及"符合土地利用总体规划并依法取

---

① 北京大学国家发展研究院综合课题组：《还权赋能：奠定长期发展的可靠基础——成都市统筹城乡综合改革实践的调查研究》，12页，北京，北京大学出版社，2010。
② 北京大学国家发展研究院综合课题组：《还权赋能：奠定长期发展的可靠基础——成都市统筹城乡综合改革实践的调查研究》，13页，北京，北京大学出版社，2010。
③ 北京大学国家发展研究院综合课题组：《还权赋能：奠定长期发展的可靠基础——成都市统筹城乡综合改革实践的调查研究》，54~55页，北京，北京大学出版社，2010。

得建设用地的企业，因破产、兼并等情形致使土地使用权依法发生转移"，超出此范围，就"不得出让、转让或者出租于非农业建设"。法律建设的滞后，意味着国家政策、一些处于改革前沿的地方政策，与法律不可避免地会发生冲突。一旦出现纠纷，诉讼双方可选择不同的法规政策各执一词，给调解仲裁带来困难。同时，这种法律滞后所导致的法律与政策的矛盾，又制约了税收等相关政策的配套跟进，引发国家税收流失、社会严重不公和官商勾结的腐败现象。

第六节 农村土地征收制度

1978 年的《宪法》还没有城市土地一定要国有的规定，对农村土地进入城市有征购、征用或者收归国有等多种方式；1982 年开始强制性征地措施，并在以后得到强化。在征地范围上，由于对公共利益缺乏清晰的界定，导致一段时期实际上的没有限制。在征地安置补偿上，先是从"要地又要人"的就业安置、让农民成为市民享受城市化成果，变成了"要地不要人"，农村土地被征后农民不能成为市民，也不能分享土地增值收益[①]，再到 2008 年的中共十七届三中全会后，排斥农民分享城市化成果的状况开始发生新的转变，农村土地征收制度的强制性、征收范围和补偿安置等均出现向有利于农民的方向发展。

一、农村土地征收制度

现行的征地制度起始于 20 世纪 50 年代，其主要文本是 1953 年颁布、1958 年再作修订的《国家建设征用土地办法》。当时的背景是国家确立了优先发展重工业、建立完整的工业体系的发展战略，由于资本短缺，只能以压低生产要素价格、提取农业剩余的方式供给工业发展的需求；再加上当时实行计划经济，资源配置由行政手段进行。在此情形下的农村土地征收，计划经济色彩浓郁，而且强制性明显。当时的文本中没有出现强制性内容的措辞，是以"被征地者的生产生活有妥善安置"作为基本原则，

---

① 黄小虎：《征地制度改革的历史回顾与思考》，载《上海国土资源》，2011（2）。

群众路线色彩鲜明，明确指出征地补偿费要与土地被征用者"共同商定""共同评定"，"表现出对普通群众利益的深切关注，并不突出征地的强制性特征"。①

在涉及农民权益与土地征收方面，1978年的《宪法》承接1975年的内容，没有规定城市土地全部为国有，这样在城市规划范围内的农地不一定非要采取征收的方式变为非农用地。当时的《宪法》明确了多种农地进入城市用地的方式："国家可以依照法律规定的条件，对城乡土地和其他生产资料实行征购、征用或者收归国有。"《宪法》并列使用了征购、征用、收归国有三种方式。从严格的定义来说，征购接近市场交易，征用则是保留所有权出让使用权，②收归国有才是真正的征收。这一时期承接20世纪50年代及"文革"期间的土地征收政策惯性，管理松散，强制性也弱，但这种状况显然不适应新时期的发展需求。随着经济的发展，建设用地需求量猛增，土地征收中征收方与被征收方的矛盾开始凸显，引起社会关注。这在当时的新闻媒体及领导讲话中都可见到。如方毅就在1980年的政协会上说："国家企业、事业要发展，要用地，而土地有限，郊区和农村土地归集体所有，变成了他们向国家敲竹杠、发洋财的手段……国家财政开支变成了无底洞。"③1982年4月国家基本建设委员会吕克白说："有些地区征地费用越来越高，加上有些干部片面迁就和支持农民的要求，把多收征地费当成使农民富起来的捷径……许多建设单位因为满足不了社队或有关方面提出的征地条件，建设工期一拖再拖，影响了国家建设。"④当时刚刚从"政治挂帅"的时代走出不久，家庭承包经营制度的实行又激发了人们发财致富、关注个人利益的意识；再加上当时以经济建设为中心，"效率优先，兼顾公平"的社会氛围使新的土地征收政策法规更注重国家利益、更关注征收效率。

1982年5月，国务院颁布的《国家建设征用土地条例》是明确土地征收的强制性的开始。该条例首先删除了以往"安置优先"条款，取而代之的是第四条所规定的"征地服从"条款："国家建设征用土地，凡符合本条例规定的，被征地社队的干部和群众应当服从国家需要，不得妨碍和阻挠。"首次明确提出了征地的强制性概念。⑤1982年12月颁布的《宪法》又规定城市土地属于国家所有，实际上是规定了城市扩张必须经政府征收土地的做法，是征地范围上的强制性。《国家建设征用土地条例》的做

---

① 柴涛修、刘向南、范黎：《新中国征地制度变迁评述与展望》，载《中国土地科学》，2008（2）。
② 在20世纪80年代的文件中，大都使用"征用"一词代替"征收"，严格说来是不准确的。
③ 《政协委员在小组讨论会上发言摘登》，载《人民日报》，1980年9月13日第5版。
④ 吕克白：《关于〈国家建设征用土地条例（草案）〉的说明》，载《中华人民共和国国务院公报》，1982（10），444页。
⑤ 冯昌中：《中国征地制度变迁》，载《中国土地》，2001（9）。

法写入了 1986 年的《土地管理法》，上升为法律，并沿用多年。1994 年分税制改革后，地方政府作为相对独立的经济体的色彩更浓厚，迫于财政支出压力以及 GDP 发展的政绩，地方政府越来越依赖于、热衷于通过土地征收、经营城市招商引资发展经济，"土地财政"由此形成。在此氛围下，本来很强的土地征收强制性进一步发展。1998 年的《土地管理法》删除了"征地服从"性内容，但当年国务院发布的《土地管理法实施条例》又变相把强制性内容复活了，其第二十五条规定："征地补偿、安置争议不影响征用土地方案的实施。"2001 年国土资源部的《征用土地公告办法》第十五条也作了相同规定。在征地中，与农民利益相关的就是补偿与安置。

土地征收强制性的另一表现是征收中发生的纠纷几乎不能通过司法途径解决。其原因在于：一是《最高人民法院关于审理涉及农村土地征收引起的纠纷案件适用法律问题的解释（2005 年）》规定，集体经济组织成员就土地补偿费数额提起诉讼的，人民法院不予受理；二是中国法律规定国务院的具体行政行为不受诉，而每年的征地有 1/3 是经国务院批准的，因此被排除在司法审查之外；三是《土地管理法实施条例》规定了对征地补偿安置争议不服的裁决程序，法院可以裁决前置为由拒绝受理。

进入 2004 年，农村土地征收的强制性势头出现了衰退。随着强制性土地征收中农民群体性事件及上访事件的迅猛增多，也随着 21 世纪初统筹城乡发展理念的形成，整个社会对土地征收中农民权益保护的关注度不断增强，农村土地征收的强制性减弱。2004 年的《宪法》重又出现"征收""征用"并列的提法；2006 年国务院出台的《关于加强土地调控有关问题的通知》提出，社会保障费用不落实不得批准征地；2007 年《物权法》明确规定，国家保障一切市场主体平等的法律地位和发展权利；2008 年十七届三中全会进一步提出，逐步建立城乡统一的建设用地市场，农村经营性建设用地在符合规划的前提下与国有土地享有平等权益，意味着农村经营性建设用地可以不经征收进入城市用地市场；2011 年《国土资源部办公厅关于切实做好征地拆迁管理工作的紧急通知》要求，各地政府"要认真反复做好政策宣传解释和群众思想疏导工作，得到群众的理解和支持，不得强行实施征地拆迁，对于群众提出的合理要求，必须妥善予以解决"。从这一系列政策可以看出，农民的土地权益与主体地位越来越得到重视，特别是 2011 年的《紧急通知》已有与被征地者协商、取得其同意的内涵，土地征收的强制性明显弱化。

二、农村土地征收范围

改革开放之前的征地范围几乎没有限制。1953年12月《政务院关于国家建设征收土地办法》提出根据国家建设的需要征收土地。"国家建设"的界定相当宽泛,既包括公益性事业,也包括其他经济、文化建设,因而征地范围几乎没有限制。以后基本上都是沿用这一思路,并有所发展。

如前所述,1975年、1978年及其之前的《宪法》均没有将城市土地全部定为国有,这样有些城市用地可以不转换所有权,以农村集体所有的形式直接进入城市,因而土地征收范围可不涉及全部的城市用地。1982年修改《宪法》时,鉴于当时因征地数量猛增、农民权益意识开始觉醒导致征地矛盾上升并延缓国家工程建设进度的情形,出于降低国家建设成本、提高经济建设效率的考虑,保留了农村土地集体所有,但将城市土地规定为国有。这样所有的城市用地都要实施征收,转为国有才可用于城市建设,征收成了唯一的选择,实际上是扩大了农村土地征收的范围。该法在文字上还是有所修饰,提出"国家为了公共利益的需要,可以依照法律规定对土地实行征用"。将征地范围限定在"公共利益"之内,这与城市土地属于国家所有是矛盾的。有学者称这是导致日后征地问题的症结所在。这样矛盾的表述,在当时的语境下却不会导致理解的混乱,因为在该《宪法》颁布之前,1982年5月已有《国家建设征用土地条例》出台,规定"国家进行经济、文化、国防建设以及兴办社会公共事业,需要征用集体所有的土地时,必须按照本条例办理"。这与1953年的界定完全一样。1986年、1988年《土地管理法》将之上升为法律。

20世纪90年代,对外开放的进一步拓展、分税制的实施、地方政绩GDP考核的强化,使土地在经济发展及地方财政收入的作用更加突出,产生了滥征土地、粗放利用、耕地数量减少等问题。解决这些问题的治本之策是缩小征地范围,这又是一个与经济发展并存的两难选择。中央高层决策及时推出了以保护耕地为核心的土地制度调整。1998年新修的《土地管理法》提出了"土地用途管制"和"耕地占补平衡"等理念,以"耕地保护"为中心,将过去的分级限额审批制度变革为以土地用途管制为核心的农用地转用和征地审批制度,缩小了征地的审批权限,取消了县级政府的审批权,同时对存量土地供给的审批权则予以下放,从而激励了各地盘活存量土地的动机,力图控制征地的总量。该法虽然删去了有关征地范围的传统提法,但以"任何单位和个人进行建设，需要使用土地的，必须依法申请使用国有土地"做了意义相同的替代，没有对征地范围做任何变革。这种不涉及征地范围缩小的治标之策，"实施的结果背离了制度设计的初衷，不仅没有保护好耕地，相反使得大量的农用地变成了城市建设用地"。①2004 年的《土地管理法》依旧如此，仍然是把公益性用地和非公益性用地都纳入了征地范围。2007 年的《物权法》明确了农村土地的财产性质。

2008 年中共十七届三中全会《中共中央关于推进农村改革发展若干重大问题的决定》提出："改革征地制度，严格界定公益性和经营性建设用地，逐步缩小征地范围。"这标志着对征地范围改革的开始。2010 年，国土资源部启动新一轮征地制度改革，确定在 11 个城市开展征地制度改革试点，首要内容就是区分公益性用地，缩小征地范围。②2011 年 1 月国务院颁布的《国有土地上房屋征收与补偿条例》对公共利益做了界定，并将之作为房屋征收的依据。有学者认为，城市房屋的征收实际上是城市土地使用权的征收。从这意义上说，在法律上，中国土地征收制度已有了巨大进步，并为农村集体土地征收提供了有借鉴价值的法律条款。③事实也是如此，2011 年 5 月国土资源部办公厅《关于切实做好征地拆迁管理工作的紧急通知》就有这样的提法："国务院颁发《国有土地上房屋征收与补偿条例》以来，进一步增强了广大干部群众依法依规做好农村集体土地征收拆迁的自觉性。"这表明，不仅基层将《国有土地上房屋征收与补偿条例》借鉴用于农地了，而且国土资源部也将之借鉴并用于农村集体土地的征收了。将土地征收限制在公益性用地范围，已成为发展方向。

三、农村土地征收安置补偿

农村土地征收的安置补偿事关农民的切身利益，也是土地征收工作中矛盾的焦点，纠纷与恶性事件均由此引起。现行征地安置补偿的原则与方法，始于 20 世纪 50 年代，即按土地的原用途补偿和农业就业与非农业就业安置并存的格局，那时实际就已形成。当时强调"公平合理"的补偿原则，"妥善安置是土地征用的必要前提，社会公平优先于经济效率"。④这种公平优先的安置补偿原则一直持续到改革开放初期。

1982 年，国务院公布了《国家建设征用土地条例》（以下简称《征用土地条例》），

---

① 高洁：《基于农民权益保护的集体土地征收与流转研究》，104 页，武汉，湖北人民出版社，2013。
② 宋洪远：《中国"三农"重要政策执行情况及实施机制研究》，220 页，北京，科学出版社，2016。
③ 汪晖：《中国征地制度改革——理论、事实与政策组合》，44 页，杭州，浙江大学出版社，2013。
④ 齐睿、李珍贵、王斯亮、谢锦：《中国被征地农民安置制度变迁分析》，载《中国土地科学》，2013（10）。

其主要目的是为了规范管理当时因经济建设猛增的土地征收工作，遏制征地纠纷延缓国家工程建设、杜绝吃国家"基建大户"的现象，不仅明确提出了征地的强制性，而且开始改变自20世纪50年代形成的"安置优先"原则，征地制度的重心整体上向效率倾斜，安置补偿中农民的利益开始得不到充分的体现。《征用土地条例》规定，耕地补偿费是"为该耕地年产值的200%至15倍"，"征用宅基地的，不付给安置补助费"；在就业安置上，鼓励发展集体工副业和服务性产业，但土地入股被明令禁止。《征用土地条例》体现的是当时以发展经济、调整农村产业结构解决农村问题以及征地问题的思路，计划经济特征明显，并且暗含以农村集体发展二、三产业自行解决安置问题的意思。1986年的《土地管理法》则将上述《征用土地条例》中的安置补偿内容上升为法律，1988年的《土地管理法》仍予沿用。在这一时期，征地就业安置中，进城当工人的安置仍有一定的比例，这在城乡二元结构之下对被征地农民具有相当的吸引力，也实实在在地解决了其后顾之忧。进入20世纪90年代后，乡镇企业和国企改制相继进行，一些工人下岗，一方面政府与企业无力进行非农就业安置，另一方面这种安置也开始失去了吸引力。这时对失地农民来说，最为实在就是较高的补偿费。与此同时，社会主义市场经济建设的迅猛推进，城市化的快速发展，使土地价格飙升，农民的征地补偿所得与国家垄断的土地市场价格差别巨大，必然使农民对补偿产生更高的期望；再加上物价上涨带来的生活费用的提高，进一步凸显了补偿的不合理，征地补偿的提高已经是势在必行。这种提高征地补偿标准的要求，在1998年的《土地管理法》中得到了反映。该法上调了各项安置补偿标准，将原来的各项补偿费用之和不得超过"被征土地前三年平均年产值的二十倍"调整为"三十倍"。显然，这一标准仍然偏低，并且对征地农民的就业、社会保障等问题几乎没有涉及，基本上仍是延续了计划经济体制下的补偿安置体制，法律严重滞后于现实经济社会发展实践。

国土资源部1999年发布的《关于加强征地管理工作的通知》，使农民的征地安置补偿制度进入多元化补偿的新时期。该通知第一次提出"以市场为导向的多途径安置机制"，鼓励货币安置、社保安置，并明确提出留地安置、鼓励土地入股等形式。2002年，国家在统筹城乡发展战略的指导下，农村征地安置补偿进一步得到重视，公告制度、协商制度、听证制度、争议协调裁决制度和动态调整机制等都相继建立和完善，征地补偿标准形成机制的市场化不断发展。2005年7月，国土资源部《制定征地统一年产值标准和区片综合地价工作的通知》提出，经济发达东部地区"应制定区片综合地价"，具备条件的中、西部地区"应积极推进区片综合地价制定工作"，而"其他暂不具备条件的地区可制定统一年产值标准",全国各地要"力争在2005年年底完成本地区征地统一年产值标准和区片综合地价的制定及公布工作"。2006年8月,国务院《关于加强土地调控有关问题的通知》规定"社会保障费用不落实的不得批准征地"。同年发布的《关于推进社会主义新农村建设的若干意见》则将被征地农民的就业培训纳入安置范畴。2007年4月,劳动和社会保障部、国土资源部联合发布《关于切实做好被征地农民社会保障工作有关问题的通知》,要求各地尽快建立被"征地农民社会保障制度,确保被征地农民社会保障所需资金"。2008年6月,国土资源部《关于切实做好征地统一年产值标准和区片综合地价公布实施工作的通知》要求"各地切实做好新的征地补偿标准公布实施工作"。对于征地补偿标准的更新、调整周期,该通知规定:"征地补偿标准原则上应每2~3年更新一次,逐步提高;经确认补偿标准不需要进行调整的,也要予以重新公布。"2008年10月,中共十七届三中全会提出以"同地同价原则"进行征地补偿,妥善"解决好被征地农民就业、住房、社会保障"问题。2010年6月,国土资源部《关于进一步做好征地管理工作的通知》引入"征地补偿标准动态调整机制",要求"每2~3年对征地补偿标准进行调整"。同年,国土资源部在11个城市启动了新一轮改革试点,完善征地补偿安置机制被作为重要内容之一[①]。上述系列有关征地安置补偿政策的密集出台及其试点表明,一个充分考虑被征地农民意愿、征地供求双方共同定价的征地补偿标准体系,正在逐步建立。

---

① 宋洪远:《中国"三农"重要政策执行情况及实施机制研究》,220页,北京,科学出版社,2016。

第一节　农产品流通体制改革
第二节　农产品市场体系建设
第三节　培育农产品流通主体
第四节　农产品市场的宏观调控与法制建设

第三章　农产品市场制度

中国的农产品流通体制经过改革，已经实现了历史性的转型。随着农村经济市场化改革的逐步深入，农产品购销的计划管理体制被彻底废除，农村市场体系初步建立，多元化的流通主体已经形成，农村市场正朝着现代化的发展目标迈进。

农产品流通体制的改革在中国经济体制改革过程中发挥了先导性作用，与家庭承包经营制改革相辅相成，相互推动，构建新型农村经营体制以及适应现代农业发展的新型城乡流通体系，促进了农业增产、农民增收，推动了农村产业结构调整和农村经济不断发展。制度变革成为农村市场经济发展的直接动力。

第一节　农产品流通体制改革

回顾改革历程，国民经济从计划经济体制向市场经济体制转变，历经波折，曲折前进。其间有理论上的困扰，也有现实中的挫折和反复。而思想解放、理论突破直接决定了改革的方向。在农产品流通方面，随着农村市场化改革逐步深入，计划经济理论框框一步步被突破，现实与理论相互作用，推动制度和政策不断创新，农产品流通体制改革深入进展。在改革路径上，则是沿着从单项重点试点到全面综合推进，从分散、无序到制度化、法制化的方向，稳步推进。

一、农村改革发展推动农产品流通体制改革逐步深化

1978—2012年，农产品流通体制改革大体可分为4个阶段。

第一阶段，1978—1984年。在这个阶段，家庭承包经营制度确立，农村第一步改

革基本完成。但是，随着农村多种经营和商品生产的发展，农产品流通不畅的问题开始显露。计划体制下以农产品统购派购、城乡区域分割、国营商业与供销合作社垄断经营为基础的流通体制，严重阻碍农产品的自由顺畅流通，也不利于农村经济结构的调整。生产与流通的矛盾日益突出。为了加快发展农业生产，在改革初期，中央出台了一系列政策措施，放宽农产品流通，改善农村商业，疏通流通渠道。中共十一届三中全会决定，自1979年起，大幅度提高粮食及其他农副产品收购价格、放开三类农副产品的自由购销、减少统派购的品种和数量、开放农村集市贸易、疏通城乡商品流通渠道等。

随着农村形势持续好转，农村商品流通体制越来越不适应新形势的要求，农产品"卖难"成为农村经济生活中一个十分突出的问题，改革农村商品流通体制已经势在必行。1983年2月国务院批转国家体改委、商业部《关于改革农村商品流通体制若干问题的试行规定》，指出必须加快改革的步伐，要改革国营商业，发展合作和个体商业，实行多种经济形式、多种经营方式、多条流通渠道、减少流转环节的商品流通体制。文件首次提出"三多一少"，这成为此后整个流通体制改革的目标。

改革实践推动了思想进一步解放，开始突破重生产轻流通的传统理论束缚。1984年，中共中央、国务院及各相关部门连续发出文件强调，流通是商品生产过程中不可缺少的环节，抓生产必须抓流通。流通领域与农村商品生产发展之间不相适应的状况越来越突出，许多实质性问题还没有根本解决。农村商品流通体制必须进行深入改革，对关键问题要大胆突破，尽快改变流通与生产不适应的状况。要从过去那种"少"字出发、"统"字当头、管得过死的框框里解放出来，迅速转变为从"多"字出发、"放"字入手，把农村商品流通搞活。要进一步解放思想，进行根本性的改革，探索搞活流通的新途径、新形式。各级政府必须切实加强领导，一手抓生产，一手抓流通。必须把原有的按行政区划、行政层次统一收购和供应商品的流通体制，改变为开放式、多渠道、少环节的流通体制，形成城乡畅通、地区交流、纵横交错、四通八达的流通网络，发展社会主义的统一市场。①

这几年，农村商品流通政策进行了一些调整。但总体上看，这个时期的措施，如提高农产品收购价格、开放集市贸易等，并没有触及计划经济体制的实质，经济运行

---

① 《中共中央关于一九八四年农村工作的通知》，1984年1月1日；《政府工作报告》，1984年5月15日；《国务院批转国家体改委、商业部、农牧渔业部关于进一步做好农村商品流通工作的报告》，1984年7月19日。

总体上还是受计划经济理论框架的指导,是"在国家计划指导下"对原有管理僵化、统得过死的体制进行有限度地调整。但改革的大方向已定,这些调整为下一步深化改革创造了条件,是农产品流通体制改革的前奏和过渡时期。

第二阶段,1985—1992 年。一系列农村经济改革,激发了农民极大的生产积极性,农产品商品率提高,而流通渠道不畅,"卖难""买难"问题反复交替出现,影响农村经济的进一步发展。生产与流通的不协调倒逼农产品流通体制改革。中共十二届三中全会提出社会主义经济是"有计划的商品经济",这是理论上的重大突破,肯定了市场配置资源的作用。顺理成章,农村改革的重点由生产领域转向流通领域,被称为"农村第二步改革"。[①] 以 1985 年中央一号文件取消主要农副产品统购派购为标志,农产品流通体制改革拉开了大幕。

1985 年 1 月中共中央、国务院发布《关于进一步活跃农村经济的十项政策》,取消实行了 32 年的农产品统购派购制度,除个别品种外,国家不再向农民下达农产品统派购任务,而是按照不同情况,分别实行合同定购和市场收购。国家收购以外的产品逐步放开,自由上市。这标志农产品流通管理体制改革迈出了实质性步伐,取得了历史性突破。随着农产品统派购制度改革,流通体制机制与生产不相适应的各种问题和矛盾进一步暴露,也推动农村商品流通体制继续进行一系列改革。

自 1985 年秋起,我国粮食产量连年徘徊,直到 1989 年秋才有所转机。棉花产量自 1985 年大幅下降,到 1990 年没有明显回升。粮棉的供需矛盾突出。1988 年"价格闯关"改革出师不力。因此,这个时期,农产品流通体制改革出现反复,粮食收购政策收紧,采取国家按照规定价格合同定购与市场议价收购的"双轨制"。这一时期强调棉花是国家管理的计划商品,不开放棉花市场,不搞价格双轨制。[②] 长期计划经济体制积累下的体制不顺、流通渠道不畅、供求信息不对称、城乡改革不配套等,使农产品流通中存在种种障碍,许多放开的农副产品生产时多时少,时而卖难,时而买难。为搞活农产品流通,这几年中央和地方在调整购销政策、建立储备制度、开办批发市场等方面做了大量工作,但是农产品流通体制改革滞后的问题仍然十分突出,不能适应农村商品生产发展的需要。1991 年以后,随着农业生产形势好转,深化改革的问题又提上日程。1991 年 10 月,国务院发出《关于进一步搞活农产品流通的通知》,从购销政策、打破地区封锁、发挥供销合作社和国营商业作用、发展多渠道经营、农产品

[①] 《把农村改革引向深入》,1987 年 1 月 22 日。
[②] 《国务院关于提高棉花价格和实行棉花调出调入包干办法的通知》,1989 年 2 月 28 日。

市场体系建设等10个方面提出改革措施。同年11月的《中共中央关于进一步加强农业和农村工作的决定》，提出深化农产品价格和流通体制改革，要求根据商品经济的一般规律和各类农产品的具体特点，加快改革步伐。

这个时期，农产品流通管理体制改革取得一定成效。但由于指导思想仍是"有计划的商品经济"，在政策上总是强调"放管结合"，实际是"管"制约了"放"。在现实中，当时有关部门根据实际调研提出的一些具有远见的改革目标和措施，在落实中阻力重重。一些地方借助行政权力的统派购制度和习惯还没有消除，作为流通主渠道的国营商业和供销社的改革进展不大，流于形式，这些问题都需要从进一步改革中求得解决。①

第三阶段，1992—2004年。中共十四大确定了经济体制改革的目标是建立社会主义市场经济体制，确立了市场化改革的方向，彻底突破了计划经济理论的框框。随着农产品供给由卖方市场向买方市场转变，农产品流通体制改革水到渠成，逐步深化。

"九五"期间，农产品流通体制改革又上了一个新台阶。"九五"期间农村改革的总目标是逐步建立与社会主义市场经济相适应的农村经济体制和运行机制。在农产品流通方面，主要任务是深化农产品流通体制改革，逐步形成国家宏观调控下以市场定价为主的新机制和统一、开放、竞争、有序的市场体系；完善主要农产品的储备调节和风险基金制度，建立粮棉保护价格制度和农业保险制度，加快国家对农业的支持和保护体系建设。② 这期间出台了一系列政策措施，大多数农副产品放开市场经营，价格形成的市场机制逐步建立，流通领域的地区封锁和部门垄断逐步被打破，初步形成了多渠道经营、多主体竞争的格局，较好地实现了"九五"计划的要求。

1993年取消了城市的粮食计划供应（取消粮票制度），实行了40年的粮食统购统销制度彻底退出历史舞台。到20世纪后期，中国的农产品供给已经由长期短缺转变为供求总量基本平衡、丰年有余，实现了历史性的转变，其中农产品流通领域的市场化改革贡献不可忽视。2001年放开棉花购销市场，2004年全面放开粮食购销市场，标志农产品流通管理体制改革基本完成。但长期计划管理遗留的体制不顺问题仍然存在，特别是在粮棉的流通方面。

2001年中国加入WTO，农产品市场开始对外开放，中国农产品面临国际市场的竞争。而国内农产品流通中还存在不少问题和诸多制约因素，如农村市场经济的发育还处于较低程度，市场主体组织化程度低，经营规模小；农产品市场体系和交易方式

---

① 卢文：《中国城乡关系的新发展》，载《中国农村经济》，1986（11），30页。
② 《中共中央、国务院关于"九五"时期和今年农村工作的主要任务和政策措施》，1996年1月21日。

落后;农产品流通业态创新和发展滞后;农产品的生产流通管理缺少一套比较完整的法规和管理办法。下一步改革的重点从放开农产品市场转向完善流通体制机制,加强宏观调控,建立健全法律法规等,以加快农村市场化进程,优化国内市场环境,提升中国农业和农产品在国际市场的竞争力。

2003年10月,中共十六届三中全会提出完善社会主义市场经济体制的目标和任务,按照"五个统筹",更大程度地发挥市场在资源配置中的基础性作用,对健全农业社会化服务体系、建设农产品市场体系、规范市场秩序、完善对外开放的制度保障、加强对农业的支持保护体系等提出新的目标和具体要求。[①] 所有这些,对农产品流通体制改革都具有巨大的推进作用,改革进入系统化、制度化、法制化建设的新阶段。

第四阶段,2004—2012年。以2004年7月14日商务部、发展和改革委员会、财政部、农业部等八部门联合发布的《关于进一步做好农村商品流通工作的意见》(以下简称《工作意见》)为标志,这是自改革开放以来首次就解决农村商品流通问题制定的全面系统文件,其中有许多新的改革举措。这一阶段,更加强调转变政府职能,发挥市场机制的作用,重点致力于建立和完善农产品市场体系,培育和壮大农村流通主体,建立和加强政府宏观调控体系,以及适应市场经济的法治建设。

《工作意见》寻求在搞活农产品流通方面的进一步突破。《工作意见》提出要大力开拓农村市场,按照统筹城乡经济发展的要求,通过健全法律法规、完善市场机制、培育市场主体、规范市场秩序,加快建立市场化的农村商品流通体制机制,促进农民增收和农村经济全面发展。其中提出的加强农产品批发市场建设、发展农产品零售市场、扩大农产品出口、发展农产品物流、加强农村消费品流通网络建设、改善农村消费环境、建立健全新型农资流通组织、发展农民流通合作组织等政策措施,在以后都逐步得到贯彻落实。

2008年10月,中共十七届三中全会通过《关于推进农村改革发展若干重大问题的决定》,提出建立新型农业社会化服务体系;开拓农村市场,推进农村流通现代化;健全农产品市场体系,完善农业信息收集和发布制度,发展农产品现代流通方式,长期实行绿色通道政策,加快形成流通成本低、运行效率高的农产品营销网络等具体目标和任务。

2012年8月,国务院发布《关于深化流通体制改革加快流通产业发展的意见》,

---

① 《中共中央关于完善社会主义市场经济体制若干问题的决定》,2003年10月14日。

提出到 2020 年，基本建立统一开放、竞争有序、安全高效、城乡一体的现代流通体系，流通产业现代化水平大幅提升，对国民经济社会发展的贡献进一步增强。该文件提出，要深化流通领域改革开放，加快流通管理部门职能转变，强化社会管理和公共服务职能，消除地区封锁和行业垄断，鼓励民间资本进入流通领域，引进现代物流和信息技术带动传统流通产业升级改造，积极培育国内商品市场的对外贸易功能，推进内外贸一体化。同年 9 月，国务院印发《国内贸易发展"十二五"规划》，提出"十二五"期间农村市场建设的发展目标是：农村市场体系建设滞后的局面得到改善，流通基础设施建设得到加强，连锁超市行政村覆盖率显著提升，城市对农村的带动作用增强，流通现代化水平显著提升，市场应急调控能力增强，国内市场环境明显改善。

二、改革分类分级的农产品购销管理体制

计划经济体制下对农副产品购销实行产品分类、各商业机构分工分级管理的体制。农副产品收购分为三类：第一类为统购统销物资，是关系国计民生的重要产品，由国家集中全面管理，统一安排；第二类为派购和统一收购物资，包括对人民生活关系重大的农副产品，工业生产和基本建设必需的重要原料材料、包装物料，对外出口的农副产品；第三类是一、二类产品之外的，即前两类产品之外的属于第三类，这类产品品种繁多，根据不同情况采取不同管理办法。三类产品的目录由中央统一下达，各地方可以根据具体情况对目录进行适当调整或增减。对三类产品，国家采取不同的收购方式：按照国家计划规定的数量和价格直接向农民统购派购，包括一类产品以及部分二类产品；国家向指定单位下达收购任务（不向农民直接派购），按规定价格统一收购，收购任务之外的产品也必须卖给指定单位，非指定单位不得收购，主要是二类产品；此外的三类产品国家根据需要按计划价格或议价收购，国家收购任务之外的产品可以上市。根据 1962 年的分类目录，属于统购统销的农副产品共 3 种（即粮食、油料、棉花，细目 19 种），属于派购和统一收购的共 57 种（细目 266 种），属于第三类的共 12 种（细目 418 种）。[①] 改革开放前，国家收购的农副产品总额占社会农副产品收购总额的比重长期在 95% 以上。改革之初的 1978 年，这一比重为 94.4%，[②] 由国家计划管理的农产

[①] 1962 年 1 月全国商业厅局长会议文件，见《1958—1965 中华人民共和国经济档案资料选编·商业卷》，56 页，北京，中国财政经济出版社，2011。

[②] 农业部计划司编：《中国农村经济统计大全（1949—1986）》，398~399 页，北京，中国农业出版社，1989。

品有 113 种。[①] 三类产品分别由中央和地方、国营商业各相关部门和供销合作社负责管理。这种分类分级管理的计划购销体制，在一定时期起到了保证供应的作用，但随着改革开放的推进，其负面作用越来越突出，严重阻碍了农副产品的自由流通，影响农民的生产和收入，不利于农民根据市场需求安排生产，影响农村经济结构的调整。伴随农村生产经营体制改革，这种烦琐、僵化、封闭的购销管理体制的改革必然被提上日程。

1979 年，在提高统购价格的同时，缩小了粮食统购范围和数量，对水稻地区口粮在 400 斤以下，杂粮地区口粮在 300 斤以下的，一律免购。同时规定，在今后一个较长时间内，全国粮食征购指标稳定在 1971—1975 年"一定五年"的基础上，并从 1979 年起减少 50 亿斤。[②]

开展农副产品议购议销，是当时为了搞活市场而采取的一项政策，但又担心由此而引发物价波动，故对议购议销产品管理较严。据 1981 年 7 月国家物价总局等五部门发布的《农副产品议购议销价格暂行管理办法》，由国家统购的一类产品有 4 种，即粮食、棉花、油料、木材，实行派购的二类产品共 128 种，分别由供销合作社、商业部、粮食部、外贸部等 8 个部门管理。该办法规定，议购议销商品的范围，限于三类农副产品和完成收购任务以后允许上市的一、二类农副产品；一、二类农副产品中的重要工业原料、畜产品、大中城市及工矿区的大宗蔬菜、中药材（包括 34 种贵重药材）不搞议价；外贸商品基地有奖售和换购物资的主要产品也不搞议价；对少数重要的三类农副产品，在主要产地派购一部分，派购以外的部分仍属议价范围。国家对议价规定一定的浮动范围，对主要商品议购价格可以规定最高限价。[③]

随着生产发展和市场供应的改善，国家决定进一步调整农副产品购销政策，继续减少统派购的品种和数量，对鲜活产品尽量放活，对农民完成统派购任务后的产品（包括粮食，但不包括棉花）和非统购派购产品，允许多渠道经营。据此，1983 年和 1984 年，先后两次调减统购派购品种，将商业部管理的一、二类产品由 46 种减为 12 种；中药材派购品种由 30 种减为 24 种，其他药材全部放开，自由购销；林产品中的小材小料和竹木制品全部放开，同时开放一部分木材市场；淡水鱼已全部放开，现行派购的 8

---

① 宋洪远等：《改革以来中国农业和农村经济政策的演变》，见陈佳贵主编：《中国农村改革 30 年研究》，85 页，北京，经济管理出版社，2008。
② 《中共中央关于加快农业发展若干问题的决定》，1979 年 9 月 28 日。
③ 国家物价总局、全国供销合作总社、商业部、粮食部、对外贸易部：《农副产品议购议销价格暂行管理办法》，1981 年 7 月 31 日。

种海水鱼也逐步放开，允许自由购销。①1984年6月，商业部调整茶叶购销政策。边销茶继续实行派购，内销茶和出口茶彻底放开，所有茶叶生产单位和茶农，可以长途贩运，可以进城，可以批发或批零兼营。②

1985年一号文件是一个历史性的文件。文件对农产品统购派购制度进行了评价，肯定了它的历史作用，同时指出其弊端及对深化改革的负面影响。文件提出要改革农产品统购派购制度，从1985年起，除个别品种外，国家不再向农民下达农产品统购派购任务，粮食、棉花实行合同定购和市场收购；生猪、水产品和大中城市、工矿区的蔬菜，也要逐步取消派购，自由上市，自由交易，随行就市、按质论价；其他统派购产品，也要分品种、分地区逐步放开。取消统购派购以后，农产品不再受原来经营分工的限制，实行多渠道直线流通。农产品经营、加工、消费单位都可以直接与农民签订收购合同。任何单位都不得再向农民下达指令性生产计划。文件对上年还留有"尾巴"的木材和中药材购销继续放开，集体林区取消木材统购，开放木材市场，允许林农和集体的木材自由上市，实行议购议销。中药材除因保护自然资源必须严格控制的少数品种外，其余全部放开，自由购销。自此，自1953年开始实行的粮棉统购制度被废除，其他主要农副产品的统派购制度也逐渐被废除。

20世纪80年代后期，农业生产徘徊不前导致粮棉购销体制改革步伐放缓，计划管理措施抬头。粮食收购实行价格双轨制，大米由粮食部门统一收购，省间调拨实行指令性计划。棉花实行调拨包干，执行国家统一计划和规定的收购、供应价格，坚持由供销合作社统一经营。③

但是，流通体制的改革已是大势所趋。1987年1月的中央五号文件《把农村改革引向深入》深刻指出，逐步改革农产品统派购制度，建立并完善农产品市场体系，是农村第二步改革的中心任务。长期实行的农产品统派购制度业已形成一个完整的体系，它不只是承担产品分配职能，同时也承担利益分配职能。因此，对不同的农产品分别采取不同的改革方式和步骤，会更有利于改革的顺利发展。文件对尚未完全放开的粮食、棉花、麻类、糖料，以及肉、禽、蛋、菜等鲜活易腐商品分别提出了改革步骤，并强调凡已完全放开的，应坚持实行自由购销。文件指出了坚持深入改革的大方向。

---

① 《国务院批转国家体改委、商业部、农牧渔业部关于进一步做好农村商品流通工作的报告的通知》，1984年7月19日。
② 《国务院批转商业部关于调整茶叶购销政策和改革流通体制意见的报告的通知》，1984年6月9日。
③ 《国务院关于加强粮食管理稳定粮食市场的决定》，1988年9月27日；《国务院关于提高棉花价格和实行棉花调出调入包干办法的通知》，1989年2月28日。

1991年起，粮食、棉花连年增产，农业生产形势开始好转，中央决定适时推进改革。1991年，对主要农副产品的购销政策进行调整。其中对粮食在保证完成国家订购任务的前提下，长年放开经营，取消大米由粮食部门统一经营的规定；生猪在有条件的地方完全放开经营。对棉花、烟草、蚕茧、中药材、食油（油料）、食糖（糖料）、绵羊毛、黄红麻等则基本维持原有措施，没有大的改变。凡属放开经营的产品，未经批准，不准纳入部门或地方的计划管理。① 中央同时提出，随着生产的发展要逐步减少国家统购的品种和数量，扩大市场调节的范围。"八五"期间要逐步解决粮食购销倒挂问题，力争基本理顺价格关系，逐步放开经营。② 到1991年年底，在社会农副产品收购总额中，属于国家统购的部分只占1/4，3/4的农产品恢复了市场交易。③

1992年以后，随着市场化改革目标的确立，各类农副产品的经营逐步全面放开。1993年，全面放开食油购销价格和经营。④ 至此，由国家定价的农产品从1985年的38种，减少到1991年的9种，实行国家指导价的农产品减少到19种。1993年，只有棉花、烟草、蚕茧等少数农产品没有放开，粮食计划收购在农民出售的商品粮总额中仅占1/3左右。⑤

粮食和棉花是关系国计民生的重要农产品，国家采取了谨慎、逐步放开的策略，其流通体制经历了曲折的改革攻坚，但放开搞活的总趋势没有改变。

2001年，进一步深化棉花流通体制改革，在全国范围内放开棉花收购市场，允许符合规定的国内各类企业从事棉花收购、加工业务；鼓励各类企业到新疆等棉花主产区跨区直接收购或委托代理收购棉花。这一改革废除了棉花原来只允许供销社一家经营的规定，将棉花购销、加工企业与供销社彻底分开。同时提出，为适应加入世界贸易组织的需要，要加快改革棉花进出口体制，逐步赋予具备条件的纺织企业、棉花经营企业、外贸流通企业等各类企业棉花进出口经营权，大力推进市场化改革。⑥ 此后，棉花经营渠道逐步拓宽，购销市场放开，购销价格基本由市场形成，棉花流通体制改革取得初步成效。

2004年中央一号文件规定，从当年开始，全面放开粮食收购和销售市场，实行购销多渠道经营，建立以对种粮农民直接补贴和最低收购价为主要内容的政策支持体系。

---

① 《国务院关于进一步搞活农产品流通的通知》，1991年10月28日。
② 《中共中央关于进一步加强农业和农村工作的决定》，1991年11月29日。
③ 国务院研究室课题组：《农产品流通体制改革与政策保障》，1页，北京，红旗出版社，1991。
④ 《国务院关于加快粮食流通体制改革的通知》，1993年2月15日。
⑤ 宋洪远等：《改革以来中国农业和农村经济政策的演变》，见陈佳贵主编：《中国农村改革30年研究》，85页，北京，经济管理出版社，2008。
⑥ 《国务院关于进一步深化棉花流通体制改革的意见》，2001年7月31日。

这意味着粮食购销体制改革取得重大突破，市场化的粮食流通体制框架初步确立。

粮棉市场的最后全面放开，宣告了产品分类分级管理体制的终结，也标志农产品流通管理体制改革基本完成。随着农副产品经营的全面放开，流通体制改革进入建立和完善市场体系，培育市场流通主体，防范市场风险、加强政府宏观调控的新的阶段。

三、改革城乡、区域和条块分割的流通体制

计划经济时期建立的以国营商业与供销合作社分工、商业各部门分工、中央和地方分工为基础的城乡分割、区域分割、条块分割的农产品流通体制，烦琐僵化，违背商品流通的经济规律，割裂了历史上长期形成的符合商品特性的自然流通网络，不能适应改革、放活的农村商品生产发展形势，必须打通城乡市场，取消按行政区划、按部门层层调拨的产品供销体制，打破城乡分割、地区封锁和行业垄断，实现产品按照市场流通规律自由、顺畅流通。

从 1982 年第一个中央一号文件起，中央和国务院就不断提出，必须多方设法疏通和开辟流通渠道，改变过去按城乡分工的体制为商品分工、城乡通开的新体制，统筹安排全国城乡市场，国营商业和供销合作社要充分利用现有经营机构，打破地区封锁，按照经济规律组织商品流通，逐步实现多成分、多渠道、少环节。

但是，城乡、地区分工管理涉及整个行政管理体制，在行政管理体制没有进行根本性改革的情况下，仅仅是流通领域的"单兵突进"，难以取得成效。出于地方利益和部门利益，改革措施落实起来困难重重。城乡分割、地区封锁的状况在以后二三十年一直存在，是发展商品流通、形成国内统一市场的巨大阻力，以致在后来的凡是关于改革农产品流通体制，关于建立统一、开放、竞争、有序的市场体系的文件中，都不可避免地提到打破城乡分割和地区封锁的问题。①

20 世纪 90 年代，在建立社会主义市场经济体制的目标指引下，为建立全国统一的农产品市场，保证农产品顺畅流通，中共中央、国务院一再重申，要求整顿流通秩序，反对垄断封锁，撤销一切滥设的关卡，取消一切非法的罚款和不应有的收费，纠正各种地区封锁、分割市场的行为，保护农产品正常的购销活动。任何部门和地方不得干

---

① 《国务院批转国家体改委、商业部关于改革农村商品流通体制若干问题的试行规定》，1983 年 2 月 11 日；《国务院批转国家体改委、商业部、农牧渔业部关于进一步做好农村商品流通工作的报告的通知》，1984 年 7 月 19 日；《把农村改革引向深入》，1987 年 1 月 22 日。

预流通部门执行国家计划和合法的经营活动,对放开经营的农产品外运,任何地区和部门都不得加以限制。各地在交通线上设置的检查站,必须持省、自治区、直辖市政府重新审查后颁发的许可证,无证的检查站一律撤除。①

进入 21 世纪,打破地区和部门的垄断封锁仍是新时期流通领域改革、改善流通环境的一项重要任务。2001 年 4 月,国务院专门就禁止地区封锁做出规定,禁止市场经济活动中的各种形式的地区封锁行为,破除地方保护,维护社会主义市场经济秩序。各级人民政府及其所属部门负有消除地区封锁、保护公平竞争的责任,应当为建立和完善全国统一、公平竞争、规范有序的市场体系创造良好的环境和条件。② 2003 年 10 月,中共十六届三中全会提出,完善市场体系,规范市场秩序,废止妨碍公平竞争、设置行政壁垒、排斥外地产品和服务的各种分割市场的规定,打破行业垄断和地区封锁。2008 年以后,由于国际金融危机的影响,国内市场形势严峻。为此,国家采取了一系列措施,加快发展国内流通产业。在改善市场环境方面,继续提出要加快建立统一、开放、竞争、有序的市场体系,打破地区封锁,维护公平竞争,保障商品自由流通。③

总的来说,尽管还存在种种问题,但近年来,通过上下互动的不断努力,在打破行政性垄断、封锁,打破部门利益和地域分割等方面,还是取得了成效,市场环境有所改善,促进了农产品流通的发展。

四、改革价格管理体制,形成市场定价机制

改革开放前,中国长期实行由国家定价、低价收购农副产品的政策,通过价格转移从农业中提取积累,以保证工业化发展的需要。价格改革是个利益再分配的过程,相当敏感。农产品价格管理体制的改革,是依照循序渐进的原则,逐步放开,稳妥推进的过程。

改革初期,为了加快发展农业生产,首先大幅度提高农副产品收购价格。从 1979 年 3 月起,提高粮食、油料、生猪等 18 种主要农副产品的收购价格,粮食统购价提高 20%,超购部分再加价 50%。国家收购后的剩余产品,允许在市场上议购议销。1981 年 6 月,允许食油在完成统购、超购任务后,开展议购,议购价格随行就市,略

---

① 《中共中央、国务院关于一九九一年农业和农村工作的通知》,1990 年 12 月 1 日;《国务院关于进一步搞活农产品流通的通知》,1991 年 10 月 28 日;《中共中央关于进一步加强农业和农村工作的决定》,1991 年 11 月 29 日。
② 《国务院关于禁止在市场经济活动中实行地区封锁的规定》,2001 年 4 月 21 日。
③ 《国务院办公厅关于搞活流通扩大消费的意见》,2008 年 12 月 30 日。

低于市价。①1982年对二类农副产品收购基数之外产品的收购价格，允许按照市场供求状况实行一定范围的浮动。1983年扩大了实行浮动价格的产品范围，规定凡属收购任务以外的农副产品，购销价格可以有升有降。②此前的农副产品价格，无论是调整提高、议购议销，还是允许随行就市，都是在国家价格管理下，按照计划购销要求，由国家规定的，或是经过批准的条件下实行的有限度浮动，即都是政府行为。1984年的中央一号文件正式提出价格体制改革。文件提出，鲜活产品要尽量放活，要有合理的季节差价、地区差价；三类产品和统派购任务外的产品的价格要真正放开，允许国营商业、供销社按合理的进销差率灵活掌握购销价格，以便参与市场竞争和调节。文件还建议国务院责成有关部门组成专门小组，对流通体制、价格体系等进行系统的调查研究，提出根本性的改革方案。此前的1983年3月，国务院已经成立了物价小组，以加强对物价工作的统筹规划，有步骤地改革价格体系和价格管理办法。

1984年7月，国家体改委、商业部等部门的报告提出，改进价格管理办法，调整农副产品价格政策和管理权限。③1991年11月，《中共中央关于进一步加强农业和农村工作的决定》提出，要逐步理顺价格，使工农业产品之间和各种农产品之间保持合理的比价，有效地控制农业生产资料价格，逐步缩小"剪刀差"。

对于粮食、棉花的价格体制改革，国家采取了谨慎的步骤。1985年取消粮食统购，改为合同定购。以后，国家逐步减少粮食合同定购的数量，定购以外的粮食，通过市场议价收购，实行的是定购价和市场收购价并存的双轨制。1991年5月1日和1992年4月1日，在两次提高定购价格的同时，按购销同价的原则，提高统销价格。④1998年和1999年，连续两年发出深化粮食流通体制改革的决定，在价格方面，提出要建立和完善政府调控下市场形成粮食价格的机制。⑤2004年，放开粮食市场，在价格方面，转换粮食价格形成机制。即一般情况下，粮食收购价格由市场供求形成，国家在充分发挥市场机制的基础上实行宏观调控；充分发挥价格的导向作用，必要时可对短缺的重点粮食品种，在粮食主产区实行最低收购价格；全面实行对主产区种粮农

---

① 《国务院批转粮食部关于当前食油问题的一些意见的通知》，1981年6月2日。
② 《全国农村工作会议纪要》，1982年4月6日；《中共中央关于当前农村经济政策的若干问题》，1983年1月2日。
③ 《国务院批转国家体改委、商业部、农牧渔业部关于进一步做好农村商品流通工作的报告的通知》，1984年7月19日。
④ 《国务院关于提高粮食统销价格的决定》，1992年3月6日。
⑤ 《国务院关于进一步深化粮食流通体制改革的决定》，1998年5月10日；《国务院关于进一步完善粮食流通体制改革政策措施的通知》，1999年5月30日。

民的直接补贴政策。

棉花于 1985 年取消统购,但棉花价格一直由政府控制,实行国家定价。1996 年,国务院决定改进棉花供应价格管理形式,棉花供应价格由国家定价改为国家指导价,即由国家物价管理部门规定供应价格的中准价和浮动幅度,具体成交价格由供需双方在规定的幅度内协商确定。①1998 年 4 月,顺应棉花生产和市场的有利形势,决定当年将棉花收购价格由政府统一定价改为政府指导下的浮动价,适当降低棉花收购价格水平,并适当缩小高等级棉花质量差价。同时放开棉花供应价格,由企业协商确定,在市场竞争中形成。②1998 年年底,国务院决定深化棉花流通体制改革,在价格方面,从 1999 年 9 月 1 日新的棉花年度起,棉花的收购价格、销售价格主要由市场形成,国家不再作统一规定;国家主要通过储备调节和进出口调节等经济手段调控棉花市场,防止棉花价格的大起大落;国家有关部门根据棉花供求状况、棉花生产成本、粮棉比价以及国际市场棉价等因素,每年发布下一年度棉花收购指导性价格、棉花供求信息,引导棉花生产,促进总量平衡;遇有特殊情况,国家可在一定时期内对棉花收购价格或销售价格规定一定程度的限制。③自 2001 棉花年度起,在全国范围内放开棉花收购市场,棉花价格随行就市。

总之,随着农副产品流通体制的改革,农副产品市场逐步放开,我国农产品价格形成机制的市场化程度逐步提高。到 2002 年年底,绝大多数农副产品已经放开,价格由市场供求决定。在农副产品收购总额中,政府定价占 2.6%,政府指导价占 2.9%,市场调节价占 94.5%。④

第二节 农产品市场体系建设

农产品集贸市场、批发市场和期货市场,构成农产品交易体系的不同市场层级。历史上,在以农业为主的传统商品经济体系中,已经基本形成了覆盖城乡的市场网络,

---

① 《国务院关于切实做好 1996 年度棉花工作的通知》,1996 年 10 月 4 日。
② 《就调整棉花收购价格国家发展计划委员会负责人答记者问》,载《人民日报》,1998 年 4 月 18 日。
③ 《国务院关于深化棉花流通体制改革的决定》,1998 年 11 月 28 日。
④ 商务部市场体系建设司:《全国商品市场体系建设研究报告》,2004 年 7 月 16 日。

在促进农村贸易、沟通城乡交流中发挥了重要作用。新中国成立初期，国家曾采取多种措施活跃城乡市场，促进国民经济快速恢复和发展。但随着计划经济体制的建立，农副产品购销被纳入计划管理，农产品流通市场萎缩，仅时断时续地保留了地方性的集市贸易。改革开放以后，随着农村经济以及商品生产的发展，农产品流通规模日益扩大，各类农产品市场顺势发展。2004年以后，主要农产品流通的市场化改革基本完成，工作重点转为农产品市场体系建设与市场管理制度改革。经过十余年的努力，农产品市场体系不断完善，市场结构逐步升级，除了传统的集市贸易外，各种综合市场、专业市场、批发市场、期货市场，都陆续发展起来，现代化的农产品市场体系已经初步形成，为流通服务的基础设施建设也逐步得到改善。随着互联网的发展，农产品流通的信息化建设也被纳入市场体系建设。

一、完善城乡市场网络，构建现代化的农产品市场体系

集贸市场是各类农村初级市场的统称，也是农村市场网络中最基层的一级组织形式。集市贸易是农户与市场直接联系的重要渠道，但在计划经济体制下，其作用受到很大限制，只有未纳入计划收购的三类农副产品，以及在完成国家收购任务后的剩余农副产品才能上市交易，集市贸易的功能仅限于农民之间的互通有无、调剂余缺。为了更大地发挥集市贸易在沟通城乡物资交流、促进农产品流通方面的功能，改革开放之初，中央即为集市贸易正名，提出社员自留地、自留畜、家庭副业和农村集市贸易是社会主义经济的附属和补充，决不允许把它们当作资本主义经济来批判和取缔。①1983年2月，国务院发布《城乡集市贸易管理办法》，肯定城乡集市贸易是社会主义统一市场的组成部分，有促进农副业生产发展，活跃城乡经济，便利群众生活，补充国营商业不足的积极作用。该文件对集市贸易的设置和行政管理、上市物资、参加集市的主体及活动范围、上市商品价格、市场管理等都作了规定。

经过最初几年的改革，集市贸易稳步发展。改革前的1976年，农村集市29 227个，为新中国成立后的最低点；集市贸易成交额102亿元，是少数几个最低年份之一；集市贸易农副产品成交额占农民出售农副产品总值的10.8%，亦为历年最低点。而到1984年年底，集市数量达50 356个，第一次突破5万；集市贸易成交额382亿元；

---

① 1978年12月中共十一届三中全会通过草案，1979年9月中共十一届四中全会正式通过《中共中央关于加快农业发展若干问题的决定》。

集市贸易农副产品成交额占农民出售农副产品总值的15.88%，均为改革之后的最高值。[①]

在集贸市场发展的基础上，农副产品批发市场的建设开始提上日程。1984年中央一号文件提出，大中城市在继续办好农贸市场的同时，要有计划地建立农副产品批发市场，有条件的地方要建立沟通市场信息、组织期货交易的农副产品贸易中心，此事应纳入城市建设规划。文件把农副产品批发市场的建设列为重点，首次提出建立组织期货交易的农副产品贸易中心，并提出要纳入城市建设规划。

根据中央一号文件精神，同年7月，国家体改委、商业部等三部门联合发出通知，要求在大中城市和商品集散地逐步建立农副产品贸易中心和批发交易市场，实行开放式经营。农副产品贸易中心以提供市场信息、组织期货交易为主，可以建立综合贸易中心，也可以建立专业贸易中心。批发交易市场以经营鲜活商品为主，现货交易为主。商业、工业、农业企业，全民、集体、个体企业，本地、外地产品，都可以在贸易中心和批发交易市场成交。农副产品贸易中心和批发交易市场所需建设用地，要纳入城市建设规划。同时改革按行政层次设置的批发、调拨机构和管理办法。[②] 1985年的中央一号文件再次从促进城乡交流角度，提出把在城市继续办好各类农产品批发市场和贸易中心作为活跃农村经济的一项重要措施。

20世纪80年代后半期，粮食生产出现波动，国家一方面严格市场管理，另一方面加强粮食市场建设，提出要逐步建立粮食批发市场，有秩序地组织市场调节，产销直接见面，价格由供求双方议定。[③] 1990年7月27日，国务院同意商业部等八部门试办郑州粮食批发市场，试验期暂定3年，纳入批发市场的粮食品种首先是小麦。

1991年10月，国务院在《关于进一步搞活农产品流通的通知》中提出，要继续发展多种形式的农产品初级市场，同时有计划地建立若干主要农产品的批发市场，逐步形成以批发市场为中心的农产品市场体系。要在现货交易的基础上，逐步向远期合同和期货贸易发展。该文件的一个进展是，提出建立和完善以批发市场为中心的农产品市场体系，提出粮食等重要农产品由现货交易向远期合同和期货贸易发展，并提出扶持的优惠措施。1994年农村集市总数达到66 583个，是新中国成立以来的最高值，

[①] 农业部计划司编：《中国农村经济统计大全（1949—1986）》，434页，北京，中国农业出版社，1989。
[②] 《国务院批转国家体改委、商业部、农牧渔业部关于进一步做好农村商品流通工作的报告的通知》，1984年7月19日。
[③] 《国务院关于加强粮食管理稳定粮食市场的决定》，1988年9月27日。

城乡集市共计 84 463 个。① 此后由于市场整顿以及升级改造,市场总数有所起伏变化。1998 年农村集贸市场为 65 050 个,城乡共计 89 177 个。② 20 世纪 90 年代初期,全国有农产品批发市场 1 600 多个③,到 90 年代末,随着粮食流通体制改革,一批区域性粮食批发市场建立。

1998 年 10 月,中共十五届三中全会通过《中共中央关于农业和农村工作若干重大问题的决定》,提出要进一步搞活农产品流通,尽快形成开放、统一、竞争、有序的农产品市场体系,为农民提供良好的市场环境。要继续发展多种形式的初级市场,重点在农产品集散地发展区域性或全国性的批发市场,积极探索产销直挂、连锁经营、配送中心等新的流通方式。要加强农村商业网点建设。

到 21 世纪初,中国农村市场建设已经初步奠定基础。④ 至 2000 年 11 月,全国已建成各类农产品批发市场约 5 000 多家,基本形成了农产品批发的网络体系,成为农产品流通的主导力量。⑤ 到 2002 年,农村消费品市场总数是 55 969 个,城乡共计 82 498 个。⑥

但是,农产品市场体系建设还存在许多问题,不能适应形势发展的需要。主要表现为:农民进入市场的合约化和组织化程度很低;有形市场建设落后,硬件设施差,管理粗放;一些市场的秩序比较混乱;政府对农产品市场运行的引导监管过于薄弱;批发市场的建设和发展缺乏统一规划,重复建设,无序竞争,地区之间市场发展不平衡;交易方式有待提高;在城市中普遍存在的超级市场、连锁店等,在农村还不多见。

中共十六届三中全会提出,加快建设全国统一市场,强化市场的统一性,是建设现代市场体系的重要任务。要大力推进市场对内对外开放,发展电子商务、连锁经营、物流配送等现代流通方式,促进商品和各种要素在全国范围自由流动和充分竞争。⑦ 为此,商务部提出,有形市场是适应农村经济发展的多种类型、多级层次、互相促进、互相依存的商品市场有机统一体,要形成以期货市场为先导、批发市场为中心,连锁超市、集贸市场、便民零售店等多种业态共存的网络化格局。⑧

---

① 《中国农村统计年鉴(1995)》,26 页,北京,中国统计出版社,1995。
② 《中国统计摘要(1999)》,126 页,北京,中国统计出版社,1999。
③ 国务院研究室课题组:《农产品流通体制改革与政策保障》,1 页,北京,红旗出版社,1991。
④ 2000 年以后,统计指标名称有变化。自 2000 年起(即 1999 年的统计数字),将"农村集市贸易"改为"农村消费品市场"。自 2010 年起,不再有消费品市场统计,而是按照批发业和零售业统计。
⑤ 2000 年 11 月 23 日农业部在昆明召开定点批发市场暨市场信息联网工作会议,见 2000 年 11 月 24 日《经济日报》报道。
⑥ 《中国农村统计年鉴(2003)》,207 页,北京,中国统计出版社,2003。
⑦ 《中共中央关于完善社会主义市场经济体制若干问题的决定》,2003 年 10 月 14 日。
⑧ 商务部:《中国农村市场体系建设研究报告》,2003 年 12 月 26 日。

2004年6月,商务部发布《全国商品市场体系建设纲要》,这是中国首次发布有关商品市场建设的全面指导性文件。文件提出到2010年中国商品市场体系建设的目标,即初步形成布局合理、结构优化、制度完备、现代化水平较高的商品市场体系。关于农产品流通,文件提出,要加快农产品市场建设,健全农产品流通网络,搞活农产品流通,促进农民增收;要加大对农产品批发市场建设的支持力度,消除各种影响农民进入市场的障碍,提高农民进入市场的组织化程度。文件提出了5项具体政策措施:完善法律制度、加快市场主体改革、加强宏观管理、提高市场的现代化水平以及进一步扩大对外开放。同年7月,商务部等八部门联合提出做好农村商品流通工作的意见,具体目标为:①加强农产品批发市场建设,3年内培育2 000个实行标准化、规范化管理的农产品批发市场;②积极发展各种形式的农产品零售市场,包括城乡传统农贸市场、社区菜市场,以及连锁超市、便利店等新型零售业态。[①]

2005年2月,商务部启动"万村千乡市场工程",即农家店工程,以财政资金补助方式,引导城市连锁店和超市等流通企业向农村延伸发展"农家店",预期用3年时间,培育25万家连锁经营的农家店,构建以城区店为龙头、乡镇店为骨干、村级店为基础的农村现代流通网络,使标准化农家店覆盖全国50%的行政村和70%的乡镇。同年3月,商务部等七部门联合,选择辽宁、湖北、厦门、南京、成都、潍坊、绵阳7省市进行深化流通体制改革试点,为期3年。试点的主要内容是:加快发展农产品流通、加工和物流业,支持农业产业化龙头企业到城市开办农产品超市,鼓励有条件的地方将城市农贸市场改建成超市;加强农村市场体系培育建设,鼓励城市连锁和超市、便利店、专业店、专卖店等现代流通方式和新型业态经营企业到农村开设网点,创新农资流通方式和经营业态。[②] 同年6月,国务院决定,对进行农产品连锁经营试点的企业,在税收、折旧等方面给予优惠。[③]

2006年2月,商务部又启动"双百市场工程",即批发市场改造工程,优选出100家辐射面广、带动能力强的大型农产品批发市场和100家有实力的大型农产品流通企业进行升级改造。同年9月,商务部决定从中央贸易发展基金中安排5亿元,支持大型农产品批发市场和大型农产品流通企业承担的建设和改造项目,资金补贴采取

---

① 《国务院办公厅转发商务部等八部门关于进一步做好农村商品流通工作意见的通知》,2004年7月14日。
② 商务部、中央编办、发展和改革委员会、财政部、人民银行、税务总局、银监会印发:《深化流通体制改革试点方案的通知》,2005年3月4日。
③ 《国务院关于促进流通业发展的若干意见》,2005年6月9日。

直补和贴息相结合的方式。①

2006年4月,农业部启动加快农产品批发市场升级改造的"升级拓展5520工程",决定在"十一五"期间,即在5年内通过多方筹资,重点扶持建设500个农产品批发市场,推进设施改造升级和业务功能拓展20项工作。②

同年10月,商务部印发《农村市场体系建设"十一五"规划》,这是中国第一个关于农村市场体系建设的国家级专项规划。根据该规划,到2010年,"万村千乡市场工程"农家店覆盖85%的乡镇和65%的行政村,初步形成以乡村零售网点为基础,以大中型批发市场和连锁配送中心为骨干,以各类农村流通合作经济组织和大中型农村流通企业为主体,农产品、消费品和农业生产资料市场均衡发展,城乡市场相互融合、内外贸易紧密联系,法制健全、布局合理、服务规范、组织化程度较高的农村市场体系,初步建立适应社会主义新农村发展的农村商品流通体制。

据统计,到2006年年底,商务部与财政部累计拨付"万村千乡市场工程"项目补贴资金5.33亿元,国家开发银行安排100亿元政策性贷款支持农村市场体系建设,累计建设连锁化农家店16万个,覆盖全国63%的县,带动地方和企业投资约117亿元,吸纳富余劳动力约65万人,使1.4亿农民受益,扩大农村消费约600亿元。"双百市场工程"初见成效,5亿元扶持资金直接带动地方和企业投资超过100亿元,商务部确定支持的100家农产品批发市场,2005年交易额达2 453亿元,占全国亿元以上农产品市场交易总额的1/3。③

来自全国城市农贸中心联合会的数据显示,2006年,全国农产品批发市场共4 370家,交易额亿元以上的达到772家;农产品批发交易总额约为1.1万亿元,约占国民生产总值的6%,占农业生产总值的44%;全国经由农产品批发市场交易的农产品比重达到70%以上,在大中城市,经由批发市场提供的农产品比例约占80%。亿元以上交易额的市场已经全部进行了升级改造。④

全国供销合作总社于2005年提出建设"社会主义新农村现代流通服务网络工程",即"新网工程",主要内容是建设"四大网络",即农业生产资料、农副产品、日用消费品和再生资源网络。中央财政从2007年起为"新网工程"设立专项资金,重点用于支持供销合作社农资、农副产品、日用消费品和再生资源回收利用等服务体系的改

---

① 《全国大型农产品批发市场建设现场会》,2006年10月19日,商务部网。
② 《农业部关于组织实施农产品批发市场"升级拓展5520工程"的通知》,2006年4月24日。
③ 《中国农村市场体系建设取得突破性进展》,2007年1月11日,商务部网。
④ 《农产品批发市场正向第三代升级》,载《中国经济时报》,2007年9月4日。

造。至 2008 年 5 月,共发展超市、综合服务社、再生资源回收站(点)等经营服务网点 62 万多个,覆盖全国行政村总数的 33%。[1]"新网工程"在建设农村现代流通服务网络、促进城乡贸易流通和农村经济建设等方面已经初显活力。

2008 年,商务部、农业部开展了"农超对接"试点工作,在大中型城市选择部分大型连锁商业企业和部分农民专业合作社进行鲜活农产品"农超对接"试点,目标是到 2012 年,试点企业鲜活农产品产地直接采购比例达到 50% 以上,减少流通环节,降低流通费用,建立从产地到零售终端的鲜活农产品冷链系统。"农超对接"实现了直供直销,是一种农产品现代流通方式。同年 12 月,国务院办公厅下发《关于搞活流通扩大消费的意见》,决定进一步扩大"万村千乡"市场工程农家店覆盖面;继续实施"双百"市场工程和农产品批发市场升级改造工程,在重点销区和产区再新建或改造一批农产品批发市场和农贸市场,加强冷藏保鲜、卫生、质量安全可追溯、检验检测、物流等设施建设;健全农业市场信息服务体系;积极推动"农超对接"。[2] 2011 年 10 月,商务部、农业部启动为期 3 个月的"全国农超对接进万村"行动。通过商务、农业部门搭台,由政府、超市、合作社共同参与,组织全国性和区域性大型连锁超市与农民专业合作社开展培训、直接对接,扩大农超对接规模,以实体洽谈与在线洽谈相结合的方式,促进直供直销,进一步加强农产品现代流通体系建设。[3]

"十一五"时期,连续 5 年的中央一号文件都对农村市场体系建设进行部署,中央财政支持力度逐年加大。至 2008 年年底,"双百市场工程"累计新建和改造项目 703 个,涵盖蔬菜、水果、肉类、水产等大型鲜活农产品批发市场和流通企业。[4] 全国亿元以上农产品市场总数 1 551 个,其中亿元以上农产品批发市场 836 个,交易额在 100 亿元以上的有 14 个。[5] 2012 年,亿元以上农产品批发市场数达到 1 044 个。[6]

至"十一五"末,全国连锁化农家店达 52 万家,覆盖 80% 的乡镇和 65% 的行政村,年销售额近 3 000 亿元。经营面积和经营品种大幅增加,全国农家店营业面积近 4 000 多万平方米,平均单店面积 20 平方米以上,平均单店品种 400 种以上。[7] 以连锁经营、

---

[1] 《中国代销合作社六十年》,载《中华合作时报》,2009 年 10 月 9 日。
[2] 《商务部、农业部关于开展农超对接试点工作的通知》,2008 年 12 月 5 日;《国务院办公厅关于搞活流通扩大消费的意见》,2008 年 12 月 30 日。
[3] 《商务部、农业部启动"全国农超对接进万村"行动》,2011 年 10 月 27 日,商务部网。
[4] 《开拓农村市场力度不断加大》,载《经济日报》,2009 年 1 月 11 日。
[5] 全国城市农贸中心联合会编著:《中国农产品批发行业发展报告(2009 年)》,3 页,武汉,武汉出版社,2010。
[6] 《中国商品交易市场统计年鉴(2013)》,4 页,北京,中国统计出版社,2013。
[7] 《农村现代流通体系建设的成功实践》,载《经济日报》,2011 年 3 月 28 日。又据《经济日报》 2013 年 2 月 21 日的报道:"截至目前,全国'万村千乡市场工程'累计建设改造标准化农家店 64 万个,覆盖 75% 的行政村。"

物流配送为代表的现代流通方式在农村市场快速发展,以城区配送中心为龙头、乡镇店为骨干、村级店为基础的农村现代流通网络初步形成,在带动就业、促进农民增收、改善农产品流通环境、带动民间投资方面发挥了积极作用。

2012年中央一号文件《关于加快推进农业科技创新持续增强农产品供给保障能力的若干意见》,开启了农产品流通科技创新的新阶段。文件提出要创新农产品流通方式,充分利用现代信息技术手段,发展农产品电子商务等现代交易方式,探索建立生产与消费有效衔接、灵活多样的农产品产销模式。同年8月,国务院出台《关于深化流通体制改革加快流通产业发展的意见》,提出了加强现代流通体系建设、积极创新流通方式、大力推广并优化供应链管理等一系列创新性任务和措施。9月,国务院印发《国内贸易发展"十二五"规划》,就农村现代市场体系建设、农产品现代流通体系建设等提出发展目标,作出部署。

期货市场[①]是市场经济发展到一定阶段的产物。中国的期货市场诞生于20世纪20年代,于30年代抗战爆发后消失。新中国成立后的计划经济时期,没有期货市场存在的经济基础。20世纪70年代,中国曾利用国际期货市场进行白糖、粮食、棉花的交易。改革开放以后,直到90年代初,随着市场经济体制改革目标的确立,中国期货市场得以再生。期货市场具有价格发现、套期保值、规避市场风险的功能,是为生产者提供市场预期、维护市场稳定的工具。在中国,商品期货还处于初步发展阶段,随着市场经济的发展,其在国民经济中的作用将越来越重要。

20世纪80年代后期,伴随流通体制市场化改革,为了规避市场风险,保护生产者利益,建立期货市场的时机和条件已经成熟。1988年3月的《政府工作报告》提出,要加快商业体制改革,积极发展各类批发贸易市场,探索期货交易。我国最早建立的期货市场是粮食期货市场。1988年8月,河南省提出《郑州粮油交易所试点实施方案》。同年年底,商业部决定在郑州试办粮油期货市场和批发市场。1990年7月27日,国务院批转商业部等八部门的报告,同意试办郑州粮食批发市场。10月12日,郑州粮食批发市场正式开业。郑州粮食批发市场是从远期现货起步,以期货交易为发展目标的市场。

1992年3月的《政府工作报告》在提到深化农产品价格和流通体制改革时再次提出,要进一步建立和完善粮食、棉花、食油等重要农产品的储备调节制度,发展批发

---

① 常远:《中国期货史(1921—2010)》,天津,天津古籍出版社,2011。

市场和期货市场。这意味着期货市场从探索阶段进入发展阶段。

1993年2月28日，大连商品交易所成立，这是中国最大的农产品期货交易所。同年11月18日，大商所正式推出标准化期货合约交易，上市品种有大豆、玉米、豆粕、绿豆、红小豆、大米。3月，郑州粮食批发市场完成从远期现货向期货合约的过渡，正式启用郑州商品交易所；5月28日推出期货交易，主要交易品种为小麦。到1993年年底，各地已批准开展期货交易的商品交易所（或批发市场）共40多家，已开业的38家，其中从事农副产品期货的有10家，主要交易品种有粮油、肉类、茧丝、糖、木材等。①

期货市场在起步阶段不可避免地会出现一些问题，如制度不完善、审批混乱、缺乏监管等。1993—2000年，国家连续发文并采取措施，对期货市场进行规范整顿，严格审批程序，制止盲目发展，清理整顿交易品种。1996年4月，经中国证监会批准试点的期货交易所有14家（但不是都能从事农产品期货交易），农产品的主要交易品种有玉米、小麦、籼米、绿豆、红小豆、豆粕、咖啡、高粱、棕榈油、天然橡胶等。②1999年9月开始施行的《期货交易管理暂行条例》，标志期货市场进入规范、稳步发展时期。到2000年，经过进一步整顿和规范后，商品期货交易所只剩下上海、郑州、大连3家，保留的交易品种有小麦、绿豆、红小豆、花生仁、大豆、豆粕、啤酒大麦、籼米。

进入21世纪，随着中国加入WTO，国际市场的竞争提示发展期货市场的紧迫性。2005年以后的中央一号文件多次提出，要在继续搞好集贸市场和批发市场建设的同时，注重发挥期货市场的引导作用（2005年）；要发展大宗农产品期货市场和"订单农业"（2006年）；加快发展农产品期货市场，逐步拓展交易品种，鼓励生产经营者运用期货交易机制规避市场风险（2010年）；充分发挥农产品期货市场引导生产、规避风险的积极作用（2012年）。

总体来看，改革开放后，中国已基本形成了覆盖城乡的集贸市场（消费品市场）、批发市场和期货市场，并形成传统业态和新型业态、有形市场和无形市场相互补充的新型农产品市场体系和流通网络，多渠道，少环节，城乡直达，产销见面，快捷高效，降低交易成本，这些改革目标已经初步实现。

---

① 廖英敏：《中国期货市场的发育与发展》，见孙尚清主编：《中国市场发展报告（1994）》，55～57页，北京，中国发展出版社，1994。
② 常远：《中国期货史（1921—2010）》，104页，天津，天津古籍出版社，2011。

二、加强流通基础设施建设，构建现代化农产品物流网络

农产品有形市场建设还包括农产品流通基础设施以及在此基础上形成的农产品物流体系，它们既是搞活市场流通的硬件，也是市场体系建设的重要组成部分。

中国是农业大国，地域宽广，农产品物流数量大，品种多，鲜活量多，季节性强。农产品物流包括包装、加工、运输、装卸搬运、储藏、信息处理等，要求高效、绿色、低成本，这对流通基础设施提出了更高要求。由于历史基础差，中国的交通运输、邮电通信、仓库码头等设施陈旧，技术落后，效率效益低下，远远不能适应改革后农村商品经济和农产品流通发展的需要，必须加大投入，下大力气发展。改革开放以来，从最初的单纯发展水陆交通，到初步形成储、加、运的综合设施网络，中国的农产品流通基础设施以及物流体系得到很大改善。

在农产品流通初步发展的基础上，1984年中央一号文件首次提出加强流通基础设施建设和发展农村交通运输，要依靠国家、集体和个人的力量，采取多种办法集资，兴建商品流通所需的冷库、仓库、交通、通信等基础设施。国家和地方财政对此要做出适当的安排。国营商业和供销社要在税后利润中提取一定比例资金，用于这一类建设。凡属商品流通基础设施，谁举办，谁经营，谁得益，国家在税收上给予照顾和优惠。大力发展农村水陆交通运输，解决商品滞流问题。国营交通运输部门要大力改善工作，同时积极发展集体和个体运输业，提倡组织运输合作社。农村邮电通信作为传递商品信息的重要手段，要不断发展，逐步形成普及的比较灵活的传递网。

同年7月，国家体改委、商业部等三部门的报告指出，农村商品生产和流通不断发展，横向经济联系逐步扩大，交通运输、商业设施不适应的矛盾更加突出。从现在起，要调动一切力量，积极发展农村交通运输业，加快商业设施建设。各地要在规划商品生产的同时，规划产品加工、储藏、运输等建设，这是搞好农村商品流通的一项必要措施。要积极发展集体和个体运输业，有关部门在购置交通工具和燃料等方面给予支持。在边远山区，要运用各种民间运输力量，发展"马帮"等民间运输。承担国家商品储备任务需要兴建的大中型基建项目，应纳入国家计划，统一安排。同时，要鼓励农民集资兴办加工、储藏等设施。①

---

① 《国务院批转国家体改委、商业部、农牧渔业部关于进一步做好农村商品流通工作的报告的通知》，1984年7月19日。

1985年中央一号文件提出积极兴办交通事业，其中提出在经济比较发达的地区，提倡社会集资修建公路，谁投资，谁受益。在山区和困难地区，由地方集资、农民出劳力修建公路，国家发放一部分粮、棉、布，作为修筑公路的投资，并支援一部分物资。地方政府可以量力发行部分公路、航道债券。国家支持各省联合建立海上运输船队，解决南北交通运输的困难。各类公路、航道、码头工程，采取招标承包方式兴建，国营、集体和个人均可参加投标。

　　20世纪90年代，针对农产品收购、储藏、运输等基础设施远远不能适应农村商品经济发展需要的状况，中央要求，农产品流通设施建设要纳入国家基本建设计划，大幅提高投资比例。各级政府要增加流通设施的投资，国家和地方都要安排专项资金进行仓库和公路建设。对供销社和经营农产品的国营商业投资新建和改建流通设施，在贷款、税收方面给予优惠。鼓励集体和个人建设储藏设施，经营储藏业务，动员各方面力量建设仓储、运销、加工等基础设施。①

　　进入21世纪，整合各种资源、建设现代物流网络成为农产品流通设施建设新的目标。2002年12月，国家计委等六部门联合发布《关于进一步加快农产品流通设施建设的若干意见》。文件提出，农产品流通设施是农产品流通的载体，是连接农业生产和城乡居民生活消费的重要环节，也是社会基础设施的重要组成部分。文件从建立健全市场体系，农产品检验检测设施建设，市场信息网络建设，农产品储藏、运输等物流设施建设，培育农民运销组织和经营企业等方面，提出一系列支持性政策措施。

　　2004年7月，商务部等八部门联合发文提出，要大力发展农产品物流，引导现有农产品物流企业改造升级，推动其向专业化、规模化方向发展，针对农产品流通特点，加快建设以冷藏和低温仓储、运输为主的农产品冷链系统。要制定合理的农产品运输价格并降低车辆通行费收费标准。加快建立全国统一高效的鲜活农产品运输绿色通道，努力改善农产品物流环境。②

　　到2004年年底，国家储备粮库建设已基本完成，粮食基础设施建设的重点转向建立和完善粮食现代物流网络，以提高运输能力和完善功能。③ 2005年6月，国家决定重点建设东北、黄淮海地区、长江中下游地区（含四川）、东南沿海以及京津地区五大粮食现代物流通道。④

---

① 《国务院关于进一步搞活农产品流通的通知》，1991年10月28日；《中共中央关于进一步加强农业和农村工作的决定》，1991年11月29日。
② 《国务院办公厅转发商务部等八部门关于进一步做好农村商品流通工作意见》，2004年7月14日。
③ 《中国首家粮食物流应急系统呼之欲出》，载《中国经济时报》，2004年12月28日。
④ 《中国将重点建设粮食现代物流五大通道》，载《中国经济时报》，2005年6月9日。

2005—2010年,连续6年的中央一号文件从多方面就加快农产品流通基础设施和物流体系建设进行部署,包括加快农产品流通和检验检测设施建设,加快以冷藏和低温仓储运输为主的农产品冷链系统建设,对农产品仓储设施建设用地按工业用地对待,加快开通鲜活农产品的"绿色通道"并实现省际互通,进一步加强农村公路建设,加快建设现代粮食物流体系和鲜活农产品冷链物流系统等,把发展适应现代农业要求的物流产业,强化农村流通基础设施建设提到前所未有的高度。2009年,中央财政设立农村物流服务体系发展专项资金。

2009年,交通运输部等六部门联合推动农村邮政物流体系建设,提出加快提升农村邮政物流服务能力和水平,打造管理集约化、网络规模化、服务社会化的现代农村邮政物流综合服务平台,到2012年基本建成"布局合理、双向高效、种类丰富、服务便利"的农村邮政物流服务体系。[①]

2009年3月,国务院印发《物流业调整和振兴规划》,指出:物流业是融合运输业、仓储业、货代业和信息业等的复合型服务产业,是国民经济的重要组成部分。文件确定了发展物流业的指导思想和基本原则,制定了从2009年到2011年的发展目标。但随着文件的深入实施,一些不适应物流业发展的政策问题进一步显现,制约了产业发展。2011年8月,国务院办公厅印发《关于促进物流业健康发展政策措施的意见》,制定了完善配套的9项政策措施。其中第八项,优先发展农产品物流业,提出了促进农产品物流业健康发展的具体政策。

为了配合建立全国统一高效的鲜活农产品运输绿色通道,改善农产品物流环境,2005年2月,交通部等七部门发布《全国高效率鲜活农产品流通"绿色通道"建设实施方案》,确定了"五纵二横"鲜活农产品运输"绿色通道",适用"绿色通道"网络内运输的鲜活农产品主要为新鲜蔬菜、水果,鲜活水产品,活的畜禽,新鲜的肉、蛋、奶。此前,鲜活农产品"绿色通道"政策于1995年开始组织实施,即在交通收费站设立专用通道口,对整车合法运输鲜活农产品车辆给予"不扣车、不卸载、不罚款"和减免通行费的优惠政策,目的是提高运输效率,降低运输成本,保证食品安全。2009年12月,交通运输部、国家发展和改革委员会发出《关于进一步完善和落实鲜活农产品运输绿色通道政策的通知》,要求各地加快构建区域性"绿色通道",建立由国家和区域性"绿色通道"共同组成的、覆盖全国的鲜活农产品运输"绿色通道"网络,并将"绿色通道"政策扩大到全国所有收费公路,增加减免收费的鲜活农产品品种。2010年

---

① 《国务院办公厅转发交通运输部等六部门关于推动农村邮政物流发展意见的通知》,2009年5月23日。

12月,进一步扩大"绿色通道"的实施范围,将马铃薯、甘薯、鲜玉米、鲜花生等列入鲜活农产品品种目录。到2011年年底,全国所有收费公路、桥梁和隧道都按规定开辟了"绿色通道"专用道口,设置了"绿色通道"专用标志,认定为整车合法装载鲜活农产品的车辆都可以优先免费通行。2011年全国免收通行费超过130亿元。[①] 许多大中城市对生鲜农产品配送货车发放特别通行证,确保24小时进城畅通。[②]

2012年中央一号文件,从科技创新和突破的高度,更为全面地提出了农产品流通设施建设的发展目标和政策措施。其内容主要为:统筹规划全国农产品流通设施布局,加快完善覆盖城乡的农产品流通网络。推进全国性、区域性骨干农产品批发市场建设和改造,重点支持交易场所、电子结算、信息处理、检验检测等设施建设。把农产品批发市场、城市社区菜市场、乡镇集贸市场建设纳入土地利用总体规划和城乡建设规划,研究制定支持农产品加工流通设施建设的用地政策。继续推进粮棉油糖等大宗农产品仓储物流设施建设,支持拥有全国性经营网络的供销合作社和邮政物流、粮食流通、大型商贸企业等参与农产品批发市场、仓储物流体系的建设经营。加快发展鲜活农产品连锁配送物流中心,支持建立一体化冷链物流体系。继续加强农村公路建设和管护。扶持产地农产品收集、加工、包装、储存等配套设施建设,重点对农民专业合作社建设初加工和储藏设施予以补助。[③]

各项政策措施促进了农产品基础设施建设和物流体系建设的发展和完善,推动农产品物流业稳步增长。中国农产品物流总额,1991年为3 252亿元,到2001年达到10 291亿元,突破1万亿元。[④] 2008年在国际金融危机时期,仍达到18 638亿元。[⑤] 2010年进一步突破2万亿元,达到22 355亿元。[⑥] 2012年为28 891亿元。[⑦]

三、加强农产品流通服务体系和信息网络建设

实行家庭承包经营提高了农民的生产积极性,但也存在生产分散、信息闭塞等不利条件,加之农产品流通中的市场信息不对称,这些都不利于农户按照市场需要安排

---

① 《绿色通道》,载《经济日报》,2012年6月4日。
② 《壮大农民专业合作组织》,载《经济日报》,2013年12月27日。
③ 《中共中央、国务院印发关于加快推进农业科技创新持续增强农产品供给保障能力的若干意见》,2012年2月1日。
④ 《中国物流年鉴(2004)》,上册,164页,北京,中国社会出版社,2004。
⑤ 《中国物流年鉴(2009)》,102页,北京,中国物资出版社,2009。
⑥ 《中国物流年鉴(2011)》,上册,62页,北京,中国物资出版社,2011。
⑦ 《中国物流年鉴(2013)》,上册,32页,北京,中国财富出版社,2013。

生产，难以避免生产的盲目性。随着通信技术发展、互联网应用的普及，及时、迅达的市场信息对农业生产、农产品流通发挥日益重要的作用。建设覆盖面广、通达快捷的农产品流通信息网络，成为现代化市场体系和农业社会化服务体系的一个新的组成部分。

1984年中央一号文件首次提出，农村邮电通信作为传递商品信息的重要手段，要不断发展，逐步形成普及的、比较灵活的传递网。以后，中央又不断提出，要探索多种途径和办法，促进资金、技术、信息等市场的发展，加强市场设施建设，完善信息收集和发布制度，向农民提供及时准确的市场信息。[①]

2000年11月，农业部在昆明召开定点批发市场暨市场信息联网工作会议，提出要加大信息服务，各地要进一步发挥市场信息优势，切实做好信息收集分析和发布工作。这一年，农业部定点批发市场联网已有180家。[②]

2003年6月，国家发展和改革委员会、农业部等九部门联合印发《关于进一步加强和改进农产品价格信息服务工作的意见》，把国际市场主要粮食品种、棉花、食糖和主要油料的期货价格作为农产品价格信息资源的开发采集和加工整理工作内容之一，明确要求价格主管部门要会同有关部门进一步建立和完善国内主要农产品主产地交易市场、批发市场、期货市场、集散地市场价格监测制度。该意见还要求发展省、市、县联网和基本覆盖大多数乡镇、农业产业化龙头企业、农产品批发市场、中介组织、经营大户的农产品价格信息服务网络；逐步健全农村基层价格信息工作和服务队伍，通过与新闻媒体和基层农业中介组织密切合作，收集、整理、上报各类相关信息，负责把经整理分析后的上级权威性信息及时向农业生产者发布并提供信息咨询服务。同年11月，国家发展和改革委员会表示，当年安排国债资金4亿元，主要支持全国81个重点农产品批发市场检验检测系统和信息系统建设。[③]

2004年以后，绝大多数农产品已经放开市场经营，对市场信息的依赖日益增强，信息化建设在农产品流通工作中的地位越来越突出。2004年6月，商务部在《全国商品市场体系建设纲要》中提出，要加强批发市场的信息化建设，使其逐步成为农产品的信息中心、咨询中心。同年7月，商务部等八部门提出，要积极引导农民进入市场，为农民进入市场创造良好环境，进一步健全农村市场供求、价格等信息网络，为农民

---

① 《政府工作报告》，1992年3月20日；《中共中央关于农业和农村工作若干重大问题的决定》，1998年10月14日。
② 《农产品批发市场今后要变样》，载《经济日报》，2000年11月24日。
③ 《4亿国债投向农产品市场》，载《中国经济时报》，2003年11月21日。

提供及时准确的市场信息，降低生产和经营风险。10月，商务部决定建立重点商品交易市场联系制度作为市场体系建设的一部分，以推进商品交易市场交易方式、管理方式与制度创新。①

为建立健全流通领域公共信息服务体系，国务院决定，中央财政从2005年起，每年拿出一定资金支持全国流通领域公共信息服务系统建设，从中央外贸发展基金中安排一定资金支持全国市场信息服务体系建设；地方各级财政要加大资金投入，支持当地商品信息服务系统的建设和运行维护；商务主管部门要制定流通领域公共信息服务体系建设规划，加强管理。②

2005年11月，由农业部牵头建设"金农工程"。"金农工程"于1994年12月在国家经济信息化联席会议上提出，2002年《国家信息化领导小组关于中国电子政务建设指导意见》将其确定为12个国家重点建设的电子政务项目之一，是农业电子政务建设和农业信息化的重要基础项目。项目的主要任务是建立完善农业和农村经济监测管理服务信息系统、农村大型公共信息服务系统和提高农村网络覆盖率。"金农工程"一期项目旨在建成互联互通的国家和省两级农业数据中心、国家农业科技数据分中心、国家和省级粮食购销调存数据中心，国家农业综合门户网站和农业监测预警、农产品和生产资料市场监管、农村市场和科技信息服务三大类应用系统；构建部省两级信息安全管理体系、技术体系、运维体系和农业电子政务标准规范体系。③

2006—2010年的中央一号文件，在强调健全农产品市场体系时多次提出，要积极推进农业信息化建设，加强市场动态监测和信息服务，充分利用和整合涉农信息资源，强化面向农村的广播电视电信等信息服务，重点抓好"金农工程"和农业综合信息服务平台建设工程。

商务部于2006年开展新农村商务信息服务体系建设，简称"信福工程"。"信福工程"的主要内容为：创建"新农村商网"，专门收集和发布农村流通、消费信息的平台；创办《新农村商报》；建设多种形式的农村商务信息服务体系，包括设立乡镇兼职商务信息助理，培训农副产品经纪人，帮助大学生村官开展商务信息服务，建设村级商务信息服务站，支持涉农网站的农副产品专门数据库和农副产品集散地商务信息服务系统建设等。④

---

① 《商务部关于建立重点商品交易市场联系制度的通知》，商务部网，2004年10月25日。
② 《国务院关于促进流通业发展的若干意见》，2005年6月9日。
③ 《金农工程一期项目通过竣工验收》，农业部网，2014年6月20日。
④ 《"信福工程"造福农村》，载《中国信息化》，2006（19），54~57页。

2007年4月，农业部启动农村信息化示范工程，要求根据农村现实状况，因地制宜地推进农村信息化建设。当年12月，农业部确定了100个示范单位。2008年4月，农业部再次强调，要加强示范单位能力建设，通过树立和培育不同模式、不同类型、不同层级的示范单位，总结信息服务模式，推进信息技术应用，强化涉农信息资源整合与开发，推动农村一体化信息基础设施建设，进一步提高全国农村信息化水平。①

据工信部统计，到2010年2月，全国99.8%的行政村和93.3%的20户以上自然村通电话，96%的乡镇通宽带，91%的行政村能上网，已在14个省份11 986个乡镇开展信息下乡活动，共建成乡镇信息服务站11 724个，行政村信息服务点107 695个，乡镇涉农信息库8 422个，村级网上信息栏目53 178个。②

2012年，加快推进农业科技创新成为当年的主题，进一步强调培育和支持新型农业社会化服务组织，农村信息化建设被提到新的高度。中央一号文件提出，要全面推进农业农村信息化，着力提高市场流通的信息服务水平，搭建三网融合的信息服务快速通道，加快国家农村信息化示范省建设，利用现代信息技术手段，发展农产品电子商务等现代交易方式。同年8月，国务院提出，全面提升流通信息化水平，将信息化建设作为发展现代流通产业的战略任务，加强规划和引导，推动营销网、物流网、信息网的有机融合。

中国农村信息网络建设在20多年里从无到有，发展创新，改造升级，已取得巨大成就。

第三节　农产品流通主体培育

在计划经济的农副产品统派购体制下，国营商业和供销合作社承担国家任务，是农副产品购销的经营主体和主要渠道，而在农村市场，则基本上是供销合作社一统天下。1978年之前，国营商业和供销合作社的农副产品收购额占社会收购总额的比重常年在85%～90%，最高年份达到97.7%。其中供销合作社收购额占商业部门收购额的比重

---

① 《农业部关于开展全国农村信息化示范工作的通知》，2007年4月12日；《农业部关于加快推进农村信息化工作的意见》，2008年4月11日。
② 《农村信息基础设施匮乏，加快互联网普及迫在眉睫》，农业部网，2010年2月10日。

维持在 35%～50%，占社会收购总额的比重在 25%～40%。① 作为生产者的农民没有产品的自主经营权，商品性农产品的收益绝大部分由国家占有和分配。改革开放以后，生产经营体制的改革，统购派购制度的取消，使农民有了产品支配权，但要成为自主经营的流通主体还有很大障碍。改革农产品流通体制，必须打破国营与合作商业对农产品经营的垄断地位，特别是打破供销合作社在农村市场一家独大的地位，改革供销社的经营体制，培育多元化的农产品流通主体，激发积极性，释放活力，搞活市场。

一、培育多元化的粮食市场主体

自 20 世纪 50 年代粮食实行统购统销制度起，国营商业就成为粮食流通的主渠道，国有粮食企业掌握粮食的垄断经营权，农村粮食由国有粮食企业或委托供销合作社按照国家计划定价统一收购，不许私营粮商经营粮食，私商逐渐被排挤出粮食市场。这种由国营粮食部门统一管理、以国有粮食企业为垄断主体的经营体系，渠道单一，经营模式僵化，存储能力不足，不能适应改革开放后农村形势的新变化。1982—1984 年，粮食连年丰收，尽管粮食部门想方设法增加收储，还是出现农民卖粮难。粮食流通体制改革的一个重要内容，就是改革国营商业独家经营，开放多渠道经营，培育多元化的粮食流通主体，促进粮食顺畅流通。

1979 年以后，对完成收购任务后的粮食等农产品实行议价收购，但仅允许国营商业公司在市场上议购议销，没有普遍放开购销经营权。直到 1983 年，才首次放开粮食的部分经营权。当时规定，今后对农民完成统派购任务后的产品（包括粮食，不包括棉花）和非统购派购产品，允许多渠道经营。除国营商业外，供销社和农村其他合作商业组织可以灵活购销，农民私人也可以经营，可以进城、出县、出省。撤销农副产品外运由归口单位审批。② 为贯彻中央决定，同年 1 月，商业部出台《关于完成粮油统购任务后实行多渠道经营若干问题的试行规定》。该规定在坚持国营粮食商业是粮食多渠道经营中的主渠道的同时，提出撤销原来关于粮食议购议销由粮食部门统一经营、省间议价粮调剂要经粮食部门批准的规定；实行粮食多渠道经营以后，以粮食为原料的工商行业、农村"四坊"和饮食业，可以自行采购部分粮食，加工成品出售；

---

① 农业部计划司编：《中国农村经济统计大全(1949—1986)》，398 页，北京，中国农业出版社，1989；中国供销合作社史料丛书编辑室编：《中国供销合作社大事记与发展概况（1949—1985）》，450 页，北京，中国财政经济出版社，1988。
② 《中共中央关于当前农村经济政策的若干问题》，1983 年 1 月 2 日。

各单位可以采购自己食用的粮食，不必再经过批准。这一年，全国供销社共收购议价粮50多亿斤。据不完全统计，1984年有60多亿斤。1984年，四川省粮食部门议购粮食14亿斤，其他渠道成交41亿斤，比粮食部门多1.9倍。①

1985年取消农副产品统派购制度，开启了粮食市场化的进程。这以后，随着改革的逐步深入，粮食流通走向多元化市场主体经营。

1985年初取消农副产品统购派购，农产品不再受原来经营分工的限制，实行多渠道直线流通。1986年，在做好夏季粮油收购工作的通知中，国务院原则提出，在保证完成国家收购计划的前提下，积极组织市场调节，搞好多渠道经营，允许国营、集体或个人从市场购销粮油，具体办法由各省、自治区、直辖市人民政府确定。②

1993年，按照中共十四大提出的建立社会主义市场经济体制的总目标，国务院决定加快粮食流通体制改革。在粮食经营主体方面，允许和支持多种经济成分、多流通渠道参与市场粮油经营；国有粮油企业要通过参与市场竞争，大力促进企业转换经营机制，进一步增强企业的活力；符合条件的企业、单位、个人，均可以从事粮食批发、零售业务。③据典型调查，1995年，进入福建的粮食，有60.2%是通过个体商贩购进的。同年，进入广东的粮食，民间渠道占42.2%。④

在放开粮食多渠道经营，着力培育多元化粮食经营主体的大趋势下，国有粮食购销企业被推向风口浪尖。国有粮食企业改革是粮食流通体制改革的重点和难点。国有粮企长期独家经营，在粮食流通改革中，一方面承担国家政策性任务；另一方面在多渠道竞争中谋求生存，由于历史包袱沉重而处于不利地位。严峻的形势迫使国有粮食企业必须经受市场的考验，搞活经营，提高效益，逐步实现自主经营、自我发展，完成向现代企业的过渡。1994年中央提出，深化粮食企业改革，粮食经营实行政策性业务和商业性经营两条线运行机制，商业性企业一律独立核算，自主经营、自负盈亏，照章纳税，从业务、机构、人员上彻底分开。⑤1997—1998年，又出台了一些具体政策措施，以加快国有粮食企业的改革。主要有："四分开一完善"，即实行政企分开、中央与地方责任分开、储备与经营分开、新老财务账目分开，完善粮食价格机制；"三项政策一项改革"，即按保护价敞开收购农民余粮、粮食收储企业实行顺价销售、粮

---

① 《当代中国的粮食工作》，197页，北京，中国社会科学出版社，1988。
② 《国务院关于做好夏季粮油收购工作的通知》，1986年6月5日。
③ 《国务院关于加快粮食流通体制改革的通知》，1993年2月15日。
④ 卢文：《中国沿海经济发达区农业和农村发展的几个问题》，载《中国农村观察》，1997（2），23页。
⑤ 《中共中央、国务院关于1994年农业和农村工作的意见》，1994年4月10日；《国务院关于深化粮食购销体制改革的通知》，1994年5月9日。

食收购资金封闭运行,加快国有粮食企业自身改革。^① 这些措施有利于国有粮食企业建立自主经营、自负盈亏的新机制。但在粮食市场管理方面,仍坚持农村粮食收购主要由国有粮食企业承担,严禁私商和其他企业直接到农村收购粮食,这一规定对粮食顺畅流通仍是一种制度限制。

20世纪90年代后期,粮食连年丰收,出现阶段性供大于求,而粮食的购销、收储、粮食企业经营都跟不上变化的新形势,为此,2000年6月,国务院出台了进一步完善粮食生产和流通的政策措施。措施包括拓宽粮食购销渠道,放松粮食市场管理。具体规定有:允许和鼓励经审核批准的用粮企业、粮食经营企业直接到农村收购粮食;允许大型用粮企业跨地区到粮食产区直接收购;鼓励农民通过集贸市场出售自产的粮食,并不受数量限制;允许经过批准的粮食经营企业和粮商(包括私营、个体粮食经营者)到农村集贸市场和粮食批发市场购买和销售粮食。[②] 这标志着粮食流通向市场化方向又迈进了一步。2001年,作为粮食主销区市场化改革试点的浙江省,在粮食批发市场中从事粮食经营的非国有企业已占80%,新获得一级市场收购资格的各种所有制企业22家。[③]

2004年以后,全面放开粮食收购和销售市场。国家一方面鼓励购销多渠道经营,另一方面要求加快国有粮食购销企业改革步伐,开启了新一轮的改革。[④] 2004年5月,国务院通过《粮食流通管理条例》,以法规形式保护各类主体的正常经营行为。该条例规定,国家鼓励多种所有制市场主体从事粮食经营活动,促进公平竞争;依法从事的粮食经营活动受国家法律保护;国有粮食购销企业应当转变经营机制,提高市场竞争能力,在粮食流通中发挥主渠道作用。同年7月,国家发展和改革委员会、国家粮食局等五部门联合下发《关于进一步深化国有粮食购销企业改革的指导意见》,国有粮食企业进入深化产权制度改革、建立现代企业制度的新阶段。

2008年,国家发展和改革委员会会同有关部门编制完成《国家粮食安全中长期规划纲要(2008—2020)》。2012年,国家粮食局制定了《全国粮食市场体系建设与发展"十二五"规划》。这两个文件都提出,要大力培育和发展多元市场主体,提高粮食市场主体的竞争力。"十二五"规划还强调,要充分发挥国有粮食企业在粮食收购中的主渠道作用,要推动国有粮食企业改革和发展,建立现代企业制度,培育若干个具有

---

① 《中共中央、国务院关于一九九七年农业和农村工作的意见》,1997年2月3日;《国务院关于进一步深化粮食流通体制改革的决定》,1998年5月10日;《国务院关于印发当前推进粮食流通体制改革意见的通知》,1998年11月7日。
② 《国务院关于进一步完善粮食生产和流通有关政策措施的通知》,2000年6月10日。
③ 宋培军等:《我省粮食购销市场化改革的调查与分析》,载《浙江财税与会计》,2002(1),37页。
④ 《中共中央国务院关于促进农民增加收入若干政策的意见》,2003年12月31日。

国际竞争力的国有粮食企业；积极培育和发展多种所有制粮食市场主体从事粮食经营活动；培育农村粮食经纪人队伍，提升从业人员素质。①

经过三十多年的改革，粮食经营的多元市场主体格局已经形成。据统计，到"十一五"末，全国具有粮食收购资格的经营者8.75万家，受企业委托或与企业合作的农村粮食经纪人36.2万人。各地"放心粮油"生产企业已建立各类销售网点17万多个，其中城镇网点11万多个、农村网点6万多个。全国各类粮食批发市场400余家，国家粮食交易中心22家，建立了全国统一的粮食竞价交易系统。"十一五"时期，全国各类粮食经营企业共收购粮食131 569万吨，占同期全国粮食总产量的50%以上。②2012年，全国各类粮食企业收购粮食6 275亿斤，其中国有企业收购2 628亿斤，其他社会企业收购3 647亿斤，占58%。③

国有粮食企业改革持续推进。2005年年底，全国国有粮食企业总数27 831个，其中购销企业17 714个，分别比粮改初期的1998年减少25 138个、12 575个；国有粮食企业职工总数113.5万人，其中购销企业职工74.5万人，比1998年分别减少217.1万人、120.3万人；全国国有粮食企业改制数16 837个，占企业总数的60%，其中购销企业改制数10 852个，占购销企业总数的61%；"十五"期间，全国国有粮食购销企业比"九五"期间减亏405亿元，减幅37%。④到2010年年底，全国国有粮食企业职工总数60.3万人，其中购销企业职工44.7万人。⑤2012年，全国国有粮食企业总数14 867个，其中国有粮食购销企业10 348个；国有粮食企业改制数10 251个，占企业总数的69%；国有粮食购销企业改制7 620个，占购销企业数的73.6%。⑥2012年全国国有粮食企业统算盈利79.5亿元，自2007年以来连续6年实现全系统统算盈利。⑦

二、改革供销合作社为竞争性的市场主体

按照计划经济体制分工原则，农村地区的商品流通由供销合作社负责，国家需要的主要农副产品委托供销社按照国家计划收购和调拨，农业生产资料、农村日用工业

---

① 国家发展和改革委员会：《国家粮食安全中长期规划纲要（2008—2020）》，2008年11月13日；国家粮食局：《全国粮食市场体系建设与发展"十二五"规划》，2012年2月21日。
② 国家粮食局：《全国粮食市场体系建设与发展"十二五"规划》，2012年2月21日。
③ 任正晓：《在全国粮食流通工作会议上的报告》，2013年1月22日，国家粮食局网。
④ 任正晓：《"十五"时期国有粮食企业改革成效明显》，载《中国粮食经济》，2006（6），12~14页。
⑤ 《"十一五"回顾：国有粮食企业改革和发展取得进展》，中国政府网。
⑥ 《2013中国粮食年鉴》，83页，北京，经济管理出版社，2013。
⑦ 任正晓：《在全国粮食流通工作会议上的报告》，2013年1月22日，国家粮食局网。

品由供销社独家经营,形成供销社在农村市场的垄断地位和沟通城乡商品交流的单一渠道。

长期以来,供销合作社在农村地区已经形成较为完整的组织机构和经营体系。改革开放前,供销合作社的性质在合作、集体和国营之间曾几经反复,至改革之初的1978年为全民所有制,供销社职工属于国家职工。至1978年6月末,供销社有社员股金36 000万元,只占供销社自有资金的2%。[①] 供销社曾在工业化建设、为农服务、保障市场供应等方面做出贡献,但对于改革开放后的农村经济来说,这种单一主体的流通体制严重束缚农产品流通和农村市场的发展,农村商业体制必须改革。另一方面,农产品流通的市场化也使供销社失去了以往靠国家扶持维持的经营地位,面临生存危机,不得不走向改革。首先是要恢复供销社的合作性质,真正办成农民的合作经济组织,发挥其作为独立的市场主体、自主经营、联结城乡交流的作用。[②]

1980年11月召开的全国省、自治区、直辖市供销社主任会议讨论供销社的体制改革问题,当时并未取得一致认识。会议最终决定,供销社的全民所有制性质不变,体制改革可以采取集体所有制或其他形式先行试点。1981年12月,全国供销合作总社向中共中央、国务院提交《关于供销合作社改为集体所有制试点的报告》,获得批准。

自1982年第一个中央一号文件起,连续5年的一号文件都提出供销合作社的体制改革问题,把改革步步引向深入。

中央关于供销社改革的主要精神是:要恢复和加强供销社组织上的群众性、管理上的民主性和经营上的灵活性,使它在组织农村经济生活中发挥更大的作用。基层供销社恢复合作商业性质,在自愿原则下扩大吸收生产队和农民入股,经营利润按股金和按交售农副产品数量分红,实行民主管理,把供销社的经营活动同农民的经济利益联系起来;县级供销社改为基层社的联合社;县联社和基层社都实行独立核算、自负盈亏、向国家交纳所得税的制度(1982年)。基层供销社应恢复合作商业性质,逐步办成供销、加工、储藏、运输、技术等综合服务中心;各地要抓紧进行改革试点,逐步向面上推开(1983年)。供销社要真正办成农民群众集体所有的合作商业,各级供销社要实行独立核算,自负盈亏,有关制度也要按合作企业性质进行改革;供销社还要积极发展生产、生活服务项目,逐步办成农村的综合服务中心;要发展多种形式的

---

① 《中国供销合作社大事记与发展概况(1949—1985)》,209页,北京,中国财政经济出版社,1988。
② 至2012年,政府仍对供销社实行政策性扶持,县及县以上供销社机关绝大多数为财政拨款的事业单位。

农工商联营，使供销社同农民结成经济利益共同体，成为国家和农民经济联系的纽带（1984年）。供销合作社必须加快改革步伐，彻底成为农民群众的合作商业；国家在各级供销社在财政、税收、信贷、人事制度等方面，都要按集体所有制的合作商业对待，并给予必要的优惠（1985年、1986年）。

到1983年年底，全国90%以上的社员股金得到清理，补发了红利。同时，进行增股扩股，发展新社员，全国入股农户已有1.3亿户，占总户数的70%，新吸收股金2.5亿元，比原有股金增加70%。全国有3.5万个基层社召开了社员代表大会，有1 600多个县建立了县联社，有8个省、直辖市建立了联合社。①

1984年7月，国务院批转国家体改委、商业部、农牧渔业部《关于进一步做好农村商品流通工作的报告》(以下简称《报告》)，《报告》提出农村商品流通体制的改革，很大程度上取决于供销合作社改革能不能首先突破。供销合作社要在农民入股、经营服务范围、劳动制度，按劳分配、价格管理等方面进行突破。《报告》提出了"按集体所有制性质进行改革"的四个方面具体措施。

应该指出的是，在上述一系列文件中，把供销社办成"农民群众集体所有的合作商业""按集体所有制的合作商业对待"、使供销社"成为国家和农民经济联系的纽带"等提法，还带有时代局限性。中国长期以来把集体所有制和合作制混为一谈。关于供销社的性质和作用，在这个阶段理论上还没有厘清，改革措施上的所谓"按集体所有制性质进行改革"也就不能真正体现"合作"性质。但要把供销社"办成农村的综合服务中心"，这个改革方向还是正确的。

1987年1月中央五号文件《把农村改革引向深入》，在供销社改革中具有里程碑的作用。文件明确提出，供销社要按照合作社原则，尽快办成农民的合作商业组织，完善商品生产服务体系。这里不再提供销社的"集体所有制性质"，而是强调"按照合作社原则""办成农民的合作商业组织"。这之后，就不再有"集体所有制"的提法了。

同年6月，国务院批转国家体改委、商业部、财政部《关于深化供销合作社体制改革的意见》。文件认为，改革开放以来，供销合作社体制改革有了显著进展，但是在服务效能、经营方式、管理制度、企业机制等方面还不适应开放、搞活和竞争的形势。文件提出了五个方面的改革措施。②

---

① 苏志平主编：《中国商业发展报告（1997）》，98~99页，北京，中国财政经济出版社，1997。
② 《国务院批转国家体改委、商业部、财政部关于深化国营商业体制和供销合作社体制改革意见》，1987年6月10日。

1991年10月，国务院在《关于进一步搞活农产品流通的通知》中提出，要继续发挥供销合作社在农产品流通中的主渠道作用。供销合作社和国营商业要适应农村商品经济发展的需要，积极与农民以及其他购销组织实行多种形式的联合与合作，更好地为农业生产和农民生活服务。文件仍然强调供销合作社"在农产品流通中的主渠道作用"，意味着仍把供销社作为农村市场的主流流通组织。鉴于供销社是农民的合作组织，1993年决定，供销社的体制改革同时接受农口的指导和协调。①

尽管供销社改革至此已经提了十几年，但实质性进展并不大，体制不顺，缺乏经营活力，为农服务观念淡薄，基层社经营困难。1995年2月，中共中央、国务院发出《关于深化供销合作社改革的决定》，要求围绕真正办成农民的合作经济组织的根本目标，在组织体制、经营机制、农业社会化服务体系、基层供销社建设等方面进一步深化改革。这个决定比此前有了较大推进。首先，不再沿袭"供销社是农产品流通的主渠道"的提法，而是提出供销合作社是繁荣农村经济的重要力量，供销合作社的问题实质上是农业、农村、农民问题，改革是要把供销合作社真正办成农民的合作经济组织。其次，强调供销合作社的主要任务是围绕建立和完善农业社会化服务体系，做好为农业、农村、农民服务的工作，不断满足农民生产生活中多方面的实际需要，促进农村经济的发展和农民收入水平的提高，把一家一户办不了或不好办的事情办起来，把千家万户的分散经营与大市场连接在一起。供销合作社要进一步从单纯的购销组织向农村经济的综合服务组织转变，大力发展以加工、销售企业为龙头的贸工农一体化、产供销一条龙经营，带动千家万户连片兴办农产品商品基地和为城市服务的副食品基地，发展农产品加工、储藏、运输业和其他第二、三产业，发展专业合作社，积极为农业、农村、农民提供综合性、系列化的经济技术服务，引导农民有组织地进入市场。第三，在组织上，要理顺供销合作社的组织体制，抓紧组建全国供销合作总社。该决定特别强调，供销合作社改革不是单纯的流通领域改革，也不单是供销合作社自身的机构改革，而是整个经济体制特别是农村经济体制改革的重要组成部分，涉及城市与农村、工业与农业、生产与流通等各方面的关系，影响面广，政策性强。1995年5月12日，中华全国供销合作社第二次代表大会召开，恢复成立中华全国供销合作总社，修改通过了新的《中华全国供销合作总社章程》。这是继1954年第一次全国代表大会以后第二次召开全国代表大会，标志着供销合作社改革进入一个新的阶段。

---

① 《中共中央、国务院关于当前农业和农村经济发展的若干政策措施》，1993年11月5日。

到1997年，供销社共有1.8亿户社员，3万多个基层社，2 300个县（市）联社，县以上供销社退出了地方政府的行政序列；建立97万个经营服务网点，有580万职工，700多亿元自有资金，年经营额9 000多亿元；发展专业合作社、专业协会3.3万个，建立具有一定规模的农产品基地4 500个，有3万多个农产品加工企业。在农产品主要产区、集散地和大中城市，建立各类农产品收购网点数万个，农产品交易市场2 500个。①

1999年1月，针对供销社的历史遗留问题，国务院发出《关于解决当前供销合作社几个突出问题的通知》，提出了支持供销社深化改革和发展的政策措施，使供销社建立自主经营、自负盈亏的经营机制，更好地为农服务。

2001年，棉花市场放开，取消了棉花由供销社一家经营的规定，意味着废除了供销社最后的垄断特权。2002年，全国供销总社提出全面实施基层社、社有企业、联合社、经营网络的"四项改造"；2005年，提出在"十一五"期间加快建设"新农村现代流通服务网络工程"即"新网工程"。这些改造和建设取得初步进展。到2008年11月，全系统4.98万个法人企业，已经从过去主要承担国家政策性业务的单位转变成自主经营、自负盈亏的独立经济主体。2008年实现利润112.4亿元，所有者权益达到1 169.1亿元。到2009年4月，全系统发展各类协会19 517个，会员总数261.9万个；全国10多个省、1 000多个市县依托供销合作社组建了农村合作经济组织联合会，搭建为各类合作经济组织发展的服务平台。②

2009年11月，国务院下发《关于加快供销合作社改革发展的若干意见》，指出供销合作社是为农服务的合作经济组织，是推动农村经济发展和社会进步的重要力量。供销社改革发展的总体要求是，坚持社会主义市场经济改革方向，坚持合作制基本原则，大力推进经营创新、组织创新、服务创新，加快构建运转高效、功能完备、城乡并举、工贸并重的农村现代经营服务新体系，努力成为农业社会化服务的骨干力量、农村现代流通的主导力量、农民专业合作的带动力量，真正办成农民的合作经济组织。2011年1月17日，中华全国供销合作总社五届二次理事会议召开，提出"全面提升发展水平，打造全新供销合作社"的目标。③

2010年2月，中国供销集团有限公司正式组建成立。中国供销集团旗下拥有中国

---

① 苏志平主编：《中国商业发展报告（1997）》，96页、107页，北京，中国财政经济出版社，1997。
② 《中国供销合作社六十年》，载《中华合作时报》，2009年10月9日。
③ 《为打造全新供销合作社而努力奋斗》，中国供销合作网。

农资集团、中华棉花集团、中国再生资源公司、全国棉花交易市场、新合作商贸连锁集团、中棉工业公司、中合联投资担保公司等12家专业子公司。中国供销集团是在供销总社本级现有企业基础上组建成立，是供销总社全额出资设立的集贸易、实业、信息、服务、科研为一体的综合性企业集团，下设农业生产资料、棉花、农副产品、再生资源、日用消费品、融资服务、进出口贸易等几大业务板块。①

2012年，全国供销合作社系统实现销售总额25 861.3亿元，利润261.4亿元。②全年直接收购和帮助农民推销的农副产品5 181.9亿元；全系统有基层社19 082个，其中集体所有制15 895个，股份制708个，股份合作制871个；基层社经营网点27.47万个，其中农副产品收购网点1.45万个。截至2012年年末，全系统组织农民兴办的各类专业合作社77 088个，入社农户1 063.18万户，在各类专业合作社中，农产品类66 657个；全系统有各级政府和部门认定的农业产业化龙头企业2 042个，其中农副产品加工企业724个，农副产品经营企业556个，农副产品交易（批发）市场253个，共带动农户1 659万户，帮助农民实现收入593.7亿元。③

总之，经过改革，供销合作社在全面走向市场的道路上迈出坚实步伐，现代流通网络覆盖面扩大，为农服务领域进一步拓展，正在向综合服务的新型合作经济组织迈进。供销社在农村市场上一家独大的局面已经被打破，在农产品流通的竞争市场上，成为各类流通主体中的一支重要力量。④

三、多元化农产品流通主体培育

农村市场以供销社为单一流通主体的状况远不能适应迅速发展的农村商品生产的需要，培育多种经济成分共同发展的多元化的商品流通主体，是改革伊始就提出来的目标。为了活跃农产品流通，搞活市场，一方面要打破供销社的垄断经营地位，同时要放开市场准入，鼓励多种经营成分进入流通领域，激发市场活力，搞活农村经济，促进城乡物资交流。经过改革，从起初的允许农户、社队集体进行农产品销售，到龙

---

① 《中国供销集团成立》，载《中国经济时报》，2010年2月22日。
② 《供销合作社去年利润261.4亿元》，载《经济日报》，2013年1月27日。
③ 《全国供销合作社系统2012年基本情况统计公报》，中国供销合作社。
④ 2014年7月24日，在北京召开纪念全国供销合作总社成立60周年的电视电话会议上，中共中央总书记、国家主席习近平就继续办好供销合作社作出重要批示，要求在新的历史条件下，要继续办好供销合作社，发挥其独特优势和重要作用。国务院总理李克强也作出批示，希望供销合作社在建设现代农业、发展农村现代流通、服务农民生产生活中发挥更大作用，中国政府网。

头企业、个体经纪人以及专业合作社等的发展，多元化的流通主体逐步发育成长，形成了在竞争中发展，促进农产品流通规模不断扩大的局面。

改革开放前，除了允许农民在集市上出售和交换少量自用有余的产品外，不准进行远途贩运，更不准进行有组织的长途贸易。1982年的中央一号文件提出要有计划地试办和发展社队集体商业，如贸易货栈、联合供销经理部和农工商联合企业等，逐步实现多成分、多渠道、少环节。要求各级商业部门把积极支持和指导社队开展推销和采购业务活动当作自己的一项重要任务。同年6月，国务院在《关于疏通城乡商品流通渠道扩大工业品下乡的决定》中再次提出，要继续发挥各种集体、个体商业以及其他商业渠道的作用，帮助它们在国家规定的范围内，采取灵活多样的经营形式，从事购销活动。文件明确提出发挥"个体商业以及其他商业渠道的作用"，这是在中央一号文件"有计划地试办社队集体商业"的基础上，又前进了一步。

1983年2月，根据当年中央一号文件关于允许国营商业、供销社和农村其他合作商业组织以及农民私人经营农副产品的精神，国家体改委、商业部在改革农村商品流通体制的规定中提出，完成国家计划任务后的农副产品（不包括棉花）和工业消费品（不包括烟酒专卖），以及国家计划没有规定任务的一切商品，允许国营、集体、个体商业通过各种流通渠道，采取各种方式经营，如农商联营、工商联营、商商联营、商贸联营、委托经营、租赁经营、承包经营、代购代销、代运代销，等等。同年10月，撤销了农副产品外运由归口单位审批的规定。①

尽管放宽了经营主体，但出于新的主体进入市场后对市场秩序的担心，对诸如上市产品种类、贩运路线、农副产品价格、经营方式等，又做出一些限制性规定。② 然而不出半年，提法又不同了。国家体改委等三部门的报告提出，要鼓励农民进入流通领域，吸引农民从事商品交换。对农民的经商活动，不能采取限制的办法，要因势利导，使之成为国营商业和供销合作社的一支重要补充力量。③ 尽管该报告提出要大胆突破过去管得过死的框框，但把农民经商作为国营商业和供销社的"补充力量"，明显还带有计划经济的烙印。在实践中，由于习惯势力和旧框框束缚，许多实质性问题没有根本解决。

从20世纪80年代后半期到90年代，国家继续支持流通领域实行多主体、多渠

---

① 《国务院批转商业部关于调整农副产品购销政策组织多渠道经营的报告》，1983年10月29日。
② 《国务院关于合作商业组织和个人贩运农副产品若干问题的规定》，1984年2月25日。
③ 《国务院批转国家体改委、商业部、农牧渔业部关于进一步做好农村商品流通工作的报告》，1984年7月19日。

道经营，鼓励国家、集体、个人一齐上，并从分散性经营发展到农民流通组织。1987年1月中央五号文件较早提出农民组织起来进入流通的问题，指出当时农村已出现了一批农民联合购销组织，其中有乡、村合作组织兴办的农工商公司或多种经营服务公司，有同行业的专业合作社或协会，也有个体商贩、专业运销户自愿组成的联合商社等，要支持农民组织起来进入流通。为鼓励各种集体、合作和个体商业从事购销活动，国家从制度上给以鼓励和扶持。1991年10月，国务院规定，凡是放开经营的农产品，集体商业和个体工商户都可以经营，可以长途贩运，也可从事批发业务。要在注册登记、银行开户、经营场地等方面给予支持，提供方便。要积极发展产销一体化经营组织。各类工商企业可以不受行政区划的限制，牵头或参与产销一体化经营活动。①

1993年11月的中央农村工作会议上，从建立健全农业社会化服务体系的角度，提出要以市场为导向，积极发展贸工农一体化经营。要通过公司或龙头企业的系列化服务，把农户生产与国内外市场连接起来，实现农产品生产、加工、销售的紧密结合，形成各种专业性商品基地和区域性支柱产业，使中国农业在家庭经营基础上向专业化、商品化、社会化生产转变。② 在各级政府的扶持下，各种形式的产加销经营组织开始出现，通俗提法即"公司＋农户"模式。

经过一段时间的实践，针对"公司＋农户"式经营出现的一些问题，1995年3月，中共中央、国务院在对当年农村工作的指导意见中，首先肯定了各种形式的贸工农一体化经济组织在带动农民发展商品生产，促进农业生产专业化、现代化等方面所发挥的重要作用，同时指出，要认真总结经验，引导其更好地发展。在所有制和经营形式上要坚持多样化，在生产经营上要坚持以市场需求为导向，在分配体制上要坚持保障农民的利益，真正达到发展农村经济、增加农产品供给和农民收入的目的。③

在中共中央、国务院关于"九五"时期农村工作的部署中，也把培育龙头企业，实行农业产业化经营作为一项任务，要求各地因地制宜地加以推行，所有带动农民发展产业化经营的龙头企业，都可以享受国家对现有农业企业的优惠政策。④

虽经过十几年发展，农产品流通主体的发育仍处于起步阶段，农产品流通组织分散、规模小，农民在市场上处于弱势、劣势，抵御市场风险能力差。据农业部统计，

---

① 《国务院关于进一步搞活农产品流通的通知》，1991年10月28日。
② 《中共中央、国务院关于当前农业和农村经济发展的若干政策措施》，1993年11月5日。
③ 《中共中央、国务院关于做好一九九五年农业和农村工作的意见》，1995年3月11日。
④ 《中共中央、国务院关于"九五"时期和今年农村工作的主要任务和政策措施》，1996年1月21日；
《中共中央、国务院关于一九九七年农业和农村工作的意见》，1997年2月3日。

1998年年底，全国农村流通领域的专业合作组织大约有14万多个，每个合作组织的销售收入只有2.8万元。① 发展多元化农产品流通主体，要求培育多种形式的新型农产品流通组织，特别是培育农民自己的流通组织，提高农民进入市场的组织化程度。其中特别是要培育各种农产品流通中介组织（如各类合作组织、行业协会等）和农村经纪人。农村市场中介组织也是一类独立的市场主体，在连接农户与市场中发挥着越来越重要的作用。要通过增强进入流通的组织化程度，提高农民在市场交易中的谈判地位，减小进入市场的风险，促进农民增收。

中共十五届三中全会提出了农业和农村工作的跨世纪发展目标，其中把培育农民自己的流通组织，提高农民进入市场的组织化程度作为新世纪的一项任务。中共十六届三中全会进一步明确提出，要大力发展和积极引导非公有制经济。要清理和修订限制非公有制经济发展的法律法规和政策，消除体制性障碍；放宽市场准入；积极发展独立公正、规范运作的专业化市场中介服务机构，按市场化原则规范和发展各类行业协会、商会等自律性组织。中共十七届三中全会再次提出，要建立新型农业社会化服务体系，支持供销合作社、农民专业合作社、专业服务公司、专业技术协会、农民经纪人、龙头企业等提供多种形式的生产经营服务。中央政策的实施推动农民合作经济组织不断创新发展。

值得注意的是，此时提出要发展农村经纪人。农村经纪人本是传统农产品流通中的一个重要职业，在计划经济时期被取缔了，在改革开放时期又重新发展起来。到2012年，在中央关于农业农村的文件中，多数都提出了培育和发展农村经纪人队伍以及农村各类流通中介组织的任务。

2004年7月，在商务部等八部门关于进一步做好农村商品流通工作意见的通知中，除继续重申此前的鼓励性政策外，还强调了制度与法制建设。通知指出，要鼓励农业生产大户、运销大户注册为法人，从事农产品运销；加快研究制定农村流通合作组织的有关法规；中央和地方政府、金融机构都要支持各类农民专业合作组织的发展。②

2003年8月，国家劳动和社会保障部将农产品经纪人正式列入国家职业分类大典，农产品经纪人成为正式职业。2004年4月，北京郊区首批56名农产品经纪人取得由中华全国供销合作总社职业技能鉴定指导中心颁发的国家级职业资格证书。作为一个

---

① 商务部：《中国农村市场体系建设研究报告》，商务部网，2003年12月26日。
② 《国务院办公厅转发商务部等八部门关于进一步做好农村商品流通工作意见的通知》，2004年7月14日。

新兴职业，农产品经纪人领取"执照"尚属首次。[①] 同年8月19日，沈阳市农民经纪人协会成立。据不完全统计，该市有一定经营额的农民经纪人已达2.6万人，2003年经销的农产品总额达40多亿元人民币。[②] 到2005年10月，中国农村经纪人已经达到38万余户，农村经纪执业人员超过60万，业务量达1 707多亿元。这些农村经纪人采用"市场+经纪人+农户"的模式从事经纪活动，一个经纪人往往联系几十户上百户农民，在帮助农民闯市场、保证农民增收等方面发挥了重要作用。[③] 2007年11月30日，中国农产品流通经纪人协会成立。

在流通主体多元化发展的情况下，供销社在农村市场上一家独大的局面已经被打破。供销社农产品收购额占社会农产品收购额的比重到1996年已下降为10%。[④] 2007年，来自全国城市农贸中心联合会的数据显示，在批发市场投资主体中，民营资本比例上升。2000年全国农产品批发市场中，民营资本所占比例不足1/4，2006年这一比例升至40%左右；全国农产品批发市场股份制的比例从2000年的13%上升到2006年的近40%。[⑤] 到2009年，农村经纪人、个体运销户、农民合作经济组织和农业产业化龙头企业等逐渐成为农产品市场流通的主力。据不完全统计，从事农产品流通、科技、信息等中介服务活动的农村经纪人已经达到600万人以上，农民合作经济组织达到15万个，农业产业化龙头企业超过4 300多家，成为农产品市场流通中的新生力量。[⑥]

第四节 农产品市场的宏观调控与法制建设

随着市场化改革的深入，政府逐渐退出农产品经营领域，农产品流通主要通过市场调节。但完全依靠"看不见的手"也是不行的，市场失灵时时发生，必须划清政府与市场的边界，将政府职能由直接经营农产品转向宏观调控，通过建立宏观调控的体

[①] 《北京出现新职业》，载《北京晚报》，2004年4月1日。
[②] 《沈阳涌现2.6万个农民经纪人》，载《中国经济时报》，2004年8月20日。
[③] 《为农村经纪人营造良好的发展环境》，载《经济日报》，2005年10月16日。
[④] 高铁生、郭东乐主编：《中国流通产业发展报告》，399页，北京，中国社会科学出版社，2004。
[⑤] 《农产品市场体系日趋成熟》，载《中国经济时报》，2007年9月4日。
[⑥] 《农产品批发市场正向第三代升级》，载《经济日报》，2009年8月22日。

制机制和制度，影响和引导市场参与者的行为，减小市场波动，防控市场风险，维护生产者的利益。政府还要制定和完善适应市场经济体制的法律法规，建立健全法制体系，加强市场监管，优化市场环境，保障市场顺畅运行。中共十六届三中全会提出，继续改善宏观调控，加快转变政府职能，完善国家宏观调控体系，提高宏观调控水平，切实把政府经济管理职能转到主要为市场主体服务和创造良好发展环境上来。

从计划经济向市场经济转型，转变政府职能，建立并完善农产品流通宏观调控体系，这是一个重大的转向，在中国是一个新的课题。经过改革和探索，从改革初期的"放管结合"，到主要为市场主体提供服务和创造良好的市场环境，各重要领域的宏观调控体系、管理制度以及法律法规已经基本建立，但还需要继续改进和完善。

一、建立和完善农产品储备基金和储备库制度

农副产品生产受自然条件影响，年景有丰有歉，市场波动大。政府宏观调控的一项重要职能，是建立各项储备制度和储备设施，以调节和保障商品供求，维护市场稳定。

随着农产品流通的放开搞活，根据1984年中央一号文件精神，国家体改委、商业部等部门决定：在搞活农村商品流通、改革流通体制的同时，对一些主要农副产品逐步建立储备基金，由财政部、商业部、农牧渔业部和中国人民银行根据不同产品拟定具体办法。承担国家商品储备任务需要兴建的大中型基建项目，应纳入国家计划，统一安排。同时，要鼓励农民集资兴办加工、储藏等设施。国家计划安排的粮食、棉花、水果仓库建设项目，要抓紧施工，尽快建成使用。在"七五"计划期间，要多安排一些商业基础设施建设，使当时的紧缺状况得以缓和。① 建立主要农产品储备基金和建设储备设施，这是改革以来首次在正式文件中提出来的。

1990年代，随着主要农产品粮食、油料、糖料、棉花等生产形势好转，市场化改革进程加快，国家把建立主要农产品储备制度放在重要议程，在各种场合和文件中连续不断地提出和强调这个问题。

1990年12月，中央提出，要建立专项粮食储备，除了中央建立专项粮食储备外，地方也要储备，建立多级粮食储备制度；集体和农户也应有必要的储备，以丰补

---

① 《国务院批转国家体改委、商业部、农牧渔业部关于进一步做好农村商品流通工作的报告》，1984年7月19日。

歉。① 1991年10月,再次提出:中央和地方实行专项储备粮制度,当市场价格下跌时,政府按保护价定额收购储备,保护生产者的利益;当市场价格过高时,政府按合理价格抛售一部分储备粮,以稳定市场,保护消费者的利益。对其他农产品,要坚持和完善重要农产品储备调节制度。中央和地方要根据需要,研究确定关系国计民生的重要农产品的储备量,建立储备基金。除国家储备外,还要积极引导企业和农民采取多种办法,进行必要的储备,建立多级储备体制。要加强国家对市场的宏观调控和管理,建立正常的流通秩序,促进市场机制的发育。②

1992年9月,国务院决定改革棉花流通体制,在逐步放开棉花市场的同时,要加强国家宏观调控,逐步建立健全国家和省(区、市)两级棉花储备制度。储备棉主要用于国家和地方调节市场供求、平抑价格。棉花供大于求、市场价格低于最低保护价时,按最低保护价收购,增加储备。棉花紧缺、市场价格过高时,按最高限价卖出储备棉,抑制棉价上涨。棉花储备业务要与正常的棉花经营分开。③ 1993年,由于当年棉花种植面积减少,又遭受较严重的自然灾害,国务院再次强调,要建立健全国家棉花储备制度,加强储备棉管理。目前中央已有棉花储备,地方也要尽快建立棉花储备。④

1993年和1994年,国务院连续强调:在放开搞活的同时,必须进一步加强宏观调控,做到放得开,守得住。要建立中央和省(区、市)两级为主的多层次粮食储备体系,通过储备粮的吞吐,平衡供求,稳定市场。还要积极推行农村集体储粮和农户储粮,防备灾荒。从1994年度起建立国家油脂储备制度。国家储备粮油权属中央,未经国务院批准,各级政府、任何单位和个人都不准动用。要加强对储备粮油的监督检查,发现问题,及时处理。在一两年内,实现国家储备库计算机管理,逐步联网,提高粮油储备管理的现代化水平。⑤

为了加强对储备粮棉的管理,国家储备应与企业经营分开。1998年5月,国务院重申要加快完善中央和地方两级粮食储备体系,同时提出,要建立健全储备粮管理制度,对储备粮与企业经营周转粮实行分开管理。国家粮食储备局负责中央储备粮管理,并监管按经济区划组建的若干个中央储备粮管理公司。中央储备粮管理公司是管理储

---

① 《中共中央、国务院关于一九九一年农业和农村工作的通知》,1990年12月1日。
② 《国务院关于进一步搞活农产品流通的通知》,1991年10月28日;《中共中央关于进一步加强农业和农村工作的决定》,1991年11月29日。
③ 《国务院批转国家体改委关于改革棉花流通体制意见的通知》,1992年9月22日。
④ 《国务院关于做好棉花工作及有关政策问题的通知》,1993年9月8日。
⑤ 《国务院关于加快粮食流通体制改革的通知》,1993年2月15日;《国务院关于深化粮食购销体制改革的通知》,1994年5月9日。

备粮的经济实体，担负为国家宏观调控服务的职能。①2001年7月，又提出组建国家储备棉管理公司，实现储备与经营彻底分开。②

为了完善国家粮食储备体系，增强粮食宏观调控能力，2001年8月，国务院决定，进一步扩大中央储备粮规模，在今明两年内，通过新建储备库装新粮和在产区直接收购，使中央储备粮规模逐步达到750亿公斤，保证国家掌握充足的粮食调控资源。要健全中央储备粮垂直管理体系，抓紧制定《中央储备粮管理条例》等法规制度，将储备粮管理纳入法制化的轨道。要抓紧国家储备粮库建设。③

在粮、棉、油储备体系初步建立的基础上，有必要进一步扩大农副产品储备范围，建立和完善重要商品储备制度。2005年6月，国务院提出，要进一步完善糖、肉、边销茶等生活必需品和茧丝绸等重要商品的中央储备制度，地方政府也要结合实际建立地方生活必需品储备制度。④

2008年，为了应对国际金融危机，在国内市场上，要提高市场调控能力，维护市场稳定。为此，国务院提出：要健全居民生活必需品储备机制，尚未建立生活必需品地方储备的地区要尽快建立，已经建立的要增加品种扩大规模。要加快完善地方成品粮油储备体系，地方政府特别是36个大中城市及粮油价格易波动地区，要建立地方成品粮油应急储备制度，并确保10天以上的市场供应量。在加快中央储备糖库和储备冷库建设的同时，各地也要加快地方储备糖库和储备冷库的建设进度。要切实增强市场应急调控能力，完善城乡市场信息服务体系，加强市场监测，提高预测预警水平，增强调控的预见性。继续完善产销衔接、跨区调运、储备投放、进出口调剂等机制，增强应急保供的时效性和针对性。⑤

建立健全主要商品的储备体系，是市场稳定的保障，有利于流通业市场化改革的顺利推进。2012年9月，这项工作被列入《国内贸易发展"十二五"规划》。《规划》在"提高市场调控能力"一条提出：要加强重要商品储备，增强平抑市场异常波动能力。对猪肉等重要生活必需品，建立健全中央和地方两级政府储备制度。培育中央和地方两级应急保供骨干企业队伍，积极探索生活必需品商业储备制度建设，支持骨干企业增加生活必需品库存。健全应急商品投放网络，加强肉、菜、糖、边销茶、生丝等重

---

① 《国务院关于进一步深化粮食流通体制改革的决定》，1998年5月10日。
② 《国务院关于进一步深化棉花流通体制改革的意见》，2001年7月31日。
③ 《国务院关于进一步深化粮食流通体制改革的意见》，2001年8月6日。
④ 《国务院关于促进流通业发展的若干意见》，2005年6月9日。
⑤ 《国务院办公厅关于搞活流通扩大消费的意见》，2008年12月30日。

要商品储备的设施设备建设与升级改造。统筹利用两个市场、两种资源，维护重要商品市场供求基本平衡。要完善市场应急机制，加强生活必需品市场应急供应管理的制度建设，建立健全突发事件应对机制。不断完善生活必需品市场供应应急预案，建立应急管理平台，及时掌握应急商品的地域分布、库存水平、产出能力和物流资源等基本情况，逐步实现市场应急供应管理全程控制。①

至 2012 年年底，中国粮、棉、油、肉、糖、茶、茧丝等主要农副产品的储备体系都已经基本建立，并发挥作用。

二、建立主要农产品风险基金制度

风险基金是顺应农产品流通市场化改革，为维护市场稳定，保护生产者利益而由政府建立的专项调控资金，是与农产品储备制度相配套的一项措施。中国农产品风险基金的建立首先从粮食开始，逐步扩大至棉花、油、肉等。

1989 年，粮食产量再次超过历史最高水平，为了应对"卖难"问题，除了要采取措施多收、多储备外，还有必要建立风险调节基金。1990 年 6 月，宋平在农村工作座谈会上的讲话中说，为了今后更好地应付自然灾害和市场波动，各级政府、商业企业和农民都要逐步建立风险调节基金，不要因为"卖难"，而使刚刚开始回升的农业再受挫折。②1991 年 10 月，国务院提出，对重要农产品，各地要逐步建立和完善风险基金制度，以保护生产者、消费者和经营者利益。③

1993 年，为顺应粮食流通体制改革的契机，中国开始加快建立粮食风险基金。2 月 15 日，国务院在《关于加快粮食流通体制改革的通知》中提出：为了支持粮价改革，中央财政对各省、区、市的粮食补贴保留三年，逐年减少。每年减少的财政补贴，转作中央粮食风险基金，不准挪作他用。各省、区、市减少的财政补贴，也要转作地方粮食风险基金。2 月 20 日，国务院发布《关于建立粮食收购保护价格制度的通知》，其中提出：为了保证落实粮食收购保护价格制度，决定建立中央和省（区、市）两级粮食风险基金制度。在粮食市价低于保护价时，按保护价收购；在粮食市价上涨过多时，按较低价格出售。上述价差由风险基金补偿。风险基金的筹集、使用办法，由财政部会同国家

---

① 《国务院印发国内贸易发展"十二五"规划》，2012 年 9 月 10 日。
② 宋平在中共中央政策研究室召开的农村工作座谈会上的讲话，《十三大以来重要文献选编》（中册），转自人民网，1990 年 6 月 22 日。
③ 《国务院关于进一步搞活农产品流通的通知》，1991 年 10 月 28 日。

计委、国家物价局等有关部门提出方案，报国务院批准后实施。11月5日，中共中央、国务院在《关于当前农业和农村经济发展的若干政策措施》中提出，粮食价格和购销放开以后，国家对粮食实行保护价制度，并相应建立粮食风险基金和储备体系。为了支持保护价收购，从今年起建立粮食风险基金。粮食价格放开后，中央和地方财政减下来的粮食加价、补贴款要全部用于建立粮食风险基金。粮食储备所需收购资金，由政策性银行负责保障；中央储备发生的亏损由中央财政建立的风险基金解决，地方储备发生的亏损由地方财政建立的风险基金解决，对于粮食主产区，中央财政可给予适当补助。①

  1994年4月，财政部等六部委提出《粮食风险基金实施意见》，经国务院批准，印发执行。国务院通知说，粮食专项储备制度和粮食风险基金制度是政府对粮食进行宏观调控的最重要的经济手段。经过几年的努力，粮食专项储备制度已经初步建立起来。粮食风险基金是中央和地方政府用于平抑粮食市场价格，补贴部分吃返销粮农民因粮食销价提高而增加的开支，促进粮食生产稳定增长，维护粮食正常流通秩序，实施经济调控的专项资金。《实施意见》规定，从1994粮食年度起，中央和各省（区、市）都必须建立足够的粮食风险基金，地（市）、县是否建立由各地根据财力自行确定。中央粮食风险基金用于国家储备粮油、国家专项储备粮食的利息、费用支出和在特殊情况下需动用中央储备粮调节粮食市场价格时所需的开支。地方粮食风险基金用于地方政府为平抑粮食市场价格吞吐粮食发生的利息、费用和价差支出以及对贫困地区吃返销粮的农民由于粮价提高而增加的开支的补助。粮食风险基金的资金来源列入中央和地方的财政预算，《实施意见》对粮食风险基金的管理、使用等作出具体规定。

  同月，中央又提出，为了保障主要副食品市场供给和价格的基本稳定，在抓好"菜篮子"生产的同时，要建立副食品风险基金，中央和地方原有的副食品生产和销售补贴，要用于建立副食品风险基金，还要从其他方面筹集一些资金，使其形成一定的规模。②

  完善主要农产品的储备调节和风险基金制度还被列入"九五"时期农村工作的主要任务。③ 按照中央和地方对粮食分级管理、粮食省长负责制的体制，从2001年起，中央适当增加对粮食主产区的粮食风险基金补助，由地方包干使用。④

---

① 《国务院关于加快粮食流通体制改革的通知》，1993年2月15日；《国务院关于建立粮食收购保护价格制度的通知》，1993年2月20日；《中共中央、国务院关于当前农业和农村经济发展的若干政策措施》，1993年11月5日。
② 《中共中央、国务院关于1994年农业和农村工作的意见》，1994年4月10日。
③ 《中共中央、国务院关于"九五"时期和今年农村工作的主要任务和政策措施》，1996年1月21日。
④ 《国务院关于进一步深化粮食流通体制改革的意见》，2001年8月6日。

在地方上,浙江台州于 2008 年 10 月建立了 300 万元的生猪市场风险调节基金,开了全国的先河。①

三、对主要农产品实行价格支持政策

在逐步放开粮棉等主要农产品市场的同时,为了减小生产者的市场风险,保护农民利益,稳定农业生产,国家对主要农产品实行价格支持政策,并在条件具备时,逐步向目标价格制度过渡。

1985 年,取消粮棉统购改为合同订购,订购以外的粮食可以自由上市,在价格上,规定如果市场粮价低于原统购价,国家仍按原统购价敞开收购。这是最早实行的保护性收购价,但此时还没有正式的最低保护价制度。

最早提出保护价是在 1990 年代初。随着农业生产形势好转而出现部分地区的卖难问题,中央要求各个地方、各个部门要千方百计,坚持按保护价把积压的农产品收上来。② 1993 年 2 月,国务院发出《关于建立粮食收购保护价格制度的通知》,粮食收购保护价格制度正式建立。1996 年,在"九五"时期农村工作的主要任务中,又进一步提出,要建立粮、棉保护价格制度和农业保险制度,加快国家对农业的支持和保护体系建设。③

粮食收购保护价是在粮食市场放开初期,对国有粮食企业的补贴,其实行对保护粮农起到一定作用,但问题是政策成本很高,且维持了国有粮食企业的垄断地位,不利于形成多元化市场主体格局。在 2004 年全面放开粮食市场时,决定对种粮农民实行直补,取消粮食收购保护价,粮食收购价格由市场供求形成,必要时对短缺的重点粮食品种在粮食主产区实行最低收购价格,由多元化的粮食收购主体执行。

棉花自 2001 年放开经营后,购销价格基本由市场形成。以后,由于国际金融危机造成棉价下跌,为了稳定国内棉花生产、保护农民利益,自 2011 年 9 月起,开始实行棉花临时收储政策。由国家规定棉花临时收储价,生产企业按照临时收储价收购。但临时收储政策加大了国内外市场的价差矛盾,不利于企业发展。

2007 年以后,国家还先后对主产区玉米、大豆、油菜籽等实行临时收储政策。当

---

① 陆修钊:《关于建立台州市主要农产品市场风险预警机制的研究》,载《浙江现代农业》,2010(2),13~16 页。
② 宋平同志在中共中央政策研究室召开的农村工作座谈会上的讲话,1990 年 6 月 22 日。
③ 《中共中央、国务院关于"九五"时期和今年农村工作的主要任务和政策措施》,1996 年 1 月 21 日。

市场价格低于临时收储价格时，由国家指定企业直接入市收购，引导市场价格回升。

棉花、粮食由于其对经济和民生的重要影响，是中国最后坚守、谨慎放开的农产品。棉花和粮食价格形成机制的市场化，以及国家对粮食、棉花价格的宏观调控制度的建立，标志着中国农产品流通市场化改革的进一步完善。

四、利用信用保险促进农产品流通

信用保险是一种帮助企业规避市场交易风险的工具。2001 年 12 月，中国出口信用保险公司（以下简称中国信保）成立，这是承担出口性保险业务的政策性保险公司。农产品出口信用保险是中国信保的业务之一，完善农产品出口信用保险制度，受到政府的关注和支持。[①]

为了利用信用保险促进国内市场农产品流通，2003 年年底，中国信保应已投保出口险保户的需要，开始对内贸险市场需求进行调研，并向财政部等有关部门提出开办国内贸易信用保险的请示。2005 年，经国务院批准后开始试办内贸险。2006 年 7 月，中国信保公司正式组建国内贸易保险业务承保部，负责保单承保、限额管理和风险跟踪。经过一年半的试办期，2007 年，内贸险进入全面开办阶段。

2007 年 1 月 11 日，商务部和中国信保公司联合发出《关于利用信用保险促进农产品流通的通知》，要求各地商务主管部门和中国出口信用保险公司各营业机构，要建立国内贸易险业务协调和信息沟通机制；各地商务主管部门要鼓励和支持农产品流通企业积极利用国内贸易险这一金融工具，规范贸易行为，提高流通效率，降低交易成本；中国信保要积极承保农产品流通企业的国内贸易险业务，积极帮助资金紧张的农产品流通企业获得融资便利，主动为农产品流通企业提供风险管理服务。同年 3 月，为贯彻落实中央一号文件提出的要"搞好对农产品出口的信贷和保险服务"，中国信保公司提出了 7 个方面的措施。[②]

2008 年 2 月，为贯彻落实中央一号文件精神，商务部提出：支持发展农产品出口信贷和信用保险，加快研究、设计满足农产品出口企业需求的金融产品，创新信贷抵押和担保方式，解决企业融资困难问题。探索出口信用保险与农业保险相结合的风险防范机制，扩大农产品出口信用险的承保范围，提供与信用险相关的增值与便捷服务，

---

① 《中共中央、国务院关于促进农民增加收入若干政策的意见》，2003 年 12 月 31 日。
② 《中国出口信用保险公司关于贯彻落实〈中共中央国务院关于积极发展现代农业扎实推进社会主义新农村建设的若干意见〉的通知》，2007 年 3 月 26 日。

为农业企业"走出去"提供海外投资保险。①

据统计,自 2002 年至 2006 年,中国信保共承保了全国 28 个省、自治区、直辖市近 50 亿美元的农产品出口,帮助融资近 10 亿美元,担保融资 5 亿美元,累计受惠企业超过 1 800 家,② 在扶持农业企业的发展、支持农产品"走出去"、维护农产品出口企业背后广大农民的利益等方面发挥了积极作用。

五、规范市场秩序加强法制建设

市场经济是法治经济。从计划经济体制到市场经济体制转型,要建立市场经济秩序,建立和完善立法,把经济纳入法治轨道,保障市场经济的有序有效运行。改革开放以来,中国政府对市场的管理方式,经历了以行政管理手段为主逐步转变到加强法制建设、依法治理的过程。伴随着农产品流通体制的改革,为建立一个公平、公正的市场竞争环境,保障流通主体的利益,政府出台了一系列法律法规以及具有法律效力的条例、办法等。

1993 年 2 月,随着粮食流通体制的改革,国务院要求,粮食行政管理机构要转变职能,把工作重点转向研究政策、制定规划、加强行业管理、搞好协调、监督和信息咨询服务;要抓紧粮食法规建设,使粮油经营逐步走上制度化、法制化的轨道。这是在农产品流通体制改革中,首次提出法制建设问题。③ 1994 年 5 月,国务院再次提出,为维护粮食市场秩序,各级政府要组织工商、粮食等行政部门加强对粮食市场的监督管理和执法检查,同时要加快制定粮食市场法规,逐步使市场行为规范化、法制化、现代化。④ 1998 年 6 月和 8 月,国务院先后发布《粮食收购条例》和《粮食购销违法行为处罚办法》。这两个条例和办法于 2004 年 5 月《粮食流通管理条例》公布施行的同时被废止。《粮食流通管理条例》共 6 章 54 条,首次以法规形式规定:国家鼓励多种所有制市场主体从事粮食经营活动,促进公平竞争,依法从事的粮食经营活动受国家法律保护,严禁以非法手段阻碍粮食自由流通。《条例》就粮食经营、宏观调控、监督检查、法律责任等作出规定。《条例》的颁布施行,是中国粮食流通法制建设的

---

① 《商务部关于贯彻落实〈中共中央国务院关于切实加强农业基础建设进一步促进农业发展农民增收的若干意见〉的意见》,2008 年 2 月 2 日。
② 《出口信用保险推动农产品走向世界》,《中国经济时报》,2007 年 5 月 10 日。
③ 《国务院关于加快粮食流通体制改革的通知》,1993 年 2 月 15 日。
④ 《国务院关于深化粮食购销体制改革的通知》,1994 年 5 月 9 日。

一件大事。对于保护粮食生产者、经营者、消费者的合法权益,维护粮食流通秩序和保障粮食安全,保证粮食流通体制改革顺利进行,保障和监督粮食行政机关有效实施行政管理,都具有重要意义。

1993年7月2日,《中华人民共和国农业法》正式颁布施行。这是首次以立法的形式,为"三农"提供保障。其中第四章农产品流通,共7条,从农产品购销、国家宏观调控、鼓励多渠道流通、鼓励跨地区跨行业经营、市场体系建设、农产品进出口贸易、农产品收购资金等方面,作出法律规定。2002年12月28日,第九届全国人大常委会第三十一次会议对《农业法》加以修订,其中第四章农产品流通与加工,共5条。

1993年9月2日,第八届全国人大常委会第三次会议通过《反不正当竞争法》,自1993年12月1日起施行。制定《反不正当竞争法》的目的是要保障社会主义市场经济健康发展,鼓励和保护公平竞争,制止不正当竞争行为,保护经营者和消费者的合法权益。法律规定:经营者在市场交易中,应当遵循自愿、平等、公平、诚实信用的原则,遵守公认的商业道德。各级政府应当采取措施,制止不正当竞争行为,为公平竞争创造良好的环境和条件。国家鼓励、支持和保护一切组织和个人对不正当竞争行为进行社会监督。该法提出了11条不正当竞争行为,并对监督检查、法律责任等作出规定。

随着批发市场体系的逐步建立,为规范批发市场交易行为,使批发市场的建设和管理纳入法制化、规范化轨道,1994年12月,国内贸易部发布《批发市场管理办法》。《办法》共11章70条,对批发市场的设立、监督管理、交易行为、价格等作出具体规定。2005年4月,商务部发布《农产品批发市场管理技术规范》,以配合农产品批发市场的升级改造。

1997年12月29日,第八届全国人大常委会第二十九次会议通过《中华人民共和国价格法》,自1998年5月1日起施行。《价格法》以法律形式规定了立法的目的、价格形成机制和制定原则、规范经营者的价格行为和政府的定价行为、国家对价格的宏观调控、价格监督检查,以及违法者的法律责任。这是新中国成立以来的第一部价格法。

1999年6月2日,国务院发布《期货交易管理暂行条例》,自1999年9月1日起施行。《条例》首次以法规形式对期货交易所的审批、职能等作出规定。同年8月31日,中国证监会发布了《期货交易所管理办法》《期货经纪公司管理办法》《期货从业人员资格管理办法》等，对期货交易所的管理办法进一步具体化。同年 12 月 25 日，九届人大第十三次全体会议通过《刑法》修正案，第一次在国家法律中明确了期货犯罪的处罚条款。

2003 年 10 月 14 日，中共十六届三中全会通过的《中共中央关于完善社会主义市场经济体制若干问题的决定》中提出深化行政管理体制改革，完善经济法律制度的长远目标。《决定》提出：要全面推进经济法制建设。按照依法治国的基本方略，着眼于确立制度、规范权责、保障权益，加强经济立法。完善市场主体和中介组织法律制度，使各类市场主体真正具有完全的行为能力和责任能力。完善产权法律制度，规范和理顺产权关系，保护各类产权权益。完善市场交易法律制度，保障合同自由和交易安全，维护公平竞争。

保护知识产权也是维护和规范市场秩序的重要方面，相关的法律、条例相继出台，并根据情况变化多次加以修订。主要有：《中华人民共和国商标法》（1982 年发布，1993 年、2001 年、2013 年三次修订），《中华人民共和国商标法实施条例》（2002 年发布，2014 年修订），《中华人民共和国专利法》（1984 年发布，1992 年、2000 年、2008 年三次修订），《中华人民共和国专利法实施细则》(2001 年发布，2002 年、2010 年两次修订)。2005 年 6 月，国务院在《关于促进流通业发展的若干意见》中提出：要加大知识产权保护力度，实施品牌战略。鼓励流通企业创立和维护商标信誉，培育企业品牌。加大对侵权行为的打击力度，重视和加强对知名流通企业、全国性和地方性商业老字号的"著名商标"和"驰名商标"的认定和保护工作。《意见》还进一步强调，要加快制定流通领域的法律法规。要从建立和完善统一开放、竞争有序的现代市场体系出发，按照依法行政和实现对全社会流通统一管理的要求，借鉴发达国家流通立法经验，结合中国丰富的流通实践，加快修订和研究制定规范商品流通活动、流通主体、市场行为、市场调控和管理等方面的法律法规和行政规章。

对进入流通的农产品要建立严格的市场准入制度和健全的商品质量检测制度。自 2006 年到 2008 年连续 3 年的中央一号文件都提到，要加快农业标准化工作，健全检验检测体系，要加强农产品质量安全监管和市场服务，健全农产品质量安全长效机制，加快完善农产品质量安全标准体系，建立农产品质量可追溯制度。2012 年，在《国内贸易发展"十二五"规划》中，把食品安全列为"十二五"期间一项重要工作，提出要加强商品质量安全行业管理，鼓励食品经营企业采用先进技术和管理规范，健全企业进货查验、购销台账等制度，完善食品安全事故处置、信息通报、监测评估体系，提高食品安全风险预警和防控能力。① 为落实上述精神，一系列法律法规、条例办法相继出台，如《食品卫生法》（1995）、《粮油质量管理办法（试行）》（1996）、《棉花质量监督管理条例》（2001）、《农产品质量安全法》（2006）、《流通领域食品安全管理办法》（2007）、《生猪屠宰管理条例》（1997年发布，2007年修订）《食品安全法》（2009），等等。

为预防和制止垄断行为，保护市场公平竞争，提高经济运行效率，维护消费者利益和社会公共利益，促进社会主义市场经济健康发展，2007年8月3日，第十届全国人大常委会第二十九次会议通过《中华人民共和国反垄断法》，共8章57条，自2008年8月1日起施行。《反垄断法》规定，国家制定和实施与社会主义市场经济相适应的竞争规则，完善宏观调控，健全统一、开放、竞争、有序的市场体系。经营者可以通过公平竞争、自愿联合，依法实施集中，扩大经营规模，提高市场竞争能力。具有市场支配地位的经营者，不得滥用市场支配地位，排除、限制竞争。国务院设立反垄断委员会，负责组织、协调、指导反垄断工作。

2012年8月，国务院提出《深化流通体制改革加快流通产业发展的意见》，重申要完善流通领域法律法规和标准体系，推动制定、修改流通领域的法律法规，提升流通立法层级；要全面清理和取消妨碍公平竞争、设置行政壁垒、排斥外地产品和服务进入本地市场的规定；积极完善流通标准化体系，加大流通标准的制定、实施与宣传力度；要大力规范市场秩序。《国内贸易发展"十二五"规划》也提出，要营造规范有序的市场环境，全面清理各种地区封锁的规定，清理规范涉及行政许可和强制准入的垄断性经营服务收费；要加强基层执法队伍建设，提高执法监管效能；研究修订相关法律制度，推动完善刑事定罪量刑标准，健全相关检验和鉴定标准；推动建立跨地区跨部门执法协作机制，健全监督考核制度，发挥社会监督作用。② 自20世纪80年代以来，国务院、商业部（商务部）几次宣布废止和修订部分过时的商业法规，为发展大流通、建设大市场创造有利的市场环境。

进入21世纪以来，与商品市场的发展和市场化进程相适应，中国商品市场的法

---

① 《国务院印发国内贸易发展"十二五"规划》，2012年9月10日。
② 《国务院印发国内贸易发展"十二五"规划》，2012年9月10日。

制化进程加快。除了上述已经提到的,还出台了《合同法》(1999)、《关于制止低价倾销行为的规定》(1999)、《棉花收购加工与市场管理暂行办法》(2001)、《茧丝流通管理办法》(2002)、《农民专业合作社法》(2006)、《中央储备肉管理办法》(2007)、《中央储备糖管理办法》(2008),等等。至 2012 年,中国在流通领域已经初步形成了依法治市、鼓励竞争、适应市场经济运行的法律体系框架,促进了市场的规范化发展,对农产品流通和市场体系建设也提供了有力的保障。

第一节　农业投入保障机制
第二节　农业补贴制度
第三节　农产品价格支持制度
第四节　农业生态环境补偿制度

第四章　建立农业支持保护制度

农业是经济发展的基础，也是社会安定的保障，同时也是受自然风险和市场风险双重约束的弱质产业。改革初期，由于认识上的偏差，国家财政对农业投入有所忽视。20世纪90年代中后期，国家财政逐渐加大了农业投入的力度，尤其是1998年以来，由于实行积极的财政政策，农业总体投入有了大幅度的提高。但是，由于地方财政吃紧，农业投入不足的现象依然存在。随着中国工业化水平的提高，国家财政也有了相当的实力，具备了进一步支持保护农业发展的条件。与此同时，为了应对加入WTO所带来的挑战，国家也应用"黄箱补贴"对农业发展进行支持。在此背景下，中共十六大以来提出了工业反哺农业、城市反哺乡村的战略方针。在这一方针指引下，国家对农业支持保护制度的建设越来越重视，对农业的支持保护程度也大幅度提高。

第一节　农业投入保障机制

建立农业投入保障机制对于中国农业实现从传统农业向现代农业的转变是非常必要的。农业作为一个与自然环境、基础设施、生产技术、要素投入的质量和数量等因素都相关的产业，需要不断开辟新的农业投入渠道，提高农业投入水平，逐步形成政府持续加大投入、农民积极筹资投劳、社会力量广泛参与的多元化投入机制。为此，中国共产党和政府在实践中不断探索，总结经验，与时俱进地制定符合时代需求和经济发展的农业投入政策，不断深化农业投入保障机制建设。改革开放以来，国家对农业重要性以及农业投入的认识不断深入，总体上看农业投入保障水平也在波动中不断提高，农业投入保障机制不断得到完善。

一、财政包干体制下的农业投入保障机制（1979—1993）

中共十一届三中全会以后，国家经济发展战略发生了重大转变，由原来的优先发展重工业转变为工业、农业协调发展。由于家庭承包制的推行，广大农民的生产积极性得到了极大的释放，中国农业也获得了空前地发展。同时，国民经济也有了显著的变化。为了夯实农业发展的基础，改变工农业交换不平等的局面，国家的农业资金分配政策及财政支农政策也相应地进行了重大调整。

国家对支农的认识经历了一个调整和深化的过程。十一届三中全会以后，党和国家高度重视农业的发展。1978年12月，中共十一届三中全会提出："全党目前必须集中主要精力把农业尽快搞上去，……只有大力恢复和加快发展农业生产，……逐步实现农业现代化，才能保证整个国民经济的迅速发展，才能不断提高全国人民的生活水平。"[1] 邓小平也多次指出："中国经济能不能发展，首先要看农村能不能发展，农民生活是不是好起来。"[2] 又说："农业是根本，不要忘掉。"[3]

在重视农业发展的思想指导下，国家陆续出台了一些涉及增加农业投入的政策。比如1979年9月召开的十一届四中全会通过的《中共中央关于加快农业发展若干问题的决定》提出，"发展各项农业基本建设（包括水利、农田、草场、林业、渔场、畜舍、饲料加工厂、屠宰场、仓库、晒场、道路、沼气池和其他自然资源等各项建设）和发展农村社队企业，对于改造农业生产的自然条件，提高农民扩大再生产的物质能力，起了显著作用，必须十分重视。"[4] "国家、城市、工交、财贸、科学技术、文教卫生部门和人民解放军，一定要加强对于农业的物质支持和技术支持。"[5] 1983年1月中央进一步指出："加快农村建设，必须广辟资金来源。随着国家财政状况的好转，要逐步增加对农业的投资。但有限的国家投资只能用于群众力所不及的重大建设项目，如开发重点垦区、林区，兴修大型水利、电力工程、公路干线、电讯设施和储运设施等。其他小型农田基本建设和服务设施所需要的投资主要依靠农业本身的资金积累和劳动积累。"[6]《中共中央关于1984年农村工作的通知》提出，鼓励农民增加投资，培养地力，

---

[1] 中共中央文献研究室编：《三中全会以来重要文献选编》（上），6页，北京，中央文献出版社，2011。
[2] 《邓小平文选》，第三卷，65页，北京，人民出版社，1993。
[3] 《邓小平文选》，第三卷，77~78页，北京，人民出版社，1993。
[4] 《邓小平文选》，第三卷，23页，北京，人民出版社，1993。
[5] 中共中央文献研究室编：《三中全会以来重要文献选编》（上），158页，北京，中央文献出版社，2011。
[6] 中共中央文献研究室编：《十一届三中全会以来重要文献选读》（下册），628页，北京，人民出版社，1987。

实行集约经营。在信贷上，要求农村贷款要优先用于农村，多存可以多贷。

尽管中央一直重视农业投入，但实际上从1979年到1984年，由于财政包干体制使得中央财政收入相对减少，因此对农业投入实际上是不足的。1978—1984年，农业支出占财政支出的比重由13.43%下降到8.31%，1985年进一步下降到7.66%，其中1980年和1981年连续两年出现绝对数下降，1981年农业支出仅为110.21亿元，比上年减少26.5%，为改革开放以来的最低点。① 这一时期，农业投入的特点体现为"三强调一重视"，即在国家、集体和农民之间的投资关系上，强调农民增加农业投入的突出作用；在国家投入中，强调地方政府增加农业投入的作用；在农业投入政策上，强调增加国家对农业的投入。同时，开始重视信贷投入。

农业投入不足影响了农业的发展，1985年农业生产出现了滑坡。这使得党和政府及时调整了农业投入政策。1986年1月，针对当时农业物质技术基础薄弱，一部分地区出现农民种粮积极性下降的情况，中共中央、国务院指出："不能由于农业情况有了好转就放松农业，也不能因为农业基础建设周期长、见效慢而忽视对农业的投资，更不能因为农业占国民经济产值的比重逐步下降而否定农业的基础地位。作为发展中国家，我们在工业化过程中，必须力求避免出现农业停滞的现象。"② 1987年1月，中共中央政治局又强调，地方政府也必须在每年的财政收入中拿出较大的比例用于农业。同时指出："必须进行农村金融体制改革，搞活金融企业，逐步开放利率，开拓资金市场，为有效地聚财、用财创造条件。"③ 1988年以后，中央开始提出要提高农业资金投入的比重。1988年11月指出："必须增加对农业的资金投入。计划内农业生产基本建设投资要逐步增加。……农业事业费和支援农业生产资金占国家财政预算支出的份额，也应有所增加和提高。"④ 而且地方财力用于农业的资金比例以及农业生产信贷资金比例也要进一步提高。1989年11月，中央明确要求："各个方面都要增加对农业的投入。中央预算内基本建设投资要逐年增加用于农业的比重。""逐步提高乡镇企业税后留利中用于补农资金的比例。积极引导农民增加对农业的投入和劳动积累，这是增加农业投入的主体。"⑤ 1991年11月，《中共中央关于进一步加强农业和农村工作的决定》强调，国家要逐步增加农业投入。在制度上，加快农村金融体制改革，扩大

---

① 宋洪远等编著：《改革以来中国农业和农村经济政策的演变》，153页，北京，中国经济出版社，2000。
② 中共中央文献研究室编：《十二大以来重要文献选编》（中），318页，北京，中央文献出版社，2011。
③ 中共中央文献研究室编：《十二大以来重要文献选编》（下），173页，北京，中央文献出版社，2011。
④ 中共中央文献研究室编：《十三大以来重要文献选编》（上），292页，北京，中央文献出版社，2011。
⑤ 中共中央文献研究室编：《十三大以来重要文献选编》（中），130页，北京，中央文献出版社，2011。

信贷支持农业的规模,同时建立了农业发展基金。1993年中共十四届三中全会明确提出加快财政体制改革,加强政府对农业生产的支持和对农民利益的保护,推动农业生产、农村教育、社会保障和农村社会服务体系建设。从实际运行情况看,这一时期国家对农业的投入力度也确实加大了,国家财政支农支出由1985年的153.6亿元增加到1993年的440.5亿元,增长了1.86倍,大大高于1978—1985年间1.9%的水平。从比重来看,农业支出占财政支出的比重由1985年的7.7%增加到1993年的9.5%,其中1991年达到10.3%。国家投入的增加也使得农业综合生产能力得到提高。①

这一阶段,国家支农政策的内容不断丰富和完善。这主要表现在以下几个方面:第一,多渠道保障农业投入,要求国家财政资金、信贷资金增加农业投入。同时,农户和集体也要在农业投入上发挥一定的作用。比如,1979年,中央明确要求:"国家对农业的投资在整个基本建设投资中所占的比重,要逐步提高到百分之十八左右;农业事业费和支援社队的支出在国家总支出中所占的比重,要逐步提高到百分之八左右。地方财政收入应主要用于农业和农用工业。"②"对农业的贷款,从现在起到一九八五年,要比过去增加一倍以上。国家要有计划地发放专项长期低息或微息贷款,有的十年,有的十五年,有的可以到本世纪末。"③1986年中央指出:"为保持工业与农业的均衡发展,从'七五'计划开始,国家对农业基本建设的投资和农业事业费,将适当增加;国家从征收的乡镇企业所得税和工商税的增长部分中,拿出一部分用于扶持农业;从乡镇企业征收的奖金税归乡财政掌握(没有乡财政的由县财政代替),也用于农业,不准挪用。"④"八五"期间,国家计划内、预算内农业基本建设投资和农用工业投资都要逐年增加,……财政支农资金也要稳步增长。国家财政开征耕地占用税,并以此为主要来源建立了农业发展基金,以此来保障农业的投入。1988年,国务院发出《国务院关于建立农业发展基金增加农业资金投入的通知》,决定正式建立农业发展基金。发展基金由各级财政纳入预算,列收列支,专款专用。农业发展基金的建立和外资进入农业领域,为农业投入所需资金开辟了新来源。

第二,调整收购政策,确保粮食等农产品供给。1978年国家提高了粮食收购价格。1987年、1988年、1989年中央连续三年有计划地调高了粮食和部分食用植物油收购

---

① 根据《中国农业统计年鉴(2014)》中的数据计算。
② 中共中央文献研究室编:《三中全会以来重要文献选编》(上),59页,北京,中央文献出版社,2011。
③ 中共中央文献研究室编:《三中全会以来重要文献选编》(上),162~163页,北京,中央文献出版社,2011。
④ 中共中央文献研究室编:《十二大以来重要文献选编》(中),318页,北京,中央文献出版社,2011。

价格；1989年、1990年两次调高棉花收购价格；1987年、1990年国家又两次提高烟叶收购价格。这一时期，国家还采取了调减粮食定购指标、恢复粮食集贸市场、开展粮食议购议销、取消粮油统购、实行合同定购和按比例加价政策、提高粮油统销价格等一系列措施，推进农产品的市场化改革。然而，由于比例价低于以前超购加价，因而缺乏经济利益上的吸引力。

第三，实行农业生产资料补贴政策。为支持农业生产，减轻农民负担，国家对化肥、农药、农用塑料薄膜、小农具、农机、柴油以及农业用电等农业生产资料按优惠价供应，致使这些产品的生产长期处于微利、保本或亏损状态，企业亏损由国家补贴，1978—1993年累计补贴额为607.3亿元。这些资金从形式上看是补给了企业，但实际是农民受益。

第四，注重对农业科研的投入。1989年国务院发出《关于依靠科技进步振兴农业，加强农业科技成果推广工作的决定》，要求各地大力加强农业科技成果推广，建立各种形式的农业技术推广服务组织，鼓励农业科研单位和科技人员进入农业和农村商品经济发展的主战场，同时在资金方面增加对科技的投入。

第五，建立地方财政支农激励和约束机制。随着财政体制的改革，中国财政体制也由传统体制下财政高度集中统一的统收统支管理体制相继改为财政包干等体制，逐步明确了中央财政和地方财政在农业农村方面的事权划分和支出重点，在20世纪80年代初就将农业基础设施建设的小型农田水利资金包干给地方，农村教育、卫生等支出责任也主要由地方财政承担。同时，为调动地方财政支农的积极性，中央财政的相关农业专款大多都要求地方进行资金配套，这对于扩大地方的农业投入具有一定的刺激作用。

第六，制定与实施《农业法》，让农业投入保障走向法律轨道。1993年7月2日第八届全国人民代表大会常务委员会第二次会议通过的《中华人民共和国农业法》规定：国家逐步提高农业投入的总体水平。国家财政每年对农业总投入的增长幅度应当高于国家财政经常性收入的增长幅度。县级以上各级人民政府应当按照国家有关规定设立农业发展、育林、水利专项建设等各项农业专项基金。国家运用税收、价格、信贷等手段，鼓励和引导农业生产经营组织和农业劳动者增加农业投入、国家鼓励和支持农业生产经营组织和劳动者在自愿的基础上采取多种形式，筹集农业资金。国家对农业的投入用于下列基础设施和工程建设：治理大江大河大湖的骨干工程，防洪、治涝、引水、灌溉等大型水利工程，农业生产和农产品流通重点基础设施，商品粮棉生产基地,用材林生产基地和防护林工程,农业教育、农业科研、技术推广和气象基础设施等。① 这为中国政府财政对农业投入提供了法律保障。

这一阶段国家对农业进行了一定的投入。农业投入的资金按照来源主要分为四大部分:财政支农资金、信贷资金、集体资金和农户投入的资金。在农业投入的资金中,国家财政投资占有非常重要的地位。它是构成农业固定资产,提高农业科技含量和农业生产能力的主要资金来源。自1978年至1993年,国家财政支农资金的年度规模由150.7亿元增加到440.5亿元,增长了1.92倍,但占国家财政总支出的比重逐年下降,1978年为13.4%,1993年为9.5%,下降了3.9个百分点。② 农业信贷资金投入是农业银行和信用社以贷款方式发放给农场集体和农户用于农业生产的资金。从总量上看,农业信贷资金也呈逐年上升趋势,1979年农业信贷资金为170亿元,到了1993年达到2 139.3亿元。③ 农户对农业的资金投入始终是农业资金投入的主体。改革开放以来,由于家庭承包经营制度的实行,极大地调动了农民的生产积极性,农户对于农业的资金投入有所增加,由1983年的693.64亿元,增加到1994年的3 067.29亿元。④

然而,相对于农业发展的需要,农业投入仍显得严重不足,有利于农业发展的农业投入稳定增长机制并未形成。⑤ 在这一时期,尽管中国的农业投入水平总体上看在不断增长,但农业投入保障机制还处在萌芽之中,这与国家的多元农业投入体制有关,也与对国家的政策认识有关。改革开放以来,国家一直强调农户在农业投入上要发挥一定的作用。比如,1990年12月,中共中央、国务院强调:农田水利基本建设要本着自力更生为主、国家支援为辅的原则,国家、地方、集体和农户一起上,多层次、多渠道地筹集建设资金。国家资金投入主要用于大江大河治理和某些重点水利工程建设。小型农田水利建设,主要依靠集体和农民,特别是依靠农民的劳动积累。同时明确指出农民是农业投入的主体。国家认为家庭承包经营责任制以及农产品价格的提高让农民的收入有了大幅度提高之后,农民就会增加农业投入。1985年经济改革的重心回归到城市后,也让国家财政支出实际上执行了一个"向城市倾斜"的政策。然而,农村集体经济的发展水平参差不齐,农村集体积累以及对农业的投资均缺乏相应制度保证,造成大多数集体经济积累无几,纵然有积累,但也很少投向农业。而农业

---

① 中共中央党史研究室、中共中央政策研究室、中华人民共和国农业部编:《中国新时期农村的变革 中央卷》(中),888页,北京,中共党史出版社,1998。
② 根据《中国农业统计年鉴(2014)》中的数据计算。
③ 彭干梓、吴金明:《中华人民共和国农业发展史》,612页,长沙,湖南人民出版社,1998。
④ 吕昱晨:《改革以来中国农业资金投入的状况》,载《调研世界》,1996(3)。
⑤ 中华人民共和国农业部:《中国农业发展报告'95》,26页,北京,中国农业出版社,1995。

生产的不稳定性和农产品交换的风险性以及未来土地承包的潜在不确定性,都使农民不敢对农业过多投资。而且,大多数农户积累以及自我发展能力较弱,不可能对农业过多投资。而银行信贷资金投向也有着明显的非农倾向。"农业信贷资金也大量地流向工业,流向城市"。① 总之,虽然经过十几年的改革与发展,农业资金投入已形成了多元化的结构,但同时却存在着这样一个事实:农业投入与农业发展还不相匹配。

二、分税制后的农业投入保障机制（1994—2001）

为了适应社会主义市场经济,同时也是为了增强国家对经济的宏观调控能力,1994 年,国家实行了分税制改革。分税制改变了原财政包干时多种体制并存的格局,政府间财政分配关系相对规范化,中央财政实力得到增强,同时地方积极性也得到充分保障。财政实力的增强使国家有能力增加对农业的投入。1995 年,《中共中央国务院关于做好一九九五年农业和农村工作的意见》强调指出：近年来,一些地方农业投资减少,资金到位率低,甚至截留中央财政补贴,挪用上级拨付的农业资金和银行放贷的农产品收购资金,这是不允许的。"各地都要按照《农业法》的规定,大幅度增加农业投入。""各级政府都要下决心压缩基本建设项目,增加农业投入；还可以从预算外基本建设投资和国有土地出让金中提取一定比例,专项用于农业。"② 1995 年以后,中央对农业投入的重视程度提高,政策措施的力度较之以往明显加大,而且政策执行效果也有改观,农业投入总量稳定增长,没有出现 20 世纪 90 年代以来财政农业支出占财政总支出的比重不断下降的趋势。

1997 年中央提出,对于农业投入,无论中央和地方都只能增加,不能减少。中央财政新安排的预算内基本建设投资,用于农业的要占一半以上；各级财政对农业和农村各项使用费支出的增长幅度,要继续高于财政经常性收入的增长幅度。要求县和县以上各级政府要尽快建立水利建设基金、森林生态效益补偿基金和农业发展基金。国家新增贷款总规模中,要保证用于农业的比重不低于 10%。国家安排给种子工程、节水灌溉、打井和山区综合开发示范工程的信贷资金和财政贴息资金,要足额到位。

---

① 中共中央党史研究室、中共中央政策研究室、中华人民共和国农业部编：《中国新时期农村的变革·中央卷》(中), 917 页, 北京, 中共党史出版社, 1998。
② 中共中央文献研究室编：《十四大以来重要文献选编（中）》, 281、282 页, 北京, 中央文献出版社, 2011。

1998年十五届三中全会审议通过的《中共中央关于农业和农村工作若干重大问题的决定》再次强调:"农业是国民经济的基础。大力发展农业不仅是保障人民生活的要求,也是发展工业和第三产业的需要。调整国民收入分配格局,加大对农业的投入。加强农业立法和执法,支持和保护农业。"[①]

1998年以后,国家相继实施积极的财政政策、天然林保护工程、退耕还林(草)工程、农村税费改革试点、对农民实行直接补贴等重大政策,政府财政农业支出呈现跳跃式增加态势。国家财政在预算内增加对支援农村生产支出、农林水气等部门事业费、财政扶贫支出、农业综合开发支出。同时,通过发行特别建设国债,支持包括重要水利工程设施建设在内的农业基础设施建设。政府对农业的基本建设的投入大幅度增加,使全国农业和农村基础设施建设的步伐明显加快。

2000年中央提出,中央和地方都要加大对农业的投入力度,继续增加农业基本建设投资。国有商业银行特别是农业银行和农村信用社,要深化改革,加强管理,在防范金融风险的同时,改善金融服务,增加对农业的信贷投入。农民是农业投入的主体。要继续引导农民个人和集体增加农业投入,特别是劳动积累,并鼓励社会资金投向农业。而且,从2000年起实行了财政支出改革、税费改革,形成了公共财政的框架。这些改革推动了与社会主义市场经济相适应的现代财税制度逐步形成。在这一时期,财政支农投入逐步增加,在继续支持农业基础设施建设、农业科技进步、农业抗灾救灾、农村扶贫开发的同时,加大了对生态建设的支持,加大了对农村改革特别是农村税费改革的支持。

这一阶段,国家财政支农的力度和规模都大幅度增加,农业投入保障机制也得到不断完善。主要表现在:

(1)农业投入大幅度增加,农业生产基础设施得到改善。"九五"时期,国家财政支农资金投入进入快速增长时期,政府财政支农资金支出呈总体增长趋势。据不完全统计,财政用于农业的资金为7 840亿元,是"八五"期间的3倍,仅2000年政府财政对农业支出超过2 090亿元,占当年财政总支出的13%。特别是1998年以来,国家实施积极的财政政策、天然林保护工程、退耕还林(草)工程等,国家财政一方面通过发行特别建设国债,支持包括重要水利设施在内的农业基础设施建设;另一方面,在预算内增加对支援农村生产支出、财政扶贫支出、农业综合开发支出以及农林水气

---

① 中共中央文献研究室编:《十五大以来重要文献选编》(上),393、394页,北京,中央文献出版社,2011。

等部门事业费的安排。国家财政还相继设立了水利建设基金、粮食棉花等主要农产品风险基金。[①] 2001年,中央农村工作会议首次提出农村要加大"六小工程"的建设力度。"六小工程"是农村六项小型基础设施建设的总称,具体指:节水灌溉工程、人畜饮水工程、乡村道路工程、农村沼气工程、农村水电工程和草场围栏工程。2001年中央用于农村"六小工程"的投资为101亿元。

(2)完善财政支农机制和方式。1999年开始,中国政府开始着手实行部门预算改革。农业部被列为部门预算首批改革试点部门。在综合考虑本单位的全部收支范围的基础上,采取综合预算的编制方法、以部门为单位编制和批复"部门预算",初步实现了职责范围明确、各项收支清晰、"一个部门一本预算"的目标。"部门预算"有利于进一步规范政府、财政和部门行为,从而让农业投入有良好的制度保障。

(3)支持推进农村税费改革。1998年,中共中央作出了中国农业和农村经济发展进入新阶段的重大判断,并由此作出了对农业农村经济结构进行战略性调整的重大决策,农业投入发生了新的变化。其中最为主要的是要切实减轻农民的负担,进行农村税费改革试点,农民从事农业除交纳农业税和农业附加税外,不再承担其他任何税费。从2000年起中央决定进行农村税费改革,实行了"三取消、两调整、一改革"政策。改革率先在安徽全省试点,到2002年试点范围扩大到全国20个省,其他11个省也继续在部分县(市)试点。为了促进和支持农村税费改革,弥补基层财政因降低农业税而减少的财政收入,中央和地方设立了专项转移支付,其中2000年为19.7亿元,2001年为99.35亿元,确保了改革的顺利推进和基层的平稳运转。

1994年国家财政预算大幅度增加了对农业的投入,预算安排直接用于农业的支出为578亿元,比上年增长18.9%,比当年经常性财政收入增长9.9%高出9个百分点。[②] 1997年亚洲发生了金融危机,为了克服危机带来的不利影响,也为了让宏观经济政策与当时国家的发展阶段相匹配,1998年国家开始实施积极的财政政策。自此以后,国家逐年加大了对农业和水利的投入力度,加强农业和农村基础设施建设,着力改善农业生态环境脆弱的状况。国有及其他投资中,农林牧渔业和水利的投资从1997年的470亿元、1998年的684亿元,逐年增加到2000年的893亿元。同时,随着市场取向和农村改革的不断深化,农业投入保障体制也发生了重大变化,投资主体日益多元

---

① 宋士昌、郑贵斌主编:《中国共产党关于"三农"问题的理论与实践》,302页,济南,黄河出版社,2006。
② 中共中央文献研究室编:《十五大以来重要文献选编》(上),393~394页,北京,中央文献出版社,2011。

化。由各级政府、农村集体企业、大型工商企业、外资企业、私营企业和个人投资者构成的多元化投资主体格局基本形成;融资渠道多元化,银行贷款、利用外资和债券、股票等证券资金,成为农业投资重要的资金来源;投资方式呈现多样化,中央与地方、政府与企业等各种形式的联合投资,以及中外合资、合作和外商独资农业企业逐年增加。

值得注意的是,尽管从1994年分税制开始中央财政对农业的支持力度明显加大,但不少地方政府对农业的投入却很有限。与此同时,由于实施分税制,地方政府的财政开支压力增大,不得不把主要精力放在加强财税来源多的工业发展上。在高速工业化目标的驱动下,增加农业投入,仅限于为高速工业化提供必需的服务和保障。另外,由于多年来中国在推进工业化过程中从农业部门抽取的资金过多,农业投资欠账太多,农业部门的资本存量严重不足,农业物质技术条件非常脆弱,农业抗御自然灾害的能力很低。因此,与农业发展的需求相比,国家财政对农业的投入仍显不足。与中国农业的基础地位和发展要求相比,政府财政对农业支持的总量仍然是低水平的。按照WTO农业协议口径统计,把支持贫困地区发展的财政支出和主要农产品价格补贴计算在内,1996—2000年支持总量占当年农业总产值的比重分别为4.9%、5.3%、7.4%、7%和8.8%。与发达国家平均水平的30%~50%、发展中国家平均水平的10%~20%仍有较大差距。在WTO规则允许的12种"绿箱"政策措施中,中国只使用了6种(政府一般服务性支出、食物安全储备、国内食物援助、自然救济援助、生态环境保护和地区发展援助),"黄箱"支出在1996—1998年基期内平均数值占农业总产值的1.23%,与谈判允许的8.5%相比,"黄箱"政策的支持水平还有很大差距。财政支农的结构尚不合理。① 从财政支持领域上看,财政用于农村的支出,有3/4以上用于支持农业生产和农产品流通,而用到关系农民收入水平和生活质量的农村教育、医疗卫生和社会福利领域的支出不到1/4。② 而且,从宏观视野上看,尽管对财政支农问题不断强调,但城乡二元社会经济结构及城乡二元财税体制依然没有动摇,城乡投入差距不仅没有缩小,反而在不断扩大。

---

① WTO农业补贴包括国内支持和出口补贴两部分。国内支持措施可分为两类,一类是不引起贸易扭曲的政策,叫"绿箱"政策,它是指政府执行某项农业计划时,其费用由纳税人负担而不是从消费者中转移而来,且对生产者没有影响的农业支持措施,这些政策都可以免于减让承诺。另一类是可以产生贸易扭曲的政策,叫"黄箱"政策,要求予以削减,用"支持总量"(AMS)来进行数量表示。国内支持减让承诺的政策范围包括:价格支持,营销贷款,面积补贴,牲畜数量补贴,种子、肥料、灌溉等投入补贴,某些有补贴的贷款计划等。
② 宋士昌、郑贵斌主编:《中国共产党关于"三农"问题的理论与实践》,302页,济南,黄河出版社,2006。

三、城乡一体化下的农业投入保障机制（2002—2012）

对中国农业发展来说，2003 年是具有里程碑意义的一年，中共中央提出了"统筹城乡发展"的方略，把"三农"问题作为全党工作的重中之重。各级财政部门按照中共中央、国务院关于"三农"工作"多予、少取、放活"的政策方针，增加包括农业基本建设和农业科技投入在内的用于"三农"的各项支出，创新财政支农工作机制，中国财政支农政策开始实现战略性转变。

这一时期，党和政府强调支农的重要性，并要求各级部门贯彻执行。2004 年中央一号文件《中共中央国务院关于促进农民增加收入若干政策的意见》提出：加强农业基础建设、解决"三农"问题，必须进一步调整国民收入分配结构和财政支出结构。各级政府要依法安排并落实对农业和农村的预算支出，严格执行预算，建立健全财政支农资金的稳定增长机制。按照统一规划、明确分工、统筹安排的要求，整合现有各项支农投资，集中财力，突出重点，提高资金使用效率。积极运用税收、贴息、补助等多种经济杠杆，鼓励和引导各种社会资本投向农业和农村。"国家固定资产投资用于农业和农村的比例要保持稳定，并逐步提高。适当调整对农业和农村的投资结构，增加支持农业结构调整和农村中小型基础设施建设的投入。""要围绕增强我国农业科技的创新能力、储备能力和转化能力，改革农业科技体制，较大幅度地增加预算内农业科研投入。"[1]

中共十六届五中全会在提出建设社会主义新农村重大历史任务时，第一次把扩大公共财政覆盖农村范围作为政策的导向性要求提了出来。公共财政覆盖农村的政策相继出台，政策范围不断拓展，公共财政对农村发展的支持由原来比较狭窄的农业生产向农村公共服务和公共基础设施建设延伸，逐步把农村教育、卫生、文化和乡村道路建设、人畜饮水、农村能源逐步纳入公共财政支出范围。

2006 年中央一号文件《中共中央国务院关于推进社会主义新农村建设的若干意见》明确提出：要按存量适度调整、增量重点倾斜的原则，不断增加对农业和农村的投入。扩大公共财政覆盖农村的范围，建立健全财政支农资金稳定增长机制。并且要求：国家财政支农资金增量要高于上年，国债和预算资金用于农业建设的比重要高于

---

[1] 中共中央文献研究室编：《十六大以来重要文献选编》（上册），676 页、678~679 页，北京，中央文献出版社，2005。

上年,其中直接用于改善农村生产生活条件的资金要高于上年。2007年中央一号文件《中共中央国务院关于积极发展现代农业扎实推进社会主义新农村建设的若干意见》提出,各级政府要切实把基础设施建设和社会事业发展的重点转向农村,国家财政新增教育、卫生、文化等事业经费和固定资产投资增量主要用于农村,逐步加大政府土地出让收入用于农村的比重。要建立"三农"投入稳定增长机制,积极调整财政支出结构、固定资产投资结构和信贷投放结构,中央和县级以上地方财政每年对农业总投入的增长幅度应当高于其财政经常性收入的增长幅度,尽快形成新农村建设稳定的资金来源。并且进一步要求:财政支农投入的增量要继续高于上年,国家固定资产投资用于农村的增量要继续高于上年,土地出让收入用于农村建设的增量要继续高于上年。[①] 2008年中央一号文件又进一步强调,财政支农投入的增量要明显高于上年,国家固定资产投资用于农村的增量要明显高于上年,政府土地出让收入用于农村建设的增量要明显高于上年。

2008年10月,中共十七届三中全会对中国的农村和农业发展形势进行了客观分析。一方面是三十年来农业有所发展,农村生产力水平有所提升;另一方面是农业发展的基础仍然很薄弱,需要加强,农民的收入水平还不高,需要加快。农业是一个风险较高,比较利益偏低的产业,如果完全依靠市场机制的调节,农业吸附的资本不足以支撑整个产业的可持续发展,而与此同时农民自身的资本积累非常有限,投资能力也非常薄弱。但农业作为一个基础产业,对整个国民经济的持续健康发展又非常重要,在此局面下,国家必须高度重视农业发展,必须加大财政对农业的扶持力度。这次全会出台了《中共中央关于推进农村改革发展若干重大问题的决定》。《决定》明确要求健全农业投入保障制度。这是国家支持保护农业的重大举措,也是世界各国促进农业稳定发展的成功经验。健全农业投入保障制度是走中国特色农业现代化道路的必然要求。

2009年中央一号文件再次强调,要把"三农"作为投入重点。要求大幅度增加国家对农村基础设施建设和社会事业发展的投入,提高预算内固定资产投资用于农业农村的比重,新增国债使用向"三农"倾斜。大幅度提高政府土地出让收益、耕地占用税新增收入用于农业的比例,耕地占用税税率提高后新增收入全部用于农业,土地出让收入重点支持农业土地开发和农村基础设施建设。大幅度增加对中西

---

① 郑有贵、李成贵主编:《一号文件与中国农村改革》,402页,合肥,安徽人民出版社,2008。

部地区农村公益性建设项目的投入，2009年起国家在中西部地区安排的病险水库除险加固、生态建设、农村饮水安全、大中型灌区配套改造等公益性建设项目，取消县及县以下资金配套。城市维护建设税新增部分主要用于乡村建设规划、农村基础设施建设和维护。有条件的地方可成立政策性农业投资公司和农业产业发展基金。①

为持续推动农业稳定发展，2012年中央一号文件在"三农"投入上再次要求"三个持续加大"，即持续加大财政用于"三农"的支出，持续加大国家固定资产投资对农业农村投入，持续加大农业科技投入，而且要确保增量和比例均有提高。文件同时强调，要保证财政农业科技投入增幅明显高于财政经常性收入增幅，逐步提高农业研发投入占农业增加值的比重，建立投入稳定增长的长效机制。

从这一系列政策看，中央对"三农"的重要性和财政支农问题的迫切性在认识上是非常明确的，在统筹城乡发展的战略下，对支农政策有了深刻的转变，并督促各级部门把这一政策落实到实处。事实上，2002年以来，农业投入保障的力度逐年加大，投入保障的体制越来越成熟。这一阶段的投入保障主要有以下几个特点：

第一，全面取消农业税，增加了农民收入。改革农业税制，取消农业特产税，进行农业税减免试点，直至从2006年1月起全面取消农业税（每年1 250亿元）。

第二，财政支农力度显著加大。中央财政用于"三农"的支出从2003年的2 144.2亿元增加到2010年的8 579.7亿元，年均增长21.9%。2005年中央财政用于"三农"的支出达2 975亿元，比2004年增加349亿元，而2006年支出总量就达3 397亿元，比上年增加422亿元，增长12.4%，增幅和增量均高于2005年。2007年中央财政对"三农"的投入高达4 318亿元，比上年增加801亿元，增长23%，增速比2006年的14.2%高8.8个百分点。②

财政支持"三农"资金总量快速增加，主要用于农业农村基础设施建设、生产发展、社会事业发展、防灾减灾等方面。地方各级财政也大幅度增加了支农投入，是中国改革开放以来对"三农"投入增加最多、增长最快的一个时期，政府农业投入总量也有较快增加。

第三，财政支农支出结构不断改善。加强了对农业农村基础设施建设、农业科技

---

① 中共中央文献研究室编：《十七大以来重要文献选编》（上），822页，北京，中央文献出版社，2009。
② 韩俊：《中国经济改革30年　农村经济卷（1978—2008）》，214页，重庆，重庆大学出版社，2008。

进步、农业抗灾救灾、农村扶贫开发和生态建设等的支持。"十一五"时期，中央财政累计投入小农水专项资金172亿元，采取政府引导、民办公助、以奖代补等方式，支持各地开展农村小型农田水利建设，有效引导地方政府投资和农户投工投劳，形成多元化的农田水利建设投入机制。大力扶持现代农业的发展。"十一五"期间，国家共安排了农业综合开发资金702.18亿元，重点用于中低产田改造、高标准农田示范工程建设、中型灌区节水配套改造以及农业产业化发展。2008—2010年，国家共安排现代农业生产发展专项资金191亿元，支持发展特色农业和优质高效农业，推动了农业增产增效和农民增收；加大了农业科技投入，支持现代农业产业技术体系建设。分期实施了天然林资源保护工程，全面启动退耕还林工程。正式建立了森林生态效益补偿基金，结束了森林生态效益无偿使用的历史。在抗灾救灾方面，国家陆续实施了粮食主产区抗旱浇水、冬小麦"一喷三防"等措施，支持防汛抗旱抢险、应急度汛及水毁水利设施修复，开展了重大农作物病虫害防治、基层动物防疫，推动气象直接服务"三农"等工作。

第四，建立对农民的直接补贴制度。2004年，中央财政设立农机购置补贴专项资金，支持农民和农机服务组织购置农业机械，以提高机械化生产水平。同时，国家财政调整了粮食风险基金使用结构，对种粮农民实行直接补贴，包括粮食直接补贴、良种补贴。2006年，针对部分农业生产资料涨价过快的问题，又对农民实施农资综合直补。2007年，新设对棉花的补贴、农机购置补贴、农业生产资料增支综合直补、产粮大县奖励资金。同年，对水稻、小麦等重要农作物保险保费补贴试点也开始实施。此外，这一阶段还出台了其他一些补助政策：逐步将农村社会事业发展纳入公共财政的保障范围。国债资金加大对农村公共基础设施建设的投入等。

这一阶段，中国的农业投入保障政策日趋完善，带有鲜明的时代特征，主要可以概括为：投入领域由过去注重农业生产环节为主转向农业生产、农村社会事业发展并重，不断扩大公共财政覆盖农村的范围；彻底取消农业税，加大"三农"投入，国家与农民的分配关系已由"多予、少取、放活"转变为"基本不取、多予与放活并重"；不断出台和强化农业各项投入政策措施，初步建立了"以工补农、以城带乡"的反哺农业的投入机制。总之，以支持粮食生产、促进农民增收、加强生态建设、推进农村改革、加快农村教育卫生文化发展等政策为主要内容的财政支持"三农"政策框架体系已经显现。

第二节 农业补贴制度

改革开放以来,中国的农业补贴制度大致经历了三个阶段。前两个阶段体现了党和政府对农业补贴越来越重视,但并没有突破农业养育工业的政策取向。2002年以后,在城乡统筹战略以及加入世界贸易组织(WTO)的背景下,农业补贴制度有了进一步的发展,体现了"工业反哺农业、城市支持农村"的精神,也充分利用了WTO的对弱势产业的保护原则。加入WTO后中国农业补贴进入以"四补"(即通常所说的种粮直补、良种补贴、农机具购置补贴和农资综合补贴)为核心的发展阶段,补贴方式从"暗补"转为"明补"。在种植业上,国家接连出台了良种补贴、种粮直补、农机具购置补贴、农资综合直补等一系列扶持粮食生产的政策措施,资金补贴力度逐年加大,补贴品种不断扩大,补贴标准逐年提高。中国已初步建立了以种粮"四补贴"为主要内容的农业补贴制度。

一、以增加粮食产量为目标的农业补贴制度(1979—1997)

粮食是中国农业发展的关键。改革开放后,党和政府对粮食生产非常重视。这阶段的农业补贴政策的主要目的仍然是确保粮食产量的增加。其主要工具为粮食价格补贴政策和农业投入品补贴政策。

第一,粮食价格补贴政策。从1979年夏粮上市起,我国粮食统购价格提高20%,超购加价幅度由原来按统购价加30%提高到按新统购价加50%,结束了自1966年调价后粮食统购价格12年未变的局面。1985年农产品统派购制度终结。政府从1987年起连续三年有计划地调高了粮食和部分食用植物油的收购价格。1989年、1990年两次调高棉花收购价格。由于长期购销价格倒挂,国家财政不堪重负。1991年5月,国务院决定较大幅度提高对城镇居民的粮食销售价格,综合平均每50公斤提价10元,提价幅度达67%。1992年,国家再次提高粮食统销价格,平均提价幅度为43%。1979—1997年国家粮棉油价格补贴达4 009.61亿元,占国家物价补贴总量的72.8%。[①]

---

① 曾向东、唐启国:《现代农业财政支持体系研究》,235页,南京,东南大学出版社,2013。

总体而言,这一阶段的农业补贴制度主要是在提高粮食收购价的同时,维持原销售低价,补贴的受益者包括农民、城镇居民和粮食购销企业,但城镇居民受益最多。此外,国家决定在实行保护价制度的同时,相应建立粮食风险基金和储备体系,规定中央和地方财政减下来的粮食加价、补贴款要全部用于建立粮食风险基金。至此,粮食补贴由补贴粮食企业经营费用和购销差价且以后者为主的方式开始转向补贴粮食企业等流通环节,以粮食风险基金为其主要形式。

第二,农业投入品补贴政策。在延续以前间接补贴政策的同时,政府开始实施对投入品直接奖励政策。在国家定购任务完成存在一定困难的前提下,1978—1985年实行了统购和加价奖售化肥政策,如1978年每吨大豆统购奖售化肥150公斤,超购(加价)奖售化肥350公斤。1987—1988年开始实施粮食合同定购与供应平价化肥、柴油和预发预购定金挂钩的"三挂钩"政策,定购每50公斤粮食奖售20公斤化肥、5~7公斤柴油。这是一种生产性补贴方式。1993年和1994年,"三挂钩"政策停止实行,取而代之是对合同定购部分的农产品实行价外补贴,即国家按定购合同收购农产品时,直接把平价农业生产资料的差价付给农民。1995年,为了落实粮食收购计划,又恢复了挂钩少量平价化肥的做法。

这一阶段,由于以粮食增收为补贴目的,农民得到的实惠并不多。主要有两点原因:一是农产品价格大幅涨落,对农业生产负面影响极大。农业生产资料价格不断上升,按1950年不变价计算,1978—1993年农业生产资料价格上升了191%,部分抵消了农产品价格上升给农民带来的利益。二是农民负担加重。一方面,政府继续通过工农产品价格"剪刀差"和农业税从农业抽取资金,估测1979—1994年工农产品"剪刀差"为15 000亿元。另一方面,新的"三提五统"及其他收费使农民负担日益增加,到90年代初"三提五统"费每年高达400多亿元,占税费总额的80%以上。特别是1994年分税制的实施使县乡财政普遍出现困难的局面,由于乡镇财政无法保持政府的正常运转,造成地方上"三乱"问题更加严重,农民负担达到了不堪重负的程度。[①]

二、以增加农民收入为目标的农业补贴政策(1998—2001)

1998年,《中共中央关于农业和农村工作若干重大问题的决定》的出台,标志着中国农业政策发生了较大转变。该决议将减少农民负担、增加农民收入作为相当长一

---

① 曾向东、唐启国:《现代农业财政支持体系研究》,236页,南京,东南大学出版社,2013。

段时期内政府工作的指导原则。这一阶段属于过渡性质,虽有转变的意图,但政策上并没有突破"偏袒城市"的城乡分割制度框架。这一时期农业补贴制度的主要做法有:

第一,国家储备粮补贴和粮食风险基金政策。随着中国粮食连年丰收,农产品供给基本告别了绝对短缺,农业和农村经济发展进入了新阶段。在这种背景下,国家决定适时推进粮食流通体制改革。1998年5月,国务院下发《关于进一步深化粮食流通体制改革的决定》,提出实行"四分开、一完善",即实行政企分开、储备与经营分开、中央与地方责任分开,新老财务账目分开,完善粮食价格机制。1998年6月,全国粮食购销工作电视电话会议提出,当前粮食购销工作重点是"贯彻三项政策、加快自身改革",即坚决贯彻按保护价敞开收购农民余粮、粮食收储企业实行顺价销售、农业发展银行收购资金封闭运行三项政策,加快国有粮食企业自身改革。1998年,国务院办公厅转发财政部、中国农业发展银行《关于完善粮食风险基金管理办法》的通知中,对粮食风险基金的用途进行了调整,粮食风险基金专项用于:第一,支付省级储备粮油的利息、费用补贴;第二,粮食企业执行敞开收购农民余粮的政策,致使经营周转库存增加,流转费用提高,而又不能顺价销售予以弥补的超正常库存粮食的利息、费用补贴。这一用途又在后来的《粮食收购条例》中加以明确。同时,中央专项储备粮的利息、费用等项支出由中央财政予以补贴。2001年7月,《国务院关于进一步深化粮食流通体制改革的意见》中进一步提出"放开销区、保护产区、省长负责、加强调控"的改革思路。由于上述政策措施的出台,粮食补贴形成了以国家储备粮补贴和粮食风险基金为主要内容的形式。[①] 这种形式对于保护农民利益是有利的。

第二,通过税费改革减轻农民负担。自2000年以来。中国农村进行税费改革,实行"三取消、两调整、一改革"政策:"三取消"即取消统筹费、农村教育集资等专门面向农民征收的行政事业性收费的政府性基金、集资,取消屠宰税,取消农村劳动积累工和义务工;"两调整"即调整农业税政策,调整农业特产税政策;"一改革"即改革村提留征收使用办法。随着上述农村税费改革政策的实行,农民负担显著下降。经过一系列的政策调整,从20世纪90年代末期开始,我国逐渐由从农业中"索取"走向支持保护农业。

这一阶段农业补贴的总体特征是:第一,农业支持和保护力度不断增大,但相对不足。2001年各级财政用于"三农"的支出3 300亿元,其中,用于农业(农林水气

---

① 张红宇等主编:《中国农业政策的基本框架》,107~108页,北京,中国财政经济出版社,2009。

等领域）2 600亿元。"绿箱"措施中国只使用了6类，还有5类没有启用。"黄箱"措施很少用。第二，农业补贴结构不尽合理。国家财政用于流通领域的补贴比重在上升。2001年，仅用于粮食流通领域的补贴就占当年农业财政支出的1%。其次是间接支持多，直接补贴少。中国农业支出以间接支持为主，对农民的直接补贴少。在2000年的农业支出中，间接的农业补贴支出1 274亿元，占农业补贴支出的62%；直接补贴农民收入约200亿元，占农业总支出的10%；与农民生产生活直接相关的项目补贴支出463亿元，约占农业补贴的22.5%。这样的支出结构不能适应国内外农业发展的新形势。中国农产品长期短缺，因此农业补贴的主要目的是促进农业增产。"九五"以来，特别是1998年以来，尽管农业基础设施等投入比重有所增加，但以增产为主要目标的农业支出结构还没有根本性变化。以2000年为例，促进农业增产的生产、流通、事业费等支出为1 123亿元，占54.5%。[①] 这种支出结构不能适应发展优质高效农业、增加农民收入的需要。

三、城乡一体化下的农业补贴制度（2002—2012）

中共十六大以来，在"以工补农，以城带乡"和"多予少取放活"方针的指导下，中国出台了大量针对农业、农村和农民的补贴政策，初步形成了一个围绕粮食生产、农民增收和保护生态环境等目标，综合补贴和专项补贴相结合的农业补贴政策框架体系。这一政策之所以出台，与以下背景是分不开的。

第一，中国粮食生产出现了滑坡，农民收入提升较慢。中国的粮食生产从1998年到2003年出现了连续五年的下降。1998年，粮食产量为51 229.53万吨，到2003年为43 069.53万吨，为20世纪90年代以来的最低点。人均粮食占有量也出现了下降。1998年，人均为821斤，2003年降低到667斤，是1982年以来的历史最低点。统计资料表明，1998—2003年的6年间中国农民人均纯收入的平均增长速度仅为3.9%，不足同期GDP增长速度的一半，城乡收入比也由1997年的2.46∶1扩大到2003年的3.23∶1。[②] 导致这一期间农民收入增长缓慢的主要原因之一，是农民的农业经营收入下滑。一些地区特别是贫困地区和粮食主产区的农民收入甚至出现负增长。

第二，中国经过多年的经济发展和工业化，特别是改革开放以来，国家整体实力

---

① 何忠伟：《中国农业补贴政策效果与体系研究》，70~71页，北京，中国农业出版社，2005。
② 梁骞：《中国农业补贴政策研究》，80页，哈尔滨，黑龙江教育出版社，2009。

逐步增强。发达国家的发展历程和经验表明,在工业化初期阶段,大都是农业支持工业,农业为工业发展提供积累。当工业化发展到一定阶段以后,工业支持农业,城市反哺农村。从20世纪90年代开始,国家财政收入增长率基本上在20%上下波动,比较稳定。2003年国家财政收入总额已经达到21 715.25亿元。这说明,在工业化后期,中国的财政收入已经有条件为农业发展做出更大的支持。

第三,加入WTO以后,中国农业政策及农产品贸易都受到WTO农业规则的约束。WTO规则框架下的农业财政支持主要包括国内支持和出口补贴。由于中国在谈判中已经承诺放弃出口补贴,所以中国的政府财政支农主要是指国内支农。WTO《农业协议》中有关农业国内支持的政策主要包括"绿箱支持"和"黄箱支持"。从国际上看,美国、欧盟等国家和地区的农业补贴政策都是"绿箱支持"和"黄箱支持"。因此,根据我国国情,建立了以粮食直接补贴政策为核心的农业补贴政策。

党和政府出台了一系列有利于改善城乡之间财政投入的农业补贴政策,农业补贴制度的重要性也多次被强调。比如,2008年10月,中共十七届三中全会出台了《中共中央关于推进农村改革发展若干重大问题的决定》。《决定》明确要求健全农业补贴制度。指出农业是国民经济的基础产业,由于农业效益比较低,发展农业既要发挥市场配置资源的基础性作用,又要加强政府对农业的支持和保护。2009年,财政部、国家发展和改革委员会和农业部联合下发《关于进一步完善农资综合补贴动态调整机制的实施意见的通知》。《通知》要求,要进一步完善农资综合补贴动态调整机制,明确农资综合补贴资金要视农资价格变动情况,实行动态调整。2012年中央一号文件在强调农业科技发展的同时,也对中国农业补贴提出了按照增加总量、扩大范围、完善机制的要求,继续加大农业补贴强度,新增补贴向主产区、种养大户、农民专业合作社倾斜。提高对种粮农民的直接补贴水平。落实农资综合补贴动态调整机制,适时增加补贴。加大良种补贴力度,扩大农机具购置补贴规模和范围,进一步完善补贴机制和管理办法。

这一时期的农业补贴政策主要包括以下内容:

(1)全面取消农业税。2003年中央财政为支持农村税费改革共安排资金305亿元,将税费改革试点范围由20个省扩展到全国,农民平均负担减轻30%以上。同时加快了取消农业特产税的步伐。2004年,中国取消了除烟叶税以外的农业特产税,8个省免征(或基本免征)农业税,22个省农业税税率下降了1~3个百分点。2005年中央财政为深化农村税费改革提供转移支付662亿元,牧业税和除烟叶外的农业特产税全部免征;免征农业税的省份达到28个。2006年,中国全面取消农业税,结束了2 600

多年来农民种地必须缴纳"皇粮国税"的历史,标志着国家与农民的传统分配关系发生了根本性变革。2006年农业税的全面取消,标志着中国整体上进入"以工促农、以城带乡"的崭新发展阶段,国家财力不断壮大。国家财政有能力承担取消农业税的成本和实施农业补贴的所需经费。

(2)实施"四补贴"政策。一是种粮农民直接补贴。直接补贴政策始于2001年7月国务院文件;2002年吉林东丰、安徽天长和来安三县进行了粮食直接补贴试点;2003年全国有16个省(区、市)全部放开粮食价格和市场,实现粮食直接补贴代替保护价。2004年以粮食直接补贴为核心的补贴政策在全国铺开。补贴以粮食主产区为重点,直接补贴的对象是主产区种粮农民包括农垦企业、农场的粮食生产者。2004年对种粮农民直接补贴的资金规模为116亿元。2005年、2006年、2007年、2008年、2009年分别为132亿元、142亿元、151亿元、151亿元和190亿元。2007年对奶牛、生猪也实施了补贴。二是农资综合直接补贴。从2006年开始,针对农资价格大幅度上涨影响种粮农民收益的情况,国家借燃油价格调整的契机,开始建立农资涨价综合直接补贴制度,对种粮农民因化肥、农药、农用柴油等农资价格上涨带来的损失进行补偿。农资综合直补主要是依据农资价格的相对变化而定,目的在于补偿因农资涨价而增加的粮食生产成本。2006年补贴资金规模为120亿元,2007年补贴资金规模增加到276亿元,2008年资金规模达到716亿元。三是良种推广补贴。良种补贴政策从2002年开始实施,主要是由国家财政对农民购买使用良种进行补贴,鼓励良种的推广应用。自实施以来,良种补贴政策的范围逐步扩大,资金规模逐年增加。2005年、2006年、2007年、2008年、2009年资金分别为37.52亿元、41.54亿元、66.6亿元、121.6亿元和198.5亿元。良种补贴的范围也逐年扩大,由大豆一个品种扩大到主要粮食品种和棉花、油料等经济作物。四是农机具购置补贴。从2004年开始实施农机具购置补贴政策,其目的在于鼓励农民购买先进农机具,促进农机化发展和提高农业生产的物质装备水平。农机购置补贴重点向粮食主产区、农业大省倾斜,向种粮大户、农机大户倾斜。补贴机具种类主要包括大中型拖拉机、耕作机械、种植机械、植保机械、收获机械、粮食干燥机械等。2008年农机具购置补贴资金规模为40亿元,2009年进一步增加到130亿元。

总的来看,中国的农业补贴政策的主要目标是调动广大农民的种粮积极性,提高农产品产量,保障国家粮食供给和粮食安全,增加农民收入。2011年中央财政用于四项补贴的支出达到1 406亿元,是2004年145亿元的9.7倍,初步构建起生产补贴与收入补贴有机结合、专项补贴与综合补贴配套实施的粮食补贴政策框架。2011年良种补贴覆盖了大部分粮食作物，包括水稻、小麦、玉米、大豆、马铃薯、青稞、棉花、油菜、花生、天然橡胶共10个品种，补贴面积约18亿亩。其中，水稻、小麦、玉米、东北和内蒙古的大豆、藏区的青稞实现了补贴全覆盖，马铃薯在主产区进行试点。种粮直补和农资综合补贴要求全部用于粮食作物。2011年，中央财政累计发放种粮直补1 144亿元，农资综合补贴3 404亿元，平均每亩粮食作物累计得到补贴约279元。2011年中央财政安排农机具购置补贴资金175亿元，累计安排补贴529.7亿元。在补贴资金的带动下，全国耕种收综合机械化水平达到54.5%，比2003年提高了22个百分点，跨入了农机化发展的中级阶段。后来，中央又把补贴政策拓展到畜牧业、林业、草原、节水灌溉和农业保险等领域。这些政策极大调动了农民、科技人员和地方政府的积极性。

通过农业补贴，全国粮食播种面积也一举扭转了下滑的局面，实现了持续稳定增长，粮食单产稳步提高。2004年粮食增产3 877万吨，是新中国成立以来最高的一年，从这年起，粮食总产量连年增长，在13年后，粮食总产量突破5亿吨。2013年，突破6亿吨，十年间，粮食总产量年均增速3.4%，人均粮食占有量达到442公斤，年均增速2.87%。与此同时，农民人均纯收入已经实现连续快速增长。2013年达到8 896元，其增长幅度比城镇居民同年收入增长幅度高出2.3个百分点，城乡居民之间收入差距又有所缩小。

第三节　农产品价格支持制度

在市场经济条件下，农产品价格对引导农业生产、促进农民增收具有不可替代的作用，因此，对于国家来说，发展农业既要尊重价值规律，完善农产品市场价格形成机制，又要加大政府对农业的保护力度，健全农产品价格支持制度。改革开放以来，中国坚持推进农产品市场化改革，陆续放开了大部分农产品价格，2004年全面放开了粮食市场和价格。同时，实行了最低收购价制度。总体而言，这些制度有效地调动了农民种粮的积极性，保持了主要农产品生产基本稳定，为国民经济的平稳发展起到了支撑作用。

一、取消统购派购制度与提高粮食收购价格（1979—1992）

中国的农产品价格支持最初表现为提高粮食的统购价格。1979年，中共十一届四中全会通过的《中共中央关于加快农业发展若干问题的决定》指出，粮食统购价格从1979年夏粮上市的时候起提高20%，超购部分在这个基础上再加价50%，棉花、油料、糖料、畜产品、水产品、林产品等农副产品的收购价格也要分情况逐步作相应的提高。农业机械、化肥、农药等农资产品的出厂价格和销售价格，在降低成本的基础上，在1979年和1980年降低10%~15%，把降低成本的好处基本上留给农民。国家通过提高农产品价格，降低农资产品价格，从而间接地使大量资金留在农村，用于农业生产。

1985年，在农业生产连年增长和部分农产品市场逐步放开的基础上，政府决定彻底改革实行了三十多年的农副产品统购派购制度。1985年中央一号文件规定：取消粮食统购，改为合同定购和市场收购；定购粮按"倒三七"比例计价（即三成按原统购价，七成按原超购价）[①]；定购以外的粮食可以自由上市，如市场粮价低于原统购价，国家仍按原统购价敞开收购，保护农民利益。从1985年起，价格形成机制改革快速推进，进一步放开农产品价格中的国家定价，对一些农产品运用国家指导价进行管理。粮食取消统购，实行合同定购。1986年，全国农产品收购价格总指数比1978年提高了77.5%，平均每年递增7.4%。1987年、1988年、1989年国家又连续三年有计划地调高了粮食和部分食用植物油收购价格；1989年、1990年两次调高棉花收购价格。

20世纪90年代，党中央对农业保护问题也高度重视。时任中共中央总书记江泽民指出："农业在国家的宏观调控中是需要加以保护的产业。世界上所有经济发达的国家，都有保护和补贴本国农业的法规与政策。我国农业还处于从传统农业向现代化农业转化的过程中，处在由计划经济向市场经济转变的过渡期，更应受到国家的保护。"[②]在这一思想的指导下，国家出台了一系列的政策和措施，保障农产品的价格。

1990年夏粮上市后，市场粮价疲软问题引起政府关注，国务院于7月和9月连续下发两个关于粮食流通问题的文件。具体措施有：（1）各地向农民收购议价粮，不得低于国家规定的保护价格。各省、自治区、直辖市要向农民宣布分品种的保护价格，

[①] "倒三七"比例加价实际上是在原来统购价的基础上，提高了35%。
[②] 《六省农业和农村工作座谈会在武汉召开，江泽民就农业问题发表重要讲话》，载《人民日报》，1992年12月28日。

农民无论什么时候出售，国家都按不低于宣布的保护价格收购。（2）建立国家专项粮食储备制度。对粮食部门收购的议价粮，除各地"议转平"、议销和合理周转库存以外的多余部分，按分配的计划指标和结算价格转作国家专项储备。

二、实行保护价收购政策（1993—2003）

为保护农民生产积极性，维护农民利益，1993年2月，国务院召开全国粮食产销政策发布及订货会。会上国家物价局、财政部、国家计委等部门发布了关于建立粮食收购保护价制度，改进粮棉"三挂钩"兑现办法等政策。关于粮食收购保护价格的原则、范围、权限程序、品种标准等问题的通知如下：（1）制定粮食收购保护价格的原则。要以补偿生产成本并有适当利润，有利于优化品种结构，并考虑国家财政承受能力为原则。（2）执行粮食收购保护价格的范围，限于原国家定购和专项储备的粮食。（3）制定粮食收购保护价格的权限和程序。粮食收购保护价由国务院和省、自治区、直辖市人民政府制定。（4）粮食收购保护价格的品种及标准。对粮食的主要品种实行收购保护价格制度，除早籼稻外，其他粮食品种的保护价格，按不低于国家合同定购价格制定。（5）建立粮食风险基金制度。为保证落实粮食收购保护价格制度，国务院决定建立中央和省（区、市）两级粮食风险基金制度。在粮食市价低于保护价时，按保护价收购，在粮食市价上涨过多时，按较低价格出售。上述价差由风险基金补偿。（6）要切实执行粮食收购保护价格制度。未放开粮食收购价的地方，对原定购粮食要执行国家定价；对专项储备的粮食要执行国家规定的专储价格。已经宣布放开粮食收购价格、取消定购任务的地方，要采取经济合同的办法，按原定购数量与农民签订购粮合同，这部分粮食在市价低于保护价时按保护价格收购。

即在此时，国家不再强制要求全面进行粮食保护价收购，政策放松。同时将保护价的价格具体确定下来，即上年的定购价位。1993年3月国家制定了主要农产品收购最低保护价，即中等小麦每50公斤31元，中等早籼稻21元，并改进了粮、棉挂钩物资奖售办法。另外，1993年颁布的《中华人民共和国农业法》，第一次用法律的形式规定了对粮食及其他有关国计民生的重要农产品的价格保护，同年11月国务院决定粮食价格和购销放开后，对粮食实行保护价制度。

1994—1996年，国家又两次大幅度提高农产品价格，至1998年，主要农产品的收购价格已接近市场水平，农村工业品零售价格的增幅大大低于农产品收购价格的提高幅度，工农产品交换比价逐步调整，国家与农民的利益关系得到初步改善。同时，国家通过构建价格保护制度，调动农民的种粮积极性，保护了农民的利益。1996年，随着保护价水平的大幅提高，国家开始真正按粮食保护价敞开收购农民余粮。农产品实行保护价收购制度，有利于在市场经济体制下对农业和整个经济的稳定运行提供保障。

由于中共中央、国务院采取了一系列促进粮食生产发展的政策措施，保护和调动了农民生产粮食的积极性，全国粮食产量稳定增长，粮食的综合生产能力提高到一个新水平。1995—1999年全国粮食产量分别为46 655万、50 450万、49 115万、51 225万和50 838.67万吨，提前5年实现了"九五"计划确定的粮食生产目标。① 1996年下半年以后，粮食市场形势发生了变化，粮食供应短缺的状况发生了根本性变化，出现了阶段性粮食过剩，市场粮价开始下跌。

1997年7月国务院召开粮食购销工作会议，对保护价政策进行修改，主要有两点：一是降低保护价水平。以定购粮的基准价为新的保护价，而定购粮的基准价比实际定购价低10%；二是改变补贴办法。政府作出新的承诺，对国有粮食收储企业因收购增加、销售下降而增加的周转库存，由粮食风险基金给予利息和费用补贴。即进一步降低保护价价格，以定购粮的基准价来作为保护价，且国有收储企业的风险损失不再由中央财政直接拨款，而是由粮食风险基金给予补贴。

1998年，国务院颁布《粮食收购条例》，对粮食实行"三项政策，一项改革"，即敞开收购、顺价销售、资金封闭运行，深化粮食企业改革，严格规定粮食收购和经营主体。

保护价收购有效地稳定了粮食市场，提高了农民收入，保护了农民的种粮积极性，然而随着保护价收购政策的实施，保护价政策的弊端也随之出现。由于政府大幅提高收购价格导致粮食增产，市场上粮食价格降低，导致"谷贱伤农"的现象出现，农民利益受损。政府出台粮食保护价本来的目的是维护农民利益，但事与愿违，实行保护价收购导致了粮食供求关系进一步失衡，粮价持续低迷，农民收入提高缓慢，且国有收粮企业也有很沉重的负担。于是，国务院在1999年5月中旬召开的全国粮食流通体制改革工作会议上决定从2000年起适当缩小按保护价敞开收购的范围，如黑龙江、吉林、辽宁以及内蒙古东部、河北北部、山西北部的春小

---

① 中华人民共和国农业部：《中国农业年鉴（2000）》，551页，北京，中国农业出版社，2000。

麦和南方早籼稻、江南小麦，从2000年新粮上市起退出保护价收购范围。这有利于促使农民调整粮食种植结构、发展优质粮食生产。这一决定的出台表明中国粮食保护价政策走上了选择性保护部分农民利益的道路，而非保护所有，政府负担得到疏解。

三、最低收购价政策及其进一步改革（2004—2012）

自1998年开始，中国粮食供应逐渐出现暂时过剩，粮价大幅度下降，农户因种粮收益降低甚至亏损而不愿种粮，导致播种面积急剧下滑。加之自然灾害，致使全国粮食产量连续五年下降，到2003年全国粮食产量已低于20世纪90年代的平均水平，粮食安全形势严峻。如何调控粮食市场价格，继续稳定粮食生产，避免重蹈谷贱伤农的老路，同时也为了解决国家的粮食安全问题，成为决策者面临的主要问题。

为了稳定种粮收入，保障国家粮食安全，2004年国家决定执行最低收购价政策。2004年5月19日，国务院通过了《粮食流通管理条例》。该条例规定："当粮食供求关系发生重大变化时，为保障市场供应、保护种粮农民利益，必要时可由国务院决定对短缺的重点粮食品种在粮食主产区实行最低收购价格。"① 由此，国家粮食价格支持政策由粮食收购保护价政策转变为粮食最低收购价政策。开始主要是稻谷和小麦最低收购价政策，在部分主产区进行托市收购，即规定在早籼稻市场价格低于1.40元/公斤时，国有粮食企业按照1.40元/公斤收购，市场价格高于上述价格时，按实际市场价格收购。最低收购价制度属于农产品价格支持的范畴，农产品价格支持也是市场经济发达国家构建农业支持与保护体系的比较普遍的做法。最低收购价政策的实施达到了预期目标，它使得以往出现过的粮食产量增长之后，随之实际市场价格下滑，从而影响生产者积极性的情况没有出现。

2005年国家在稻谷主产区启动了早籼稻和中晚稻最低收购价政策，累计收购稻谷258亿斤。2006年国家又先后在小麦、稻谷主产区启动最低收购价政策，共收购粮食979亿斤（小麦814亿斤、稻谷165亿斤）。粮食最低收购价政策保护了农民收益，稳定了市场粮价，促进了农业稳定发展，保障了国家粮食安全。

2007年以来，国家又先后对主产区玉米、大豆、油菜籽、棉花、食糖等实行临时

---

① 国务院法制办公室编：《中华人民共和国三农法典（农业·农村·农民）》，190~191页，北京，中国法制出版社，2012。

收储政策。当主产区市场价格低于最低收购价格或临时收储价格时,由国家指定企业直接入市收购,引导市场价格回升。

2008年,油菜籽市场出现强烈波动,价格持续走低。为保证农民种植油菜籽能够获得基本收益,国家继2008年10月实施油菜籽临时收储政策后,于2009年5月27日,在江苏等17个油菜产区实施油菜籽最低收购价政策。

执行收储的企业是中储粮及其所属企业。自2005年起中国储备粮管理总公司根据市场粮价变动情况,坚持在符合粮食政策性收购启动条件的地区,依质论价、敞开收购。2011年,中储粮在26个省、自治区、直辖市实施最低收购价政策和临时收储政策,完成政策性粮油收购2 478万吨,其中小麦22万吨、稻谷654万吨、玉米1 176万吨、大豆291万吨、油菜籽335万吨。[①]最低收购价和临时收储政策实施以来,国内粮食价格稳步上升,棉花、油料、食糖价格总体高位运行,由于最低收购价政策一般于年初公布最低价格水平,农民对当年的粮食市场价格有一个比较清晰的预期,农民吃了个"定心丸",有效地调动了农民种植积极性,又由于最低收购价政策的成本基本上是由中央政府承担,没有增加地方政府的负担,因此提高了主产省种粮的积极性。另外,由于最低收购价政策的实施范围先后从早籼稻扩展到中晚籼稻、粳稻和小麦,再到油菜籽,促使全国粮食与油料播种面积稳步增加,从而保持了主要农产品生产基本稳定,粮食产量实现不断增长,农民收入也实现平稳较快增长。这为稳定物价总水平、保持国民经济持续较快发展起到了重要支撑作用。

最低收购价和临时收储政策将国家对农民的补贴包含在价格之中,是一种"价补合一"的直接价格支持政策。这种政策存在许多问题:第一,定价不合理,一定程度上导致农民盲目种植。最低收购价刺激了农民种植农产品的积极性,粮食产量得到提高,提高之后易发生"卖粮难"和"谷贱伤农"问题。农产品价格波动剧烈,价格大起大落时有发生。同时,最低收购价的确定没有充分考虑到粮食品质差价,难以实现鼓励优种、淘汰劣种的种植结构调整目的。第二,扰乱了正常的市场机制,粮食市场化改革可能会走回头路。一是政府最低收购价逐步替代市场价格。最低收购价事实上转为最高收购价,政府定价逐步取代了市场价格,也已经脱离了真实的市场价格。二是粮食经营的多渠道又回到单一渠道。由于政府最低收购价高出合理市场价较多,一般粮食企业因担心收购后亏损不敢入市收购,基本上是中储粮公司委托的定点企业在

---

① 数据来源于中国储备粮管理总公司《社会责任报告》,2011年。

兜底收购。第三，中央财政负担加重。第四，农民难以完全享受到最低收购价政策带来的实惠。由于农民的粮食生产和销售涉及千家万户，难以完全做到面向农民直接收购，大部分还只能从中间商手中收购，加之农民信息不对称，农民实际出售价格达不到国家规定的最低收购价水平。

第四节 农业生态环境补偿制度

中国生态补偿制度发展历程可划分为两个阶段，即20世纪80年代初至90年代中后期的起始阶段和90年代末以后的快速发展阶段。经过多年的建设与发展，中国的农业生态环境补偿工作取得了一定的成就，为农业现代化的发展奠定了基础。然而，与此同时，也应该看到，中国在现代农业建设中实施农业生态补偿的历史还不太长，实践经验不多，农业生态环境补偿的资金投入不足、农业生态补偿方式单一、农业生态补偿缺乏有效的投融资机制等问题仍需要进一步解决。

一、生态补偿机制初步发展（1979—1997）

随着中国经济快速发展和人口不断增加，农业生态环境的状况不容乐观。一方面，农业资源日益趋紧。从耕地资源看，全国人均耕地数量不足1.4亩，仅为世界平均水平的40%。近20年来，建设用地增加使得耕地面积持续减少，人口数量不断增加也使得人均耕地面积下降的趋势难以逆转。同时，缓坡、陡坡耕地约占全国耕地面积的40%，中低产田面积大，耕地质量不高。从水资源看，中国人均水资源仅为世界平均水平的27%，水资源利用效率低、浪费严重的问题十分突出。从森林草原资源看，森林资源总量不足、分布不均的状况没有改变，全国3.92亿公顷各类天然草场中，90%左右出现不同程度地退化。从湿地看，全国仅有四成左右的湿地得到保护，天然湿地大面积萎缩、消亡的现象仍未从根本上遏制。另一方面，农业生态环境污染问题越来越突出。全国每年化肥用量达到4 700多万吨、农药用量140多万吨，由于使用不科学不合理，形成农业的面源污染。全国畜禽养殖业每年产生30多亿吨粪便，大部分未能得到资源化利用。农村地区的生活垃圾和污水也大多未能实现无害化处理,对农业生态环境造成严重影响。为了提高农业综合生产能力,中国必须健全农业生态环境补偿制度。

20世纪80年代初以来的10余年,是中国生态补偿政策萌生、生态补偿机制初步发展的阶段。囿于当时经济发展水平,经济发展呼声高于生态保护呼声,该阶段生态补偿的实施范围主要是针对矿产开发所引起的生态环境问题及森林的公益性生态效益而发起的,实施范围主要是征收生态补偿费、矿产资源费等,即主要是一种生态补偿税费制度。

为了保障和促进矿产资源的勘查、保护与合理开发、维护国家对矿产资源的财产权益,1994年2月,国家发布《矿产资源补偿费征收管理规定》,指出矿产资源补偿费按照矿产品销售收入的一定比例计征。企业缴纳的矿产资源补偿费列入管理费用。采矿权人对矿产品自行加工的,按照国家规定价格计算销售收入;国家没有规定价格的,按照征收时矿产品的当地市场平均价格计算销售收入。采矿权人向境外销售矿产品的,按照国际市场销售价格计算销售收入。

1994年,国家环境保护局提出要在一些经济比较发达的地区和开发、开放地区先行开展征收生态环境补偿费的试点工作。征收生态环境补偿费是指为了防止生态环境破坏,根据"利用者补偿、开发者保护、破坏者恢复"原则,向从事对生态环境产生或者可能产生不良影响的单位和个人征收一定数额的费用。征收范围包括矿产开发、土地开发、旅游开发、自然资源开发、药用植物开发和电力开发等。征收主体是环境保护行政主管部门,所征收的补偿费纳入生态环境整治基金,用于生态环境的保护、治理与恢复。征收方式多元化,可按投资总额、产品销售总额付费,也可按单位产品收费、使用者付费和抵押金收费的方式征收。征收生态环境补偿费是一种可以有效地解决生态环境问题的办法。它不仅为保护和改善生态环境质量提供稳固的资金来源,而且也极大地影响着国民经济的发展和人民生活水平的提高。

中国最早的生态补偿实践发端于1983年,云南省以昆阳磷矿为试点,对每吨矿石征收0.3元,用于开采区植被及其他生态环境破坏的恢复,取得了良好效果。90年代中期,广西、福建、江苏等省市纷纷制定了生态补偿管理办法试行。但由于缺乏严格的法律依据,不但增加了征收难度,而且在2002年全国整治乱收费过程中,许多地方的生态补偿费征收由于立法依据不足而被取消。

总体来看,20世纪90年代中后期中国生态补偿的机制不够完善,虽然各地在矿产资源开发的生态补偿实践上已有了很多探索，也制定了一些相应的生态补偿政策，但由于缺乏国家政策依据和政策指引，各地在生态补偿标准方面大相径庭，且有诸多不合理之处。因此，迫切需要建立统一的国家生态补偿政策体系，以指导和统一各地的实践，建立和完善矿产资源开发的生态补偿机制。

二、生态补偿机制的快速发展（1998—2012）

到了 20 世纪 90 年代末，与经济发展相伴而生的生态环境问题日趋严重。主要表现在水土流失严重、地下水位下降、湖泊面积缩小、水体污染加剧等等。这些生态环境问题也引发了一系列生态灾难，其中比较突出的是 1998 年的长江流域的特大洪水以及 2000 年春季北方地区的沙尘暴天气。另外，可持续发展当时已经是全球各国政府的共识。1987 年以布伦兰特夫人为首的世界环境与发展委员会（WCED）发表了报告《我们共同的未来》。这份报告对可持续发展的内涵作了正式阐述，指出："可持续发展是既满足当代人的需要，又不对后代人满足其需要的能力构成危害的发展。" 1992 年 6 月，联合国在巴西里约热内卢召开环境与发展大会（UNCED），通过了《里约热内卢宣言》《全球 21 世纪议程》和《关于森林问题的原则声明》等重要文件，签署了联合国的《气候变化框架公约》和《保护生物多样性公约》。根据《全球 21 世纪议程》的要求，国务院组织编制和实施《中国 21 世纪议程》。同时，还制订了《中国 21 世纪议程优先项目计划》。

与此同时，绿色发展的概念越来越深入人心。绿色经济是英国经济学家皮尔斯于 1989 年首先提出来的。通常认为，绿色经济是指人们在社会经济活动中，通过正确处理人与自然、人与人之间的关系，高效地、文明地实现对自然资源的永续利用，使生态环境持续改善、生活质量持续提高的一种经济发展模式。面对能源和环境的双重威胁，发展绿色产业、绿色经济成为全球共识，受到各国政府高度重视。在这一宏观背景下，中国在 20 世纪 90 年代末启动了退耕还林、天然林保护等一系列旨在保护生态环境的大型工程，与之相对应的补偿措施则将中国的生态补偿体制推向了新的发展阶段。

1998 年，国务院印发了《全国生态环境建设规划》，明确提出今后 50 年中国生态环境建设的奋斗目标、主要任务和重点治理区域，并且把生态环境建设提到重要的议事日程，逐年增加了生态环境建设的投入。1998 年以后，国家在基本建设投资和新增国债投资中始终把生态环境建设作为重点领域。1998—2000年，累计安排中央投资达270亿元左右。从1998年开始，国家全面启动实施了重点地区天然林资源保护工程，在黄河长江上中游地区、草原区、风沙区400多个重点县启动了生态环境建设综合治理工程。1999年开始启动的退耕还林工程及后来实施的退牧还草工程的粮食补助实际上就是生态补偿的初步实践。2004年建立中央财政森林生态效益补偿基金制度，标志着中国生态补偿机制的正式启动。

中共中央、全国人大、国务院高度重视生态补偿机制建设。2005年，中共十六届五中全会《关于制定国民经济和社会发展第十一个五年规划的建议》首次提出，按照谁开发谁保护、谁受益谁补偿的原则，加快建立生态补偿机制。2005年出台的《国务院关于落实科学发展观加强环境保护的决定》也要求加快建立生态补偿机制，强调"要完善生态补偿政策，尽快建立生态补偿机制。中央和地方财政转移支付应考虑生态补偿因素，国家和地方可分别开展生态补偿试点"。①

2006年以来，国家发展和改革委员会根据第十届全国人大四次会议审议通过的"十一五"规划纲要要求，组织编制了《全国主体功能区规划》，指导地方编制省级功能区规划，为建立生态补偿机制提供了空间布局框架和制度基础；同时，会同有关部门、地方、科研机构在建立生态补偿机制方面开展了大量研究，成立了由发展和改革委员会、财政部等11个部门和单位组成的生态补偿条例起草领导小组和工作小组，聘请多名各领域专家组成专家咨询委员会，先后派出10个调研组赴18个省（区、市）进行专题调研，系统总结地方的经验做法，明确了工作方向和工作重点。与亚行等国际组织合作，组织开展了9项专题研究，在宁夏、四川、江西等地举办生态补偿国际研讨会，厘清了生态补偿机制建设的主要理论问题。在此基础上，发展和改革委员会会同有关部门起草了《关于建立健全生态补偿机制的若干意见》征求意见稿和《生态补偿条例》草稿，提出了建立生态补偿机制的总体思路和政策措施。②

2008年，中共十七届三中全会通过的《中共中央关于推进农村改革发展若干重大问题的决定》明确提出：要健全农业生态环境补偿制度，形成有利于保护耕地、水域、森林、草原、湿地等自然资源和物种资源的激励机制。《决定》强调，健全农业生态环境补偿制度，要立足于农业可持续发展，中国是一个人口大国，必须坚持立足国内实现主要农产品基本供给的方针，要按照科学发展观的要求，处理好发展农业生产与

---

① 《国务院关于落实科学发展观加强环境保护的决定》，国发〔2005〕39号，中国中央人民政府网。
② 徐绍史：《国务院关于生态补偿机制建设工作情况的报告》，中国人大网，2013年4月26日。

保护农业生态环境的关系，在发展中保护，以保护促发展。《决定》明确指出，健全农业生态环境补偿制度，是发达国家的普遍做法，符合世界贸易组织农业协议"绿箱"政策。要从国情出发，建立稳定的补偿资金来源渠道，明确补偿环节、补偿主体、补偿标准和补偿办法，形成有效的激励机制。

2011年3月，第十一届全国人大四次会议审议通过的"十二五"规划纲要就建立生态补偿机制问题作了专门阐述，要求研究设立国家生态补偿专项资金，推行资源型企业可持续发展准备金制度，加快制定实施生态补偿条例。

2011年7月，胡锦涛在庆祝中国共产党成立90周年大会上指出："加快建设资源节约型、环境友好型社会，促进社会公平正义，促进经济长期平稳较快发展和社会和谐稳定，不断在生产发展、生活富裕、生态良好的文明发展道路上取得新的更大的成绩，不断为全面建成小康社会、实现中华民族伟大复兴打下更为坚实的基础。"[1]

近年来，各地区、各部门在大力实施生态保护建设工程的同时，积极探索生态补偿机制建设，在森林、草原、湿地、流域和水资源、矿产资源开发、海洋以及重点生态功能区等领域取得积极进展和初步成效，生态补偿机制建设迈出重要步伐。[2]

第一，中国初步形成生态补偿制度框架。一是建立了中央森林生态效益补偿基金制度。根据《森林法》的有关规定，财政部、林业局先后出台了国家级公益林区划界定办法和中央财政森林生态效益补偿基金管理办法，在森林领域率先开展生态补偿。其中，国有国家级公益林每亩每年补助5元，集体和个人所有的国家级公益林补偿标准从最初的每亩每年5元提高到2010年的10元，目前补偿范围已达18.7亿亩。二是建立草原生态补偿制度。2011年，财政部会同农业部出台草原生态保护奖励补助政策，对禁牧草原按每亩每年6元的标准给予补助，对落实草畜平衡制度的草场按每亩每年1.5元的标准给予奖励，同时对人工种草良种和牧民生产资料给予补贴，对草原生态改善效果明显的地方给予绩效奖励。截至2012年年底，草原禁牧补助实施面积达12.3亿亩，享受草畜平衡奖励的草原面积达26亿亩。三是形成了矿山环境治理和生态恢复责任制度。从2003年起，国家设立矿山地质环境专项资金，支持地方开展历史遗留和矿业权人灭失矿山的地质环境治理。2006年，国务院批准同意在山西省开展煤炭工业可持续发展试点；同年，财政部会同国土资源部、国家环保总局出

---

[1] 中共中央宣传部理论局编：《纪念中国共产党成立90周年理论研讨会文集》（上），12页，北京，学习出版社，2011。
[2] 徐绍史：《国务院关于生态补偿机制建设工作情况的报告》，中国人大网，2013年4月26日。

台了建立矿山环境治理和生态恢复责任机制的指导意见,要求按矿产品销售收入的一定比例,提取矿山环境治理和生态恢复保证金。2010年,国土资源部出台发展绿色矿业的指导意见。四是建立了重点生态功能区转移支付制度。2008年以来,财政部出台了国家重点生态功能区转移支付办法,通过提高转移支付补助系数的方式,加大对青海三江源保护区、南水北调中线水源地等国家重点生态功能区的转移支付力度。目前,转移支付实施范围已扩大到466个县(市、区)。同时,中央财政还对国家级自然保护区、国家级风景名胜区、国家森林公园、国家地质公园等禁止开发区给予补助。

第二,生态补偿资金投入力度也不断加大。据统计,中央财政安排的生态补偿资金总额从2001年的23亿元增加到2012年的约780亿元,累计约2 500亿元。其中,中央森林生态效益补偿资金从2001年的10亿元增加到2012年的133亿元,累计安排549亿元;草原生态奖励补助资金从2011年的136亿元增加到2012年的150亿元,累计安排286亿元;矿山地质环境专项资金从2003年的1.7亿元增加到2012年的47亿元,累计安排237亿元;水土保持补助资金从2001年的13亿元增加到2012年的54亿元,累计安排269亿元;国家重点生态功能区转移支付从2008年的61亿元增加到2012年的371亿元,累计安排1 101亿元。财政部会同国家海洋局从2010年开始,利用中央分成海域使用金38.8亿元,开展海洋保护区和生态脆弱区的整治修复。

另外,为探索重点区域综合性生态补偿办法,拓宽生态补偿领域,中国还开展了相关试点。按照国务院批复的《西部大开发"十二五"规划》要求,发展和改革委员会组织开展了祁连山、秦岭—六盘山、黔东南、川西北、滇西北、桂北等不同类型的生态补偿示范区建设,通过整合资金、明确重点、完善办法、落实责任,为建立生态补偿机制提供经验。2007年,国家环保总局出台了关于开展生态补偿试点的指导意见。2010年,财政部会同林业局启动了湿地保护补助工作,将27个国际重要湿地、43个湿地类型自然保护区、86个国家湿地公园纳入补助范围。2011年,财政部会同环境保护部出台了涉及浙江、安徽两省的新安江流域水环境补偿试点实施方案,明确补偿的资金来源、标准和具体办法,开展跨省级行政区域水环境生态补偿试点。

总之,中国政府非常重视农业生态补偿问题。实践中,中国已开展了退耕还林、保护性耕作等农业生态补偿试点示范。此外,国家和许多地方不断试验示范,探索开展农业生态补偿的方法、途径和措施,并取得了一定的成效,不仅增强了农民的生态保护意识,使农业生态环境得到进一步改善,而且还实现了部分地区的农民增收和资源优化配置。但总体看来,中国的农业生态补偿工作仍处于起步阶段,对农业生态补偿问题理论研究和实践还明显不足,中国的农业生态补偿政策措施与美国、德国等发达国家相比,还很不完善,难以调动农民环境保护的积极性,制约着农业可持续发展的进程。

第一节　减轻农民负担与农村税费改革
第二节　公共财政支持农村
第三节　建立农村金融组织体系
第四节　发展农业和农村保险

第五章　农村财税金融制度

农业的进步与不断发展对工业化进程有重要意义。在新中国成立后的很长一段时期内，农业剩余的大规模输送有力地保障了工业化建设的推进，而农民为此作出了巨大的贡献和牺牲。当工业化进展到一定阶段以后，需对农民进行补偿，以推动工农业的均衡发展，使工农业在工业化进程中真正形成良性互动。

第一节　减轻农民负担与农村税费改革

一、农民税费负担的构成及总体趋势

在农业税取消之前，中国农民的税费负担主要由两部分构成：首先是各种农业税（包括农业税、农业特产税、耕地占用税等）；其次就是"费"，包括各种用途的集体提留、集资、摊派等。为了了解新中国成立以来农民税费负担[①]的演变情况，笔者根据历年的农业各税、集体提留和农民所得总额[②]等数据绘制了图5-1。图5-1中包括3条曲线，最下面的一条曲线代表历年的农业各税与农民所得之比，中间的曲线代表历年的集体提留[③]与农民所得之比，最上面的一条曲线代表历年的税费负担[④]与农民所得之比，即第3条曲线由前两条曲线加总而得。要特别说明的是，由于无法找到1950—1957年

---

① 需要指出的是，由于各地在经济发展水平和经济结构上的差异，不同地区的农民税费负担并不一样。除了中央允许征收的提留统筹费之外，一些基层地方政府还会有其他的收费、摊派和集资项目，各地情况不同，而这部分"提留"往往是随机和缺乏统一的统计数据的。本书采用的集体提留数据主要是官方公布的历年农村经济收益分配表中的提留统筹费，口径的统一便于前后的对比。因此，图5-1中的曲线应该说反映了绝大部分（但可能并非全部）的农民税费负担。
② 本书图表中的农民所得是指扣除了税收和提留之后的净所得。
③ 集体提留是人民公社时期农民税费负担的一个重要组成部分，而在人民公社体制取消后，"集体提留"——准确地讲，应改称为乡村提留统筹，即从1985年开始，图5-1中的第二条曲线表示的是乡村提留统筹与农民所得之比。为了写作上的便利，这里以及附录的表格中统称为集体提留。
④ 即农业税收与集体提留之和。

这一时期内农村经济收益分配的相关数据,因此,图5-1中1957年以前的情况只有税费负担与农民所得之比一条曲线,这一曲线是依据财政部编撰的《中国农民负担史》提供的资料推算得到的。① 为了进一步考察税费负担/农民所得这一指标的变动趋势,笔者以图5-1的数据为基础计算出了该指标的环比增长率,如图5-2所示。图5-2可以更清楚地展示,该指标究竟在哪些时点出现了较大幅度的变化以及它在某一个时段内的变化趋势与特征。

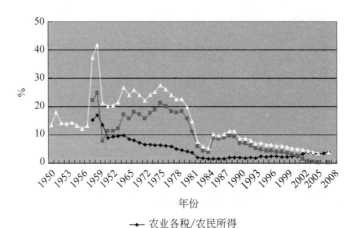

图5-1 新中国成立以来农村税费负担概况

说明:1. 数据来源:(1)农业各税数据来自历年《中国财政年鉴》。(2)1958—1981年各年度的集体提留、农民所得数据来自《中国统计年鉴(1983)》(中国统计出版社1983年版),第209页;1983年及1983年以后各年度的集体提留、农民所得数据来自历年《中国农业年鉴》。1982年集体提留和农民所得数据为作者根据《中国农业年鉴(1984)》(中国农业出版社1984年版)提供的1983年相关数据及其与1982年相比增减比率计算而得。

2. "集体提留"在新中国成立以来不同的发展时期包含的内容稍有不同:(1)在人民公社时期,"集体提留"主要指公积金、公益金和管理费;(2)废除人民公社体制后,"集体提留"一般由以下两个部分构成:①村提留(含公积金、公益金、管理费及其他提留);②乡镇统筹费(一般包括乡村两级办学、计划生育、优抚、民兵训练、乡村道路修建等各项内容);此外,"集体提留"还可能包含少量的其他提留统筹费;(3)从2003年开始,"集体提留"主要由农业税附加(其中主要包括村组干部报酬、五保户供养及办公经费等项)和"一事一议筹资"两部分组成。由于没有找到2006年、2008年的"集体提留"数据,因此,图中集体提留/农民所得、税费负担/农民所得两条曲线中相应时点的内容缺失。

3. 因笔者未能找到1966—1969年间除农业各税外的其他数据,故图中曲线不包含这几年的情况。

---

① 财政部编撰:《中国农民负担史》,第四卷,119页、181页,北京,中国财政经济出版社,1994。

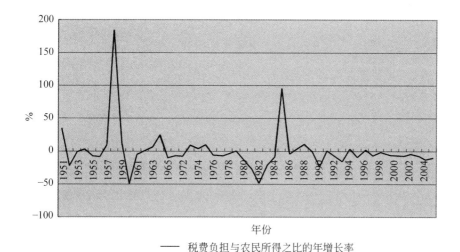

图 5-2 新中国成立以来税费负担与农民所得之比的年增长率变化趋势图

根据图 5-1 和图 5-2，1949 年以来农民税费负担的变化可以粗略地划分为几个时段：1957 年以前是农民税费负担相对稳定的一个时期，税费负担与农民所得之比大致维持在 10%~20%。这种情况在 1958 年出现了较大的改变，图中的曲线清晰地反映出 1958 年成为新中国成立后农民税费负担的第一个拐点，税费负担／农民所得在这一年突然上升至 37.29%，以此为基础，1959 年仍有所提升，而在 1960 年出现大幅度回落，和 1959 年相比，1960 年降幅高达 49.09%。此后，农民的税费负担又进入了一个相对稳定的阶段，尽管稳定，但整体上明显高于 1957 年以前的水平，税费负担与农民所得之比基本维持在 20%~30%。1980 年可以视为新中国成立后农民税费负担变化的第二个拐点，虽然和 1979 年相比，1980 年的农民税费负担降幅并不大，但这是自 1958 年以来税费负担与农民所得之比第一次低于 20%，在随后的几年当中，农民的税费负担一直呈下降趋势，直到 1984 年。第三个值得关注的时点是 1985 年，这一年的农民税费负担有一个较大幅度的上升，从 1985 年到 1989 年，是改革开放以后农民税费负担相对较重的一段时间，税费负担／农民所得大概在 10%。而从 1990 年开始，农民的税费负担又呈现出不断下降的趋势。自 2000 年起，各种提留统筹费的下降则表现得更为明显。

二、农民税费负担的变化与农村税费改革

1978 年的十一届三中全会拉开了改革开放的序幕。很快，家庭联产承包责任制的推行极大地调动了农民的生产积极性，中国的农业生产在随后的几年内焕发出新的生

机和活力。农民的税费负担也随着经济体制的改革发生了变化。1979年的税费负担/农民所得（22.56%）与1978年持平，1980年开始有了小幅下降（19.65%）。从图5-2中可以看出，在1980年到1984年的五年当中，税费负担占农民所得这一指标一直是负增长，即农民的税费负担呈不断下降趋势，并且，没有一年的下降比率低于10%，最高时比上年减少48.25%。这五年是农民税费负担相对较低的一个时期。

我们可以将1979年到1984年视作一个"过渡时期"。改革开放标志着中国在通过高积累、低消费的方式初步建立了工业体系之后，开始逐步调整自身的发展战略，从重工业主导走向轻重工业的协同发展。在这一时期，由新旧经济体制的更替所释放出的生产力是难以估量的，这可以从农民收入的迅速增长中得到印证。1979年，全国农民所得为655.56亿元，而到1984年，全国农民所得增至2 512.2亿元。虽然在这几年中，农业各税、集体提留的绝对数值都没有太多下降，甚至农业税收总额还有上升，但在农民收入大幅提高的条件下，农民的税费负担还是明显减轻了。1984年，农业各税占农民所得的1.37%，集体提留占农民所得的3.83%，两者合计仅为5.21%（见表5-1）。

然而，这种较低的税费负担水平并没有维持很久。随着"过渡时期"的结束，又发生了较大的变化。1983年1月，中央一号文件中提出要改革人民公社体制，实行政社分设。10月，中共中央、国务院发出《关于实行政社分开建立乡政府的通知》，要求在农村建立乡政府以及乡一级财政。① 由于中央对乡镇一级政府的财政支持有限，向农民征收税费成为乡镇政府弥补财政缺口的一个重要途径。人民公社时期的"集体提留"因而为后来的"乡村提留统筹"所取代。

1984年，各地乡级财政开始逐步建立。为避免农民负担的上升，1985年，中央政府下发《关于制止向农民乱派款、乱收费的通知》，但其中也明确提出，"乡和村兴办教育、修建公路、实施计划生育、优待烈军属、供养五保户等事业的费用，原则上应当以税收或其他法定的收费办法来解决。在这一制度建立之前，……实行收取公共事业统筹费的办法。"② 在这样的背景下，1985年，全国的乡村提留统筹费有了一个大幅度的提升，从1984年的96.1亿元增长为243.8亿元，乡村提留统筹占农民所得的8.66%，税费负担占农民所得由1984年的5.21%上升为10.15%。

和人民公社时期的公积金、公益金一样，从政府的有关规定中就可以看出，乡

---

① 中共中央文献研究室、国务院发展研究中心合编：《新时期农业和农村工作重要文献选编》，170、220~222页，北京，中央文献出版社，1992。在1985年《中国农业年鉴》的农村经济收益分配表中第一次将"社员所得"一栏改为"农民所得总额"，这种称谓的变化也反映了制度的变迁。
② 《新时期农业和农村工作重要文献选编》，355页，北京，中央文献出版社，1992。

村提留统筹的用途仍然是为农村居民提供公共产品和公共服务。提供这些公共产品所需要的费用，在城市由政府负担，但在农村需要民办公助。城乡之间的这种差别，是长期以来新中国为调动一切资源以确保具有重工业倾向的工业化战略的推进而逐步形成的。家庭联产承包责任制的推广在将土地的使用权和独立的生产经营权一并交给农民的同时，也再一次改变了农村微观经济主体的组织形式，个体农户成为基本的生产经营核算单位，进而也成为各种税赋的直接承担者。这种制度上的变迁尽管在短期内刺激了农业生产的发展，却不能同样迅速地从根本上改变中国的工业化程度和生产力发展水平。也就是说，我们依然面临着特定发展阶段所带来的各种问题，比如工业化初期形成的城乡二元结构以及公共财政体系难以在更大范围内形成对农村的有效覆盖等，而正是这些因素造成了"集体提留"在改革开放后的延续。随着经济的发展，农民对原本由集体提供的公共品的需求并没有因此而减少，如果政府财政不能支付相关费用，就不可能避免各种乡村提留统筹的不断上升。1985年到1989年的几年中，由于农业生产增速的放缓、农民收入的相对下降、乡镇政府的行政扩张等多种因素的影响，农民的税费负担上升到了改革开放以后最高的水平。

当谈及农村的税费制度改革时，人们大多会想到2000年以后中国政府出台的一系列举措。而事实上，早在20世纪90年代初期，一些地方政府就开始了税费改革的探索和尝试。1993年，河北正定进行了"公粮制"改革；1994年，安徽太和进行了"定量征实，统分统管"的改革；到1995年，全国有50多个市县进行了各种税费改革的尝试；1999年5月，国务院批准安徽怀远、来安、濉溪和望江为税费改革试点县。[①]2000年，中央决定在安徽全省进行农村税费改革试点；2002年试点省扩大到20个；2003年税费改革在全国范围内进行；此后，农业税的减征力度和免征范围不断扩大，直到2006年全面取消。

从图5-2中可以看出，自1990年起，税费负担/农民所得这一指标的年增长率几乎一直是负的，并且降幅不小（其中1990年比上年下降23.28%），即农民的税费负担尽管绝对数额在上升，但其占农民所得的比重在不断下降。1994年和1996年分别在上年下降幅度较大的基础上有小幅回升，但并不改变整体下降的趋势。到2000年，税费负担/农民所得终于再次回落到1984年的水平（5.2%左右）。2000年以后，农民税费负担——特别是"费"的减少更为明显（参见图5-1及表5-1）。这种变化的趋势

---

① 马国贤等：《后农业税时代的"三农"问题及涉农税收研究》，95页，上海，上海财经大学出版社，2007。

恰好与农村税费制度改革的实践完全吻合。

三、制度补偿与农民减负

对于基础薄弱而又缺乏积累的后发国家而言，工业化初期来自农业的税收收入十分重要，农民承担的农业税费不仅支持了工业生产，也在政府财政无力覆盖乡村公共品和公共服务供给时成为乡村财政收入的最主要来源。这并不是中国所独具的特点。以日本为例，1891年以前日本国家财政支付的产业补贴金额全部用于非农产业，1901年财政产业补贴在农业和非农业之间的分配比例为2%和98%，对农业的财政支持在1930年以后才有了大幅度的提升。① 直到19世纪末20世纪初，日本的中央财政都无力顾及地方，诸如教育、卫生、社会事业等许多公共品的提供及行政开支都需要由基层政府自行筹措。农村的基层政府——町村政府一般只有通过大量向农民征收人头税附加税和地租附加税来解决。由于地租附加的征收比例全国有统一规定，人头税及其附加则可由地方政府自行确定，致使农村地区的人头税及其附加税税率很高，一般规模都在地租附加的4~5倍左右②，是町村财政最主要的收入来源。中国在20世纪70年代到90年代的工业化水平与19世纪末20世纪初的日本接近，而中国在这段时期的绝大部分年份中，乡村的各种提留统筹都远远高出了农业税，从数额上看，大致相当于农业税的3~5倍（参见图5-1及表5-1），是乡村财政收入不可或缺的组成部分。

表 5-1　新中国成立以来农村税费情况一览表

年份	农业各税 /亿元	集体提留/亿元	农民所得/亿元	农业各税/农民所得/%	集体提留/农民所得/%	税费负担/农民所得/%	税费负担与农民所得之比的增长率/%（比上年）
1950	19.10	—	—	—	—	13.30	
1951	23.35	—	—	—	—	17.86	34.29
1952	27.35	—	—	—	—	13.94	−21.95
1953	27.51	—	—	—	—	13.75	−1.36
1954	33.13	—	—	—	—	14.20	3.27
1955	30.72	—	—	—	—	13.18	−7.18
1956	29.65	—	—	—	—	12.06	−8.50

① ［日］速水佑次郎、神门善久：《农业经济论》，沈金虎等译，142页，北京，中国农业出版社，2003。
② 《日本农村税收制度改革历程与启示》，见王朝才、傅志华：《"三农"问题：财税政策与国际经验借鉴》，269~270页，北京，经济科学出版社，2004。

续表

年份	农业各税/亿元	集体提留/亿元	农民所得/亿元	农业各税/农民所得/%	集体提留/农民所得/%	税费负担/农民所得/%	税费负担与农民所得之比的增长率/%（比上年）
1957	29.67	—	—	—	—	13.12	8.79
1958	32.59	47.4	214.5	15.19	22.10	37.29	184.22
1959	33.01	48.1	194.7	16.95	24.70	41.66	11.72
1960	28.04	16.2	208.6	13.44	7.77	21.21	−49.09
1961	21.66	28.0	247.8	8.74	11.30	20.04	−5.52
1962	22.83	27.6	248.6	9.18	11.10	20.29	1.25
1963	24.00	30.9	256.1	9.37	12.07	21.44	5.67
1964	25.89	45.7	269.3	9.61	16.97	26.58	23.97
1965	25.78	47.49	304.60	8.46	15.59	24.05	−9.52
1966	29.55	—	—	—	—	—	—
1967	28.95	—	—	—	—	—	—
1968	30.02	—	—	—	—	—	—
1969	29.56	—	—	—	—	—	—
1970	31.98	71.16	399.03	8.01	17.83	25.85	—
1971	30.86	73.92	435.57	7.08	16.97	24.06	−6.92
1972	28.37	68.21	437.67	6.48	15.58	22.07	−8.27
1973	30.52	83.19	473.40	6.45	17.57	24.02	8.84
1974	30.06	91.83	487.44	6.17	18.84	25.01	4.12
1975	29.45	101.08	475.91	6.19	21.24	27.43	9.68
1976	29.14	95.10	478.99	6.08	19.85	25.94	−5.43
1977	29.33	90.86	501.84	5.84	18.11	23.95	−7.67
1978	28.40	103.00	582.36	4.88	17.69	22.56	−5.80
1979	29.51	118.41	655.56	4.50	18.06	22.56	0
1980	27.67	105.15	675.92	4.09	15.56	19.65	−12.90
1981	28.35	89.12	805.16	3.52	11.07	14.59	−25.75
1982	29.38	97.32	1 679.15	1.75	5.80	7.55	−48.25
1983	32.96	83.6	2 004.9	1.64	4.17	5.81	−23.05
1984	34.84	96.1	2 512.2	1.37	3.83	5.21	−10.33
1985	42.05	243.8	2 816.5	1.49	8.66	10.15	94.82
1986	44.52	265.0	3 174.9	1.40	8.35	9.75	−3.94
1987	50.81	310.5	3 562.0	1.43	8.72	10.14	4
1988	73.69	386.4	4 121.3	1.79	9.38	11.16	10.06
1989	84.94	419.43	4 499.64	1.89	9.32	11.21	0.45
1990	87.86	333.27	4 899.30	1.79	6.80	8.60	−23.28
1991	90.65	363.81	5 296.41	1.71	6.87	8.58	−0.23

续表

年份	农业各税/亿元	集体提留/亿元	农民所得/亿元	农业各税/农民所得/%	集体提留/农民所得/%	税费负担/农民所得/%	税费负担与农民所得之比的增长率/%（比上年）
1992	119.17	373.09	6 140.74	1.94	6.08	8.02	−6.53
1993	125.74	379.90	7 447.45	1.69	5.10	6.79	−15.34
1994	231.49	461.28	9 901.72	2.34	4.66	7.00	3.09
1995	278.09	547.55	12 999.70	2.13	4.21	6.35	−9.29
1996	369.46	679.71	16 237.03	2.28	4.19	6.46	1.73
1997	397.48	702.96	18 159.56	2.19	3.87	6.06	−6.19
1998	398.80	729.73	18 933.05	2.11	3.85	5.96	−1.65
1999	423.50	669.53	19 486.09	2.17	3.44	5.61	−5.87
2000	465.31	620.36	20 896.61	2.23	2.97	5.20	−7.31
2001	481.70	551.66	21 492.27	2.24	2.57	4.81	−7.5
2002	717.85	292.78	22 005.55	3.26	1.33	4.59	−4.57
2003	871.77	126.86	23 369.10	3.73	0.54	4.27	−6.97
2004	902.19	75.79	26 146.30	3.45	0.29	3.74	−12.41
2005	936.40	32.81	29 018.49	3.23	0.11	3.34	−10.70
2006	1 084.0		32 205.37	3.37			
2007	1 439.1	37.74	37 879.72	3.80	0.099	3.899	

资料来源：见图 5-1 说明。

为了尽快走上工业化道路，落后的农业国在工业化早期大都会采取大量地、强制性地提取农业剩余的手段来积累资金，以农民利益在短期内的损失为代价。但越到工业化进程的后期，随着经济发展水平的不断提高，一个社会就越有可能和能力为农民减负增收，对其此前的福利损失给予补偿，直至消除城乡之间的差异。从1990年起，中国的一些地方政府开始了改革农村税费制度的尝试。改革的范围不断扩大，直到2006年取消农业税，同时，政府还出台了大量政策对各种乡村提留统筹进行规范，并加大了中央财政对农村的支持力度。

农民税费负担的变化与社会经济制度的变革之间有着不容忽视的联系。前文中曾将1958年、1980年、1985年、1990年、2000年等作为新中国成立以来农民税费负担发生明显变化的几个特别时点给予关注，进一步考察就会发现，在这几个时点上，都有比较重要的制度变迁，这更提示我们制度的重要性以及制度对农民税费负担产生的深刻影响。对农民的帮扶不能只靠一时的政策，而必须运用系统性的制度性的手段和渠道，给农村和农业以全面的支持，构建各种可持续的、带有长期战略性的扶持方式和制度框架。换言之，如果我们曾经由于一定的制度安排增加了农民的税费负担，那么我们必须给农民以"制度补偿"。

在全国彻底取消农业税，标志着在中国实行了长达 2 600 年的这个古老税种从此退出历史舞台，这是具有划时代意义的重大变革。农业税赋以及"三提五统"的取消对于逐步消除由工业化初期城乡二元结构造成的城乡居民所面对的负担和福利的差异具有重要的作用和意义。在工业化进程中，工、农业应当是共同发展的，否则农业的落后必然成为工业化的障碍。因此，讨论农民的税费负担问题，其意义并不只在于为农民增收减负这么简单，从长远的历史视角来看，它关系到农业的持续发展以及工业化目标的最终实现。

第二节　公共财政支持农村

改革开放以前，在以重工业为主导的赶超战略、高度集中的计划经济体制、农产品的统购统销、严格的户籍管理制度等一系列因素的作用下，政府财政一再向工业进而是向城市倾斜，形成城乡二元结构。城市居民和农村居民在医疗卫生、养老、教育、公共产品与服务等福利待遇方面存在着显著的差异，城镇居民的公共品多半由政府提供，而乡村居民的公共品有相当一部分需要依靠基层政府或集体组织以征收"集体提留"的方式自行统筹解决，无形之中又增加了农民的负担。改革开放以后，特别是近十余年来，中国政府对农村、农业、农民的支持和倾斜力度也越来越大。

一、乡村公共产品与服务供给中的经费自筹

新中国成立后，乡村财政体制经历了一个不断变化的过程，但相当一部分乡村公共支出需要通过自筹经费来解决却是这一变化过程中始终存在的问题。据 1952 年对全国 16 个省的调查，乡村政府财政收入中来自上级的拨款仅占其总收入的 1/3 左右。[①]

---

① 中国社会科学院、中央档案馆编：《1949—1952 年中华人民共和国经济档案资料选编·财政卷》，738 页，北京，经济管理出版社，1995。

1958年，财政部曾一度提出在农村人民公社建立一级财政、实行收支包干的想法。随着人民公社体制自身的调整，20世纪60年代初，中央重新确立了人民公社内部"三级所有、队为基础"的核算体制，基本核算单位的缩小在一定程度上解决了当时对农民有效激励不足的问题，但同时也意味着公社一级财政并没有真正建立起来。作为基本核算单位的生产队一直有向社员提取一定比例的公积金、公益金作为公共开支的权力。

乡镇一级财政的确立到改革开放以后才得以完成。人民公社实行政社分开改革后，乡一级政府及乡一级财政逐步建立。乡级财政的确立不仅为上级政府稳定的财政收入来源提供了保证，同时也为基层乡村公共产品和服务的供给发挥了重要作用。但乡镇政府在履行自身职能时所需要的财政支出仍有一部分要自筹解决，1985年财政部发布的《乡（镇）财政管理试行办法》，明确规定"乡（镇）财政收入由国家预算内资金、预算外资金和自筹资金组成"①。在前文对农民税费负担的讨论中已经提及，由于不能全部依赖上级财政的拨款，"乡和村兴办教育、修建公路、实施计划生育、优待烈军属、供养五保户等事业的费用"仍需要通过向农民收取"公共事业统筹费"的方法解决，即"乡村提留统筹"。在农村税费改革以前，"乡村提留统筹"是农民负担的重要组成部分。

乡村财政收入与支出的运行方式始终与上级财政存在着巨大的差异，而与中央、省、县（市）级财政的最大区别在于，乡镇一级的财政从来没有被完整地纳入过国家预算体系，由于上级政府的财力有限，从新中国成立之初直到新世纪以来的农村税费改革，乡村政府②一直面临着自筹资金的问题。自筹资金的一个重要用途是为乡村提供必要的公共产品和服务，从新中国成立初期的"全乡（村）镇水利灌溉、修桥补路、公共卫生设施以及小学教育修建设备或其他合理的文化活动"等地方公益事业③；到人民公社时期生产队提取公积金、公益金用于"生产队兴办基本建设和扩大再生产的投资"和"社会保险和集体福利事业费用"④；再到乡镇财政确立后经国家允许征收的"三提五统"⑤，在新中国工业化进程的初期阶段，乡村公共产品、公共服务的提供以及基础设施建设有相当一部分需要依靠农民自筹经费来解决，这一状况正是"公共财政"体制力图改变的。

---

① 该办法一直执行到1991年12月财政部出台《乡（镇）财政管理办法》，后者仍规定"乡财政的收支范围包括国家预算内资金收支、预算外资金收支和自筹资金收支"。
② 乡镇政府部分资金自筹是文件中明确规定的，而村一级的公共事务更需要农民自筹解决。
③ 《关于一九五三年度各级预算草案编制办法的通知》，载财政科学研究所编：《十年来财政资料汇编》，48~50页，北京，中国财政经济出版社，1959。
④ 《农村人民公社工作条例修正草案》，载中华人民共和国国家农业委员会办公厅编：《农业集体化重要文件汇编（下）（1958—1981）》，640页，北京，中共中央党校出版社，1981。
⑤ "三提五统"主要指：（1）村提留（含公积金、公益金、管理费）；（2）乡镇统筹费（一般包括乡村两级办学、计划生育、优抚、民兵训练、乡村道路修建等各项内容）。

二、公共财政体制建设的提出与推进

构建公共财政体制的目标是在由计划经济体制向社会主义市场经济体制转型的过程中逐步确立的,财政体制的转型本身也是建立社会主义市场经济体制的一个不可或缺的组成部分。1998 年,中国首次提出了要构建公共财政框架的要求。自此,政府相继推出了针对国库集中收付、部门预算、转移支付等一系列问题的举措,对原有的财政运行方式进行全面的改革。"逐步建立适应社会主义市场经济要求的公共财政框架,建设稳固、平衡、强大的国家财政"被明确地写进"十五"计划纲要。① 伴随着社会主义市场经济体制的初步建立,中国公共财政体制的框架在 2002 年前后初步形成,"基本建立起增长稳定的财政收入体系和灵活有效的财政宏观调控体系",并开始逐步"构建管理规范的财政支出体系"。② 2003 年 10 月,中共十六届三中全会通过的《中共中央关于完善社会主义市场经济体制若干问题的决定》提出了进一步健全和完善公共财政体制的战略目标。③ 后来出台的"十一五""十二五"规划纲要中,对公共财政体制的健全与完善则做出了更为详尽的阐释。④⑤

表 5-2　第十一个、第十二个五年规划纲要中关于"公共财政"支出的要求

《中华人民共和国国民经济和社会发展第十一个五年(2006—2010)规划纲要》	《中华人民共和国国民经济和社会发展第十二个五年(2011—2015)规划纲要》
1. 根据公共财政服从和服务于公共政策的原则,按照公共财政配置的重点要转到为全体人民提供均等化基本公共服务的方向,合理划分政府间事权,合理界定财政支出范围。 2. 公共财政预算安排的优先领域是:农村义务教育和公共卫生、农业科技推广、职业教育、农村劳动力培训、促进就业、社会保障、减少贫困、计划生育、防灾减灾、公共安全、公共文化、基础科学与前沿技术以及社会公益性技术研究、能源和重要矿产资源地质勘查、污染防治、生态保护、资源管理和国家安全等。重点支持的区域是:限制开发区域和禁止开发区域,中西部地区特别是革命老区、民族地区、边疆地区、贫困地区、三峡库区、资源枯竭型城市等。	1. 完善公共财政制度,提高政府保障能力,建立健全符合国情、比较完整、覆盖城乡、可持续的基本公共服务体系,逐步缩小城乡区域间人民生活水平和公共服务差距。"推进基本公共服务均等化"是"十二五"期间的政策导向之一。 2. 加快完善公共财政体制,保障基本公共服务支出,强化基本公共服务绩效考核和行政问责。 3. 按照公共财政服从和服务于公共政策的原则,优化财政支出结构和政府投资结构,逐步增加中央政府投资规模,建立与规划任务相匹配的中央政府投资规模形成机制,重点投向民生和社会事业、农业农村、科技创新、生态环保、资源节约等领域,更多投向中西部地区和老少边穷地区。

---

① 《中华人民共和国国民经济和社会发展第十个五年计划纲要》,《人民日报》,2001 年 3 月 18 日。
② 项怀诚:《中国公共财政体制框架初步形成》,新华网,2002 年 11 月 21 日。
③ 中共中央文献研究室编:《十六大以来重要文献选编》(上),472 页,北京,中央文献出版社,2005。
④ 《人民日报》,2006 年 3 月 17 日。
⑤ 《人民日报》,2011 年 3 月 17 日。

可以看出，在第十一个五年规划纲要中，农村的教育、卫生、科技、劳动力培训、扶贫、生态保护等方方面面就已经成为公共财政预算安排优先关注的重点领域。第十二个五年规划纲要更是明确提出了"逐步缩小城乡区域间人民生活水平和公共服务差距""推进基本公共服务均等化"等目标。从其间财政支出所表现出的新趋势来看，作为一种新的财政形态，"公共财政"的公共性在近十余年里被不断彰显出来。有学者这样定义公共财政与计划经济时期财政的区别——"变局部覆盖为全面覆盖，变差别待遇为一视同仁，变专注于生产建设为覆盖整个公共服务领域，变适用国有部门的'自家'规范为适用整个社会的公共规范"①。推进社会经济发展成果的共享与基本公共服务的均等化，从而实现国家财政由生产建设到公共服务、由二元分割到全面统筹的转变，是"公共财政"体制最鲜明的特征。

三、以多予少取为目标的转变

进入新世纪以来，为了推动农业、农村的快速发展，有效地解决农民问题，党和政府明显加大了对"三农"的支持力度。2000年，"千方百计增加农民收入"在中共十五届五中全会上被首次写入文件。2002年1月，中央农村工作会议第一次明确提出要以"多予、少取、放活"的理念作为增加农民收入的总的指导思想。同年召开的中共十六大进一步强调，"统筹城乡经济社会发展，建设现代农业，发展农村经济，增加农民收入，是全面建设小康社会的重大任务"。② 2005年10月11日，中共十六届五中全会通过了《中共中央关于制定国民经济和社会发展第十一个五年规划的建议》，提出"建设社会主义新农村"，而新农村建设的内涵及其基本举措的第一个方面就是"积极推进城乡统筹发展。加大各级政府对农业和农村增加投入的力度，扩大公共财政覆盖农村的范围，强化政府对农村的公共服务。"③ 从2004年开始，中央政府每一年的一号文件都围绕着"三农"问题展开，从财政支出以及政策措施各个方面加大对农村、农业、农民的支持成为中央政府高度关注的核心工作。

"让公共财政的阳光照耀农村大地""扩大公共财政覆盖农村的范围"，是新世纪

---

① 高培勇、张斌、王宁：《中国公共财政建设指标体系研究》，224页，北京，社会科学文献出版社，2012。
② 中共中央文献研究室编：《十六大以来重要文献选编》（上），17页，北京，中央文献出版社，2005。
③ 中共中央文献研究室编：《十六大以来重要文献选编》（中），1 061~1 085页，北京，中央文献出版社，2006。

以来中国"公共财政"体系完善中的重要内容。从20世纪90年代起，支农支出占国家财政支出的比重基本上一直处于下降的状态，但2003年以来明显回升。这十余年来财政支农的一个特点在于政府投入了大量资金用于农村基本公共产品和公共服务的提供，从而改变了此前城市居民和农村居民在医疗、养老、教育等福利待遇方面存在显著差异的局面，农民的社会保障水平不断提高。

2005年之后，社会主义新农村建设进入全面实施阶段。2005年仅中央财政用于"三农"的支出就超过3 000亿元。2006年中央继续加大财政支农力度，除了取消农业税之外，还积极推进农村综合改革试点，加大转移支付力度和对农村的支持力度；完善并加强粮食直补等农村补贴政策；继续加大对农村公共卫生、义务教育、科技发展、环境设施和文化设施建设项目的支持力度。此后的几年中，国家财政支农资金的规模不断上升。2011年国家财政"三农"支出超过1万亿元。2012年，国家财政的"三农"支出规模达到了12 387.6亿元，农业支出占财政支出的比重为9.8%，和2003年的7.1%相比提高了2.7个百分点。[①] 2007年到2012年的五年间，中央财政"三农"累计支出4.47万亿元，年均增长23.5%。[②]

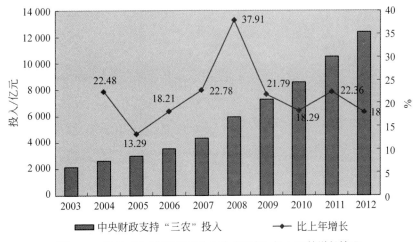

图5-3 2003年以来国家财政支持"三农"投入及其增长情况

资料来源：2003—2009年数据来自中华人民共和国财政部编《中国财政基本情况（2009）》（经济科学出版社2010年版）45页；2010年以后数据来自《中国农村统计年鉴（2013）》（中国统计出版社2013年版）77页。

为了改善农村居民的医疗卫生和社会保障状况，2003年中央政府启动了以政府筹资为主、个人少量缴费、农民自愿参加、重点提供大病保障的新型农村合作医疗制度

---

① 《中国农村统计年鉴（2013）》，77页，北京，中国统计出版社，2013。
② 温家宝2013年3月5日在第十二届全国人民代表大会第一次会议上的《政府工作报告》。

试点,将农民的医疗保障纳入政府的统筹范围之内。几年来,新农合的覆盖范围日益扩大。截至 2012 年年底,全国有 2 566 个县(市、区)开展了新型农村合作医疗,参合人口达 8.05 亿人,参合率为 98.3%。2012 年度新农合筹资总额达 2 484.7 亿元,人均筹资 308.5 元。全国新农合基金支出 2 408.0 亿元;补偿支出受益 17.45 亿人次,其中,住院补偿 0.85 亿人次,普通门诊补偿 15.41 亿人次。①

从 2005 年开始,国家开始实施农村卫生服务体系建设与发展规划,全面加强农村三级卫生服务体系建设。为提高农村卫生服务水平,卫生部等部门启动了"万名城市医师支援农村卫生工程",组织城市医生到农村提供医疗服务,培训农村卫生人才,并坚持经常化、制度化。卫生部 2007 年还提出了"健康护小康,小康看健康"计划,即到 2010 年,初步建立覆盖城乡居民的基本卫生保健制度框架,使中国进入实施全民基本卫生保健的国家行列;到 2015 年,使中国医疗卫生服务和保健水平进入发展中国家的前列;到 2020 年,保持中国在发展中国家前列的地位,东部地区的城乡和中西部的部分城乡接近或达到中等发达国家的水平。

2009 年 8 月,继取消农业税、实行农业直补、实行新型农村合作医疗等政策之后,中国政府又推出一项重要的惠农政策——新型农村社会养老保险("新农保"),目标是让农民在 60 岁以后享受国家普惠式的养老金。"新农保"采取个人缴费、集体补助和政府补贴相结合,借鉴了城镇职工统账结合的模式,支付结构分为基础养老金和个人账户养老金两部分,其中的基础养老金由国家财政全部保证支付。根据规划,中国将于 2020 年前全部实现所有农民都享有新农保。2010 年,全国新型农村社会养老保险参保人数为 10 276.8 万人,达到领取待遇年龄的参保人数为 2 862.6 万人;仅仅一年后,2011 年全国就有 2 343 个县(市、区)开展新型农村社会养老保险试点,3.58 亿人参保,9 880 万人领取养老金,覆盖面扩大到 60% 以上。②《中国农村扶贫开发纲要(2011—2020)》明确提出了到 2015 年实现新型农村社会养老保险制度全覆盖要求。

此外,各级财政还加大了对农村教育的支持力度。2007 年全国财政安排农村义务教育经费 1 840 亿元,全部免除西部地区和部分中部地区农村义务教育阶段 5 200 万名学生的学杂费;2008 年起则全面实行城乡免费义务教育,对所有农村义务教育阶段学生免费提供教科书;2009 年中央下拨农村义务教育经费 666 亿元,提前一年实现农

---

① 《2012 年中国卫生和计划生育事业发展统计公报》。
② 2012 年《政府工作报告》,中华人民共和国中央人民政府门户网站。

村中小学生人均公用经费500元和300元的目标;2011年免除3 000多万名农村寄宿制学生住宿费,其中1 228万名中西部家庭经济困难学生享受生活补助。① 农村义务教育经费保障机制已经启动数年,从2006年开始,中国政府逐步将农村义务教育全面纳入公共财政保障范围,建立起中央财政和地方财政分项目、按比例分担,全面保障农村义务教育发展的一系列制度。具体内容包括免学杂费、免费提供教科书、对家庭经济困难寄宿学生补助生活费,提高公用经费保障水平并制定和适时调整公用经费生均基准定额,建立校舍维修改造长效机制等等。农村义务教育薄弱学校改造计划、农村义务教育学生营养改善计划等相继实施,中央政府拿出大量资金用于农村特别是贫困地区的义务教育。②

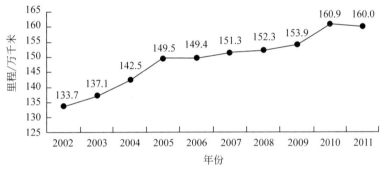

图5-4 2002—2011年县乡公路里程

以"多予"为目标的公共财政体系的构建,推动着国家基础设施建设和社会事业发展的重点逐步转向农村。从社会主义新农村建设开始以来,农村公共事业得到了快速的发展,农村的水、电、道路、燃气、通信等基础设施建设逐步加强,这使得农村的生产生活环境明显改善。为了改善农村公共产品和公共服务的供给情况,在农村税费改革之后,中央还出台了村级公益事业建设"一事一议"财政奖补政策,以农民民主议事为前提,以农民自愿筹资筹劳为基础,政府按照先议后筹、先筹后补的原则,通过民办公助的方式,对村内道路、农田水利、村容村貌等村级公益事业建设项目给予适当奖补。③ 2007—2012年5年间,中国新建改建农村公路146.5万公里,改造农村危房1 033万户,解决了3亿多农村人口的饮水安全和无电区445万人的用电问题④,东部和中部"村村通"公路的目标已经实现。

---

① 参见历年《政府工作报告》,中华人民共和国中央人民政府门户网站。
② 财政部:《关于2011年中央和地方预算执行情况与2012年中央和地方预算草案的报告》。
③ 财政部:《关于2011年中央和地方预算执行情况与2012年中央和地方预算草案的报告》。
④ 温家宝2013年3月5日在第十二届全国人民代表大会第一次会议上的《政府工作报告》。

随着财政支持力度的不断加大,中国农村发展进入了一个崭新的阶段,农村医疗和社会保障制度、农村教育体系、农村金融体系、农村税费制度、农业产业化经营、农民专业经济合作组织等领域都发生了深刻的变化,为缩小城乡差距、改善民生、建设和谐社会奠定了坚实的基础。

四、有待继续完善的公共财政

在着力消除城乡二元结构、统筹城乡发展的时代背景下,政府将越来越多的财政资金用于支持农村、农业和农民的发展,大量的投入带来了农村基础设施以及社会事业明显的改善,这是公共财政体制建设过程中的一个突出特征。尽管取得了喜人的成绩,但公共财政对"三农"领域的支持仍然需要不断地完善,中国对农业、农村的支持力度还有很大提升空间。中国农村的公共产品供给仍存在巨大缺口,道路、水利、饮水安全、教育、医疗卫生、社会保障、文化活动等从基础设施到公共服务的各个方面都有需要改进之处,城乡之间的公共产品和公共服务供给还存在不少差异,要实现"基本公共服务的均等化"还有很多工作要做。

1994年的分税制改革对中央和地方政府的财权与事权进行了相对明确的划分,为此后中央财力的集中奠定了基础。但是,分税制改革并没有进一步规范地方政府之间(省以及省以下的市、县、乡镇)的财政体制。在财力上移、税源有限、支出刚性、地方政府间转移支付制度不完善等多重因素的作用下,基层政府面临着很大的财政压力。2000年以来的农村税费改革既是一场针对农民负担问题的变革,也是一次针对基层政府财政体制的变革。乡镇统筹费和村提留在农村税费改革中被取消,这减轻了农民的负担,但乡村财政收支以及农村居民对于大量公共品的资金需求的缺口并没有得到彻底解决。

为了解决基层政府的财政困境,中央政府对地方政府的转移支付快速增长。在农业税被全部取消的2006年,中央财政对地方的一般性转移支付资金仅有1 529.85亿元,占当年中央对地方税收返还和转移支付总额中所占的比重为11.3%[1]。而2010年中央对地方税收返还和转移支付支出已高达32 341.09亿元(占中央公共财政支出的66.9%),其中,对地方的税收返还支出为4 993.37亿元,一般性转移支付支出为

---

[1] 《国务院关于2006年中央决算的报告》。

13 235.66亿元，地方专项转移支付支出为14 112.06亿元。① 转移支付规模的扩大对增强地方政府的财力发挥了重要作用，但是也应当看到，还存在专项转移支付资金使用效率较低、一般性转移支付资金投向有偏差等问题②，财政转移支付制度还需要进一步完善。

长期以来，中国乡村的公共产品供给方式是相对单一的，农民需要为公共产品和服务支付费用，而政府是乡村公共产品的主要供给者。但在财政资金有限、转移支付制度尚需完善的条件下，探索农村公共产品供给主体的适度多元化以及农村公共产品新的供给方式，同样也是公共财政建设应当努力的方向。乡村公共产品和服务的一个重要特点在于其差异性，一方面，不同的文化习俗、经济发展水平、环境条件都会导致农村居民对公共产品和服务需求的千差万别；另一方面，公共产品自身的内涵、特征也会随市场环境、技术水平等因素发生变化。在现阶段，政府可能只能提供最基本的公共产品，而不能适应农村居民多元的公共产品和服务需求。在有些乡村公共产品领域，不乏引入社会资本的尝试，仍需要通过多方合力来改善乡村公共产品和公共服务的供给。

第三节　建立农村金融组织体系

改革开放以后，中国农村金融体系的建设与改革一直在进行中。从1979年恢复中国农业银行揭开农村金融改革序幕，到"普惠金融"理念的提出，农村金融改革经历了曲折的历史进程。③ 农村金融服务的改善不仅影响着农民的生产生活，也直接关系着农村经济的转型发展。正因如此，农村金融组织体系的建立与完善得到政府的高度关注，在一系列政策出台后，大量新型农村金融机构涌现出来，农村金融产品与服务也不断创新。

---

① 《国务院关于2010年中央决算的报告》。
② 中国发展研究基金会：《中国发展报告2013/14：农村全面建成小康社会之路》，220页，北京，中国发展出版社，2015。
③ 王曙光、王丹莉：《边际改革、制度创新与现代农村金融制度构建（1978—2008）》，载《财贸经济》，2008（12）。

一、农村合作金融体系的改革

因为分支机构众多,地域覆盖广泛,所以农村合作金融体系一直都是影响农户信贷行为和农村资金融通最为重要的金融机构。改革开放初期,中国农业银行恢复,从这时起到 1996 年以前,农村信用合作社一直都处于中国农业银行的管理和控制之下,并没有独立的经营自主权。但随着乡村、城市改革的相继拉开帷幕,政府对农信社的改革也逐步启动。1984 年,国务院批转了中国农业银行《关于改革信用合作社管理体制的报告》,提出要"恢复和加强信用合作社组织上的群众性、管理上的民主性、经营上的灵活性",以使其能够"独立经营、独立核算、自负盈亏,充分发挥民间借贷的作用"。① 在中国农业银行提交的报告中,指出了当时农村信用合作社存在的一个主要问题,就是走上了"官办"道路,丧失了合作金融组织的优越性,所以不能切实地为农业生产和农民生活服务。为了改变信用社的管理体制,农业银行 1983 年在全国的 8 700 余家信用社中进行了改革试点,农业银行希望通过灵活经营、实行浮动利率、独立经营核算、取消农业银行对信用社的亏损补贴等办法来增强农信社的活力。虽然国务院同意了中国农业银行的方案,但同时也要求农业银行加强对信用社的领导,并未改变两者的隶属关系,这意味着农信社的独立性仍缺乏制度保障。

1996 年 8 月,国务院出台《关于农村金融体制改革的决定》(以下简称《决定》)。《决定》提出要根据农业和农村经济发展的客观需要,"建立和完善以合作金融为基础,商业性金融、政策性金融分工协作的农村合作金融体系"。关于农村信用社的改革,《决定》提出了几项新的要求:首先,解除农村信用社与中国农业银行之间的行政隶属关系,农村信用社不再接受中国农业银行的领导和管理,农村信用社的金融监督由中国人民银行直接负责。与中国农业银行的脱钩意味着农村信用合作社重新走上了独立发展之路。其次,为了确保为农民服务,《决定》强调农信社的合作性质,希望将农信社"逐步改为由农民入股、由社员民主管理、主要为入股社员服务的合作性金融组织"。第三,在一些城乡一体化程度较高的地区,允许已经商业化经营的农信社整顿后组建农村合作银行,视同股份制商业银行。②

---

① 中共中央文献研究室、国务院发展研究中心编:《新时期农业和农村工作重要文献选编》,277~283 页,北京,中央文献出版社,1992。
② 中共中央文献研究室编:《新时期经济体制改革重要文献选编》(下),1342~1351 页,北京,中央文献出版社,1998。

农信社体系发生实质性改革的标志是 2003 年国务院出台的《深化农村信用社改革试点方案》,该方案提出要加快信用社管理体制和产权制度改革,把信用社逐步办成由农民、农村工商户和各类经济组织入股,为农民、农业和农村经济服务的社区性地方金融机构。这次改革的重点是明晰农信社的产权关系并完善其法人治理结构。按照股权结构多样化、投资主体多元化的原则,方案要求试点地区针对自身情况对农信社进行股份制改造,或实行股份合作制,或完善合作制等不同产权形式的改革。在调整股权结构的同时,完善农信社内部的治理结构和经营机制,信用社的管理开始交由地方政府负责。该方案出台后,吉林、山东、江西、浙江、江苏、陕西、贵州、重庆等 8 省(市)的试点工作相继启动。一年后,北京、天津、河北等 21 个省(区、市)也成为农村信用社改革的试点地区。2006 年,海南省开始了农信社改革试点工作。至此,除西藏自治区没有农村信用社,农信社的改革在全国范围内展开。

改革取得了一系列的成果,农村信用社在资本充足率、资产质量、经营规模、盈利能力等方面都有明显改善。截至 2012 年底,全国共有农村信用社 2 411 家,其中农村商业银行由 2003 年的 3 家增长为 2012 年的 337 家,农村合作银行由 2003 年的 1 家增长为 2012 年的 147 家。农村信用社开设了 7.44 万个机构网点,从业人员 77.87 万人,约占银行业金融机构从业人员的 25%,覆盖了约 76% 的金融机构空白乡镇,成为中国农村地区机构网点分布最广的银行业金融机构。2006 年,全国农村信用社五级不良贷款率为 27.93%,2012 年下降至 4.51%。除了自身经营状况的改善之外,农村信用社在支持农业农村经济发展方面的作用也日益增强。2007—2012 年间,农村信用社涉农贷款占其各项贷款的比重一直维持在 65% 以上,2012 年达 68.13%。至 2012 年底,农村信用社发放的农户贷款余额为 2.64 万元,占全部金融机构农户贷款余额的 72.96%;全国持有农村信用社贷款的农户约为 4 209 万户,平均每个农户的贷款余额为 6.27 万元;由农村信用社发放的农林牧渔业贷款余额为 1.94 万元,这占全部金融机构农林牧渔业贷款总量的比重高达 71.29%。[①]

从十一届三中全会以来直至 2003 年,农信社体系的改革在此期间徘徊不前的根本原因在于,农信社的自身定位、业务功能、经营模式、管理体制等方面一直处于严重的路径依赖状态,决策者始终把坚持合作制作为农信社改革的战略目标,从而使农信社改革难以获得制度突破。事实表明,农信社从来没有形成真正意义上的合作制。中央鼓励

---

① 中国人民银行农村金融服务研究小组:《中国农村金融服务报告(2012)》,21~22 页,北京,中国金融出版社,2013。

各个地区的农信社寻找符合本地区发展特点的产权模式和组织形式,坚持产权制度改革模式的多元化和组织形式的多样性,同时,明确农信社的功能定位,承认农村信用社的商业化和股份化趋势,不再执着于"合作制"的理念,吸引民间资本参与,改善内部的治理结构等,这些不仅是2003年以来农村信用社改革的方向,也是未来农信社发展的基本趋势。只有使农信社真正成为独立经营的市场主体,才能不断提升农信社的竞争力。

二、民间金融的规范与政策性金融的发展

20世纪80年代初期,在一些经济比较发达的地区出现了大量民间金融组织,合会、轮会、标会、当铺、私人钱庄等组织的融资活动非常活跃,民间金融组织的出现和早期的业务经营,对于促进金融市场的竞争、促进银行和信用社加快利率改革步伐并改善经营具有特殊意义。农村合作基金会曾是民间金融中比较活跃且规模较大的组织。农村合作基金会于1984年在少数地方试办,截至1998年底,全国共有农村合作基金会近3万个。《决定》中提出了清理整顿农村合作基金会的要求,认为农村合作基金会不属于金融机构,不得办理存、贷款业务,否则将存在较大的隐患和风险。1999年1月国务院又全面启动清理整顿农村合作基金会的工作。到2000年底,全国各个地区的农村合作基金会或者并入当地农村信用社,或者由地方政府负责清盘关闭,农村合作基金会自此退出历史舞台。

但面对民间融资的巨大需求和快速增长,政府对民间融资的重要作用给予了越来越多的关注。2005年年底央行选择山西平遥、贵州江口、四川广汉和陕西进行民间小额信贷的试点工作,试图引导民间金融的融资活动走向正轨,并将民间融资纳入金融监管机构的正式监管之下。2008年银监会和人民银行发布《关于小额贷款公司试点的指导意见》,2009年各地设立的小额贷款公司数量就达到了1 171家,2010年年末达2 451家。[①] 银监会和中国人民银行相继采取各种政策措施促进民间金融的规范化和阳光化,逐步引导其成为正规金融体系的一部分。为了推动金融业的开放,中共十八届三中全会通过的《中共中央关于全面深化改革若干重大问题的决定》还提出"在加强监管前提下,允许具备条件的民间资本依法发起设立中小型银行等金融机构",和此前只允许民间资本和现有银行共同发起建立小型金融机构相比,又有所突破,这对于

---

① 中国人民银行农村金融服务研究小组:《中国农村金融服务报告(2010)》,15页,北京,中国金融出版社,2011。

构建更具有竞争性的金融体系、扩大民间资本的投资渠道、有效解决小微企业融资困境都具有十分积极的意义。

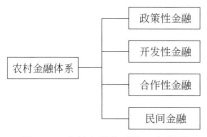

图 5—5 农村金融体系的四大类别

除了不断规范民间金融的发展之外，近年来农村的政策性金融体系也获得了很大发展。在深化农村信用社改革的同时，随着政府支农力度的不断加大，一些政策性金融机构在支持农业和农村经济发展方面的投入也日益增多，涉农业务不断拓展。中国农业发展银行在近几年来陆续增加了农村基础设施建设贷款、农业综合开发贷款、农业生产资料贷款、农业小企业贷款、县域城镇建设贷款、新农村建设贷款等多项新业务，新增业务用途涉及农村路网、电网、水网、信息网、农村能源和环境设施建设、农业生产资料流通和销售、解决农村土地整治及农民集中住房建设资金需求等方方面面。[①]国家开发银行也不断加大农村基础设施项目的投入力度，并积极推进农业项目的国际合作。这些都为农村金融体系的日臻完善注入了动力。

三、新型农村金融机构的涌现

随着 2003 年农信社产权制度改革和管理体制创新进入实质性阶段，农村金融领域的改革快速推进，中国人民银行和银监会连续出台了一系列重要决策，一批新的农村金融机构（中国邮政储蓄银行、村镇银行、农村商业银行、农村合作银行、农民资金互助组织、小额贷款机构等）如雨后春笋出现在中国农村金融市场，农村金融领域发生了很多变化。这些变化推动农村金融产权主体的多元化，改善了农村金融市场的竞争生态，使得中国农村金融体系服务"三农"的能力有很大提升。

2006 年 12 月，银监会发布《中国银行业监督管理委员会关于调整放宽农村地区银行业金融机构准入政策，更好支持社会主义新农村建设的若干意见》。这一文件的

---

① 中国人民银行农村金融服务研究小组：《中国农村金融服务报告（2010）》，11 页，北京，中国金融出版社，2011。

核心内容之一是放开农村金融机构的准入资本范围,提出要积极支持和引导境内外银行资本、产业资本和民间资本到农村地区投资、收购、新设村镇银行、社区性信用合作组织等银行业金融机构,支持各类资本参股、收购、重组现有农村地区银行业金融机构;鼓励境内商业银行和农村合作银行在农村地区设立专营贷款业务的全资子公司;鼓励现有的农村合作金融机构在所在地辖内的乡(镇)和行政村增设分支机构,等等。股份制商业银行、城市商业银行在农村地区设立分支机构且开展实质性贷款活动的,可获得相关政策上的优惠。为了适应农村的金融需求和实现有效激励,银监会不仅调低了农村地区新设银行业金融机构的注册资本,取消营运资金限制,还放宽了境内投资人持股比例等一系列限制。

除了注册资本规模,监管部门对农村金融机构在存款准备金、资本充足率等方面的要求都要低于一般的商业银行。在《意见》出台一年之内,就有19家村镇银行、4家贷款公司和8家农民互助合作社相继成立,截至2007年底,三类新型农村金融机构已累计发放贷款4.62亿元,资产总额为7.67亿元。[①] 2007年4月,北京农村商业银行在湖北仙桃建立了北农商村镇银行,农村金融机构的跨区域竞争由此开始。在政策的鼓励之下,外资银行也开始进入中国农村金融市场,2007年12月香港上海汇丰银行在湖北随州建立了独资的曾都汇丰村镇银行。这些新的农村金融机构的出现对于资源的整合、促进农村地区投资主体的多元化、改善农村地区的金融服务都具有积极的意义。

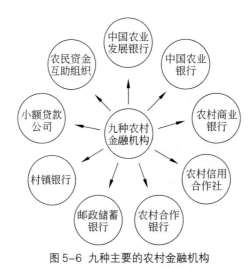

图5-6 九种主要的农村金融机构

2007年10月,银监会再次下发通知,将调整放宽农村地区银行业金融机构准入

---

① 中国人民银行农村金融服务研究小组:《中国农村金融服务报告(2008)》,31页,北京,中国金融出版社,2008。

政策的试点范围由内蒙古、吉林、湖北、四川、甘肃、青海 6 个省（区），扩大至全国 31 个省（区、市）。2008 年，中国人民银行和银监会又联合下发《关于村镇银行、贷款公司、农村资金互助社、小额贷款公司有关政策的通知》，对村镇银行、贷款公司、农村资金互助社、小额贷款公司等四类机构的存款准备金管理、存贷款利率管理、支付清算管理、会计管理、金融统计和监管报表、征信管理等各方面政策作出了明确规定。财政部、人民银行、银监会都出台了相关的政策鼓励和支持新型农村金融机构的发展。随后的几年中，村镇银行、小额贷款公司、农民资金互助组织等新型农村金融机构开始在各地大量出现并迅速成长起来。

截至 2012 年底，全国 250 家银行业金融机构共发起成立 939 家新型农村金融机构，其中村镇银行 876 家（东部地区 340 家，中部地区 268 家，西部地区 268 家），贷款公司 14 家，农村资金互助社 49 家。新型农村金融机构累计吸引各类资本 571 亿元，存款余额 3 066 亿元，各项贷款余额为 2 347 亿元，其中小企业贷款余额为 1 121 亿元，农户贷款余额为 860 亿元，两者合计占各项贷款余额的 84.4%。[①] 各类新型农村金融机构的迅速成长将大量资本引入农村金融领域，为满足农村地区的金融需求、提升农村地区的金融服务水平、推动农村金融市场的竞争、推动农村经济发展和增加农民收入发挥了重要的作用。

四、农村金融产品与服务方式的创新

金融产品少、金融服务方式单一是不少农村地区一直存在的问题，为了改变这一局面，在不断深化农村金融领域改革、大力推动新型农村金融机构发展的同时，近年来相关部门陆续出台新的政策鼓励和支持农村金融产品和服务方式的创新。2008 年 10 月，人民银行和银监会共同出台《关于加快推进农村金融产品和服务方式创新的意见》，决定在全国选择粮食主产区或县域经济发展有扎实基础的部分县、市深入组织开展农村金融产品和服务方式创新试点。试点工作包括推广农户小额信用贷款和农户联保贷款、创新贷款担保方式、扩大有效担保品范围、探索发展基于订单与保单的金融工具、探索发行涉农中小企业集合债券等多个方面。《意见》提出"从 2008 年下半年起，中部 6 省和东北 3 省各选择 2~3 个有条件的县（市）开展试点方案设计和试点

---

① 中国人民银行农村金融服务研究小组：《中国农村金融服务报告（2012）》，32 页，北京，中国金融出版社，2013。

推进落实工作,每个省集中抓好2~3个金融产品创新和推广。"

在2009年的中央一号文件中,针对全球金融危机的大背景下农村发展所面临的新形势,中央继续强调要"鼓励和支持金融机构创新农村金融产品和金融服务,大力发展小额信贷和微型金融服务"以增强农村金融服务能力。2010年,中国人民银行、中国银行业监督管理委员会、中国证券监督管理委员会、中国保险监督管理委员会联合发出《关于全面推进农村金融产品和服务方式创新的指导意见》。《意见》不仅再次强调,着力于满足符合"三农"实际特点的金融服务需求是农村金融创新的重点,还要求有关部门给予配套的政策支持,甚至提出"对农村金融产品和服务方式创新取得明显成效的银行业金融机构,支持其优先设立村镇银行等新型农村金融机构、跨区域兼并重组,并在网点布局调整方面实施市场准入绿色通道"等优惠条件。

政策的引导和支持带动了农村金融产品与服务方式的不断创新,各类银行业金融机构都在因地制宜地探索符合当地需求的产品和服务。以四大国有商业银行为例,它们在近年来的涉农金融业务中都有明显的改进。农业银行相继推出一系列新产品,如针对产业化龙头企业设计的季节性收购贷款、化肥淡季商业储备等信贷品种,针对县域中小企业设计的动产质押融资、应收账款质押融资、产业集群多户联保信贷等业务品种,针对种养大户、多种经营户、创业农户等需求设计的各类农村个人生产经营贷款产品等等,其"金益农"旗下的"三农"产品已经达到359种,不同的区域还分别有一些具有地方特色的产品,如农牧民安居工程贷款、团场职工农业贷款、海域使用权抵押贷款、船舶按揭贷款、采矿权质押贷款、库存原酒抵押贷款等等。工商银行针对新疆、成渝统筹城乡综合配套改革实验区、中原经济区、黑龙江垦区等地区设计出不同的涉农信贷政策,在天津、浙江等地发放新农村建设贷款,在黑龙江农垦总局试点开办个人现代化农业机械贷款等。中国银行一方面积极为出国发展的境内涉农企业提供融资支持;另一方面根据各地产业发展特点及农户需求设计不同的金融产品,探索"银行+企业+农户+合作社+保险+担保"的服务模式,中国银行的"益农贷"已形成了5个方向30余款子产品。建设银行创新订单农业发展模式,还针对农业客户缺乏抵押物的情况,开发动产质押授信业务等。①

除了国有商业银行之外,迅速成长的新型农村金融机构同样是农村金融产品和服务方式创新的主力军,和大型商业银行相比,它们更具有社区银行的性质,和特定地

---

① 中国人民银行农村金融服务研究小组:《中国农村金融服务报告(2012)》,29~30页、45~46页,北京,中国金融出版社,2013。

区的经济发展有着更为紧密的联系。目前，集体林权抵押贷款、大型农机具抵押贷款、促进农村特殊群体创业和就业的小额担保贷款等农村金融业务都在全国范围内产生了较大的影响。针对农村各类经济主体缺乏抵押品而导致贷款难的问题，相关管理部门及金融机构积极探索各种形式的担保模式，在一些地区的实践中，承包经营权、住房财产权、农业大棚、商标、专利、集体建设用地使用权等都可以作为有效抵押品帮助农民获得贷款。在人民银行的推动下，农业领域的直接融资也有了明显发展。截至2012年年底，中国涉农行业有180家企业在银行间债券市场发行非金融企业债务融资工具449只，共计3 973.15亿元。[①] 在政策的引导和鼓励下，各类金融机构努力探索符合农村实际需求的金融产品和服务方式，以期在整体上提升农村金融服务的水平和质量。

第四节 发展农业和农村保险

一、农业保险的缓慢发展

农业的发展，由于其生产经营的特殊性，更容易受到自然灾害和意外事故的威胁与影响。因此，农业和农村保险对于中国这样一个农业大国的重要意义不言而喻。据统计，1961—1983年间中国农作物因旱、涝、风、雹、霜冻及病虫害造成的受灾面积平均每年有6.4亿亩，占农作物播种面积的29.5%。而1950—1979年30年间，全国仅粮食作物一项因自然灾害年均减产就有200亿斤左右。[②] 随着家庭承包经营制度和一系列城乡改革的启动，在计划经济时期停滞不前的农村保险业务也开始慢慢恢复并进入了新的发展阶段。中共十一届三中全会以后，1979年国务院作出决定，准备逐步恢复办理国内的各项保险业务。

1982年，中国人民保险公司根据当时农村地区的实际需求尝试办理农村牲畜保险，当年先后在江西、黑龙江、山东、湖南、江苏、上海、山西、辽宁、贵州、云南、广西、四川等十余个省份试办耕牛保险、奶牛保险、大牲畜（牛、马、骡、驴）保险、养猪

---

① 中国人民银行农村金融服务研究小组：《中国农村金融服务报告（2012）》，8页、47页，北京，中国金融出版社，2013。
② 中国保险学会：《中国保险史》，456~457页，北京，中国金融出版社，1998。

保险、养鸡保险以及农作物保险。从1982年到1989年,全国有29个省份试办农业保险,有800多个县、市设立了农业保险试验基地,承保的种植业保险标的种类涉及粮食作物、经济作物、森林、农作物火灾、蔬菜、饲料等共5大项16个种类。承保的养殖业保险标的种类涉及大牲畜(包括耕牛、奶牛和其他)、小牲畜(包括猪、羊和其他)、家禽(包括鸡、鸭、鹅和其他)、水产养殖(包括虾类、鱼类和其他)以及其他如兔、貂等5大项12个种类。开办的险种多达100余个。①

从20世纪80年代初到90年代初,中国的农业保险发展速度较快,这不仅体现在险种的不断增加和覆盖范围的不断扩大上,还体现在保费收入规模的快速上升。1982年全国种植业保险和养殖业保险保费收入合计只有23万元,在此后的10年中,特别是80年代前半期,农业保险的保费规模以极快的速度增长。在80年代后半期,农业保险保费收入增速有所下降,但种植业保险的保费增速仍保持在20%以上。1992年全国农业保险保费收入达8.17亿元,当年中国包括企业财产险、家庭财产险、养老金险等在内的主要国内保险业务保费合计共335.15亿元,农业险保费占国内保险业务总保费的比重为2.44%。②

表5-3　1982—1990年农业保险业务经营情况③　　　　单位:万元

年份	种植业			养殖业		
	保费/万元	增长率/%	赔付率/%	保费/万元	增长率/%	赔付率/%
1982	4.0	—	200.00	19.0	—	73.68
1983	51.0	1 175.0	149.02	122.0	542.10	128.69
1984	362.0	609.8	88.95	645.0	428.70	62.84
1985	1 765.0	387.6	83.85	2 567.0	298.00	147.49
1986	3 346.5	89.6	93.19	4 378.7	70.56	160.80
1987	5 409.9	61.66	103.13	4 618.5	5.48	152.08
1988	6 627.1	22.50	46.41	4 906.7	6.24	73.12
1989	9 032.4	36.29	—	6 311.0	28.62	—
1990	12 562.0	39.08	—	6 635.7	5.14	—
合计	39 069.9	—	—	29 903.6	—	—

20世纪90年代,随着社会主义市场经济体制改革目标的确立,中国的各项经济改革都驶入了快车道。市场因素的逐步引入使各个领域包括保险业的发展面临着新的机遇和挑战。1993年以后,在其他保险业务快速扩张的同时,中国的农业保险业务却出现了明显下滑的趋势。农业保险的保费收入从1993年起一直在波动中下降,1998年稍有上升,但仍未达到1992年的水平。2000年,人保农业保险保费收入占全国农

---

① 中国保险学会:《中国保险史》,458页,北京,中国金融出版社,1998。
② 《中国统计年鉴(1993)》,672页。
③ 中国保险学会:《中国保险史》,460页,北京,中国金融出版社,1998。

业总产值的比重仅为 0.032%，加上新疆建设兵团的农业保险，农业险保费收入占农业总产值的比重为 0.043%[①]。2003 年全国农业保险的保费收入仅有 4.64 亿元，占当年农业生产总值的 0.04%，占全国财险保费收入的 0.53%，占全国总保费收入的 0.11%，农业保险险种数目减少至不足 30 个。[②] 除了中国人保和中华联合财产保险公司之外，商业保险公司很少经营农业保险业务。

表 5-4　1984—2012 年中国农业保险保费收入、赔付情况及全国保费收入

单位：亿元

年份	保费	赔款及给付	全国保费收入
1984	0.113 7	0.07	14.96
1985	0.43	0.53	25.73
1986	0.78	1.06	42.35
1987	1.00	1.26	67.14
1988	1.16	0.92	94.76
1989	1.30	1.07	122.91
1990	1.92	1.67	155.76
1991	4.55	5.42	209.71
1992	8.17	8.15	335.15
1993	5.61	6.47	456.87
1994	5.04	5.39	376.42
1995	4.96	3.65	453.32
1996	5.74	3.95	—
1997	5.76	4.19	772.71
1998	7.15	5.63	1 225.97
1999	6.32	4.86	1 406.17
2000	4.00	3.00	1 598.00
2001	3.00	3.00	2 109.00
2002	5.00	4.00	3 054.00
2003	4.64	3.45	3 880.39
2004	4.00	3.00	4 318.00
2005	7.00	6.00	4 932.00
2006	8.48	5.91	5 640.34
2007	53.33	29.75	7 036.21
2008	110.68	64.14	9 784.24
2009	133.90	95.20	11 137.30
2010	135.90	96.00	14 528.00
2011	174.03	81.78	14 339.25
2012	240.60	131.34	15 487.93

数据来源：1997 年以前数据来自历年《中国统计年鉴》，1997—2012 年数据来自国家统计局网站。

---

① 陈锡文主编：《中国政府支农资金使用与管理体制改革研究》，330 页，太原，山西经济出版社，2004。
② 庹国柱主编：《中国农业保险发展报告（2011）》，11 页，北京，中国农业出版社，2011。

进入新世纪之后，国内农业保险业务的停滞与快速发展的农村经济形成了鲜明的对比，不断萎缩的农业保险业务规模显然无法满足现代农业和农村地区对于保险业务的需求。在工业反哺农业、城市反哺乡村的大背景下，中央及地方各级政府先后出台了一系列推动农业保险工作开展的政策，很多地区的农业保险试点探索相继开始，使农业保险再一次快速发展。农业保险的保费收入在短短的十年间翻了几番，2004年中国农业保险保费收入只有4亿元，2007年迅速升至53.33亿元，2012年为240.60亿元，2012年达到240.60亿元。农业保险的险种不仅涉及小麦、水稻、玉米、棉花等传统的主要农作物，蔬菜、水果、禽畜、海水养殖等越来越多的项目也被逐渐纳入农业保险的保障范围之中，从而增强了市场经济条件下农民抵抗农业风险的能力。

二、农业保险发展中的政府补贴

农业和农村保险在一定程度上具有公共品的部分属性。良好的农业保险制度设计可以最大限度地帮助农民避免或减少农业生产经营中可能面临的风险和经济损失，而农业生产的稳定与增长具有很强的正外部性，是整个社会经济健康发展的必备前提和必要保障。但是，对于保险公司而言，由于一些险种存在较高的风险和经营成本，农业保险本身所能带来的经济效益并不高。20世纪80年代是中国农业保险发展相对较快的一个时期，但居高不下的赔付率使经营者获得的收益有限，1982年至1988年间，中国农业保险的总保费收入为3.84亿元，总赔款支出为3.91亿元，总平均赔付率为111.9%，而农业保险的费用开支远高于一般的财产险（一般财产险费用为6.8%），两项合计经营结果在-20%以下。[①] 因此，单纯从经济效益角度而言，农业保险并不是商业保险公司拓展业务时的首选，这也是后来农业保险业务规模出现萎缩的重要原因之一。这些特殊性决定了农业保险的推动需要一定的政策倾斜和支持。

如前所述，这十余年间中国农业保险的快速发展与政府的引导和支持密切相关。2004年，在新世纪以来第一个关于"三农"问题的中央一号文件中，明确提出了"加快建立政策性农业保险制度，选择部分产品和部分地区率先试点"的要求，并允许"有条件的地方可对参加种养业保险的农户给予一定的保费补贴"。政策性农业保险试点工作很快启动，在此后的十年中，除了2011年的中央一号文件以水利建设与改革为

---

① 中国保险学会：《中国保险史》，461页，北京，中国金融出版社，1998。

侧重点没有谈及农业保险之外，每一年的中央一号文件中都有关于农业保险工作的阐述，内容也越来越具体。与政府对各项农业生产的扶持相配合，农业保险的试点地区与险种的覆盖范围不断扩大，农业再保险体系和各级财政支持下的巨灾风险分散机制也在探索和逐步建立的过程中。

表 5-5 2007—2012 年全国种植业农业保险补贴情况

年份	保费收入/亿元	中央财政补贴/亿元	占比/%	地方财政补贴/亿元	占比/%	农民自负	占比/%
2007	51.84	7.57	15	11.98	23	32.29	62
2008	110.69	38.99	35	40.76	37	30.93	28
2009	133.80	49.46	37	51.87	39	32.46	24
2010	135.68	50.74	37	52.07	38	32.87	24
2011	173.80	66.70	38	67.79	39	39.97	23
2012	240.60	95.50	40	—	—	—	—

资料来源：《中国统计年鉴》《中国保险年鉴》和财政、保险、农业部门文件整理，转引自庹国柱主编：《中国农业保险发展报告（2013）》12页，北京，中国农业出版社，2013。

为推动政策性农业保险的发展，在 2004 年农业保险试点工作启动后不久，中央财政就开始了对部分地区的保费补贴试点工作。2007 年以后，财政部先后出台《中央财政农业保险保费补贴试点管理办法》《能繁母猪保险保费补贴管理暂行办法》《中央财政种植业保险保费补贴管理办法》《中央财政养殖业保险保费补贴管理办法》等一系列政策，后来还启动了森林保险保费补贴试点。由政府财政按照保费的一定比例，为特定险种的参保农户或龙头企业以及农村合作经济组织提供补贴。

国家财政对农村地区特别是中西部农村地区的保费补贴力度不断加大。2007 年，种植业保险保费补贴仅在吉林、江苏、湖南、四川、新疆和内蒙古 6 个省区推行，2009 年扩大到 17 个省，2010 年增加到 23 个省以及新疆建设兵团、黑龙江农垦总局和中国储备粮管理总公司北方公司；养殖业保险的保费补贴已覆盖全部中西部地区；2010 年湖南、福建、江西、辽宁、浙江、云南等 6 省开展了森林保险保费补贴。[①] 一些地区的农业保险可以得到中央、省、市、县各级财政的保费补贴，极大地减轻了农民缴纳保费的负担。

以种植业保险为例，从 2007 年开始，中央财政补贴在全国种植业保险保费收入中所占的比重一直呈上升趋势，2012 年达到 40%；地方财政补贴在全国种植业保险保费收入中的比重也由 2007 年的 23% 上升到 2011 年的 39%。2007 年参保农民自己负担

---

① 庹国柱主编：《中国农业保险发展报告（2011）》，54 页，北京，中国农业出版社，2011。

的保费占种植业保险保费的62%，而2011年农民自负部分所占比重下降到了23%。在财政的大力支持下，种植业保险以极快的速度发展，2007年全国种植业承保农作物面积占全国农作物播种面积的比例仅为10%，2012年上升至40.2%。① 畜牧业保险、水产养殖业保险以及包括渔船保险、农机具保险、农民住房保险在内的其他涉农保险在这几年也明显获得了很大的发展。

除了大力支持，政府还在农业保险的监督和管理方面出台了新的政策。2012年12月，国务院颁布《农业保险条例》，该条例对农业保险合同、农业保险的经营规则、农业保险的法律责任等问题都作出了明确的规定，使农业保险业务未来的发展更加有法可依。从中央到地方各级政府的推动带来了中国农业保险业务的快速发展，但也存在负有管理和监督农业保险职责的多个政府部门之间的有效协调、中央与地方政府的合理分工、不同地区在保险业务开展和深入推进中存在的巨大差异、部分地区部分险种推行中的道德风险、农民自身对农业保险的认知与参与积极性等问题，这些问题的合理解决都将推动中国农业保险更好地发展。

三、各具特色的区域试点

在政府的引导和支持下，政策性农业保险在最近十余年中快速增长。由于不同地区在经济结构、业务需求方面的巨大差异，农业和农村保险的经营模式也出现了多元化的趋势，各具特色。2004年，经保监会批准，一批专业性农业保险公司相继成立，吉林的安华农业保险公司和上海的安信农业保险股份有限公司是其中的典型代表。

安信农业保险股份有限公司是在上海市委、市政府的大力支持下成立的，成立后发展非常快，不论在农业保险产品的开发还是在农业保险的覆盖范围方面都明显领先国内其他地区的保险公司。上海水稻、生猪、奶牛、家禽和能繁母猪等主要险种的保险覆盖率在2010年就已经基本达到100%，2010年安信农业保险股份有限公司实现了对传统农业从保成本到保产值的转变，对部分种养殖业实现了从保产值到保市场价格的跨越②，较好地适应了上海都市农业的特点。吉林安华农业保险公司的服务范围更大，除了吉林省内，还在其他一些省、自治区、直辖市开展农业保险业务。2010年该公司在吉林、内蒙古、辽宁、山东、北京、青岛六个省市的农业保险试点县达到了101个，

---

① 庹国柱主编：《中国农业保险发展报告（2013）》，3页，北京，中国农业出版社，2013。
② 庹国柱主编：《中国农业保险发展报告（2011）》，54页，北京，中国农业出版社，2011。

为 383 万户次农民提供了 195 亿元的风险保障。在相关政府部门的支持下，安华公司依托当地的农村经济管理部门、畜牧防疫部门、农村信用社等金融机构、龙头企业、农民合作组织等各类机构代办农业保险业务，从而实现了业务规模的快速拓展。2010 年当年安华公司的保费收入达 15.2 亿元，在当时的 4 家专业农险公司中排名第一。①

和安信、安华公司同年成立的还有黑龙江的阳光农业相互保险公司，和前两家公司不同，它是 2004 年保监会首批批准成立的农业保险公司中唯一的一家相互制保险公司。不同于国内的其他地区，黑龙江具有一定的农业互助保险基础。早在 20 世纪 90 年代，黑龙江垦区就有过农业互助保险的尝试，经过十余年的发展，自愿参加互助保险的农户累计达 250 万户，累计参保面积达 1 767 万公顷。相互保险公司与股份制保险公司在很多方面存在差异，它既没有股东，也不发行股票，不以盈利作为主要目标，其风险基金主要由会员缴纳的保险费构成，在会员内部之间开展相互保险，因此，相互制保险公司的保单持有者同时具有投保人和保险人的双重身份。② 在运营中，阳光农业相互保险公司也和安华、安信公司一样，得到了政府相关部门的大力支持，基层的农经站点在为其代办农业保险业务中发挥了重要的作用。为了尽可能减少损失，阳光农业相互保险公司还投入大量资金筹建防灾减灾服务体系，帮助农户预防灾害，并通过购买再保险的方式分散大灾风险。

在开展农业保险业务的实践中，各地的模式不尽相同。安徽的国元农业保险公司是全国第四家专业农业保险公司，针对不同的险种公司采用了不同的经营方式。安徽省将政策性保险纳入"民生工程"，在政府强有力的支持下，国元公司的种植业保险采用了保险公司与政府联办的方式，不仅保费中的相当比例由政府财政补贴支付，经营风险也由地方政府和保险公司共同承担。浙江省探索的是另外一种联合共保的经营模式，针对自身的实际情况和需求，2006 年浙江省成立了"浙江省政策性农业保险共保体"，由中国人民保险公司浙江省分公司作为首席承保人（在共保体中占有 67% 的股份），联合太平洋财险、中华联合、平安保险、天安保险、永安保险、华安财险、安邦财险、太平保险、大地财险等 10 家商业保险公司的浙江省分公司作为共保人，组成共保体一起在浙江省内开展农业保险业务。共保体首先在 11 个县内进行试点，试点范围很快扩大至全省。尽管经营过程是商业化运作，但产品的开发、费率的厘定、各项方针政策等都要听取浙江省发展与改革委员会的意见。为了减低商业保险公司在

---

① 庹国柱主编：《中国农业保险发展报告（2011）》，60~61 页，北京，中国农业出版社，2011。
② 庹国柱主编：《中国农业保险发展报告（2011）》，86 页、88 页，北京，中国农业出版社，2011。

巨灾风险中可能面临的巨额损失，浙江省的农业保险政策规定"二倍之内超赔由共保体承担，二倍到三倍之间超赔由保险公司和政府之间按1∶1进行赔付，三倍至五倍之间赔付由政府和保险公司按2∶1进行赔付，同时，对于超赔五倍赔付的风险进行封顶"，既为商业保险公司提供了保障，也对政府的风险作出限定。① 政策性保险开办短短几年，农户的参保率就有了大幅度的提升。还有的地区引入了外资保险公司经营农业保险业务，如四川成都的法国安盟保险有限公司。

与浙江类似，江苏省的农业保险在经过了多种尝试之后也最终选择了"联合共保"的经营模式，由人保财险、太平洋财险、紫金保险、中华联合保险、华农产险五家保险公司共同承办政策性农业保险。在实际运行中，各级政府和保险公司共同承担风险，保费收入由保险公司和各级政府按一定比例分别入账，需要赔付时也由双方按照一定比例分摊赔款②，以此推动农业保险业务的发展。即使在同一地区，有的省份针对不同的险种经营模式也存在差异。如陕西省对于省里确定的试点项目实行相关的政策支持和财政补贴，对于市县级政府推出的"一县一业""一村一品"项目，则鼓励保险公司与当地政府合作或自主经营，而政策性农业保险项目中既有保险公司独立承保的险种，也有各公司共同承保的项目。③

在发展农业保险的过程中，各个地区都作了有益的尝试。尽管各省的经营模式存在差异，但仍有一个共同点，即不同经营方式下农业保险的快速推进都与地方政府的大力支持密切相关。在政策性农业保险十余年间的发展中，各级政府及相关部门的配套举措发挥了十分重要的作用。政府的介入和支持在短期内节约了保险公司在市场业务拓展方面的成本，农户的参保率也有了大幅度的提升，但如何确保农业保险发展的可持续仍需要更多的探索。如何合理地界定政府与市场的边界，如何满足各地千差万别的农业保险需求，如何提高农户对于农业保险的正确认识并尽可能地避免逆向选择与道德风险，如何分散风险、实现保险公司在农业保险业务中的盈亏平衡等等，这些都是在未来的农业保险实践中需要探索和解决的命题。

---

① 庹国柱主编：《中国农业保险发展报告（2012）》，59~73页，北京，中国农业出版社，2012。
② 庹国柱主编：《中国农业保险发展报告（2013）》，63页，北京，中国农业出版社，2013。
③ 庹国柱主编：《中国农业保险发展报告（2012）》，51页，北京，中国农业出版社，2012。

第一节　撤销人民公社建立乡政府
第二节　探索和实行村民自治制度
第三节　培育农村社会组织
第四节　优化农村社会管理

第六章　建立乡村治理机制

中共十一届三中全会以来，乡村民主建设积极推进。在税费改革以前，乡村民主建设取得的最显著的成果就是政社分设和村民自治。2003年以后，以农村税费改革为标志，重农惠农助农成了中央农村政策政策的崭新特征，整个社会进入了以工补农、以工助农的新发展阶段。受此宏观背景的影响，适应日益深化农村经济改革的要求，为了满足日渐形成的市场经济对乡村行政管理制度职能转变的需要，为了与整个国家行政系统由管理型向服务型转变格局的协调一致，税费改革之后的乡村民主建设呈现出不同的内涵。

本章将以乡、村两个层次，2003年前后两个阶段为基本架构，勾勒乡村民主建设的主要进程和基本轮廓。政社分设、村民自治、农村社会组织和农村社会管理等主要内容中，村民自治是其中的关键和核心。因为，乡政府的制度及其变化一定程度上依赖村民自治的创新经验；而农村社会组织和农村社会管理都可以看成是它的延伸：各种农村社会组织可以看作村民自治组织在外延上的延伸；农村社会管理则可以看作是它在时序上的延伸。

第一节　撤销人民公社建立乡政府

乡（镇）层面的民主制度建设，以政社分设为起点，也以政社分设为主要内容。撤销人民公社后，适应市场经济的形成和政府职能的转变，乡镇民主政治制度不断创新改善。

一、推行家庭承包经营制度引发的问题

人民公社的改革,始于1978年以后家庭承包经营制度的全面推行。截至1982年,"全国农村已有百分之九十以上的生产队建立了不同形式的农业生产责任制;大规模的变动已经过去,现在,已经转入了总结、完善、稳定阶段。"这句话明确显示了当时家庭承包经营制度的推进速度。1983年中央一号文件指出全国各地"普遍实行了多种形式的农业生产责任制","这是在党的领导下中国农民的伟大创造"。家庭承包经营制度获得了自己的政治地位。

正如中央一号文件总结的那样,家庭承包经营制度克服了人民公社的弊端。通过家庭经营,解决了规模过大带来的问题;通过社员承包使用集体土地等生产资料,解决了单纯公有制带来的产权不清问题;通过联产计酬和大包干等形式,化解了平均化分配的低效激励问题。"生产关系的部分调整"给农村经济带来了前所未有的活力,"联产承包责任制和各项农村政策的推行,打破了中国农业生产长期停滞不前的局面"。

但是,中央一号文件也明确指出:"由于各种原因,农村一部分社队基层组织涣散,甚至陷于瘫痪、半瘫痪状态,致使许多事情无人负责,不良现象在滋长蔓延。""某些上层建筑的改革赶不上经济基础变化"的现象,亟须引起高度注意。

正是在这样的背景下,受经济制度改革对政治制度创新需求的深切呼唤,来自农民群众的自发性制度创造和自上而下的制度创新再次"胜利会师"。1980年6月18日,四川省广汉县向阳公社已经摘掉了人民公社的牌子,代之以"向阳乡人民政府"。同年,广西河池地区的宜山、罗城两县农民们自发组建起了村民委员会。适应形势的迅速变化,1982年全国人大颁布《中华人民共和国宪法》,其中第95条明确规定,乡镇设立人民代表大会和乡镇政府。1983年中央一号文件中,也明确提出"人民公社的体制,要从两方面进行改革。这就是,实行生产责任制,特别是联产承包制;实行政社分设"。同年10月,中共中央、国务院发出《关于实行政社分开和建立乡政府的通知》,正式宣告了人民公社时代的结束。到1983年年底,全国已经有12 702个人民公社宣布解体,1984年年底又有39 838个人民公社摘掉牌子,1985年最后249个人民公社自动解体,取而代之的是79 306个乡、3 114个民族乡和9 140个镇。

可以说,政社分设是农村政治经济制度变革中的一个重要的里程碑。它不仅是农村民主政治制度建立健全的起点和基础,也使农村后续的经济制度创新成为必要和可

能，开启了家庭承包经营制度之后农村社会经济制度创新的新时代。

二、民主趋向的乡镇制度结构

在中央的统一部署下，乡村政权体制形成了较为明显的民主特征。

税费改革以前，乡镇政治体制由镇党委、乡镇人民政府、人民代表大会、人民武装部、政协联络组等组成。因为人民武装部不是普遍设立，政协联络组只在少数乡镇设立，大多数乡镇形成了党、政、人大为主体的体制。

其中，乡镇党委对乡级政权有绝对的领导权和控制权。1982年宪法规定，"乡、民族乡、镇的人民政府执行本级人民代表大会的决议和上级国家行政机构的决定和命令，管理本行政区域内的行政工作"。实际上，乡镇的重大决策一般由乡镇党委会议和乡镇党政联席会议决议形成。乡镇党委书记也习惯性地被称为"第一把手"。乡镇党委一般设有纪律检查委员会、党委办公室、组织科、宣传科、社会综合治理办公室等机构。团委、妇联、工会的主要事务也由乡镇党委管理。

乡镇人民代表大会定期召开，对本乡镇的重大事务进行磋商决策，并对政府执政进行监督。在代表大会闭会期间，则由乡镇人大主席团作为常设机构。后来，一些地区还专门设立了乡镇人大办公室（设有主任、秘书等职）和专门委员会（委员会人员一般由乡村干部、人大代表兼任）。人大主席团常设主席也有不少地方由乡镇党委书记兼任。

乡镇人民政府设乡镇长、副乡镇长等，负责管理乡镇日常行政工作。其附设的部门主要有3类：第一类是乡镇政府直属的行政机构，包括政府办公室、民政办公室、工业办公室、农业办公室、教育组、信访办公室、计划生育办公室、综合治理办公室等；第二类是上级部门派驻乡镇的机构，主要有公安派出所、工商管理所、财政税务所、土地管理所、交通管理所等，主要是一些事业单位；第三类是乡镇政府下设的事业单位，如农技站、农机站、水利站、经营管理站、畜牧兽医站、文化站、广播站、粮管所、乡镇企业办公室、房管所等。

乡镇人民政府的体制与中央和各级人民政府的体制保持一致，成为最基层的一级人民政府。同时，原来人民公社拥有的指挥和组织生产、生产资料购买和产品销售、农田水利农业基础设施建设，以及管理银行（信用社）、提供养老、医疗、救济等各种社会保障等职能都已经剥离出去，已经从对经济生活、社会生活的干预、执行转变为管理,其管理也以行政事务管理为主。这是改革开放后乡镇人民政府与人民公社的最大差别所在。

与中央和各级人民政府一致,乡镇一级也引入人民代表大会制度。一些民选代表的产生,使普通农村居民有了表达意愿的法律渠道,农民权益有了应有的法律保障。这一制度还有一定的乡镇自治特征,乡镇政府向本级人大负责,便于做出更多因地制宜的决策,与计划经济时代完全自上而下的控制、命令体制形成了明显的区别。

当然,乡镇政府自身的特征也很明显。乡镇政府的下设机构不仅有条条机构,也有块块机构,不仅要对辖区进行直接管理,还要完成上级各部门的"催粮交款"等相关任务,实属事务最繁杂的政府。

正是因为乡镇政府的特点,包括它的自治性,20世纪90年代末期,出现了群众直接选举乡镇领导干部的做法。继1998年四川步云、南城的乡长直选,1999年的深圳大鹏镇长直选,再到山西卓里的"两票制"选举乡长,湖北杨集的"海推直选"镇党委书记和镇长,乡镇党政领导干部由当地选民直选的做法,在全国不同的乡镇试验了好多次。2004年2月到4月,云南红河州石屏县七个乡镇统一进行了由选民直接选举乡镇长的试点,在全国第一次把一个县范围内的所有乡镇长职位都交给选民直接投票选举产生。

自2004年以来,中共中央和国务院又连年出台一号文件,全面推出重农助农的新"三农"政策。在重农助农的新形势下,乡村民主建设又出现了新的进展,呈现出了新的阶段性特征。

三、重农新政以来的乡镇制度创新

因中国经济迅速发展、工业已经完全有能力帮助农业的新形势,为了解决"三农"问题这个经济发展的瓶颈,以2003年《国务院关于全面推进农村税费改革试点的意见》为序幕,2004年以来连年中央一号文件以增加农民收入、提高农业综合生产能力、建设新农村、发展现代农业、加强农村基础设施建设为不同命题,把中央"多予少取,以工助农"的重农助农政策逐渐展开。农民不仅不需要缴纳农业税,而且国家还将给予农民粮食直补、良种补贴、农机补贴等;通过提高农业综合生产能力,推行现代农业,改善农村基础设施,建设新农村等举措,国家大力加强了农村公共物品的供给力度。

与此相一致,建立健全乡村民主制度,始终受到中共中央的高度重视和大力推动。

中共十七大报告指出,"人民依法直接行使民主权利,管理基层公共事务和公益事业,实行自我管理、自我服务、自我教育、自我监督,对干部实行民主监督,是人民当家作主最有效、最广泛的途径,必须作为发展社会主义民主政治的基础性工程重点推进"。而实现的途径就是要健全"党组织领导的充满活力的基层群众自治机制"。中共十八大报告中进一步强调:"在城乡社区治理、基层公共事务和公益事业中实行群众自我管理、自我服务、自我教育、自我监督,是人民依法直接行使民主权利的重要方式。要健全基层党组织领导的充满活力的基层群众自治机制,以扩大有序参与、推进信息公开、加强议事协商、强化权力监督为重点,拓宽范围和途径,丰富内容和形式,保障人民享有更多更切实的民主权利。"十八届三中全会公报重申:"畅通民主渠道,健全基层选举、议事、公开、述职、问责等机制。开展形式多样的基层民主协商,推进基层协商制度化,建立健全居民、村民监督机制,促进群众在城乡社区治理、基层公共事务和公益事业中依法自我管理、自我服务、自我教育、自我监督。"这些充分表明,农业和农村经济发展面临着前所未有的良好政策环境,乡村民主政治也迎来了进一步深化、发展的新时代。

在此背景下,通过倡导建设新农村,以乡镇机构改革、财政管理体制改革、乡村各级党组织建设、村民自治制度等为内容的农村综合改革也逐渐展开,一步步地推向深入。乡村民主制度在基层党组织建设、乡镇机构改革、村民自治的完善、农村和谐稳定局面的营造等方面,形成了许多新的经验和成果。

(一)强化基层党组织建设

强化基层党组织是加强党对农村领导的关键。连年以"三农"为主题的中央一号文件以不同的形式强调加强党对乡村的领导。在农村税费改革后,乡镇政权(包括党组织)催粮交款之类的工作,已经不复存在,这虽然减少可能发生的干群矛盾,但也在考验着乡镇政权联系群众紧密程度和服务群众的效果,乡镇政权从管理型向服务型转变势在必行。在这样的新形势下,优化党组织和党的领导核心作用,就成了加快乡镇政权从管理型向服务型的转变,并提升乡镇政权的服务效率的关键环节。

在实践中,"三级联创"活动成了一个重要的载体,也得到了一次次肯定和强调。在 2005 年、2008 年中央一号文件中,都明确提出,要通过"党的建设'三级联创'活动,增强农村基层党组织的创造力、凝聚力和战斗力"和领导核心作用。"三级联创"是指创建"领导班子好、党员干部队伍好、工作机制好、小康建设业绩好、农民群众反映好"的村党组织、乡镇党委和县委。"三级联创"对农村基层党组织的建设,提出了更高、更全面、更有时代使命感的新要求,是行之有效的成功经验。各地已有的尝试,在2003年后得到了中央的高度认可。与此相关的党员推荐、群众推荐、党内选举乡村党组织领导班子的办法,也就是"两推一选",也被当作是强化基层党组织的重要手段而加以推广。

另一个实践中形成的经验,就是党员干部的远程教育制度。对于党员干部的教育培训,中央一直十分重视,在中央一号文件中多次提出了一系列具体要求,各地也创造出了一系列经验,如党员活动日、民主评议党员等。在农村信息化不断推进的前提下,新颖、灵便、信息量大、信息全面的远程教育,就成了党员教育的又一个有效手段。在2005年、2006年、2007年的中央一号文件中,不仅肯定了这种成功的做法,而且强调要"加大力度""继续搞好"这项提升党组织机能的重要工作。

同时,基层党组织建设的主题也在与时俱进,从而能更紧密地与实践相结合,使党员的教育培训取得更切合实际的效果。

(二)乡镇改革的进一步深化

农村税费改革之后,乡镇政权从管理型向服务型转变势在必行;税费改革也带来了乡村两级财力的不足,影响着农村公共物品需求的满足程度。适应形势的需要,乡镇改革也在中央一号文件等的指引下,从机构改革和财权、事权配套改革两方面不断推开。

1. 乡镇机构改革

在2006年中央一号文件明确提出,乡镇改革要从精简机构和人员,以及"解决机构和人员臃肿的问题"两方面入手,实现职能转变,提高行政效率。2007年中央一号文件,要求进一步加大试点范围,加大试点力度;2008年中央一号文件,更明确地要求"深化乡镇机构改革""着力强化公共服务和社会管理",指明了乡镇政府改革的方向。

遵照部署,各地不同程度进行了乡镇机构改革,有的继续沿用以前的机构和部门架构,适当地进行了人员缩减和分流。有的按行政和事业编制划分,只保留行政单位或者只保留事业单位。有的只对事业单位或者行政单位进行合并,新机构为财会服务中心、农业服务中心、计划生育服务中心、村建服务中心、文化广播服务中心等事业单位,以及几个行政办公室等。有的乡镇对职能相近的部门进行了大规模的合并和调整,行政和事业编制的部门数量分别保持在4~8个,部门总量维持在10~20个,行政部门同样统称为各种办公室,如党政综合办公室、经济发展办公室等;事业单位则一般称为中心,也有称为站、所的,如农业服务中心、财政所、畜牧站等。虽然乡镇机构改革尚未完成,但改革带来了职能转变、行政效率提高、公共服务能力的增强等成效。

近年来,在城镇化步伐不断加快、城乡人口流动加剧的情况下,广泛进行的乡镇合并也为乡镇政权带来了新的改革动力,乡镇政权改革的内容也日趋广泛,服务职能不断增强,为新型农村社区和广大新式农民服务的能力和效率都在逐渐增强。

2. 财权、事权配套改革

针对分税制实施已久,税费改革后农村财力更加短缺,而农村公共物品和公共服务的供给力度却要求不断加大的现实,农村财权事权配套改革势在必行。

据统计,税费改革后,全国乡镇的债务保守估计在2 000亿~2 200亿元左右,平均每个乡镇400万元左右。2003年中央党建领导小组《加强党的执政能力》课题组调查的20个乡镇,绝大部分负债1 000万元左右,少的800万元,最多的达8 000万元。根据中央一号文件的统一部署,财权事权的配套改革,首先从清理乡村债务开始,促使乡镇和村级放下包袱,轻装前进。2006年中央一号文件提出要"选择部分县(市)开展化解乡村债务试点工作"。2007年中央一号文件,进一步明确要求全面清理核实乡村债务,制止发生新债,积极探索化解债务的措施和办法;优先化解农村义务教育、基础设施建设和社会公益事业发展等方面的债务;妥善处理好历年农业税尾欠,该减免的要坚决减免,能豁免的应予以豁免;中央和省级财政还要为此安排一定奖励资金。2008年中央一号文件,更进一步要求把试点范围扩大到省,通过分门别类、采用政府支持和市场协商等手段,争取在3年时间内完成乡村债务的清理化解工作。清理乡村债务工作全面铺开。

同时,乡镇财务状况已经相当恶化,不少乡镇出现工资发放困难、办公经费稀缺的现象;有的甚至出现了缴不起电话费、买不起汽油而无法正常办公的状况。为了解决乡镇由来已久的财政困难,2007年中央一号文件提出,"建立健全财力与事权相匹配的省以下财政管理体制,进一步完善财政转移支付制度,增强基层政府公共产品和公共服务的供给能力。"2008年中央一号文件进一步重申了这一政策。各地逐步展开的事权、财权配套改革的基本思路是:①建立健全财力与事权相匹配的省以下财政管理体制。乡镇政府因为只向本地提供安全、公平的社会经济秩序,提供教育、卫生、社会保障等社会福利,就应该赋予与这些事权相匹配的财权,由乡镇政权自己决定所需的办公人员,减少不必要的人头费开支,不应发生的高昂招待费、小汽车费等;杜绝"上级请客,基层缴费"的现象;通过建立地方公共财政体制,增加乡镇政府增收节支的积极性。②加大财政转移支付的力度。不仅要加大中央财政的转移支付力度,更要加大省、市、县等地方财政的转移支付,健全制度,增加透明度,向贫困乡镇倾斜,逐渐缓解财政收入短缺与公共品需求增加的矛盾。

虽然取得了明显的成就,但是在乡镇层面,乡村民主化的任务并没有全部完成,问题依然存在。例如,人大的监督作用发挥有限,机构臃肿冗员较多的现象依然存在,而财政困难在日益加剧,急需从机构改革和财政制度建设两方面,展开进一步改革;还需进一步通过各种有效途径,提升乡镇管理人员的素质,使乡镇政权成为真正公正廉洁、勤政爱民、服务高效的一级政府。①

第二节 探索和实行村民自治制度

为勾画村级民主制度的发展过程,提炼其中丰富的经验积累,本节从成因、进程、具体制度的演进、外部环境的改善几个方面展开。

一、村民自治制度的成因及其发展阶段

与政社分设相比较,更能体现乡村民主建设的是村级自治组织——村民委员会的设立。

家庭承包经营制度的实施,激发了相对独立的生产经营主体和市场主体参与管理农村公共事务、创新农村政治制度的旺盛需求。一是因为农户的收益不断增长,摆脱了食不果腹的困境,参与公共事务的管理的需求增加。对稳定的土地承包经营制度的渴求和对自身利益的关心促使农民对农村公共事务的极为关注。二是家庭承包经营制度实施之后,农村中出现"一部分社队基层组织涣散,甚至陷于瘫痪、半瘫痪状态,致使许多事情无人负责,不良现象在滋长蔓延"。这些现象实际上造成了权力和制度

---

① 部分参见钟涨宝、高师:《后税改时代的乡村治理改革》,载《农业经济》,2007(1);郑凤田、李明:《新农村建设视角下中国基层县乡村治理结构》,载《中国人民大学学报》,2006(5);刘涛、王震:《中国乡村治理中国家—社会的研究路径——新时期国家介入乡村治理的必要性分析》,载《中国农村观察》,2007(5)。

真空，给农户的收益甚至正常生活带来了隐忧。具体来讲，这些现象有：生产大队和生产队处于瘫痪、半瘫痪状态，社会持续混乱，上级下达的任务难以落实；有的地方家庭、宗族、帮派势力抬头，赌博、封建迷信等社会丑恶现象死灰复燃；有的地方乱砍滥伐，森林、水资源、水利设施甚至矿产资源遭到严重破坏和过度开采；有的地方猪牛羊鸡鸭随处放牧，公共事业无人关心，公共事务无人管理，村民难以正常生产生活。在农民自发创新精神得到大力激励的新时期，这些切身问题自然进入农民关注的视野，是他们自发制度创新的根源。

1980年广西河池地区农户组建村委会，之后，村民委员会在全国迅速推广。

广西河池地区宜山、罗城两县农民自发组建村民委员会的具体做法是：由村民自己选举村民委员会委员，组建村民委员会；村民委员会发动群众制定村规民约，实施自我管理，并维护农村社会秩序；村民委员会帮助农户恢复和开展生产，兴办农田水利等公益事业。这一制度创新，不仅填补了制度真空，而且很好地适应了当时形势的需要。1983年中央一号文件肯定了他们的部分做法，指出："要通过制订乡规民约，开展建立文明村、文明家庭的活动……反对并制止各种不良风气和不法行为……"

全国人大在总结各地的经验基础上，在1982年《宪法》第111条中明确规定："城市和农村按照居民居住地设立的居民委员会或者村民委员会是基层群众性自治组织。"1983—1986年的4个中央一号文件，也对农村基层政权建设和改革提出了指导性意见。这时撤社建乡、政社分设的实施，也为组建村民委员会，在全国范围内创新村级组织铺平了道路。到1985年，全国共建立948 628个村民委员会，新的村级行政组织体系的框架基本形成。

此后，从1987年全国人大颁布《中华人民共和国村民委员会组织法（试行）》开始，村级民主制度建设进入了制度化和法制化阶段，相应的制度内涵等也逐渐以法律的形式加以固化。1987年的这部法律根据1982年《宪法》第111条的规定，对村民委员会的性质、地位、职责、产生方式、组织机构和工作方式以及村民会议的权力和组织形式等，都作了比较具体、全面、系统的规定，确定了村民自治制度的基本格局。1994年10月，中央发出了《关于农村基层组织建设的通知》，指出要广泛开展依法建制、以制治村、民主管理活动，在调动农民群众当家作主积极性的前提下，继续开展村民自治示范活动。并要重点抓好：一是村民选举制度，坚持民主选举村委会成员；二是村民议事制度，村里的大事，包括经济和社会发展的规划、公益事业的兴办以及群众普遍关注的热点问题等，都必须依法由村民代表会或者村民大会讨论，按照民主集中制原则作出决定，不能由个人或者少数人独断；三是村务公开制度，涉及群众利益的事务，必须定期向群众张榜公布，接受监督；四是村规民约制度，根据国家政策法律，因地制宜，民主制定约束所有村民的章程规范，并要不断具体化和完善。这就将村民自治制度的内涵基本界定成型了。中共十五大以后，村民自治制度建设和完善一直被看成农村工作的重点，村民委员会的直接选举制度、村务公开制度和民主议事制度等，受到多次重申和强调。1998年中共十五届三中全会审议通过了《中共中央关于农业和农村工作若干重大问题的决定》，对全面推进和完善村民自治制度提出了明确的要求，明确指出制度建设是村民自治制度的根本，特别要重点建立健全民主选举制度、民主议事制度和民主监督制度。同年，全国人大正式颁布了《中华人民共和国村民委员会组织法》，总结了广大农民在中国共产党领导下创造的村民自治经验和做法，并以法律的形式更加全面地规定了村民自治制度的内涵。1999年，中央又召开了全国农村村民自治工作经验交流会，在总结经验的基础上，提出要坚持中国共产党的领导不动摇、尊重群众利益不动摇、服务于经济建设不动摇，把村民自治不断推向前进。

二、村民自治制度内涵的形成和完善

（一）性质和任务的确定

从20世纪80年代初的创新实践，到此后的立法规范，村民自治制度的性质和任务，已经明确界定，并得到了高度认同和一致遵循。

1. 性质。 1982年《宪法》已经明确规定，村民委员会属于"基层群众自治性组织"。在《村民委员会组织法》中更进一步明确："村民委员会是村民自我管理、自我教育、自我服务的基层群众性自治组织，实行民主选举、民主管理、民主监督。"

具体来讲，村民委员会首先是一个群众组织。因为村民委员会的主体是村民，只要拥有国籍，履行村民的权利义务，都可以成为村民委员会成员；村干部包括村主任、副主任等，都由村民直接选举产生，并对村民负责，接受村民监督，任何其他组织和个人都无权指定、委派、罢免村干部和村委会成员；村民委员会成员也无任何特权，同样要参加生产劳动，只不过由全体村民负担他们因为管理工作造成的误工补贴而已；村民委员会的所有工作也必须得到村民的支持，经费、劳动力都来自村民，工作中更离不开村民的配合，走群众路线势在必行。

其次，村民委员会是一个基层组织。村民委员会不同于国家政权机关：国家政权机关通过的法律、政策等具有"普适性"的国家强制力，对任何不服从则可以强制执行；而村民委员会形成的决议、决定等，既没有那么大的强制力，也不能强制实施。村民委员会没有国家机关那样上下隶属的严密的组织系统，只能给相互平等的村民提供服务。村民委员会也不像国家机关那样，具有完备的经济、行政、司法等强大调控实施手段，这自然表现为行政能力的明显差异；当然，最显而易见的，是村民委员会成员不属于国家公务员，不拿国家津贴，也没有相关待遇，依然是农民的一员，还要服务于农民。

第三，村民委员会还是一个自治组织。村民委员会的权力来源于村民的委托，行使权力必须接受村民的监督，对村民负责，不称职或者滥用职权村民可以罢免；而乡镇政府与村民委员会不再是隶属关系，而是指导关系，乡镇政府也不再是村民委员会的权力源泉；村民委员会办理的本村公共事务和公益事业，只须征得大多数村民的同意，不须再向乡镇政府请示报告，反倒是乡镇政府需要村民委员会协助完成有关事项时，还要同村民委员会商量具体措施。这些都充分表明了村民委员会的自治性，也表明了自治制度的相对独立性。此外，村民委员会形成的决议等，对村民虽有一定的约束力，但没有强制性，所以征得村民同意的方法主要是说服教育，而不能强制执行。

因此，村民委员会就是一个基层群众的自治性组织。

2. 任务。村民委员会的任务主要包括前述两部分：一是自治事务；二是基层政府要求协助的事务和委托事务。具体来讲，这些事务包括：

办理本村的公共事务和公益事业。主要有：架桥修路，兴修水利，兴办学校、幼儿园、养老院，植树造林，整理村容，美化生活环境，扶贫济困，救助灾害等。

调解民间纠纷。村民委员会要负责调解邻里之间、家庭内部、村民之间甚至村与村之间的相关纠纷，这些纠纷涉及婚姻、家庭、继承、房产、财产、借贷、宅基地、水利、土地、山林、滩涂、买卖、委托、保管、损害赔偿等诸多方面。

支持和组织村民发展经济。主要包括：（1）依法管理村民集体所有的土地和其他财产。（2）支持和帮助村民组建专业合作社和其他形式的经济组织，通过组织起来，克服一家一户小生产带来的弊端和问题。（3）提供产前、产中和产后的协调服务工作，做好电、水、地、工等方面的统筹。（4）保证集体经济组织和村民的合法权益。（5）维护家庭经营、统分结合的双层经营制度。（6）合理利用自然资源，保护和改善生态环境。

此外，还有：宣传国家法律、政策等；建设精神文明，教育村民做守法、负责的合格公民；引导村民团结互助，形成村庄合力；协助乡镇政府开展工作；协助维护社会治安。

（二）"四个民主"制度的形成和不断创新

最能体现村民自治制度的民主化制度内涵的，就是村民自治制度的主要内容。这就是人们通常所概括的"三个自我""四个民主"。其中最重要的就是"四个民主"。

"三个自我"就是村民在中国共产党的领导下，依法选举村民委员会，依法办理与自己切身相关的村内事务，实现自我管理、自我教育和自我服务。

"四个民主"则是实现"三个自我"的途径，也是经过实践反复证明的最好的办法，是通过村民自治实现乡村民主化的关键。"四个民主"就是《村民委员会组织法》第二条第一款规定的、要求村民委员会实施的"民主选举、民主决策、民主管理、民主监督"。"四个民主"紧密相连、环环相扣、不可分割，形成一个完整的制度体系，成为村民自治制度的基本制度内核。

1. 民主选举制度的不断完善

"四个民主"中，民主选举是基础。

经过基层群众的不断创造和各级政府的不断试验推行，民主选举制度逐渐建立健全起来。具体表现在：

（1）村民委员会的选举程序逐渐实现了法制化、规范化、细致可行化。

经过基层群众的创造和各级各方面的努力，《宪法》《村民委员会组织法》已经明确规定了实现"公平、公正、公开"选举的法定程序。

选举主持村民委员会选举工作的村民选举委员会。村民选举委员会成员一般5~7人，由村民会议或者村民代表提名候选人，然后由村民会议或者村民代表会议采取秘密划票、无记名投票的方式产生。村民选举委员会可设主任和副主任各1名，主要工作包括制定选举方案、骨干培训、宣传教育等准备工作以及选民登记等。各地形成了确认选民资格、实施逐一登记、对已登记选民颁发选民证等一整套细致可行的经验。

对提名、确认、宣传候选人的工作，《村民委员会组织法》中也作了具体细致的规定，只有"遵守宪法、法律、法规和国家的政策，办事公道，廉洁奉公，热心为村民服务"的村民才会获得候选人资格，才会由村民单独或联名提名成为。按照《村民委员会组织法》等法律的规定，村民委员会主任、副主任正式候选人应比当选名额多1人，委员的正式候选人应当多1~3人。当提名候选人多于上述法定人数时，村民选举委员会应当组织预选大会，以简单多数为原则，选出正式候选人，公告全村。并通过组织介绍或者自我介绍的方式，对正式候选人进行客观公正的宣传。

接下来的村民委员会的投票选举环节，渐趋一致的规范做法是，被选出的村民委员会一般由主任、副主任和委员3~7人组成，每隔3年要重新选举换届。投票选举必须由当地村民一半以上人员参加，选举结果才会有效。候选人得票超过半数才能当选。投票选举必须采取秘密划票、无记名投票的方式。投票结束后必须当日公开开票、唱票、计票，当场公布选举结果，并张榜公布新一届村民委员会当选名单，报乡镇政府和县民政部门备案。

很明显，上述程序的形成经历了一个基层群众首创、各方参与经验交流和制度改善、体现国家意志也反映民意的法律固化等众多阶段的变化过程，是一场兼具诱致性和强制性的、复杂的制度变迁。

（2）选举规则的不断试验和改善。

各地村民在选举过程中，也形成了不少有价值的经验，有些已经被《村民委员会组织法》吸收采纳。如究竟什么样的人才有资格被选为村民委员会成员？村民的标准就是"思想好、作风正、有文化、有本领、真心实意为群众办事"。这与《村民委员会组织法》对村民委员会成员和候选人的要求"遵守宪法、法律、法规和国家的政策，办事公道，廉洁奉公，热心为村民服务"相对照，就明显可以看出一个从"乡土气息"到"阳春白雪"的演进过程。

村民直接提名候选人和通过预选举确定正式候选人的做法，也得到了实践和时间的检验，获得了法律的认可，尤其是比起由有关部门和人员确定正式候选人的做法，明显增加了透明度，也提高了候选人的质量和群众的认可程度，村民的满意程度也增加了。1986年，吉林省梨树县梨树乡北老壕村在1986年换届选举时首创"海选"——即"村官直选"在全国各地、各层面推广开来。具体做法是，由选民直接提名、确定候选人进行选举，犹如从大海中捞取珍珠一样选择自己信任的人。同时"海"有"极多"和"漫无边际"的意义，比喻不指定候选人，想选谁就可以提名谁，从众多候选人中直接选举村委会成员。"海选"之类的制度创新，保证了村民充分的选举权和被选举权，也在一定程度上增强村民选举的民主性、参与度和公正性。

在组织介绍和个人介绍环节，村民们更多地选择个人介绍，个人介绍也逐渐演变成了个人公开竞选。正式候选人尤其是村主任的候选人要在公开的场合，在平等的前提下，向村民发表竞选演说，报告本人的有关情况、治村方案、对村民的承诺等，并当场回答村民提出的问题。这种方式有利于村民更直接、全面地了解候选人，从而做出正确的选择。

还有,设立秘密划票间的做法,也是一项很有价值的经验。投票时,村民单独进入划票间,他人不得旁观,更无从知晓村民投了谁的票,在很大程度上提高了选举的公正、公平性。

总之,这些经验,对于减少、杜绝贿选和个别人操控选举,对于选出真正代表民意、受村民拥戴的村民委员会,实现民主选举,起着越来越重要的作用。实践再一次证明,农民群众旺盛的创造力,是农村制度创新和制度改善的重要源泉。

2. 民主决策制度的不断改进

民主决策是"四个民主"的关键,是村民自治的民主化程度最突出的标志。村民委员会是走群众路线还是独断专行搞"一言堂",自然会影响其作用的发挥程度;不集中群众的智慧,不调动群众的积极性,本身就减少了走向成功的概率;长此以往,很可能会远离村民,甚至会走向村民的反面。

在基层群众创造的基础上,经过《村民委员会组织法》等的法律,设立村民会议或者村民代表会议,研究磋商决定村庄重要事务和群众共同关心的问题,成为实施民主决策的重要途径。村民会议由本村18周岁以上的村民组成。村民会议具有对全村重大事务的决策权、制定村民自治章程和村规民约的立约权、审议村民委员会工作报告和评议村民委员会成员的监督权以及在1/5以上本村村民提议后,通过投票在多数同意的情况下罢免村民委员会成员的罢免权。村民委员会行使这些权力,须本村村民2/3以上的参加,与会者过半数同意才能形成决议。

后来,针对有的村庄人数较多,有的村庄村民居住分散以及不少村民外出务工等实际情况,20世纪80年代末,农村又出现了村民代表会议这种民主决策的新形式。《村民委员会组织法》规定,每15户左右推举一位村民代表,代表任期与村民委员会相同。村民代表会议议决的事务主要包括两方面:各级政府下达的各项任务和要求协办的事项以及村内的各种事务。后者主要包括完成国家任务的措施、村建规划的实施和宅基地安排方案、村民承包经营方案、计划生育落实工作、村庄重大财务开支等。村民代表会议对这些问题具有相应的监督权、决策权和审议批准权。法律对这些权力的行使程序作了与村民会议略有不同的规定。可以看出,村民会议与村民代表会两个互相补充,形成了分工协作、委托与被委托的关系,共同改善民主决策制度。

进入21世纪初年,民主决策制度又取得了新的进展。由于村民代表对所讨论事项不甚了解,与会者受知识面、知情面的局限,影响了决策的合理性和科学性。为了减少决策失误,许多地方不同程度地开展了村务民主听证活动,在村民代表会议决策之前,听取村民和有关方面人员的意见。听证会通过邀请村民、村两委委员、村民代表、当事人代表以及政府官员、有关专家广泛参与,不仅使村民有机会了解村务、发表意见、进行咨询,从而有更多的机会更有效地参与决策;还通过引入官员、专家、当事人等参与,使不同意见能够更集中、全面地得到展现和交锋,也更能够有效地减少决策失误。很明显,这是实现乡村民主化的又一个重要举措。

3. 民主管理制度的建立和改善

民主管理是实现"四个民主"重要举措。在决策、管理和实施的过程中,只有坚持实行民主集中制,在管理中充分发扬民主,村规民约和章程等形成的约定才会被村民们高度认可,才会成为村民们一致的行动,村民自治制度才会成为造福一方百姓的法宝。

现实中,对于民主管理制度的改善,主要是通过建立健全实现民主管理的途径来完成的。根据法律,这样的途径主要有两个:一是通过村民会议和村民代表会议直接参与管理;二是依据有关法律政策,制定村民委员会章程和村规民约,约束村干部,实现村民的自我教育和民主管理。可见,村民委员会章程和村规民约是实现民主管理的主要途径,是由村民会议制定的、约束村干部和村民的共同行为规范。

各地通过自下而上制定和完善规则,形成了村民管理村干部并自我管理,村干部向村民提供管理服务的模式,与人民公社时期自上而下的管理模式,形成了明显的区别,也显示出了民主管理制度的进步。

各地农村制定的村规民约,对于村民和村干部自我约束、自我教育、自我管理,发挥着良好的作用,有效地提高了村民素质,加强了社会治安综合治理,有力促进了村庄的和谐稳定。村民会议依法制定的村民自治章程,内容十分广泛,基本包括了村民自治和村务管理的各个方面,有的还在此基础上加上了社会福利、社会保障、农业科技教育、国防教育、法律知识教育、廉政工作等方面的内容,成了村民自治组织中层次最高、结构最完善的规章,被村民亲切称为"小宪法"。

4. 民主监督制度的不断进展

民主监督是"四个民主"的保证。村民委员的廉洁性,村庄政务、财务的公开性,决策的公平性,都需要来自村民的积极监督和村民委员会自觉接受群众监督。

民主监督的主要内容包括监督重大事务、村干部行为、村委会工作等。实现民主监督的形式主要有:村务公开、村委会报告工作制度和民主评议制度。民主监督的主要形式就是村务公开，重点是财务公开，财务公开也是群众最关心的问题。

经过多年的实践积累，各地已经形成了多种村务公开方式。有的通过广播、有的通过电视、有的通过设立村务公开宣传栏，有的村庄还确定了村务公开日。村委会报告工作制度要求村干部和村委会定期向村民会议和村民代表会议汇报工作，听取意见，接受监督。此外，通过定期召开村民评议会议，本着务必友善、客观公正的原则，对村民委员会成员的"德、能、勤、绩"进行考评，评定等级，并向全部村民公布，逐步建立起了民主评议制度。借此以及相应办法，把大多数村民不满的事项坚决予以纠正，对不称职的干部及时进行查处。实践表明，村务公开的实现途径不仅已经多样化，整个民主监督制度也在不断制度化、规范化的过程中。这同样归功于中国共产党领导下人民群众旺盛的制度创新力。

三、村民自治制度的外部环境

同任何其他制度一样，村民自治制度的不断完善，离不开外部环境的优化。从实践经验来看，更好地推行村民自治，必须协调处理好与村党支部、乡镇政府，以及行政事务与经济职能之间的关系（也就是村民委员会与村集体经济组织之间的关系问题）等。

（一）协调村委会与党支部的关系

作为最基层的党组织，党支部主要负责对村庄和村委会的政治领导、思想领导和重大问题决策上的领导。《村民委员会组织法》规定"村民委员会负责办理本村的公共事务和公益事业"，并没有对党支部和村委会在具体事务上的职权分工做出明确的规定。于是现实中就出现了两种情况：一种情况是，较为健全、有权威的党支部，对农村重大事务不是建议而是直接做出决定，村民委员会失去实权，甚至形同虚设；另一种情况是，村委会不接受党支部的领导，村主任甚至不是党员，党对农村工作的领导无法实现。

针对这些情况，各地村民一直在寻找协调村委会和党支部关系的方案。形成的基本思路是，党支部负责方向性大事，具体事务由村委会管理；同时加强村党组织建设，增强凝聚力。

（二）理顺与乡镇政府的关系

现实中存在两种值得注意的情况，一是乡镇政府过度控制村委会，把指导关系变成了领导关系，村民委员会的自治性受到了影响；另一种情况是，一些地方为了提高"工作效率"和"执行效果"，要求村委会完全听命于乡镇政府，就转而将村委会变成了直接由乡镇政府任命罢免的"准政权"。无疑，这两种情况都违背了村委会自治组织的初衷，不利于乡村民主化的良性演进。

在"乡政村治"格局下，不少地方正在从村民委员会的自治性质和乡镇政府对村民委员会的指导关系两方面，理顺二者之间的关系；同时要通过法律建设等手段，防止乡镇政府的侵权行为，以及村委会不协助乡镇政府完成国家任务的做法。

（三）逐渐理顺村委会与集体经济组织的关系

村集体经济组织属于独立的市场主体。《村民委员会组织法》规定：集体经济组织具有独立进行经济活动的自主权。但是在现实中，有的地方没有建立集体经济组织，由村委会代行职权；有的地方只有村办企业公司，集体经济组织（村合作联社）和村委会虚置；有的地方村委会和村集体经济组织是一套人马，两个牌子，实际上由村委会代管；有的地方虽然设立了集体经济组织，但制度体系不健全，没能发挥应有的作用。针对这种情况，结合中国市场经济的不断推进，以及整个行政管理体制从管理型向服务型转变的大趋势，在农村实行"村企分开"势在必行。这既有利于村集体经济组织的自主发展，也有利于村民自治组织集中精力致力于搞好农村公共事务和公益事业。在一些"村企合一"具有明显优势的地方，应因地制宜，逐渐走向"村企分开"，不搞"一刀切"。

理论和实践都表明，只有从各方面完善村民自治制度的外部环境，才会形成推动内部制度创新的强大推动力，才会增强形成外部环境优化与内部民主制度创新协调演进的良性格局。

四、重农新政下村民自治的进一步改进

税费改革后农村公共品供给的新形势，特别是在城镇化迅速推进的新形势下，村民自治的发展又取得了新的成果。主要包括以下几个方面。

（一）村级财政制度建设

随着税费改革的推行，农村的财务状况恶化和公共品需求增加的矛盾也日益显露出来。一是由于村庄积累了沉重的债务，其中重要一部分是农业税欠款。2003年中央党建领导小组《加强党的执政能力》课题组调查的20个乡镇，村级债务平均近100

万元。二是村庄要开展公共服务，提供公共物品，如修建学校、投资农业基础设施等，缺乏资金来源。

针对这种情况，2003年《国务院关于全面推进农村税费改革试点的意见》中及时提出了清理村级债务问题，并肯定了盘活集体资产、债权债务抵销等办法。肯定了"一事一议"筹资投劳制度，并将它作为农村基层民主政治建设的重要内容。以后的中央一号文件，如2006年、2008年中央一号文件，都多次提出要加强"一事一议"筹资投劳制度建设，使农民能够更好地开展公益性设施建设。2008年中央一号文件更提出"支持建立村级公益事业建设'一事一议'财政奖补制度试点"，对成效好的地方给予一定的财政奖励和补助，从"不取不予"更进一步走向"不取有予"。在这样的政策支持下，村级财政制度建设从清理债务、拓宽财务收入来源两个方面不断推进，一些做法和经验不断探索、形成和积累。

（二）农村干部队伍建设

2003年以后，推进农村民主建设的一个重要做法就是通过各种途径，充实农村干部队伍，提高农村干部的素质，解决和减少农村社会矛盾，营造农村的和谐稳定。采取的措施主要有：

自上而下的输入方式：通过到基层任职、挂职、蹲点、一对一帮扶甚至大学生村官等多种途径，向农村输送干部，并通过这个过程不断提升农村干部理解、贯彻党和国家各项政策、适应市场经济、带领农民致富的能力和素质。

村干部的激励方式：在中央一号文件和有关政策中可以看出，从村干部中选拔乡镇干部的做法，已经形成了一个制度，这对广大农村干部产生了巨大的激励作用。

村干部的选拔范围也有了新的变化，就是"注重从农村知识青年、退伍军人、外出务工返乡农民、农村致富带头人中培养选拔村级组织骨干力量"，从而为村干部队伍增添了新的血液，增强了村干部带动农户致富的能力。

（三）村民自治制度的进一步完善

在上述基础上，村民自治制度也在进一步完善。受中央一号文件等的指引，在民主选举中，进一步完善了保障农民群众的推选权、直接提名权、投票权、罢免权的各项制度。完善村民民主决策、民主管理、民主监督制度，则以充分发挥农民群众在村级治理中的主体作用为目标，重点注重村务公开、财务公开和民主管理等制度的改善，形成更实用、更有效的村民自治制度体系。

同时，土地等一些群众关心的重大问题，也在严重影响村民自治制度的绩效。[1]村民委员会的一项重要经济职能，就是土地的重新发包和农转非土地的出售。在房地产急剧升温的时代，由此引发的腐败，群众不满激增。中央一号文件多次重申："严格农村集体建设用地管理，严禁通过'以租代征'等方式提供建设用地。城镇居民不得到农村购买宅基地、农民住宅或'小产权房'。开展城镇建设用地增加与农村建设用地减少挂钩的试点，必须严格控制在国家批准的范围之内。依法规范农民宅基地整理工作。"通过制度和机制创新，从根本上杜绝土地转让、征用过程中的寻租、侵权行为。在城乡建设用地市场一体化已经纳入试点后，如何保障和充分实现农民利益，成了村民自治的崭新内容，也成了考验其成效的新标准。[2]

五、村民自治的成就与问题

（一）主要成就

三十多年乡村民主建设的成就之一，就是锻炼了民主观念。在从计划经济向市场经济过渡的过程中，在中国通过一系列改革实现经济一次次跨越式增长的伟大实践中，人民群众的民主意识的建立和不断增强，不仅成为中国人民当家作主的政治制度的基础和表现，成为一系列新的政治制度创新完善的源泉，也是一系列经济改革走向成功的根本保障。很明显，如果没有人民群众日益增强的民主意识，就很难形成农村人群新的、健康向上、有利于经济发展社会稳定的精神风貌，……当然，经济制度和政治制度的创造也就成了无本之木、无源之水。

成就之二，就是形成了较为完整有效的乡村政治制度体系。如前所述，乡村两级的民主政治制度从内容到形式，通过各个阶段的不断推进，形成了较为完整有效的制度体系，并处在不断优化和改进的过程之中。伴随着乡镇政治制度从压力型（或者称之为行政命令型或者全能型）向管理型、服务型的转变，随着乡镇人大制度、

---

[1] 魏刚：《土地流转背景下的村民自治制度改革探析》，载《四川师范大学学报（社会科学版）》，2012（4）。

[2] 以上参见徐勇：《中国农村村民自治》，武汉，华中师范大学出版社，1998；徐勇：《乡村治理与中国政治》，北京，中国社会科学出版社，2003；白钢、赵寿星：《选举与治理》，北京，中国社会科学出版社，2001；刘斌、张兆刚、霍功：《中国三农问题报告》，北京，中国发展出版社，2004；马戎、刘世定、邱泽奇：《中国乡镇组织变迁研究》，北京，华夏出版社，2000。农业部农村经济研究中心当代农业史研究室：《当代中国农业变革与发展研究》，1998；孙柏瑛：《当代地方治理：面向21世纪的挑战》，北京，中国人民大学出版社，2004；于建嵘：《岳村政治——转型期中国乡村政治结构的变迁》，北京，商务印书馆，2001；张静：《基础政权——乡村制度诸问题》，杭州，浙江人民出版社，2000。

选民直选等方面的民主化改进，村庄的民主制度演进，也取得了越来越显著、比乡级政权改革更为突出的成效。不仅建起了以民主选举、民主决策、民主管理、民主监督为内核的村民自治制度体系，还在村民自治的方式、内容、具体规则、实施程序、外部环境等方面，不断得到充实完善提高，同时农村党组织的建设、财政管理制度的改革也在逐渐铺开。村民自治制度已经成为农村社会经济发展、和谐稳定的重要法宝。

成就之三，乡村的政治民主带动了经济民主，形成了政治民主和经济民主良性互动的格局。乡镇企业早期借用公有产权制度、后来进行股份合作制改造，最后向现代股份制企业转型等一系列制度变革；农民合作社尤其是专业合作社的迅速发展，内部合作制、股份合作制等制度的不断创新；农业产业化经营从"公司+农户"向"公司+合作社+农户"模式演进，进而进展到"合作社+农户"的模式；民间资金互助组织、村镇银行等民间金融组织的不断设立；农户、农民经纪人、农业企业等市场主体的不断出现，农村各种市场组织和市场体系的建立健全；土地股份合作制、两田制、四荒地拍卖、"生不增死不减"等土地流转制度的尝试，等等，都来自农民群众的自发制度创造力，当然也来自于村民自治制度形成的制度创新平台和制度创新环境。同时，经济制度的演进，又通过经济发展，形成了政治制度进一步创新的新需求。三十多年来我国的乡村政治制度和经济制度，正是在良性互动中，协调演进，互相推进的。

农业产业化经营中村民自治制度的作用，可以揭示农村经济制度对政治制度的需求。根据作者2000年对山东烟台的调查，农业产业化中最突出的问题是利益纠纷。在市场价格与企业收购价格相差较大时，被访问农户会选择违约的占45%，只要价格有差别就会违约的也占45%，有4~5家企业因为群众性的毁约蒙受了较大的损失，1家企业因此倒闭。另一方面，企业也会以各种理由拒绝农户和合作社分享利润，最平常的理由就是资金周转不灵，最常见的手段就是拖欠。40%的农户认为企业存在短期亏损时，就会拖欠；15%的农户认为企业不管是短期还是长期亏损都会拖欠利润。当地减少违约的做法之一就是引入合作社。但仅靠合作社监督相对强势的公司明显不够。农户一致认为村委会是一个重要的桥梁和中介。村委会不会干预合作社、农户与公司的具体业务和合同，但会"公正处理"公司与农户之间的矛盾。在与公司发生利益纠纷时，60%的农户首先选择找村委会解决。结果在合作社参与的产业化经营中，因为有了村委会的调解，纠纷发生的概率下降了40%，严重程度也大大减小。这充分说明了有效的政治制度对经济制度的完善起着不可或缺的作用。

政治民主对经济制度创新的刺激,经济制度创新中政治制度的作用,综合起来展示了农村政治民主和经济民主良性互动的态势。这种良性互动,也显示了村民自治制度在改善民生、化解社会矛盾、营造农村和谐稳定等方面的制度绩效。

成就之四,形成了村庄民主与国家民主对接、互补、协调演进的制度创新格局。村民自发创造的村民自治制度,以及在此基础上形成的乡镇政治制度,得到国家认可并加以法律制度化规范后,在全国范围内推行改进。这样的制度演进路径,不仅是一个"民主下乡"[①]的单向行程,更是一个诱致性的制度变迁与强制性的制度变迁互动、协调的良性过程。实践证明,从村民自治制度的诞生、撤社建乡时代开始,乡村民主政治制度的每一步创新,都改善了部分人群的收益。以村民自治为基础、"乡政村治"为格局的乡村政治制度格局,对于未来农村社会经济的发展、进一步的政治经济制度创新,都是非常宝贵的巨大财富。

(二)问题与对策

在取得成就的同时,乡村民主建设的任务并没有全部完成,问题依然存在。在村庄层面,村民自治还不等于村庄民主,还明显存在民主选举规范化程度不高、民主决策普及程度不高、民主管理的民主程度不够、民主监督制度不民主不完善等不足,与村党组织以及各方面的内外关系还需要进一步理顺。由于农村人口的社会流动、相关的法律体系不完善、"乡""村"边界不明职责不清、以及农村黑恶势力及宗族势力的入侵,都使村民自治受到影响和破坏。[②]一些地方出现的村民自治形式化、异化甚至成为村庄冲突来源的现象,尤其要给予足够的关注。[③]同时,在建设新农村背景下,农村公共品需求不断增加与村庄的供给能力不足之间的矛盾日趋严重,挑战着村民自治制度的效率。[④]要使村民自治成为真正高效的村庄民主制度,杜绝贿选、独断、不公正、不公开、危害村民等现象,增强公共品的供给能力,村民自治制度还有较长的一段路要走。

---

① 黄辉祥:《"民主下乡":国家对乡村社会的再整合——村民自治制度生成的历史与制度背景考察》,载《华中师范大学学报》,2007(9)。
② 房正宏:《村民自治的困境与现实路径》,载《华中师范大学学报(人文社会科学版)》,2011(5)。
③ 以上参见刘义强:《民主巩固视角下的村民自治:基于中国村民自治现状抽样调查的分析》,载《东南学术》,2007(4)。陶传进:《草根志愿组织与村民自治困境的破解:从村庄和会的双层结构看问题》,载《社会研究》,2007(5);党国英:《论村民自治与社区管理》,载《农业经济问题》,2006(2)。
④ 参见项继权:《"后税改时代"的村务公开与民主管理——对湖北及若干省市的调查分析》,载《中国农村观察》,2006(2);黄辉祥、汤玉权:《村级财政变迁与村民自治发展:困境与出路》,载《东南学术》,2007(4)。

解决上述问题的途径，还在于乡村民主制度的完善和包括财政管理体制改革在内的农村综合改革的进一步推进。

在乡村民主制度的完善方面，连年中央一号文件的颁布促使乡村民主化不断推进，逐一指明了完善乡村民主化的方向、原则、步骤和具体措施。中央一号文件以及十八届三中全会提出"畅通民主渠道，健全基层选举、议事、公开、述职、问责等机制。开展形式多样的基层民主协商，推进基层协商制度化，建立健全居民、村民监督机制，促进群众在城乡社区治理、基层公共事务和公益事业中依法自我管理、自我服务、自我教育、自我监督"的基本要求，充分发挥人民群众旺盛的自发制度创新能力，不断完善以乡村直选为基础、民主决策民主管理民主监督为内涵的乡村民主制度，以多样化的形式理顺各种关系和矛盾。

实现这一目标，要从乡级、村级的制度创新以及乡村治理关系的理顺等方面，努力进行制度改善：

在乡级制度从机构进一步优化、进一步推进民主建设、提升服务能力和服务效率的同时，村级制度的创新要本着充分发挥村民民主这一根本理念，从不断激发基层民众旺盛的自发创造力出发，完善各种村民表达意愿的渠道，不断拓宽村庄民主选举、民主管理、民主决策和民主监督的手段、方式和途径，借此广泛积累经验，改善村民自治的制度体系；同时，要通过自上而下和自下而上相结合的不懈创新，不断改善村民自治的制度规范、程序、运作措施等，从制度和技术上保证村民自治的不断完善，防止相关的异化、形式化和矛盾冲突，形成全体村民一致行动的良性制度变革路径；要通过吸纳新鲜血液、增强远程教育等村干部教育的力度和效果等多样化手段，提高乡村干部的素质，要通过村党支书兼任村主任等试验，理顺村级两委的关系，使村级组织具备强大的向心力，成为能够并善于服务村民的高效的战斗堡垒。

乡村治理关系的理顺方面，要在"乡政村治"的格局下，适度、适时、择地展开强村弱乡虚县、强乡弱村、乡镇自治、乡治村政社有等[①]多种方案的县乡村治理制度实验，寻找与各地农村异质性相适应的不同的乡村治理模式，在理顺乡村关系的同时，增强基层政权提供公共品、服务"三农"的实效。

在乡村财政管理体制改革等方面，任务则要艰巨得多。一是分税制改革相沿已久，已经形成的中央地方"分灶吃饭"的制度惯性一时难以打破；二是税费改革之后，乡

---

① 蔺雪春：《当代中国村民自治以来的乡村治理模式研究综述》，载《中国农村观察》，2006（1）。

村财政的赤字缺口巨大,乡村债务整体呈上升趋势;三是村级面临债务压力,难以化解财政收入来源缺乏与农村公共品需求不断增加的矛盾,提供公共服务的能力严重受限。针对这些问题,除了继续深化农村综合改革,改革乡村财政管理制度,使乡村两级的财权和事权保持一致外,更重要的是,要从全局着手改革,使公共财政真正覆盖全部农村;在"一事一议"和"一事一议"财政奖补制度的基础上,通过增强对村级的公共财政转移支付,通过建立民主、科学、有效的公共财政申报、使用、监督等制度,增强村级组织的公共品供给意愿和供给能力;在村庄经营收入的基础上,探索扩大村级财务收入来源的渠道;通过村务公开等管理、监督制度的建立健全,"一事一议"等制度的不断改善,减少由此引发的矛盾和阻力,提高村庄提供公共品服务的效率。

第三节 培育农村社会组织

改革开放以来,农村社会组织的发展逐渐形成了一道风景线。多元化、多功能的各种社会组织不仅填补了人民公社之后的组织制度空白,也在此消彼长之间形成了自己的独特格局和重要地位,在保护和实现农民利益、推动农村发展中发挥着越来越突出的作用。这些社会组织基本上可以划分为非政府组织(村民自治组织之外的)、村级经济组织、维权组织、综合性组织等类别。非政府组织主要涉及自我管理范畴,村级经济组织则以保护和实现农民利益为主要目标,维权组织兼有自我管理和经济利益两方面的追求,而综合性组织则涵盖政治、经济、信息、管理、服务等众多方面。四者发展虽然参差不齐,但壮大、优化是共同态势。

一、非政府组织

村民自治组织外的非政府组织,也就是村委会、党支部之外的涉及农村管理目标的非政府组织。

早期农村的非政府组织是以"填空"的形式发展起来的。在农村改革的基础上,20世纪80年代各地农民已经建立起了农业生产协作组、联户经营的小企业等经济合作组织、技术承包集团、技术研究会、民办研究所等技术协作组织，移风易俗理事会、计划生育协会等社会管理组织，文艺社、象棋协会等文化娱乐组织，等等。这些组织数量较大，形式多样，充分体现了农民自主意识的觉醒和参与能力的增强；组织的活动，有利于生产的发展、科学技术的推广普及、社会意识和风气的进步、群众文化生活的丰富；虽然都属于非正式组织，但也在一定程度上弥补了各种正式组织服务和管理功能的不足与缺陷。[①] 后来的发展历程也表明，农村社会组织可以在协助、推动村委会等提供社会服务方面发挥自己应有的作用。有实证研究发现，经常有各种活动和仪式的单一宗族组织或者有寺庙等活动载体的农村，村干部愿意把更多的精力和资金花在公共物品的提供上。[②] 也有研究表明，农村社会组织对公共事务的促进作用，很多时候是自己通过集体行动直接提供某些公共物品。当村民不能获得政府的帮助，或者觉得自身有需要时，他们可以通过相互协商来解决一些集体行动的问题。有些村庄的道路就是这些村社会组织来发起建造的。[③]

鄂东南一个村庄的社区发展理事会就是为了修路而建立起来的。[④] 当地道路长年失修、破败不堪，村民修路的意愿一直较为强烈，只是没有公开表达的机会。随着收入水平的提高，村民对公共设施建设的需求不断增强。2005年秋，当地村民高旭升提议修整通向本地的道路，并保证自家兄弟出资3万元。高的提议得到了村正副支书的响应，他们迅速召集村民开群众会议，围绕是否应该修路、如何修路、谁来组织、资金怎么筹集等问题展开讨论。所有参会的村民都同意修路，并共同协商，推荐9个代表，成立了社区发展理事会。村民共同决定理事会成员由各个房头推荐产生，且每个房头依据所占全部各房人数比例来决定自己的代表名额。

此后，这个理事会又进行了更大规模的修路工程，工程中还涉及了复杂的占地换地问题，对于道路必经之处不愿接受换地补偿的农户，理事会代表们进行了多次反复劝解说服，并建立了决策形成后全体签字生效的制度。这又是一个符合实际、低成本、有效率的制度创新。在组织不断发展成熟，承担的建设任务越来越多后，理事会进一步改良自身制度，渐次形成了严格的财务制度。财务报销在理事会内部实行层层审批

---

① 常永青：《加强社会组织建设深化农村体制改革——"中国农村社会发展"研讨会纪要》，载《社会学研究》，1990（1）。
② Lily Lee Tsai, Cadres, temple and lineage institutions, and governance in rural China. *The China Journal*, No.48.(Jul., 2002), pp.1—27.
③ 汪锦军：《农村公共事务治理：政府、村组织和社会组织的角色》，载《浙江学刊》，2008（5）。
④ 以下参见赵晓峰、刘涛：《农村社会组织生命周期分析与政府角色转换机制探究——以鄂东南一个村庄社区发展理事会为例》，载《中国农村观察》，2012（5）。

制,由理事会经手的账务,都必须做到财务公开,以保证信息的透明度。公开、严谨的财务制度,很好地维护了理事会的形象。在组织、经济利益以及财务管理等方面的各种组织建设初见成效的社区发展理事会,逐渐引起了各方面的注意,在各级政府部门的推动下,在相当大范围内的各自然村都纷纷建立了此类理事会。

这个理事会的发展过程是一个鲜活的农民自我管理、自我服务的社会组织制度创新过程,蕴含着非常宝贵的制度资源。宝贵之处在于其不同于村民委员会、具有自身特色的制度创新;在于其对家族、宗族等社会资源的有效利用、整合;在于其符合当地实际的、低成本的制度创新;还在于其根据制度变迁的实际需要,有条不紊地创新、优化制度的过程。可以说,这个理事会的组织制度变迁,就是农村此类社会组织发展过程的缩影。

从整个过程看,此类社会组织的发展中存在的关键问题是其发展得不到应有的保障,无法可依,无本可循。对此,中共十七届三中全会决议在提出深化村民自治的民主实践、扩大村民自治范围的同时,强调要培育农村服务性、公益性、互助性社会组织,完善社会自治功能,保障农民享有更多更切实的民主权利。

二、村级经济组织

村级经济组织主要包括村集体经济组织和各种农民合作经济组织。前者可以说是人民公社的遗产,属于"村办"组织;后者则是农民自发组建的、保护和实现自身经济利益的"民办"组织。

集体经济组织走过的路并非坦途。在家庭承包经营制度初兴之时,不少地方"一包了之",集体资产被分光抢净,甚至连拖拉机轮子都要切割平分给各家各户。幸存下来的集体经济组织纷纷"改弦易张",一时之间,"农村合作社""农村合作经济组织""农村集体经济组织""农工商综合体""农工商总公司"等称谓纷纷涌现,其实都是村委会管理经办的经济组织,甚至两块牌子一套人马。到现在使用最多的名称还是集体经济组织。

在乡镇企业"异军突起"之时,特别是以集体产权发展乡镇企业的"苏南模式"流行之时,与乡镇企业概念存在很多交叉甚至重合的集体经济组织也获得了较好的发展契机。一个显见的事实是,集体经济组织要把明晰产权列为自己在20世纪90年代的重要任务,个中原因就是丰硕的发展成果的分配问题提出了越来越强烈的产权明晰要求。最有代表性的是广东、深圳实行的集体资产股份合作制改造。① 其主要做法是对集体资产进行折股量化到人。新增的法人股、村外自然人股等，通过股份合作制很好地起到了明晰产权的效果；难题在于：集体股在村民间的分割量化，从什么时候的集体资产开始量化，集体资产是全部还是部分量化到人，等等。

集体经济组织的发展成绩与问题共存，一些明星村引人注目②，但总体上不能让人满意。由于一系列问题的存在，集体经济组织的存续与否也已经成了人们讨论的话题。③ 在深度市场化的背景下，弱质弱势的集体经济组织要能够闯荡市场并获取潜在利润，自然会、也不得不依赖村庄的支持。

三、维权组织

20世纪90年代以来，中国农村开始逐渐发展起一些农民维权组织，后来有逐步扩大的趋势。21世纪初，农民维权组织中，以湖南衡阳、安徽阜阳、江苏沭阳等地的诸如"代表队伍""农民维权协会""农民发展协会"等组织最为典型。这些组织的绝大多数维权活动基本保持在法律框架之内，其活动和主张与中央的有关政策、国家赋予农民合法正当的权益基本一致。这类组织存续至今，有人认为我们要正视农村维权组织兴起的客观性，并看到它们在消除社会矛盾、维护社会稳定中的正面意义。④ 有人更直接指出，农民维权组织建立的原因之一，就是农民利益得不到有效的组织保护而屡遭侵犯。其表现之一是税费太多，沉重负担来自于乡镇政府的过度汲取，而且有增无减；表现之二是在产品结构、组织结构调整，特别是在土地承包和土地城镇化过程中的土地征用等方面侵犯农民财产权的现象尤为严重；表现之三是部分乡镇干部及地方权势凌驾于农民之上，普遍存在着对农民生产和生活的过度干预、汲取行为。⑤

农民维权组织作为一种社会现象存在过，其存在的几个主要原因是：

（1）农民负担问题。20世纪90年代以来，农民负担问题成了农村一个比较突出的社会经济问题。农民维权组织实际上是农民在通过农业剩余支援国家经济建设的时候，主张、维护自己的奉献权益的组织；不是决定是否奉献而是决定奉献多少的组织。

---

① 谭建光、黄史、黄伟：《深圳特区农村的集体经济与集体管理探讨》，载《中国农村经济》，1997（10）。
② 许兴亚、贾轶、牛志勇：《中国社会主义新农村建设的榜样：河南省竹林镇、刘庄村、南街村集体经济考察报告》，载《马克思主义研究》，2008（7）。
③ 杨旭、李竣：《村企合一：农村集体经济组织形式能否存续》，载《改革》，2013（12）。
④ 钟宜：《中国农村社会组织发展与乡村治理方式的变革和完善》，载《探索》，2005（6）。
⑤ 刘鹏、杨继明：《论中国农村社会组织的现代化》，载《经济纵横》，2001（12）。

因此，负担问题本应当是一个经济范畴内的问题，但现实中它却是一个政治经济问题，有着复杂的政治层面的原因。分税制实施之后，地方政府尤其是基层政府的财政困难加剧。更糟糕的是，征收税费的人员开支只能来自增加的税费，这就使基层政府扩张—负担增加—政府进一步扩张—负担进一步增加形成了一个恶性循环。尽管中央三令五申，农民负担问题似乎陷入了难解的怪圈。负担的持续难解，导致了农民维权组织的出现和持续存在。

（2）工业化和城市化的扩张。每一轮的经济扩张，实际上就是工业化和城市化的扩张。而工业化和城市化的扩张，势必导致对农村的侵占。围绕着农村的土地、水、矿藏、劳动力等资源的利益纠纷，也就一轮轮地展开。同样处于弱势的农民需要组织起来保护自己的合法权益。

（3）政府的职能转变。随着中国经济体制从计划经济体制向市场经济体制转变，政府的职能也发生着从全能型向服务型的转变。在新中国成立以后至改革开放前的全能型政府中，特别是建立人民公社以后，政府拥有政治、经济、文化、军事等全部职能，所有的企业、所有的生产队都是属于人民公社的，汲取、传送农业剩余支持国家建设也就成了基层政府自己的任务，也是人民公社的使命之一。通常任务被逐层下达和分解给人民公社的各级各部门，相关物资则集中到人民公社统一上交。这个过程有点像是人民公社从自己口袋里拿出东西交给了国家，因而隐蔽了社员的贡献，也就隐藏了社员和国家之间的矛盾。但是在改革开放后的中国经济市场化过程中，首先是实行了家庭承包经营制度，集体和个人的权益被分割，农户有了越来越多要保护的私有财产；其次是改革人民公社建立了乡政府，并且乡政府的经济职能逐渐被剥离，政企分开的结果导致乡政府在完成农业剩余传递的过程中，越来越像一个从农户的口袋里拿出东西交给国家的角色。在乡政府强化自己的冲动中，农户自然也有扩大自己组织的愿望。

值得提及的是，以上三个主要原因，在改革开放以来的各个历史时期表现显然不同，对农村维权组织的影响也各有不同，从而导致了农民组织在不同时期发展中呈现出不同的态势。在农民负担问题变得尖锐激烈的时候，目标导向的维权组织发展很快表现很活跃；但在中央逐步取消农业税和各种农民负担之后，这类组织的减少势所必然。在各种农民负担和农业税被取消，并且乡政府不断转向服务型不断"瘦身"之后，农民组织与乡政府之间的矛盾不断和缓也是理所当然。与这两个发挥阶段性作用的原因不同，工业化和城市化则在改革开放后的整个历史时期不间断地一直发挥着作用。这可以部分解释在农民负担和农业税取消、乡政府功能不断优化、中央重农惠农政策不断强化的条件下,农民维权组织依然存在的原因。

四、综合性组织

上述客观条件之外,农村组织建设中始终存在的另一个难题,就是交易成本。对于农村的各级管理者来说,上传下达、下情上达是其工作的常态,面对分散的、千差万别的小农户肯定是他们最头疼的事,所以抱怨最多的是"跑断腿""磨破嘴"。对于广大农户来说,面对机构繁多、程序复杂的各级政府各种部门,除了"跑断腿""磨破嘴"之外,还要付出更多的交易成本。比如,如何符合规则之外的规则、达到要求之外的要求,就必须要支付成本之外的成本。如果有一种组织可以克服以上双方各层次的交易成本,提高办事效率,那一定会备受欢迎。综合性组织的创建就属于这种应时之举。

在建设新农村的背景下,2004年左右,重庆出现了一种以综合服务社命名的农村组织,这种综合服务社整合了政治、经济、信息、服务、管理等功能,囊括基层多部门,涉及农民、组织、企业和政府多主体,使农村社会组织的内涵和外延都得到了很大的扩展和延伸,也为解决农民办事难提供了一条很好的途径,降低了服务农民的交易成本,提高了服务效率。重庆南川市(现在的南川区)政府依托综合服务社平台,动员和组织了19个党委、政府部门,集中为农民提供法律、政策、科技信息、劳务中介、农业技术、计划生育、土地房管、警务、民政、林业等13个项目的咨询或办理手续服务,极大地方便了农民群众。[1] 在南川,每一个村都有一个供销服务社,这些业务种类繁多、辐射范围广的服务社,除了为当地村民进行农资和生活用品配送,还有一项重要功能就是提供信息服务,包括政策信息、市场信息以及村民日常生活的信息服务等。南川区的供销综合服务社已经成为当地最大的信息源和信息中转站。[2] 有的综合服务社从农村社区发展出发,开展多方面服务,如推动居民新村建设、改善农民的生产生活条件、创办农村医疗卫生点和学校等社会事业,有的还为农民提供一些日常生活的服务。这种多功能社会组织,对于适应和促进农村社区发展无疑有积极意义。

当然,优势和劣势往往就像一枚硬币的两面。这类综合性组织的优势中就蕴含着它的劣势。作为一种社会组织,真有那么大的能力去整合各种资源、各种力量、各个部门和机构吗?如果真有这么大的资源整合能力,它还是社会组织吗?如果是,要借

---

[1] 钟宜:《中国农村社会组织发展与乡村治理方式的变革和完善》,载《探索》,2005(6)。
[2] 《中华合作时报》,2014年6月10日。

力发力的社会组织又如何保持自我？这些问题，应当是这类社会组织发展的重要瓶颈。

从上述四种农村社会组织的发展过程看，农民是农村组织制度的重要创新主体。改革开放以来中国农民一直葆有旺盛的创新精神，农村的广阔天地就是农民不断进行各种组织制度创新的巨大试验场，农民的组织制度创新也确实是数不胜数。

第四节　优化农村社会管理

农村社会管理（government）、农村社会治理（governance）的主要区别就是局限于自上而下的管束、辖制还是允许有除此之外的各种参与，包括自下而上式的参与，通过农村社会多方共同协作来完成共同目标。因此区别，现代政治学理论已经越来越多地用治理来取代管理一词。

中国农村社会管理内涵的变化，与上述含义的转变和拓展高度吻合。如果将这一变化分为家庭承包经营制度下的农村社会管理和重农新政背景下的农村社会管理两个阶段，那么二者也可以分别用管理和治理来概括，整个变迁过程也可以称为从管理向治理的转变，从选举式管理向参与式治理的转变。当然，两个阶段中任一阶段，无论是选举式管理还是参与式治理，都与村民自治存在着一定的逻辑联系。

两个阶段的管理内容都相当庞杂，涉及农村社会的方方面面。在农民管理层次：有涉及农户本人及其家庭的人口和计划生育管理、教育管理、社会保障事务管理；有涉及农户群体的宗族、宗教和社会活动管理。村庄管理层次有涉及整个农村范围的资源环境管理、社会治安管理以及应急管理体系。社区管理层次，则指城市化背景下的跨越村庄的多村社区管理。显然，后期的内容更丰富，范围更广泛。

两阶段的管理主体也是后期更显多样化。经济发展导致了越来越复杂的社会分化，参与社会管理的可能主体更多。但无论如何，村委会和乡政府是农村社会管理的焦点，也是最主要的管理主体。二者比较起来，在农村民主建设的过程中，在从管理到治理的转变中，在乡政府自身从全能型转向服务型的过程中，村委会更具主体和核心地位，学术界也一致把村委会、党支部作为农村社会治理最主要的主体，从它出发探讨农村社会治理问题也成了一种定式。

一、家庭承包经营制度下的农村社会管理

家庭承包经营制度下的农村社会管理,主要是各种问题开始生发和在村委会主导下初步应对、解决各种问题的过程。而家庭承包经营制度推广伊始,就是各种新问题大量、高频生发的时期。①

婚姻家庭关系方面,早婚多育、非法同居、包办买卖婚姻及婚嫁大操大办等问题在一些地方相当严重。据统计,晚婚率由1980年的87.5%下降到1986年的54.12%。非法同居的达到15%至20%,有的地方高达30%。陕西省几个县的调查表明,有些乡村小学生定亲的占学生总数的82.5%,学龄前儿童订婚的占同龄儿童的11.67%。婚嫁中大操大办日甚一日,据中国消费者协会1986年对河北、山东、辽宁、湖北四省的一些县的1 167对近年结婚的农村青年调查,每对平均结婚费用4 827元,比1982年增长了3倍多,远远超过了经济增长速度和农民消费承受能力。② 计划生育政策的贯彻执行遇到的阻力越来越大,有的农民生到第七、八胎。

在家族关系和农村社会交往方面,宗族活动、封建迷信和赌博活动有所抬头。一些地方以姓氏和血缘为凝聚力的宗族派系纠纷和矛盾相当严重,致使村际间、邻里间互不团结,甚至酿成械斗流血事件,严重影响了社会秩序的安定。在社会风尚习俗方面,一些愚昧、落后、腐败的生活习俗活动有增无减。除婚丧中的大操大办、铺张浪费外,危害最大者莫过于封建迷信和赌博活动。封建迷信活动耗费人民群众钱财,又给人们戴上精神枷锁。一些不法分子利用封建迷信活动愚弄村民、蒙骗财物甚至玩弄女性,破坏他人家庭。更有恶劣者,利用封建迷信活动进行破坏社会主义制度的活动。赌博之风更是日盛。

农村社会治安方面最为突出的问题是盗窃和打架斗殴。实行生产承包责任制之后,农民农闲时间较多,又较少副业可做。一些无所事事的未婚青少年,常常打架斗殴,甚至结成流氓团伙,扰乱社会秩序。

农村社会保障在生产责任制后出现的突出问题是,孤老病残及贫困户生活水平难以维持和提高。一些地方五保户的钱粮统筹与供给不能落实,又没有福利企业,给残疾人家庭带来沉重负担。因残致贫户处境艰难,社会救济只能去其饥寒而不能除穷根。

---

① 戴均良:《农村社会管理问题与农村基层政权建设》,载《社会学研究》,1988(5)。
② 《人民日报》,1988年4月8日。

在各种问题纷纷涌现的情况下，村委会也逐渐被推向前台。国家在1987年就颁布了《村民委员会组织法（草案）》，力求对其进行规范和完善。同时基层群众对村委会也给予了很高的期望，认为他们的工作还有不少提升改善的空间。据中央农村政策研究室抽样调查，农民对农村大多数干部的评价是：38.1%的农户认为他们"辛辛苦苦带领大家共同致富"；30%左右的农户认为他们"只顾自己"，"不干工作"；甚至有农户认为他们中存在"不按政策办事""以权谋私"的现象。①

由于以上问题的复杂性，仅仅依靠村委会之力很难胜任。各部门协调应对的结果是，以乡政府为核心、各种社会组织协助，村委会担纲践行的社会管理格局初步形成。特别是在征收农业税、农民负担的过程中，在严格控制计划生育指标的常态化监督行为中，在应对各种社会治安问题的日常化管理行为中，乡村各部门统一行动的模式流行一时。

但在农村经济不断市场化的改革进程中，在乡政府不断实现从全能型向服务型转变的过程中，特别是在中央实施重农惠农政策、计划生育等各项严格的管理政策不断松动的条件下，村委会不可或缺的关键作用也日益凸显，逐渐形成自己在农村社会管理中的地位。民间也开始有了"千条线，一根针"的形象概括，认为穿过上面各级各部门、下面千家万户"千条线"的，就是村委会这"一根针"。

后来，在乡镇企业、农村集体经济组织的股份合作制改造中，通过股份量化的形式，使组织成为权责利对应、富有自主权的法人，提高了管理的规范化、法制化；个人通过入股的形式参与管理，管理效率都大为提升。在这一制度变革中，通过制度创新不仅推动了农村经济增长，也改善了农村社会管理，还使村委会的地位得到了进一步的巩固。②

整体上讲，这一时期农村社会管理问题不断涌现，一些问题得到了解决，但不是所有问题都找到了破解的答案，类似一揽子解决的方案都很少，更遑论整体解决、彻底解决之道。

二、重农新政下的农村社会管理

2003年以来，重农新政的推行开启了农村社会管理的新阶段。农民负担、农业税的取消，中央、地方各级政府和农民关系的空前优化，给了"三农"跨越式发展的

---

① 《人民日报》，1988年4月12日。
② 刘学君、胡金贵：《股份合作制促进了阳泉农村社会管理体制改革》，载《经济问题》，1995（9）。

充分可能，也导致了农村社会各阶层的巨大变化。城乡间的人口和劳动力转移也逐渐加快，农村人口从1978年占总人口的82.08%，2003年的59.47%，下降到2013年的46.27%。在城乡不断一体化的趋势中，素质不断提高的农民群众为农村社会管理又作出了不少新的贡献。

这些贡献体现在三个层次上：农民管理层次包括涉及农民本人及其家庭的人口和计划生育管理、教育管理、社会保障事务管理；还包括涉及农民群体的宗族、宗教和社会活动管理等。村庄管理层次包括涉及整个农村范围的资源环境管理、社会治安管理以及应急管理体系。社区管理层次是二者都概括不了的，城市化背景下的跨越村庄的多村社区管理。三个层次也正好包括了农村社会管理的所有主要内容。

（一）农民管理

农民管理的各项内容中，比较有成效的是各种科学技术技能培训和对进城农民的培训。各地采取了多种形式，及时针对各种主题开展了积极、认真的培训。2008年，在国际金融危机来临之时、农民工返乡潮出现之际，湖南省湘乡市就抓住时机统一组织了65个农民科技培训示范村65名返乡农民工和青年农民的创业培训。培训对学员严格遴选：都要由村组写出推荐意见，各级层层考察，最后每个示范村只有一人入选。培训内容扎实：共计120个课时，分为若干模块，涉及科学技术技能、经营管理、政策法律、信息动态等方面。培训还特别注意后续扶持激励：提供学员与专家的持续联系，保障学员得到专家的及时指导；建立学员人才库，进行再培训；在用地、创业、科技立项、协调贷款等方面给予优惠和支持；优秀者在村、乡干部录用时还得到优先考虑。[①]

各项内容中，比较有新意的是红白理事会。在深度市场化之后，邻里之间的互助关系逐渐演变为等价交换关系，劳动力的转移等因素导致了主办者存在一定程度的资源短缺；特别是农村中因为红白喜事的办理，人情消费暴涨，各方都不堪重负，办理中不卫生、不文明、不健康的现象时有发生。对此，各地在实践中逐渐形成了以"襄理"为核心的红白理事会制度。襄理一般由懂礼节、有威望、会组织协调的人担任，一些地方推选产生，一些地方则由村民正式选举产生。候补襄理的培养，所需要的各种辅助人员，都由他"组阁"担当。作为对襄理制度的补充，出现了专门承办酒席的组织和服务公司。北京市平谷区还专门颁布了《平谷区农村社区家庭喜宴服务管理办法》，对服务提供者进行登记备案，以利监督并保障食品安全。[②] 据2014年9月14日的中央

[①] 周晖：《农村社会事业管理》，37~38页，北京，中国农业科学技术出版社，2011（1）。
[②] 杨沛英：《创新农村社会管理》，270~280页，北京，社会科学文献出版社，2012。

电视台《新闻联播》报道，河北衡水出现了以节俭办事为宗旨的"村民食堂"。具体做法是主办方和红白理事会的酒席承办方共同商定菜单、共同购买食材；结果每桌酒席降到了300元左右，群众都说费用节省了至少一半，事情却办得漂漂亮亮，真是"有里有面"。

各项内容中，比较引人注目的是农村宗教问题。在当代中国农村，信仰宗教的人员不断增加。据2005年的不完全统计，中国有各种宗教信徒1亿多人，宗教活动场所8.5万余处，宗教教职人员约30万人，宗教团体3 000多个，在这些教徒中，农村人口占大部分。中国农村宗教信仰具有隐蔽性、无序性和分散性，加之管理原因，信仰宗教的实际人数可能高于公布数字。对农村宗教的管理过程中，放任不管、压制、歧视等偏颇也都存在过。[1]

（二）村庄管理

这时期村庄管理面临的新形势可以概括为：经济社会的深度市场化转型，城乡分割向城乡一体化转型，基层政府逐渐完成服务性转型，甚至因为农业税取消而不再需要吸取农村资源而逐渐变得"置身事外"。针对转型期的突出问题，村庄管理中积累较多经验的领域之一就是维稳防治。

在村规民约、村民自治的基础上，河北省肃宁县创造了覆盖农村基层党组织、覆盖群众性自治组织、覆盖经济合作组织、覆盖"综治维稳"组织的社会管理"四覆盖"模式。以领域、行业为单位设置党组织，"做到了群众在哪里，党的组织就建到哪里"；构建了"党组织领导、村代会决策、村委会执行、村监会监督"的村级治理架构，使农民群众全程参与村庄各项事务的管理；创新社会管理组织体系，建立了村级、生产队或片区级、小组级的三级综治管理层次，同时各村设立一支专职巡防队，使农民成为化解矛盾、维护稳定的主体；充分发挥各种合作经济组织的致富作用。[2]

与此类似，山东昌乐、浙江舟山也形成了网络化社会管理制度。科学划分网络，形成了"网中有格、定人定格、党群互动、全面覆盖"的格局，并通过网络定期联系提供各种社会服务。广东珠海针对社会治安问题形成的"十户联保"制度，浙江省出现于1963年、改善于改革开放后、以"党政一起动手，依靠群众，立足预防，化解矛盾，维护稳定，促进发展"为主要内容的"枫桥经验"，得到了中央的进一步认可和习总

---

[1] 冯石岗：《现代化进程中的中国农村地区宗教管理》，载《河北学刊》，2012（1）。
[2] 张俊桥、王臣：《创新河北省农村社会管理的思考》，载《河北学刊》，2014（7）；翁鸣：《农村社会管理创新实践与探索——以河北省肃宁县"四个覆盖"为例》，载《理论探讨》，2013（6）。

书记的考察肯定。①

另一方面，村庄管理重心下沉的趋势也有所反映。网络化管理中村民的广泛、充分参与就是表现。江苏省南京市六合区农村根据需要在村民组层次建立了"村民议会"。现实是，中国农村近年的村组合并，使当地一个行政村人口5 000~8 000人、下辖20~30个自然村成了普遍现象。村域管理范围扩大也导致农村基层治理出现了一些新的矛盾和问题。村委会离村民更远了，要管理的人更多了，管理水平和效率却提高有限，村民的要求很难得到满足。2007年3月6日赵坝村村民组34户每户出代表一人，差额选举产生了9名农民议会议员，并从中选举了1名议长，建起了在村党组织的领导和村委会的指导下、不拿报酬、讨论决定并办理村庄公共事务和公益事业、整合村庄资源、推进新农村建设的民间自治组织。"农民议会"成立后，在村庄公共设施建设、经济发展村民致富以及基层民主制度完善等方面，都取得了显著的成效。②

（三）社区管理

社区管理的形式和内容是全新的。在形式上，它超越了村庄管理的边界；在内容上，它增添了城镇化等因素带来的许多新内涵，格外引人注目。

城镇化导致了村庄合并和农村社区的出现。山东诸城2008年已经将全市1 257个村划分为208个大社区，江苏南京计划于2014年前将辖区内所有的行政村全部改制为社区。城镇化更直接导致了集中居住，使农民们过上了社区生活。除了日趋强劲的城市化因素，乡政府向服务型转变由来已久，在农业税取消后公共权力从农村的大步后撤日趋加剧，需要填补的权力空间不少；而有资格填空的村委会，却在一定程度上渐趋行政化，面对农村社会出现的多样化、复杂化需求③应对乏力，农民自身的变化，都导致了农村组织资源的整合重组，形成了一个个社区管理模式。如山东诸城的"多村——社区"模式、浙江宁波的虚拟社区"联合党委"模式和舟山的"社区管理委员会"模式，以及江苏在全省农村推行的"一委一居一站一办"模式等。④

诸城模式首先是对全市1 257个村庄进行了统一规划，确定208个中心村为社区服务中心，服务范围2公里左右。其次是为居民提供社区化公共服务。在每一个中心社区建立社区服务中心，由政府出人、出钱为社区服务圈内居民提供公共服务。社区

---

① 杨沛英：《创新农村社会管理》，113~135页，北京，社会科学文献出版社，2012。
② 刘安：《农村基层社会的治理创新——以南京市六合区"赵坝农民议会"为例》，载《学习与探索》，2010（6）。
③ 程同顺：《快速城市化进程中的农村社会管理》，载《学术界》，2013（1）。
④ 吴业苗：《农村基层社会管理与"社区化"体制建构——基于城乡一体化视角》，载《社会科学》，2013（8）。

服务中心有服务大厅，设有文教、社保、环卫、计生、治保、志愿者活动等服务窗口，为村民提供"一站式"服务；有社区警务室、卫生室、建设环卫室、计生服务室、农民书屋、优抚救助室、纠纷调处室、超市、快餐店、幼儿园等，条件好的社区还建有初中、小学、医院、养老院，为居民提供全面而快捷的公共服务和社会化服务。

浙江宁波和舟山在农村基层社会管理中分别设置了联村虚拟社区和村社同构的村社区。宁波将"地域相近、人缘相亲、道路相连、生产生活相似"的若干个行政村组合为一个虚拟社区，设置"社区联合党委"，搭建"社区服务中心"，为联片行政村、新社区的居民提供政府型公共服务或公共产品。舟山将多个规模小的村子合并为一个行政村社区，在保持原有行政村建制不动的基础上，增设一个"社区管理委员会"机构，并由社区管委会和村"两委会"共同向社区居民提供公共服务或公共产品。

江苏农村推行的"一委一居一站一办"模式2011年始创于南京市建邺区。这一模式的雏形是建邺区的"一委（社区党委）一居（居委会）一站（社区管理服务站）"的"品"字形组织架构，特色在于实现了社区党务、居务和政务的分开，形成"（党委）一核（委、站）双强、资源共享"的新格局，动员广泛的社会力量参与社区共治共建，最大程度地实现社区资源共享共赢。

此外，2011年浙江温州也在城市化背景下，在村庄合并、"农房聚居"的过程中，主要依据村民委员会的组织法，通过选举将兼具政治、经济职能的村委会改组为单纯提供管理服务的村民理事会。理事会设在会员大会之下，会员大会由18周岁以上的全体居民组成，是组织的最高权力机关。理事会是组织的常设机关，理事会下设邻里互助、法律、计生、文体、治安等各种协会作为日常办事机构，理事会有向会员负责、提供各种公共服务的职责。这一自治组织在村社分开，强化农村公共服务等方面迈出了较大的改革步伐，甚至被称为是从村民自治向社区自治转变的标志。[①] 但它和以上各种形式一样，都在一定程度上存在着合法性问题。

成都市农村也在一些新型农村社区（多个村民居民的集中居住区），建立跨村的联合议事会（新型农村社区议事会），这一农民集中居住区与多个村庄的联合协商议事机制，对新型农村社区涉及多村利益的热点、难点问题进行民主决策和管理。从2008年起由市县两级财政每年向全市范围内的建制村和涉农社区提供不低于20万元的专项资金，保障议事会"有钱办事"。议事会大力发展社工队伍、志愿者队伍及行业协

---

① 袁方成等：《从村民自治到社区自治：基层民主的新发展——温州村级组织转制与新型社区建设调查研究》，110~159页，北京，中国社会科学出版社，2014。

会、业主委员会等社会团体，壮大并引导社会力量参与新型农村社区管理，为村（居）民提供了多样化的志愿服务和公共服务。如统筹城乡青年服务社、成都市田园社会工作服务中心等非营利性社团组织的成立，很好地落实了"共建共享共治"的原则，激发了社会的内生力量。① 相对而言，比起其余几种形式，理事会的公共服务意识更强，为此在各方面采取的行动更积极。

整体来看，社区管理模式与城镇化、村庄合并、乡政府和村委会的最新变化密切相关，因此，"新"是其最突出的特征。因为新，组织的内在实质、基本走势还不明朗，有借重行政力量的，也有去行政化的。从较长远的未来看，去行政化，走向服务化，不断整合，提升其服务能力，将是这些模式的共同选择。

---

① 李德虎:《当前中国新型农村社区管理体制创新研究——以成都为例》，载《新疆社会科学》，2013（1）。

第一节　农村工作领导体制改革
第二节　建立农业行政管理体制
第三节　实行行政首长"负责制"
第四节　建立干部考核评价体系

第七章　农村领导管理体制变迁

中国自秦朝以来就实行郡县制,县以下设乡、亭、里。到了唐代县以下"里正"与"村正"的选拔任命都由唐代官府绝对掌控,乡已经是唐中央政府最低一层的行政管理层级。宋朝更有"县之令必行于吏民"①,层层行政管理直达县以下。明代的行政管理户口控制更加严密,在沿海地区实行保甲法、连坐法。民国时期县以下设有派驻性质的区、乡公所,但不设财政,不是一级完全政府。中国小农经济高度分散,县以下有自治传统②,地主与自耕农纳税,贫雇农交租,此外则基本依靠乡村自治。新中国成立后,在"三级所有、队为基础"的人民公社体制下,实行高度集中的"政社合一""一大二公"的管理体制。农村改革开放以来,农村人口城镇化、农业非农化、城乡一体化发展很快,但农业仍是国民经济的基础性产业,农村仍是国家治理的重要组成部分,农村发展变迁离不开中国共产党的领导和政府部门的管理和调控。与此同时,中国共产党的领导与政府管理调控也随着农村发展变迁呈现的不同阶段的不同特点与时俱进,进行相应的调整。

第一节　农村工作领导体制改革

改革开放以来,中国农村领导管理体制主要包括三个方面的内容:一是农村工作领导体制。新中国成立后,"党管农村"一直是个传统。根据农民在总人口中占比高、农村地域广大、农业薄弱的现实,中国共产党对农业农村工作加强了组织和领导。在"党管农村"的原则下,中国共产党的机构中先后成立了国家农业委员会、中共中央农村政策研究室和中央农村工作领导小组。中国共产党和国家的主要领导人在其中兼任主要职务,加强了党对农村工作的领导。二是农业行政管理体制。农林牧渔各业都

---

① 司马光:《论财利疏》,见《司马光集》,成都,四川大学出版社,2010。
② 胡恒:《"皇权不下县"的由来及其反思》,载《中华读书报》,2015年11月4日。

有相应的管理机构，中央、省、市、县、乡镇五级都有相应的行政管理部门，农业科研、农业质量安全、农业执法等都建立健全了管理服务机构。三是建立了行政首长负责制和干部考核评价机制，将督促地方行政主管领导抓农业农村工作作为干部考核工作的重要内容之一。改革开放以来，通过积极探索，中国逐步形成了中国共产党党委统一领导，党政齐抓共管，农村工作综合部门组织协调，有关部门各负其责的农村工作领导体制和工作机制。总体上看，中国农村工作领导体制的改革经历了三个阶段。

一、1978—1989 年：农村工作领导体制的重构

中共十一届三中全会以后，中国实行农村经济体制改革，其措施之一是取消政社合一的人民公社体制。出于对农村工作领导管理体制改革的需要，中共中央加强了对农业农村工作的顶层设计，加强了对地方农业农村的组织领导，农村工作领导体制进入重构阶段。这一阶段出现了两个对中国"三农"发展进程影响较大的机构：国家农业委员会和中共中央农村政策研究室。这两个机构是这段时期农村工作领导的主角。

（一）设立国家农业委员会

中共十一届三中全会决议提出成立国家农业委员会，简称"国家农委"。国家农业委员会的定位是国务院指导农业建设的职能机构，同时兼理中共中央委托的农村工作任务，并指导各省区市农业委员会和相关部门的工作。国家农业委员会成立之初任命王任重为农委主任，副主任是张平化、张秀山、杜润生。委员会内设办公厅、政策研究室、计划局、科教局、宣传局、区划办等。1980 年 8 月，改由万里兼任主任。在这一阶段，国务院设置农业部（曾用名农牧渔业部）、林业部（曾用名林业局）、水利部 3 个主要涉农部门，分别承担农业、林业、水利方面的行政管理职能。

1978 年之后，中国进入一个新的发展时期，开启了经济体制改革和对外开放的序幕。与此相适应，从 1982 年开始，国务院开始自上而下开展各级机构改革，改革历时 3 年之久，范围包括各级党政机关，是新中国成立以来规模较大、目的性较强的一次建设和完善各级机关的改革。这次改革不仅以精兵简政为原则，而且注意到了经济体制改革的进一步发展可能对政府机构设置提出的新要求，力求使机构调整为经济体制改革的深化提供有利条件，较大幅度地撤并了经济管理部门，并将其中一些条件成熟的单位改革成了经济组织。①

---

① 《新中国成立以来的历次政府机构改革》，中央政府门户网站。

（二）撤销国家农业委员会，成立中共中央农村政策研究室

1981年，国务院的工作部门有100个，达到新中国成立以来的最高峰。臃肿的管理机构已不能适应改革开放和经济社会发展的需要。在1981年12月第五届全国人大四次会议的政府工作报告中，国务院决定，从国务院各部门首先做起，进行机构改革，限期完成。1982年3月8日，第五届全国人大常委会第二十二次会议通过了关于国务院机构改革问题的决议。根据国务院部署，第一批先行一步进行机构改革的有12个单位：电力工业部、水利部、商业部、全国供销合作总社、粮食部、国家进出口管理委员会、对外贸易部、对外经济联络部、国家外国投资管理委员会、化学工业部、煤炭工业部和纺织工业部。以后，其他部门陆续确定了机构改革方案并付诸实施。这次改革，在领导班子方面，明确规定了各级各部的职数、年龄和文化结构，减少了副职，提高了素质；在精简机构方面，国务院各部委、直属机构、办事机构从100个减为61个。1982年4月，因机构改革国家农业委员会被撤销。

1982年4月9日，中共中央决定，在国家农业委员会撤销以后，中央书记处下设农村政策研究室，当年5月7日，加挂中国农村发展研究中心牌子（以后改称国务院农村发展研究中心）。1988年1月7日，中共中央决定，中央书记处农村政策研究室改为中央农村政策研究室，由杜润生任主任，历任副主任有石山、谢华、吴象、刘堪、陈俊生、王郁昭。农村政策研究室内设机构有一组（综合、生产力）、二组（体制、生产关系）、三组（山区、林业）、四组（宣传、上层建筑）、五组（战略研究），以及办公室、资料室和人事组。五组暨联络室，由其编辑出版内部不定期刊物《农村问题论坛》，负责联系组织全国从事农村问题研究的专家、学者和一部分实际工作人员，按中央农村政策研究室的要求，设立课题，开展调查研究，提供研究成果，对有争论的问题组织论证，供决策参考。随着农村改革的深入，面对农村经济发展中出现的新情况、新问题，中央农村政策研究室的内设机构也适时做了调整，先后增设"流通组"，承担农产品流通体制和农村金融问题研究；增设"基层组织组"，负责农村基层党组织状况的调研；增设"农村改革试验区办公室"，负责协调指导全国农村改革试验区的工作；增设"统计分析室"，承担全国农村固定观察点信息收集处理及定量研究工作。

1982—1986年，中央连续出台了五个一号文件，指导农村改革。这五个一号文件的制定，一般都是在年初布置调查题目，到秋季总结，冬天起草文件，次年年初发出。各省份农口的党政部门和研究机构每年也要组织一次调查。随后是召开中央农村工作会议进行大讨论，由各省主管农业的书记和省农委主任参加，再由起草小组归纳执笔，

最后上报中央决策。①

1989年7月28日,中共中央发出《关于撤销中央农村政策研究室的通知》,中央农村政策研究室被撤销。1989年12月18日,国务院发出《关于撤销国务院农村发展研究中心的通知》,国务院农村发展研究中心被撤销。

二、1993—2005年:农村工作领导体制架构初步形成

1993年3月,中央农村工作领导小组成立,搭建了此后的农村工作领导体制架构。中共十五届三中全会做出《中共中央关于农业和农村工作若干重大问题的决定》,1998年10月提出:"党管农村工作是我们中国共产党一个传统,也是一个重大原则"。这一阶段,党管农村工作的体制机制不断完善,初步形成了中国的农村工作领导体制。②

(一)职能定位

中央农村工作领导小组由主管农村工作的中央领导同志和有关农村、农业经济部门负责人组成,负责对农村、农业经济工作领域的重大问题做出决策。在人事安排上,中央农村工作领导小组组长由国务院主管农村工作的副总理或国务委员担任,副组长由专职领导担任,领导小组成员由农业部部长、水利部部长、国家发展和改革委员会主管副主任、国务院主管副秘书长、国家扶贫办主任等涉农部门主要领导担任,领导小组办公室主任和副主任由专职领导担任。中央农村工作领导小组的成立,有效地解决了各省市农村社会改革与发展中的大量难点、重点问题,避免了各自为战的情况,对于国内外涉农信息的交流、传递等起到了重要的协调作用。

(二)体系架构

中央农村工作领导小组成员由中央和国家机关有关单位组成。1998年的组成单位包括:中央财经工作领导小组办公室、国家发展计划委员会、科技部、财政部、水利部、农业部、中国人民银行、全国供销合作总社、国家林业局9个单位。2003年,除国家发展计划委员会调整更名为国家发展和改革委员会之外,其他成员单位没有变化。在中央农村工作领导小组的领导下,各省市都成立了地方农村工作领导小组并下设办公室,省级和地市级的党委和政府部门农村工作机构有8种。

党委部门的名称有四种:①农业委员会(农委),如湖北省;②农村工作委员会(农

---

① 杜润生:《回忆五个"一号文件"出台始末》,凤凰财经网。
② 宋洪远主编,《中国"三农"重要政策执行情况及实施机制研究》,北京,科学出版社,2016。

工委），如北京、天津、上海、重庆等省市；③农村工作部（农工部），如河北、河南、安徽、江苏、福建、新疆等省区；④农村政策研究室（农研室）或农村发展研究中心（农研中心），如贵州、吉林、陕西、广西、江西等省市。

政府系统农业综合机构的名称主要有四种：①农业办公室（农办），如河北、辽宁、陕西、江西、青海等省市；②农业委员会（农委），如北京、黑龙江、山东、江苏、广东、四川、上海、天津等省市；③农村经济委员会（农经委），如河南、辽宁等省区；④农村发展研究中心，如云南、浙江、广西等省区。

党委系统农村工作部门的性质大致有三种：①派出机构，即受同级党委委托，全权管理农村工作和农村干部的考察任用。北京、天津、重庆、上海的农工委就属于这种情况。②工作机构，如省委和地委的农工部和农委，主要担负全省和地市的农村工作任务。③研究机构。各地设立的农村政策研究室或农村发展研究中心都属于研究单位。其作用主要是为党委决策提供服务，没有实际指导权能，相对来说是务虚机构。前两种性质的机构是贯彻落实党委关于农村工作决定、指示，发现和解决农村经济社会发展中的重要突出问题，具有明确的工作安排，是务实的职能部门。进入新世纪之后，很多省级地市级的农研室、农研中心及农经委纷纷改为农村工作部或农工委，出现由研究咨询机构向实际工作部门转变的趋势。

（三）运作形式

中央农村工作领导小组办事机构为中央农村工作领导小组办公室（简称"中央农办"）。中央农村领导小组的日常具体事务由中央农办负责。地方党领导农村工作的组织体制，虽然具体的运作模式可能有所不同，但大都自上而下地成立了专门的党领导农村工作的小组，并通过对原有的农村工作机构的更名、合并、挂牌加强了农村部门机构的建设。在内部机构和人事安排上，省委或地市级农村工作领导小组组长大多由省委或地市级副书记担任，副组长也大多由副省长或地市级副市长担任，其成员则由来自当地近30个涉农部门的主要领导组成，农村工作办公室办事成员编制也在增多。可以说，进入新世纪后，从中央、省地市到基层的党口和行政口的农村工作机构，自上而下不断得到充实强化，成为完善党领导农村工作体制机制的重要环节和重要举措。

（四）主要领导

1993—1995年、1995—1998年、1998—2003年和2003—2012年，分管全国农业农村工作的中央领导分别是时任中共中央政治局常委、国务院副总理朱镕基，时任中共中央政治局委员、国务院副总理姜春云，时任中共中央政治局委员、国务院副总理温家宝,时任中共中央政治局委员、国务院副总理回良玉。① 1993年3月,中央农村工作领导小组办公室成立;作为农村工作综合部门,该机构负责组织协调农村工作。1993—2003年,中央农村工作领导小组办公室主任为段应碧。2003年,由陈锡文接任主任。自中央农村工作领导小组办公室成立以来,先后有9位在党和政府担任领导职务的负责同志任组长和副组长:1993—1998年,朱镕基和姜春云先后任组长,温家宝和陈俊生任副组长;1998—2003年,温家宝任组长,马忠臣任副组长;2003—2012年,回良玉任组长,徐有芳、田成平和陈锡文先后任副组长。②

三、2006—2012年:中央农村工作领导体制进一步完善

2006年3月14日,十届全国人大四次会议批准《中华人民共和国国民经济和社会发展第十一个五年规划纲要》(简称《纲要》),《纲要》提出要按照"生产发展、生活宽裕、乡风文明、村容整洁、管理民主"的要求,扎实推进社会主义新农村建设。胡锦涛指出:"建设社会主义新农村,很重要的一项任务是要形成一套有效的体制机制。有了好的体制机制,不仅可以更好地推进社会主义新农村建设,而且更重要的是可以更好地巩固社会主义新农村建设取得的成果。"③ 2008年中共十七届三中全会《关于推进农村改革发展若干重大问题的决定》特别强调要"完善党领导农村工作体制机制"。主要内容是强化党委统一领导、党政齐抓共管、农村工作综合部门组织协调、有关部门各负其责的农村工作领导体制和工作机制。加强党委农村工作综合部门建设,建立职能明确、权责一致、运转协调的农业行政管理体制。④

在这个背景下,中央农村工作领导小组加强了领导力量,2006年,在原有成员单位的基础上,增加中央组织部、中央宣传部、中央编办、中央农办、教育部、民政部、劳动和社会保障部、国土资源部、交通部、卫生部10个单位。2007年,在原有成员单位的基础上,增加建设部为成员单位。2008年,除劳动和社会保障部调整更名为人力资源和社会保障部、交通部调整更名为交通运输部、建设部调整更名为住房和城乡建设部之外,其他成员单位没有变化。2010年,在已有成员单位的基础上,增加商

---

① 注:2013年,分管"三农"工作的中央领导仍为回良玉。
② 宋洪远:《中国"三农"重要政策执行情况及实施机制研究》,北京,科学出版社,2016。注:2013年中农办组长仍为回良玉。
③ 中共中央文献编辑委员会:《胡锦涛文选》,第二卷,人民出版社,2016年9月20日。
④ 唐晓清、姚桓:《完善党领导农村工作体制机制的若干思考》,载《北京行政学院学报》,2009(3)。

务部为成员单位。到 2012 年，中央农村工作领导小组成员由 21 个单位组成。从 2006 年开始，中央农村工作领导小组办公室由原来 1 个组增设成 2 个组，主要职责是组织开展农村重大问题调查研究，研究起草"三农"工作重要文件，组织协调国家有关部门之间的涉农工作事宜，承担完成中央交办的"三农"工作重要任务等。① 这一阶段，国务院下设的农业部、国家林业局、水利部 3 个主要涉农部门，分别承担农业、林业、水利等方面的行政管理职能。

中央农村工作会议是年度最重要的农村工作会议，每年的一号文件即是在该会议上讨论完成的，最能体现农村工作领导体制的运作特点。以下以 2010 年中央一号文件制定过程为例，说明农村工作领导体制的运作。②

一是确定主题。2004—2009 年，中共中央、国务院连续发出六个指导"三农"工作的中央一号文件，粮食连续六年实现增产，农民收入连续六年较快增长，农村体制机制创新取得新的突破，农村民生改善与农村社会和谐稳定。但是，农业和农村发展还面临不少矛盾和问题。面对国际金融危机的严重冲击及"三农"工作出现的新形势，既要继续贯彻落实前六个一号文件的强农惠农政策措施，又要及早谋划 2010 年的中央一号文件及其需求出台的政策措施。在这种背景下，加大统筹城乡发展力度，进一步夯实农业农村发展基础，越来越成为大家的共识，并将其确定为 2010 年中央一号文件的主题。

二是调查研究。早在 2009 年 1 月 23 日，中央政治局举行第 11 次集体学习时，胡锦涛就再次明确强调，必须坚持把解决好农业、农村、农民问题作为全党工作重中之重，坚定不移走中国特色农业现代化道路，加快推进社会主义新农村建设，更加扎实地做好农业、农村、农民工作。在 5 月 22 日举行的中央政治局集体学习时，胡锦涛又专门强调，要适应统筹城乡发展新形势的要求，抓好社会保障制度薄弱环节加以推进，开展新型农村社会养老保险（简称新农保）试点，制定实施适合农民工收入低、流动性强特点的参加养老保险办法。胡锦涛高度重视"三农"形势的发展变化，分别到江西、北京、黑龙江、云南、新疆、山东、河北等地考察，深入基层农户、农业产业化龙头企业、农业院校、少数民族地区进行调研，讨论研究解决"三农"问题。时任中共中央政治局常委、国务院总理温家宝也多次强调，要站在战略和全局的高度，下更大决心、花更大气力、采取更有利的措施，着重解决好"三农"问题。2009 年

---

① 宋洪远：《中国"三农"重要政策执行情况及实施机制研究》，北京，科学出版社，2016。
② 宋洪远：《中国"三农"重要政策执行情况及实施机制研究》，北京，科学出版社，2016。

9~10月，回良玉副总理分别在杭州、哈尔滨、北京召开三次座谈会，与全国有关省区党委和政府分管负责同志，中央国家机关有关部门负责人，部分全国人大代表和政协委员，长期从事农村工作的老同志、专家学者和大型涉农企业负责人交流讨论，进一步听取大家的意见和建议。2009年8月到9月初，中央农村工作领导小组办公室分别召集近20个省区党委农村工作综合部门的负责人，在湖北和江苏一起开展调查研究。

三是文件起草。 2009年7月，中央提出要及早筹备年底的中央农村工作会议，考虑起草2010年的中央一号文件。2009年10月13日，中共十七届四中全会一结束，中央就批准成立文件起草组。时任中共中央政治局委员、国务院副总理、中央农村工作领导小组组长回良玉主持起草工作。来自中央和国家机关23个部门的50多人集中办公，开始了近3个月的文件起草工作。文件起草组人员认真学习领会胡锦涛和温家宝关于"三农"工作的重要指示精神，分析研判"三农"形势，初步拟定文件主题，讨论研究写作大纲。胡锦涛和温家宝在听取文件起草组汇报后，对2010年中央一号文件的主题、框架和内容给予明确指示。文件起草组在深入学习领会胡锦涛和温家宝指示精神的基础上，对文件内容进行了讨论、修改，再讨论、再修改，经过反复推敲、仔细打磨，文件起草组提交了文件送审稿。

四是审议通过。 2009年10月26日，中央农村工作领导小组召开会议，对文件送审稿进行了审议，根据审议意见，文件起草组再次进行了修改。12月9日，国务院常务会议对修改后的送审稿进行审议，提出了修改意见，根据审议意见，文件起草组连夜对送审稿进行了再次修改。12月10日，中央政治局常委会议对送审稿进行审议，提出了修改意见，胡锦涛总书记明确要求，必须确保粮食生产不滑坡，农民收入不徘徊，农村发展好势头不逆转。12月27日至28日，中央召开农村工作会议，讨论《中共中央国务院关于加大统筹城乡发展力度进一步夯实农业农村发展基础的若干意见（讨论稿）》。12月29日，根据会议代表提出的意见，文件起草组做了第4次修改，并将修改后的文件送审稿再次上报，经中共中央、国务院审定同意后，于12月31日晚付印，2010年元旦发出。2010年中央一号文件紧紧围绕统筹城乡发展和夯实农业基础这个主题，提出了5个方面27条政策措施，对农业和农村发展中的重大问题做出了鲜明的回答，对在新的历史起点上推进农村改革发展工作做出了全面部署。

第二节　建立农业行政管理体制

中共十一届三中全会以来，中国行政管理体制不断演进，共进行了六次中央政府机构改革，成为全面改革的重要组成部分和政治体制改革的重要内容。中国农业行政管理体制改革紧跟改革发展步伐，按照上层建筑适应经济基础、生产关系适应生产力发展的要求，通过精简机构、转变职能、创新体制机制，不断朝着现代化、法制化、民主化的方向迈进，促进了农村经济社会发展。

一、1978—1986 年：农业行政管理体制的恢复与调整

在"文化大革命"期间，农业行政管理体制受到冲击。1978 年 3 月，国务院发出通知，经中共中央批准成立国家林业总局、国家水产总局、国家农垦总局，直属国务院，由农林部代管。1979 年 2 月，第五届全国人大常委会第六次会议决定设立林业部，将农林部改名为农业部。1982 年国家机构改革中，对农业行政管理机构进行了一次大范围调整，这是在改革开放新形势下进行的第一次重大改革。

（一）恢复部门管理体制

随着农村经济体制改革取得突破，农业行政管理体制发生了重大变化。从 1977 年起，国务院恢复了部门管理体制，部门的行政管理功能得到进一步发挥，但也导致机构膨胀和官僚主义滋长。1980 年 8 月，邓小平在《党和国家领导制度的改革》的讲话中指出，要解决党政不分、以党代政问题。1981 年 12 月，国务院根据中共中央的建议，决定进行机构改革。1982 年国务院进行改革开放后的第一次行政机构改革，主要任务是改革领导体制，裁并工作部门，精干领导班子，紧缩编制，轮训干部。这次改革在中国现代政府管理上迈出了关键一步。

（二）调整行政管理体制

1982 年，在中央层面，撤销了国家农业委员会，由农业部、农垦部、国家水产总局及农机部的一部分合并成立农牧渔业部，核定编制 1 370 名，比改革前减少了 30%，内设司局由原来的 46 个减少到 19 个，分别是办公厅、政策研究室、计划司、财务司、

物资司、科学技术司、外事司、教育司、宣传司、人事司、渔政渔港监督管理司、土地管理局、农业机械化管理局、农业局、农垦局、水产局、畜牧局、社队企业管理局、老干部管理局等。改革后的农牧渔业部由以管理种植业为主调整为管理农业、农垦、水产、畜牧和社队企业。农牧渔业部的主要任务是：按照党和国家关于发展农业的部署，研究中国农业现代化的发展道路，指导、组织和管理农业、农垦、畜牧、水产和社队企业的生产建设工作，为国家建设和人民生活需要提供粮食和其他农牧渔业产品。

1982年国务院机构改革后，农业行政管理机构陆续进行了局部调整。1986年3月，国家计划委员会的农业区域规划工作连同农业区域规划局划归农牧渔业部管理；根据中共中央、国务院对全国土地实行统一管理的决定，农牧渔业部有关土地管理业务连同工作人员一并划入新成立的国务院直属机构国家土地管理局，撤销农牧渔业部的土地管理局；1986—1987年，农牧渔业部机关增设农村能源环境保护局，将政策研究室更名为政策法规司。

农业行政管理在下放经济管理权限、财政收支权限、人事管理权限的同时，各级政府机构的农业部门都进行了较大幅度的精简，地方农业行政管理机构进行了相应的改革，大多数省份都对分散的农业、农机、农垦等部门进行了适当归并，精简了机构。

（三）推进政事分开

这一阶段，中国在农业行政管理体制方面探索并推进了政事分开，把一些行政部门的职能交给事业单位承担。其中，重点是农业技术推广体系的改革。1982年，农牧渔业部组建成立了全国农业技术推广总站，负责全国农业技术推广工作，改变了原来单纯利用行政手段推广农业技术的做法。各地也相应调整、健全了各级农业技术推广机构。1987年，农牧渔业部发布了《关于建设县农业技术推广中心的若干决定》，把原来分散的县农科所、农技站、植保站、土肥站、农业干部培训学校等机构合并，成立县级农业技术推广中心，提高了农业技术推广的效率。

（四）下放管理权限

农村改革初期，农业行政管理体制的一个重大突破，就是对基层放权。邓小平在1980年《党和国家领导制度的改革》中指出："我们的各级领导机关，都管了很多不该管、管不好、管不了的事，这些事只要有一定的规章，放在下面，放在企业、事业、社会单位，让他们真正按民主集中制自行处理，本来可以很好办，但是统统拿到党政领导机关、拿到中央部门来，就很难办。谁也没有这样的神通，能够办这么繁重而生疏的事情。这可以说是目前我们所特有的官僚主义的一个总病根。"

在放权上，农村改革走在了前列。农村改革中，建立了家庭联产承包经营制度，生产经营方式发生了根本性变化，农民有了相对独立的生产经营自主权，奠定了发展市场经济的基础。到1983年年底，实行包干到户的生产队占总队数的97.8%。为适应农户家庭经营，国家允许农民购置机动车、拖拉机等大中型农机具，使广大农民在家庭承包经营中获得生产经营权、收益分配权、财产所有权之后，又获得了重要生产资料购置权，促进了农村生产力的发展。1983年10月，中共中央、国务院发出《关于实行政社分开建立乡政府的通知》，推动政社分设，对基层单位进一步放权，减少政府对农村集体经济组织的干预；以原有的生产大队和生产小队为基础，建立村民委员会，村民自治组织制度建设开始试点和展开。

农产品流通的计划管理改革，使农民获得了进入市场的自主权。根据中共十一届三中全会通过的《中共中央关于加快农业发展若干问题的决定（草案）》，恢复农贸市场，逐步减少了农产品统购、派购的品种和比重，扩大了议价收购和市场调节的范围。1982年1月，中共中央批转的《全国农村工作会议纪要》明确指出，农业经济"要以计划经济为主，市场调节为辅"。这期间，在搞活农村商品流通上，国家还采取了相应政策措施，主要有：恢复供销合作社的合作商业性质；鼓励农民、农村合作（集体）经济组织和国有农场（农垦区）自办商业组织，或组建农工商联合企业；建立农副产品批发市场。这些措施初步改变了长期存在的农产品封闭式流通的状况，向多渠道、少环节、开放式的流通体制迈出了第一步。农产品流通体制改革，使农民在完成农产品统购、派购任务的同时，也开始面向市场自主进行生产。

以放权为核心的农业行政管理体制改革，进一步解放了农村生产力，调动了农民的生产积极性，1979—1984年农业连年丰收，乡镇企业异军突起，农民收入快速增长，对全国改革开放的顺利进行起到了重要推动作用。1987年6月邓小平指出："调动积极性，权力下放是最主要的内容。我们农村改革之所以见效，就是因为给农民更多的自主权，调动了农民的积极性。""把权力下放给基层和人民，在农村就是下放给农民，这就是最大的民主。"

二、1988—1997年：农业行政管理体制改革

这一阶段的农业行政管理体制改革可以分为两个时期：1988—1992年是农业行政管理体制的初步改革阶段，1993—1997年是农业行政管理体制的全面改革时期，改革

的主线是推进政府职能转变。

（一）1988—1992年：农业行政管理体制的初步改革

1988年，中国在推动政府职能转变方面进行了大胆的尝试。1988年召开的七届人大一次会议，将改革政府工作机构列为当届政府的中心工作之一。提出政府机构改革的长远目标是"要建立一个符合现代化管理要求，具有中国特色的功能齐全、结构合理、运转协调、灵活高效的行政管理体系"；改革的原则是"党政分开、政企分开和精简、统一、效能"；改革的基本要求是"减少政府机构直接干预企业经营活动的职能，增强宏观调控职能，初步改变机构设置不合理和行政效率低下的状况"。从此，中国的政府机构改革，开始突破只注重数量增减、单一的组织结构调整的局限，向行政管理体制改革的关键目标迈进——政府职能定位、分工的科学化。

随着农村经济体制改革的深化，农村经济关系发生了根本性变化，这就提出了农业行政管理体制改革，要逐步强化产前、产中、产后的管理服务，并形成机制，加强各产业间的综合平衡和农村经济的宏观调节。

1. 改革的内容

根据中央的统一部署，按照"转变职能，下放权力，调整结构，精简人员"的指导思想，确立了农业行政管理体制改革的目标：根据农业有计划商品经济发展的需要和经济体制改革的要求，逐步强化农业产前、产中、产后诸环节的一体化管理和服务，形成权威的、面向整个农村经济，总揽全局，协调农村各业的农业行政管理机构。1988年4月农牧渔业部更名为农业部，明确农业部是农村经济的宏观管理协调部门，将"监测、检验、培训、咨询、项目论证等具体工作转移给事业单位，把经营性项目建设、组织物资供应等微观管理转移给企业单位；把商品基地的组织实施工作和部分院校、科研单位的管理工作下放给地方。部机关集中精力抓好宏观管理，通过管理、协调、监督、服务，促进农业和农村经济发展"。

这次机构设置，根据"社队企业"改为"乡镇企业"的变化，相应地将社队企业管理局改为乡镇企业司；增加了农村体制改革与经营管理司，指导和管理农村经济体制改革和经营管理；国家经委管理的全国饲料工业办公室、中国饲料工业总公司、中国饲料工业协会划归农业部；对有关农村能源的管理，国家计委、能源部、农业部确定了各自分工，农业部主要负责组织沼气、农村省柴节煤工作、太阳能等在农村的开发利用和农村生产节能工作，并协同搞好农村能源的行业管理。在机构设置上，农业部设20个职能司局以及机关党委、机关纪委和老干部局。

内设职能司局分别是：办公厅、人事劳动司、政策法规司、农村体改经管司、综合计划司、财务司、科学技术司、教育宣传司、国际合作司、环保能源司、农业区划司、渔政渔港监督管理局、农业司、畜牧兽医司、水产司、农垦司、乡镇企业司、农业机械化管理司、全国饲料工业办公室、行政司。

根据"自上而下，先中央政府后地方政府，分步实施的方式进行"的要求，中央一级机构调整后，地方农业行政管理部门也进行了相应的改革，如湖北、山东等省都撤销原来对公社的管理部门，成立专门的农业经济管理部门。

1989年底，国务院撤销农村发展研究中心的通知发出后，有关农村体制改革工作的分工作了调整。农业部主要负责拟订农村经济体制改革的初始方案，经协调、完善，报国务院批准后组织实施。国家机构编制委员会批准农业部组建农村合作经济指导司，在政策法规司的基础上组建政策体改法规司，将农村体制改革与经营管理司改建为质量标准司。同时组建农村经济研究中心，作为部直属事业单位，主要承担为国家制定农村经济政策、农村经济发展战略和深化农村经济体制改革提供决策咨询和对策建议的职能。原中共中央书记处农村政策研究室和国务院农村发展研究中心所属的农民日报社、农村读物出版社、中国村镇百业信息报等三个事业单位成建制划归农业部领导。

2. 改革的特点

1988年的行政管理机构改革有两个突出特点：一是第一次提出了以转变职能为重点的改革思路；二是在方法步骤上对各部门实行定职能、定机构、定编制的"三定"工作。

所谓转变职能，就是按照经济体制改革的要求，推动政府各部门特别是经济管理部门，由微观管理转向宏观管理，由直接管理转向间接管理，由部门管理转向全行业管理，由管理为本转向管理与服务并行。通过"三定"，落实各部门的职责任务，解决部门之间的职能交叉重复问题，合理调整部门内设机构，重新审定人员编制，完善运行机制和办事规则，不仅有利于机构改革任务的完成，也为之后的行政管理工作打下良好的基础。

（二）1993—1997年：适应市场经济体制要求的改革

1992年中共十四大提出了建立社会主义市场经济体制的目标，并要求积极推进行政管理体制和机构改革，建立适应社会主义市场经济体制需要的组织机构。

按照中共十四大要求，1993年开始，围绕转变政府职能这个中心环节，进行了改革开放以来第三次行政管理体制和机构改革。1993年《政府工作报告》提出：这次国务院的机构改革方案，是本着转变职能，理顺关系，精兵简政，提高效率的原则制定的，重点是加强宏观调控和监督部门，强化社会管理职能部门。在完成机构改革的地区和部门，实行国家公务员制度。事业单位要按照政事分开和社会化的原则进行改革。

在中央的统一部署下，围绕促进高产、优质、高效农业的发展，适应市场经济要求的农业行政管理体制改革有序展开。1993年的农业行政管理体制改革是在市场经济体制建立之初的背景下进行的，推动政府职能转变的要求明确，重点突出。

1. 机构设置的改革

根据行政管理体制改革的要求，农业行政管理体制确定了以"引导、支持、保护、调控"为主要内容的改革目标，即把工作重点转移到加强对农村经济发展的引导，帮助农民进入社会主义市场经济轨道；加强对农业和农村经济的支持，改善农业和农村经济发展的外部环境；加强对农业的保护，促进农业生产持续稳定发展；加强和改善宏观调控，确保农村市场经济的正常运行。为实现改革目标，着手改革原有的管理体制和工作关系，理顺农业系统的内外部关系，实行政事分开、政企分开、转变职能、精兵简政、提高效率，促进农业生产持续稳定发展。在管理方式上，从微观的直接管理，转向宏观的间接管理与调控。在管理手段上，从主要依靠行政手段，转向主要依靠经济、法律手段和必要的行政手段。在管理内容上，从单一的生产管理，转向对农业进行种养加、产供销、贸工农的一体化管理与服务。在管理范围上，从主要指导农牧渔业，向对整个农业农村经济的综合管理转变。

与政府职能转变的要求相适应，对机构也进行了配套改革。为突出对农村经济的管理职能，农业部成立了市场信息司，管理协调农产品市场与流通体系建设和农业系统的信息工作，促进农业部职能向产前、产后延伸，实现农业生产、流通、消费环节的更好衔接。为了促进"菜篮子"产品的有效供给，该司加挂了"农业部菜篮子工程办公室"的牌子，负责调研、规划平衡、协调、组织实施等工作。为适应系统、行业发展的要求，对外加强协调，对内加强指导、监督，更好地履行职责任务，将原农垦司更名为农垦局，在水产司与渔政渔港监督管理局的基础上组建了渔业局，乡镇企业司更名为乡镇企业局。改革后，农业部设有19个职能司局以及机关党委、老干部局，内设职能司局分别是办公厅、人事劳动司、政策体改法规司、农村合作经济指导司、综合计划司、财务司、科学技术与质量标准司、教育司、国际合作司、环保能源司、农业资源区划管理司（全国农业资源区划办公室）、市场信息司、农业司、畜牧兽医司、农业机械化管理司、全国饲料工业办公室、农垦局、乡镇企业局、渔业局。农业部的职责增加了制订农村经济体制改革方案,以及指导农村经济组织建设,指导市场体系建设和农民奔小康等管理职能。在中央部委改革后不久,江苏、湖南、山东等各地陆续开始改革,分别设立相应的管理机构。

2. 企事业单位的改革

根据"政企分开,政事分开"的要求,农业事业单位改革也不断推进。随着行政管理部门职能的转变,农业部和地方各级农业行政管理部门相继把承担的项目论证、产品评优、成果评奖、技术推广、科学普及等具体的组织实施工作,逐步转移给事业单位和社会团体承担;把过去形成的政府包揽企业管理的职能全部下放给企业,行政管理部门只监管企业领导对国有资产的保值增值。通过改革,不断理顺行政与事业、企业、社团组织的关系,尽可能实行政、事、企、社团职责分开。农业部内部合署办公的农村合作经济指导司与全国农村合作经济经营管理总站、畜牧兽医司与全国畜牧兽医总站实行政事分开;由财务司对企业相应的业务工作进行指导,加强对企业国有资产的监督管理;社团不得与行政机关"一套人马、两块牌子",在业务主管部门的政策性管理和业务指导下,按照各自章程开展活动,充分发挥其社会服务的功能。

中国农村发展信托投资公司由国家计委划归农业部管理。同时,农业部还根据教育体制改革的需要,将"部属管理的18所院校,除保留4所外,逐步把其余14所院校转交给地方,实行以地方管理为主"。

但是,由于各地对市场经济理解的偏差,事业单位改革也走了一些弯路。以农技推广体系为例,这期间全国县以下的农业推广机构被大量推向市场,出现了农技推广工作弱化的现象。为了纠正改革中出现的偏差,全国人大常委会审议通过了《农业技术推广法》,农业部、人事部共同发出《关于稳定农业技术推广体系的通知》和《乡镇农业技术推广机构人员标准(试行)》等文件,以稳定农业技术推广队伍。为继续加强农业技术推广体系建设,1995年,农业部把全国农业技术推广总站、全国植保总站、全国土肥总站、全国种子总站等合并,组建新的全国农业技术推广服务中心,地方也相应做了部分调整和合并。

三、1998—2002年:农业行政管理体制进一步改革

改革开放起,中国对政府机构所进行的三次较大范围的改革,取得一些进展,积累了经验,但由于历史条件限制和宏观环境制约,很多问题未能得到根本性的解决,

计划经济体制条件下形成的政府机构设置的基本框架仍没有根本改变，机构设置不能适应社会主义市场经济发展的要求。

针对这一突出问题，1998年中央政府进行了一次力度较大的行政体制改革与政府机构改革。这次改革按照社会主义市场经济的要求，转变政府职能，实现政企分开，把企业生产经营管理的权力切实交给企业；根据精简、统一、效能的原则进行机构改革，建立办事高效、运转协调、行为规范的行政管理体系；把综合经济部门改组为宏观调控部门，调整和减少专业经济部门，加强执法监管部门，培育和发展社会中介组织。改革提出要严格控制机构膨胀，坚决裁减冗员；引入竞争激励机制，完善公务员制度，建设一支高素质的专业化国家行政管理干部队伍。

（一）行政机构的改革

根据"按照依法治国、依法行政的要求，加强行政体系的法制建设"的要求，农业行政管理部门不断推进农业行政法制体系建设，使调控和管理手段更加科学化。1998年的农业行政管理体制改革奠定了现行农业行政管理体制的基础。农业行政管理体制也根据当时农业农村经济发展的需要进行了一系列改革，主要强调按照发展社会主义市场经济的要求，切实转变政府职能，明确划分政府和市场在农业和农村经济管理中的不同职能；合理划分事权，协调好地方和中央关系，协调好各行政管理机构内部职能交叉问题；按照依法治国、依法行政的要求，加强农业立法和执法体系建设。

在这次改革中，农业行政管理部门的职能进行了较大的调整，划出一部分职能，转变一部分职能，下放一部分职能，同时也强化了一部分职能。划出的职能包括：把出入境口岸动植物检疫职能交给新组建的国家出入境检验检疫局，农机制造方面政府职能交给国家经济贸易委员会，草原野生动物保护职能交给国家林业局，村镇建设规划职能交给建设部，农村环境保护职能交给国家环保总局。转变的职能包括：有关进出口工作的职能调整为研究提出主要农产品、重要农业生产资料的进出口建议；有关价格及信贷职能调整为研究提出有关农产品及农业生产资料的价格、关税调整、大宗农产品流通、农村信贷、税收及农业财政补贴的政策建议；将有关农业生产资料职能调整为预测并发布农业生产资料的年度和中长期供求情况和品种信息。下放给地方承担的职能包括农机修造、农机供油和维修网络建设方面的政府职能及乡镇企业的安全生产工作。强化了研究制定产业政策、引导产业结构调整、指导农村经济体制改革和农业社会化服务体系建设、调控和指导农业市场体系建设等方面职能。作为全国农业和农村经济发展的主管部门，根据改革的要求，在稳定种植业、畜牧业、渔业、农垦、乡镇企业、饲料业和农业机械化7个行业管理职能的基础上,加强了研究制定产业政策、引导产业结构调整、指导农村经济体制改革和农业社会化服务体系建设、调控与指导农业市场体系建设等方面的职能,管理职责进一步由产中向产前、产后延伸,由产业发展向农村社会事务延伸。改革后,农业部设有16个职能司局和机关党委、离退休干部局。内设职能司局分别是办公厅、人事劳动司、产业政策与法规司、农村经济体制与经营管理司、市场与经济信息司、发展计划司、财务司、国际合作司、科技教育司、种植业管理司、农业机械化管理司、畜牧兽医局(全国饲料工作办公室)、农垦局、乡镇企业局、渔业局(中华人民共和国渔政渔港监督管理局)、国务院扶贫开发领导小组办公室。

围绕政府职能转变,从1999年年初开始,中国农业行政管理体制又陆续进行了一些调整,包括:根据国务院要求,农业部将所管理的大学分别交给教育部或地方管理,不再直接管理大学;农业部与所属企业脱钩,不再直接参与企业管理;2001年国务院扶贫办由农业部的内设机构调整为国务院直属办事机构。

从各地情况看,1999年全国省级地方政府机构改革开始进行。2001年2月,全国市县乡机构改革工作会议召开,标志机构改革工作从中央、省,延伸到市、县、乡。根据中央编制委员会办公室的统计,2002年全国市、地级政府机构平均由45个减少到35个,县级政府机构由平均28个减少到18个。在人员编制方面,市县乡在机构改革中清退超编人员约43万人,市县乡各级党政群机关精简19.4%。农业行政管理部门保持基本稳定,强化了环保工作职能。一部分水产(海洋水产)、畜牧、农垦、农机等机构改为经济服务实体,实行政企分开,相关管理职能并入归口政府部门。

(二)农业科研和事业单位的改革

根据中共中央、国务院的有关文件精神,1999年,农业部印发了《关于深化农业科研体制改革的若干意见》,提出按照"分类指导、分步实施"的原则推进农业科研体制改革,要求加强农业基础型研究,建设农业科研服务体系和发展农业科技产业。2002年,按照《国务院办公厅转发科技部等部门关于深化科研机构管理体制改革实施意见的通知》和科技部、财政部、中央编办《关于农业部等九个部门所属科研机构改革方案的批复》的要求,中国农业科学院、中国水产科学研究院和中国热带农业科学院启动了以转制为非营利性科研机构、科研型企业、农业事业单位和进入大学为主要内容的分类改革。地方农业科研机构的改革相继启动。

在事业单位改革的大背景下，各地相继对本地区的农业事业单位采取了积极的改革措施，部分县乡两级农业技术推广机构进行了不同程度的试点改革，精简了机构，设立了区域站，实行竞争上岗，实行新的经营方式，改进了推广方法。

（三）农业综合执法改革试点

为解决有的执法机构政事企不分、多头执法等问题，1999年，农业部总结浙江等地经验，下发《关于进一步开展农业行政综合执法试点工作的意见》。本着"先试点、后推广"的原则，农业系统组织开展了以相对集中行政处罚权为内容的农业综合执法试点，将原来由农业系统"七站八所"分散行使的执法职能相对集中起来，成立农业综合执法机构，有序开展农业综合执法工作。

四、2003年以来的农业行政管理体制改革

世纪之交，中国加入世界贸易组织，对建设公开统一、透明阳光型政府提出新要求。2002年，中共十六大提出了全面建设小康社会，提出开创中国特色的社会主义事业新局面的宏伟目标，中国经济体制改革进入一个新阶段。这次会议提出了"发展社会主义民主政治，建设社会主义政治文明"的目标，并提出了一系列具体的方针和步骤，从更高层次对政府的行政管理体制和机构改革提出了新的要求。2003年十届人大一次会议通过关于国务院机构改革方案的决定，提出"坚持政企分开，精简、统一、效能和依法行政的原则，进一步转变政府职能，调整和完善政府机构设置，理顺政府部门职能分工，提高政府管理水平，形成行为规范、运转协调、公正透明、廉洁高效的行政管理体制"。改革的目标就是进一步转变政府职能，政府职能应集中于经济调节、市场监管、社会管理和公共服务四方面，降低行政成本。农业行政管理体制改革的内容主要包括五个方面：

（一）健全完善机构设置

农业行政管理部门紧密围绕走中国特色农业现代化道路和建设社会主义新农村的目标要求，积极应对加入世界贸易组织挑战，抓住发展机遇，从机构到职能都进行了一系列的深化改革，进一步强化了农产品国际贸易、农产品质量安全、农产品加工和市场监管、动物疫病防控、农村人才培养和综合事务管理、农业资源综合利用与保护等职能，初步建立行为规范、运转协调、公正透明、廉洁高效的国家农业行政管理体系。改革后，农业部下设16个职能司局和机关党委、离退休干部局。内设

职能司局分别是办公厅、人事劳动司、产业政策与法规司、农村经济体制与经营管理司、市场与经济信息司、发展计划司（全国农业资源区划办公室）、财务司、国际合作司、科技教育司、种植业管理司、农业机械化管理司、畜牧业司（全国饲料工作办公室）、兽医局、农垦局、乡镇企业局、渔业局（中华人民共和国渔政渔港监督管理局）。

地方农业部门也开始了新一轮改革探索。四川成都市实施"城乡一体化"发展战略，探索进行以"规范化服务型政府建设"为保障的政府机构改革，对涉农机构进行有机整合，将市委农工办、市农牧局的农村工作职能合并，组建市农委，后又将市农机局并入市农委。新组建的市农委成为主管农村经济社会发展的职能部门，管理职责也从产业发展向农村社会发展延伸，形成城乡统筹、"三农"统筹的管理模式。重庆市将市农业局、市政府农村工作办公室、市农机事业管理局合并，组建重庆市农委，作为市政府组成部门，与市委农村工作委员会合署办公。

全国省以下各级人民政府的农口设置与政府其他部门一样，是随着国家机构改革和中央政府农业行政机构的设置调整而不断变化和调整的，同时兼顾各地农业生产实际。经过历次改革，有10个省、自治区、直辖市设有农口综合机构，其中5地设农委、1地设农村经济委员会，其他为农村开发办公室或农村综合开发办公室，还有2个隶属于党系统的农工委。全国31个省、自治区、直辖市均设有主管农业的职能机构，有17地称农业厅，另有4地称农牧厅，及1个农牧厅、1个农业局。多数地方的农业厅（局、委、办）承担畜牧、农机、农垦等行业的二级局的管理职责。另有沿海9省、自治区、直辖市单列海洋和渔业局（水产局、海洋局、水产畜牧局等），7省、自治区、直辖市有畜牧局（厅），农机、乡企、农垦、兽医等管理部门也在少数省份设有单独机构。市、县级农口机构设置与省、自治区和直辖市的农口机构设置基本一致，只是更加综合，部分地（市）、县根据当地需要设立了特产局、林果局、蚕业局等带有地方特点的职能机构。

（二）强化农业支持和保护职能

2003年以来，农业行政管理部门通过多种经济手段，如取消农业税、实行粮农生产补贴等方式，对农业进行管理和调控，加大对农业的支持和保护力度。充分利用WTO对农业补贴的"绿箱"政策，加大对农业科技推广体系和中介组织的建设，支持和保护农业健康发展。

（1）为积极应对加入WTO和经济全球化的挑战，统筹农业国内发展和对外开放，在进一步强化农业部机关农业贸易谈判相关职能的基础上，于2004年1月正式组建了农业部农业贸易促进中心。其主要职责是：承担WTO农业谈判、自由贸易区谈判以及其他有关贸易谈判的技术支持工作；参与农业贸易争端解决和贸易政策审议；负责农业贸易政策研究；负责农产品贸易促进工作和提供外经贸信息服务等。

（2）启动了新一轮农业科技推广体系改革，加大了农业科技的推广力度。2003年4月，国务院发布《关于基层农技推广体系改革试点工作的意见》，提出推进国家农技推广机构改革，发展多元化的农技服务组织，创新农技推广的体制和机制，逐步形成国家兴办和国家扶持相结合、无偿服务和有偿服务相结合的新型农技推广体系。2006年8月，《国务院关于深化改革加强基层农业技术推广体系建设的意见》中进一步提出，要着眼于新阶段农业农村经济发展的需要，通过明确职能、理顺体制、优化布局、精简人员、充实一线、创新机制等一系列改革，逐步构建以国家农业技术推广机构为主导，农村合作经济组织为基础，农业科研、教育等单位和涉农企业广泛参与，分工协作、服务到位、充满活力的多元化基层农业技术推广体系。按照中央部署，全国大部分地区的乡镇农技、水产、农机、水利等事业单位进行了合并，编制也进行了精简；有的地方还改变原有单纯按乡设置农技推广机构的模式，改为在县级范围内设置若干区域性农技推广机构。

（3）加大了对中介组织等第三部门发展的扶持力度。农业行政管理部门加快培育行业协会、农民专业合作组织等农业第三部门，对农产品生产、流通、加工及外贸等领域进行间接的、一体化的统筹协调。

（三）加强农产品质量安全监管职能

随着全国人民生活水平提高和加入世界贸易组织后国际贸易中对食品质量安全要求的日渐严格，中国将加强农产品质量安全监管体制建设作为农业行政管理体制改革的重点之一。按照国务院2004年23号文件的规定，在食品质量安全方面由农业部门负责初级农产品生产环节的监管。为此，一方面，农业部成立农产品质量安全工作领导小组、全国兽药残留专家委员会等协调机构，组建农业部农产品质量安全中心和农业部农产品质量标准研究中心（中国农业科学院农业质量标准与检测技术研究所），各地方政府也相应成立以分管领导为组长的农产品质量安全领导小组，对加强农产品质量安全管理予以有力的组织保障；另一方面，不断加大对农产品生产环境、生产资料、生产过程、包装标识、储存运输的监督和检验，加强标准制定与修订、质量安全追溯、检测和监测、认证鉴定、监督执法等方面的工作力度。

(四)加强社会和公共事务管理职能

2004年,为健全公共应急管理体系建设,加强动物防疫工作,提高动物卫生监督管理水平,经中央机构编制委员会办公室批复,农业部增设兽医局,承担原畜牧兽医局承担的兽医行政管理职责,增设国家首席兽医师(国际活动中称国家首席兽医官),畜牧兽医局(全国饲料工作办公室)更名为畜牧业司(全国饲料工作办公室),科技教育司加挂"外来物种管理办公室"牌子。同时,兽医管理体制改革开始启动。2005年,国务院出台《关于推进兽医管理体制改革的若干意见》,中国兽医体制改革全面开展。改革以调整和完善兽医工作体系为突破口,优化重组现有兽医机构,建立健全行政、执法、技术支持三类机构。在此基础上,逐步建立官方兽医和执业兽医相结合的新型兽医管理体制,整合社会兽医资源,逐步形成政府主导、社会参与、统一规范、透明高效的兽医管理体制和运行机制。改革和完善兽医管理等公共管理体制,对于从根本上控制和扑灭重大动植物疫病和有害生物入侵,保障人民群众的身体健康,提高动植物产品的质量安全水平和国际竞争力,促进农业和农村经济发展,产生了积极作用。

(五)加强农业行政法制体系建设

农业行政管理部门按照职能法定、依法行政的要求,继续推进农业行政法制体系建设。全国人大常委会相继审议通过了《农产品质量安全法》《农民专业合作社法》等法律。自2004年农业部下发了《关于继续推进农业综合执法试点工作的意见》以来,截至2012年年底,全国已有2 295个农业县(市、区)开展农业综合执法工作,县级覆盖率达到99%,在岗执法人员2.7万余人。农业部门还深化行政审批制度改革,电子政务和政务公开得到迅速发展,行政效率逐步提高,农业行政管理体制朝着行为规范、运转协调、公正透明、廉洁高效的目标不断迈进。

第三节 实行行政首长"负责制"

中国农业行政管理体制中的行政首长"负责制",是一种集体领导和个人分工负责相结合的体制,是一种适合于行政管理的政府工作责任制。依中国1982年《宪法》规定,国务院实行总理负责制;国务院各部、各委员会实行部长、主任负责制;地方各级人民政府实行省长、市长、县长、区长、乡长、镇长负责制。行政首长负责制也是民主集中制的一种形式，与集体领导相结合。农业管理的行政首长"负责制"包括以下四个方面的内容：①各级党委和政府主要领导同志要亲自抓农村工作，从而使农村工作在党政一把手那里有应有的位置；②省市县党委要明确一名负责同志如常委或副书记分管农村工作，从而使农村日常工作有人抓、有人协调；③着眼推动农村科学发展，把熟悉农业和农村工作、热爱农业和农村工作、踏实肯干的人选进县乡党政领导班子，特别要选好配强主要负责人，从而使基层领导力量和干部配备得到加强；④坚持和完善"米袋子"省长负责制、"菜篮子"市长负责制。这样从上到下构建了农业农村工作有人抓、事情有人管的责任制体系。

一、粮食生产省长负责制

粮食生产省长负责制是中国政府20世纪90年代出台，近20年来逐步形成和不断完善的一项重要政策，被人们形象地称为"米袋子"省长负责制。

（一）"米袋子"省长负责制的出台

进入20世纪90年代以后，随着经济发展和农业机会成本提高，粮食生产区域布局发生了重大变化，一些粮食产区特别是东南沿海地区出现了明显的粮食生产缩减的倾向。在这种情况下，由于粮食供给增长有限且结构性矛盾突出，而需求却始终呈刚性增长且结构变化不大，再加上政府对粮食价格放开后的市场管理跟不上，自1993年第四季度以来，粮食市场价格出现了持续大幅度上涨的趋势。为了扭转这些地区粮食产量下滑、市场粮价上涨的趋势，有必要加大地方政府在粮食问题上的责任，在基本实现区域平衡的基础上，实现全国粮食总量基本平衡。①

1993年2月《国务院关于加快粮食流通体制改革的通知》提出，各省、自治区、直辖市人民政府要切实加强粮食管理，搞好本地区粮食数量、品种平衡，确保城乡市场粮食供应，并且从这一年起取消省际间的粮食计划调拨，省际间的粮食流通全部通过市场进行。

1994年5月《国务院关于深化粮食购销体制改革的通知》明确提出，要贯彻中央统一领导、地方分级负责的粮食管理原则，实行省、自治区、直辖市政府领导负责制，负责本地区粮食总量平衡，稳定粮田面积、稳定粮食产量、稳定粮食库存，灵活运用

---

① 叶兴庆：《"米袋子"省长负责制：政策含义、出台背景及完善对策》，载《农业经济问题》，1996（1）。

地方粮食储备进行调节，保证粮食供应和物价稳定。

1995年2月中央农村工作会议明确指出，中央要求省一级政府把当地粮食平衡的责任担起来，把自己吃饭的责任担起来，党政主要领导要实行严格的责任制。哪个省"米袋子"出了问题，由哪个省的书记、省长负责。

1995年4月《国务院关于深化粮食棉花化肥购销体制改革的通知》进一步明确了"米袋子"省长负责制的内容，并强调这是一项长期的战略方针。

1996年1月《中共中央国务院关于"九五"时期和今年农村工作的主要任务和政策措施》又明确提出，要认真落实国家宏观调控下的粮食地区平衡和"米袋子"省长负责制，促进主产区提高商品率，销区提高自给率。

（二）"米袋子"省长负责制的主要内容

"米袋子"省长负责制就是省长负责本省的粮食供求平衡和粮食市场的相对稳定。具体而言，省长必须负以下责任：①稳定粮食播种面积和规定的库存数量，提高粮食单产，增加粮食总产量；②掌握粮源，管好市场，完成国家下达的定购任务、储备粮油收购计划及地方确定的市场收购计划；③按照国家核定规模建立地方储备风险基金；④主产省、自治区要保质保量地完成国家规定的省际粮食调剂任务，并进一步提高粮食的商品率，不能自给自足的省、自治区、直辖市必须完成粮食进口计划和调入任务，并逐步提高粮食的自给率，努力组织粮源，确保供应和粮价稳定。这四条责任是确保一省粮食供求平衡和粮食市场相对稳定的起码要求，对其中的任何一条都不可偏废。①

1. 稳定面积、提高单产、增加总产的责任

农民是否种粮、是否有提高单产的积极性，应取决于各种投入产出组合的比较，这是市场机制对农业资源的初次配置。如果市场配置资源的结果与政府的目标有差距，政府就应当采取措施影响农民的资源配置决策，直至农民的决策结果与政府目标一致。政府采取的措施包括禁止资源流失、降低成本和增加收入等。

2. 粮食收购和规范市场的责任

此责任包括三个组成部分：粮食定购部分、专项储备部分和市场收购部分。其中粮食定购和专项储备是由中央统一分配计划，由省负责执行；市场收购部分是对本省国有粮食部门的市场占有率的一个要求。首先，省长要负责本省粮食收购不打"白条"，粮食收购资金不被挤占挪用；其次，省长要负责本省不发生"卖粮难"，市场粮价不能

---

① 张红宇、黄其正、颜榕：《"米袋子"省长负责制评述》，载《中国农村经济》，1996（5）。

低于成本价；第三，省长要负责本省粮食仓容建设和本省粮食市场发育。

3. 建立本省粮食储备和粮食风险基金的责任

省级储备的主要目的是应对本省局部地区发生市场风波或灾荒时之所需。省级风险基金的主要目的是为省政府干预粮食生产或粮食市场提供固定的资金来源，如为省级储备提供补贴、为省级政府决定的价外补贴提供资金、为省级政府采取的限价措施提供补贴资金等。在建立省级粮食储备方面，应根据中央安排的规模，或由本省定购粮转入，或从市场上购入。同时应建立省级直属储备库，从仓库的产权、人事、财务到吞吐调节决策由省负责。在建立省级粮食风险基金方面，应根据规定的匹配比例由省级财政列支。可考虑建立稳定的资金筹集机制。风险基金的支付范围应逐步扩大，当矛盾的主要方面在生产领域时，应用于扶持粮食生产，如平抑化肥价格、推广生产技术等；当矛盾的主要方面在消费领域时，可用于保护城乡低收入人口；当矛盾的主要方面在流通领域时，可用于储备、抛售等。

4. 全省粮食总量平衡的责任

省长对本省粮食需求量有多大、本省能生产多少、需要调入或调出多少，要做到心中有数。如果需要调出，就要找好销路；如果需要调入，就要组织好货源。为了负这个责任，省长必须做到两条：一是确保省际之间的粮食流通不受限制，二是与中央的进出口计划衔接好。

二、"菜篮子"市长负责制

1988年，中国实行"菜篮子"市长负责制。"菜篮子"市长负责制和"菜篮子工程"息息相关，最初是农业部组织专家学者，经过半年多考察提出的一项规模宏大的工作，目的是解决中国副食品的供需矛盾。"菜篮子工程"的基本构想有八项：调整副食品供给结构、强化基础设施建设、建立经济协作区、合理开发利用饲料资源、加速推广10项科技成果、加强基层服务组织建设、调整产业组织系统、改革流通管理体制。

（一）1988—1994年

20世纪80年代中期开始的城市经济体制改革，推动了中国经济高速增长和城镇居民收入迅速增加，同时也出现副食品供求矛盾加大，物价上涨过快，通货膨胀的压力加大的状况。在这种形势下，1988年，为基本解决城市副食品生产问题，农业部建议在全国实施以发展生产、搞活流通、产销统筹考虑、改善城市副食品供应为主要目标的"菜篮子工程"建设，得到国务院领导批准，并迅速在全国推开。中共中央、国务院对"菜篮子工程"建设高度重视，专门召开会议研究大中城市"菜篮子"问题。时任中共中央总书记江泽民指出，大中城市郊区要抓好"菜篮子工程"，保证主要副食品的生产和供应。一个地区、一个城市的领导，如果"米袋子""菜篮子"抓不上去，农民收入不能增加，工业速度发展再快，城市搞得再漂亮，也不能算是合格的领导。时任国务院总理李鹏亲自听取"菜篮子工程"建设的有关汇报时说，副食品市场是否丰富，价格是否合理，是关系人民群众切身利益的大事。各级政府特别是大中城市政府，要坚持不懈地抓好"菜篮子工程"建设。时任国务院副总理朱镕基在"菜篮子工程"工作会议上强调，在宏观调控过程中，要把"菜篮子工程"和消费品生产抓好，把市场安排好，并深刻地指出，这是保证政治和经济措施见效的一个非常重要的手段。

1994年，"菜篮子工程"由过去以生产基地建设为主转入生产基地与市场体系建设并举的新阶段。同年年底，全国肉类总产量4 499.3万吨，禽蛋1 479万吨，水产品总产量2 146.4万吨，水果总产量3 499.1万吨，蔬菜面积1.34亿亩。全国有27个省市初步建立了主要副食品的地方储备。

（二）1995—1998年

1995年起，中国开始实施新一轮"菜篮子工程"。这一阶段，"菜篮子工程"扩展到城乡接合部甚至城市郊区，扩大了范围，像山东寿光的蔬菜主要供应北京，山东临沂蔬菜主要供应上海和南京。同时，大力实施"设施化、多产化和规模化"三化政策。"设施化"是大棚化，"多产化"是种植多种新品种蔬菜，"规模化"是大批量种植。主要有四大特点：①加大基地建设，向区域化、规模化、设施化和高档化发展；②城乡携手共建"菜篮子工程"，城郊和广大农区共同发展"菜篮子"，一批全国性的农区基地得到发展；③提高科技含量，优化结构，增加花色品种，为了适应城镇居民对"菜篮子"产品"鲜活、优质、营养、方便、无虫害"的消费要求，各地在生产中广泛采用良种、良法，以提高产品产量和质量；④探索新的流通方式，积极推进产供销、贸工农一体化经营。

1995年，农业部公布了全国23家首批定点鲜活农产品中心批发市场。同年，农业部实施了大、中城市"菜篮子"产品批发市场价格信息联网。到同年9月，该信息网已与28个大中城市和主产区的33个批发市场联网。

1996年，"菜篮子工程"批发市场体系建设试点工作启动，武汉、广州、沈阳、西安入选首批试点城市。试点工作由农业部和国家经济体制改革委员会联合成立的领导小组组织实施,试点的总体安排时间为2~3年。

1997年年底,全国农副产品批发市场发展到约4 000家。全国初步形成以中心批发市场为核心,连接生产基地和零售市场的稳定的"菜篮子"市场体系。

1998年,中共十五届三中全会通过的《中共中央关于农业和农村工作若干重大问题的决定》指出,"菜篮子"产品生产要推广优新品种,降低成本,提高效益,实现均衡供给,努力创造名牌农产品。

(三) 1999—2009年

这一时期"菜篮子"产品生产快速发展,农产品质量安全管理逐步加强。1999年9月,全国十大城市召开第十二次"菜篮子工程"产销体制改革经验交流会,会上正式提出,国内"菜篮子"的供求形势从长期短缺转向供求基本平衡。这预示"菜篮子"工程全面向质量层面发展。

2000年11月17日,全国十大城市"菜篮子"产销体制改革经验交流会提出21世纪初"菜篮子工程"的主要目标任务:以优化结构、提高"菜篮子"产品质量和增加农民收入为中心,以深化改革、扩大开放和加快推进农业现代化为动力,实现"菜篮子工程"与生态环境协调发展,努力提高城乡居民的生活质量。

2001年4月,旨在提高农产品质量和保证农产品消费安全的"无公害食品行动计划"由农业部组织实施。这项工作以"菜篮子"产品为突破口,以市场准入为切入点,从产地和市场两个环节入手,通过对农产品实行"从农田到餐桌"全过程质量安全控制,计划用8~10年时间,基本实现主要农产品生产和消费无公害。

2002年7月,国家经贸委有关负责人宣布,"三绿工程"进展顺利并取得阶段性成果。"三绿工程"是指提倡绿色消费,培育绿色市场,开辟绿色通道,以提高食品质量,维护消费者利益。随着"三绿工程"的实施,全国"菜篮子"卫生质量安全检测体系进一步加强,筑起一道道食品安全防线,有效防止有害食品流入市场。

(四) 2010—2012年"菜篮子"市长负责制

2010年,中国进一步强化"菜篮子"市长负责制,具体要求是大中城市要根据具体情况,合理确定"菜篮子"产品生产用地保有数量、"菜篮子"重点产品自给率和产品质量安全合格率等指标,并作为大中城市市长负责制的内容;将确保"菜篮子"产品质量、市场价格基本稳定、产销衔接顺畅、市场主体行为规范、突发事件处置及时、风险控制迅速有力、农业生态环境得到保护等纳入各地"菜篮子工程"建设考核指标体系,引导新一轮"菜篮子工程"持续健康发展。

这一阶段的菜篮子建设主要包括三个方面的内容：①加强生产能力建设，包括建设一批园艺产品设施化生产基地、符合动物防疫条件及环境保护要求的规模化畜禽养殖场（小区）、水产健康养殖示范场和"菜篮子"产品良种繁育中心；②推进现代物流和信息化市场体系建设，包括建设和改造一批产地批发市场，城市销地批发和零售市场、集贸市场，强化产销衔接功能，建立和完善信息网络平台等；③提高农产品质量安全水平，包括推进标准化生产，健全检验检测体系，建立全程质量追溯体系，建立质量安全风险预警信息平台。

三、其他方面的行政首长负责制

中国在蝗虫防治、农村饮水安全、农产品质量安全、资源环境保护等方面也都开始实行行政首长负责制。

2004年，为了确保农牧业生产安全，农业部要求蝗区各地增强危机意识，提高应对突发事件的能力，切实做到落实责任制，按照属地化管理原则，严格执行行政首长负责制。

2009年，湖北黄冈试行保护湖泊的行政首长负责制。黄冈市各级党政主要负责人同时出任河流"河长"、湖泊"湖长"、水库"库长"。2011年10月30日，湖北省与下辖各市州签订湖泊保护责任书，全面启动"千湖之省碧水长流"工程。①

2012年，中国开始建立农村饮水安全保障行政首长负责制。

2010—2012年，湖北省连续三年召开全省农产品质量安全工作会议，动员和部署工作，明确了农产品质量安全行政首长负责制。明确责任主体。在政府责任机制上，实行"属地管理、分级负责"制度，严格执行政府总负责和行政首长负责制。

第四节 建立干部考核评价体系

工作绩效考核对于引导干部行为，激发其积极性具有重要作用。把"三农"工作的重要指标纳入干部考核内容，并占有相应的权重，才能使农村工作的各项政策贯彻

---

① 湖北省通过立法实行行政首长负责制保护湖泊，2018年8月13日。

落实好。2008年10月,《中共中央关于推进农村改革发展若干重大问题的决定》按照关于完善体现科学发展观和正确政绩观要求的干部考核评价体系的要求,把粮食生产、农民增收、耕地保护、环境治理、和谐稳定5项指标,作为考核地方特别是县(市)领导班子工作绩效的重要内容,这对完善干部考核评价体系,进一步增强地方特别是县(市)领导班子做好"三农"工作的使命感和责任感产生了积极影响。

一、对粮食生产的考核评价

在省级实行"米袋子"省长负责制的同时,为进一步落实粮食生产责任制,确保粮食生产年度目标任务的完成,维护粮食安全,各省也构建了对下辖县(市)的考核评价体系。主要是对粮食生产单产、面积、总产的指标衡量,考核对象包括各市、县(市、区)人民政府。

综合起来,各地关于粮食生产的考核评价主要包括以下内容:①重视粮食生产,确保粮食播种面积,提高粮食单产,增加粮食总产;②加大投入力度,增加投入,落实扶持政策,调动农民种粮积极性;③强化粮食生产能力建设,依法保护耕地,制止耕地抛荒,加强农田基础设施建设和质量管理,增强粮食生产能力;④广泛开展粮食高产创建活动,扩大先进技术应用,大力推广粮食作物优质高产品种和节本增产增收技术,开展粮食作物优质高产示范竞赛和万村示范活动;⑤创新机制,进一步推进粮田规模经营,积极培育粮食生产(农机、植保、土肥)专业合作社,开展统一服务和代耕、代育、代种、代管、代收等社会化服务,提高经营水平。

考核程序一般是各市、县(区)根据要求逐项自评打分,形成自评总结材料。然后将自评总结材料报所在市人民政府。由市人民政府对各县进行审核考评打分,并将考评结果连同市本级自评结果报省人民政府。同时,各市根据考评结果,择优推荐市、县(区)参加全省粮食生产先进市、县(区)评选。省政府考核小组由农业、财政、统计、粮食、国土、水利等省级有关部门组成,对各市、县(区)进行考核,60分(含)以上为合格,并根据考核结果择优评选出若干粮食生产先进市和粮食生产先进县,最后将考评结果报省政府。各省对经考核被评为粮食生产先进的单位一般由省政府给予表彰奖励。对考核不合格或弄虚作假者,实行一票否决,取消省级所有先进评选资格,并责令限期整改。

二、对农民增收的考核评价

各地对农民增收的考核评价体系的内容大都集中在三个方面：①在完善强农惠农政策方面，主要是加大农业资金投入力度，确保农业投入只增不减。赋予县级整合涉农项目资金的充分自主权，在符合总体规划和关键技术标准的前提下，大力支持涉农项目资金整合。此外还有优化财政支农支出结构、完善县级政府财政预算制度、调整新增农业补贴。②在完善农民利益分享机制方面，主要是支持农民从家庭农场、农民合作社、农业企业、集体经济等新型农业经营主体的发展中挖掘增收潜力，支持农户以土地、资金入股等方式参与现代农业发展和利益分享。鼓励和支持符合条件的农村集体经济组织承接财政补助项目，探索财政补助形成的资产交由农村集体经济组织持有、管护和经营的具体实现形式。③培育农民增收新型业态。主要是拓宽农民增收门路，推进农业与休闲体验、文化创意融合，促进乡村旅游转型升级，拓展民宿经济、休闲养生等新型业态，推进农村集体经济加快发展。同时支持农民就业创业，探索增收困难户增收项目到户新机制。

以山西省为例。2011 年，山西晋城制定了促进农民增收的目标责任考核办法，对县（市、区）的目标考核办法有三条：①以 2011 年农民人均纯收入以增长幅度 20% 为基准，进行百分制考核。达到 20% 计满分，每增加 1 个百分点加 5 分，每减少 1 个百分点减 5 分。②将目标责任纵向到底、横向到边、层层分解加 10 分。③建立健全以工哺农、以城带乡、政策拉动、财政扶持、社会帮扶、综合配套等长效机制加 10 分。对市直有关单位的目标考核办法是结合各有关单位所承担的工作职能，依照工资性收入、家庭经营性收入、财产性收入、转移性收入四项构成，进行工作目标考核。考核以确保目标实现、分项测算为依据，实行百分制考核。完成目标数计满分；每超额完成 1 个百分点加 1 分，每减少 1 个百分点减 1 分；将目标责任层层分解加 5 分；采取得力措施落实到项目上加 5 分。

三、耕地和基本农田保护领导干部离任审计制度

2009 年中央一号文件要求实行耕地和基本农田保护领导干部离任审计制度。综合起来，领导干部离任审计内容包括以下几个方面：①任期内本行政区域的耕地保有量；

②任期内本行政区域的基本农田保护面积和质量状况；③任期内本行政区域农用地转用和土地征收审批、落实耕地占补平衡及土地开发、复垦、整理任务完成情况；④任期内土地利用总体规划和年度计划执行情况；⑤任期内本行政区域制止、查处违法占用和破坏耕地、基本农田的案件情况；⑥任期内区域建设用地节约集约利用水平综合评价；⑦任期内本级政府征收和使用耕地开垦费等相关资金的征收管理使用情况。

审计结束后，由审计组写出审计报告，上报县组织（人事）部门、纪检部门，作为拟任、离任干部提拔任用的主要依据。对领导干部的离任审计和经济责任审计结束后，采用情况通报等形式进行公示公开，广泛接受干部群众的监督。

第一节　农业法制建设的历程
第二节　农业法律体系的结构和特点
第三节　农业法律体系的主要内容
第四节　农业法制建设的主要作用

第八章　农业法制建设

依法治国，建设社会主义法治国家，是中国共产党领导人民治理国家的基本方略。农业法制建设是中国法制建设的重要组成部分，是农业管理走向现代化、法制化的重要标志。作为中国农业现代化进程在思想认识、理论探索、规律把握和政策制定方面的成果的集中体现，农业法制建设对农业逐步摆脱人为因素和随意性政策的影响，走上以法制为基础、持续、稳定、健康发展的道路具有积极的作用。新中国成立之初直到改革开放之前，农业法制建设经历了起步、巩固、停滞三个阶段，农业工作基本依靠"人治"，法治化程度不高。邓小平曾说过："旧中国留给我们的，封建专制传统比较多，民主法制传统很少。"[①] 改革开放以来，中国农业法制建设取得了长足进步，对维护农业农村经济全面健康发展、促进农村社会发展和综合治理能力提高、健全完善城乡发展一体化的体制机制等起到重要的支撑、引领和推动作用。

第一节 农业法制建设的历程

新中国成立之初，中国共产党和政府注意运用法律手段促进农业和农村经济的发展，保护农民的合法权益。当时的立法重点是制定有关国家机构的基本法律以创建和巩固人民政权；在农业法制建设方面，侧重于变革、调整生产关系的立法。1950年6月，中央人民政府颁布了《中华人民共和国土地改革法》。1954年9月20日，第一届全国人民代表大会第一次会议通过《中华人民共和国宪法》，其中第八条规定："国家依照法律保护农民的土地所有权和其他生产资料所有权。""国家指导和帮助个体农民增加生产，并鼓励他们根据自愿的原则组织生产合作、供销合作和信用合作。"1956年3月、

---

① 《邓小平文选》，第二卷，332页，北京，人民出版社，1994。

1956年6月全国人大常委会分别制定了《农业生产合作社示范章程》《高级农业生产合作社示范章程》,规定了自愿互利、退社自由、民主办社的原则和制度。1962年3月,中共八届十中全会通过《农村人民公社工作条例修正草案》(即"农村工作六十条"),确立了"三级所有,队为基础"的体制。此外还有《农村粮食统购统销暂行办法》《中华人民共和国农业税条例》等法律法规。这个时期,指导农业生产仍主要靠党和政府的一系列政策。"文化大革命"时期,国家法制建设遭到破坏,农业法制建设也不例外,农业领域几乎没有制定过新的法律、法令。有效的主要是农业税条例、屠宰税暂行条例等。总体上看,改革开放前的30年时间里,中国农业管理主要依靠政策、行政命令和指令性计划,以政策调整为主、法律调整为辅。①

改革开放以来,中国农业法制建设经过了三个阶段:第一阶段为1978—1992年,农业法律制度建设拉开序幕。这一时期的农业立法适应改革开放和民主法制建设的需要,主要涉及农村土地法律制度、动植物防疫检疫法律制度、农业生产资料法律制度、农业资源与农业环境保护法律制度、农村基层村民自治法律制度五个方面,为建立中国农业法律体系奠定了基础。第二阶段为1993—2002年,农业法律体系初步建立。这一时期的农业立法适应建立社会主义市场经济体制的需要,以1993年制定《农业法》为标志,在制定和完善上一阶段五个方面法律制度的同时,增加了粮食安全法律制度、农业科技与教育法律制度两个方面的内容。第三阶段为2002—2012年,农业法律体系基本形成。2002年中国加入世界贸易组织之后,农业法制建设进入一个新的阶段,在农业法制建设理念上,开始注重学习借鉴发达国家经验。这一时期的农业立法适应社会主义市场经济体制逐步完善的需要,以2002年《农业法》的重大修订为契机,在制定和完善前期七个方面法律制度的同时,增加了农业经营主体法律制度、农产品质量安全法律制度两个方面的内容,形成了具有中国特色的农业法律体系。总体上看,中国农业法律的制定和实施主要集中在20世纪80年代中期和90年代前期,即第六届、第七届和第八届全国人民代表大会时期,是中国法制建设步伐最快、出台法律最多的时期。农业法制建设作为整个国家法制建设的重要组成部分,从这时开始起步并逐步朝着体系完善的方向发展。此后,中国走上依法治国,建设社会主义法治国家的道路,农业发展走上法制化轨道,法律体系不断完善,逐步实现了有法可依。

---

① 全国人大常委会法制讲座第二十六讲,《关于我国农业法制建设的几个问题》。

一、1978—1992：农业法律体系建设启动阶段

1978年12月，中共十一届三中全会决定将全党和国家的工作重点转移到经济建设上来，同时强调发展社会主义民主，健全社会主义法制。全会提出："为了保障人民民主，必须加强社会主义法制，使民主制度化、法律化，使这种制度和法律具有稳定性、连续性和极大的权威，做到有法可依、有法必依、执法必严、违法必究。从现在起，应当把立法工作提到全国人大及其常委会的重要议程上来。"此后，中国立法以制定新宪法为重点，着力恢复和重建国家政治秩序，适应以经济建设为中心的工作重点转移，为推进改革开放提供法律保障。1982年，中国制定了《中华人民共和国宪法》（以下简称《宪法》）。在宪法的统领下，1979—1992年，全国人大及其常委会先后制定、修改宪法和法律及有关法律问题的决定215件次，内容涵盖国家社会经济发展的各个方面，不仅为改革开放和社会主义现代化建设提供了法律保障，也为形成中国特色社会主义法律体系奠定了基础。

农业法制建设在这一时期也步入快车道。1982年《宪法》第17条规定："集体经济组织在接受国家计划指导和遵守有关法律的前提下，有独立进行经济活动的自主权。"1983年中央一号文件提出："国家机关对农村各类经济形式及其活动，加强法制管理，制定相应的法规。"1986年6月25日第六届全国人民代表大会常务委员会第十六次会议通过《中华人民共和国土地管理法》。1988年12月29日第七届全国人民代表大会常务委员会第五次会议对《中华人民共和国土地管理法》进行修正。该法规定，"集体所有的土地依照法律属于村农民集体所有"，"集体所有的土地，全民所有制单位、集体所有制单位使用的国有土地，可以由集体或者个人承包经营，从事农、林、牧、渔业生产"。该法主要是为了加强土地管理，维护土地的社会主义公有制，保护、开发土地资源，合理利用土地，切实保护耕地，适应社会主义现代化建设的需要。1991年中共十三届八中全会强调："逐步把国家对农业和农村的宏观管理纳入法制轨道。"这一时期，农业立法的重点是适应解放农业生产力的需要，推动农村土地所有权和使用权分离，赋予并保障家庭承包经营权；在保障农民土地经营权的同时，农业立法逐步向宏观管理领域拓展。

为了防止有害病、虫、杂草及其他有害生物由国外传入和由国内传出，加强进出口动植物检疫工作，保护农、林、牧、渔业生产和人体健康，促进对外经济贸易发展，

维护国家信誉，1982年6月4日，国务院发布《进出口动植物检疫条例》。1983年1月3日，国务院发布《植物检疫条例》。1991年通过《中华人民共和国进出境动植物检疫法》。1992年5月13日，国务院发布《关于修改〈植物检疫条例〉的决定》，对该条例作了修订。为促进农业各部门依法发展，1985年1月1日起中国施行《中华人民共和国森林法》，1985年10月1日起施行《中华人民共和国草原法》，1986年7月1日起施行《中华人民共和国渔业法》。此外，1985年1月21日第六届人大常务委员会通过了《中华人民共和国水法》。1991年通过《中华人民共和国水土保持法》《土地管理法实施条例》。1991年11月，中共十三届八中全会明确提出："要抓紧制定农业基本法等法律法规，确立农业在国民经济中的基础地位，保障农业持续、稳定、协调发展。"从数量上看，1979—1992年，全国人大及其常委会先后制定、修改农业法律12件次，这些法律成为中国农业法律制度的重要内容。

二、1992—2002：农业法律体系初步建立阶段

1992年，中共十四大明确提出："经济体制改革的目标，是在坚持公有制和按劳分配为主体、其他经济成分和分配方式为补充的基础上，建立和完善社会主义市场经济体制。""加强立法工作，特别是抓紧制定与完善保障改革开放、加强宏观经济管理、规范微观经济行为的法律和法规，这是建立社会主义市场经济体制的迫切要求。"中共十四大提出建立社会主义市场经济体制，要求抓紧制定和完善保障改革开放、加强宏观经济管理、规范微观经济行为的法律法规。1997年，中共十五大确立了"依法治国，建设社会主义法治国家"的基本方略，提出到2010年形成中国特色社会主义法律体系的目标。这一时期的农业法制建设的重点，是围绕农村改革，确立以家庭联产承包为基础的、统分结合的双层经营体制，在此基础上，主要致力于农业基本法制定。

1993年2月15日，农业部在第七届全国人民代表大会常务委员会第三十次会议上作的关于《中华人民共和国农业基本法（草案）》的说明中指出："经过14年的改革，我国农村已经形成了以家庭联产承包为主的责任制和统分结合的双层经营体制，大规模的农业生产关系调整基本结束，党和政府在领导农村改革的实践中已经形成了一系列行之有效的基本政策。""此外，几年来国家已经制定了不少涉及农业的单项法律、法规，党中央、全国人大常委会和国务院对制定农业基本法十分重视，全国上下

重视农业、发展农业的认识比较一致。因此,制定农业基本法的条件已经成熟。"① 为了保障农业在国民经济中的基础地位,发展农村社会主义市场经济,维护农业生产经营组织和农业劳动者的合法权益,促进农业的持续、稳定、协调发展,1993年7月2日,第八届全国人民代表大会常务委员会第二次会议通过《农业法》。《农业法》对农业生产经营体制、农业生产、农产品流通、农业投入、农业科技与农业教育、农业资源与农业环境保护、法律责任等进行规定。其指导思想是:"以国家基本法的形式保障农业在国民经济中的基础地位,把党和国家发展农村社会主义市场经济的一系列大政方针和基本政策规范化、法律化,为农业持续、稳定、协调发展提供必要的法律保障。"② 1993年,全国人大常委会还制定了《农业技术推广法》,同年8月1日通过《水土保持法实施条例》。1994年通过并实施了《基本农田保护条例》。1996年通过《进出境动植物检疫法条例》。1997年颁布并实施《中华人民共和国乡镇企业法》《农药管理条例》和《生猪屠宰管理条例》。1998年8月29日,第九届全国人民代表大会常务委员会第四次会议修订通过《土地管理法》,修订的内容主要包括:土地管理方式改为土地用途管制制度;土地利用总体规划和土地利用年度计划效力的强化;加大对农用地、特别是对耕地的保护力度;土地利用总体规划的审批权,占用农用地、特别是耕地的审批权和征地的审批权上收;法律责任的完善等。1999年宪法修正案规定:"农村集体经济组织实行家庭承包经营为基础、统分结合的双层经营体制。" 1998年中共十五届三中全会明确提出:"要坚定不移地贯彻土地承包期再延长三十年的政策,同时要抓紧制定确保农村土地承包关系长期稳定的法律法规,赋予农民长期而有保障的土地使用权。"截至2002年3月底,全国人大及其常委会审议通过的农业法律和有关法律问题的决定共19件,国务院制定农业行政法规62部。在种植业、养殖业、动植物检疫、农业环保、农业科技、乡镇企业和农村合作经济方面,制定法律10部、行政法规24部。在林业方面,制定法律和有关法律问题的决定6部、行政法规14部。在水利方面,制定法律4部、行政法规19部。在气象方面,制定法律1部、行政法规1部。在其他涉农方面,制定法律1部、行政法规7部。这些都是农业方面最广泛、最基本、最重大的法律法规。

  为适应经济社会发展需要,针对传统的农业管理和支持模式已不适应新的形势、

---

① 农业部部长刘中一1993年2月15日在第七届全国人民代表大会常务委员会第三十次会议上作的关于《中华人民共和国农业基本法(草案)》的说明,中国人大网。
② 农业部部长刘中一1993年2月15日在第七届全国人民代表大会常务委员会第三十次会议上作的关于《中华人民共和国农业基本法(草案)》的说明,中国人大网。

农业结构调整势在必行、农民收入增长幅度趋缓、提高农业发展水平和农产品的国际竞争力的要求[①]，2002年12月28日，第九届全国人民代表大会常务委员会第三十一次会议修订通过《农业法》，自2003年3月1日起施行。此次修订将1993年《农业法》的9章66条修订为13章99条。其中，有7章保留了原名称，新增粮食安全、农民权益保护、农村经济发展、执法监督4章。其中，"农产品流通"一章改为"农产品流通与加工"，"农业投入"一章改为"农业投入与支持保护"。修改的重点内容包括：农业和农村经济结构调整，农业产业化经营，保障农产品质量安全，粮食安全，农业投入与支持保护，农业科技与农业教育，保护农民权益，农村经济发展，农业生产经营体制，与世界贸易组织规则衔接等。总体上看，这一时期的农业立法，以1993年《农业法》的颁布为标志，制定了动植物检疫、农业生产资料、粮食安全、农业资源与农业环境保护、农业科技与农业教育以及农村基层村民自治等方面的法律，并根据经济社会发展的需要，先后修订了前一时期制定的《水污染防治法》《森林法》《土地管理法》《海洋环境保护法》《渔业法》《水法》《草原法》等法律，初步建立了有中国特色的农业法律体系。可以说，中国农业领域的法律、法规体系框架已经基本形成。随着农业领域法律制度的不断建立、完善，农业领域的行政执法不断加强，农业行政执法水平逐步提高。

三、2002—2012年：农业法律体系形成完善阶段

经过前一阶段的发展，无论是农村土地承包经营制度还是具体的农业法律制度在实施过程中都遇到了新的问题。2002年以来，针对这些新情况新问题，中国立法部门开展了农业法律的制定修订工作。2002—2012年，全国人大常委会先后制定或修改了《农业法》《草原法》《农业机械化促进法》《种子法》《渔业法》《畜牧法》《农产品质量安全法》《农民专业合作社法》《动物防疫法》《农村土地承包经营纠纷调解仲裁法》10部法律；国务院先后制定或修改了《抗旱条例》《农业机械安全监督管理条例》《渔业船舶检验条例》《兽药管理条例》《病原微生物实验室生物安全管理条例》《重大动物疫情应急条例》《濒危野生动植物进出口管理条例》《畜禽遗传资源进出境和对外合作研究利用审批办法》《乳品质量安全监督管理条例》《草原防火条例》《农业机械安

---

① 全国人大农业与农村委员会主任委员高德占2002年6月24日在第九届全国人民代表大会常务委员会第二十八次会议上作的关于《中华人民共和国农业法(修订草案)》的说明，中国科技期刊数据库。

全监督管理条例》《饲料和饲料添加剂管理条例》《食品安全法实施条例》《流动人口计划生育工作条例》《土地复垦条例》《太湖流域管理条例》等十多部行政法规，涉及巩固和增强农业基础地位、提高农业生产能力、保障和改善民生、加强社会领域立法等；农业部为贯彻执行法律和行政法规制修订了 85 部规章；各地省级人大和政府也出台了一批有探索、有突破、有创新的地方性农业法规规章。如 2011 年，江苏省制定《新型农村合作医疗条例》、山西省制定《农产品质量安全条例》等。2012 年，全国人大常委会修改了《农业技术推广法》，国务院制定了《农业保险条例》，甘肃省、陕西省分别制定了本省的农村扶贫开发条例，吉林省制定了农民负担管理条例。

这一时期纳入农业法律修订日程的还有《森林法》《进出口动植物检疫法》《水法》《野生动物保护法》《气象法》《农村土地承包法》等。2010 年 12 月 29 日，国务院第 138 次常务会议通过《国务院关于废止和修改部分行政法规的决定》，修订了《基本农田保护条例》《水生野生动物保护实施条例》《种畜禽管理条例》等。2011 年 11 月 29 日，国务院发布《国务院关于修改〈农药管理条例〉的决定》，修订了《农药管理条例》。2011 年 1 月 8 日，国务院发布《国务院关于废止和修改部分行政法规的决定》，修订了《农业转基因生物安全管理条例》。

这一时段的农业立法工作还具有填补空白的特点。例如 2006 年颁布施行的《中华人民共和国畜牧法》，是中国第一部全面规范畜牧业生产经营行为的法律，明确了畜禽遗传资源保护制度，确立了种畜禽生产经营许可制度，强化了种畜禽质量监督管理，对畜禽养殖、畜禽交易与运输、质量安全保障等进行了规范。《畜牧法》将蜂蚕纳入其管理范畴，填补了立法空白。在《畜牧法》的基础上，畜牧业方面的立法从无到有，形成了较为完整的体系：配套出台了《中华人民共和国畜禽遗传资源进出境和对外合作研究利用审批办法》《畜禽遗传资源保种场保护区和基因库管理办法》《畜禽新品种配套系审定和畜禽遗传资源鉴定办法》《优良种畜登记规则》《国家级畜禽遗传资源保护名录》《畜禽标识和养殖档案管理办法》和《家畜遗传材料生产许可办法》等法规规章，进一步完善了畜牧业法律法规体系。此外，为指导养蜂业发展，还专门制定发布了《养蜂业管理办法》。2008 年《乳品质量安全监督管理条例》和《草原防火条例》发布施行。2012 年《饲料和饲料添加剂管理条例》修订后发布施行。

截至 2012 年 6 月底，农业领域现行有效法律 15 部、行政法规 25 部、农业部规章 156 部、地方性农业法规规章 600 余部。以《农业法》为核心，以法律和行政法规为主干，以农业部规章和地方性法规、地方政府规章为补充的农业法律法规体系已经形成，农业领域基本实现了有法可依。至此,"三农"领域中基础的、支架性的法律已经基本制定。农业立法工作的加强,使得以前主要依靠政策调整的农业工作进入了既依靠政策、又依靠法律调整的新阶段。通过上述立法活动,形成了相对完善的、有中国特色的农业法律体系,成为中国特色社会主义法律体系的有机组织部分。经过34年的发展,确立了以家庭承包经营为基础、统分结合的双层经营体制,建立了市场取向的发展模式,揭开了发展现代农业的新篇章,构建了城乡统筹发展的战略格局,基本形成规范"三农"的法律体系及政策体系。总体上看,中国农业立法已经初步满足农业现代化发展的现实需要,对维护农民合法权益,保障农业和农村经济发展发挥了积极作用。

第二节 农业法律体系的结构和特点

"中国特色社会主义法律体系,是以宪法为统帅,以法律为主干,以行政法规、地方性法规为重要组成部分,由宪法相关法、民法商法、行政法、经济法、社会法、刑法、诉讼与非诉讼程序法等多个法律部门组成的有机统一整体。" 在农业领域,现行有效的法律、行政法规、农业部规章和地方性农业法规规章,共同构成了中国的农业法律体系。中国农业法律体系的框架结构可以从农业法律体系的层次和部门两个方面进一步阐述。

一、中国农业法律体系的层次

(一)宪法

宪法是中国特色社会主义法律体系的统帅。宪法是国家的根本法,具有最高的法律效力。一切法律、行政法规和地方性法规都不得同宪法相抵触。

中国《宪法》规定了农村基本经营制度、土地法律制度和集体经济组织等农业法律体系中的相关内容。在农村基本经营制度方面,《宪法》第八条第一款规定:"农村集体经济组织实行家庭承包经营为基础、统分结合的双层经营体制。农村中的生产、

---

① 2011年10月27日,国务院新闻办公室发表《中国特色社会主义法律体系》白皮书,查询日期:2014年9月18日。

供销、信用、消费等各种形式的合作经济，是社会主义劳动群众集体所有制经济。参加农村集体经济组织的劳动者，有权在法律规定的范围内经营自留地、自留山、家庭副业和饲养自留畜。"在农村土地法律制度方面，《宪法》第十条第二款规定："农村和城市郊区的土地，除由法律规定属于国家所有的以外，属于集体所有；宅基地和自留地、自留山，也属于集体所有。"在农村集体经济组织方面，《宪法》第十七条规定："集体经济组织在遵守有关法律的前提下，有独立进行经济活动的自主权。集体经济组织实行民主管理，依照法律规定选举和罢免管理人员，决定经营管理的重大问题。"农业法律体系中的法律、行政法规和地方性法规的相关内容，不得与《宪法》的上述规定相抵触。

（二）法律

法律是中国特色社会主义法律体系的主干。《立法法》第七条规定："全国人民代表大会和全国人民代表大会常务委员会行使国家立法权。全国人民代表大会制定和修改刑事、民事、国家机构的和其他的基本法律。全国人民代表大会常务委员会制定和修改除应当由全国人民代表大会制定的法律以外的其他法律；在全国人民代表大会闭会期间，对全国人民代表大会制定的法律进行部分补充和修改，但是不得同该法律的基本原则相抵触。"

法律规定了中国农业法律体系中的基本制度。除了作为农业基本法的《农业法》外，中国农业法律体系中的其他各个方面基本都有相关法律。以农村土地法律制度为例，2002年制定了《农村土地承包法》，2009年制定了《农村土地承包经营纠纷调解仲裁法》。以农业资源与农业环境保护法律制度为例，1984年制定了《森林法》，1985年制定了《草原法》，1986年制定了《渔业法》，1991年制定了《水土保持法》。

（三）行政法规

行政法规是中国特色社会主义法律体系的重要组成部分。《立法法》第六十五条规定："国务院根据宪法和法律，制定行政法规。行政法规可以就下列事项作出规定：（一）为执行法律的规定需要制定行政法规的事项；（二）宪法第八十九条规定的国务院行政管理职权的事项。应当由全国人民代表大会及其常务委员会制定法律的事项，国务院根据全国人民代表大会及其常务委员会的授权决定先制定的行政法规，经过实践检验，制定法律的条件成熟时，国务院应当及时提请全国人民代表大会及其常务委员会制定法律。"

行政法规在中国农业法律体系中占有举足轻重的地位。一方面，有不少农业法律制度是在首先制定行政法规的基础上，待时机成熟后上升为法律。以《水土保持工作条例》与《水土保持法》为例，1982年制定了《水土保持条例》，在实施多年、积累经验后，1991年制定了《水土保持法》。以《气象条例》与《气象法》为例，1994年制定了《气象条例》，在实施多年、积累经验后，1999年制定了《气象法》。另一方面，中国农业法律体系中存在大量的行政法规，如1994年制定的《种畜禽管理条例》，1997年制定的《植物新品种保护条例》，2001年制定的《农业转基因生物安全管理条例》。

（四）地方性法规

地方性法规是中国特色社会主义法律体系的又一重要组成部分。根据《立法法》第七十二条规定，省、自治区、直辖市的人民代表大会及其常务委员会，设区的市的人民代表大会及其常务委员会，自治州的人民代表大会及其常务委员会，可以根据具体情况和实际需要，制定地方性法规。《立法法》第七十三条第一款规定："地方性法规可以就下列事项作出规定：（一）为执行法律、行政法规的规定，需要根据本行政区域的实际情况作具体规定的事项；（二）属于地方性事务需要制定地方性法规的事项。"

在中国农业法律体系中，地方性法规对农业法律和行政法规作了进一步的具体规定。以《农村土地承包法》为例，2002年制定了《农村土地承包法》，随后各地结合实际情况制定了实施办法。例如，2004年7月30日山东省第十届人民代表大会常务委员会第九次会议通过《山东省实施〈中华人民共和国农村土地承包法〉办法》，2005年6月17日安徽省第十届人民代表大会常务委员会第十七次会议通过《安徽省实施〈中华人民共和国农村土地承包法〉办法》，2007年11月29日四川省第十届人民代表大会常务委员会第三十一次会议通过《四川省〈中华人民共和国农村土地承包法〉实施办法》。

二、中国农业法律体系的部门

法律部门"是指根据一定的标准和原则，按照法律规范自身的不同性质、调整社会关系的不同领域和不同方法等所划分的同类法律规范的总和"。[①] 中国法律部门是以调整对象和调整方法作为基本标准，对中国特色社会主义法律体系做出的基本划分。

---

① 张文显主编：《法律系》，4版，81页，北京，高等教育出版社、北京大学出版社，2011。

中国特色社会主义法律体系主要包括宪法相关法、民法商法、行政法、经济法、社会法、刑法和诉讼与非诉讼程序法七个法律部门。"从农业法律所属的法律部门看,以经济法为主,行政法次之,两者占80%以上。"[1]

(一) 宪法相关法

宪法"是所有调整国家与公民之间关系,以及调整国家机关之间的法律规范的总和,既包括在一个国家的法的体系中居于最高地位、具有最高法律效力的宪法,也包括具有一般法律效力的法律"。[2] "宪法相关法是与宪法相配套、直接保障宪法实施和国家政权运作等方面的法律规范"。[3] 在中国农业法律体系中,《村民委员会组织法》属于宪法相关法范畴。

(二) 民法商法

民法,是指调整平等主体的公民之间、法人之间、公民和法人之间的财产关系和人身关系的法律规范的总称。商法是调整平等主体之间商事关系的法律规范的总称。通常认为,根据中国现今要求和现代民法发展趋势,中国应采取民商合一体例。

在中国农业法律体系中,《农村土地承包法》《农民专业合作社法》和《植物新品种保护条例》等法律,属于民商法范畴。

(三) 行政法

"行政法,是指调整行政关系的、规范和控制行政权的法律规范的系统。"[4] 在中国农业法律体系中,《水污染防治法》和《海洋环境保护法》等属于行政法范畴。

(四) 经济法

"经济法是调整在国家协调的本国经济运行过程中发生的经济关系的法律规范的总称。"[5] 在中国农业法律体系中,《农业法》《种子法》《农产品质量安全法》《土地管理法》《森林法》和《水法》等属于经济法范畴。

(五) 社会法

"社会法是调整劳动关系、社会保障、社会福利和特殊群体权益保障等方面的法律规范。"[6] 在中国农业法律体系中,虽然没有哪一部法律直接归属于社会法,但是,《社

---

[1] 刘振伟:《对我国农业立法工作的几点思考》,载《农业经济问题》(月刊),2014(2),4~17页。
[2] 许崇德主编:《宪法》,5版,4、5页,北京,中国人民大学出版社,2014。
[3] 2011年10月27日,国务院新闻办公室发表《中国特色社会主义法律体系》白皮书,查询日期:2014年9月18日。
[4] 姜明安主编:《行政法与行政诉讼法》,5版,18页,北京,北京大学出版社、高等教育出版社,2011。
[5] 杨紫烜主编:《经济法》,5版,22页,北京,北京大学出版社、高等教育出版社,2014。
[6] 2011年10月27日,国务院新闻办公室发表《中国特色社会主义法律体系》白皮书,查询日期:2014年9月18日。

会保险法》等相关社会法,是建设中国农村社会保障体系的制度保障。

(六) 刑法

"刑法是指为了维护国家与人民利益,根据工人阶级和广大人民群众的意志,以国家名义颁布的,规定犯罪、刑事责任及刑罚的法律规范的总和。"[1] 在中国农业法律体系中,虽然没有哪一部法律直接归属于刑法,但是,在不少农业法律中有刑事责任的相关规定。以《农村土地承包法》为例,其第六十一条规定:"国家机关及其工作人员有利用职权干涉农村土地承包,变更、解除承包合同,干涉承包方依法享有的生产经营自主权,或者强迫、阻碍承包方进行土地承包经营权流转等侵害土地承包经营权的行为,给承包方造成损失的,应当承担损害赔偿等责任;情节严重的,由上级机关或者所在单位给予直接责任人员行政处分;构成犯罪的,依法追究刑事责任。"再如《农产品质量安全法》第五十三条规定:"违反本法规定,构成犯罪的,依法追究刑事责任。"

(七) 诉讼与非诉讼程序法

"诉讼与非诉讼程序法是规范解决社会纠纷的诉讼活动与非诉讼活动的法律规范。"[2] 在中国农业法律体系中,《农村土地承包经营纠纷调解仲裁法》属于诉讼和非诉讼程序法范畴。

三、中国农业法制建设的特点

(一) 中国农业法律体系是中国特色社会主义法律体系的重要组成部分

农业是国民经济的基础,保障和不断加强农业在国民经济中的基础地位,发展农村社会主义市场经济,维护农业生产经营组织和农业劳动者的合法权益,促进农业持续、稳定、协调发展,集中反映了国家的整体利益和人民的根本利益,体现了党的主张、政府的政策和人民意志的统一。农业法律体系是党和政府发展农业和农村经济的路线、方针、政策、措施的具体化、法律化、规范化和制度化,从而也是中国特色社会主义法律体系的重要组成部分。1958年6月3日,中国制定《农业税条例》,农业税成为财政收入的重要来源之一。征收农业税近50年后,中国经济社会状况发生重大变化,废除农业税的呼声越来越强烈。"取消农业税是减轻农民负担,增加农民收入,推进社

---

[1] 王作富主编:《刑法》,5版,7页,北京,中国人民大学出版社,2011。
[2] 2011年10月27日,国务院新闻办公室发表《中国特色社会主义法律体系》白皮书,查询日期:2014年9月18日。

主义新农村建设的重要举措;是加强农业基础地位,增强农业竞争力,提高农业综合生产能力的重大措施;是逐步消除城乡差别、促进城乡统筹发展的客观需要。"①2005年12月29日,第十届全国人大常委会第十九次会议决定自2006年1月1日起废止农业税,终结了在中国沿袭2 000多年的土地赋税制度。2002年修订的《农业法》,适应农业农村经济发展和中国加入世界贸易组织的新形势,把解决"三农"问题放在经济社会发展更加突出的位置,增设专章对粮食安全、农民权益保护、农村经济发展和执法监督作了规定,强化了国家对农业的投入与支持保护,明确"中央和县级以上地方财政每年对农业总投入的增长幅度应当高于其财政经常性收入的增长幅度"。

(二)中国农业法制建设体现了中国基本政治制度和基本经济制度的要求

中国共产党领导的多党合作和政治协商制度、民族区域自治制度以及基层群众自治制度等是中国的基本政治制度。在农村基层村民自治法律制度中,《村民委员会组织法》是农村村民自治的法律保障,其第二条规定:"村民委员会是村民自我管理、自我教育、自我服务的基层群众性自治组织,实行民主选举、民主决策、民主管理、民主监督。"《村民委员会组织法》为中国基层群众自治制度在农村的落实提供了制度保障。公有制为主体、多种所有制经济共同发展是中国的基本经济制度。中国《农业法》第五条规定:"国家坚持和完善公有制为主体、多种所有制经济共同发展的基本经济制度,振兴农村经济。国家长期稳定农村以家庭承包经营为基础、统分结合的双层经营体制,发展社会化服务体系,壮大集体经济实力,引导农民走共同富裕的道路。国家在农村坚持和完善以按劳分配为主体、多种分配方式并存的分配制度。"在农村土地法律制度中,土地所有权是公有制的体现。《土地管理法》《农村土地承包法》和《物权法》等都确认农村土地依法属于农民集体所有。《土地管理法》第八条第二款规定:"农村和城市郊区的土地,除由法律规定属于国家所有的以外,属于农民集体所有;宅基地和自留地、自留山,属于农民集体所有。"《农村土地承包法》第十二条规定:"农民集体所有的土地依法属于村农民集体所有。"《物权法》第五十九条第一款规定:"农民集体所有的不动产和动产,属于本集体成员集体所有。"农民集体所有的不动产和动产包括法律规定属于集体所有的土地和森林、山岭、草原、荒地、滩涂。

(三)中国农业法律体系是适应改革开放的需要不断完善的体系

中国农业法制建设带有鲜明的时代特点,它反映了农村改革开放和农业现代化建

---

① 全国人大财政经济委员会副主任委员刘积斌2005年12月24日在第十届全国人民代表大会常务委员会第十九次会议上作的关于废止《中华人民共和国农业税条例》议案的说明,中国人大网。

设的实践经验，肯定了农村改革开放和农业现代化建设的成果，适应了新形势对政府管理农业的要求，反映和推动了农业部门的职能转变和农业管理方式创新，引导、规范、保障和促进了农村改革开放和现代化建设。

改革开放之初，中国农业和农村经济落后，发展农村生产力是第一要务，农业法律的制定更强调搞活多种所有制经济，促进共同发展。改革开放以来，中国的基本经济制度和分配制度都鼓励多元化发展和鼓励多种分配方式并存。

1992年世界环境与发展大会提出可持续发展战略思想后，对环境与发展问题的认识出现了一个重大转折。中国政府高度重视并明确提出实施科教兴国战略和可持续发展战略。可持续发展战略要求在相关的立法中引入符合市场经济规律和市场机制要求的法律调整手段，突出经济、社会和环境之间的协调与统一。中国人均资源少，在农村经济发展过程中，耕地和水资源的节约使用和合理保护越来越重要，国家相继出台了保护和利用水土资源、森林和草原资源，预防和治理水土流失等方面的法规。为应对科技发展所引发的新的法律问题，运用法律手段引导和规范农业科技进步，确保农业科技发展，在农业立法领域，制定了农业转基因生物安全管理方面的行政法规和配套规章，建立了安全评价、进出口管理和标识管理等方面的制度和措施。由此可见，中国农业法律体系是在国家现代化进程中不断完善的，体现了时代特点。中国农业立法还积极借鉴国外运用法律手段调整和支持农业的做法，从法律上明确对农业的支持和保护，围绕保障粮食安全、农产品质量安全、农业生态安全和农业生产安全，不断健全农业支持保护、农业产业发展、农业资源环境保护、农村经营体制完善和农民权益维护等方面的立法，加快现行法律法规修订完善工作，抓紧配套规章制度建设，推进各项强农惠农富农政策的制度化、法律化，使农业经济发展从政策调控为主走向法律调控为主。

第三节　农业法律体系的主要内容

中国农业法律体系是以农业法为基础，以不同领域专门农业法律为主干，以有关法律中的涉农条款为补充，辅之以行政法规和地方性法规，多层次、全方位的农业法律制度。改革开放以来，中国农业法律体系得以建立并逐步完善，形成了以《农业法》

为基本法，以农业经营主体法律制度、农村土地法律制度、农业生产资料法律制度、粮食安全法律制度、动植物防疫检疫法律制度、农业资源与农业环境保护法律制度、农产品质量安全法律制度、农业科技与教育法律制度和农村基层村民自治法律制度为主要内容的法律体系。尽管中国农业法律体系还不尽完善，但是其内容已经基本涵盖了农业、农村和农民的各个方面。以下根据法律出台先后次序进行概略介绍。

一、农村土地法律制度

农村土地法律制度主要包括《农村土地承包法》和《农村土地承包经营纠纷调解仲裁法》。《土地管理法》和《物权法》对农村土地法律制度也有相关规定。农村土地法律制度的内容主要集中在集体土地所有权、土地承包经营权和宅基地使用权三个方面。

（一）《土地管理法》

人口多、人均耕地少是中国的基本国情。为了保护、开发土地资源，合理利用土地，保护耕地，中国于1986年颁布《土地管理法》。1986年《土地管理法》对中国的基本土地制度、土地的所有权和使用权、土地的利用和保护、耕地保护、监督检查、法律责任等内容作了规定。但是，随着城市化发展，一些地方违法批地、乱占耕地、浪费土地的问题时有发生，人地矛盾日益尖锐。为加强土地的宏观管理，加强农村集体土地管理，保护农民土地权益，中国分别于1988年、1998年、2004年对《土地管理法》作了修改。1998年的修改突出了切实保护耕地这一主题，规定国有土地和集体所有的土地的使用权可以依法转让、国家依法实行国有土地有偿使用制度等。1998年《土地管理法》对中国的土地管理制度作了重大修改。修改重点是土地用途管制制度：明确规定了土地利用总体规划是土地用途管制的依据；明确规定了农用地转为建设用地的审批权限，建设用地必须符合土地利用总体规划所确定的用途，并且严格控制农用地转为建设用地；上收征地审批权；乡村建设要尽量不占或者少占耕地、节约使用土地，并须按照经批准的乡镇土地利用总体规划、村庄和集镇规划的要求合理布局，适当集中，依法办理用地手续的要求。1998年《土地管理法》突出了保证耕地总量动态平衡，加重了各级人民政府保护耕地的责任；适当提高了最低补偿标准，充实、修改了法律责任，加大了对土地违法行为的处罚力度，并赋予县级以上各级人民政府土地管理部门查处土地违法行为的必要手段和执法保障。2004年3月4日第十届全国人民代表大会第二次会议通过的《宪法修正案》第二十条规定："国家为了公共利益的需要，可以依照法律规定对土地实行征收或者征用并给予补偿。"2004年8月立法机关根据《宪法修正案》的规定对《土地管理法》中有关土地"征用"的内容作了相应修改,第二条第四款修改为,"国家为了公共利益的需要,可以依法对土地实行征收或者征用并给予补偿。"将第四十三条第二款、第四十五条、第四十六条、第四十七条、第四十九条、第五十一条、第七十八条、第七十九条中的"征用"修改为"征收"。

(二)《农村土地承包法》和配套措施

为稳定和完善以家庭承包经营为基础、统分结合的双层经营体制,赋予农民长期而有保障的土地使用权,维护农村土地承包当事人的合法权益,促进农业、农村经济发展和农村社会稳定,2002年8月29日,第九届全国人民代表大会常务委员会第二十九次会议通过《农村土地承包法》,自2003年3月1日起施行。该法主要内容包括:总则,家庭承包,其他方式的承包,争议的解决和法律责任,附则等。为稳定和完善农村土地承包关系,维护承包方依法取得的土地承包经营权,加强农村土地承包经营权证管理,2003年11月14日,农业部令第三十三号发布《农村土地承包经营权证管理办法》。为规范农村土地承包经营权流转行为,维护流转双方当事人合法权益,促进农业和农村经济发展,2005年1月7日,农业部第二次常务会议审议通过《农村土地承包经营权流转管理办法》,自2005年3月1日起施行。为保障农村土地承包经营制度实施,保障农民土地承包经营权,公正、及时解决农村土地承包经营纠纷,规范土地承包仲裁工作,维护当事人的合法权益,维护农村和谐稳定,2009年6月27日,第十一届全国人民代表大会常务委员会第九次会议通过《农村土地承包经营纠纷调解仲裁法》,自2010年1月1日起施行。[①] 为规范农村土地承包经营纠纷仲裁活动,2009年12月18日,经农业部第十次常务会议审议通过,并经国家林业局同意,发布《农村土地承包经营纠纷仲裁规则》,自2010年1月1日起施行。2009年12月18日,经农业部第十次常务会议审议通过,并经国家林业局同意,发布《农村土地承包仲裁委员会示范章程》,自2010年1月1日起施行。农村土地承包法律制度稳定了我国农村基本经营制度,赋予了农民长期而有保障的土地承包经营权,对提高农民生产经营积极性、增加农民收入、促进农业农村经济健康发展和农村社会和谐稳定发挥了重要作用。

(三)《中华人民共和国耕地占用税暂行条例》

为了合理利用土地资源,加强土地管理,保护耕地,2007年12月1日,温家宝签

---

① 2008年12月27日关于《中华人民共和国农村土地承包经营纠纷仲裁法(草案)》的说明,查询日期:2014年9月10日,中国人大网。

署中华人民共和国国务院令第511号《中华人民共和国耕地占用税暂行条例》，2008年1月1日起公布施行。该条例规定，占用耕地建房或者从事非农业建设的单位或者个人，为耕地占用税的纳税人，应当依照本条例规定缴纳耕地占用税。耕地占用税以纳税人实际占用的耕地面积为计税依据，按照规定的适用税额一次性征收。

二、农业行业法律制度

1991年11月，中共十三届八中全会明确提出："要抓紧制定农业基本法等法律法规，确立农业在国民经济中的基础地位，保障农业持续、稳定、协调发展。""经过14年的改革，我国农村已经形成了以家庭联产承包为主的责任制和统分结合的双层经营体制，大规模的农业生产关系调整基本结束，党和政府在领导农村改革的实践中已经形成了一系列行之有效的基本政策。""此外，几年来国家已经制定了不少涉及农业的单项法律、法规，中共中央、全国人大常委会和国务院对制定农业基本法十分重视，全国上下重视农业、发展农业的认识比较一致。因此，制定农业基本法的条件已经成熟。"[1]

（一）《农业法》

为了保障农业在国民经济中的基础地位，发展农村社会主义市场经济，维护农业生产经营组织和农业劳动者的合法权益，促进农业的持续、稳定、协调发展，1993年7月2日，第八届全国人民代表大会常务委员会第二次会议通过《农业法》。《农业法》是中国的农业基本法，是规范农业农村经济社会发展的基础性法律，标志中国农业法律体系进入"基本法"时代，是中国农业法律体系建设的里程碑。之后，适应改革开放的需要，《农业法》分别在2002年和2012年作了修订。现行《农业法》的内容主要包括：总则，农业生产经营体制，农业生产，农产品流通与加工，粮食安全，农业投入与支持保护，农业科技与农业教育，农业资源与农业环境保护，农民权益保护，农村经济发展，执法监督，法律责任和附则等。作为农业基本法的《农业法》，已经就农业法律体系的各个方面作了原则性规定，具体内容则由其他法律法规进一步规范。《农业法》的指导思想"是以国家基本法的形式保障农业在国民经济中的基础地位，把党和国家发展农村社会主义市场经济的一系列大政方针和基本政策规范化、法律化，为农

---

[1] 农业部部长刘中一1993年2月15日在第七届全国人民代表大会常务委员会第三十次会议上作的关于《中华人民共和国农业基本法（草案）》的说明，中国人大网。

业持续、稳定、协调发展提供必要的法律保障"。①《农业法》第一条规定："为了巩固和加强农业在国民经济中的基础地位，深化农村改革，发展农业生产力，推进农业现代化，维护农民和农业生产经营组织的合法权益，增加农民收入，提高农民科学文化素质，促进农业和农村经济的持续、稳定、健康发展，实现全面建设小康社会的目标，制定本法。"《农业法》作为中国农业的"基本法"，明确了农业在国民经济中的地位，制定了农业和农村经济发展的基本目标，确立了农村的基本经营体制，在农业生产经营体制、农业生产、农产品流通与加工、粮食安全、农业投入与支持保护、农业科技与农业教育、农业资源与农业环境保护、农民权益保护和农村经济发展等多个方面作了原则性规定。

（二）《畜牧法》

2005年12月29日，第十届全国人民代表大会常务委员会第十九次会议通过《畜牧法》，自2006年7月1日起施行。该法主要内容包括：总则，畜禽遗传资源保护，种畜禽品种选育与生产经营，畜禽养殖，畜禽交易与运输，质量安全保障，法律责任，附则等。中国已颁布的与畜牧业相关的主要法律、行政法规还有《草原法》《动物防疫法》《进出境动植物检疫法》《饲料及饲料添加剂管理条例》《种畜禽管理条例》《兽药管理条例》等。这些法律、行政法规对畜牧业的发展起到了很大的促进和保障作用，②对规范畜牧业生产经营行为，保障畜禽产品质量安全，保护和合理利用畜禽遗传资源，维护畜牧业生产经营者的合法权益，促进畜牧业持续健康发展，起到积极作用。

（三）《渔业法》

为了加强渔业资源的保护、增殖、开发和合理利用，发展人工养殖，保障渔业生产者的合法权益，促进渔业生产的发展，适应社会主义建设和人民生活的需要，1986年1月20日，第六届全国人民代表大会常务委员会第十四次会议通过《渔业法》，自1986年7月1日起施行。"随着改革的深化、开放的扩大和社会主义市场经济的发展，渔业管理也出现了许多新情况、新问题，主要是：重要的养殖水面不断被侵占；对渔业资源的掠夺性捕捞加剧；新的国际公约、协定规定的缔约国的义务需要通过国内法来实施；渔业执法手段不够，力度不大，一些违法行为不能及时惩处。"③2000年10月31日，第九届全国人民代表大会常务委员会第十八次会议通过《关于修改〈中华

---

① 农业部部长刘中一1993年2月15日在第七届全国人民代表大会常务委员会第三十次会议上作的关于《中华人民共和国农业基本法（草案）》的说明，中国人大网。
② 全国人大农业与农村委员会副主任委员舒惠国2005年8月23日在第十届全国人民代表大会常务委员会第十七次会议上作的关于《中华人民共和国畜牧法（草案）》的说明，中国人大网。
③ 农业部部长陈耀邦2000年7月3日在第九届全国人民代表大会常务委员会第十六次会议上作的关于《中华人民共和国渔业法修正案（草案）》的说明，北大法宝。

人民共和国渔业法〉的决定》,自2000年12月1日起施行。该决定修订的主要内容包括:全民所有的水面,滩涂确定给个人使用,重要养殖水面的保护,捕捞限额制度,捕捞许可证制度,水产种质资源的保护,法律责任等。2004年8月28日第十届全国人民代表大会常务委员会第十一次会议通过《关于修改〈中华人民共和国渔业法〉的决定》,修订的内容是:第十六条第一款修改为"国家鼓励和支持水产优良品种的选育、培育和推广。水产新品种必须经全国水产原种和良种审定委员会审定,由国务院渔业行政主管部门公告后推广"。

(四)《农业机械化促进法》

为了鼓励、扶持农民和农业生产经营组织使用先进适用的农业机械,促进农业机械化,建设现代农业,2004年6月25日,第十届全国人民代表大会常务委员会第十次会议通过《农业机械化促进法》,自2004年11月1日起施行。该法主要内容包括:总则,科研开发,质量保障,推广使用,社会化服务,扶持措施,法律责任,附则等。

三、农业资源与环境保护法律制度

农业资源法律制度主要包括《森林法》《草原法》《渔业法》《野生动物保护法》《水法》《气象法》《水生野生动物保护实施条例》《野生植物保护条例》《畜牧法》《病原微生物实验室生物安全管理条例》和《濒危野生动植物进出口管理条例》。农业环境保护法律制度主要包括《水土保持法》《海洋环境保护法》《水污染防治法》和《防沙治沙法》。

(一)《森林法》

为了加快造林速度,加强森林保护管理,合理开发利用森林资源,1979年2月23日,第五届全国人民代表大会常务委员会第六次会议原则通过《森林法(试行)》。1984年9月20日,第六届全国人民代表大会常务委员会第七次会议通过《森林法》,自1985年1月1日起施行。"随着经济和社会的发展,森林资源的保护与管理出现了一些新的情况,《森林法》的某些规定已经明显不适应形势发展的需要,亟需修改、完善。"[①] 1998年4月29日,第九届全国人民代表大会常务委员会第二次会议通过《关于修改〈中华人民共和国森林法〉的决定》,修订的内容主要包括:国有重点林区林权证的核发、

---

① 林业部部长陈耀邦1997年10月29日在第八届全国人民代表大会常务委员会第二十八次会议上作的关于《中华人民共和国森林法修正案(草案)》的说明,中国人大网。

林地使用权和林木的流转、征用占用林地的管理、森林生态效益补偿、森林公安机关的任务、珍贵木材的出口、法律责任等。

(二)《草原法》

为了加强草原的保护、管理、建设和合理利用,保护和改善生态环境,发展现代化畜牧业,促进民族自治地方经济的繁荣,适应社会主义建设和人民生活的需要,1985年6月18日,第六届全国人民代表大会常务委员会第十一次会议通过《草原法》。"随着改革的深化和市场经济的发展,现行草原法已经不能适应新形势下草原保护管理的需要,实践中出现了一些亟待解决的问题:一是,超载过牧、乱垦乱挖草原的现象严重,部分草原的鼠害、病虫害还未得到有效控制,草原沙化、退化、荒漠化的趋势加剧;二是,草原承包中重利用轻养护、重索取轻建设等掠夺性经营的现象比较突出;三是,对草原投入不足,草原基础设施和服务体系建设滞后;四是,现行草原法规定的法律责任比较原则,对破坏草原等违法行为的处罚力度不够。"[1] 2002年12月28日,第九届全国人民代表大会常务委员会第三十一次会议修订通过《草原法》。

(三)《水法》

为了合理开发利用和保护水资源,防治水害,充分发挥水资源的综合效益,适应国民经济发展和人民生活的需要,1988年1月21日,第六届全国人民代表大会常务委员会第二十四次会议通过《水法》。对《水法》规定的水资源管理制度尚不完善,特别是在节约用水、计划用水和水资源保护方面,缺乏相应的管理制度的问题,流域管理缺失、水资源管理地区分割的现象,水资源有偿使用制度规定不明确,法律难操作等问题[2],2002年8月29日,第九届全国人民代表大会常务委员会第二十九次会议修订通过《水法》,自2002年10月1日起施行。修订的主要内容包括:水资源的权属,水资源规划,水资源的配置和使用,水资源的有偿使用和转让,节约用水,水资源保护,水资源管理体制等。

(四)《基本农田保护条例》

为了对基本农田实行特殊保护,促进农业生产和国民经济的发展,1994年7月4日,国务院第二十二次常务会议通过《基本农田保护条例》,自1994年10月1日起施行。1998年12月24日,国务院第十二次常务会议通过《基本农田保护条例》,自1999年

---

[1] 农业部部长杜青林2002年8月23日在第九届全国人民代表大会常务委员会第二十九次会议上作的关于《中华人民共和国草原法(修订草案)》的说明,中华人民共和国农业农村部官方网站。
[2] 水利部部长汪恕诚2001年12月24日在第九届全国人民代表大会常务委员会第二十五次会议上作的关于《中华人民共和国水法(修订草案)》的说明,中国人大网。

1月1日起施行，其主要内容包括：总则，划定，保护，监督管理，法律责任，附则等。1994年的《基本农田保护条例》同时废止。2010年12月29日国务院第一百三十八次常务会议修订了《基本农田保护条例》。

（五）《野生动物保护法》

为了保护、拯救珍贵、濒危野生动物，保护、发展和合理利用野生动物资源，维护生态平衡，1988年11月8日，第七届全国人民代表大会常务委员会第四次会议通过《野生动物保护法》，自1989年3月1日起施行。根据《野生动物保护法》的规定，1993年9月17日国务院批准，1993年10月5日农业部令第1号发布《水生野生动物保护实施条例》。为了保护、发展和合理利用野生植物资源，保护生物多样性，维护生态平衡，1996年9月30日，国务院发布《野生植物保护条例》，自1997年1月1日起施行。为了保护和合理利用珍稀、濒危野生植物资源，保护生物多样性，加强野生植物管理，2002年8月12日，农业部第十七次常务会议审议通过《农业野生植物保护办法》，自2002年10月1日起施行。2004年8月28日第十届全国人民代表大会常务委员会第十一次会议通过《关于修改〈中华人民共和国野生动物保护法〉的决定》，修订的内容是，第二十六条第二款修改为："建立对外国人开放的猎捕场所，应当报国务院野生动物行政主管部门备案。"为了加强对濒危野生动植物及其产品的进出口管理，保护和合理利用野生动植物资源，履行《濒危野生动植物种国际贸易公约》，2006年4月12日，国务院第一百三十一次常务会议通过《濒危野生动植物进出口管理条例》，自2006年9月1日起施行。

（六）《气象法》

为了加强气象工作，准确、及时地制作发布气象预报，开展气候预测，预防和减轻气象灾害，保障人民生命财产的安全，合理开发利用气候资源，促进经济建设和社会发展，1994年7月4日，国务院第二十二次常务会议通过《气象条例》。为了发展气象事业，规范气象工作，准确、及时地发布气象预报，防御气象灾害，合理开发利用和保护气候资源，为经济建设、国防建设、社会发展和人民生活提供气象服务，1999年10月31日，第九届全国人民代表大会常务委员会第十二次会议通过《气象法》，自2000年1月1日起施行，1994年8月18日国务院发布的《气象条例》同时废止。

（七）《水土保持法》

防治水土流失，保护和合理利用水土资源，是改变山区、丘陵区、风沙区面貌，治理江河，减少水、旱、风沙灾害，建立良好生态环境，发展农业生产的一项根本措施，是国土整治的一项重要内容。为了做好水土保持工作，1982年6月30日，国务院发布《水土保持工作条例》。"但从形势的发展和水土流失的现状看，迫切需要加强预防和监督工作，而《水土保持工作条例》的内容和权威性都不能适应新的情况。"① 为了预防和治理水土流失，保护和合理利用水土资源，减轻水、旱、风沙灾害，改善生态环境，发展生产，1991年6月29日第七届全国人民代表大会常务委员会第二十次会议通过《水土保持法》，《水土保持工作条例》同时废止。2010年12月25日第十一届全国人民代表大会常务委员会第十八次会议再次修订《水土保持法》，修订的内容主要包括：水土保持规划，水土流失预防，水土流失治理和水土保持监测和监督等。修订后的《水土保持法》框架结构为：总则，规划，预防，治理，监测和监督，法律责任和附则。

（八）《水污染防治法》

为防治水污染，保护和改善环境，以保障人体健康，保证水资源的有效利用，1984年5月21日，第六届全国人民代表大会常务委员会第五次会议通过《水污染防治法》。随着经济发展，中国水污染恶化有加重趋势，由点到面，由个别区域污染发展到流域污染，危及工农业生产和人民健康。随着经济发展，水污染的防治对象也发生变化。为提高防治水污染的效果，使有限的污染防治资金最大限度地发挥作用，需要从现行的末端治理、点源治理和浓度控制，向源削减（即在生产过程中削减污染）、污染集中控制和总量控制的方向转变。② 1996年5月15日，第八届全国人民代表大会常务委员会第十九次会议修订通过《水污染防治法》，修订的内容主要包括：加强水污染防治的流域管理、加强对城市污水的集中治理、强化对饮用水源的保护等。"鉴于经济增长和经济规模扩大，水污染物排放一直没有得到有效控制，水污染防治和水环境保护面临旧账未清完、又欠新账的局面。突出表现为：水污染物排放总量居高不下，水体污染相当严重；部分流域水资源的开发利用程度过高；城乡居民饮用水安全存在极大隐患；水污染事故频繁发生；守法成本较高，违法成本较低。"③ 为了适应当前环境保护新情况、新形势发展的需要，有效解决上述问题，完善有关水污染防治制度，2008年2月28日，第十届全国人民代表大会常务委员会第三十二次会议通过修订的

---

① 水利部部长杨振怀1991年2月25日在第七届全国人民代表大会常务委员会第十八次会议上作的关于《中华人民共和国水土保持法（草案）》的说明，中国人大网。
② 全国人大环境与资源保护委员会副主任委员秦仲达1995年10月23日在第八届全国人民代表大会常务委员会第十六次会议上作的关于《中华人民共和国水污染防治法修正案（草案）》的说明，《中华人民共和国全国人民代表大会常务委员会公报》，1996（4）。
③ 国家环境保护总局局长周生贤2007年8月26日在第十届全国人民代表大会常务委员会第二十九次会议上作的关于《中华人民共和国水污染防治法（修订草案）》的说明，载《环境经济》，2007（10）。

《水污染防治法》,自 2008 年 6 月 1 日起施行。修订的主要内容包括:加强水污染源头控制,进一步明确政府责任;完善水环境监测网络,建立水环境信息统一发布制度;强化重点水污染物排放总量控制制度;全面推行排污许可制度,进一步规范排污行为;完善饮用水水源保护区管理制度;加强内河船舶的污染防治;增强水污染应急反应能力;加大处罚力度,完善法律责任。

(九)《防沙治沙法》

中国是世界上土地沙化最严重的国家之一。为预防土地沙化,治理沙化土地,维护生态安全,促进经济和社会的可持续发展,2001 年 8 月 31 日,第九届全国人民代表大会常务委员会第二十三次会议通过《防沙治沙法》,对防沙治沙规划,土地沙化的预防,沙化土地的治理,保障措施,法律责任等作出了规定。

四、农业科技教育与推广法律制度

农业科技和农业教育法律制度主要集中在农业科技法律制度方面,主要包括《农业技术推广法》《种畜禽管理条例》《植物新品种保护条例》和《农业转基因生物安全管理条例》。

(一)《农业技术推广法》

为加强农业技术推广工作,促使农业科研成果和实用技术尽快应用于农业生产,保障农业的发展,实现农业现代化,1993 年 7 月 2 日,第八届全国人民代表大会常务委员会第二次会议通过《农业技术推广法》。在环境约束趋紧、自然灾害影响加大、粮食亩产接近饱和的情况下,农业科技水平的提高是增加农业产量的重要手段,而农业技术推广队伍长期、普遍存在人员结构不合理、工资待遇水平低、运行机制不完善、后继乏人等问题。随着现代农业发展,中国农业科技成果的推广应用率不高、重大农业科技成果尚未广泛应用的问题,已成为影响中国农业和农村经济进一步发展的重要制约因素。2012 年 8 月 31 日,第十一届全国人民代表大会常务委员会第二十八次会议通过《关于修改〈中华人民共和国农业技术推广法〉的决定》。该决定明确了国家农业技术推广机构的公共服务性质。[1] 此次修订中明确了农技推广的分类管理原则、国家农技推广机构的设置原则和管理体制、多元化推广组织的法律地位、国家农技推

---

① 农业部部长刘中一 1992 年 12 月 22 日在第七届全国人民代表大会常务委员会第二十九次会议上作的关于《中华人民共和国农业技术推广法(草案)》的说明,中国法律法规信息库。

广机构队伍建设的原则、农技推广工作规范、保障措施、法律责任。[1] 这对稳定机构、健全队伍、提升服务能力将起到十分重要的作用。《农业技术推广法》重新修改颁布，对依法治农、科教兴农将产生重大而深远的影响。

（二）《种畜禽管理条例》

为了加强畜禽品种资源保护、培育和种畜禽生产经营管理，提高种禽质量，促进畜牧业发展，1994年4月15日，国务院发布《种畜禽管理条例》，自1994年7月1日起施行。该条例主要内容包括：总则，畜禽品种资源保护，畜禽品种培育和审定，种畜禽生产经营，罚则，附则等。

（三）《植物新品种保护条例》

为了保护植物新品种权，鼓励培育和使用植物新品种，促进农业、林业的发展，1997年3月20日，国务院发布《植物新品种保护条例》，自1997年10月1日起施行。该条例主要内容包括：总则，品种权的内容和归属，授予品种权的条件，品种权的申请和受理，品种权的审查与批准，期限、终止和无效，罚则，附则等。

（四）《农业转基因生物安全管理条例》

2011年1月8日，国务院发布《国务院关于废止和修改部分行政法规的决定》，修订了《农业转基因生物安全管理条例》。为了加强农业转基因生物安全管理，保障人体健康和动植物、微生物安全，保护生态环境，促进农业转基因生物技术研究，2001年5月9日，国务院第三十八次常务会议通过《农业转基因生物安全管理条例》。其主要内容包括：总则，研究与试验，生产与加工，经营，进口与出口，监督检查，罚则，附则。

五、农业减灾和保障农业生产安全法律制度

农业减灾和保障农业生产安全相关的法律制度有《防洪法》《气象法》《水库大坝安全管理条例》《防汛条例》《蓄滞洪区运用补偿暂行办法》《动物防疫法》《进出境动植物检疫法》和《农业转基因生物安全管理条例》等行政法规。

（一）涉及农业减灾和保障农业生产安全的相关法律制度

为了防治洪水，防御、减轻洪涝灾害，维护人民的生命和财产安全，1997年8月29日第八届全国人民代表大会常务委员会第二十七次会议通过《防洪法》，自1998年

---

[1] 刘振伟：《农业公益性推广由国家各级推广机构承担》，网易财经，2012年8月31日。

1月1日起施行。该法明确国务院水行政主管部门在国务院的领导下，负责全国防洪的组织、协调、监督、指导等日常工作。国务院水行政主管部门在国家确定的重要江河、湖泊设立的流域管理机构，在所管辖的范围内行使法律、行政法规规定和国务院水行政主管部门授权的防洪协调和监督管理职责。国务院建设行政主管部门和其他有关部门在国务院的领导下，按照各自的职责，负责有关的防洪工作。县级以上地方人民政府水行政主管部门在本级人民政府的领导下，负责本行政区域内防洪的组织、协调、监督、指导等日常工作。县级以上地方人民政府建设行政主管部门和其他有关部门在本级人民政府的领导下，按照各自的职责，负责有关的防洪工作。

2000年中国实行《气象法》，该法明确：县、市气象主管机构所属的气象台站应当主要为农业生产服务，及时主动提供保障当地农业生产所需的公益性气象信息服务。2010年1月20日国务院第九十八次常务会议通过《气象灾害防御条例》，自2010年4月1日起施行。该条例规定，农业主管部门应当组织开展农业抗灾救灾和农业生产技术指导工作。

1991年7月2日中华人民共和国国务院令第86号发布《中华人民共和国防汛条例》，后根据2005年7月15日《国务院关于修改〈中华人民共和国防汛条例〉的决定》修订。

根据中华人民共和国国务院令第77号，1991年3月22日，《中华人民共和国水库大坝安全管理条例》发布，自发布之日起施行。

2000年5月23日国务院发布《蓄滞洪区运用补偿暂行办法》，规定了蓄滞洪区运用后，对区内居民遭受的经济损失进行补偿的标准和要求。

（二）动植物防疫检疫法律制度

动植物防疫检疫法律制度主要包括《进出境动植物检疫法》《植物检疫条例》《动物防疫法》和《重大动物疫情应急条例》。1982年6月4日国务院发布《进出口动植物检疫条例》；1991年10月30日第七届全国人民代表大会常务委员会第二十二次会议通过《进出境动植物检疫法》，1982年的《进出口动植物检疫条例》废止。1983年1月3日国务院发布《植物检疫条例》，1992年5月13日国务院修订了《植物检疫条例》。1997年7月3日第八届全国人民代表大会常务委员会第二十六次会议通过《动物防疫法》。2005年11月16日国务院第一百一十三次常务会议通过《重大动物疫情应急条例》。2006年2月27日，国务院发布《国家突发重大动物疫情应急预案》。2007年8月30日第十届全国人民代表大会常务委员会第二十九次会议修订《动物防疫法》，自

2008年1月1日起施行。修订的主要内容包括：动物疫病的预防，动物疫情的报告、认定和公布，动物、动物产品的检疫，动物诊疗，动物防疫工作体制和财政投入，法律责任等。从世界疫情状况以及我国畜牧业发展水平看，动物防疫形势非常严峻，高致病性禽流感、猪链球菌病等重大疫情对我国畜牧业和公共卫生安全造成严重影响，动物防疫工作面临新的形势与更高的要求。[①] 中国动植物防疫检疫法律制度已经较为健全，对加强动物防疫工作的管理，预防、控制和扑灭动物疫病，促进养殖业发展，保护人体健康起到重要作用。

（三）《农业转基因生物安全管理条例》

前文已述及，此处从略。

（四）《病原微生物实验室生物安全管理条例》

为了加强病原微生物实验室生物安全管理，保护实验室工作人员和公众的健康，2004年11月5日，国务院第六十九次常务会议通过《病原微生物实验室生物安全管理条例》。

六、农业生产资料和农产品质量安全法律制度

农业生产资料法律制度主要包括《兽药管理条例》《农药管理条例》和《种子法》。

（一）农业投入品监管立法

为了加强兽药监督管理，保证兽药质量，有效防治畜禽等动物疾病，促进畜牧业发展和维护人体健康，1987年5月21日，国务院发布《兽药管理条例》。2004年3月24日，国务院第四十五次常务会议通过《兽药管理条例》，自2004年11月1日起施行，1987年《兽药管理条例》同时废止。为了加强对农药生产、经营和使用的监督管理，保证农药质量，保护农业、林业生产和生态环境，维护人畜安全，1997年5月8日，国务院发布《农药管理条例》。2011年11月29日，国务院发布《国务院关于修改〈农药管理条例〉的决定》，修订了《农药管理条例》。中国农业生产资料法律制度已经相对健全，但是兽药和农药的法律位阶较低。

---

① 农业部2007年4月24日在第十届全国人民代表大会常务委员会第二十七次会议上作的关于《中华人民共和国动物防疫法（修订草案）》的说明，载《中华人民共和国全国人民代表大会常务委员会公报》2007年第6期。

(二)《种子法》

为加强种子工作的管理,维护种子选育者、生产者、经营者和使用者的合法权益,保证种子质量,促进农业、林业的发展,1989年1月20日,国务院第三十二次常务会议通过《种子管理条例》。为了保护和合理利用种质资源,规范品种选育和种子生产、经营、使用行为,维护品种选育者和种子生产者、经营者、使用者的合法权益,提高种子质量水平,推动种子产业化,促进种植业和林业的发展,2000年7月8日,第九届全国人民代表大会常务委员会第十六次会议通过《种子法》,自2000年12月1日起施行,《种子管理条例》废止。2004年8月28日,第十届全国人民代表大会常务委员会第十一次会议通过《关于修改〈中华人民共和国种子法〉的决定》。修订内容包括:"应当审定的林木品种未经审定通过的,不得作为良种经营、推广,但生产确需使用的,应当经林木品种审定委员会认定。""未经省、自治区、直辖市人民政府林业行政主管部门批准,不得收购珍贵树木种子和本级人民政府规定限制收购的林木种子。"

此外,《种畜禽管理条例》《兽药管理条例》《饲料和饲料添加剂管理条例》等法律、行政法规也有相关内容。

"农产品质量安全关系广大人民群众的身体健康、生命安全和新时期农业与农村经济的健康发展。党中央、国务院对此历来高度重视,采取一系列措施,不断加强农产品质量安全工作。"《农产品质量安全法》是"这些经实践证明行之有效的政策、措施法律化、制度化"。[①] 为了保障农产品质量安全,维护公众健康,促进农业和农村经济发展,2006年4月29日,第十届全国人民代表大会常务委员会第二十一次会议通过《农产品质量安全法》,自2006年11月1日起施行。该法主要内容包括总则、农产品质量安全标准、农产品产地、农产品生产、农产品包装和标识、监督检查、法律责任、附则等。2009年2月28日发布,2009年6月1日起施行的《中华人民共和国食品安全法》包括总则、食品安全风险监测和评估、食品安全标准、食品生产经营、食品检验、食品进出口、食品安全事故处置、监督管理、法律责任和附则。需要说明的是,农产品质量安全法律制度与农业生产资料法律制度、动植物防疫检疫法律制度息息相关。《农产品质量安全法》第二十一条第一款规定:"对可能影响农产品质量安全的农药、兽药、饲料和饲料添加剂、肥料、兽医器械,依照有关法律、行政法规的规定实行许可制度。"关于农药、兽药的法律规定集中在农业生产资料法律制度中。

---

① 农业部部长杜青林2005年10月22日在第十届全国人民代表大会常务委员会第十八次会议上作的关于《中华人民共和国农产品质量安全法(草案)》的说明,中国人大网。

以农产品包装和标示为例,《农产品质量安全法》第三十一条规定:"依法需要实施检疫的动植物及其产品,应当附具检疫合格标志、检疫合格证明。"关于动植物检疫的规定集中体现在动植物防疫检疫法律制度中。

七、涉及农业生产经营主体的法律制度

(一)乡镇企业法和乡村集体所有制企业条例

为了扶持和引导乡镇企业持续健康发展,保护乡镇企业的合法权益,规范乡镇企业的行为,繁荣农村经济,1996年10月29日第八届全国人民代表大会常务委员会第二十二次会议通过《中华人民共和国乡镇企业法》,自1997年1月1日起施行。该法所称乡镇企业,是指农村集体经济组织或者农民投资为主,在乡镇(包括所辖村)举办的承担支援农业义务的各类企业。投资为主,是指农村集体经济组织或者农民投资超过50%,或者虽不足50%,但能起到控股或者实际支配作用。乡镇企业符合企业法人条件的,依法取得企业法人资格。

1990年6月3日中华人民共和国国务院令第59号发布《中华人民共和国乡村集体所有制企业条例》。该条例内容包括:总则,企业的设立、变更和终止,企业的所有者和经营者,企业的权利和义务,企业的管理,企业与政府有关部门的关系,奖励与处罚,附则。

(二)农民专业合作社法

主要包括《农民专业合作社》和《农民专业合作社登记管理条例》。2006年10月31日第十届全国人民代表大会常务委员会第二十四次会议通过《农民专业合作社法》,2007年5月28日国务院发布《农民专业合作社登记管理条例》。上述法律法规对支持、引导、规范农民专业合作社的发展具有重要意义。《农民专业合作社法》的内容包括:总则,设立和登记,成员,组织机构,财务管理合并、分立、解散和清算,扶持政策,法律责任和附则。《农民专业合作社登记管理条例》主要是为了确认农民专业合作社的法人资格,规范农民专业合作社登记行为。

(三)规范农产品流通和市场交易的法律制度

包括制定了粮食收购条例、棉花质量监督管理条例、粮食购销违法行为处罚办法等行政法规。为了加强粮食收购管理,维护粮食市场秩序,保障粮食供应,保护农民和其他粮食生产者的合法权益,1998年6月1日,国务院第四次常务会议通过《粮食

收购条例》。2004年5月19日,国务院第五十次常务会议通过《粮食流通管理条例》,1998年的《粮食收购条例》同时废止。该条例主要内容包括:总则,粮食经营,宏观调控,监督检查,法律责任,附则等。

为了加强对棉花质量的监督管理,维护棉花市场秩序,保护棉花交易各方的合法权益,2001年8月3日中华人民共和国国务院令第314号公布《棉花质量监督管理条例》。该条例规定,棉花经营者(含棉花收购者、加工者、销售者、承储者)从事棉花经营活动,棉花质量监督机构对棉花质量实施监督管理,必须遵守本条例。棉花经营者从事棉花加工经营活动,应当按照国家有关规定取得资格认定。棉花经营者应当建立健全棉花质量内部管理制度,严格实施岗位质量规范、质量责任及相应的考核办法。2006年7月4日,中华人民共和国国务院令第470号《国务院关于修改〈棉花质量监督管理条例〉的决定》提出:棉花经营者从事棉花加工经营活动,应当按照国家有关规定取得资格认定;棉花经营者收购棉花,不按照国家标准和技术规范排除异性纤维和其他有害物质后确定所收购棉花的类别、等级、数量,或者对所收购的超出国家规定水分标准的棉花不进行技术处理,或者对所收购的棉花不分类别、等级置放的,由棉花质量监督机构责令改正,可以处3万元以下的罚款。

为了规范粮食购销活动,惩处粮食购销活动中的违法行为,维护粮食市场秩序,1998年7月31日国务院第六次常务会议通过《粮食购销违法行为处罚办法》,1998年8月5日发布施行。该《粮食购销违法行为处罚办法》要求国有粮食收储企业、中国农业发展银行及其分支机构、粮食行政管理部门和其他有关行政机关,以及与粮食购销活动有关的其他组织和个人,必须遵守国家有关粮食购销的规定。违反国家有关粮食购销的规定的,《粮食收购条例》对其处罚有规定的,从其规定;《粮食收购条例》对其处罚未作规定的,依照本办法的规定处罚。

八、农村基层村民自治法律制度

中国农村基层村民自治法律制度主要是《村民委员会组织法》。现行的《村民委员会组织法》是在1987年的《村民委员会组织法(试行)》的基础上形成的。1987年《村民委员会组织法(试行)》的主要内容包括:村民委员会的性质,村民委员会的任务,村民委员会的规模和机构设置,村民委员会的组成人员、产生方法和任期,村民委员会的工作方法和工作作风,村民委员会组成人员的工作报酬和工作经费等。1998年

11月4日第九届全国人民代表大会常务委员会第五次会议通过《村民委员会组织法》。《村民委员会组织法》"根据党的十五大精神，坚持试行法确定的村民自治、基层群众直接行使民主权利的原则，针对实际存在的问题，主要在选人、议事、监督三个关键环节上对试行法作了补充、完善"。① 《村民委员会组织法》公布施行后，对推进以民主选举、民主决策、民主管理和民主监督为主要内容的村民自治发挥了重要作用。村民自治制度已经发展成为中国特色社会主义民主政治的重要组成部分。2010年10月28日第十一届全国人民代表大会常务委员会第十七次会议修订《村民委员会组织法》，修订的内容主要包括：完善村民委员会成员的选举和罢免程序，完善民主议事制度，完善民主管理和民主监督制度，修订草案的框架结构。修订后的《村民委员会组织法》框架结构为：总则，村民委员会的组成和职责，村民委员会的选举，村民会议和村民代表会议，民主管理和民主监督，附则等。《村民委员会组织法》为农村村民实行自治、发展农村基层民主和维护村民的合法权益提供了制度保障。②

除此之外，还有明确农民权利义务的一些法律法规。例如《中华人民共和国选举法》。1979年中国修订《选举法》。1995年修改选举法时确定全国和省、自治区农村每一代表所代表人口数4倍于城市每一代表所代表的人口数。2010年3月，《选举法》修改为全国人大代表和地方各级人大代表名额，按照每一代表所代表的城乡人口数相同的原则，以及保证各地区、各民族、各方面都有适当数量代表的要求进行分配。《选举法》的这一修改，以及关于人大代表应当具有广泛的代表性，要有适当数量的基层代表，特别是工人、农民和知识分子代表的规定，关于选举委员会应当根据选民的要求，组织代表候选人与选民见面，回答选民问题的规定，关于任何组织或者个人都不得以任何方式干预选民或者代表自由行使选举权的规定等，进一步完善了中国特色选举制度，进一步保障了城乡居民享有平等的选举权。

此外，涉农法律还有农民承担费用和劳务管理条例、农村"五保"供养工作条例等法律、行政法规，以及54部法律和有关法律问题的决定、100多部行政法规，如民法通则、民族区域自治法、教育法、职业教育法、执业医师法、节约能源法、环境保护法、海洋环境保护法等法律，高等教育自学考试暂行条例、人民调解委员会组织条例、征收教育费附加暂行规定、私营企业暂行条例、民族乡行政工作条例等行政法规。

---

① 民政部部长多吉才让1998年6月22日在第九届全国人民代表大会常务委员会第三次会议上作的关于《中华人民共和国村民委员会组织法（修订草案）》的说明，中国人大网。
② 民政部部长李学举2009年12月22日在第十一届全国人民代表大会常务委员会第十二次会议上作的关于《中华人民共和国村民委员会组织法（修订草案）》的说明，中国人大网。

第四节　农业法制建设的主要作用

新中国成立后，农业和农村经济曾经历大起大落的曲折发展历程。历史和实践经验证明，要建设社会主义现代化国家，必须走民主和法制的道路。在这一思想指导下，中国法制建设步伐不断加快，法制作用日益凸显。农业法制为农业和农村经济的持续稳定发展发挥越来越重要的作用。改革开放后，党和国家高度重视农业法制建设，农业法律制度对巩固和强化农业的基础地位，稳定以家庭承包经营为基础的农业生产经营体制，推进农业生产发展和结构调整，加强农业科技教育，维护农民合法权益，促进农业生产整体水平的提高，发挥了重要作用。中国农业领域基本上做到了有法可依，这些法律、行政法规对规范、引导、保障和促进农业和农村经济持续稳定健康发展提供法律支撑。

一、使农业发展有法可依

农业领域共制定现行有效法律 15 部、行政法规 25 部、农业部规章 158 部，涵盖了农业农村经济的主要方面，农业领域基本实现有法可依。以《渔业法》为例，1986 年《中华人民共和国渔业法》颁布实施，中国渔业进入"依法治渔、以法兴渔"的重要历史时期。此后，中央和省级人大、政府、渔业主管部先后颁布渔业法律法规 500 多部，初步形成以《渔业法》为主干、具有中国特色的渔业法律体系，渔业生产管理、水生野生动植物和渔业水域环境保护以及渔业经济活动等基本做到有法可依、有规可循。2000 年《渔业法》修订实施后，渔业立法着重加强了配套法规规章的制定与修订，在国家层面先后出台了《渔业船舶检验条例》《渔业捕捞许可管理规定》《远洋渔业管理规定》《水产养殖质量安全管理规定》《水域滩涂养殖发证登记办法》等法规、规章，各地也出台了一系列地方性法规、规章，渔业法律体系和管理制度进一步完善。据统计，到 2012 年，全国共颁布出台涉渔法律法规、规章和规范性文件 600 多部，覆盖了渔业领域各个方面，渔业经济活动与管理基本实现了有法可依。尤其是 2007 年《物权法》

在"用益物权篇"规定了"使用水域、滩涂从事养殖和捕捞的权利",这是中国民事基本法律首次明确渔业养殖权和捕捞权为用益物权,对中国渔业的持续、健康发展和渔业生产者权益保护将起到深远的影响。

中共十六大以来,《农产品质量安全法》《农民专业合作社法》《动物防疫法》《农村土地承包经营纠纷调解仲裁法》等一系列农业重要法规条例出台,更进一步促进了农业法律法规体系的完善。针对消费者日益关注的农产品质量安全问题,国家先后颁布实施了《农产品质量安全法》《食品安全法》《食品安全法实施条例》《乳品质量安全监督管理条例》等法律法规,农业部配套制定了《无公害农产品管理办法》《农产品产地安全管理办法》《农产品包装和标识管理办法》等部门规章及强制性技术规范,发布了50种农药、47种兽药以及多种饲料添加剂的禁限令。各地方人大、政府结合实际也陆续出台了相关地方法规。根据农业部例行监测,2011年全国主要城市蔬菜、畜禽产品和水产品质量安全合格率分别达到97.4%、99.6%和96.8%,总体合格率比10年前提高了30%多。2004年颁布的《农业机械化促进法》,规定了农机购置补贴制度、农机跨区作业服务制度、农机生产作业燃油补贴制度,极大地激发了广大农民购买农机、使用农机的积极性,推动我国农作物耕种收综合机械化水平由2003年的32.5%迅速上升到2011年的54.8%。2006年颁布的《农民专业合作社法》专章规定了国家对农民专业合作社的财政、金融、税收扶持政策,推动中国农民专业合作社进入加快发展、规范发展、健康发展的新时期。

二、从法律上给农民吃了"定心丸"

《土地管理法》《农业法》《农村土地承包法》《草原法》等一系列农业法律的颁布实施,特别是对生产资料等所有权、使用权、承包经营权的明确界定,给农民吃了"定心丸"。"《农村土地承包法》的制定和实施,对于保持党在农村的基本政策的连续性和稳定性,更好地保护农民的合法权益,进一步调动其积极性,促进农业和农村经济乃至整个国民经济的发展,具有重要而深远的意义"。① 《草原法》使草原所有权、使用权和草原承包责任制得到了落实,有力地促进了草地责、权、利统一,调动了广大农牧民自觉保护、合理利用和建设草原的积极性。截至2011年年底,全国累计承包

---

① 全国人大农业与农村委员会副主任委员柳随年2001年6月26日在第九届全国人民代表大会常务委员会第二十二次会议上作的关于《中华人民共和国农村土地承包法(草案)》的说明,中国人大网。

草原面积达 36.4 亿亩,占全国可利用草原面积的 73%,牧区草原承包率超过 90%。各地以全面落实草地承包责任制为前提,通过飞播牧草、改良草地、围栏封育、建立育草基地、防灾基地等建设措施,提高草地生产能力和防灾能力,加快了草原建设步伐。2001—2011 年,全国累计建设草原围栏 11 亿亩,累计种草保留面积 1.57 亿亩,补播改良草原 3 亿多亩。经过持续治理,全国草原生态恶化的势头得到初步遏制,局部地区草原生态环境明显好转。

三、促进依法监管和机构队伍建设

相当多的农业法律带有明确部门职责的特点,从而在法律颁布实施后促进了相关行政管理工作依法开展。例如《水法》和《水土保持法》颁布实施后,全国建立了一支包括水资源管理、水土保持监督、河道管理、水工程管理、防汛和水文设施管理在内的 10 万人的水政监察队伍。同时,还依法加强了水政监察规范化建设,以打击破坏、盗窃水利设施,清除影响河道泄洪的河障及实施取水许可制度为重点,查处水事违法案件,使水事违法案件逐年减少。各级水行政主管部门积极依法调处各类水事矛盾,解决了一批多年未解决的省际水事矛盾。通过水利执法和水事纠纷的调处,维护了正常的水事秩序和社会安定,有力地促进了水利建设和管理等各方面工作。2008 年修订的《水污染防治法》进一步强化了渔业主管部门的职责。《草原法》的贯彻实施使草原管理机构从无到有,逐步建立了执法体系。主要省区先后建立了草原监(管)理总站,草原面积较大的地区(州、盟)、县(旗)、乡还成立了草原监(管)理站(所),配备监理人员,组成草原执法队,开展执法工作。农业部还成立了草原防火指挥部,全国十大牧区成立草原防火办公室,所属地(州、盟)、县(旗)成立了相应的组织和专业或兼业扑火队伍,有效地减少了草原火灾及其损失。《渔业法》的颁布实施,加快了渔政渔港监督管理机构的建设,全国共有渔业执法人员 3 万多人,执法力量和执法水平均有显著提高。中国兽药行业管理建立了以《兽药管理条例》为核心的兽药管理法规体系,形成了以《中国兽药典》为核心的兽药技术标准体系。确立了兽药注册评审、监督检验、生产经营许可、监督执法等一系列管理制度,初步建立了行政管理、评审检验和执法监督的管理体制。建立了国家、省级兽药残留检验检测体系和部分地市级兽药检验机构,成立了全国兽药典委员会、兽药评审专家委员会、兽药残留专家委员会和兽药 GMP 工作委员会等专业工作委员会,为做好兽药监管工作提供了强有力的技术支撑。2008年新修订的《动物防疫法》对推行官方兽医制度和执业兽医制度提出明确要求。各级畜牧兽医行政管理部门以深化兽医管理体制改革为契机,全面加强官方兽医、执业兽医、乡村兽医和村级动物防疫员队伍建设,为做好动物疫病防控工作提供了坚强的人才保障。2006年颁布的《农产品质量安全法》,明确了农业部门农产品质量安全的监管职责,规定了农产品质量安全风险评估、农产品生产记录、农产品包装和标识以及农产品质量安全监测和监督检查等一系列制度,首次从立法高度明确各级农业部门、生产经营企业的质量安全法律责任,对保障和提升我国农产品质量安全水平起到了重要作用。农业行政主管部门和地方政府将确保农产品质量安全作为农业农村经济发展的中心目标之一;各地政府在政策扶持、项目安排、经费保障上切实加大农产品质量安全工作力度。农业部组建了农产品质量安全监管局,各地大力推动监管机构建设。全国省级农业厅局都设立了农产品质量安全监管局(处、办),80%的地市和60%的区县农业部门组建了农产品质量安全监管专门机构,50%的乡镇建立了专门的农产品质量安全监管公共服务机构,农产品质量安全监管机构实现从无到有的跨越式发展,农产品质量安全步入依法监管阶段。

  2002年修订的《农业法》明确要求,各级农业部门"应当在其职责范围内健全行政执法队伍,实行综合执法,提高执法效率和水平"。中共十六大以来,中共中央、国务院高度重视农业综合执法工作,作出了一系列加强农业综合执法的决策部署。2008年,农业部明确提出"三年内基本实现全国农业县开展农业综合执法"的工作目标。截至2011年年底,全国已有30个省、237个市(地)、2 286个县(市)开展了农业综合执法工作,县级覆盖率达到应建比例的98.2%,农业综合执法县级全覆盖目标基本实现,上下贯通、左右相连的农业综合执法体系基本形成。2007年起,农业部启动实施了以规范运行、提高能力为重点的农业综合执法规范化建设,要求各地农业部门按照"有编委批准的正式机构,有一支素质较高的执法队伍,有与执法相适应的执法手段,有完善的执法制度,有明显的执法效果"的"五有"标准,推进农业综合执法规范化建设。各地农业部门认真落实农业部要求,不断规范综合机构设置、人员管理、执法行为和执法监督,福建、江苏、浙江等地还结合本地实际,进一步细化了农业综合执法规范化建设的目标和内容,促进执法能力和水平明显提升。2003年,中央财政在政府收支科目的农业大类中设立了执法监管科目,专项用于农业法制建设、执法监督、农产品质量监督、农资打假与市场监管等方面的支出,为各级农业部门争取同级财政部门支持、将农业执法经费纳入财政预算奠定了基础。很多地方据此将农业执法经费纳入了当地财政预算,有效地提升了农业综合执法的保障能力。同时,在财政等部门的支持下,农业部积极筹措资金,先后实施了农业综合执法试点和示范项目,加大对农业综合执法的投入力度,在一定程度上改善了基层农业综合执法机构经费不足和装备落后的情况。实践表明,凡成立综合执法机构的地区,监管就比较到位。农业综合执法机构每年查办各类农业违法案件5万余起,为农民挽回经济损失数亿元。执法与服务相结合,每年调处涉农纠纷1.5万起左右。

四、强化对行政行为的规范和对行政相对人权益的保护

2004年,农业部下发通知要求各地切实加强执法队伍建设,并对农业执法人员提出了"六要六禁止"要求。自2004年起每年举办全国农业行政执法培训班,对基层农业综合执法骨干进行轮训。2008年,农业部下发《农业部关于全面加强农业执法、扎实推进综合执法的意见》,要求各地严把执法人员考试录用关,按照公开、平等、竞争、择优的原则,采取考试、考核、选调等办法录用执法人员。经过近10年发展,农业综合执法队伍已逐步成为农业执法的"主力军",对规范农业生产经营秩序、维护农民合法权益起到积极作用。

通过开展多种形式的法制培训,农业部门工作人员的法治意识得到强化,农业执法人员的法律素质和执法技能得到提高。截至2011年年底,共举办农业执法培训班17期,培训执法人员2 500多名。各级农业执法机构的执法行为日趋规范,执法水平不断提升。

《农产品质量安全法》《兽药管理条例》《饲料和饲料添加剂管理条例》在赋予农业部门监督检查、行政强制、行政处罚等权力的同时,对相关执法程序进行了严格规范,在"法律责任"一章首先明确了农业部门工作人员不依法履行管理职责、滥用职权等应当承担的法律责任,进一步强化了对行政相对人合法权益的保护。

五、提高农民法律意识

随着农业方面法律法规的颁布实施,各地广泛开展了法制宣传教育活动,推动学法知法用法。2003年以来,农业部每年在全国组织开展"送法下乡""法律进乡村"

等法制宣传活动,向广大农民群众宣传涉农法律知识。各级农业部门也采用多种形式,深入宣传农业法律法规的精神和内容。2007年,中宣部、司法部、民政部、农业部、全国普法办联合下发了《关于加强农民学法用法工作的意见》;2012年,五部门又联合下发了《关于进一步加强农民学法用法工作的意见》,对加强新时期农民学法用法工作的指导思想、主要任务、基本原则、工作措施等提出了明确要求,将涉农法制宣传教育进一步引向深入。

六、促进资源有序利用和生态环境保护

2003年《中华人民共和国草原法》完成修订并颁布施行,以实现草原保护建设的科学规划、全面保护、重点建设、合理利用和畜牧业的可持续发展为目标,进一步健全和完善了草原相关法律制度。2002年以来,中央财政草原防火补助经费由每年400万元增加到1 900万元,草原防火基本建设中央投资由每年500万元增加到5 000多万元;累计投入草原鼠害防治资金3亿元,草原虫害防治资金7.85亿元。全国共建设草原防火指挥中心26个,防火物资储备库(站)132个,开设边境草原防火隔离带3亿公里。主要草原省区全部建立了草原鼠虫害预测预报中心(站),全国累计防治草原鼠害9.84亿亩次,草原虫害6.95亿亩次。2011年,全国草原火灾、鼠虫害发生面积和因灾损失均处于历史低位水平。草原外来入侵生物综合防治也取得积极进展,草原雪灾、旱灾应急减灾机制逐步形成。草原灾害防控工作的有效开展,巩固了草原生态建设成果,保障了人民群众生命财产安全。2003—2011年,全国共依法查处开垦草原、非法征占用草原、非法采集草原野生植物等草原违法案件10万余起,案件办结率保持在90%以上,有力打击了各种破坏草原的违法行为,维护了农牧民群众的合法权益。

《森林法》颁布后,森林资源保护管理得到全面加强,毁林开垦和乱占林地得到遏制。1998年10月到1999年5月,国家林业局依法开展严厉打击破坏森林资源违法犯罪活动专项斗争,查处各类森林和野生动物案件40 156件,打击处理违法犯罪人员52 847人,收缴木材70 953立方米,收回林地6 167公顷,为国家挽回经济损失5 083万元。1998年修改后颁布的《森林法》促进了国家对林业的投资。1998年,财政预算内安排林业方面的支出达66.6亿元,比1985年增加57.6亿元,增长6.5倍。1998年增发的1 000亿元国债资金中,安排林业投入42.5亿元。1998年,财政部门

安排林业项目、治沙、山区综合开发和林工多种经营贷款贴息资金 6.4 亿元，吸引贴息贷款 47.6 亿元。

七、促进统一规范市场的形成和发展

以《种子法》为例，《种子法》2000 年 12 月施行，标志着中国种业进入法治化、规范化发展新阶段。2001 年以来，农业部依据《种子法》制定颁布配套规章 20 多个，涵盖种质资源、品种选育与审定、新品种保护和种子生产经营、使用、管理等各个领域，25 个省（区、市）先后发布地方性法规，初步构建以《种子法》为核心的法律法规体系，推动了全国统一开放、竞争有序种子市场的形成。到 2010 年，通过实施《主要农作物品种审定管理办法》，国家和省级先后依法审定了优良品种 1.4 万个，依法退出不适宜品种 7 200 多个，推出了一大批优良品种，保障了农业生产的品种需求和安全；实施《农作物种子生产经营许可证管理办法》，打破了种子市场条块分割、区域封锁、地方保护的局面，促进了种子生产经营主体的多元化，一批民营、股份制种子企业逐步发展成为种子市场的主导力量；实施《农作物种子标签管理办法》和《农作物种子质量监督管理办法》，加强了种子质量控制和监督管理，提升了生产用种质量水平。同时，种业界法治意识不断增强，依法治种理念深入人心，科研育种人员积极性显著提升，企业依法生产经营权益得到保障，管理部门依法行政能力不断提高，农民自主选用品种权利和利益受到法律保护，与社会主义市场经济相适应的种子产业体系逐步建立并呈快速发展的态势。

第一节 发展农产品国际贸易
第二节 农业利用外资与开展对外投资
第三节 促进农业技术交流合作

第九章 农业对外开放

农业对外开放是中国改革开放的重要一环，对推进农业和农村经济发展，调剂国内供需平衡关系，巩固与扩大中国在国际农业事务中的地位和影响，促进世界粮食和农业发展与进步起到了重要的作用。中国农业对外开放主要涵盖发展农产品国际贸易、积极引进和对外开展农业投资、促进农业技术交流三大领域。从发展历程看，改革开放以来的中国农业对外开放大致经历了三个发展阶段：第一阶段是从 1978 年中共十一届三中全会召开到 1984 年十二届三中全会前，主要以农产品国际贸易和农业"引进来"为主；第二阶段是 1984 年十二届三中全会召开到 2001 年中国加入世界贸易组织前，以农业"引进来"为主，积极引进资金、技术、人才和管理经验，远洋渔业开始"走出去"，农产品贸易规模进一步扩大；第三阶段是 2001 年中国加入世界贸易组织后，农产品国际贸易快速发展，农业"引进来"和"走出去"有机结合，农业进入全面对外开放阶段。

第一节　发展农产品国际贸易

改革开放初期，中国农业发展迅速，农产品总量快速增长，但农业生产方式落后、生产效率不高、农业综合产值低是突出特征。受经济社会发展水平局限和外贸体制制约，中国农产品国际贸易和国际合作开展有限。随着体制改革的深入和经济发展，中国参与国际竞争的基础条件日益成熟；经济发展和人民生活水平改善带来了国内消费需求的日益增加，通过参与国际市场引入先进生产方式和管理经验、促进农业产业结构升级、实现农产品有效供给、提升产业综合竞争力已经是中国农业发展的迫切需要。经过持续多年的努力，2001 年中国成功加入世界贸易组织，中国农业对外开放合作自此进入新的里程，农产品贸易发展也进入新的阶段。

一、1978—1991 年：计划和市场双重管理，农产品贸易取得一定发展

1978—1991 年中国对外贸易体制是计划和市场双重管理并行，这一时期"复关"序幕拉开。在这一阶段，中国农产品贸易整体呈增长态势，农产品贸易在整个世界农产品贸易中的市场份额稳步上升，但国家对农产品贸易仍实行计划和市场双重管理。

1978 年，中共十一届三中全会原则上通过《中共中央关于加快农业发展若干问题的决定（草案）》①，农业和农村经济从此进入全面改革和发展的新阶段，各项改革措施逐步推进。1979 年开始，中国对外贸易改革了单一的指令性计划管理体制，实行指令性计划、指导性计划和市场调节相结合，重新实行进出口许可证制度，建立外贸经营权审批制度。1985 年开始，中国逐步运用价格、汇率、利率、退税、出口信贷等经济手段调控对外贸易，宏观调控体系开始形成。

1986 年，"七五"计划②阐明了中国的对外贸易战略蓝图。在"发展生产和提高经济效益的基础上，继续改善人民生活""进出口贸易总额五年增长 35%"等任务的提出，为中国加快参与世界贸易和市场竞争提出了更高要求。1986 年 7 月 10 日，中国正式向关贸总协定（GATT）递交了《中华人民共和国对外贸易制度备忘录》，提请恢复中国在 GATT 的创始缔约国地位。"复关"序幕的拉开，为中国贸易政策向国际规则为导向、涉及国内管理各个方面的改革打开了通道。

为加快外贸制度改革，符合加入世界贸易组织的要求，从 1991 年开始，中国在汇率、外贸企业经营机制、信贷政策等方面继续深化改革，管理方式和手段逐渐与国际规则和惯例接轨。取消国家对出口的财政补贴，建立外贸企业自负盈亏新机制；实行以大类商品区分的全国统一的外汇流程比例办法，为企业平等竞争创造条件，使外贸逐步走上统一政策、平等竞争、自主经营、自负盈亏、工贸结合、推行代理制的轨道。

对外贸易政策的松动为农产品进出口提供了宽松的政策环境。1981—1992 年，中国农产品进口额年均增长 6.96%，显示在经济稳步增长的背景下，国内农产品消费需求快速增加，中国对国际市场农产品进口需求日益旺盛。1983 年中国农产品进口额为

---

① 1979 年 9 月 28 日中共十一届四中全会通过《中共中央关于加快农业发展若干问题的决定》。
② 1985 年 9 月，《中共中央关于制定国民经济和社会发展第七个五年计划的建议》明确提出"七五"计划的指导思想、主要任务和一系列适应新形势的方针政策。国务院根据这个建议，对计划安排作了进一步的深入研究，反复进行综合平衡和各种计算，同时广泛征求各部门、各地方的意见，编制"七五"计划草案，1986 年 4 月经第六届全国人民代表大会第四次会议审议批准，向全国人民公布了《中华人民共和国 1986—1990 年的国民经济和社会发展计划》。

86亿美元。其后，农产品进出口额稳定增长，1988年首次突破150亿美元，1991年首次达到200亿美元，1992年达到220亿美元。这一时期中国积极参与国际农产品贸易，农产品出口贸易规模持续稳定增长。1980年中国农产品出口额为45亿美元，1992年达到123亿美元，年均增长率为9.57%。1983年之后，中国农产品贸易一直保持顺差，年平均顺差约为22亿美元，1992年达到26亿美元的阶段性最高水平。①

与之同时，中国农产品贸易额在中国商品贸易总额中所占的比例呈下降趋势。1980—1992年，中国农产品进出口总额占中国外贸总额的比重从27%下降到13.3%；出口额所占比例由26%下降到14.5%，进口额所占比重由34%下降到12%。② 这从一个侧面反映了中国工农比例关系已经发生了重要变化，农业为国家工业化提供资金积累的作用已大大降低。但农产品贸易对中国农业及国民经济的增长仍然发挥积极作用。据测算，1982—1990年，中国农业生产总值年均增长14.04%，其中农产品出口贡献了1.83%，贡献份额为13.03%；而进口贡献了0.19个百分点，占1.37%的份额。③

与世界农产品进出口贸易比较，这一时期中国农产品出口增长率是世界平均出口增长率3.57%的1.95倍，而进口增长率仅是世界平均增长率3.9%的1.14倍。1980年，世界农产品进出口总额4 895.5亿美元，中国约占2.14%；世界农产品进口2 553.5亿美元，中国约占2.31%；世界农产品出口2 342亿美元，中国占1.9%。1992年，世界农产品进出口总额7 457.7亿美元，中国占2.95%；世界农产品进口3 877.4亿美元，中国占2.5%；世界农产品出口3 580.3亿美元，中国占3.4%。也即在这一阶段，中国农产品进出口总额占世界农产品进出口的比重发生变化。

二、1992—2001年：外贸体制改革深化与加入世界贸易组织谈判深入，农产品贸易波动发展

1992—2001年，中国外贸体制改革进入深水期，随着加入世界贸易组织谈判的深入和农业减让承诺，中国农产品国际贸易呈现波动发展。

1992年，邓小平发表南方谈话后，中共十四大确立了建立社会主义市场经济体制的改革目标，提出"深化外贸体制改革，尽快建立适应社会主义市场经济发展的、符合国际贸易规范的新型外贸体制"。以邓小平南方谈话和中共十四大为标志，中国

---

① 根据《中国海关统计》数据整理计算。
② 根据《中国海关统计》数据整理计算。
③ 根据《中国海关统计》数据和《中国统计年鉴》数据整理计算。

社会主义改革开放和现代化建设事业进入新的发展阶段①。1997 年 9 月 12 日至 9 月 18 日，中共十五大报告强调"对外开放是一项长期的基本国策，要大力发展开放型经济"。

在此期间，中国加入世界贸易组织谈判白热化，在历经与各国艰难谈判后，最终与全部国家达成加入世界贸易组织协议。1992 年，中国进入实质性谈判阶段，即双边市场准入谈判和围绕起草中国加入世界贸易组织法律文件的多边谈判。1992 年 10 月 10 日，中美达成《市场准入备忘录》，美国承诺"坚定地支持中国取得关贸总协定缔约方地位"。1994 年 8 月底，中国提出改进后的农产品、非农产品和服务贸易减让表。1995 年 6 月 3 日，中国成为世界贸易组织观察员。1997 年，中国陆续与多个国家达成加入世界贸易组织谈判协议。1999 年 3 月 3 日，中美高级贸易代表团就降低关税、进一步敞开农业、电信、金融和保险市场等进行谈判。1999 年 3 月 15 日，朱镕基在中外记者招待会上说："中国进行复关和入世谈判已经 13 年，黑头发都谈成了白头发，该结束这个谈判了。现在存在这种机遇。第一，WTO 成员已经知道没有中国参加的 WTO 就没有代表性，就是忽视了中国这个潜在的巨大市场。第二，中国改革开放的深入和经验的积累，使我们对加入 WTO 可能带来的问题提高了监管能力和承受能力。因此，中国准备为加入 WTO 做出最大的让步。"1999 年 4 月，朱镕基访美期间中美签署《中美农业合作协议》，并就中国加入 WTO 发表联合声明，美方承诺"坚定地支持中国于 1999 年加入 WTO"。② 1999 年 11 月 15 日，中美双方就中国加入世界贸易组织达成协议。此后，中国又陆续与马来西亚、欧盟、瑞士等国就中国加入世界贸易组织问题达成双边协议。2001 年 9 月 13 日，中国与墨西哥结束了关于中国加入世界贸易组织的双边谈判。至此，中国完成了与全部世界贸易组织成员的双边市场准入谈判。

在加入世界贸易组织谈判期间，中国承诺将对农产品贸易政策做出大幅调整，降低准入门槛。按照加入世界贸易组织承诺，从 2002 年 1 月 1 日起逐年进行关税削减，经过 3 年的过渡期，到 2004 年中国农产品平均关税税率由入世前的 21% 降到 15.8%。承诺取消农产品出口补贴，并对一些重要农产品实行关税配额管理。从 2006 年 1 月 1 日起，取消所有植物油的关税配额管理手段，实行 9% 的单一关税政策等。非国有企业有权直接参与关税配额的分配，并要求保证一定比例的配额，以保证关税配额的

---

① 《中共十四大和建立社会主义市场经济体制改革目标的确立》，国史网。
② 《中国复关及入世大事记(1947—2001 年)》，中国网。

充分使用。在开放农产品市场方面，中国还承诺：一是对农产品的病虫害检疫和质量检验将采取符合国际规范的做法。二是放弃在执行期内使用特殊保障措施的权利。这是指中国不能使用适用于发展中国家的某些例外及特殊和差别待遇，也不能在进口增加可能造成市场波动时，使用适用于所有国家的特别保护机制。这意味着，当遇到农产品进口激增的情况时，中国只能根据WTO协议的一般保障条款对本国市场提供保护，或启动反补贴、反倾销措施。但是，中国承诺允许WTO成员防范从中国进口产品激增的特殊保障措施，即在加入世界贸易组织后的12年内，允许其他成员在面临从中国进口产品激增，从而实际或可能造成对其本国市场的冲击时，采取限制性措施。①

表9-1 中国实行关税配额管理的农产品

	最初配额量/万吨	最终配额量/万吨	配额内税率/%	实施期/年份	国营贸易比例/%
小麦	788.40	963.90	1、6、9、10	2004	90
玉米	517.50	720.00	1、9、10	2004	71~60
大米，中短粒	166.25	266.00	1、9	2004	50
大米，长粒	166.25	266.00	1、9	2004	50
豆油	211.80	358.71	9	2005	42~10
棕榈油	210.00	316.80	9	2005	42~10
菜籽油	73.92	124.3	9	2005	42~10
食糖	168.00	194.5	20~15	2004	70
羊毛	25.325	28.7	1	2004	
棉花	78.075	89.4	1	2004	33

资料来源：引自张红宇、赵长保主编：《中国农业政策的基本框架》，北京，中国财政经济出版社，2009。"实施期"是指到达最终配额量的期限，此后，豆油、棕榈油、菜籽油转而实行单一关税政策，其他产品继续实行关税配额政策，其配额量为"最终配额量"。

在加入世界贸易组织谈判承诺降低准入门槛的同时，中国继续促进产品出口。具体措施包括：继续执行出口退税政策；成立中国进出口银行，扶持企业对外出口；成立各类商会和协会，积极组织和参与国际性贸易博览会和展览会；大力发展出口援助等。除进出口政策调整，为积极扩大农产品进出口贸易规模，中国汇率体制也进行了重大改革。自1994年1月1日起，中国实行以市场供求为基础的、单一的、有管理的人民币浮动汇率制度，实行银行结售汇制，取消各类外汇流程。同时，制定了农业生物技术安全管理法规，建立转基因产品生产许可证登记和销售标识制度；加快了动植物卫生检验检疫制度建设，加强农产品双边贸易谈判及反倾销调查等。此外，

---

① 张红宇、赵长保：《中国农业政策的基本框架》，北京，中国财政经济出版社，2009。

还加强了对农产品走私、骗取退税等非法活动的打击，进一步规范了农产品进出口秩序。

由于这一时期政府鼓励出口的倾向较为突出，在一定程度上促进了中国贸易总额增长和顺差的形成。经历了几年的持续高速增长之后，1993年中国农产品贸易总额小幅回落至210亿美元。1994年，中国农产品进、出口额都创历史新高，总额达到280.9亿美元。1994年之后贸易额开始下滑，农产品贸易进入一个反复波动期，2000年开始回升，但直到2001年仍未恢复到1994年的水平。农产品贸易顺差持续增长，与上一阶段相比，农产品年均顺差由20.3亿美元增至32.2亿美元。

虽然中国农产品贸易额处于增长状态，但是，中国农产品进出口总额占全国进出口贸易总额的比重呈下降趋势。1993—2001年，中国农产品进出口总额占中国贸易总额的比重由10.73%下降到5.48%。其中，农产品出口贸易占贸易总额的比重下降更快，由13.73%下降到6.04%，下降7.69个百分点；进口由8.08%下降到4.86%，下降3.22个百分点。中国农产品贸易在世界贸易市场中的份额小幅攀升。1993年中国农产品贸易额占世界进出口贸易总额的份额是3.02%，2001年上升到3.29%。进口比重1993年是2.4%，2001年是2.7%，出口所占比重1993年是4%，2001年是4.1%。

三、2001年加入世界贸易组织后：农业开始全面对外开放，农产品贸易全面发展

这一时期，中国开放型外贸管理体制的建立和完善，为中国农业对外贸易发展创造了良好条件，也显著促进了农产品国际贸易发展。首先，中国加强了外贸领域法律法规建设，加快了对外贸易管理的法制化进程。通过清理、修订和新颁布有关法律、法规（尤其是颁布和实施新的《中华人民共和国对外贸易法》[①]），中国的外贸管理走上了与国际规则接轨、适应社会主义市场经济需要的法制化轨道，保证了外贸管理的公开性和透明度，确保了中国对外贸易管理与世界贸易组织规则的衔接和一致。其次，中国积极发展区域自由贸易，与周边国家和地区的经济合作全面展开，营造更加自由的贸易环境。2001年中国正式成为曼谷协定成员，首次加入实质性区域贸易协议。此

---

① 《中华人民共和国对外贸易法》于1994年5月12日第八届全国人民代表大会常务委员会第七次会议通过，2004年4月6日第十届全国人民代表大会常务委员会第八次会议修订通过，修订后的《中华人民共和国对外贸易法》自2004年7月1日起施行。资料来源：中华人民共和国中央政府网。

后陆续与东盟、中国香港和澳门特别行政区、智利、巴基斯坦等国家和地区建立经贸合作关系和签署自贸协定等。从2006年9月1日中国开始实施《亚太贸易协定》(前身为《曼谷协定》)第三轮谈判结果,向其他成员的1 717项8位税目产品提供优惠关税,平均减让幅度27%;另外,中国还向最不发达成员孟加拉国和老挝的162项8位税目产品提供特别优惠,平均减让幅度77%。[①] 2008年4月7日中国与新西兰签订自由贸易协定。此后,中国陆续与澳大利亚、冰岛、海湾合作委员会、南部非洲关税同盟、秘鲁、挪威、印度等开展自贸区可行性联合研究或正式谈判。

随着中国加入世界贸易组织以及在全球范围内建立多双边合作机制,在更大范围和更深程度上参与经济全球化,对外开放也进入新阶段。自2001年年底加入世界贸易组织到2005年,经过连续4年的大幅度降税,中国已经履行了承诺的大部分降税义务。2006年,进一步履行加入世界贸易组织承诺,降低了100多个农产品税目的进口关税,农产品平均税率由2005年的15.3%降到15.1%,仅约为世界贸易组织所有成员平均水平的1/4。从2006年起,中国取消了对豆油、棕榈油等产品的关税配额,关税税率统一降至9%;对粮食、棉花等大宗农产品实行进口配额管理制度,对棉花配额外进口实行滑准税政策,对配额外进口棉花以5%~40%的滑准税方式征收进口关税。[②] 与世界其他主要国家相比,由于中国农产品关税平均税率较低、结构平坦、高峰不高;关税形势简单,几乎全部都是从价税,中国也因此成为世界上农产品市场开放度最高的国家之一。[③]

贸易全面开放背景下,中国农产品贸易进入快速增长阶段。突出表现为:一是贸易规模持续增长。加入世界贸易组织后,中国农产品贸易进入前所未有的快速发展阶段,贸易总额由2001年的279.3亿美元增至2012年的1 756.2亿美元,增长5.3倍,年均增长18.2%;进口额由118.5亿美元增至1 124.4亿美元,增长8.5倍,年均增长22.7%;出口额由160.9亿美元增至631.9亿美元,增长2.9倍,年均增长13.2%。由于进口增速高出出口增速,自2004年开始,中国农产品贸易从长期顺差转为逆差,2012年逆差额达到492.5亿美元,比2004年增加了445.9亿美元。二是进口来源地集中化。2012年,美国、巴西、东盟及欧盟是中国农产品进口的主要来源地,这4个国家和地

---

① 孟育建,我国参与区域经济合作的回顾与展望,中国社会科学网。
② 农业部:《2007中国农业发展报告》,108页,北京,中国农业出版社,2007。《多边贸易谈判与中国农业发展》,见《对外开放与中国农业发展》,北京,中国农业出版社,2008。该文认为中国2006年农产品平均关税为15.1%。
③ 倪洪兴:《开放条件下的农业贸易政策选择——入世10年思考与回望》,156页,北京,中国农业出版社,2011。

区的进口额合计占整个农产品进口总额的50%以上。2012年这4个国家和地区进口农产品贸易额占中国农产品总进口额的比重达到64.4%，相比2001年增加了3.7个百分点。① 三是出口市场多元化。中国农产品出口市场主要集中在周边国家和地区，其中对日本、韩国和中国香港的出口一直保持较高份额，2001年中国出口到这3个国家和地区的农产品合计占农产品出口总额的57.7%。加入世界贸易组织后，中国农产品出口市场逐渐增多，对日本、韩国和中国香港等周边传统贸易伙伴的出口比重有所下降，对欧美等新兴贸易伙伴的农产品出口比重则有所提高。2012年中国对日本、韩国和中国香港的出口额占农产品出口总额的34.7%，比2001年下降了23个百分点，而对美国、东盟的出口占农产品出口总额的比重明显增加，2012年分别为11.5%和16%，分别比2001年上升了3.7个和7.9个百分点。② 四是农产品贸易结构变化明显。食用油籽和食用油是中国进口的主要农产品，两者进口额合计占农产品进口总额的50%以上。自2001年中国入世以来，食用油籽的进口额由2001年的31.9亿美元增加到2012年的377.5亿美元，增长了10.8倍，占农产品进口总额的比重也由27%上升到33.6%；食用油的进口额由4.9亿美元增加到108美元，增长了21倍，占农产品进口总额的比重由4.1%上升到9.6%。同样，棉花进口额由2001年的1.2亿美元增加到2012年的120亿美元，增长了99倍，占农产品进口总额的比重也由1%上升到10.7%。部分农产品出口稳定增长。2012年，畜产品、水产品、蔬菜、水果类园艺产品四类产品出口额分别比2001年增长了1.4倍、3.5倍、3.2倍和6.7倍，出口额合计415.7以美元，占中国农产品出口总额的65.8%。

针对中国农产品贸易发展对农业发展的影响，学者专家有不同评价。

一种观点从资源禀赋角度关注加入世界贸易组织和开放对农业发展的影响，认为贸易开放和发展农产品贸易有利于缓解中国农业资源，特别是有限的耕地和水资源的短缺压力，促进农业比较优势发挥和农业资源配置的优化③，突出表现在随着两种资源两个市场融合的加深，中国农产品贸易逐步向符合农业比较优势的方向发展，土地密集型农产品进口和劳动密集型农产品，如蔬菜、水果等优势农产品出口快速增加。发展农产品贸易，特别是大豆、油菜籽、棉花、棕榈油、高筋小麦等一些产品的大规模进口也有利于加速中国相关产业结构升级、改善消费者福利。④ 还有专家从资源配置

---

① 中国海关统计数据，2001—2012年数据库。
② 中国海关统计数据，2001—2012年数据库。
③ 宋洪远：《中国农村改革三十年》，北京，中国农业出版社，2008。
④ 杨树果、何秀荣：《中国大豆产业状况和观点思考》，载《中国农村经济》，2014（4）。

与粮食安全角度关注加入世界贸易组织和开放对农业的影响,认为在加入世界贸易组织和开放背景下,通过农产品贸易,在确保进口部分粮食作物调剂余缺的同时,棉油糖等农产品大量进口在一定程度上也确保了国内粮食等农产品有效供给。目前,中国耕地使用已经进入预警红线,耕地面积至少70%要用于粮食生产,其他经济作物只能在30%的耕地上发展。2010年,中国进口大豆5 480万吨、食用植物油687万吨,两项合计相当于使用了近6.8亿亩的境外影子播种面积。进口大豆和植物油所需的影子播种面积相当于中国目前粮食播种面积的42.5%。也就是说,中国不仅通过国内资源替代保证粮食安全,而且已经通过利用国际国内两种资源和国际国内两个市场解决粮食安全问题[1],对外开放在其中发挥了巨大作用。

也有观点认为,中国农业在加入世界贸易组织承诺中做出了非常大的让步,农产品贸易政策在保护本国农业发展方面作用有限[2],加入世界贸易组织给中国农业带来的冲击更大。突出表现在中国农产品贸易由顺差变为显著逆差;贸易保护主义威胁和不公平竞争现象日益严重,一些国家利用或滥用中国加入世界贸易组织过渡期有关条款,对中国出口农产品频繁使用保护主义措施,如反倾销、反补贴、保障和特保措施、卫生与动植物措施协议(SPS)、技术贸易壁垒协议(TBT)等,严重影响了中国农产品的出口。[3] 2003—2006年中国农产品出口遭受的反倾销调查达到14起,接近加入世界贸易组织前10年的总数,涉案金额超过4.5亿美元;2002—2005年各国针对中国农产品出口采取保障措施的案件超过5起,涉案金额超过5 200万美元。[4] 由于不同农产品的市场开放度、调控手段和有效程度不同,其产业安全水平也不尽相同;一些开放度高、缺乏有效调控手段的产品受贸易和外资进入影响大,产业安全状况面临严峻挑战,如大豆、棉花和羊毛等产业较为突出。[5] 从长远看,加入世界贸易组织给中国带来的挑战是现实的,中国需要采取相应的对策措施克服自身体制上、政策上的弊端,不断提高竞争力,才能获得农业贸易和对外开放程度进一步提高给中国农业带来的机遇。[6]

---

[1] 陈洁:《粮食进口与我国的粮食安全》,载《调研世界》,2012(6)。
[2] 张红宇、赵长保:《中国农业政策的基本框架》,北京,中国财政经济出版社,2009。
[3] 张红宇、赵长保:《中国农业政策的基本框架》,北京,中国财政经济出版社,2009。
[4] 《多边贸易谈判与中国农业发展》,见《对外开放与中国农业发展》,113页、114页,北京,中国农业出版社,2008。
[5] 倪洪兴:《开放条件下的农业贸易政策选择——入世10年思考与回望》,126页,北京,中国农业出版社,2011。
[6] 倪洪兴:《开放条件下的农业贸易政策选择——入世10年思考与回望》,25页,北京,中国农业出版社,2011。

第二节　农业利用外资与开展对外投资

农业生产经营周期长、风险大，农业领域投资不足是世界许多国家尤其是广大发展中国家面临的共同难题，积极吸引和利用外资是各国和地区促进农业经济发展、产业升级的重要举措。改革开放初期，中国农业发展基础极为薄弱，资金、技术、人才、设备以及经验的缺乏，在很大程度上制约了中国农业经济恢复增长。积极引进外资、技术和人才成为农业发展、产业结构升级的迫切需求。1978年12月，中共十一届三中全会的会议公报强调提出："在自力更生的基础上积极发展同世界各国平等互利的经济合作，努力采用世界先进技术和先进设备，并大力加强实现现代化所必需的科学和教育工作。"农业利用外资与对外投资是中国农业对外开放的重要组成部分。① 改革开放以来中国农业利用外资从无到有、从小到大取得了显著成就，对弥补国内农业投入不足、促进农业科技进步、推动农业产业发展以及消除农村贫困等发挥了重要作用。

一、利用外资的制度和政策探索

（一）开创利用外资先河

曾任国家进出口委、外资委政府贷款办公室负责人的李岚清回忆，在"文化大革命"之后的20世纪70年代末，虽然人们的思想已经开始解放，但对搞中外合资经营来说，一是不懂，二是不敢，似乎仍属于经济领域的禁区。随着中国大力开展经济建设，解放思想、利用外资的想法逐渐形成。1978年5月，时任国务院副总理谷牧率团出访欧洲向邓小平汇报时，邓小平指出要"下决心向国外借点钱搞建设"。同年7月，国务院召开了有关部委负责人参加的关于四化建设的务虚会；会上强调要利用外国资金，引进国外先进技术设备。1979年3月，经过审批，中国与通用汽车公司就合资经营项目开始谈判，就此开创了利用外资的先河，坚定了利用外资加快经济建设的思想。与此同时，中国开始积极争取外国政府贷款、利用世界银行贷款、国际货币基金组织

---

① 《中国共产党第十一届中央委员会第三次全体会议公报》，1978年12月22日中国共产党第十一届中央委员会第三次全体会议通过。

贷款和国际农业发展基金会贷款等用于发展经济建设。中国首批利用的外国政府贷款来自日本政府设立的海外经济协力基金，第一批日元贷款从 1981—1984 年实施，贷款金额 3 309 亿日元。据测算，日元贷款的赠予成分约为 57%。该贷款主要用于港口、铁路、水电站等工程建设，没有用于农业建设。

（二）管理机构的成立与变革

1979 年 7 月 30 日第五届全国人大常委会第十次会议决定成立国家进出口管理委员会、外国投资管理委员会，同时设立政府贷款办公室，以加强对外国投资的管理。1982 年 3 月 8 日，进出口管理委员会、对外贸易部、对外经济联络部和外国投资管理委员会合并，设立对外经济贸易部。1993 年 3 月 16 日，对外经济贸易部更名为对外贸易经济合作部。2003 年 3 月对外贸易经济合作部与国家经济贸易委员会内负责贸易的部门整合为商务部。除商务部外，农业领域更具体的外事工作主要由农业部负责，外事司是农业部成立初期分管涉农外事工作的具体部门。1979 年 2 月 23 日，第五届全国人大常委会决定撤销农林部，分设农业部和林业部。1985 年，外事司改名为国际合作司。在农业对外合作发展中，农业部主要负责农产品贸易政策协调和贸易促进、农业贸易谈判、产业损害调查、贸易救济及贸易争端解决，促进农业国际贸易，支持农业"走出去"和"引进来"。

（三）利用外资制度和政策体系演变过程

在中共十一届三中全会提出鼓励利用外资的政策基调基础上，1979 年 7 月，第五届全国人大第二次全体会议通过了《中华人民共和国中外合资经营企业法》。这部法律参考了世界上 30 多个国家的有关法律，借鉴了其他国家吸收外资的做法和经验，为中国利用外资奠定了法律基础。

在 1980 年一年时间内，为了推进《中华人民共和国中外合资经营企业法》的顺利实施和确保利用外资工作的顺利开展，全国人大常委会和国务院组织起草了一系列相关的配套法律和实施细则，在较短时间内迅速完成了一套基本的涉外经济法律法规，包括：《中华人民共和国中外合资经营企业所得税法》及其施行细则、《中华人民共和国个人所得税法》及其施行细则、《中华人民共和国外汇管理暂行条例》《中华人民共和国中外合资经营企业登记管理办法》《中华人民共和国中外经营企业劳动管理规定》等。这些法律及其实施细则等文件，构成了中国吸收外资的制度基础和法律框架。

此后，随着中国在对外开放中不断加深与其他国家的合作交流，中国涉外经济法规不断完善。到1991年年底，仅全国人大和国务院颁布的涉及经济的法规就超过200部，地方和行政管理部门还公布了一批行政规章，《涉外经济合同法》《中外合作经营企业法》《外资企业法》及其实施条例、《外商投资企业和外国企业所得税法》及实施细则等均包含其中。这些法规文件为外商投资提供了完善的法律依据，也逐步创造了相应的体制和政策环境。

1992年，邓小平南方谈话，明确了利用外资的态度和方向。这一时期中国利用外资出现快速增长，在扩大规模的同时，利用外资领域进一步拓宽，中国农业吸收外资进入高速发展时期。1997年年底，中共中央、国务院召开全国利用外资工作会议，总结了20年来中国吸收外资的经验，提出了进一步扩大对外开放，提高利用外资水平的指导思想。[1] 2000年，中国修订了《外商投资方向暂行规定》，进一步扩大吸收外商投资的领域；积极探索利用外资的新方式，抓紧出台并完善相应的法规，包括有关中外合资产业基金、风险投资基金的管理办法；加强利用外资管理，继续完善外债管理，防范金融风险。国家计委还提出，要提高利用外资质量，加大国外优惠贷款对基础设施的投资力度，提高借用国外贷款的使用效益；努力改善利用外资的产业结构和地区不平衡状况，引导外商到中西部地区投资；研究利用外资支持国有企业发展、支持多种所有制经济共同发展的有效途径，重点放在盘活存量、嫁接改造、证券融资等方面；积极实施"走出去"的对外开放战略，指导企业采取境外投资方式，利用海外市场，开发境外资源。

2001年，全国利用外资工作会议上，时任中共中央总书记的江泽民强调："当今世界，经济全球化深入进行，科学技术突飞猛进，综合国力竞争日趋激烈。在这种形势下，任何国家都不可能脱离世界孤立地发展。经济全球化是一把'双刃剑'，既给发展中国家带来了机遇，也带来了风险。我们既要积极参与经济全球化，又要注意掌握主动，努力把'引进来'和'走出去'结合起来，充分利用经济全球化带来的机遇加快我们的发展。"[2] 时任国务院总理朱镕基指出："当前，中国国内市场供求关系发生了由卖方市场转向买方市场的重大变化，许多商品供过于求；社会主义市场经济体制初步建立，经济发展的体制条件发生了重大转变；随着加入世界贸易组织进程的加快，中国对外开放将进入新的阶段，这既为吸收外资创造了更好的机遇，国内企业也将面

---

[1] 邹东涛：《中国改革开放30年（1978—2008）》，北京，社会科学文献出版社，2008。
[2] "全国外资工作会议在京召开，江泽民会见会议代表时强调，进一步做好吸收外资工作，不断提高吸收外资的质量和水平"，人民网，2001年7月4日。

临更加激烈的竞争。在新的形势下，利用外资工作必须有新的战略思路和举措，才能促进改革开放和经济健康发展。"2002年以来，为适应对外开放发展的需要，根据国内经济发展情况、产业结构调整升级趋势，中国进一步调整了利用外资的政策。2004年以来国家发展和改革委员会员会、商务部分别在2004年、2007年和2011年对1995年颁布的《外商投资产业指导目录》进行了三次修改。明确了鼓励外商投资的产业领域，对跨国公司对中国投资农业指导性更强。2007年，中国颁布了《中华人民共和国企业所得税法》，次年又修订了《中西部地区外商投资优势产业目录》，为中国积极利用外资奠定了良好的政策体系基础。2010年，为提高利用外资质量和水平，更好地发挥利用外资在推动科技创新、产业升级、区域协调发展等方面的积极作用，国务院出台《关于进一步做好利用外资工作的若干意见》[①]，从优化利用外资结构、引导外资向中西部地区转移和增加投资、促进利用外资方式多样化、深化外商投资管理体制改革、营造良好的投资环境五个方面提出一系列政策举措，全面提高利用外资工作水平。

二、农业利用外资的发展

中国农业利用外资始于20世纪80年代。农业利用外资包括金融贷款部分和无偿援助部分。来源渠道有三个：①国际多边机构提供的贷款和援助[②]；②双边政府之间的经济技术合作；③以合资、合作、独资企业为主要形式吸收的直接投资。2000年前，中国农业利用外资中绝大比例来自国际组织提供的贷款、援助以及双边政府之间的经济技术合作的贷款或赠款。"八五"以来，随着外商直接投资农业领域的迅速发展以及双边政府之间的经济技术合作不断加强，国际农业援助占比有所下降，"八五"期间为63%。到1999年，国际农业援助占农业协议利用外资比重降至40%左右[③]。从中国农业利用外资发展的历程看，总体经历了起步、发展、快速发展、回落调整、全面提高五个阶段。

（一）起步阶段（1981—1985）

改革开放初，中国农业比较效益低，主要出售初级产品，农产品产后加工发展

---

① 《国务院关于进一步做好利用外资工作的若干意见》（国发〔2010〕9号），中央政府门户网站，2010年4月13日。
② 国际多边机构主要包括世界银行、亚洲开发银行、国际农业发展基金会、联合国粮农组织、世界粮食计划署、欧洲共同体、联合国开发计划署等。
③ 秦富、李宇彤、张吉祥等：《中国农业利用外资研究》，载《农业经济问题》，2002（1）。

滞后。发达国家农产品加工业与农业产值之比大都在3∶1以上，中国仅为0.6∶1。积极吸收外资加快发展农业企业，推进农产品加工业及农村二、三产业迅速发展，使之成为农村经济的新增长点，有利于加快城镇化和农村劳动力的转移。在这一阶段，中国农业外资大多来自国际多边机构提供的贷款以及政府之间的经济技术合作。"七五"以前，国际援助占农业利用外资总额的80%以上，1980年，中国恢复了在世界银行的合法代表权，次年3月，世界银行向中国承诺1981—1983年度贷款8亿美元。其中，国际开发协会软贷款4亿美元，国际复兴开发银行贷款4亿美元（利率为9.6%）。到1982年年底，已签协议贷款约5.3亿美元，用于大学发展和农业科研项目、华北平原改造盐碱地、三江平原荒地开垦、大庆油田改造、中原文留油田开发等项目[①]。其中，国际开发协会为山东、河南、安徽三省九县约300万亩盐碱地改造项目提供600万美元贷款，主要用于改善排水灌溉工程、购买排灌设备、增添农业机械设备和磷肥、农药等；世界银行提供8 000万美元，主要用于开垦黑龙江三江平原300万亩荒地，进口大马力轮式拖拉机、大喂入量的联合收割机、适于沼泽地作业的水利和筑路机械、种子处理机械等。

这一时期，中国还有外商直接投资参与农业，但这部分金额较小。1981年，中国农、林、牧、渔业外商直接投资的协议金额为0.11亿美元，1982年上升到0.15亿美元，此后两年农业外资协议金额均未达到1亿美元。外商直接投资的农业项目主要是经济作物种植和养殖业，大宗农产品生产经营比较少。1980年前后，外商投资建起了广东省光明农场养猪、广西南宁菠萝种植、海南澄迈油棕种植以及天津滨海养虾等项目。在港资项目中，渔业占有较大比重，大约40%属于渔业投资项目。

（二）成长阶段（1986—1990）

随着对外开放不断扩大，政府大力鼓励外资进入农业领域，先后出台《鼓励外商投资的规定》《中华人民共和国中外合作经营企业法》等促进和吸引外商来华进行农业投资。由于相关配套政策逐步健全，投资环境明显改善，这一期间中国农业利用外资规模逐步扩大。"七五"时期农业利用外资合计6.28亿美元。但由于农业外商直接投资尚处于摸索成长阶段，多边机构的援助仍占农业利用外资的主要比例，占比达72%。外商直接投资于农业的规模波动较大，投资额最高时达2.09亿美元，最低时1亿美元左右。

[①] 刘向东：《对外开放起始录》，310页，北京，经济管理出版社，2008。

（三）快速发展阶段（1991—1995）

"八五"以来，为推动国内经济快速发展，中国又相继出台了外资促进政策，农业利用外资规模快速发展。"八五"期间中国利用农业外资共47.98亿美元。邓小平南方讲话和中共十四大的召开，促进农业外商直接投资增长迅速。1992年农业外商直接投资的协议金额为6.78亿美元，至1995年农业外商直接投资协议金额增长至17.36亿美元。随着外商在农业领域直接投资的迅速发展，外商直接投资占农业利用外资总额比重提高至63%，国外贷款或援助等间接投资方式所占比重则开始下降。在外资投资领域方面，20世纪90年代之后，外资投资领域也由原来以农业综合开发为主向农产品深加工和高科技领域发展。农业外商直接投资项目绝大多数是农产品加工项目，而投资大、回收期长、风险较大的种植业和养殖业项目则较少，在这两个方面的外商投资又仅集中于畜禽、水产、花卉等项目上。

（四）回落调整阶段（1996—2001）

"九五"时期，中国农业供求结构由供不应求转为供过于求，这一时期中国农业利用外资达到63.60亿美元。随着对外开放程度的提升和经济发展水平的提高，国外贷款或援助比重进一步下降，1999年6月30日，世界银行停止了向中国农业领域的软贷款。2001—2003年亚洲开发银行对中国的贷款计划绝对量也呈下降趋势，贷款的项目主要以农业环境保护为主，且项目集中在东部和北部地区。2001年亚洲开发银行对中国计划实施4个项目，其中3个属于农业环境保护项目，涵盖农业废物的有效利用、黄河治理项目和松花江治理及环境保护。国际农发基金对中国的农业贷款主要集中在中西部贫困地区，以扶贫和开发贷款为主，农村信贷服务项目减少。与此同时，中国农业外商直接投资比重进一步提高，"九五"时期投资比重提高到95%以上。从农业外商直接投资的变动来看，受亚洲金融危机冲击影响，跨国公司对发展中国家投资低迷，中国农业直接利用外资也出现调整。1996—2000年农业接受直接投资的整体增长水平低于1992—1995年期间，但规模仍在显著扩大。1996年农业外商直接投资的协议金额为10.65亿美元，比1995年下降38.7%。2001年农业利用外商直接投资合同协议金额回升至17.62亿美元。从这一阶段开始，外商直接投资已经成为中国农业利用外资的主要渠道。

（五）稳步发展时期（2002—2012）

加入WTO后中国的对外开放进入一个新发展阶段，中国吸收利用外资也迎来一个新的发展空间。随着中国农村经济体制改革深入，农业投资环境发生重大改变，各地积极开展多种形式的招商引资活动,加大农业外资的引进工作。2001年,中国加入世界贸易组织,按非歧视和公开透明原则,政府有关部门对利用外资的政策做了相应的调整。总体上看,中国利用外资的方针是"积极、合理、有效",把以税收激励机制为主的优惠政策转向以公平竞争机制为主的规则政策。在从减少优惠待遇的同时对外商投资实行国民待遇,减少了对外国投资者的市场准入限制(除特定行业外)和非国民待遇,改善综合投资环境,促进市场公平竞争。与此同时,世界经济步入上升周期,跨国公司纷纷将中国作为首选投资目的国,外商直接投资大量涌入中国。从2002年到2005年年底,中国共有外商投资农业合同项目4 279个,合同外资金额110.724亿美元,实际利用外资金额为38.610 8亿美元,4年间中国合同外资金额比1980—1988年9年间的合同外资金额扩大了11倍多。[①] 此后,中国农业利用外资规模稳步增长,至2011年,农、林、牧、渔业新设立外商投资企业865家实际使用外资金额20.09亿美元,占全国外资总额的1.7%。随着中国改革开放的不断深化,农业利用外资领域和范围也在不断拓宽,涉及农业、林业、水利、畜牧、渔业等各业范围的所有方面,涵盖区域性的农业综合开发、水利灌溉、土壤改良、农产品加工、粮食流通及基础设施、农村政策调整、农村改革、农村金融事业、农业教育科研及农业支持服务体系、灾民安置和灾民救助等十几个领域。外商直接投资的重点主要集中在引进优良种植品种、畜牧业养殖与加工和农产品深加工等方面,形成了多行业、多样化的发展态势。对荒山、荒地、荒滩和未养殖水面的开发与利用等项目,对农业技术研发、农业生物制品生产、农产品品种改良等高风险、高技术含量和高附加值的项目投资也在增加。

表 9-2 2002—2011 年中国农林牧渔业实际使用外资情况

年份	项目数/个	实际使用外资/亿美元	占全国外资利用总额比重/%	同比增长/%
2002	975	10.28	1.95	—
2003	1 116	10.01	1.87	-2.61
2004	1 130	11.14	1.84	11.34
2005	1 058	7.18	0.99	-35.54
2006	951	5.99	0.86	-16.54
2007	1 048	9.24	1.11	54.15
2008	917	11.91	1.10	28.89
2009	896	14.29	1.59	19.98
2010	929	19.12	1.81	33.80
2011	865	20.09	1.73	5.07

数据来源:《中国贸易外经统计年鉴(2003—2012)》。

---

① 国家统计局贸易外经统计司:《中国贸易外经统计年鉴》,北京,中国统计出版社,2003—2006。

随着中国对外资企业控股比例限制的逐步取消和投资领域的开放，并购逐渐成为外资直接进入中国农业的重要手段，特别是外资跨国并购中国农业类上市公司呈现快速的发展态势。

（1）粮油加工业。大豆是中国最早对外开放的农产品。进入21世纪后，外资加大了在中国粮油加工业投资建厂的力度，尤其是油脂加工业更为明显。国际四大粮商美国ADM、嘉吉、邦吉和路易达孚在中国沿海地区，特别是港口投资建立了多家油脂粮食加工企业，并构建了覆盖原料采购、加工、物流和贸易的全产业链经营模式。这些企业在中国食用油市场中占据较大市场份额，并打造了金龙鱼、香满园等国内知名度较高的食用油品牌。

（2）饮料加工业。随着经济增长和人民生活水平的提高，国内饮料市场尤其是果汁饮料市场快速增长，百事可乐、可口可乐等国外大型跨国公司纷纷进入中国。2007年外商企业销售收入占饮料加工业销售总收入超过半数，利润总额超过70%。

（3）乳品加工业。蒙牛、伊利和光明是国内乳品业三大龙头企业。光明乳业经过2006年4月公司股权变动，达能亚洲再次增持8.45%股达到20%，另两家国内企业上海实业控股和农工商超市集团则同比减持至26.56%，达能股权的增长明显增加了其对企业的掌控力。

（4）肉制品加工业。国内肉类加工业虽数量众多但规模普遍较小，其中双汇、雨润、金锣三家龙头企业为同类企业中的佼佼者，占据了国内肉制品市场80%左右的市场份额。2006年，持有雨润食品集团13%股权的美国高盛联合鼎晖基金和香港罗特克斯联合投标出资20.1亿元收购了国内最大肉类加工企业双汇集团。包括高盛在内53家国际机构持有的艾格菲（AGFEED）在国内"圈猪"布阵，于2007年收购了知名畜牧饲料企业百事腾江西和福建分公司及14家养猪场，在15个省市区建立了900多家饲料连锁店。

三、农业对外投资

改革开放以来，随着经济稳步发展，科技进步水平显著提升，中国参与国际贸易、交流合作领域不断拓展，农业发展基础日益夯实，农业综合竞争力不断增强，在国际舞台发挥的作用和影响力日益深远。与此同时，外经贸体制改革的深入推进和丰富的外汇储备为中国对外进行农业投资合作提供了制度和资金保障。为进一步拓宽农业对外合作领域，积极参与国际市场，巩固与扩大中国在国际农业事务中的地位和影响，促进世界粮食和农业发展与进步，在世界范围内履行大国责任，中国开始探索实施农业"走出去"战略。

（一）"走出去"战略的提出和实施

1. 20世纪90年代，提出"走出去"战略

1979年，国务院颁布的《关于经济改革的十五项措施》中，将"出国办企业"明确为国家的一项政策。1992年邓小平南方谈话后，中国进入改革开放深化时期，对外贸易政策进行深入调整，在吸引外资、扩大出口的同时，提出了"走出去"，充分利用国际国内两个市场、两种资源，优化资源配置的思路。赋予具备条件的生产和科技企业对外经营权，发展一批国际化、实业化、集团化的综合贸易公司。积极扩大中国企业的对外投资和跨国经营。1992年，中共十四大报告中提出："积极开拓国际市场，促进对外贸易多元化，发展外向型经济。""积极扩大我国企业的对外投资和跨国经营。""更多地利用国外资源和引进先进技术。"①"对外贸易多元化""开拓国际市场"和"利用国外资源"等概念成为"走出去"战略思想的萌芽。1996年江泽民在河北唐山考察时首次把"走出去"作为一个指导思想提出来②。

2. 进入21世纪，深化拓展"走出去"战略

2000年，中共十五届五中全会通过的《中共中央关于制定国民经济和社会发展第十个五年计划的建议》中明确提出实施"走出去"战略。中国的对外经济贸易政策，由过去的主要强调"引进来"转变为"引进来"与"走出去"同步进行。2001年，"走出去"战略首次写入中国国民经济和社会发展"十五"规划纲要。"十五"规划纲要提出要继续发展对外承包工程和劳务合作，鼓励有竞争优势的企业开展境外加工贸易，带动产品、服务和技术出口。支持到境外合作开发国内短缺资源，促进国内产业结构调整和资源置换，国家要在金融、保险、外汇、财税、人才、法律、信息服务、出入境管理等方面健全对境外投资的服务体系。2006年，中国国民经济和社会发展"十一五"规划纲要将"走出去"战略的内容进一步拓展。支持有条件的企业对外直接投资和跨国经营。以优势产业为重点，引导企业开展境外加工贸易，促进产品原产地多元化。通过跨国并购、参股、上市、重组联合等方式，培育和发展中国的跨国公司。按照优势互补、平等互利的原则扩大境外资源合作开发。鼓励企业参与境外基础设施建设，

---

① 《江泽民文选》，第1卷，230页、231页，北京，人民出版社，2006。
② 陈扬勇：《江泽民"走出去"战略的形成及其重要意义》，载《党的文献》，2009（1）。

提高工程承包水平，稳步发展劳务合作。

为了促进中国农业"走出去"，国家出台了多项相关政策。2006年，商务部、农业部和财政部联合下发了《关于加快实施农业"走出去"战略的若干意见》，农业部专门制定了《农业走出去发展规划》。2006年商务部、农业部和财政部牵头成立了由10个部门组成的农业走出去工作部际工作协调领导小组，2008年商务部和农业部牵头成立了由14个部门组成的境外农业资源开发部际工作机制。农业部认真实施国务院批准的《中国远洋渔业发展规划》，积极争取有关部门支持和推动实施。国家开发银行、进出口银行加大金融支持力度，对农垦等有实力的企业在粮食、棉花、油料、橡胶、糖、可再生能源等境外农业战略性资源开发方面给予投融资支持。2010年中央一号文件更是提出，要加快国际农业科技和农业资源开发合作，制定鼓励政策，支持有条件的企业"走出去"。

3. "十二五"时期，推进实施"走出去"战略

2011年，《中国国民经济和社会发展"十二五"规划纲要》不仅重申"走出去"战略的主要内容，而且出现了三个突出的变化：一是加快"走出去"步伐，强调不仅要继续实施"走出去"战略，而且要"加快实施步伐"；二是全面推进"走出去"，提出"走出去"的企业要由过去的"以优势产业为重点"，逐步转变为引导各类所有制企业有序到境外投资合作；三是扩大"走出去"领域，以前"走出去"主要强调对外承包工程，现在要求扩大农业国际合作、深化国际能源资源合作、积极开展有利于改善当地民生的合作项目等。

（二）农业对外直接投资政策与措施

进入21世纪以来，随着中国"走出去"战略的实施和推进，对外直接投资政策由严格审批、严格监督和限制，逐步向简化审批、规范管理、放松限制和支持发展转变。

1. 简化对外投资审批程序

2003年，改组后的商务部发布《关于做好境外投资审批试点工作有关问题的通知》，在北京等12个省市进行下放境外投资审批权限、简化审批手续的改革试点，地方外经贸部门的审批权限由100万美元提高到300万美元。国务院于2004年7月做出的《关于投资体制改革的决定》，进一步把对外投资项目从审批制转向核准备案制。2009年5月1日正式实施的新的《境外投资管理办法》，进一步放宽地方对外投资审批权限，同时简化审批程序和审查内容，缩短并严格明确审批时间。如对于1 000万美元以下的非能源类、资源类对外直接投资，商务部和省级商务主管部门的核准和审

查时间由原来的 15~20 个工作日缩短到 3 个工作日，并且只需在商务部的"境外投资管理系统"中填写申请表即可，不需要提交额外的申请材料。

2. 放宽对外投资外汇管制

2003 年，国家外汇管理局取消境外投资外汇风险审查、境外投资利润汇回保证金等 26 项行政审批项目，退还已收取的境外投资的汇回利润保证金，并允许境外企业产生的利润用于境外企业的增资或者在境外再投资，境外投资外汇资金来源审查手续得到逐步简化和最终取消。国家外汇管理局于 2004 年发布的《关于跨国公司外汇资金内部运营管理有关问题的通知》，允许境内成员企业利用自有外汇资金以及从其他境内成员公司拆借的外汇资金，对境外成员企业进行境外放款或者境外委托放款。2005 年 5 月，国家外汇管理局将外汇资金来源审查权限由 300 万美元提高至 1 000 万美元。2006 年 7 月，国家外汇管理局彻底取消境外投资外汇资金来源审查和购汇额度的限制。2009 年 8 月 1 月新的《境内机构境外投资外汇管理规定》实施，其最大的特点是拓宽对境外直接投资的用汇渠道，以前境外直接投资的资金主要是自有外汇资金，现在还可以用符合规定的国内外汇贷款、人民币购汇或实物、无形资产及经外汇局核准的其他外汇资产等进行境外直接投资。国家不仅在企业对外投资前期给予政策支持，而且提供后续的资金支持，同时加强事后监管。

3. 给予财政金融政策支持

（1）政府专项资金支持。2000 年 10 月，外经贸部和财政部联合制定《中小企业国际市场开拓资金管理（试行）办法》，对中小企业到海外投资办企业予以前期费用等资金补助；财政部和商务部 2004 年 10 月联合下发的《关于做好 2004 年资源类境外投资和对外经济合作项目前期费用扶持有关问题的通知》、财政部 2005 年 10 月发布的《国外矿产资源风险勘查专项资金管理暂行办法》，以及商务部和财政部 2005 年 12 月出台的《对外经济技术合作专项资金管理办法》，都明确对有关境外投资等业务给予直接补助或贷款贴息；商务部和国土资源部 2003 年对资源类企业设立"境外矿产资源勘查开发专项资金"。

（2）产业投资基金支持。自 1998 年以来，国家开发银行与其他国内外机构合资设立了 4 只产业投资基金，即中瑞合作基金、中国—东盟中小企业投资基金、中国比利时直接股权投资基金和中非发展基金有限公司，以股权和准股权投资等方式支持中国企业"走出去"。

（3）信贷融资支持。2004 年 10 月，国家发展和改革委员会、进出口银行等颁布

《关于对国家鼓励的境外投资重点项目给予信贷支持的通知》，每年安排"境外投资专项贷款"，享受出口信贷优惠利率。2005年8月商务部和中国出口信用保险公司做出《关于实行出口信用保险专项优惠措施支持个体私营等非公有制企业开拓国际市场的通知》，支持非公有制企业"走出去"。此外，中国出口信用保险公司为中国的境外投资企业承保对外投资战争、罢工、政治等险种。

（三）农业对外投资的发展与成效

（1）行业领域逐渐拓展延伸。中国农业对外直接投资从最初的渔业发展到多个行业和领域，包括粮食及油料作物种植、农畜产品养殖和加工、仓储和物流体系建设、森林资源开发与木材加工、园艺产品生产、橡胶产品生产、水产品生产与加工、设施农业、农村能源与生物质能源及远洋渔业捕捞等，产业链条逐步拉长。总的来看，发展规模较大、发展速度较快的产品和行业主要集中在中国国内需求较为旺盛、国内生产比较优势不强的种植业以及远洋渔业。种植业产品主要包括大豆、玉米、水稻、天然橡胶、棕榈油、木薯等。据农垦系统统计，至2012年年底，全国仅农垦就有23个垦区实现了农业"走出去"，境外种植面积达到271.9万亩。农垦经营内容从粮食、天然橡胶向油料、糖料、蔬菜等作物扩展，从传统种植业向畜牧养殖业、农产品加工、食品采购和营销延伸，从农业生产向码头仓储、现代物流、建材生产等领域拓展。

（2）海外市场布局日趋广泛。2012年，中国对外直接投资分布在全球的179个国家（地区），占全球国家（地区）总数的76.8%。农业对外投资主要集中在三大区域：周边地区（包括东盟、俄罗斯及中亚）、非洲（主要是食物短缺国家）、拉美（主要是巴西、阿根廷等国家）。2012年，中国在东盟、俄罗斯、澳大利亚、中国香港、美国和欧盟农业投资流量分布为3亿美元、2.35亿美元、0.88亿美元、0.87亿美元、0.22亿美元和0.12亿美元，占农业对外投资流量总额的比重分别为20.5%、16.1%、6.1%、5.9%、1.5%和0.8%；在这些国家农业投资存量分别达到9.97亿美元、12.8亿美元、1.23亿美元、2.4亿美元、0.68亿美元和3.64亿美元，占农业对外投资存量总额的比重分别为20.1%、25.8%、2.5%、4.8%、1.4%和7.3%。[①]

从国内省份看，基本上根据自身区位优势和产业优势，有侧重地选择地区和领域。华南地区主要与东盟国家在天然橡胶、渔业资源、热带水果方面开展投资合作；东北和西北地区重点与俄罗斯及中亚国家在大豆、水稻及农产品精深加工方面进行投资合

---

① 中华人民共和国商务部、中华人民共和国国家统计局、国家外汇管理局：《2012年度中国对外直接投资统计公报》，北京，中国统计出版社，2013。

作；华东、西南等地区重点与非洲、拉美及南太平洋岛国在境外农业种植、渔业开发及农产品加工领域进行投资合作。

（3）投资主体类型多样。20世纪80年代以前，中国农业对外直接投资大多是以国家对外援助项目为主，主要由国有企业承担。随着农业"走出去"战略的实施，农业直接对外投资快速增加，农业投资主体呈现多样化趋势。2009—2012年，中国农业对外直接投资者由408家增至594家，占投资者比例由3.4%提升至3.7%。从境内投资者在中国工商行政管理部门登记注册情况看，对外投资公司类型包括有限责任公司、国有企业、私营企业、股份有限公司、股份合作企业、外商投资企业、港澳台商投资企业和集体企业。近年来，民营企业逐渐发展成为中国农业"走出去"的新生力量。不仅有中粮、中农发、中水、农垦等大型国有企业，也有浙江卡森集团、青岛瑞昌、中兴能源等民营企业参与境外农业合作开发。

（4）投资合作方式多元。随着农业对外投资的发展，投资合作方式日渐多元化。中国农业企业探索出了多种合作形式，包括合资、合作等。从具体经营模式看，企业根据不同国家的特点采取不同模式，有"公司＋农户"的，有直接新建、收购或租用生产基地或加工厂的，还有直接利用当地成熟的生产服务体系等。至2012年，中国有4 000多家农产品加工企业在境外投资设厂或设立分支机构、营销体系。①

（5）投资层次逐渐升级。农业对外直接投资的企业经过多年的摸爬滚打，投资合作层次逐渐升级，从最初的合作开发资源逐渐向资本合作经营转变，推动国际产业并购。2009—2012年，中国境外投资的农林牧渔类企业数量由650家增至1 012家，占境外企业总数比重由5%降至4.6%。企业在境外开展的农业投资包括贸易型投资、生产型投资、加工型投资、服务型投资和技术型投资。至2012年，中国农垦集团企业在法国、英国、马来西亚、澳大利亚和新西兰等成功并购境外企业6家，涉及食品加工、品牌营销网络、原料基地和仓储码头等，并购金额近100亿元。中国农业企业加快走出去步伐，逐步实现跨国收购并购。2012年6月，上海农垦的光明集团下属的上海糖酒集团投资控股法国著名葡萄酒经销商DIVA波尔多葡萄酒公司70%股权，这是中国企业首次收购一家法国葡萄酒商。11月，上海光明集团完成对世界第二大谷物食品生产企业英国维他麦公司60%股权的收购交割，收购资金1.8亿英镑、置换债务9亿英镑，这是中国食品业至此完成的最大一宗海外并购项目。

---

① 中华人民共和国商务部、中华人民共和国国家统计局、国家外汇管理局：《2012年度中国对外直接投资统计公报》，北京，中国统计出版社，2013。

第三节　促进农业技术交流合作

农业技术交流合作也是中国农业对外合作的重要组成部分。改革开放初期，受资源、技术、人才以及管理经验缺乏制约，中国农业发展起步缓慢，这一时期通过国际交流与合作引进国外技术、管理经验及农业资源，成为推动农业科技进步与农业发展的重要途径。随着中国农业发展日益步入正轨，与世界各国间的双边、多边技术交流合作日益密切，逐渐在世界农业舞台上发挥重要作用。1979年以来，中国与140多个国家及主要国际涉农组织和机构建立了长期稳定的合作关系，农业技术交流合作渠道日趋多样，合作领域不断拓展，合作内容日益丰富。

一、农业技术交流合作的背景

20世纪50年代，由于西方国家对中国实行"封锁、禁运"，中国主要同苏联和东欧一些国家开展科技合作交流，同亚洲一些国家也有一些合作，合作的方式为互派专家和留学生，相互交流农业技术和交换动植物品种资源。20世纪60年代至70年代中后期，中国农业科技合作重点转向发展中国家和少数发达国家，向一些亚非国家提供技术援助，与拉丁美洲国家和澳大利亚有少量的技术交流和种质资源交换。20世纪70年代后期，特别是中共十一届三中全会以来，中国实施对外开放政策，农业技术合作按照"平等互利、互通有无、取长补短、共同提高"的原则，呈现多元化和快速发展势头。

二、农业技术交流合作的发展

到1978年，世界上与中国建有外交关系和科技经济合作关系的国家和地区已达100多个，为中国广泛深入地开展国际农业科技合作与交流创造了良好的外部环境。从1979年起，中国与一些发达国家签署了若干农业科技合作协议，并与法国、联邦德国、美国、日本等国分别成立了科技合作混合委员会或农业科技合作工作组，以督促和推动科技合作计划的贯彻执行。按照平等互利、友好合作的原则，中国还与澳大利亚、丹麦、荷兰、新西兰、比利时、瑞典、加拿大、意大利、西班牙、奥地利、挪威、芬兰、爱尔兰、英国、瑞士、冰岛、南斯拉夫、匈牙利、保加利亚、波兰、民主德国、欧盟等国家和国际组织开展了农业技术交流与合作活动。20 世纪 60 年代中断的中苏农业技术交流也于 1982 年得到恢复。

1974 年，美国植物学家代表团访问中国后，中国开始与国际农业研究机构接触并建立联系。1979 年，中国首先与国际水稻研究所签署了科技合作协议，此后，又与国际玉米小麦改良中心、国际马铃薯中心、国际植物遗传资源委员会、国际半干旱地区热带作物研究所、国际干旱地区农业研究中心、国际热带农业研究所、国际热带农业研究中心、国际粮食政策研究所、国家农业研究国际服务中心 9 个国际农业科研机构签署了合作协议，双方根据平等互利、成果共享的原则，在种质资源的交换、合作研究、信息交流、人才培养等方面开展交流与合作。1983 年，中国农业代表团第一次出席了国际农业研究磋商小组在华盛顿召开的年会。1984 年，中国正式加入国际农业研究磋商小组，成为该组织的捐赠国。1985 年，中国农业对外交往工作已初具规模，多边交往渠道主要有联合国粮农组织、联合国开发计划署、欧洲共同体、国际农业研究中心等国际机构，双边交往渠道主要有英国、澳大利亚、联邦德国、波兰、匈牙利、加拿大、美国、法国、意大利、日本、荷兰、南斯拉夫，以及亚、非、拉一些发展中国家等。①

1985 年以后，随着不断深化改革和扩大对外开放，中国又先后与苏联、民主德国、保加利亚、朝鲜、英国、阿根廷、乌拉圭、印度尼西亚、印度、马来西亚、以色列、韩国、智利、泰国等国家建立了农业合作与交流关系；与 30 多个国家的农业或农业科研部门建立了农业合作联合委员会或工作组，定期召开会议，讨论制订合作交流计划；与世界银行、亚洲开发银行等国际机构建立了联系。到 1996 年，通过官方民间等各种渠道，中国已与世界上 140 多个国家以及联合国粮农机构、开发计划署、国际原子能机构、欧洲联盟、世界银行、亚洲开发银行、国际农业研究组织等国际机构建立了农业科技交流和经济技术合作关系，基本形成了多渠道、全方位的对外合作新局面，为中国农业全面深入地开展国际交往创造了有利条件。②

2001 年以来，中国与印度尼西亚、阿曼、南非、巴西、斐济、希腊和美国等 19

---

① 宋洪远：《中国农村改革三十年》，343 页，北京，中国农业出版社，2008。
② 宋洪远：《中国农村改革三十年》，344 页，北京，中国农业出版社，2008。

个国家签署了 26 个双边农业或渔业合作协议或谅解备忘录，建立了 15 个双边农业或渔业合作联委会或工作组。目前，到"十一五"末期，中国已与 140 多个国家及主要国际农业和金融组织建立了长期稳定的农业科技交流和经贸合作关系，并与 29 个国家组建了专门的农业联委会或工作组。在与世界各国的农业交流和合作中，通过派出和接待各种团组，特别是部长级以上高层团组的互访，与许多国家签订了大量的农业和渔业合作协议或备忘录，内容涉及农业综合开发、农业示范、农业培训、动植物检疫、动植物品种引进、农业环境保护及渔业开发和渔业资源保护等众多领域。随着中国加入 WTO，中国农业与世界农业的关联度越来越高，积极主动参与国际粮农领域的重大政策和各类涉农国际规则的制定已成为农业国际合作工作最重要的内容之一。除积极参与国际粮农领域的各项重大活动外，中国还积极参加了《WTO 新一轮农业谈判》《国际植物遗传资源协定》《国际植物保护公约》《食品法典》《国际植物检疫统一标准》《农药预先通知准则》《负责任国际捕捞准则》《深海渔业挂旗协定》等协定、协议和标准的修改或制定，加大了参与各类双边及区域农业磋商力度。

三、农业技术交流合作的主要领域

（一）种质资源交流

20 世纪 70 年代以后，中国与 80 多个国家和地区建立了品种资源交换关系。根据中国农科院作物品种资源研究所统计，1979—1985 年共引进粮食、经济作物、油料、果树、蔬菜、牧草及绿肥等作物品种约 6.5 万份，向国外提供约 1.5 万份。通过引进与交换，极大地丰富了中国的遗传基础，有力地促进了中国的品种改良和创新，大大提高了农作物产量和品质。从引进的品种中，筛选了 1 万多份各具特色的作物种质资源，其中有 100 多个先后在生产上得到直接利用。20 世纪 80 年代中期以来，中国通过各种渠道，引进一大批农作物种质资源和畜禽品种资源，其中不少属于珍稀、宝贵资源，有的填补了中国资源空白，还有的已在我科研和生产上发挥了重要作用。如从墨西哥引进棉花野生种质资源 660 多份，使中国成为世界上保存棉花野生种较多的国家之一。

（二）仪器设备引进

1978 年 4 月，国家农垦总局从美国约翰·迪尔农业机械公司引进具有 20 世纪 70 年代先进水平的一套农业机械。其中，动力机械有拖拉机 7 台，达 1 341 马力，耕作机械有耕耘机 17 台,播种机械有播种机 6 台,田间管理机械有撒厩肥机 1 台,喷雾器 2 台。① 经在黑龙江友谊农场进行机械化试验,当年每个工人可生产粮食 105 吨,以后每年生产粮食 200 吨以上。② 中国还从美国、加拿大、德国等国家引进了马铃薯加工、葡萄酒酿造、啤酒酿造、通心粉加工、皮革加工等设备,以适应生产、加工、销售一条龙发展的需要。北京从东欧一些国家先后引进了成套机械化养鸡设备,建成了商品蛋鸡和肉鸡生产体系,基本上解决了市民吃鸡吃蛋难的问题。从 1979 年起,通过积极引进先进的仪器设备,如土壤分析仪、电子计算机、电子显微镜、高压液相色谱仪、人工气候箱、氨基酸分析仪、原子吸收分光光谱仪等,重点装备了中国农科院及一些省、自治区、直辖市农科院的 31 个实验室。

(三)人才培养与专家引进

1979 年开始,中国先后派出一批领导干部和技术骨干人员出国考察访问,以开阔眼界、解放思想和学习国外农业发展的先进经验。同时有计划地派一批懂外语的中年专业人才去发达国家或国际农研中心做访问学者,系统学习先进技术,尽快掌握运用,加强基础学科建设、填补空白学科。以后又不断派更多的青年科技人员出国留学进修。改革开放初期,中国通过国际农业研究中心的渠道,由中国农业科学院组织和协调,从全国各省农科院选拔一些有一定英语基础和实践工作经验的中青年科技人员到国际水稻研究所、国际玉米小麦改良中心、国际马铃薯中心、国际半干旱热带作物研究所等国际农业研究中心进修,参加短期培训班,以及巡回考察。通过这些中心以及洛克菲勒基金会、福特基金会等单位的资助,中国陆续选派了大批中青年科技人员到美国、英国、德国、加拿大、菲律宾等国深造,攻读硕士、博士学位。1979—1985 年,中国共派出近 2 000 人,分别到 20 多个国家进修和开展合作研究。这些人回国后,大部分成为科研骨干和学科带头人,为中国农业科研的发展做出了贡献。同时,中国还邀请一些外国著名学者来华讲学,办培训班,帮助指导工作。比如,为了发展农业遥感技术,中国先后邀请外国专家 27 名来华讲学,帮助培训科技人员 650 人次,对开展农业资源调查、土壤动态监测、作物估产等工作发挥了很大的作用。为了克服语言上的障碍,20 世纪 80 年代,中国还邀请一些华裔学者来华系统讲授一些新兴学科的技术理论知识,尽快缩短中国农业科技与国际上的差距。1986 年起,农业部率先对一些有突出贡献的海外专家颁发国际科技合作奖或授予名誉教授、研究员、顾问,以表彰他们的

---

① 李哲、杨遇春、倪伟勇:《关于开发三江平原中建设现代化大农业问题的探讨——从友谊农场五分场二队引进美国农业机械的实践经验谈起》,载《学习与探索》,1979(2)。
② 宋洪远:《中国农村改革三十年》,北京,中国农业出版社,2008。

功绩。[1]

1985年以后，随着中国国民经济发展，中国与外国的相互了解和相互信任关系不断加深，中国的对外开放步伐开始加快，对外交往的形式开始趋于多样化，合作活动也向着深层次、高水平方向发展。一般性短期出国访问考察活动逐渐减少，出国参加各类国际学术会议、合作研究、合作试验、攻读学位、进修实习、参加技术培训、指导外国农业生产，参加国际农业展览会、博览会，邀请外国人来华开展合作研究、举办各类技术培训班等活动逐渐增多。

（四）接受农业技术援助与技术引进

改革开放初期，中国农业技术发展较为落后，接受技术援助成为中国技术引进的主要形式。随着农业农村发展进入新阶段，对农业先进技术的需求愈发迫切，中国也开始实施农业技术引进计划，在促进农业、农村发展方面取得了突出成效。

（1）接受国际组织多边技术援助，主要包括联合国粮农组织和联合国开发计划署的技术援助。自1978年以来，联合国粮农组织通过"技术合作计划（TCP）""信托基金计划"和"粮食安全特别计划"等方式向中国提供技术援助，其特点是小型、单纯、执行快速、针对性强、示范效果好。1978—2007年联合国粮农组织共批准中国技术合作计划项目150个左右，援助总额2 500多万美元，内容包括技术开发、农产品储藏加工销售、农业管理培训和社会服务等。如福建食品辐照中心、西北干旱地区灌溉新技术、食品质量控制、农业银行信息管理系统、蔬菜水果销售培训、农业计划培训、农业遥感应用、种子加工和生产技术、棉种脱绒、橡胶木保存与加工以及硬粒小麦改进技术等。信托基金项目是通过联合国粮农组织寻找发达国家资助的技术援助项目，援助总金额4 000多万美元，具体项目包括水土保持、沙漠治理、环境监测、水利灌溉、病虫害综合防治、灾后生产恢复、畜牧生产、渔业生产、农产品加工、农业机械、农业遥感技术和农业技术推广等。粮农组织的这些项目对加快中国农业科技进步、促进农业和农村持续发展发挥了良好作用。联合国开发计划署对中国技术援助主要用于农业科技开发、教育培训、资源开发示范以及投资项目前的活动和技术支持。多年来，开展的项目主要有西北黄土高原土地资源利用、黑龙江省大豆研究、氨化秸秆饲料研究、江苏及山东海水养殖、农机化试验鉴定、农业遥感培训与应用、沼气技术培训中心、桑蚕技术培训中心、淡水养殖区域培训中心、蔬菜无土栽培研究、作物育种、甘肃沙漠综合治理等。

---

[1] 朱玉荣：《改革开放30年中国农业对外交流与合作》，载《世界农业》，2009（1）。

（2）接受发达国家对中国农业技术援助。① 欧盟、加拿大、日本、德国、澳大利亚、以色列等国家对中国提供了大量的双边技术援助，涉及种植业、农机、畜牧、兽医、渔业等诸多领域。如欧盟提供的中欧农业技术合作中心、海南岛橡胶木加工利用、四川长江上游水土保持等项目；加拿大提供的中加奶业合作、可持续农业发展、小农适应全球市场、河北旱地农业等项目；澳大利亚提供的旱作农业、保护性耕作研究、北方果树研究、湖南零陵柑橘中心等项目；日本提供的中日农业研究中心、天津奶类发展等项目；德国提供的金华奶牛饲养及奶制品加工、山东东营奶牛饲养等项目；意大利提供的柑橘及热带果树研究中心等项目；荷兰提供的示范农场、贵州农业综合开发等项目；挪威提供的海洋鱼类资源调查船；瑞典和芬兰提供的禽流感防治、水稻病虫害综合防治项目；以色列提供的奶牛示范场、中以新疆旱作农业中心项目；比利时提供的坡耕地水土保持耕作项目等。上述技术援助项目充分展示了世界各国先进的农业生产技术，对解决中国农业生产、加工中的关键技术性问题、树立先进的管理理念，起到了示范推动作用。

除国际机构和发达国家对中国实施农业技术援助，国外一些企业与知名人士也积极向中国提供农业援助，对促进农业生产和科技进步起到了积极作用。1985—1995 年，日本米可多商社石本正一先生向中国赠送和推广了农业塑料薄膜，并援助 40 栋设施大棚，在上海、沈阳、北京、大连建立设施农业试点；1993 年，泰国正大集团向北京农业大学、华南农业大学、浙江农业大学各赠送一个肉鸡父母代养鸡场及配套孵化场以及一个商品代肉鸡场（约合 1 500 万元人民币）。

（3）实施国际先进农业科学技术引进计划。为尽快缩小中国农业科技与世界先进水平的差距，1994 年，经时任国务委员、国家科委主任宋健同志提议，国务院批准从"九五"开始实施"引进国际先进农业科学技术计划"（简称"948"计划）。"九五"期间，遵照"以增产粮食为主，兼顾畜牧、水产等方面的技术；以先进、适用技术为主，兼顾增强农业科研后劲的高新技术；以能直接运用、近期见效快、覆盖面广的技术为主，兼顾农业长远发展所需的科技储备技术"的原则引进先进技术。"十五"期间，国务院决定延续实施"948"计划，将技术引进原则调整为"以推动农业技术创新、高新技术产业化及增强中国农业技术储备的前沿技术为主；以提高主要大宗农产品质量和效益的先进实用技术为主；促进结构调整和农业可持续发展的相关技术为

---

① 按照联合国的规定，发达国家应将其每年国民总产值的 0.7% 作为发展援助基金，通过多边或双边方式援助发展中国家。

主"。"十一五"期间,为应对农业和农村经济发展面临的食品安全和生态安全双重约束、国内竞争与国际竞争的双重压力以及资源与环境的双重挑战,中国继续实施"948"计划,实施原则调整为"以提高农林产品开发能力和水利装备开发能力的技术为主,以提高农业资源综合利用能力的技术为主,以提高农业技术系统创新能力的相关技术为主,以提高农业安全防范和生态建设能力的相关技术为主,以促进结构调整和农业、林业及水利行业可持续发展的相关技术为主"。同时,注重加强与国外的合作研究和交流,掌握世界先进农业科技最新动态,及时引进科研成果。这期间中国用于技术引进的投资规模有所增长,达到每年1.1亿元。1996—2009年实施"948"计划的14年间,中国先后从美国、日本、德国、法国、澳大利亚、俄罗斯、以色列、泰国等40多个国家(地区)和国际组织引进各类先进农业技术1 500多项,种质资源8万多份,仪器设备等1 300余套,通过消化吸收和创新推广有力地促进了中国农业科技整体水平和农业生产能力的提高,为中国农业、农村经济发展和生态建设做出了突出贡献。

(五)农业技术输出与技术援助

在接受技术援助以及引进农业技术的同时,一大批优质的农产品和优势农业技术在国外得到推广和应用。

(1)农业品种与技术推广。20世纪80年代开始,中国部分优良品种和先进农业技术开始在世界范围内推广和应用。1980年,大豆品种"西纳",水稻品种"低脚乌尖""南京11号""冷光"和"1039"等品种引入美国、日本、国际水稻研究所等国家和国际组织。同年,新西兰从中国引入猕猴桃品种,此后在引进品种基础上开展大规模品种选育,培育出一些大果型品种,并在国际市场上占有领先地位。目前新西兰的猕猴桃产业发展在世界居于前列,猕猴桃还出口到中国市场。1980年、1981年,中国种子公司分别与美国西方石油公司的圆环公司和美国卡捷公司签订了杂交水稻技术转让合同。除良种外,中国的淡水养鱼、养蚕、兽医针灸、沼气建设等技术在国际上也享有盛誉。1984年,中国派专家到斯里兰卡举办针灸、针麻培训班,帮助建立了兽医针灸治疗室。现在,这项技术已在世界各地广为传播。在联合国计划开发署和粮农组织的支持下,1979年在江苏无锡成立了亚太地区养鱼研究培训中心,为亚洲和其他国家培训了大批渔业研究和生产管理人才。1981年在华南农业大学合作建立亚太地区养蚕培训中心。1981年在四川成都建立了亚太地区沼气研究与培训中心,在山东黄县建成了农村综合发展示范中心,向国际介绍中国沼气建设及农村建设的技术与经验。为了加强南南合作,1987年中国在华南农业大学筹建了中国国际农业培训中心。从1986年开始，中国技术出口开始迅速增长，同时农业技术领域的交流和合作也取得了长足发展。1996—2000年，中国农业技术如地膜覆盖、水稻旱育稀植、新型农机具、农药等先进技术也逐步走出国门。加入世界贸易组织以后，在实施农业"走出去"战略背景下，2005年农业部组织实施了8个境外技术示范项目，这些项目成为展示中国先进实用技术、中小型农机具和加工设施的重要窗口。

（2）实施对外农业技术援助。农业对外援助是中国与其他国家，尤其是广大发展中国家巩固和发展双边关系的重要领域之一。中国主要通过援建农场、农业技术示范中心、农业技术试验站和推广站，兴建农田水利工程，提供农机具、农产品加工设备和相关农用物资，派遣农业技术人员和高级农业专家传授农业生产技术和提供农业发展咨询，为受援国培训农业人才等，积极帮助其他发展中国家提高农业生产能力，应对粮食危机。非洲是中国农业技术援助的主要地区。20世纪70年代末，中国向大多数非洲国家提供了农业援助，除农业技术试验站、推广站外，还援建了一批规模较大的农场，种植面积4.34万公顷。自1984年起，中国政府与非洲国家政府共同努力，因地制宜对不同援建项目分别采取技术合作、管理合作、代管经营、租赁经营等方式，使已建成项目的效益有了不同程度的改善和提高，逐步巩固了已建成项目的成果。研究显示，1979—1985年，成套项目和技术援助在中国对非洲的官方发展援助中占78%。[1] 随着中国经济快速发展、农业技术进步与发展取得突出成效，中国对非洲农业技术援助规模也不断扩大。2006年中非合作论坛峰会上，中国与非洲就农业技术援助提出了更加细化的目标，计划在3年内为非洲培训各类人才1.5万名，建设有特色的农业技术示范中心10个。此后，中国对非洲农业技术援助不断深化。2012年，中非合作论坛第五届部长级会议强调了在新的历史时期下，中国与非洲双边合作的重要性，中国将继续加大对非洲农业技术援助力度，帮助非洲国家提高农业生产能力。在对外开放程度不断提高的背景下，农业技术援助已成为中国农业走出去的重要形式之一。2010—2012年，中国对外援建49个农业项目，派遣1 000多名农业技术专家，并提供大量农业机械、良种、化肥等农用物资。尽管在部分国家受项目可持续性较弱、技术吸收转化能力不足等影响，技术援助面临一些问题，但总体上看，中国农业技术援助对于促进发展中国家农业发展和生产能力提升起到了积极作用。

---

[1] 李伟：《新中国对外经济技术援助政策的演进及评析》，载《党史研究与教学》，2010（2）。

第一节　现代农业建设的进程
第二节　改善农业生产条件
第三节　发展农业科学技术
第四节　建立农业产业体系
第五节　发展农业社会化服务

第十章　现代农业建设

在不同时期,中国对农业的发展方向有不同的提法,从新中国成立之初的"农业现代化"到"九五"计划时提出的"建设发达农业",再到"十一五"规划提出的"现代农业建设",不同提法反映了中国发展现代农业的历史进程,也揭示了现代农业建设的阶段性特征和重点任务。2007年中央一号文件对怎样建设现代农业和建设什么样的现代农业提出了明确的要求,指明了发展方向。此后的2008—2012年的中央一号文件都在此大方向上进行了补充完善和具体细化。

第一节 现代农业建设的进程

早在1949年12月召开的中国第一次农业生产会议上,周恩来总理首次提出了农业现代化建设的目标。在1957年的中共八届三中全会上,毛泽东在讲话中指出:"必须实行工业与农业同时并举,逐步建立现代化的工业和现代化的农业。过去我们经常讲把我国建成一个工业国,其实也包括了农业的现代化。"① 从1959年年底至1960年年初,毛泽东对国家现代化的认识不断拓展,将农业现代化和工业现代化、国防现代化和科学技术现代化并称为"四个现代化",完整地提出了四个现代化的概念。② 关于农业现代化的内容,1961年3月20日,周恩来在广州召开的中央工作会议上指出要有步骤地实现农业机械化、农业化学化、农业水利化、农业电气化。

20世纪70年代,随着第三次科技革命的发展,尤其是生物技术、信息技术的发展,西方发达国家在农业科学化、信息化方面取得了重大进展。在这一时期,中国各界对什么是农业现代化及如何实现农业现代化展开了大讨论。1975年邓小平指出:"农业

---

① 《毛泽东文集》,第七卷,310页,北京,人民出版社,1999。
② 《毛泽东文集》,第八卷,162页,北京,人民出版社,1999。

现代化不单单是机械化，还包括应用和发展科学技术。"① 1978 年 12 月，中共十一届三中全会在总结新中国成立近 30 年农业发展经验的基础上，提出了要走一条适合中国情况的农业现代化道路的要求。会议文件不仅拓展了农业现代化的内涵，还提出了发展农业生产力的政策和措施。1979 年，时任中国农科院院长的金善宝撰文提出："农业现代化就是用现代科学技术和现代工业来武装农业，用现代管理经济的科学方法来管理农业，充分合理地利用自然资源，大幅度提高劳动生产率、土地生产率和农产品的商品率，以满足社会对农产品的需要。"② 同年《中共中央关于加快农业发展若干问题的决定》对农业现代化做出了全面部署，除农业机械化、电气化、水利化、化学化外，还把农业布局、区域化、专业化、社会化、农工商一体化经营、农畜产品加工及小城镇建设等和农业现代化联系起来，丰富了农业现代化的内涵。

在 20 世纪 80 年代初期，在农村家庭承包经营普遍推行的同时，各地设置了农业现代化试验区和示范点，这些实践丰富了现代农业建设的内容。1988 年邓小平进一步强调："农业问题的出路，最终要由生物工程来解决，要靠尖端技术。"③ 随后，中国农业科技有了很大发展并极大地促进了农业现代化进程。

中国地域辽阔，东西跨度长，区域差异非常大，各地发展农业的基础条件强弱差别突出，在哪些地方应率先实现农业现代化并为全国提供经验参考，成为推进农业现代化发展面临的一个重要问题。1998 年 10 月，时任总书记江泽民在江苏、上海和浙江考察工作时提出，沿海发达地区要高度重视农业和农村工作，加快发展农业生产力，建设发达农业，争取率先基本实现农业现代化。这为中国在哪些地方率先实现农业现代化指明了方向。江泽民还指出："农业现代化的实现，最终取决于科学技术的进步和适用技术的广泛应用。"④ 再一次强调科技进步是农业现代化的根本动力。

为了加速农业现代化的进程，2002 年 11 月，中共十六大提出了建设现代农业的要求，会议指出，统筹城乡经济社会发展，建设现代农业，发展农村经济，增加农民收入，是全面建设小康社会的重大任务。2005 年中共十六届五中全会又提出要推进现代农业建设。2007 年中央一号文件《中共中央 国务院关于积极发展现代农业扎实推进社会主义新农村建设的若干意见》明确做出积极发展现代农业、扎实推进社会主义新农村的战略决策和部署安排。2007 年 10 月，中共十七大又明确提出要加强农业基

---

① 《邓小平文选》，第三卷，159 页，北京，人民出版社，1993。
② 金善宝：《加强农业科技研究 促进农业现代化》，载《北京科技报》，1979 年 7 月 6 日。
③ 《邓小平文选》，第三卷，275 页，北京，人民出版社，1993。
④ 《江泽民论有中国特色社会主义：专题摘编》，127 页，北京，中央文献出版社，2002。

础地位，走中国特色农业现代化道路。

中国对现代农业的发展方向和实现路径的理解、认识和探索是在不断深入的。1978 年以后，中国开始注重从发展农业科技事业和投入现代生产要素两个方面推进农业建设。[①] 其中投入现代生产要素已从过去投入机械、化肥、水利等扩展到应用生物技术和农业信息化技术、构建现代农业产业体系、引入现代经营理念等物化和非物化的综合型现代生产要素。随着一系列的探索和实践，中国建设现代农业的思路逐渐明确，并在 2007 年的中央一号文件首次明确回答了什么是现代农业及怎样建设现代农业的重大问题。2007 年的中央一号文件明确提出，要用现代物质条件装备农业，用现代科学技术改造农业，用现代产业体系提升农业，用现代经营形式推进农业，用现代发展理念引领农业，用培养新型农民发展农业，提高农业水利化、机械化和信息化水平，提高土地产出率、资源利用率和农业劳动生产率，提高农业素质、效益和竞争力。这一文件指明了中国农业在发展新阶段的方向，也明确了新时期现代农业的实现路径和主要手段。此后的 2008—2012 年的中央一号文件都在此大方向上进行了补充完善和具体细化。

中国的现代农业建设是一个持续的历史过程，既继承了改革开放前人们对农业现代化的思想理念和实践政策，也不断加入了新的认识、新的理解。到如今，现代农业建设已被视为一项系统工程，关键要靠投入、靠科技、靠改革，其历史演进就是要不断改善农业生产条件、持续发展农业科学技术、逐渐建立农业产业体系和日益发展农业社会化服务的过程。

第二节　改善农业生产条件

1978 年以来，中国的农田水利建设是在曲折中发展，在水利"欠账"暴露后受到前所未有的重视，水利继续恶化的势头才得以扭转。中国也相继开展了 5 项林草生态建设重大工程和"沃土工程"，生态环境和耕地质量明显改善，为现代农业建设奠定了物质基础。

---

① 李燕：《中国现代农业发展的历史经验与现实思考》，载《科学社会主义》，2011（1），128~131 页。

一、农田水利建设

历史上的中国一直是一个水旱灾害频发的国家。公元前 206 年至 1949 年的 2 155 年间，全国性的水旱灾害共发生 2 085 次，水旱灾害平均每年 1 次。① 对一个农业大国而言，兴修农田水利可保证农业的生产发展，是农业发展的基础，也是经济和社会发展的重要保障。20 世纪 30 年代，毛泽东在革命根据地建设过程中就曾明言"水利是农业的命脉，我们也应予以极大的注意"。② 回顾 1978 年以来中国农田水利的建设历程，大致可分为五个阶段。

（一）1977—1979 年：劳动工分制调动了农民兴修农田水利的热情

1977—1979 年是中国农田水利基本建设的高峰期之一，政府不仅狠抓农田水利基本建设，还将水利管理提上了日程。20 世纪 60—70 年代，全国开展农业学大寨，千军万马大搞农田水利基本建设。当时的农田水利建设采用政府主导下民办公助的水利供给方式，参加农田水利建设和直接的农业生产可以获得同等工分待遇，劳动群众的农田水利建设热情被充分调动起来。

1977 年 8 月，在中共中央、国务院的直接领导下，由水利电力部会同国家计委、国家建委、农林部、第一机械工业部、商业部、财政部、石油化学工业部、第五机械工业部、物资管理部、全国供销合作总社等 11 个部委联合召开了农田基本建设会议。会议的主要任务是学习大寨、昔阳，交流各地农田基本建设的经验，具体落实全国第二次农业学大寨会议提出的到 1980 年建成一人一亩旱涝保收高产稳产田的要求。

1978 年 7 月，时任国务院副总理李先念提议并主持召开了全国农田基本建设会议，会议确定农田基本建设要抓好现有工程的配套挖潜和当年受益的小型水利，搞好平田整地、低产田改造、水库除险加固、渠道防渗、喷灌、牧区草原水利、小水电和综合利用、植树造林，并加快步伐解决人畜饮水问题。会议还确定国家在经费、物资上支持农田基本建设。同时，该会议还提出了一些超出当时客观实际的目标，如提出每年增加灌溉面积 6 000 万~9 000 万亩、大搞喷灌等。在此类政策导向下，一些地方出现过多动用农村劳动力、加重农民负担的现象。

1979 年 7 月，李先念在全国农田基本建设会议上再次强调："农业要上去，其中

---

① 汤奇成：《水利与农业》，23 页，北京，中国农业出版社，1985。
② 《毛泽东选集》，第一卷，132 页，北京，人民出版社，2008。

重要一条,就是要继续开展农田基本建设,提高抗御自然灾害的能力;要搞好农田基本建设,要依靠艰苦奋斗、自力更生这个传家宝,同时,要尊重客观规律,坚持科学态度,因地制宜,讲究实效。"1979年9月中共中央又提出,中国要继续兴建一批大型水利骨干工程,地方要以搞好中、小工程和配套工程为主,实行大、中、小相结合。

三次农田基本建设会议,使全国农田基本建设得到了迅速发展,为20世纪80年代中国农业的发展奠定了重要物质基础。在当时政策和广大群众的热情投入下,1977—1979年3年时间,中国累计完成土石方510亿立方米,平整土地2.5亿亩,增加灌溉面积3 000万亩,除涝面积1 600万亩,增加机电排灌动力1 500多万马力,并对大量的中小型水利进行维修、加固和配套,还修建了大量田间工程。①

(二)1980—1985年:小型农田水利建设一度被忽视

20世纪80年代以来,政府确立了"自力更生为主、国家支援为辅"的农田水利设施建设方针,通过建立劳动积累制度发动群众兴修水利。农村义务工和劳动积累工制度一度在冬春农闲时节发动群众兴修水利发挥了显著作用,但无疑也加重了农民负担。这一时期,国家对农田水利建设也进行了相应改革。这一阶段农田水利建设的明显特征是国家重点投资大型水利工程,小型农田水利设施建设主要由农业内部投资投劳解决,即"谁受益、谁负担"原则,国家酌情给予适当补助。

随着农村经济体制改革的开展,家庭承包制开始之初,一些地方出现填井、破坏渠道等损坏农田水利设施的现象,水利部强调要加强责任制。为此,国家农委在1981年7月批转了水利部《关于在全国加强农田水利工作责任制的报告》,要求"在农田水利管理上根据工程类别、规模和基层管理体制的不同,实行综合承包、单项承包、定户定人承包等不同形式的责任制,在建设上,实行合同制、承包制等办法"。②1984年水利电力部召开全国水利改革座谈会,提出了"全面服务,转轨变形"。要求水利工作进行三个转变,即从以为农业服务为主转到为社会经济全面服务为主的思想;从不讲投入产出转到以提高经济效益为中心的轨道;从单一生产型转到综合经营型,并把"两个支柱(调整水费和开展多种经营)、一把钥匙(实行多种不同形式的经济责任制)"作为搞好水利管理、提高工程经济效益的中心环节来抓。

在这一时期,随着家庭承包经营责任制的普遍实行,原来集中的统一经营方式被

---

① 张芮:《中国农业水利工程历史与生态文明建设研究》,59页,北京,中国水利水电出版社,2013。
② 水利部:《关于全国加强农田水利责任制的报告》,1981。

分散的家庭经营方式取代,农户主要关心自家承包地的维护,缺乏对农田水利建设的积极性。20世纪80年代实施财政分包体制后,不少地方大幅度减少农业投资,使得中小型农田水利建设难以为继。改革初期,大部分农村集体经济实力不足,集体从事农田水利建设的能力大大下降。

(三)1986—1990年:建立劳动积累制度,对现有水利设施进行恢复、更新和巩固

1986—1990年,由于中央政府的重视,各地加强了领导,增加了投入,灌溉面积逐年有所增长。国家对农田水利建设的政策侧重点是维修、改造和配套,普遍建立劳动积累制度,依靠群众兴修水利。①1988年全国人大常委会通过了《中华人民共和国水法》。同年11月,国务院批转了水利部《关于依靠群众合作兴修农村水利的意见》,对劳动积累制度作了具体规定:包括劳动积累工的分摊方式、分摊数量、使用范围、"谁受益、谁负担"的原则、建立县乡两级农村水利建设发展基金等。据统计,1986—1988年,全国群众性水利建设蓬勃发展,其中1987年、1988年两个冬春全国投入劳动积累工约50亿工日,集资约20亿元。②由于农田水利"欠账"太多,工程老化失修、效益衰减的局面仍未根本扭转,严重影响中国农业发展的后劲,特别是1984年之后的几年,中国粮食生产一直处于徘徊状态,重要原因之一就是受水旱灾害的困扰。在此背景下,国务院于1989年10月作出了《关于大力开展农田水利基本建设的决定》,要求:充分认识农业的基础地位和水利的"命脉"作用;把农田水利基本建设作为一项长期任务来抓;增加资金投入,明确粮食发展专项资金用于农田水利基本建设的部分不得低于50%;实行农田水利劳动积累工制度,专工专用等。这是改革开放以来中国对农田水利的一个专项决定,标志中国农田水利建设进入一个新阶段。但总体而言,20世纪80年代由于政府对农田水利的重视程度有所下降,投入减少,以至于农田水利出现10年起伏徘徊。水利基本建设投资在全国基建投资中的比重在20世纪80年代以后为3%~4%;灌溉与除涝基建投资占水利基建投资的比重,20世纪50—70年代在30%~40%,到80年代以后为10%~25%。③农田水利有效灌溉面积从1980年的4 488.8万公顷增加到1990年的4 740.3万公顷,10年间增加251.5万公顷,对应的占耕地面积比重由45.20%上升为49.55%。④

---

① 刘力、谭向勇、寇荣:《农村税费改革前中国农田水利建设投入模式历史分析》,载《新疆农垦经济》,2007(4),1~9页。
② 宋洪远等:《改革以来中国农业和农村经济政策的演变》,149~160页,北京,中国经济出版社,2000。
③ 冯广志:《回顾总结60年历程认识农田水利发展规律》,载《中国水利》,2009(19),7~9页。
④ 根据《新中国农业60年统计资料》6~7页数据计算得出。

(四) 1991—1998 年：加大对大江大河大湖的治理

"七五"期间，中国的水利设施得到恢复、更新和巩固，但效益衰减的势头未能完全遏制，水资源和洪涝灾害不断加剧。在此背景下，1991 年以后，国家重点集中治理大江大河大湖，建设重点水利工程。可以说，20 世纪 90 年代以农民投劳集资为主要方式的农田水利基本建设扫去了"六五""七五"时期农田水利建设低迷徘徊的气氛。

1990 年 12 月，中共中央、国务院在《关于 1991 年农业和农村工作的通知》中再次要求坚持不懈地抓好农田水利建设，重申应坚持劳动积累工制度，提出今后 10 年要加强大江大河大湖的治理，有计划地建设一批防洪、蓄水、引水的大中型项目，提高抗御自然灾害的能力，积极建设南水北调工程。在水利建设的资金投入机制上，中国开始强调重点治理大江大河大湖，建设重点水利工程。1991 年淮河流域发生特大洪涝灾害，中央政府提出要加快大江大河大湖的综合治理，广泛开展农田水利建设。1996 年，国务院发出《关于进一步加强农田水利基本建设的通知》，积极引导、鼓励农民群众集资投劳兴建小型水利工程，鼓励单位和个人按照"谁投资，谁建设，谁所有，谁受益"的原则，采取独资、合资、股份合作等多种形式投资农田水利。1997 年国务院决定设立水利建设基金，同年 10 月颁布施行《水利产业政策》，中国从此开始将水利列入国家基础产业领域。这是中国水利建设的重大突破。1998 年 1 月，《中共中央国务院关于 1998 年农业和农村工作的意见》继续强调水利建设要始终把大江大河大湖的治理放在突出地位，抓紧抓好，确保万无一失。1998 年 10 月，中共十五届三中全会通过的《中共中央关于农业和农村工作若干重大问题的决定》指出，洪涝灾害历来是中华民族的心腹大患，水资源短缺越来越成为中国农业和经济社会发展的制约因素，必须引起全党高度重视。此后国家每年安排专项资金开展对大中型灌区续建配套、节水改造工程和节水增效示范项目的建设。"八五""九五"期间，中国用于水利建设的投资总额持续上升，1998 年为 411.7 亿元，占全国基建投资总额的 3.49%；到 2000 年上升到 613 亿元，占全国基建投资总额的 4.56%。义务工和劳动积累工制度对水利建设的贡献突出，1989—2000 年，全国平均每年投入劳动积累工 72.2 亿个工日。①

(五) 1999—2012 年：狠抓小型农田水利设施建设

2000 年农村税费改革后逐步取消了"两工"和一些面向农民的筹资筹劳项目，对农田水利建设政策进行了重大调整，对村内集体公益事业实行"一事一议"制度。在

---

① 刘力、谭向勇、寇荣：《农村税费改革前中国农田水利建设投入模式历史分析》，载《新疆农垦经济》，2007 (4), 1~9 页。

此之前，国家的农田水利建设是通过"两工"体系提供，但取消"两工"后，没有了相应的替代机制，很多地方的农田水利都是在吃老本，原有的水利工程因时间久远，老化严重，部分渠系甚至废弃，严重制约了农业生产的发展。1998年超过100亿个工日，2003年减少到47亿个工日，2004年不到30亿个工日。①2004—2005年度，全国农田水利基本建设农民投工比1998—1999年度下降近70%，完成的土方量下降59%，改造中低产田面积下降38%，新增恢复改善灌溉面积减少35%。②大型水利设施的状况也不容乐观，大型灌区骨干工程建筑物完好率不足40%，工程失效和报废的逼近三成，导致个别地区可灌面积减少近半，过于粗放和陈旧的渠道系统让中国农村渠道灌溉利用率只有30%~40%。③

从2004年开始，中央一号文件重新高度重视农业发展问题。2004年中央一号文件决定"围绕农田基本建设，加快中小型水利建设，扩大农田有效灌溉面积，提高排涝或抗旱能力"，2005年中央一号文件又提出"国家对农民兴建小微型水利设施所需材料给予适当补助"，但缺少了强有力的乡村组织，国家投资建设及维护的大中型水利设施难以和分散农户有效衔接。此后几年，旱涝自然灾害日益频发，灾害覆盖范围不断扩大，对国家和人民造成惨重的损失。从2006年的川渝大旱到2009年的华北地区大旱，再到2010年的西南五省大旱，每次大旱都给农业带来了巨大损失，暴露出农田水利等基础设施的薄弱状况，中国的农田水利也到了必须要解决的时候。为切实夯实农业稳定发展的农田水利设施，党和国家在2011年以中央一号文件的方式出台了《中共中央 国务院关于加快水利改革发展的决定》，指出"农田水利建设滞后仍然是影响农业稳定发展和国家粮食安全的最大硬伤，水利设施薄弱仍然是国家基础设施的明显短板"。强调"力争通过5年到10年努力，从根本上扭转水利建设明显滞后的局面。到2020年，基本建成防洪抗旱减灾体系，重点城市和防洪保护区防洪能力明显提高，抗旱能力显著增强"。加快推进小型农田水利重点县建设，优先安排产粮大县，加强灌区末级渠系建设和田间工程配套，促进旱涝保收高标准农田建设。因地制宜兴建中小型水利设施，支持山丘区小水窖、小水池、小塘坝、小泵站、小水渠"五小水利"工程建设，加快中小河流治理和小型水库除险加固，继续实施大江大河治理，建立水

---

① 黄华：《提高农业综合生产能力仍然是"三农"工作的中心任务》，载《安徽农业科学》，2006（18），4 772~4 773，4 784页。
② 杨帅、董筱丹、温铁军：《农村基础设施长效投入的问题、经验与对策》，载《中州学刊》，2014（4），50~56页。
③ 郑风田：《我国农田水利建设的反思：问题、困境及出路》，载《湖南农业科学》，2011（2），1~7页。

利投入稳定增长机制,要求"从土地出让收益中提取10%用于农田水利建设,充分发挥新增建设用地土地有偿使用费等土地整治资金的综合效益"。该文件是新中国成立以来首个以中央一号文件形式发出的水利改革发展综合性文件,是指导今后一个时期水利改革的纲领性文件,标志着中国水利改革进入新的发展时期。2012年,继续增加中央财政小型农田水利设施建设补助专项资金。

二、林草生态建设

中国土地的荒漠化和沙化面积大、分布广、危害重,对农业发展乃至国家生态和经济社会构成严重威胁。1978年以来,中国相继实施了五大林草生态工程,进一步加大了林草生态保护工程建设力度和范围,逐步完善了生态保护制度和政策,林草植被盖度持续提升,其固有的涵养水源、防风固沙、调节气候及维护生物多样性等生态功能明显恢复,林草生态建设工程取得显著成效。

(一)林草生态建设的背景及生态农业发展历程

改革开放以来,中国林草生态建设经历了以经济建设为主向生态优先转变,再到生态和经济并重的螺旋式发展过程。20世纪50年代中期以来,中国因水土流失平均每年近6.67万公顷耕地被毁,因水土流失造成退化、沙化、碱化草地约100万平方公里,占中国草原总面积的50%。[1] 以土地荒漠化为例,20世纪50年代以来,中国土地荒漠化面积以每年1 560平方公里的速度扩展,20世纪80年代每年扩展2 100平方公里,20世纪90年代增加到2 460平方公里。[2] 20世纪90年代,人们对林木资源过量采伐加剧了长江、黄河等流域水土流失等生态破坏。为遏制生态破坏日益恶化的趋势,20世纪90年代末,中国启动了天然林资源保护等一系列林草生态重点工程建设。经过10多年的建设,中国林草生态环境得到初步改善,但生态环境不断退化的趋势尚未得到根本遏制。

提起林草生态建设须从生态农业说起,中国现代生态农业的形成与发展要追溯到20世纪70年代,1980年在银川召开的"农业生态经济问题学术研讨会",首次提出了生态农业的概念。1984年国务院关于环境保护工作的决定中指出:"要认真保护农业生态环境,积极推广生态农业。"1993年,为加快推动中国生态农业的发展,成立

---

[1] 孙建鸿:《我国生态农业发展思想及实践研究》,载《农业部管理干部学院学报》,2014(4),36~40页。
[2] 丁伟:《国土荒漠化现状透视》,载《人民日报》,2001年6月15日。

了由农业部、国家计委、国家科委、财政部、林业部、水利部和国家环保局七部委组成的全国生态农业领导小组,决定重点部署51个县开展"县域生态农业建设",为中国生态农业发展树立建设典型。从1995年起,国家环保总局在全国范围内先后启动了一批生态示范区建设;到2000年农业部等七部委(局)召开会议,再次确定50个县开展第二批生态农业示范县建设工作。

(二)林草生态建设的几大工程

改革开放以来,中国林草生态建设先后实施了多项重大工程,其中规模较大的工程主要有5项。

1. 天然林资源保护工程

1998年发生在长江流域和东北地区的两次特大洪灾让人们尝到了生态破坏的恶果。洪灾过后,中共中央、国务院提出全面停止长江、黄河流域上中游的天然林采伐。随后国家林业局编制了《长江上游、黄河上中游地区天然林资源保护工程实施方案》和《东北、内蒙古等重点国有林区天然林资源保护工程实施方案》。经过2年试点,2000年10月国家正式启动天然林资源保护工程(简称"天保工程")。实施该工程主要是解决天然林的休养生息和恢复发展问题,最终实现林区资源、经济、社会的协调发展。工程建设任务包括控制天然林资源消耗,加大森林管护力度,加快长江上游、黄河上中游工程区宜林荒山荒地的造林绿化,妥善分流安置国有林业企业富余职工。2012年天保工程二期建设全面推进,当年完成造林51.9万公顷、森林管护面积1.1亿公顷,截至2012年年底,累计完成造林1 058.9万公顷[①],工程区生态状况进一步改善。

2. 退耕还林工程

1997年8月5日,时任中共中央总书记江泽民作出"再造一个山川秀美的西北地区"的重要批示。1998年特大洪灾后,中共中央、国务院提出"封山植树、退耕还林"等灾后重建"三十二字"方针。1999年,朱镕基总理在视察西南、西北六省后,提出"退耕还林(草),封山绿化,以粮代赈,个体承包"的政策措施,当年四川、陕西、甘肃3个省率先开展了退耕还林试点,共完成退耕还林任务44.8万公顷,其中退耕地造林38.15万公顷,宜林荒山荒地造林6.65万公顷;由此揭开了中国退耕还林的序幕。2002年1月10日,国务院西部开发办公室召开退耕还林工作电视电话会议,确定全面启动退耕还林工程。工程建设范围包括北京、天津、河北、山西、内蒙古、辽宁、

---

① 《2012年中国国土绿化状况公报》。

吉林、黑龙江、安徽、江西、河南、湖北、湖南、广西、海南、重庆、四川、贵州、云南、西藏、陕西、甘肃、青海、宁夏、新疆25个省、自治区、直辖市和新疆生产建设兵团，共1 897个县（含市、区、旗）。2004年，退耕还林工程的重心由大规模推进转移向巩固成果。1999—2004年，国家共安排退耕还林任务1 916.55万公顷，其中退耕地造林788.62万公顷，宜林荒山荒地造林1 127.93万公顷。截至2012年年底，退耕还林工程共完成造林2 422.2万公顷[①]，国土绿化进程进一步加快。

3. 京津风沙源治理工程

由于环境遭受破坏，京津乃至华北地区多次遭受风沙危害，尤其是2000年春季，中国北方地区连续12次发生较大的浮尘、扬沙和沙尘暴天气，其中有多次影响首都，风沙灾害为50年来罕见，引起中共中央、国务院高度重视，备受社会关注。国务院领导亲临河北、内蒙古视察治沙工作后，当即指示"防沙止漠刻不容缓，生态屏障势在必建"，遂决定实施京津风沙源治理工程。京津风沙源治理工程自2000年开始在北京、天津、河北、山西、内蒙古5个省、自治区、直辖市75个县全面铺开，西起内蒙古的达茂旗，东至内蒙古的阿鲁科尔沁旗，南起山西的代县，北至内蒙古的东乌珠穆沁旗。工程采取以林草植被建设为主的综合治理措施，建设任务包括退耕还林3 944万亩、营造林7 416万亩、人工种草2 224万亩、飞播牧草428万亩、围栏封育4 190万亩、基本草场建设515万亩，草种基地59万亩、禁牧8 527万亩、水源工程66 059处等。截至2009年，工程区内尚有待治理沙化土地面积541.27万公顷，治理任务非常艰巨，并且工程区生态防护体系还不是很完善。在此背景下，中国亟须启动京津风沙源治理二期工程。2012年9月19日，时任国务院总理温家宝主持召开国务院常务会议，听取退耕还林工作汇报，讨论并通过《京津风沙源治理二期工程规划（2013—2022年）》。截至2012年年底，京津风沙源治理工程累计造林729.5万公顷。[②]

4. "三北"及长江流域等防护林体系建设工程

1979年，国家决定在西北、华北北部、东北西部风沙危害、水土流失严重的地区，建设大型防护林工程（简称"三北"工程），即带、片、网相结合的"绿色万里长城"，以求能锁住风沙，减轻自然灾害。"三北"工程在1979—2050年分三个阶段、八期工程进行，规划范围包括新疆、青海、宁夏、内蒙古、甘肃中北部、陕西、冀北坝上地区和东北三省的西部共324个县（旗），农村人口4 400万，规划造林3 508.3万公顷，

---

① 《2012年中国国土绿化状况公报》。
② 《2012年中国国土绿化状况公报》。

到2050年，使"三北"地区的森林覆盖率由1977年的5.05%提高到14.95%，风沙危害和水土流失得到有效控制。据国家林业局公布，到2000年，第一阶段累计完成投资（不含投工投劳折资）726 690万元，其中中央专项投资163 084万元；累计完成造林2 203.72万公顷，其中人工造林1 538.60万公顷。2001年11月26日，"三北"防护林四期工程在人民大会堂宣布正式启动。第四期工程规划从2001年至2010年，在有效保护好工程区内现有2 787万公顷森林资源的基础上，完成造林950万公顷，希望初步遏制"三北"地区生态恶化的趋势。分工程看，"三北"四期工程完成造林面积92.83万公顷，长江流域防护林二期工程完成造林面积11.88万公顷，沿海防护林二期工程完成造林面积17.32万公顷，珠江流域防护林二期工程完成造林面积6.68万公顷，太行山绿化二期工程完成造林面积6.92万公顷，平原绿化二期工程完成造林面积0.43万公顷。① 2012年，"三北"及长江流域等重点防护林体系工程持续快速推进，全年完成造林109.5万公顷。截至2012年年底，累计造林4 859.6万公顷。②

5. 退牧还草工程

随着中国畜牧业的高速发展，草原过度放牧导致天然草场出现不同程度的退化，其中严重退化草原近1.8亿公顷。全国退化草原的面积每年以200万公顷的速度扩张，天然草原面积每年减少约65万~70万公顷。草原质量不断下降。20世纪80年代以来，北方主要草原分布区产草量平均下降幅度为17.6%，下降幅度最大的荒漠草原达40%左右，典型草原的下降幅度在20%左右。产草量下降幅度较大的省区主要是内蒙古、宁夏、新疆、青海和甘肃，分别达27.6%、25.3%、24.4%、24.6%和20.2%。③ 为遏制西部地区天然草原加速退化的趋势，促进草原生态修复，从2003年开始，国家在内蒙古、新疆、青海、甘肃、四川、西藏、宁夏、云南8个省区和新疆生产建设兵团启动退牧还草工程。截至2010年，中央累计投入基本建设投资136亿元，安排草原围栏建设任务7.78亿亩，同时对项目区实施围栏封育的牧民给予饲料粮补贴。据2010年农业部监测结果，退牧还草工程区平均植被盖度为71%，比非工程区高出12个百分点。

（三）耕地质量提升

改革开放以来，随着人口数量增加、工业化和城镇化的发展以及化学产品的不合理使用，中国耕地占优补劣多有发生，耕地质量总体水平呈下降态势。据学者们引用

---

① 《2011年全国林业统计分析》。
② 《2012年中国国土绿化状况公报》。
③ 《2003年中国环境状况公报》。

的数据，中国有 59% 的耕地缺磷，23% 的耕地缺钾，62% 的耕地受到不同程度的干旱、陡坡、瘠薄、洪涝、盐碱等各种不利因素的制约。① 中国耕地有机质平均含量降到 1%，明显低于欧美国家 2.5%~4.0% 的水平。②

为了加强耕地质量建设，鼓励农民和农村集体增加对土地的投入，培肥地力，提高土地生产能力，中国从 1995 年开始实施"沃土工程"项目建设，从 2002 年起，安排专项资金，开展保护性耕作技术示范推广。截至 2011 年，已建设保护性耕作技术推广和工程建设项目县（团、场）662 个，保护性耕作面积 8 500 多万亩，取得显著生产和生态效益。

为了提高肥料利用率，减少肥料浪费、改善耕地土壤养分状况，保护农业生态环境，2005 年农业部和财政部启动测土配方施肥试点工作，拿出专项资金扶持测土配方施肥项目，成立测土配方施肥技术专家组。测土配方施肥项目县（场、单位）由项目启动时的 200 个推广至 2 500 多个，基本上将农业县（市、区、旗、场）纳入测土配方项目范围。为 1.9 亿农户提供测土配方施肥服务，技术推广面积 14 亿亩次。项目区 2012 年化肥利用率达到 33%，比 2005 年提高 5 个百分点，粮棉油作物氮磷钾平均利用率分别提高 6 个、4 个和 1 个百分点，粮食作物单产提高 6%~10%、累计减少不合理施肥 1 000 多万吨。③

为了支持增加土壤有机质含量，减少废弃物污染，降低农业生产成本，提高农业综合生产能力，中央财政 2006 年启动土壤有机质提升补贴项目。一是全面推广秸秆还田腐熟技术，在南方稻作区，推广应用稻田秸秆还田腐熟、墒沟埋草还田腐熟、秸秆覆盖还田腐熟等秸秆还田技术模式，在西北地区结合地膜覆盖推广应用秸秆还田腐熟技术，在华北、东北地区推广应用秸秆集中堆沤、玉米秸秆机械粉碎还田腐熟技术。二是综合应用地力培肥技术，推广应用以秸秆还田、增施有机肥、种植肥田作物等为重点的熟化生土、培肥地力的综合配套技术。三是建立绿肥种植示范区，南方地区主要种植紫云英、箭筈豌豆、苕子等，北方地区主要种植木樨、苜蓿、油葵等。大力推广绿肥混播技术，扩种经济绿肥，优先发展豆科绿肥。

中国历来重视基本农田保护和建设，2011 年 9 月，国土资源部印发《高标准基本

---

① 宋洪远：《中国农村改革三十年》，121 页，北京，中国农业出版社，2008。
② 封志明、李香莲：《耕地与粮食安全战略：藏粮于土，提高中国土地资源的综合生产能力》，载《地理学与国土研究》，2000（3），1~5 页。
③ 韩长赋：《改革创新促发展 兴农富民稳供给——农村经济十年发展的辉煌成就（2002—2012）》，292 页，北京，人民出版社，2012。

农田建设规范（试行）》，明确了高标准基本农田建设的目标、任务、原则、建设内容与技术要求、建设程序等，首次从国家层面规范高标准基本农田建设工作。2012 年 3 月，国务院批准颁布《全国土地整治规划》，明确"十二五"土地整治目标任务，部署 4 亿亩高标准基本农田建设。2012 年，中央财政全年拨付资金 273 亿元，启动 500 个高标准基本农田示范县建设，完成了 6.7 万平方公里高标准基本农田建设任务。[①] 同年 6 月，国土资源部下发《关于提升耕地保护水平全面加强耕地质量建设与管理的通知》，出台《土地复垦条例实施办法》，进一步加强耕地质量建设和生态管护。

第三节　发展农业科学技术

科学技术是第一生产力。1949 年以前，中国的农业科技发展缓慢，大大滞后于发达国家。新中国成立后，特别是 1978 年以来，中国的农业科技发展虽然经历了曲折，但已由弱变强，发展逐渐加速，取得了辉煌成就，为建设现代农业提供了科技驱动力。科技进步已成为推动中国农业农村经济发展的决定性力量，科技对农业增长的贡献率从"一五"时期的 19.9% 上升到"十五"期末的 48%[②]，2009 年达到 51%，2012 年达到 57%。

一、农业科技体制的改革

"文革大革命"期间，中国农业科技研究体系遭到极大破坏，大部分农业科研机构瘫痪，科研工作被迫搁置。1978 年以来，农业科技迎来改革的春天，逐步恢复和发展。中国的农业科研体制主要经历了四个阶段。

（一）1978—1985 年：农业科研体系的恢复和建设

"文化大革命"期间，中国农业科技事业遭受严重摧残，大部分农业科研工作处于停滞状态，甚至一些研究领域出现了倒退。1978 年 3 月 18 日—3 月 31 日，全国科学大会在北京召开，中国科技事业迎来春天，农业科技进入快速恢复发展时期。同年，

---

① 《2012 年中国环境状况公报》。
② 信乃诠：《科技创新与现代农业》，2 页，北京，中国农业出版社，2013。

国务院批准了中国农业科学院和中国林业科学研究院建制,国家水产总局也组建了中国水产科学研究院,各省、自治区、直辖市农业科学院和其他专业研究机构相继恢复建制或开始新建工作。1979年6月,农牧渔业部发布了《1978—1985年全国农业、牧业科学技术发展规划(草案)》,详细指明了农业科研的发展方向。同年,中共十一届四中全会通过的《中共中央关于加快农业发展若干问题的决定》指出:"要组织技术力量研究解决农业现代化中的科学技术问题,要办好中国农业科学院等几个重点的高级农业科学研究院,各省、自治区、直辖市要根据农业区划办好一批农业科研机构,逐步形成门类齐全、布局合理的农业科学技术研究体系。"1980年8月,国家农委和农业部下发了《关于加强农业科研工作的意见》,提出调整各级农业科研单位的方向任务,使之各有侧重和特色鲜明。1983年,国家科学技术委员会等部门制订《农牧渔业科技工作"七五"计划和今后10年设想(草案)》,提出农业科技进步的总体目标。1985年3月,中共中央发布了《关于科学技术体制改革的决定》,中国科技体制改革全面启动。

在这一阶段,中国的农业科研体系迅速恢复建设,全国农、林、牧、渔、农机化科研机构由1979年的597家发展到1985年的1 428家,其中国家级95家、省级492家、地市级839家,农业科研人员由1979年的2.2万人发展到1985年的10.2万人。然而,当时的农业科研体系也存在一些问题,诸如机构设立条块分割、工作重叠、结构松散、研究成果脱离生产实际等。

(二)1986—1998年:农业科技体制的调整和改革

1986年9月,农牧渔业部向全国农业系统印发《关于农业科技体制改革的若干意见(试行)》,改革重点是改革拨款制度,调整科研方向,支持科研机构以多种方式发展科技实体,多渠道创收等。农业科研体制改革由此开始。1987年和1988年,中共中央、国务院及国家科委、国家体改委相继出台了《关于进一步推进科技体制改革的若干规定》《关于深化科技体制改革若干问题的决定》。到1988年年底,全国有720个农业科研单位实行所长负责制,占机构总数的63.7%;有753个科研单位实行了科研责任制,占机构总数的66.6%。[①] 科研单位也初步建立贡献和效益挂钩的按劳分配管理办法,并引入人员竞争机制。

进入20世纪90年代,中国农业科技体制改革进入全面推进阶段。1992年国务院发布的《国家中长期科学技术发展纲要》提出中国科技体制改革的总目标和发展方向。

---

① 宋洪远:《中国农村改革三十年》,175页,北京,中国农业出版社,2008。

同年8月，国家科委、国家体改委发布《分流人才、调整结构、进一步深化科技体制改革的若干意见》，进一步提出"稳住一头，放开一片"的改革方针，引导科研人员进入科技主战场，促进科技和经济相结合。同年9月，农业部、财政部和国家科委发布《关于加强农业科研单位成果转化工作的意见》，农业部作出《关于进一步加强科教兴农工作的决定》。1994年2月，国家科委、国家体改委发布了《适应社会主义市场经济发展深化科技体制改革实施要点》，要求以省为主推动农业科研机构的分流和调整，省的部分机构转化为区域性科研中心，从事应用研究；大力加强地、县农业科技机构和示范推广服务机构，兼顾基础研究和技术开发。1995年5月，中共中央、国务院发布《关于加速科学技术进步的决定》，提出实施"科教兴国"战略。同年9月，农业部发布《关于加速农业科技进步的决定》，要求进一步深化农业科技体制改革。随后几年，全国农业科研机构按政策要求进一步开展了体制改革。

为了改善科研人员待遇，1985年年底中央启动允许科研部门从事以经营创收为主的商业化活动的改革。1986—1996年，扣除物价因素后，农业科研机构总收入年均增长2.5%，但同期财政拨款年均下降0.8%。在创收和财政拨款减少的冲击下，出现农业科研人才流失现象，科研人员从1985年的10.2万人下降到1996年的6.5万人。[①]在这一阶段，科研拨款方式改革也在同步进行，除事业费外，许多科研项目经费由计划分配制改为竞争制。据农业部统计，政府对农业部属科研单位的竞争性项目拨款占全部经费的比例从1985年的0%提高到1998年的30%左右，到2006年高达41%。随着竞争性经费比例不断扩大，科研人员忙于项目申请和验收，研究方向大多随项目变化而改变。

（三）1999—2005年：农业科研单位的转制和精简

1998年，中国启动新一轮政府机构改革。1999年，农业部制定了《关于深化农业科研体制改革的若干意见》，提出按照"分类指导、分步实施"的原则，在加强农业基础性研究、建设农业科技服务体系和发展农业科技产业三个层次部署改革。2000年，农业部制定所属科研机构改革初步方案，启动中国农科院、中国水科院、中国热带农科院分研究所（简称"三院"）的科研体制改革试点工作。"三院"将原来66个研究所中的22个整体转制为企业，11个转制为事业单位，4个进入大学，保留下来的29个合并为27个非营利研究所；"三院"核定编制4 427人，仅为原总编制的

---

① 黄季焜等：《制度变迁和可持续发展：30年中国农业与农村》，99页，上海，格致出版社；北京，人民出版社，2008。

21.4%。① 2002 年 10 月，科技部、财政部和中编办联合批复了农业部所属科研院所的体制改革方案，农业部所属 69 个研究所按照组建非营利性科研机构、转为科技型企业、转为农业事业单位和进入大学 4 种类型进行分类改革。到 2006 年，该项改革工作稳步推进，取得了实质性进展，学科结构和布局明显优化，非科研人员大幅减少，科研投入明显增加，科研创新能力不断提高。2005 年的农业科技进步贡献率达到 48%，比"九五"期末提高了 11 个百分点。

（四）2006—2012 年：农业科技创新体系稳步发展

2006—2012 年，中共中央围绕农业农村发展连续发布中央一号文件，要求加强农业基础建设，积极发展现代农业，推进社会主义新农村建设等。2012 年更是以农业科技创新为主题发布中央一号文件，明确指出："实现农业持续稳定发展、长期确保农产品有效供给，根本出路在科技。农业科技是确保国家粮食安全的基础支撑，是突破资源环境约束的必然选择，是加快现代农业建设的决定力量，具有显著的公共性、基础性、社会性。"由此农业科技创新被提升至更高的国家层次，农业科技创新体系逐渐完善和稳步发展。

二、农业科技物化产品的投入

过去的传统农业以土地和劳动力投入为主，肥料投入仅有农家肥和河塘淤泥。现代农业则投入大量良种、化肥、农药、农机等，这些现代投入要素都是农业科技进步的结果。据测算，科技进步对农作物增产的贡献率在"三五"时期（1966—1970 年）仅为 10% 左右，"九五"时期（1996—2000 年）上升到 30% 以上②，到 2012 年进一步上升到 53.5%③。农业科技进步为中国农业的持续稳定发展奠定了基础。

（一）良种

"国以农为本，农以种为先"。种子是农业的基本生产资料之一，是农业科技的重要物化产品。新中国成立前，中国农业生产所需种子多为农户自产、自用，偶有少量通过集市交易或亲邻换种。新中国成立初期，百废待兴，种子产销仍为"家家种田，户户留种"。1949 年 10 月，国家农业部成立了种子处，到 1953 年农业部制定了《五

---

① 黄季焜等：《制度变迁和可持续发展：30 年中国农业与农村》，100 页，上海，格致出版社；北京，人民出版社，2008。
② 信乃诠：《科技创新与现代农业》，34 页，北京，中国农业出版社，2013。
③ 《中国农业农村科技发展报告（2012—2017）》。

年良种普及计划（草案）》，将良种推广当作一项重要的农业增产措施。到1957年，省际间良种调剂约3亿公斤，占总需种量的2%左右，但良种覆盖率已由1949年的0.06%提高到52%，其中棉花、小麦、水稻的良种普及率分别为94%、69%和63%。① 随着农业合作化运动的开展，1958年农业部提出"四自一辅"种子工作方针，农业用种主要由农业生产合作社自选、自繁、自留、自用，国家辅之以必要的良种调剂。到1978年，中国良种覆盖率达到85%，商品种子量达到13亿公斤，种子商品率达到10%。1978年3月，全国科学大会奖励农业科技成果299项，包括农作物优良品种174个，其中水稻35个、小麦40个、玉米19个、高粱14个、棉花10个、蔬菜10个。这些优良品种的培育工作早在1978年以前就展开，但直到1978年以后才快速和大面积推广。例如，中国在1976年推广杂交水稻207万亩，到了1979年已迅速增至7 451万亩，为增加中国粮食产量发挥了巨大作用。

1978年5月，国务院批转农林部《关于加强种子工作的报告》，形成了"四化一供"的体制，即品种布局区域化、种子生产专业化、种子加工机械化、种子质量标准化，以县为单位统一供种，强化了县级种子机构的重要性。1989年国务院发布《中华人民共和国种子管理条例》，农业部依据该条例在1991年6月发布《实施细则》，标志种子经营管理进入有法可依、依法治种的阶段。1978—1995年，中国良种培育工作取得显著成绩，育成各类农作物品种2 200多个，全国农作物良种覆盖率达到80%以上，良种贡献率达29%，良种的大面积推广带动粮食增产突破4亿吨。② 1995年9月，全国农业种子工作会议在天津召开。会议提出"实施种子工程，推进种子产业化"意见，国家正式启动跨世纪的种子工程。随着国家对农业种业的重视和大力支持，良种在农业增产中的贡献率从"八五"期末的29%上升到"九五"期末的36%，良种覆盖率达到90%以上。③ 到2000年，全国推广面积超过100万亩的农作物品种中，水稻86个（其中杂交稻52个）、小麦66个、玉米60个、大豆18个、油菜15个、花生6个、棉花12个。④ 2000年以后，中国农业种子产业化发展加快，种子经营主体呈多元化。外资也加快了对中国种业的渗透，个别作物的优良种子逐渐被外资控制。

2011年国务院发布《加快推进现代农作物种业发展的意见》，将农作物种业提升

---

① 郑渝：《中国中冶发展历程》，载《农民日报》，2002年8月1日。
② 邓光联：《中国种业发展与展望》，载《种子科技》，2010（1），1~4页。
③ 邓光联：《中国种业发展与展望》，载《种子科技》，2010（1），1~4页。
④ 国务院发展研究中心农村经济研究部课题组：《中国特色农业现代化道路研究》，111页，北京，中国发展出版社，2012。

到国家战略性、基础性核心产业的高度，由此拉开了中国现代种业的序幕。随后在2012年出台文件明确了深化种业体制改革的政策，提出建设种业强国的目标。习近平到湖北、山东等地多次考察种业，要求下决心把民族种业搞上去，抓紧培育具有自主知识产权的优良品种，从源头保障国家粮食安全。目前，中国主要农作物品种改良和更新频率加快，粮食作物平均每6~7年更新一次，一般新品种可增产15%左右。每年推广使用农作物主要品种约5 000个，自育品种占主导地位，已经做到了中国粮主要用中国种，其中水稻、小麦、大豆、油菜等几乎全部为中国自主选育品种，玉米和蔬菜的这一比例也在85%以上。良种的推广使用对农业增产增效的贡献显著提升。

（二）化肥

土壤是农业的基础资源，肥料是农作物生长的"粮食"。自古以来，中国农民就非常重视农田施肥，据史书记载，《孟子·万章下》有"百亩之粪"，《荀子·富国》有"多粪肥田是农夫众庶之为也"，《吕氏春秋·任地》有"地可使肥，又可做棘"等。过去上千年的农田施肥基本上是以农家粪肥、河塘淤泥为主，直到20世纪初，中国开始进口化肥，从此拉开了使用化肥的序幕。

20世纪初，中国进口了硫酸氨肥料，当时称作肥田粉，在中国台湾等东南沿海的几个省份和地区使用，取得较好的效果。新中国成立后，发展农业需要化肥成为当务之急，随着化肥生产和进口的不断增长，有机肥和化肥配合使用的施肥制度逐渐形成，使用化肥成为促进农业增长的重要手段。1950年，农业部召开第一次全国土壤普查工作会议。当时化肥的生产量和进口量很少，化肥的施肥量很低，到1952年，中国的化肥施用量（折纯量）[1]仅为7.8万吨。1959—1962年，开展了全国规模的第二次氮、磷、钾三要素化肥肥效试验，当时的试验结果表明，中国农田土壤约有80%缺氮、50%缺磷、30%缺钾。[2] 20世纪50—60年代，中国的化肥施用量缓慢增长，到1965年为194.2万吨。进入70年代后，中国的化肥工业高速发展，到1978年化肥施用量达到884.0万吨，是1952年的113倍，化肥品种也增加到10多个。化肥使用对粮食增产效果显著。据1950—1970年统计，世界粮食增加1倍，提高单位面积产量增加占78%，在提高单位面积产量的增产中，肥料的增产作用占40%~70%，平均每1公斤化肥可增产粮食10公斤左右。[3] 从20世纪70年代起，中国加强了化肥生产技术水平的提高，先后在国

---

[1] 如无特别说明，化肥施用量均指折纯量。
[2] 马常宝、杨帆、高祥照等：《中国化肥百年回顾》，载《中国化肥100年回眸——化肥在中国应用100年纪念》，北京，中国农业科学技术出版社，2002。
[3] 马常宝、杨帆、高祥照等：《中国化肥百年回顾》，载《中国化肥100年回眸——化肥在中国应用100年纪念》，北京，中国农业科学技术出版社，2002。

内开发和国外引进化肥生产技术。

进入20世纪80年代,中国的化肥比重已超过有机肥。1981—1983年,中国进行第三次全国规模化肥肥效试验,肥效的总趋势是氮肥大于磷肥,磷肥大于钾肥。为了提高化肥利用率,中国总结出了氮肥深施、球肥深施、配方施肥、平衡施肥等新技术,肥效提高20%~30%,同时也坚持有机肥和化肥结合、基肥和追肥结合,看天、看地、看庄稼施肥等施肥方法。增施化肥和改进化肥施肥技术,使中国的化肥利用率从20世纪50年代的20%提高到2013年的30%~35%。[①] 随着中国化肥工业的发展,化肥施用量呈现高速增长态势。化肥施用总量从1980年的1 269.4万吨增至2012年的5 838.8万吨,增加了3.60倍。从化肥消费结构看,2012年的氮肥、磷肥、钾肥和复合肥消费量分别相当于1980年的2.57倍、3.03倍、17.85倍和73.16倍。氮、磷肥的使用比重逐渐下降,1980年,氮、磷肥约占化肥消费总量的95%,1985年、1990年先后降为85%和81%,到2000年、2005年进一步降为69%和62%,到2012年为55%。化肥使用对农作物增产效果明显,以配方施肥为例,农作物实行配方施肥增产幅度一般在8%~15%,平均每公顷增产粮食370~375公斤。[②] 但化肥的超量使用也带来农业面源污染问题,单位面积平均施用量达到434.3公斤/公顷,是安全上限的1.93倍,65%的化肥都变成了污染物留在环境当中。

表10-1 1980—2012年中国的化肥消费结构　　　　单位:万吨

年　份	总　量	氮　肥	磷　肥	钾　肥	复合肥
1980	1 269.4	934.2	273.3	34.6	27.2
1985	1 775.8	1 204.9	310.9	80.4	179.6
1990	2 590.3	1 638.4	462.4	147.9	341.6
1991	2 805.1	1 726.1	499.6	173.9	405.5
1992	2 930.2	1 756.1	515.7	196.0	462.4
1993	3 151.9	1 835.1	575.1	212.3	529.4
1994	3 317.9	1 882.0	600.7	234.8	600.6
1995	3 593.7	2 021.9	632.4	268.5	670.8
1996	3 827.9	2 145.3	658.4	289.6	734.7
1997	3 980.7	2 171.7	689.8	322.0	798.1
1998	4 083.7	2 233.3	682.5	345.7	822.0
1999	4 124.3	2 180.9	697.8	365.6	880.0
2000	4 146.4	2 161.5	690.5	376.5	917.9
2001	4 253.8	2 164.1	705.7	399.6	983.7

---

① 信乃诠:《科技创新与现代农业》,36~39页,北京,中国农业出版社,2013。
② 信乃诠:《科技创新与现代农业》,36页,北京,中国农业出版社,2013。

续表

年　份	总　量	氮　肥	磷　肥	钾　肥	复合肥
2002	4 339.4	2 157.3	712.2	422.4	1 040.4
2003	4 411.6	2 149.9	713.9	438.0	1 109.8
2004	4 636.6	2 221.9	736.0	467.3	1 204.0
2005	4 766.2	2 229.3	743.8	489.5	1 303.2
2006	4 927.7	2 262.5	769.5	509.7	1 385.9
2007	5 107.8	2 297.2	773.0	533.6	1 503.0
2008	5 239.0	2 302.9	780.1	545.2	1 608.6
2009	5 404.4	2 329.9	797.7	564.3	1 698.7
2010	5 561.7	2 353.7	805.6	586.4	1 798.5
2011	5 704.2	2 381.4	819.2	605.1	1 895.1
2012	5 838.8	2 399.9	828.6	617.7	1 990.0

数据来源：历年《中国统计年鉴》。

（三）农业机械

农业机械化是实施科技兴农战略的重要载体。毛泽东非常重视农业机械化的发展问题，早在1959年4月29日的《党内通讯》上，他就提出"农业的根本出路在于机械化"的论断。20世纪60年代末70年代初，以消灭"三弯腰"为中心的农机研究、制造、推广和运用成为农机化的主要任务。1966—1978年国务院先后召开3次全国农业机械化会议，工作重点是增加对农机工业和人民公社在农机方面的投入。其中，在1966年第一次全国农业机械会议上，根据毛泽东的指示，国务院部署到1980年基本上实现农业机械化的任务。1971年8月，全国第二次农业机械化会议确定了明确的目标：到1980年农、林、牧、副、渔主要作业机械化水平达到70%以上，农用拖拉机达到80万台左右，手扶拖拉机达到150万台左右，排灌机械总动力达到6 000万马力。1978年1月，第三次全国农业机械化会议召开，会上提出"全党动员，决战三年，为基本实现农业机械化而奋斗"的口号。到1978年年底，全国农用机械总动力为1 175亿瓦，大中型拖拉机55.7万台，小型拖拉机137.3万台，全国机耕水平达到40.9%。这一时期的农业机械化进程总体缓慢，没能实现预期目标。1978年12月，中共十一届三中全会原则通过《关于加快农业发展若干问题的决定（草案）》，放弃了"1980年基本上实现农业机械化"的口号。此后，中国的农业机械化进入改革发展阶段。

随着家庭承包经营制度的实施，农民逐步有了生产经营自主权，而小规模的家庭经营对大中型农机缺乏有效需求，同时集体农机站也解散，出现"包产到户，农机无路"的尴尬局面，大中型农机的作业量大幅减少。1981年农机工业产值比1979年下降了29%,农业机械化陷入短暂的下滑期。为适应农村经济体制改革的需要,1983年1月,中共中央印发了《当前农村经济改革的若干问题》(中央一号文件),指出:"农民个人或联户购置农副产品加工机具、小型拖拉机和小型机动船,从事生产和运输,对发展农村商品生产,活跃农村经济是有利的,应当允许,大中型拖拉机和汽车,在现阶段原则上也不必禁止私人购置。"从此开始了多种所有制形式的农机投入改革。1984年2月,国务院印发《关于农民个人或可联户购置机动车船和拖拉机经营运输业的若干规定》,允许农民个人或联户根据生产需要和收益预期自主选择、自主投资和自主经营,农民取代国家和集体成为农业机械化投资和经营的主体。同时,国家继续对农机产品实行价格管制,保证农机以较低价格供应农村;对农机生产企业采取价外补贴、产销倒挂补贴、减免税收、调拨平价物资等手段,弥补农机生产企业的政策性亏损。在这一阶段,小型农业机械得到迅速发展,到1995年,全国农用机械总动力为3 611.8亿瓦,比1978年增长307%,其中小型拖拉机864.6万台,比1978年增长629%。但总体上1979—1995年,中国的农业机械化发展缓慢,大中型拖拉机数量先增后减,从1988年开始以年均3万台的速度减少,到1995年保有量为67.2万台。

20世纪90年代中期以后,随着中国市场经济体制的确立和完善,工业化、城镇化、市场化进程日益加快,农村劳动力开始出现大量转移,随之而来的农业机械化代耕、代种、代收等生产模式逐渐发展,农机作业协会、农机合作社和农机作业公司不断涌现。1996年,农业部和公安部、交通部等有关部委出台了鼓励农机跨区流动作业的政策措施,并首次在河南省召开"三夏"跨区机收小麦现场会,标志中国的农机作业向市场化、社会化服务发展。到2003年,全国农用机械总动力为6 038.7亿瓦,其中大中型拖拉机上升到98万台,小型拖拉机1 377.7万台,联合收割机达到36.5万台。当年全国机械化耕地、播种、收获水平分别达到46.8%、26.7%和19%。

2004年以来,农业机械化呈全面发展态势。2004年11月1日,《中华人民共和国农业机械化促进法》颁布实施。该法明确了国家对农业机械化的扶持措施,规定国家对农业机械生产企业的税收优惠、中央和省级财政给予农民购买农业机械补贴及贷款支持、农业机械的生产作业服务享受税收优惠等。这部法律的颁布实施标志中国农业机械化进入依法促进阶段。2004年中央一号文件首次制定了农机具购置补贴政策,当年全国地方各级财政共投入购置农机具补贴资金4.1亿元,到2012年增至215亿元,比2004年增加210.9亿元。随着中央和地方不断加大对农业机械化的扶持力度,中国的农机装备水平不断提高,装备总量快速增加、装备结构不断优化、农机社会化服务向广度和深度拓展，农机社会化服务逐渐向产前和产后环节延伸。到2012年，全国农用机械总动力为10.2亿千瓦，比2011年增长4.9%；大中型拖拉机上升到485.24万台，水稻插秧机51.3万台，稻麦联合收割机104.55万台，玉米联合收割机23.3万台。①截至2012年，全国农作物耕种收综合机械化水平57.2%，连续7年保持2个百分点以上的增幅，其中全国小麦基本实现全过程机械化，水稻机械种植水平由2005年的7.1%提高到30%以上，玉米机收水平从4%提高到40%；乡村农机化作业服务组织16.7万个，农机从业人员达5 334.74万人。②可以说，改革三十多年是中国农业机械化发生重大变革的三十多年，农业机械化取得了辉煌的成就，大大提高了现代农业建设的机械装备水平。

（四）农药农膜

早在1 000多年前，中国已有使用硫黄、铜绿、砒霜及多种植物性农药防治病虫害的经验，但农药生产和使用技术的发展主要还是新中国成立以后。中国的农药工业经历了从无到有、从小到大的发展历程。1949年，全国仅在上海、北京、辽宁和四川有4个小药厂。1950年的农药产量仅500吨左右，从1952年开始生产六六六，1956年开始生产有机磷杀虫剂。到1960年，中国的农药产量已增至1.6万吨，居世界第三位。1965年周恩来指出："要像抓化肥那样，大抓农药的生产和科学技术工作，以满足农业增产的需要。"20世纪60年代。中国开始生产除草剂品种，到1974年化学除草面积为167万公顷，到80年代扩大到1 300万公顷之多。③可以说，1949—1978年是中国农药工业发展的初级阶段。

1978年以后，随着中国农业的持续发展，农业生产对农药尤其是除草剂的需求日益迫切，而伴随农药品种结构的调整，中国农药产量先降后升，品种逐渐增多，从高毒、高残留向低毒、高效转变。改革初期，国内常用的农药品种几乎都没有自主知识产权，高毒农药所占比例在30%左右。④为改变此种状态，国家将新农药创制列为科技攻关计划重大项目。1979年2月底、5月初，化工部组织了更高规格的农业化学考察团赴美国、日本、意大利、荷兰、瑞士、英国的36家公司，主要考察了杀虫剂和中间体呋喃酚、克百威、涕灭威、甲萘威及异氰酸酯、二嗪磷、亚磷酸甲酯、吡啶、低碳脂肪胺，以及除草剂、杀菌剂及中间体。此次考察主要是为了取代高残留的六六六、DDT做准

---

① 中华人民共和国农业部：《中国农业发展报告（2013）》，2页，北京，中国农业出版社，2013。
② 中华人民共和国农业部：《中国农业发展报告（2013）》，2页，北京，中国农业出版社，2013。
③ 薛振祥、秦友山：《中国农药工业50年发展回顾》（上），载《江苏化工》，2000（5），5~7页。
④ 中国农药工业协会：《中国农药工业六十年回顾》，载《中国农药》，2009（8），1~5页。

备。1983年以前，中国消费的农药品种以六六六和DDT为主，1980年和1981年的农药产量分别为53.7万吨和48.4万吨。1983年，中国决定停产六六六和DDT。随着农药品种结构的调整，农药产量出现了持续几年的下降，1984年农药产量降为31万吨，到1986年仅为10.2万吨。随后又重新出现增长，到1989年突破20万吨。

1994年，中国农药首次实现净出口，此后十余年保持了强劲增长势头，成为世界农药主要出口国。1998年，国务院发布39号文件，中国农药市场完全放开，在政策和市场两种力量共同推动下，农药企业迅速发展壮大。随之而来就是农药产量的快速增长，农药产量在1995—2012年从46.9万吨增至290.9万吨，年均增长11.3%。同期的农药使用量也从108.7万吨上升至180.6万吨，年均增长3.0%。农药的大量使用确实在防治农业病虫草害，保证农作物优质、高产、丰收方面作出了巨大贡献。但中国农药和化肥一样出现超量使用问题，单位面积农药用量是世界发达国家的2.5~5倍，而且这些农药大约有70%"跳过"作物直接流失到土壤、水乃至空气中，不仅严重威胁人类身体健康，更是重创脆弱的农田生态系统。

农用塑料薄膜（简称"农膜"）跟良种、化肥、农药一样，都是现代农业的重要生产资料。中国自20世纪60年代开始生产、使用农膜，到如今很多农作物（如棉花、玉米、土豆等）70%以上的种植面积都采用了地膜覆盖技术。追溯到1990年，当年中国农膜使用量48.2万吨，到2012年达到238.3万吨。1988年，中国棚膜覆盖耕地面积仅61万亩，地膜覆盖耕地面积3 000多万亩，到了2012年，棚膜覆盖面积达到5 440万亩，地膜覆盖面积达到3.5亿亩，农膜覆盖面积25年间增长了10倍，位居世界首位。① 农膜的大量使用为农业规模化、集约化、工厂化发展创造了现实条件，对农业增产也发挥了重要作用。采用设施园艺生产蔬菜瓜果，平均每亩增产1.8吨；实施地膜覆盖技术后，各类作物增产率可达20%~30%，促进作物早熟15天左右。② 然而，农膜的白色污染问题更应引起世人的重视。新疆农垦科学院的区域对比试验表明，当每公顷土地平均残膜量为77.9公斤、167.6公斤、279公斤和372.2公斤时，棉花减产率分别为3.82%、7.45%、11.71%和18.92%。③ 由于各地大量使用厚度小于0.008毫米的农膜，这些农膜易破碎、不易捡拾、降解时间长，回收难度大，残留在土壤中阻碍农作物的根系扩展，当农膜残留量达到一定水平后反而会降低农作物的产量。因此，农膜的使用是一柄双刃剑，如何取其利而避其害应是农业科研工作者研究之重点。

---

① 杜晓枫：《农膜：消除白色污染，铺就绿色农业》，载《化工管理》，2014（9），24~26页。
② 杜晓枫：《农膜：消除白色污染，铺就绿色农业》，载《化工管理》，2014（9），24~26页。
③ 杜晓枫：《农膜：消除白色污染，铺就绿色农业》，载《化工管理》，2014（9），24~26页。

表 10-2　1990—2012 年中国农药产量、使用量及农膜使用量

单位：万吨

年　　份	农药产量	农药使用量	农膜使用量
1990		73.3	48.2
1995	46.9	108.7	91.5
2000	60.7	128.0	133.5
2005	114.7	146.0	176.2
2010	223.5	175.8	217.3
2012	290.9	180.6	238.3

数据来源：中华人民共和国国家统计局数据。

三、农业和信息化的融合

现代农业建设需要在农业中投入现代生产要素，除了常规的农机、化肥、农药等之外，信息也逐渐成为农业转型升级的现代生产要素。农业和信息的融合过程就是"农业信息化"，其内涵通常被理解为：用现代科技知识去提高劳动者的素质，通过开发和利用信息资源以便节省和替代不可再生的物质和能量资源，实现农业生产效率和能源利用效率的提高。中国的农业信息化起步较晚，按国内学者的划分，新中国成立至改革开放前的 30 年是中国农业信息化的萌芽阶段，真正的起步阶段是从 1979 年开始的，到 2004 年才进入高速发展阶段。[1]

1949—1978 年，在计划经济体制下，农业信息服务的内容主要是生产统计和农情信息，几乎没有市场价格信息，农民对农产品市场价格信息也不敏感。农业信息传播主要依靠广播电台、报纸、喇叭、黑板报和简报等传统方式。这一时期，中国的农业信息化尚处于萌芽状态，农业生产技术服务范围有限，不能满足农业发展的需求，信息对农民的农业生产行为不能产生直接的影响。

改革开放以后，中国农业逐渐摆脱了计划经济的束缚，农业发展逐渐和现代化的信息技术、信息供给相结合。1979 年，中国从国外引进遥感技术，第一台农业领域的大型计算机被应用于农业科学计算、数学规划模型及统计分析等，正式拉开中国农业信息化的序幕。1980 年，国内第一个农业声像室在中国农业科学院情报研究所建立，这标志中国农业多媒体技术开始发展。1981 年，中国农业科学院计算中心成立，这是中国第一个计算机农业应用研究机构，从此中国开始将科学计算、统计方法应用于农

---

[1] 李瑾、崔利国：《我国农业信息化发展阶段研究》，载《广东农业科学》，2014（20），227~232 页。

业科研。1985年,中国农牧渔业部提出《建设农牧渔信息系统的方案意见》,并制定了《农牧渔业部电子计算机应用规划》。1986年,农牧渔业部制定了中国最早的农业信息化政策文件《农牧渔业信息管理系统设计》和《农牧渔业部电子计算机应用规则》。同年,国家批准科技兴农的指导性科技计划——星火计划,农业信息化发展获得了良好的发展机遇。1987年,农牧渔业部组建具有较强信息技术和服务支撑能力的信息中心。同年开始建设农业管理和服务信息系统,该系统主要承担农业宏观决策和农业微观导向两大信息服务任务。相应机构的组建和信息系统的建设加快了计算机技术在农业领域的试点和应用。

1992年,农业部提出《加强农村经济信息体系建设的总体构想》,大力推进农村经济信息体系建设,制订了全国农业信息体系建设方案,并成立了由主管副部长挂帅的领导小组。1993年,"农村经济信息系统的建设规划"出台。1994年,中国农业信息网和中国农业科技信息网相继开通运行。此后,中国相继建成一批覆盖省、区、市的农业信息网站。同年12月,为了加速和推进农业和农村信息化,"国家经济信息化联席会议"第三次会议提出"金农工程",目的是建立"农业综合管理和服务信息系统"。"金农工程"的建设带动了数据网、计算机网和农业数据库的发展。精准农业技术、3S技术、农业物联网技术在农业中开始得到发展和应用。1995年,"信息扶贫致富工程"开始实施,目标是力争用2年左右的时间在全国范围内建立一个以扶贫和发展农村经济为中心内容的信息网络。也正是在这一年,全国大中城市"菜篮子"产品批发市场价格行情网开通。1996年,农业部召开全国农村经济信息工作会议,制定了《"九五"时期农村经济信息体系建设规划》和"金农工程(草案)"。到1996年,各省、地农业部门已配备计算机,大部分省级农业部门开始着手建立能够连接县级信息采集点的计算机化信息处理和通信网络。到1997年,农业内部各行业信息系统开始建设,各省市区的农业部门与农业部联网,部分地区建立了自己的农业局域网。整个20世纪90年代是中国经济向市场经济转轨的时期,农业信息化的重点是加强基础设施配备和农业信息网络建设。

2000年以后,中国农业信息化建设走向网络延伸阶段,特别是2004年之后更是进入高速发展阶段。2000年年底,全国有31个省区建成了信息网络平台,29个正常运行;有20个省(市、区)建成了农业部门局域网,27个开通了农业网站。[①] 2001年,

---

① 吴龙婷、隆捷、林媛:《我国农业信息化和农村信息服务体系建设历程》,载《中国信息界》,2004(15),11~12页。

"十五"农村市场信息行动计划开始实施。同年10月,农业部开通"农村供求信息全国联播系统(一站通)",实现了全国各级政府农业部门的网站联网运行,同时发布了《农村市场信息网络建设技术指导书》,对农业信息化"最后一公里"的问题做出了战略性部署。①

2004年以来,中共中央、国务院连续发布中央一号文件,以不同角度、不同方式提出支持发展农业农村信息化工作。与此同时,农业部关于农业信息化的文件也相继出台。2007年,农业部制定《全国农业和农村信息化建设总体框架(2007—2015)》,对中国在未来一段时期开展农业农村信息化工作做出部署;2011年,农业部发布《全国农业农村信息化发展"十二五"规划》,提出到2015年农业农村信息化取得明显进展,农业农村信息化总体发展水平提高到35%。得益于一系列政策支持,中国农业信息化建设取得长足发展,2010年全国农业网站总数已达到31 108个,建成了以中国农业信息网为核心,以30多个专业网站为支撑,覆盖部、省、地、县4级的农业网站体系,形成了农业信息交流网络体系。

第四节 建立农业产业体系

农业生产、农产品加工和农产品物流是现代农业产业体系的三个环节。本卷前文章节已详细介绍农产品流通体系,此处不再赘述。

一、农业产业结构的持续调整

1978年农村改革以前,中国的农业结构处于一个超稳定时期,种植业和林牧副渔业的结构比大体稳定在7∶3,农业以种植业为主,种植业以粮食为主,粮食生产又以高产作物为主。1978年农村改革以后,中国的农业结构进入快速调整时期并呈现多样化的基本态势,农业内部各业之间的关系日趋合理。

1978—2012年,中国的农业结构在不断发生变化,大体可划分为以下三次大的结构调整。

---

① 王敢:《农业信息化发展存在的问题》,载《科技风》,2011(10),210页。

（一）1978—1991 年：实行"决不放松粮食生产，积极开展多种经营"的战略

1978 年以前，中国的主要农产品长期处于供不足需的短缺状态，国民的温饱问题得不到根本解决。当时农业发展的主要任务是增加粮食总量，因而政府实施了"以粮为纲、全面发展"的政策。与 1952 年相比，1978 年种植业占农业总产值的比重下降了 5.9 个百分点，牧业比重上升了 3.8 个百分点，林业和渔业分别提高了 1.8 个百分点和 1.3 个百分点。① 因过于强调"以粮为纲"，当时的农业结构以追求粮食产量为核心，严重制约了农业其他产业的发展，不仅没能解决粮食短缺问题，反而形成了单一和低效的农业结构。

鉴于 1978 年农业结构存在的不合理问题，中共十一届三中全会提出有计划地改变农业结构的任务，随后在十一届四中全会通过的《中共中央关于加快农业发展若干问题的决定》指出："我们一定要正确地、完整地贯彻执行'农林牧副渔同时并举'和'以粮为纲、全面发展、因地制宜、适当集中'的方针……要有计划地逐步改变我国目前农业的结构和人们的食物构成，把只重视粮食种植业、忽视经济作物种植业和林业、牧业、副业、渔业的状况改变过来。"1981 年，中共中央、国务院转发了国家农业委员会《关于积极发展农村多种经营的报告》，改变了"以粮为纲"的方针，提出"决不放松粮食生产，积极开展多种经营"的方针，要求农业和林业、牧业、渔业和其他副业，粮食生产和经济作物生产之间保持合理的生产结构，实现农林牧副渔全面发展。这标志着中国农业结构调整进入一个新时期。

经过这一时期的结构调整，全国粮食播种面积占农作物播种面积由 1979 年的 80.32% 下降到 1984 年的 78.27%。经济作物的种植面积大幅度增加，农业有了较快发展。1984 年后，由于粮棉连续几年丰收，而粮棉的储藏、加工和运销能力发展滞后，国内的粮棉出现卖难现象，但其他农产品仍处于短缺状态。为改变这种状况，政府提出"发展多种经营和非农产业"的目标，加速粮食转化，大力发展畜牧业，采取措施大幅度调减粮食和棉花播种面积。在政府的调控下，中国的农业结构有了较大的变化，与 1978 年相比，1991 年农业总产值中种植业产值所占比重由 80.0% 下降到 63.1%，同期牧业产值所占比重由 15.0% 上升到 26.5%，林业由 3.4% 上升到 4.5%，渔业由 1.6% 上升到 5.9%。总体而言，这一次农业结构调整虽以多种经营为调整目标之一，但农业技术创新仍脱不开追求粮食高产的影子。水稻品种从 20 世纪 70 年代矮秆良种到 80

---

① 根据《新中国农业 60 年统计资料》11 页数据计算。

年代的杂交水稻，小麦品种从20世纪70年代的早熟、高产和抗性强品种到80年代的抗病、耐肥高产综合性状品种，均以高产为目标。[①] 到了20世纪90年代初，中国又出现农产品卖难和农民增产不增收的问题。

（二）1992—1998年：发展高产优质高效农业

经过前一阶段的结构调整，中国主要农产品的数量实现了大幅度增长。主要农产品的产量，与1978年相比，1991年粮食由30 476.5万吨增加到43 529.3万吨，棉花由216.7万吨增加到567.5万吨，糖料由2 381.9万吨增加到8 418.8万吨，肉类由856.3万吨增加到3 144.4万吨。[②] 前一阶段的农业结构调整取得很大成就。但也出现了一些新的问题，表现为：首先，大部分农产品出现"卖难"问题，价格下跌；其次，优质农产品供给不足，不能满足城乡居民生活水平提高后对优质农产品的消费需求。在此背景下，1992年9月25日，国务院发出《关于发展高产优质高效农业的决定》，提出：①进一步把农产品推向市场；②以市场为导向继续调整和不断优化农业生产结构；③以流通为重点建设贸工农一体化的经营体制；④依靠科技进步发展高产优质高效农业；⑤建立健全农业标准化体系和监测体系；⑥继续增加农业投入，调整资金投放结构；⑦改善高产优质高效农业的生产条件；⑧积极扩大农业对外开放；⑨加强领导，建立适应高产优质高效农业的考核制度。这是中国在农产品产量大幅增加的背景下进一步调整农业结构的又一重大决定。在这一结构调整阶段，种植业占农业总产值的比重继续下降，到1998年已下降到58.0%，林业、牧业和渔业的产值占农业总产值的比重分别为3.5%、28.6%和9.9%。农业结构进一步趋于合理化，尤其是畜牧业和蔬菜、水果、花卉等附加值较高的经济作物发展迅猛。

（三）1998—2012年：推进农业结构战略性调整

20世纪90年代后期，随着中国农业综合生产能力的提高，主要农产品实现了由长期短缺向总量基本平衡、丰年有余的历史性转变。与此同时，农业发展和农产品供求关系也表现出一些阶段特征：①大部分农产品出现阶段性、结构性的供大于求；②农业增长方式由劳动密集型为主向资本、技术密集型方向转变；③农业发展目标从追求产量最大化向追求效益最大化转变；④农民增收方式转向主要依靠多种经营和非农产业发展等。在此背景下，1998年中共十五届三中全会做出中国农业进入新的发展阶

---

① 申涤尘:《我国农业产业结构调整的历史现状与发展对策》，载《沈阳农业大学学报（社会科学版）》，2002（4），290~292页。
② 数据来自《新中国农业60年统计资料》。

段的判断,提出新阶段的中心任务是对农业进行战略性结构调整,即发展高产、优质、高效、生态、安全的现代农业。1999年,《农业部关于当前调整农业生产结构的若干意见》提出,农业结构调整的主要内容是调整和优化种植业作物和品种结构,优化区域布局,发展畜牧业和农产品加工业。2000年,中央农村工作会议提出:"积极推进农业和农村经济结构的战略性调整,是新阶段农业和农村工作的中心任务。"2000年前后,农产品质量问题凸显并引起各界重视,为此,《中共中央 国务院关于做好2000年农业和农村经济工作的意见》和《中共中央 国务院关于做好2002年农业和农村经济工作的意见》提出,发展无公害蔬菜和绿色食品,提高农产品质量安全。注重农产品质量安全逐渐成为农业结构调整的一项重要内容。

2000—2003年,中国的粮食产量持续下降,到2003年下降到99 410.1万吨,同时农民收入增长缓慢的问题突出,加上进入21世纪后,中国已具备"工业反哺农业"的基础条件,2004—2012年中央一号文件连续聚焦于"三农"主题。2004年、2005年和2006年中央一号文件都提出,要按照高产、优质、高效、生态、安全的要求,调整优化农业结构。2007年中央一号文件提出:"建设现代农业,必须注重开发农业的多种功能,向农业的广度和深度进军,促进农业结构不断优化升级。"2008年中共十七届三中全会通过《关于推进农村改革发展若干重大问题的决定》,要求继续"推进农业结构战略性调整"。2010年以后,中央逐步将国家粮食安全提升到新的战略高度。

1998年以来的农业结构调整不仅在农业内部强调农产品的优质化、安全化,还更加侧重于产业链的延长,其主要措施包括五方面:①稳定粮食生产,通过稳定播种面积、提高单产水平、改善品种结构以及促进粮食转化增值,保障国家粮食安全;②以园艺、畜牧、水产品为重点,发展劳动密集型农产品;③大力发展无公害农产品和绿色食品,保障农产品的质量安全;④优化区域布局,培育和建设优势区域的优势产品和特色农业;⑤支持发展农产品加工业,延长产业链条,提高农业的整体效益。① 统计资料显示,2012年种植业产值占农业总产值的比重下降到54.4%,牧业和渔业则分别上升到31.5%和10.1%。这一阶段的调整还导致中国的农业生产经营方式发生重大变化,主要农产品生产逐渐向优势产区集中,生产主体和生产方式出现分化,表现为粮、棉、油、糖等大宗农产品生产主要以分散的农户为主体,逐步向优势产区集中;瓜果蔬菜花卉等园艺产品和畜禽等产品生产主体逐步向专业化规模化农户转变。② 然

---

① 宋洪远等:《"十五"时期农业和农村回顾与评价》,300页,北京,中国农业出版社,2007。
② 农业部农村经济研究中心:《中国农村政策执行报告(2009—2013)》,42页,北京,中国农业出版社,2014。

而，2010年以来，中国的农业综合生产成本快速上涨，农产品供求结构性矛盾也日益突出，这导致中国在保障国家粮食安全和重要农产品有效供给的过程中面临严峻挑战，迫使中国继续深化农业结构调整。

表10-3　1978—2012年间部分年份中国的农业内部产值构成　　　%

年　份	种植业	林业	牧业	渔业
1978	80.0	3.4	15.0	1.6
1980	75.6	4.2	18.4	1.7
1985	69.2	5.2	22.1	3.5
1990	64.7	4.3	25.7	5.4
1995	58.4	3.5	29.7	8.4
2000	55.7	3.8	29.7	10.8
2005	49.7	3.6	33.7	10.2
2010	53.3	3.7	30.0	9.3
2012	54.4	4.0	31.5	10.1

数据来源：《新中国农业60年统计资料》和《中国统计年鉴（2013）》。

二、农产品加工业的恢复和发展

新中国成立后，由于大量增加现代设备，不断提高技术水平，农产品的加工和保鲜能力迅速增长。中共十一届三中全会以后，国家制定了发展农产品加工业，特别是鼓励农村发展农产品加工的商品性生产政策措施，激发了兴办农产品加工业的积极性。中共十一届四中全会通过的《中共中央关于加快农业发展若干问题的决定》中明确提出，凡是符合经济合理的原则，宜于农村加工的农副产品，要逐步由社队企业加工。对社队企业分不同情况实行低税和免税政策。同时，牧区和大中城市郊区有计划地兴办一批现代化的屠宰厂、冷冻厂和畜产品加工厂，并决定在1985年前准许国营农场利润不上交，用以扩大再生产，兴办农畜产品加工业，发展多种经营，尽快建成农工商联合企业。1981年3月，中共中央、国务院转发国家农委《关于积极发展农村多种经营的报告》的通知，再次强调要积极鼓励和支持农民个人或合伙经营农副产品加工业。1983年1月中共中央关于印发《当前农村经济政策的若干问题》的通知及1984年7月国务院批转国家体改委、商业部、农牧渔业部关于进一步做好农村商品流通工作的报告，进一步阐明农村发展农产品加工业的重要性和必要性，重申了有关的具体优惠政策。这些政策解除了农村和农业部门长期以来不准参加商业性经营和流通领域的限制，对农村和农业部门发展农产品加工起到很大的促进作用。据农业部统计，以农副产品加工为主要内容的村及村以下兴办的工业总产值，1987年达到1 750.6亿元（1980年不变价格），比1978年的170.1亿元增加1 580.5亿元，增长了9.3倍；以农副产品为加工原料的乡镇工业总产值，1985年达到838亿元，比1980年的149亿元增加689亿元，增长了4.62倍；林产品加工能力也有较大的增长，1987年人造板产量达到236万立方米，比1980年的91.1万立方米增加144.9万立方米，增长了1.59倍；1987年肉类加工业总产值达100.67亿元，各类乳制品产量达27.2万吨；水产品冷冻、冷藏加工品总量188.4万吨，折合原料239万吨，是1978年水产品加工产量的3.2倍。① 除了农村和农业部门大力发展农产品加工业以外，国家有关工业、商业等部门兴办的以农副产品为原料的加工业也在同步发展，例如1987年全国轻纺工业产值比1980年增长96.1%。

随着改革的推进，各地也在实行农工商综合经营，开展多种形式的经济联合。1978年9月，国务院在北京召开人民公社、国营农场试办农工商联合企业座谈会。新疆、黑龙江、广东、北京、天津、上海等省、自治区、直辖市主管农业的负责人和国务院有关部委的负责人参加了这次会议。会议决定在一些人民公社、国营农场试办农工商联合企业，对农产品实行生产、加工、销售"一条龙"经营。1980年兴办农工商联合会的农场有103个，到1982年增加到280个。1983年，农工商联合企业在农垦系统得到更快发展，到1987年，参加农垦系统经济联合的企业有779个。农垦系统外的一些国营农场也实行了农产品生产、加工、销售"一条龙"经营。在农垦系统兴办农工商联合企业的推动下，各地也纷纷兴办了农工商、林工商、牧工商、渔工商等联合企业，使中国的农产品加工逐渐恢复和发展。总的来说，在1992年邓小平南方谈话之前，中国的农产品加工业仍属于起步探索阶段，对农产品大多进行一次性加工、一次性转化等较低水平的粗加工，并且呈现遍地开花、量大而规模小的特点。当时的农产品加工市场还是"卖方"市场，加工企业不存在"卖难"和"找市场"问题。

1992年之后，中国的农产品加工业对国外技术的依赖越来越强，加工水平逐步从"浅层次的简单加工"向"深层次的精细加工"转变，加工专业化、规模化、国际化特性越来越明显。② 20世纪90年代，中国的农产品加工业取得了长足发展。到2001年年底，全国规模以上农产品加工企业实现增加值6 968亿元，从业人员1 513万人，出口交货值5 090亿元，利税2 718亿元，占全国同类指标的比重均在26%左右。农产品加工业

---

① 《当代中国》丛书编辑部：《当代中国的农业》，494~495页，北京，当代中国出版社，1992。
② 邹铁钉、王民敬：《农产品加工业三十年风雨历程与推陈出新的明天——专访中国农业大学胡小松教授》，载《农产品加工业》，2008（12），11~13页。

产值相当于农业产值的百分比达到85%。尽管农产品加工业有了很大发展,但总体发展水平依然较低,在加工总量和加工水平方面,与世界先进水平相比还存在较大差距。发达国家农产品加工业产值与农业产值之比大都在2.0∶1~3.7∶1,而中国只有0.6∶1;发达国家工业生产的食品占消费的90%,而中国仅占25%;发达国家食品工业产值约是农业产值的1.5~2倍,而中国还不及1/3;发达国家农产品加工程度达到80%以上,而中国只有45%,其中二次以上的深加工只占到20%。① 对此,为了合理地整合政策、资金、技术、项目、信息、服务等各种农产品加工业发展要素,正确引导和充分发挥政府、企业和各类服务组织在支持农产品加工业中的作用,促进中国农产品加工业持续、快速、健康发展,农业部在2002年7月发布了《农产品加工业发展行动计划》,计划执行期限为2002—2005年,重点领域包括粮食加工制品、肉、蛋、奶制品及饲料加工、果品加工、水产品加工、蔬菜加工制品、茶叶冷藏加工、皮毛(绒)制品等。

从2003年起,农业部连续发布了三个优势农产品区域布局规划,各地根据自然资源优势和经济区位优势,形成了一批特色鲜明的农产品加工产业带,例如东北和长江流域水稻加工、黄淮海优质专用小麦加工、东北玉米加工和大豆加工、中原地区牛羊肉加工等产地集聚区。为解决农产品产后损失严重问题,2012年,农业部和财政部共同启动实施农产品产地初加工补助项目,在马铃薯、苹果和特色果蔬主产区,采取以奖代补的形式扶持农户和农民合作社建设储藏窖、冷藏库和烘干房等初加工设施。截至2012年年底,中国的农产品加工业主要产品产量为74 765万吨,规模以上农产品加工企业达到7.01万家,从业人员1 540.98万人②,产业集中度进一步提高,区域布局进一步协调,食品工业快速发展。尽管近10年发展很快,但中国的农产品加工业与发达国家相比仍有不小的差距,迫切需要加大国家层面的政策扶持力度。

第五节 发展农业社会化服务

1978年以来,中国政府高度重视农业社会化服务体系建设。农业社会化服务的内容不断增加,涵盖的农业产业链环节不断延伸,这对稳定和完善统分结合的双层经营

---

① 数据来自农业部《农产品加工业发展行动计划(2002)》。
② 中华人民共和国农业部农产品加工局:《中国农产品加工业发展报告(2012)》,内部资料,2页。

体制、促进农村经济发展发挥了重大作用。早在20世纪80年代，中国政府就提出"农业社会化服务"的概念，并将"发展农业社会化服务，促进农村商品生产发展"作为农村第二步改革的突破口。进入20世纪90年代，中国明确提出要"建立健全农业社会化服务体系"，并将农业社会服务提到与稳定家庭承包经营同等重要的高度。进入21世纪，特别是2008年以来，中国构建新型农业社会化服务体系的发展方向、依靠力量和实现路径更加明确。

一、1978—1990年：农业社会化服务体系探索起步

从20世纪50年代开始，中国相继建立了农技、林业、畜牧兽医、水产、农机、经营管理等农业技术服务机构，组建供销合作社和信用合作社。1978年农村改革后，中国逐渐在广大农村普遍推行家庭承包责任经营制度，农户成为农业生产经营主体，并逐步获得了充分的生产经营自主权。原有的各类农业服务机构由于长期受计划经济的影响，其职能和运作已无法有效满足极度分散的家庭经营在农业产前、产中和产后各环节出现的服务需求。同时，原有的合作经济组织也面临职能转变的问题。在这样的背景下，1983年中共中央一号文件因势利导地指出合作经济将向广大农业生产者迫切需要的各项产前、产中、产后服务领域延伸，明确了农村合作经济的发展方向。在该文件中首次出现"社会化服务"的提法。同年,在一些地区成立了"农业服务公司",《人民日报》评论员文章首次出现"农业专业化服务"。紧接着，1984年的中央一号文件又提出要"加强社会服务,促进农村商品生产的发展"，要求改造已有的国营和集体（合作）经济组织并实行职能转换。这里的"社会服务"和1983年提出的"社会化服务"在内容上并无区别，主要包括为农民提供技术、资金、供销、储藏、加工、运输和市场信息、经营辅导等方面的服务。到了1985年，中国的农业社会化服务供给主体不再局限于国有和集体（合作）经济组织，而是国家、集体和个人一齐上，特别是支持以合作形式兴办的农业社会化服务主体。科研推广单位、大专院校和城市企业可以接受农村委托的研究项目，转让科研成果，提供技术咨询服务，或者与商品基地及其他农村生产单位组成"科研—生产联合体"，共担风险，共沾利益。1986年，中国在农业社会化服务体系建设上，强调现有合作经济组织的转型，也提出建立新的服务组织，通过服务逐步发展专业性的合作组织。

这一阶段的农业社会化服务体系建设得益于1983—1986年连续出台的四个中央

一号文件给予的政策保障,原有的农业服务机构的职能得以转变,新的农业服务组织也得到发展。概括而言,20世纪80年代中国的农业社会化服务体系建设囊括如下内容:①乡、村集体经济组织为农户开展统一供种、统一机耕、统一排灌、统一植保、统一收割等服务,这些服务在集体经济发达地区大多是免费提供的,即使收取部分费用,也是很低的;②农林水部门所属的农技站、农机站、水管站、林业站、畜牧兽医站、经营管理站等不断完善其自身职能,为农业提供各种服务,包括低价有偿服务;③供销社和信用社等部门进行体制改革,转变职能,主动向农业和农民提供农资供应、产品销售、资金供应服务;④科研院所开展技术咨询、集团承包、人才培训等服务;⑤各种专业技术协会为农业提供专项服务。值得一提的是,这一时期中国的农业技术推广体系得到恢复和发展,到1990年,全国已建立省、地、县、乡农技推广机构(种植业)5.6万个,职工32万人,其中技术干部19.6万人;县级农业技术推广中心1 286个,乡镇农技推广站4.4万个,近40万个村配备了农民技术员。[①]

经过近10年的发展,到20世纪80年代末,中国已初步形成包括国有农业科研和技术推广部门、供销社、信用社、国有粮食企业、地区性合作经济(集体经济)组织、个体经营组织和专业合作经济组织在内的农业社会化服务网络。然而,这一阶段的农业社会化服务内容集中在农业产中环节,加工、销售等产后环节的服务内容非常少。

二、1991—2000年:农业社会化服务体系的快速推进

进入20世纪90年代,中国的经济体制改革不断深化,农村经济向着商品化、市场化方向不断推进。尽管在20世纪80年代,农业社会化服务体系有了相当程度的发展,但仍与农业商品生产和家庭承包经营发展的新要求不相适应。家庭承包经营提高了农民的生产积极性,但许多产前、产中和产后的事情仅靠农民单家独户是解决不了或解决不好的,而同期的农业社会化服务体系发展又相对滞后。

在这个背景下,1991年,国务院专门下发了《关于加强农业社会化服务体系的通知》,指出"加强农业社会化服务体系建设,是深化农村改革,推动农村有计划商品经济发展的一项伟大事业",还对"农业社会化服务"的基本形式进行了科学界定,进一步明确了发展方向和原则,并首次确立了农业社会化服务体系的基本框架。按照

[①] 宋洪远:《中国农村改革三十年》,189页,北京,中国农业出版社,2008。

这一文件"形成多经济成分、多渠道、多形式、多层次的服务体系"的要求,此一阶段的农业社会化服务的内容主要包括:①村级集体经济组织开展的以统一机耕、排灌、植保、收割、运输等为主要内容的服务;②乡农技站、农机站、水利(水保)站、林业站、畜牧兽医站、水产站、经营管理站和气象服务网等提供以良种供应、技术推广、气象信息和科学管理为重点的服务;③供销合作社和商业、物资、外贸、金融等部门开展供应生产生活资料、收购、加工、运销、出口及筹资、保险为重点的服务;④科研、教育单位深入农村,开展技术咨询指导、人员培训、集团承包为重点的服务;⑤农民专业技术协会、专业合作社和专业户开展专项服务。到1991年年底,一些经济发达地区集体经济组织的农业社会化服务迅速发展,如江苏省有20%左右的村能为农户提供系列配套服务,约有50%的村能够在某些生产环节或某项作业项目提供服务。到1992年年底,全国农村有各类专业技术协会12万多个,入会农户500多万个。①

1993年国务院审议通过《90年代中国农业发展纲要》,要求尝试建立以乡镇企业为龙头的服务组织,面向国内外提供产供销的全程服务,并指出要在资金上扶持农业社会化服务体系建设。1994年,国家着力抓稳定农技推广机构工作,决定抓紧制定《农民专业协会示范章程》,引导农民专业协会真正成为"民办、民管、民受益"的新型经济组织。同年,中央成立了政策性银行——中国农业发展银行,对国有粮食、供销企业在粮食、棉花、油料等大宗农产品购销业务提供专门的政策性贷款。1995年,国务院将各级农业技术推广机构定性为国家事业单位,提出开展经营性技术服务的收入要用于扩大服务范围和改善工作、生活条件,不再上交财政或抵顶财政拨款。到20世纪90年代中期,中国已经基本形成以乡村合作经济组织为基础、以国有经济技术部门为依托、其他各种形式的服务组织为补充的农业社会化服务体系,服务范围已涉及产前、产中和产后各个环节。以农技推广体系为例,到20世纪90年代末,全国有种植业技术推广机构约5.1万个,畜牧业技术推广机构约5.6万个,水产科技推广机构约1.8万个。②但这一阶段不仅没有解决农技推广机构、人员、经费的稳定问题,也没有有效解决管理体制和激励机制上的一些问题。到90年代末,农村有15万个专业技术协会,入会农户500多万个,仅约占全国农户总数的2%。③虽然农业社会化服务体系建设取得很大成就,但农村专业技术协会的发展没有发挥出《关于加强农业社

---

① 宋洪远:《中国农村改革三十年》,200页,北京,中国农业出版社,2008。
② 农业部产业政策与法规司编著:《中国农村50年》,112页,郑州,中原农民出版社,1999。
③ 农业部产业政策与法规司编著:《中国农村50年》,113页,郑州,中原农民出版社,1999。

会化服务体系的通知》所期待的作用，没有充分发挥专业技术协会的潜力，究其原因，主要是缺乏必要的政策引导和扶持。

三、2001—2012 年：农业社会化服务体系的改革完善

进入 21 世纪后，农业社会化服务体系建设进入改革完善阶段，其战略地位和目标进一步明确，重点是改革农业技术推广体系和构建新型农业社会化服务体系。

1999 年，中共中央首次对农业技术推广体系和农业社会化服务体系之间的关系进行了界定，提出"农业技术推广体系是农业社会化服务体系和国家对农业支持保护体系的重要组成部分，是实施科教兴农战略的重要载体"。2001 年 4 月，国务院发布《农业科技发展纲要（2001—2010 年）》，提出要积极稳妥地推进国家的农技推广机构改革，在稳定国家农技推广机构的同时，大力调动农民、企业等社会力量参与农业技术推广工作，逐步形成国家扶持和市场引导相结合、有偿服务与无偿服务相结合的新型农业技术推广体系。2003 年《中共中央关于完善社会主义市场经济体制若干问题的决定》指出，"深化农业科技推广体制和供销社改革，形成社会力量广泛参与的农业社会化服务体系"，再次将农业社会化服务体系建设确定为深化农村改革，完善农村经济体制的主要内容之一。同年，相关部委在全国选取 12 个县（市、区）组织实施了农技推广体系改革试点工作，出现"公安模式""姜堰模式"和"新昌模式"等多种做法。

2000 年以来，乡镇"七站八所"改革也在同步进行。① 20 世纪 90 年代后期，"七站八所"人浮于事、人员技能老化、资金供给不足、机构职能不清、考评机制消解等问题日益突出，在此背景下，一些地区进行了乡镇机构改革。例如湖北咸安区进行了以"七站八所"为突破口的乡镇综合配套改革。在咸安区，对于乡镇下设的"七站八所"，除保留财政所之外，其余全部和财政脱离关系，推向市场。这一改革将乡镇一级由财政供养的人员减少了近半数，减下来的人一律自谋职业，先后有 2 300 多名区直机关的干部被推向社会。2003 年，包括乡镇农技站在内的九类站所、112 个单位被

---

① "七站八所"的"七"和"八"是概指，并非确数，乡镇的站所通常在 20 个以上，有的高达 30 多个。其主要有：一是乡镇直属事业站（所），包括司法所、房管所、农机站、农技站、水利站、城建站、计生站、文化站、广播站、经管站、客运站等；二是县直部门与乡镇双层管理的站（所），包括土管所、财政所、派出所、林业站、法庭、卫生院等；三是"条条管理"的机构，包括国税分局（所）、邮政（电信）所、供电所、工商所、信用社等。

撤出咸安区事业编制，面向市场开展公益性服务，站所人员完成整体身份置换。此后，全区统一设定服务岗位，以公开招标的方式与竞聘上岗人员签订"以钱养事"合同。咸安区是湖北省的缩影。2005年，湖北在乡镇事业单位推广实行"政府采购，花钱买服务"，即建立"以钱养事"的新机制，探索"全员离岗、公开聘用、群众监督、政府买单"的农业服务模式，初步实现了从"养人"向"养事"的转变。全国各地的考察团纷纷到咸安区学习经验。在乡镇机构改革浪潮中，大部分地区将原来乡镇的农技、水产、农机、水利等事业单位进行合并，精简编制，有的改为农业服务中心，有的改为农技服务中心。个别地方不再按乡镇设置农技推广机构，改为在县级范围内设置区域性农技推广中心。到2007年年底，全国五个系统共有基层农技推广机构12.6万个，其中县级2.4万个，县以下10.2万个（其中区域性推广机构3 817个）。与2005年相比，县级推广机构增加1 734个，增长7.6%；县以下推广机构减少6 991个，其中区域性推广机构增加37个，增长1%；乡镇推广机构减少7 028个，减少6.7%。在这一时期，农业技术推广方式向多元化发展，如科技特派员驻村和设立农业专家大院等。据统计，截至2011年年底，全国近90%的县市开展科技特派员农村科技创业行动，科技特派员达17万人，直接服务农户880万户，辐射带动农村5 700万人。

随着农业结构调整向纵深推进，统筹城乡力度的不断加大，迫切需要进一步深化改革与创新服务，构建新型农业社会化服务体系，以顺应经济社会发展阶段性变化和建设社会主义新农村的要求。2008年中央一号文件提出："加强农业科技和服务体系建设是加快发展现代农业的客观需要。必须推动农业科技创新取得新突破，农业社会化服务迈出新步伐，农业素质、效益和竞争力实现新提高。"同年召开的中共十七届三中全会对家庭经营和统一经营的发展方向作出全新表述，首次提出"新型农业社会化服务体系"的概念，并指出要"加快构建以公共服务机构为依托、合作经济组织为基础、龙头企业为骨干、其他社会力量为补充，促进公益性服务和经营性服务相结合、专项服务和综合服务协调发展的新型农业社会化服务体系"。此后数年，中共中央连续在中央一号文件中对新型农业社会化服务体系构建作出方向指引和部署，推动农业社会化服务向多元服务主体、多种服务模式、经营性服务和公益性服务并重的方向转变。

提供农业社会化服务的主体主要包括政府部门、农业企业、金融机构、经纪人或经销商、农产品批发市场、农民合作社、个体农户与市民等，服务内容已涉及农业产前、产中及产后各个环节，具备了全方位综合性的特点。2007年以来，扶持发展农民合作社成为构建新型农业社会化服务体系的新思路。农民合作社发挥了为成员提供统一购买农业生产资料、统一提供技术服务、统一防治病虫害、统一销售农产品等多项服务。也是从2007年起,农民合作社数量增长较快。国家工商总局公布数据显示,2011年年底,全国依法登记注册的农民专业合作社达52.17万家,比2010年年增长37.62%;出资总额达7 200亿元,比2010年增长60%。至2012年年底,农民专业合作社实有68.9万户,比上年底增长32.07%;出资总额1.1万亿元,增长52.07%。农民合作社已然成为提供农业社会化服务的重要参与主体。

第一节　农村生产生活设施建设
第二节　农村社会事业发展
第三节　农村文化事业
第四节　农村社会福利事业
第五节　农村生态文明建设

第十一章　美丽新农村建设

陶渊明在《归园田居》中写道："暧暧远人村，依依墟里烟。狗吠深巷中，鸡鸣桑树颠。户庭无尘杂，虚室有余闲。"这描绘了一幅乡村美好生活的景象。早在20世纪50年代，中国就提出过建设社会主义新农村。之后，在党和国家领导人的讲话和文件中，也多次提出建设社会主义新农村的要求。进入20世纪90年代以来，围绕实现农村小康建设的目标，全国各地开展了多种示范村建设，向广大农民昭示了社会主义新农村的美好蓝图。进入21世纪后，中国总体上已进入以工促农、以城带乡的发展阶段，推进新农村建设的时机已经成熟。随着中国综合国力和国家财力的逐步增强，推进新农村建设的条件和基础已经具备；城乡经济社会发展的明显反差，凸显推进新农村建设的重要性和紧迫性；中央指导"三农"工作新理念的形成，催生新农村建设新举措的出台。中共十六届五中全会提出了建设社会主义新农村的重大历史任务，中央农村工作会议又对社会主义新农村建设做出了具体部署，新农村建设正式展开。

第一节　农村生产生活设施建设

农村基础设施，是建设社会主义新农村、发展现代化农业、全面改善农村面貌的重要物质基础。然而长期以来，中国城乡经济社会发展不平衡，城市快速发展，农村缓慢发展，在二元经济结构下，为了实现工业化、城市化的重要战略目标，中国长期实施以工业化为中心的经济发展政策，使得农村基础设施建设陷入投资不足、难以发展的困境，在交通、通信、水电、燃料、环境等基础设施方面与城市存在很大的差距。

改革开放以来，国家开始认识到农业和农村投入不足的问题，并逐步加大对农业和农村的投入力度，使农村基础设施有了很大的改善。"十二五"以来，中共中央、国务院对"三农"工作更加重视，进一步加大了对农村基础设施建设的投入。1981—

2006年，农村基础建设投资额增长了66.52倍，年均增长18.28%。进入21世纪以来，随着国家对农村农业的重视程度进一步加大，农村基础建设投资额以近20%的速度增长。但另一方面，虽然农村建设投资迅速增长，但其占社会建设投资的比重却逐年下降，这一比例从"六五"期间的27.9%下降到了"十五"期间的17.5%，下降了10多个百分点。1992—2009年，国民经济水平的稳步提升促使农村基础设施建设的需求量也逐步提升，与之相对应的是财政支出明显增加。在1992—2009年的18年里，中国在农村基础设施建设方面共支出6 578.5亿元，约为上一时期的11倍；年平均支出365.5亿元，为上一时期的8倍多；平均每年支出增加值为28.5亿元，约为上一时期的15倍；年平均环比增长率为4.7%，约为上一时期的3.6倍。

一、农村饮水工程建设

（一）1978—2005年发展集中式供水阶段

中共十一届三中全会以来，由于进行了经济体制改革，农村经济发展了，农民的收入有了较大的增长，温饱问题基本得到了解决。在此形势下，改善农村饮水条件，不仅已成为广大农民的迫切愿望，而且在经济和物质方面也具备了条件。自20世纪80年代初至21世纪初中国参加第35届联合国大会倡导发起的"国际饮水与环境卫生十年"活动（1981—1990）以来，将解决农村居民饮水的任务目标列入国家社会发展和经济建设五年计划，制定指导方针，加大政府财政资金投入，实施农村饮水项目和饮水解困项目，积极引进国际社会的援助与村饮用水安全卫生评价指标体系的建立，为科学化、规范化地实施农村饮水安全工程的建设和运行合作项目,制定《农村实施〈生活饮用水卫生标准〉准则》，编制《农村给水设计规范》，编著出版农村给水规划设计、施工、运行管理等技术手册，全面推进了农村集中式供水的发展。

据统计，1987—2004年，全国农村自来水厂（站）由20.4万座发展到64.67万座，集中式供水受益人口由1.74亿人发展到5.67亿人。20多年来，大规模的农村集中式供水的发展为实施农村饮水安全和可持续发展奠定了良好的基础。

（二）2005年以来农村饮水安全和可持续发展阶段

以中国政府承诺落实联合国《千年发展目标》中到2015年"使无法得到或负担不起安全饮用水的人口比例降低一半"和《2005—2006年农村饮水安全应急工程规划》的实施为标志，中国农村给水进入全面实施农村饮水安全和可持续发展的历史新阶段。

2006年8月30日,国务院常务会议审议并原则通过的《全国农村饮水安全工程"十一五"规划》提出,"十一五"期间要优先解决对农民生活和身体健康影响较大的饮水安全问题,重点解决农村居民饮用高氟水、高砷水、苦咸水、污染水及微生物病害等严重影响身体健康的水质问题,以及局部地区的严重缺水问题;优先安排解决人口较少民族、水库移民、血吸虫疫区、涉水重病区村、农村学校和华侨农场的饮水安全问题。规划要求,"十一五"期间要解决1.6亿人的农村饮水安全问题(约涉及15万多个行政村),使农村饮水不安全人数减少一半,集中式供水受益人口比例提高到55%,供水质量和水平有较大提高。

2007年7月,国家发展和改革委员会、水利部共同印发了《全国农村饮水安全工程示范县建设管理办法》(以下简称《管理办法》),并同时印发了《县级农村饮水安全工程"十一五"规划指南》。《管理办法》中要求,每个省(自治区、直辖市)选择2~5个不同类型的县(市、区),利用3年时间完成农村饮水安全工程示范县建设的任务。示范县的主要任务是:科学规划农村饮水安全工程,探索总结农村饮水安全工程建设与新农村建设有机结合的经验;建立政府主导、责任明确、用水户全过程参与,确保工程良性运行的管理体制和运行机制,建立相应的监管机制,利用市场机制探索农村饮水安全工程建设和运营的办法;总结不同类型区的农村供水发展模式,示范推广农村供水工程建设管理的先进技术、先进设备材料以及水处理、生活排水等方面的先进技术,建立县级农村供水工程信息化网络;总结加强项目建设和管理确保工程质量的经验;完善水源保护、水资源配置、节约用水、水价形成机制、水质检验和监测、社会化服务、应急机制等方面的制度和具体办法。2008年,中共十七届三中全会中明确提出,要在5年内解决农村饮水安全问题。[①]

2006—2008年国家安排中央投资238亿元,地方自筹配套资金195亿元,用以解决10 866万人的饮水安全问题。2009年,农村饮水安全工程使6 069万农民受益,农村自来水普及率达到68.7%,比上年提高3.2个百分点,提前一年完成了"十一五"饮水安全规划任务,提前6年实现联合国千年宣言提出的到2015年将饮水不安全人口比例降低一半的目标。农村饮水安全工程提高了环境卫生质量,减少了介水性疾病的传播,改善了农民生活条件,提高了农民健康水平,节省了农民的医疗费用。据测算,农村饮水安全工程建设项目区户均年节省医药费支出200元左右。

---

① 宋洪远:《中国农村改革三十年》,北京,中国农业出版社,2008。

国家接连对农村饮水安全工程用电、用地和税收出台了一系列优惠政策,保障农村饮水安全工程建得成、管得好、用得起和长收益。①2011年,财政部、国家税务总局发布的《关于支持农村饮水安全工程建设运营税收政策的通知》,从5个方面明确了支持农村饮水安全工程建设、运营的税收优惠政策:第一,对饮水工程运营管理单位为建设饮水工程而承受土地使用权,免征契税;第二,对饮水工程运营管理单位为建设饮水工程取得土地使用权而签订的产权转移书据,以及与施工单位签订的建设工程承包合同免征印花税;第三,对饮水工程运营管理单位自用的生产、办公用房产、土地,免征房产税、城镇土地使用税;第四,对饮水工程运营管理单位向农村居民提供生活用水取得的自来水销售收入,免征增值税;第五,对饮水工程运营单位从事《公共基础设施项目企业所得税优惠目录》规定的饮水工程新建项目投资的经营所得,自项目取得第一笔生产经营收入所属纳税年度起,第一年至第三年免征企业所得税,第四年至第六年减半征收企业所得税。为支持农村饮水安全工程(以下简称"饮水工程")巩固提升,经国务院批准,财政部、国家税务总局联合出台《关于继续实行农村饮水安全工程建设运营税收优惠政策的通知》,继续对饮水工程的建设、运营给予税收优惠。

二、农村公路建设

2005年经国务院审议通过的《农村公路建设规划》提出,21世纪前20年农村公路建设的总体目标是:具备条件的乡(镇)和建制村通沥青(水泥)路,基本形成较高服务水平的农村公路网络。具体发展目标为:到"十一五"末,基本实现全国所有具备条件的乡(镇)通沥青(水泥)路(西藏自治区视建设条件确定);东、中部地区所有具备条件的建制村通沥青(水泥)路;西部地区基本实现具备条件的建制村通公路。到2010年,全国农村公路里程达到310万公里。到2020年,具备条件的乡(镇)和建制村通沥青(水泥)路,全国农村公路里程达370万公里,全面提高农村公路的密度和服务水平,形成以县道为局域骨干、乡村公路为基础的干支相连、布局合理、具有较高服务水平的农村公路网,适应全面建设小康社会的要求。

2009年9月,交通部发布《公路水路交通"十一五"发展规划》,提出要全面实施并基本完成农村公路"通达工程"(指乡镇、建制村通公路)建设任务,加快推进"通

---

① 武拉平编:《惠农政策简明读本》,北京,中国农业出版社,2011。

畅工程"(指乡镇、建制村通沥青或水泥路)建设,为加快社会主义新农村建设,进一步解决"三农"问题提供支撑和服务。新建和改造农村公路 120 万公里,基本实现全国所有乡镇通沥青(水泥)路,东、中部地区所有具备条件的建制村通沥青(水泥)路,西部地区基本实现具备条件的建制村通公路(西藏自治区视建设条件确定)。

"十一五"前 4 年,中央投入农村公路建设车购税资金达 1 336 亿元、国债资金 325 亿元,带动地方完成农村公路建设投资 7 528 亿元,新改建农村公路 156 万公里(年均 39 万公里)。

农村公路通达水平和通畅程度大幅提高。截至 2009 年年底,全国农村公路总里程达到 333.6 万公里,全国乡镇通沥青(水泥)路率达到 92.7%,比"十五"末提高了 11.3 个百分点;东中部地区建制村通油路(水泥)路率达到 92.3%,西部地区建制村通公路率达到 90.1%;建制村通公路率、通沥青(水泥)路率分别达到 96.3%、76.9%,较"十五"末分别提高了 2 个和 14.5 个百分点。到 2015 年年底全国农村公路总里程达到 390 万公里,所有具备条件的乡镇通沥青(水泥)路,东中部地区具备条件的建制村通沥青(水泥)路,除西藏外西部地区 80% 建制村通沥青(水泥)路,11 个集中连片特困地区具备条件的建制村通硬化路率达到 85%。[1]

三、农村电力建设

积极开发农村水电,建设中国特色农村电气化,是邓小平亲自倡导的一条解困富民道路。温家宝总理指出:"发展农村水电,加快农村电气化建设,是实现农业和农村现代化的重要条件。"

农村水电在快速发展和体制转轨过程中,出现了一些无序开发和影响公共安全及社会稳定的问题。2006 年 8 月,水利部发布《关于加强农村水电建设管理的意见》,内容涵盖农村水电开发建设的全过程,以落实中央关于加强农村水电开发规划和管理的指示,建立科学有序的农村水电开发建设秩序。2006 年 7 月,水利部还发布《农村水电建设项目环境保护管理办法》,用于加强农村水电建设项目环境保护管理,坚持在保护生态基础上有序开发水电,促进农村水电建设与环境的协调发展。

2007 年 2 月,国家发展和改革委员会发布《关于做好"十一五"农村电网完善和

---

[1] 宋洪远等:《"十一五"时期农业和农村政策回顾与评价》,北京,中国农业出版社,2010。

无电地区电力建设工作的通知》，要求按照"因地制宜、统筹规划、先易后难、分步实施"的原则，在已开展的各项工作基础上进一步做好"十一五"期间农网完善和无电地区电力建设规划工作。通知指出，在投资安排上要注意向水库库区和华侨农场倾斜，尽快解决好水库库区和华侨农场的农网完善和无电人口用电问题。今后农网完善和无电地区电力建设投资安排将统筹考虑各地区已下达投资计划的完成情况和实施效果。从2008年起，对未完成农网改造和县城电网改造任务或农网完善投资计划的省份将暂缓安排新的投资计划。

截至2008年年底，建成农村水电站45 000座，总装机容量5 100多万千瓦，年发电量1 600多亿千瓦时，约占全国水电装机和年发电量的30%；在建规模达2 000万千瓦。农村水电遍布全国1/2的地域、1/3的县市，累计解决了3亿多无电人口的用电问题，农村水电地区的户通电率从1980年的不足40%提高到2008年的99.6%，供电质量和可靠性大大提高。①

农村电网改造成效显著。自2010年9月国家启动新一轮农网改造升级工程以来，按照国家能源局部署，国家电网公司、南方电网公司两大电网企业加快推进农村电网改造升级建设，着力满足农村经济社会发展和农民生活改善的用电需求。截至2012年年底，国家电网公司累计投资198.9亿元通过大电网延伸，让149.1万无电户571.9万无电人口用上了电。其中，2011—2012年，国家电网公司投入43.7亿元，解决了14.7万户61.98万无电人口用电问题。电能的使用彻底改善了农牧民生产生活条件，为农村致富奔小康提供了坚实的电力基础。根据国家电网公司与相关省（自治区）政府合作调查的结果，截至2012年年底，国家电网经营区域内仍有59.7万户无电户252.7万无电人口，主要分布在西藏大电网延伸新增的26个县，四川甘孜、阿坝和凉山州新上划供电管理的31个县，以及甘肃、青海、新疆等地的移民搬迁区。国家电网公司承诺"十二五"期间实现经营区域内"全部无电人口用上电"。②

四、农村沼气建设

中共十六届五中全会明确提出"大力普及农村沼气，发展适合农村特点的清洁能源"。"十一五"期间，中国农村沼气建设力度加大。

---

① 宋洪远等：《"十五"时期农业和农村政策回顾与评价》，北京，中国农业出版社，2007。
② 《加快无电地区电力建设 让无电地区尽快地亮起来》，2013年9月4日。

2006年2月，农业部下发《关于实施"九大行动"的意见》，正式启动实施"九大行动"。在生态家园富民行动中，提出要大力普及农村沼气。并指出农村沼气建设以"一池三改"为主要内容，引导农民开展改路、改水、改院。在北方适宜地区建设"四位一体"能源生态模式；在南方适宜地区建设"猪—沼—果"能源生态模式；在集约化养殖场和养殖小区，建设大中型沼气工程，推广生态养殖模式；在牧区与草库伦（是指草场围栏的一种形式，蒙古语意为"草圈子"，就是用草垡子、荆条、木杆、土墙等围起来的草场）建设结合，推广"两池（沼气池、青贮池）两灶（太阳灶、省柴节煤灶）两棚（暖圈棚、蔬菜大棚）"模式。

2007年9月，农业部、国家发展和改革委员会联合下发《关于进一步加强农村沼气建设管理的意见》，指出要积极推动农村沼气与农村改水、太阳能利用等相结合，切实推进农民生产生活方式的改变；要提高沼气利用效果，加强沼渣、沼液的综合利用，促进循环农业的发展；要搞好沼气技术推广和创新，支持养殖场建设沼气工程，积极向养殖场推广"统一建池、集中供气、综合利用"的沼气工程建设模式；要做好项目检查和验收，实行"三公开一公布"制度，即在村务公开栏中公开计划任务、补助标准和建设条件，公开自愿建设户名单，公开物资的采购价格、分配情况，公布举报电话，接受社会监督。

2008年11月，国家发展和改革委员会办公厅、农业部办公厅《关于抓紧申报2009年农村沼气建设项目的通知》指出，由于农村沼气想建未建农户多为低收入农户，从2009年起，适当提高农村户用沼气建设中央补助标准。具体意见是：对东北、西部地区每户补助1 500元，对中部地区每户补助1 200元，对东部地区每户补助1 000元。同时从2009年起，国家将进一步鼓励发展大中型沼气工程，并根据发酵装置容积大小和上限控制相结合的原则确定中央补助数额。

截至2011年年底，全国沼气户用达到3 996万户，占乡村总户数的23%，受益人口达1.5亿多人；中央支持建成2.4万处小型沼气工程和3 690多处大中型沼气工程，多元化发展的新格局初步形成；全国乡村服务网点达到9万个、县级服务站800多个，服务沼气用户3 000万户左右，覆盖率达到75%，以沼气设计、沼气施工、沼气服务、沼气装备和"三沼"综合利用为主要内容的产业化体系初步建立。农村沼气从小工程做成了大产业，把小环境变成了大生态，由小项目形成了大事业。通过发展农村沼气，有效防止和减轻了畜禽粪便排放和化肥农药过量施用造成的面源污染，对实现农业节本增效、循环发展，提高农业综合生产能力和竞争力发挥了重要作用；增强了应对气候变化和保障能源安全的能力，对减少化石能源消耗、改善农村用能结构和应对气候变化发挥了不可替代的作用；实现了粪便、秸秆、有机垃圾等农村主要废弃物的无害化处理、资源化利用，使困扰新农村建设的诸多"脏乱差"环境问题得到了有效解决，提高了农民生活质量，改善了农业农村生产生态环境，成为新时期重要的农村民生工程和新农村建设的一大亮点。

五、农村危房改造

农村住房建设与危房改造既是保增长、保民生、保稳定的现实任务，更是扩大内需的重大举措。"十一五"时期，国家以农村危房改造为重点，支持农民建房、改善农村居住条件。"十一五"规划纲要提出"做好乡村建设规划，引导农民合理建设住宅"，2009年5月国务院下发的《国务院关于当前稳定农业发展促进农民增收的意见》明确提出，要把支持农民建房、改善居住条件作为今后一段时期扩大农村消费的重要着力点。2009年5月，住房城乡建设部、发展和改革委员会和财政部联合发布《关于2009年扩大农村危房改造试点的指导意见》，2009年扩大农村危房改造试点的任务是完成陆地边境县、西部地区民族自治地方的县、国家扶贫开发工作重点县、贵州省全部县和新疆生产建设兵团边境一线团场约80万农村贫困户的危房改造。其中，东北、西北和华北等"三北"地区试点范围内1.5万农户，结合农村危房改造开展建筑节能示范。扩大农村危房改造试点补助对象，重点是居住在危房中的分散供养"五保"户、低保户和其他农村贫困农户，政府支持其修缮加固或新建40~60平方米的安全住房。截至2009年10月31日，全国危房改造开工66.28万户，开工率83.48%；竣工41.39万户，竣工率52.13%。2010年3月，住房和城乡建设部《村镇建设司2010年工作要点》提出，2010年要在东部地区率先完成农村危房改造，基本解决中西部地区贫困农户居住安全问题。2011年中央补助标准为每户平均6 000元，在此基础上对陆地边境县边境一线贫困农户和建筑节能示范户每户增加补助2 000元。2012年中央补助标准提高到每户平均7 500元，在此基础上对陆地边境县边境一线贫困农户和建筑节能示范户每户增加补助2 500元。

中央累计安排补助资金681.72亿元，支持973.4万贫困农户实施危房改造，试点范围已覆盖全国农村地区。农村危房改造直接带动地方政府投入和社会投资约3 300亿元，间接拉动投资和消费约950亿元，创造了约20亿工日的农村就业。

第二节 农村社会事业发展

在中国长期形成的城乡二元结构的体制下，农业长期为国家工业化提供原始积累，农村长期成为城市廉价生活资料的来源，农民长期承担沉重的各种负担，所以农业成为弱质产业，农村成为弱势地区，农民成为弱势群体，农村经济发展缓慢，农民增收困难。与农村经济发展相比，农村社会事业更是"短腿"，农村教育、医疗卫生、社会保障和公共文化等社会事业的发展严重滞后，农村公共产品、基本公共服务供给严重不足，成为农村发展中最薄弱的环节，也是农民反映最强烈的问题。尤其是在中国农村社会从生存型社会向发展型社会转轨的背景下，广大农村居民在教育、健康、养老及精神文化生活等方面潜在的公共需求快速释放，大力发展农村社会事业，为农民提供基本而有保障的公共服务是广大农民最迫切、最现实的期盼。城市居民所享有的教育、医疗卫生、社会保障和文化服务等各项社会事业都是由政府财政投入举办，基本公共服务体系健全、设施完善，优质资源密集。而农村各项社会事业则长期是靠"三提五统"或者直接向农民收费举办，政府财政投入极少，有人称之为体制外供给。其直接后果是农村社会事业落后，基本公共服务体系脆弱，以至于农村普遍出现上学难、上学贵，看病难、看病贵，农民基本生活缺乏保障等严重问题。

21世纪以来，中共中央坚持把解决好"三农"问题作为全党工作的重中之重，提出统筹城乡经济社会发展的方略和"多予、少取、放活"的方针，实行工业反哺农业、城市支持农村的政策，大力推进社会主义新农村建设。中国共产党在领导中国特色社会主义事业的伟大进程中，对社会建设、民生改善予以高度关注，对于社会事业的发展尤其是农村社会事业的发展愈来愈重视。中共十六大提出全面建设小康社会的奋斗目标，小康社会目标的指标体系不仅有经济的或收入的指标，社会生活的内容更丰富，这表明党的执政理念有了新的变化，更加注重社会建设和社会发展，政府的职能也随之发生了新的转变，开始强化社会管理、公共服务职能。中共十六届三中全会提出科学发展观，统筹城乡经济社会发展，并提出国家新增教育、卫生、文化等公共事业支出主要用于农村；巩固和完善以县级政府管理为主的农村义务教育管理体制；改善乡村卫生医疗条件，积极建立新型农村合作医疗制度，实行对贫困农民的医疗救助。

中共十六届五中全会提出建设社会主义新农村，强化政府对农村的公共服务。大力发展农村公共事业，重点普及和巩固农村九年义务教育，对农村学生免收杂费，对贫困家庭学生提供免费课本和寄宿生活费补助；加强农村公共卫生和基本医疗服务体系建设，基本建立新型农村合作医疗制度，加强人畜共患疾病防治；发展过程教育和广播电视村村通。中共十六届六中全会通过构建社会主义和谐社会的决定，提出更加注重发展社会事业，推动经济社会协调发展；扎实推进社会主义新农村建设，促进城乡协调发展，各级政府要把基础设施建设和社会事业发展的重点转向农村，国家财政新增教育、卫生、文化等事业经费和固定资产投资增量主要用于农村，逐步加大政府土地出让金用于农村的比重；普及和巩固九年义务教育，落实农村义务教育经费保障机制，在农村并逐步在城市免除义务教育学杂费，全面落实对家庭经济困难学生免费提供课本和补助寄宿生生活费政策，保障农民工子女接受义务教育；健全医疗卫生服务体系，重点加强农村三级卫生服务网络和以社区卫生服务为基础的新型城市卫生服务体系建设，落实经费保障措施。逐步建立社会保险、社会救助、社会福利、慈善事业相衔接的覆盖城乡居民的社会保障体系，逐步建立农村最低生活保障制度，有条件的地区探索建立多种形式的农村养老保险制度。加快推进新型农村合作医疗，完善农村"五保"供养制度。

中共十七大把加快发展社会事业、推进以改善民生为重点的社会建设作为十分重要的战略任务，提出优化教育结构，促进义务教育均衡发展，加强教师队伍建设，重点提高农村教师素质；加快建立覆盖城乡居民的社会保障体系，探索建立养老保险制度，全面推进新型农村合作医疗制度建设，完善城乡居民最低生活保障制度，逐步提高保障水平；要坚持公共医疗卫生的公益性质，坚持以预防为主、以农村为重点，建立覆盖城乡居民的公共卫生服务体系、医疗服务体系、药品供应保障体系，加强农村三级卫生服务网络和城市社区卫生服务体系建设，深化公立医院改革。中共十七届三中全会通过《中共中央关于推进农村改革发展若干重大问题的决定》，强调必须扩大公共财政覆盖农村范围，加快发展农村公共事业，促进农村社会全面进步，使广大农民学有所教、劳有所得、病有所医、老有所养、住有所居，并就繁荣发展农村文化、大力办好农村教育事业、促进农村医疗卫生事业发展、健全农村社会保障体系、加强农村基础设施和环境建设、推进农村扶贫开发、加强农村防灾减灾能力建设、强化农村社会管理等八个方面对农村公共事业发展作了具体部署。

中共中央、国务院从2004年起连年下发一号文件，采取了一系列更直接、更有力、更有效的支农惠农的政策举措,加大了财政支农的力度,实行各种惠农补贴、全面取消农业税和各种收费、免除农村义务教育阶段学杂费、建立新型农村合作医疗制度、农村最低生活保障制度和新型农村社会养老保险制度等[①]。这一系列政策措施的实施,扭转了此前出现的农业一度徘徊不前的局面,巩固和加强了农业的基础地位,促进了农民收入的增加和农村社会事业的不断发展,农村公共服务水平有所提高,农民生活得到改善,广大农村出现了新的面貌。但是,长期制约农业农村发展的因素并没有根本消除,城乡分割的体制性障碍仍然明显,人口资源环境约束增强,农村基础设施仍然比较落后,农村教育、医疗卫生、社会保障和公共文化等社会事业发展条件虽有所改善,但农村基本公共服务水平仍然较低,城乡社会发展差距依然较大,广大农村特别是贫困落后地区的农村,上学、就医、养老等农民群众最关心、最迫切的利益问题还没有得到根本解决。对此,中共十七届五中全会通过的《中共中央关于制定国民经济和社会发展第十二个五年规划的建议》进一步作出决策部署。加强社会建设,建立健全基本公共服务体系,着力保障和改善民生。加强农村基础设施建设和农村公共服务,提高农村义务教育质量和均衡发展水平;加强农村三级医疗卫生服务网络建设;完善农村社会保障体系,逐步提高保障标准。促进教育公平,合理配置公共教育资源,重点向农村、边远贫困、民族地区倾斜,加快缩小教育差距。加快推进覆盖城乡居民的社会保障体系建设,实现新型农村养老保险制度全覆盖。把基本医疗卫生制度作为公共产品向全民提供,优先满足群众基本医疗卫生需求。加强城乡医疗卫生服务体系建设,新增医疗卫生资源重点向农村和城市社区倾斜。以农村基层和中西部地区为重点,继续实施文化惠民工程,基本建成公共文化服务体系。

一、农村教育事业

(一)1979—1999年:新的农村教育制度探索改革阶段

中共十一届三中全会后,农村教育适应农村脱贫致富工作的需要,成为全国教育改革与发展的重要组成部分。加之《义务教育法》《教师法》《中国教育改革和发展纲要》等法律法规颁布,农村教育发生了重大变革。农村教育制度在积极探索过程中不断建立和完善。

[①] 陈少艺:《当代中国"三农"政策变动:基于"中央一号文件"的研究》,上海,上海人民出版社,2016。

1976年实施教育结构改革,教育经费削减,资金的筹措与管理下放。整个20世纪80年代实施的改革重点放在教育质量上,即重建高等教育,建立为考大学做准备的重点中、小学校。这一时期,虽然民办教师成为农村学校的中流砥柱,但民办教师的工资和福利(如退休金、住房和医疗)却远远低于公办教师。

1984年《关于筹集农村教育经费》正式发布,对农村学校经费筹措与管理下放进行改革,保证"公办教师和当地所录用的老师应该不存在任何区别"。

1985年《中共中央关于教育体制改革的决议》实施,在全国实现了乡村义务教育三级办学、两级管理的体制,即县、乡、村三级办学,县乡两级管理,并在资金渠道上确立了利用财、税、费、产、社等来源多渠道筹措经费。

1986年颁布《中华人民共和国义务教育法》,全国分三片地区推进普及九年义务教育,中国义务教育取得了巨大的成就。全世界9个发展中人口大国,中国是第一个也是唯一实现九年义务教育的国家。同年9月《关于实施〈义务教育〉若干问题的意见》公布实施,规定:"城镇,凡国家举办的中小学新建、扩改建校舍所需的投资,按学校隶属关系,列入主管部门基本建设投资计划,并予以照顾。农村中小学校舍投资,以乡、村自筹为主。"

1987年发布《关于农村基础教育管理体制改革若干问题的意见》,农村基础教育大体上是"民办义务教育",即公办教师的工资由国家和当地政府财政支付,其他教育费用由农民自筹。

1988年,国家教委部署实施旨在推进农村教育改革与发展,促进农村经济发展和社会进步的计划——"燎原计划",力争到1990年在500个县内建设1 500个实施"燎原计划"示范乡,为"星火计划""丰收计划"的推行培养农技人才,奠定发展基础。为实施"燎原计划"提供示范,国家教委于1989年5月决定建立全国农村教育综合改革实验区。扫盲教育、职业技术教育、农村社区教育等各种教育形式相互并存、共同发展。

1989年建立"希望工程",该工程向城市居民和海外筹募资金。到1996年年初,希望工程募集近7亿元,帮助近125万孩子解决了学费问题。"希望工程"的具体目标由当初的帮助因无力支付学费而辍学的农村孩子,逐渐转向校舍的建设。到1999年年末,"希望工程"共募集资金17.8亿元,建立7 550所学校,帮助220万辍学儿童返回校园。

1989年全国妇联创立"春蕾计划",目标在于帮助农村贫困女童返回校园。到

1999 年收到 2.2 亿元捐款，帮助 75 万女童。根据该项目的报告，每年因无力支付学费而失学的 100 万学童中有 70% 是女孩。

1992 年颁布《中华人民共和国义务教育法实施细则》，要求在 20 世纪末普及初等义务教育。适龄儿童、少年的父母或者其他监护人未按规定送子女或者其他被监护人就学接受义务教育的，农村由乡级人民政府进行批评教育；经教育仍拒不送其子女或者其他被监护人就学的，可视具体情况处以罚款，并采取其他措施使其子女或者其他被监护人就学。同年，中共十四大报告中提出，到 20 世纪末，基本普及九年义务教育，基本扫除文盲，并制定了标准，规定了不同地区达标的时间表。由此开展了由各级人民代表大会监督、由各级政府实施、迄今仍在进行的"双基达标"活动。

1994 年 1 月实施《教师法》，同时国务院下发文件，列出了具体措施，保证地方政府认真执行。无力提供学校和教师薪金的地方可以在"一定时间内"返给县级统一管理教育经费。教育附加税可以按照"乡镇收集、县级管理"的方式，保证民办教师薪水的资金来源。国家教师的薪水主要由县级政府筹集，省和地区政府"尽最大努力"予以帮助。

1995 年实施《教育法》，重新提倡教育规划、财务管理和监督在县级集中决策。《教育法》规定，县级以上的政府应该拨出专门的资金用于推行其管辖范围的贫困地区的义务教育。针对这个目标，中央政府创立了"扶助贫困地区义务教育的全国规划"。在该规划中，中央的预算是 39 亿元，在 5 年内分拨。该计划也要求地方也要有配套的资金支持，比例为 2∶1。

1995 年实施"国家贫困地区义务教育工程"，这是新中国成立以来，中央投入资金最多、规模最大的教育工程。其目的是支持贫困地区发展义务教育，实现全国"两基"目标。

1998 年 4 月，中华慈善总会建立"烛光工程"，计划在第一年投入 200 万元，为全国 300 个贫困县的 3 000 所小学购买学习用品，为 1 000 名农村教师提供补贴，对农村教师起到鼓励作用。

1994 年以来，中国开始从总体上对农村义务教育的财政体制进行改革，主要包括：增加对义务教育的专项财政补助；规范教育费附加，作为特别扶持政策增加财政投入。从政策实施效果看，这一时期是中国义务教育大发展的时期，多渠道的资金来源为农村义务教育发展起到了巨大的推动作用。

农村教育经费投入多渠道筹措，投入不断增加。尤其是"分税制"实施后，农村义务教育经费在结构上发生了显著变化，来自上级政府的各类财政转移支付增长较快，需要农民支付的教育费用明显下降。据统计，1995—1999 年，中国义务教育总投入 6 944 亿元，其中各级政府投入 3 713 亿元（不含财政一般性转移支付），教育费附加 965 亿元，农村捐资、集资经费 596 亿元，杂费 631 亿元，其他 1 039 亿元。其中，1996 年农村九年义务教育经费达 733.9 亿元，1999 年达 862 亿元。在义务教育总投入中，有近一半是由农民承担的。农村教育费附加和农民捐资集资，对保障农村义务教育正常运转和改造农村中小学危房、保障最基本的办学条件发挥了重要作用。但农村教育经费投入不足，政府投入水平低的状况仍然存在。

表 11-1　1994—1998 年农村义务教育经费收入来源情况　　　　　　　　%

年度	总计	财政预算内教育拨款	教育税费	校办产业、勤工俭学及社会服务用于教育的支出	其他财政性收入	社会捐、集资	学杂费	其他收入
1994	100	59.1	14.4	3.2	0.3	12.1	8.6	2.3
1996	100	52.6	15.9	3.1	0.3	16.3	9.0	2.7
1998	100	57.5	16.1	2.1	3.4	7.9	10.9	1.9

资料来源：教育部财务司编：《中国教育经费统计年鉴》，北京，中国统计出版社，1994—1998。

（二）2000 年以来：农村教育受到高度重视并获得较快发展阶段

进入 21 世纪以来，中共中央、国务院对农村教育工作高度重视，对农村教育的各项举措也在不断深化与完善。

（1）转变农村教育思想。2000 年以后，农村教育开始注重"提高人的基本素质与创新能力"，使科教兴国的社会功能建立在素质教育的育人功能上，农村教育从"功利性"向"教育性"变革，是"科教兴国""可持续发展"战略在教育上的体现。

（2）明确农村教育目标。农村教育是新时代科技文化（科学精神）与人文文化（人文精神）的启蒙教育，是面向不利地区不利人口的全民教育，是关于基础教育的普及教育，是从根本上促进农村人口与农村社会摆脱贫困、走上可持续发展的创业教育。

（3）建立农村义务教育体制。2001 年国务院作出《关于基础教育改革与发展的决定》，提出农村义务教育实行"在国务院领导下，由地方负责、分级管理、以县为主"的体制。"把农村义务教育的责任由农民承担转到由政府承担，把政府对农村义务教育的责任从以乡镇为主转到以县为主。"将义务教育纳入公共财政保障范围。中国农村普遍建立起了以政府为主导，利用各方面力量推动农村和贫困地区教育事业的体系。2002 年 5 月 16 日，国务院办公厅下发了《关于完善农村义务教育管理体制的通知》，在清晰界定省、市（地级）、乡（镇）、行政村各方面教育责任范围的同时，明确"豁免了村组、乡镇政府的教育投入责任"。2004年，为全面贯彻《国务院关于进一步加强农村教育工作的决定》，教育部发出《2003—2007年教育振兴行动计划》，提出重点推进农村教育发展与改革，坚持把农村教育摆在重中之重的地位，加快农村教育发展，深化农村教育改革，促进农村经济社会发展和城乡协调发展。2005年11月，国务院发出《关于深化农村义务教育经费保障机制改革的通知》，要求按照"明确各级责任、中央地方共担、加大财政投入、提高保障水平、分步组织实施"的基本原则，将农村义务教育全面纳入公共财政保障范围，建立中央和地方分项目、按比例分担的农村义务教育经费保障机制。2006年第十届全国人民代表大会常务委员会修订通过了《中华人民共和国义务教育法》，并于2006年9月1日起正式实施。新法强调了义务教育的国家行为和各级政府的责任，明确了义务教育的免费原则，将素质教育写入法律，体现了教育均衡发展的宗旨。

（4）重视农民工子女的教育。据抽样调查，中国流动儿童失学率达9.3%，近半数适龄儿童未能及时入学，已入学流动儿童还有10%因家庭贫困学业难以为继。农民工子女教育受到中国政府的高度重视。早在2003年，国务院就出台一系列政策，如规定流入地政府要对进城务工就业的流动人口子女教育负责等，以期解决农民工子女教育问题。流入地政府也大都相应采取一些措施提高农民工子女入学率。

（5）加强对中西部贫困地区农村教育的支持。2004年，"农村寄宿制学校建设工程"启动，中央财政为此将投入100亿元人民币建设资金，将用4年的时间，在全国955个县（主要集中在西部地区和贫困地区）建设7 730所寄宿制学校，解决203万名学生的寄宿问题。

从2005年起，免除国家扶贫开发工作重点县农村义务教育阶段贫困家庭学生的书本费、杂费，并补助寄宿学生生活费；从2005年春季学期开始，592个国家扶贫开发工作重点县约1 600万名农村义务教育阶段家庭贫困的中小学生，全部享受"两免"政策。同时，寄宿生将逐步得到相应的生活补助费；对于新增的贫困学生，中央财政将增加免费教科书专项资金数额，地方同时对资助范围内的所有学生免除杂费。

从2006年开始，全部免除西部地区农村义务教育阶段学生学杂费，2007年扩大到中部和东部地区；对贫困家庭学生免费提供教科书并补助寄宿生生活费。免学杂费资金由中央和地方按比例分担，对贫困家庭学生免费提供教科书的资金，中西部地区由中央全额承担，补助寄宿生生活费资金由地方承担。提高农村义务教育阶段中小学公用经费保障水平。建立农村义务教育阶段中小学校舍维修改造长效机制，校舍维修改造所需资金,中西部地区由中央和地方共同承担,东部地区主要由地方承担,中央适当给予奖励性支持。巩固和完善农村中小学教师工资保障机制。

(6)大幅度增加农村教育经费投入。2000年以来,随着农村义务教育管理责任的明确,农村义务教育经费保障机制逐步建立,农村教育经费特别是农村义务教育的投入有了较大幅度增长,中小学危房改造和校舍建设进展加快。2000年农村义务教育经费达920亿元,2002年农村义务教育经费达1 265亿元,2003年农村义务教育经费达1 365亿元,2004年农村小学和初中教育总经费中的政府拨款分别占82.7%和76.6%,比2000年分别提高了16个和14个百分点。截至2006年年底,全国财政安排农村义务教育经费1 840亿元,全部免除了西部地区和部分中部地区农村义务教育阶段5 200万名学生的学杂费,为3 730万名贫困家庭学生免费提供教科书,对780万名寄宿学生补助了生活费。

从2001年起,国家每年安排50亿元资金专项用于中西部贫困地区农村中小学教职工工资的发放;"十五"期间安排50亿元资金用于实施"国家贫困地区义务教育工程";2001—2002年安排30亿元资金,实施"中小学危房改造工程"。

2004年全国教育支出增加421.89亿元,增长14.4%。其中中央财政教育支出增加43.23亿元,增长15%。全国农村教育工作会议提出的新增教育经费主要用于农村的政策得到落实,对农村义务教育的投入大大增加。除一般性(工资)转移支付、税费改革转移支付中用于教职工工资的资金外,中央财政安排用于农村义务教育的各类专项资金达到100亿元,比2003年的58亿元增长72%。

(7)加强农民专业技术培训。2004年全国农民高等学校3所,在校学生2 136人,毕业生474人,有专任教师171人;农民技术培训学校19.2万所,在校学生4 684万人,毕业生5 127万人,专任教师10.6万人。

(8)加强农村劳动力转移培训。随着经济发展水平的提高和新兴产业的兴起,缺乏转岗就业技能的农村富余劳动力的就业难度越来越大,农民工素质亟待提高。

2003年国家下发《2003—2010年全国农民工培训规划》,2003—2005年,对拟向非农产业和城镇转移的1 000万农村劳动力开展转移就业前的引导性培训,对其中的500万人开展职业技能培训;对已进入非农产业就业的5 000万农民工进行岗位培训。2006—2010年,对拟向非农产业和城镇转移的5 000万农村劳动力开展转移就业前的引导性培训,对其中的3 000万人开展职业技能培训。同时,对已进入非农产业就业的2亿多农民工开展岗位培训。

为落实《2003—2010年全国农民工培训规划》,农业部、财政部、劳动和社会保障部、教育部、科技部和建设部共同组织实施"农村劳动力转移培训阳光工程"(简称为"阳光工程")。为做好"阳光工程"的实施工作,六部委制定了《农村劳动力转移培训阳光工程项目管理办法(试行)》。

从2004年开始,农业部等6部门共同启动了"农村劳动力转移培训阳光工程",共培训农村劳动力250万人,培训转移就业率达到90%,全国农村劳动力培训基地超过5500个。

2005年,中央财政进一步增加投入,在中央出资2.5亿元对农村劳动力培训进行补助的情况下,全国各省级财政又安排3亿元资金。继续按照目前的工作机制和管理办法,强化组织领导,加大"阳光工程"实施力度:建立农民档案,摸清农村劳动力的基本情况,了解和掌握本地区培训资源的基本情况和培训能力,做好基础工作;及时发布农村劳动力转移和培训有关政策,搞好信息服务。

二、农村卫生事业

(一)1980—1989年:农村医疗卫生事业弱化

20世纪80年代早期,随着家庭联产承包责任制的实施,依靠集体经济发展起来的农村合作医疗没有了资金支撑。加之国家对农村合作医疗所需要的各项政策支持上出现了诸多问题,资金链完全断裂,合作医疗机构迅速萎缩。截至1989年,合作医疗的参合率下降到4.8%。由于农村合作医疗制度的逐渐消失及各种原因,农民"因病致困,因病返穷"情况越来越多,绝大部分农民得不到相应的医疗保障。

(二)1990—1999年:农村医疗卫生事业的恢复和重建

针对农村地区逐步恶化的医疗卫生情况,1991年国务院批转了卫生部《关于改革和加强农村医疗卫生工作的请示》。该请示首先承认了传统合作医疗取得的成就,主张在传统合作医疗的基础上逐步推行医疗保健制度,最终实现"人人享有卫生保健"目标,并要求各地参照执行。农村合作医疗似能"重生",但由于没有具体制度措施,更重要的是城乡二元结构没有彻底打破,城乡医疗资源仍不平衡,此次的合作医疗难免有"旧瓶装新酒"之嫌。1993年中共中央在《关于建立社会主义市场经济体制若干问题的决定》中提出要"发展和完善农村合作医疗制度",并于1994年开始试点并推广实施。1997年国务院颁布《关于卫生改革与发展的决定》指出,举办合作医疗应在政府的组织和领导下，坚持民办公助和自愿参加的原则，筹集资金以个人投入为主，集体支持，政府适当支持。但在减轻农民负担中，在同年农业部颁布的《减轻农民负担的条例》中，将农民"合作医疗"列为"交费"项目，成为农民负担而不加以征收。筹资机制的不完善导致农村合作医疗工作更加举步维艰。

（三）2000 年以来：农村医疗卫生事业进入稳定发展阶段

2001 年国务院转发卫生部《关于农村卫生改革和发展的指导意见》，指出"农民在自愿的前提下为保障自身健康付出较少财力，必不会对农民今后生活造成负担，所以农民参与合作医疗的费用不应视为'交费'项目"。2002 年 10 月，中央下发了《关于进一步加强农村卫生工作的决定》，提出由中央政府出资引导，逐步建立新型农村合作医疗制度。2003 年 1 月，国务院办公厅转发《卫生部、财政部、农业部关于建立新型农村合作医疗制度的意见》，对新型农村合作医疗作出最新的定义，即新型农村合作医疗是有政府组织、引导、支持、农民自愿参加，个人、集体和政府多方筹资，以大病统筹为主的农民医疗互助共济制度。同时文件提出，从 2003 年先行试点，取得经验后逐步推开。2003 年是新农合实施的起步之年，这一年新农合试点县（市）为 304 个，参加新农合农民 6 450 万人，覆盖农业人口 9 300 万人，试点县（市）参合率为 69%。在认真总结试点经验的基础上，新型农村合作医疗的试点县不断扩大。截至 2009 年年底，开展新农合的县（区、市）达 2 716 个，新型农村合作医疗覆盖率达 95%，提前实现"十一五"规划提出的 80% 的约束性指标；参合人口 8.33 亿，参合率为 94%，高于中央提出的 90% 的参合率。2009 年全国新型农村合作医疗筹资总额为 944.4 亿元，支持总额为 922.9 亿元，人均筹资 113.4 元，补偿受益达 7.59 亿人次。

新农合开展以来，农村基层医院无疑是除参合农民以外的"第二受益者"。各级政府都加大了对农村卫生基础建设与公共医疗卫生的投入，同步推进农村卫生服务体系建设。2004—2010 年，各级政府陆续安排 216 亿元，实施农村卫生服务体系建设与发展规划，对县、乡、村三级卫生机构进行建设和改造，引进先进医疗设备，积极改善农村卫生条件。同时，大力解决基层医院人员工资待遇顽疾，启动了全国乡村医生的系统培训，支持乡镇技术人员与乡村医生再教育工作。通过这些工程的实施，农村三级医疗服务体系基本形成。县级医院作为县域内的医疗卫生中心，主要负责基本医疗服务及危重急症病人的抢救，并承担对乡镇卫生院、村卫生室的业务技术指导和卫生人员的进修培训；乡镇卫生院负责提供公共卫生服务和常见病、多发病的诊疗等综合服务，并承担对村卫生室的业务管理和技术指导；村卫生室承担行政村的公共卫生服务及一般疾病的诊治等工作。截至2009年年底，全国2 003个县（县级市）共设有县级医院9 238所、县级妇幼保健机构1 987所、县级疾病预防控制中心2 243所、县级卫生监督所1 821所，上述四类县级医疗卫生机构共有卫生员174.2万人。全国3.42万个乡镇共设有3.8个乡镇卫生院，床位93.3万张，比2005年提高了37.6%；卫生人员113.1万人，比2005年提高了11.8%。全国59.9万个行政村共设有63.3万个村卫生室，比2005年增长了8.5%，村卫生室覆盖率达90.4%，比2005年提高了4.6个百分点。

第三节 农村文化事业

一、1978—1985年：农村文化事业有所发展

改革开放以后，虽然对农村文化的规定很少成文，但从实际情况看，1985年以前农村文化场所及文化团体发展迅速。统计资料显示，县级以下文化部门机构由1983年的5 160个增加到1985年的6 080个。其中，县级以下电影院由1983年的1 246个，增加到1985年的1 623个；农村放映队由1983年的11.6万个，增加到1985年的13.8万个；农村集镇文化中心由1983年的7 956个，增加到1985年的10 172个；乡文化站从1983年的4 050个，增加到1985年的47 577个。

二、1986—1999年：农村文化事业稳步发展

1986年以后，虽然农村乡文化站及集镇文化中心还在不断增加，但农村业余演出组织出现减少趋势。1986年，业余演出组织比1985年减少了6 550个。到1989年，乡文化站、集镇文化中心以及业余演出组织同时减少，分别为32 960个、11 080个和48 782个。其后的几年，虽略有恢复，但到1999年，只有集镇文化中心增加到31 627个，乡文化站和业余演出队则分别下降到39 719个和31 627个。针对农村文化建设不断弱化的趋势，国家出台各项政策和措施，利用各种形式，加强农村文化建设。

(一) 加强农村基层文化建设

对于加强农村文化建设问题，有据可查的文件规定最早在1991年6月，国务院批转文化部《关于文化事业若干经济政策意见的报告》，明确指出，"八五"期间，要努力做到县县有图书馆、文化馆，乡乡有文化站。根据资金情况，对农村文化事业有重点地给予补助。1992年5月，文化部发出的《文化站办法》规定，文化站工作要坚持"为人民服务，为社会主义服务"的方向和"百花齐放，百家争鸣"的方针，要发挥当地政府、集体经济和社会力量的积极性，因地制宜、讲求实效，持续、稳定地发展。要组织开展丰富多彩的、群众喜闻乐见的文化娱乐体育活动及电影、录像放映等活动。文化站一般配备专职干部1~3名。文化站经费要列入当地财政支出预算，并随着经济和社会的发展逐年递增。同时，明确规定，文化站一经设立，不得随意撤销、合并或改变其名称和性质。

1997年，各级文化主管部门，以小康文化建设为目标，加大了农村文化工作的力度。提出了以城带县、以乡带村的城乡一体化构想，进一步明确了分批建"文化典范村"的思路。在"三下乡"活动中，许多地方以不同方式送书下乡，送知识、信息下乡，支援乡镇图书馆（室）建设，把"送"和"建"结合起来。

1998年10月，中共十五届三中全会明确指出，到2010年，建设有中国特色社会主义新农村的目标之一是，"在文化上，坚持全面推进农村社会主义精神文明建设，培养有理想、有道德、有文化、有纪律的新型农民。建设农村文化设施，丰富农民的精神文化生活"。

1998年11月，为贯彻落实中共十五届三中全会精神，进一步加强农村文化工作，文化部提出《关于进一步加强农村文化建设的意见》，要求各级文化部门，进一步提高对新形势下农村文化工作重要性的认识，增强抓好农村文化建设的自觉性。明确农村文化建设的指导思想，把握农村文化建设目标，搞好"两馆一站一室"建设，进一步推动"万村书库"建设，管好、用好文化设施，进一步加大对农村文化建设的投入。同时，积极开展丰富多彩的文化活动，进一步搞好文化下乡活动和文化扶贫，积极开展农民读书活动，搞好农村电影发行放映工作，繁荣农村文艺创作，搞好重点文化建设活动，稳定和提高农村文化队伍。

1999年，全国知识工程实施方案提出了"每年在全国发展1 000个标准乡镇、街道图书馆"的目标，制定了全国标准乡镇、街道图书馆评选标准。许多地方也制定了乡镇图书馆建设规划，开展乡镇图书馆评估定级工作，促进了乡镇图书馆的健康发展。

（二）开展创建文化先进县和建万里边境文化长廊

1994 年，18 部委联合发出《关于共建万里边境文化长廊的意见》，其重要目的之一就是进一步加强农村文化建设。同年，文化部发出《关于加强文化工作的若干意见》，明确指出不少农村文化建设严重滞后于经济发展，出现了滑坡现象。各地要抓紧文化馆、图书馆和文化站的巩固和补建工作，重视农村集镇文化中心的发展提高，积极拓宽农村文化经费渠道，采取多种措施，培养提高农村文化工作队伍，继续抓好重点文化工程建设，创建文化先进县、建设万里边境文化长廊、实施少儿文化"蒲公英计划"。

1996 年，创建文化先进县活动和万里边疆文化长廊建设以及实施少儿文艺"蒲公英计划"的进一步深入。1996 年 5 月，文化部召开第四次全国文化先进县经验交流会，总结推广河北等地以小康文化目标开展创建活动的热潮。截至 1996 年年底，全国所有省、区、市开展了创先进县的活动，边疆 18 个省、区全面开展了文化长廊的建设工作，"蒲公英计划"在一些地方也取得新进展。共涌现 120 个全国文化先进县，83 个万里边疆文化长廊建设先进地区行政单位，建成 21 个国家级"蒲公英农村儿童文化园"。截至 1996 年，有 245 个乡被命名为民间艺术之乡，33 个乡被命名为特色艺术之乡。命名活动弘扬了民族民间艺术，培养了一批民间艺术创作队伍，举办了各种民间艺术节，吸引了广大农民的热情参与，一些艺术特色之乡靠民间艺术走上致富道路。

（三）开展文化下乡活动

1995 年 11 月 27 日，中宣部、农业部、文化部、广播电影电视部、新闻出版署、团中央、全国妇联、中国科协等部门联合发出《关于开展组织文化下乡活动的通知》，决定在 1995 年冬天到次年春天，集中开展一次组织文化下乡的活动。1996 年 4 月 5 日，中宣部、农业部、新闻出版署、中国科协做出《关于在文化下乡活动中突出抓好科技下乡的通知》。由于各地各部门开展的文化下乡活动，促进了农村文化建设，改善了农村社会风气，密切了党群干群关系，受到农民普遍欢迎，在社会上引起强烈反响。1996 年，中共十四届六中全会后，为促进农村社会主义精神文明建设，中宣部、国家科委、文化部、农业部、卫生部等 10 部门把文化下乡引向深入，联合发出《关于开展文化科技卫生"三下乡"活动的通知》，决定在全国农村开展文化科技卫生"三下乡"活动。通知把开展文化、科技、卫生"三下乡"活动当作"在农村贯彻党的十四届六中全会精神的一个重要举措，是党全心全意为人民服务宗旨的具体体现"，并强调在"三下乡"中大力宣传"爱国守法、明礼诚信、团结友善、勤俭自强、敬业奉献"20 字基本道德规范，努力提高农民道德素质，促进农村社会风气不断好转。

三、2000—2012 年：农村文化事业建设得到加强

为进一步加强农村文化建设，2000 年 5 月，文化部发出《关于加强全国农村演出市场管理，丰富农民文化生活的通知》，提出要根据各地区农村文化生活的实际需要，把农民群众喜闻乐见的文化节目送到农民群众中去。2001 年，文化部发出《关于贯彻落实"三个代表"重要思想，进一步加强农村文化工作的通知》，要求各地要认真贯彻落实"三个代表"重要思想，组织创作反映改革开放以来农村干部先进人物和先进事迹的作品，加强文化设施建设，为广大农民提供基本的文化活动场所，力争在 2~3 年内，实现县县有图书馆、文化馆或综合性文化中心的目标。加强农村图书馆、文化馆、文化站在职人员培训、在丰富的文化活动中增强农村文化工作的影响力和渗透力。

2002 年，国务院办公厅转发文化部等三部委《关于进一步加强基层文化建设的指导意见》，提出在"十五"期间，以社区和乡镇为重点，全面加强文化阵地、文化队伍、文化活动内容和方式的建设，努力满足广大人民群众日益增长的精神文化需求。同时要求，"农村要因地制宜建设乡镇文化站和村文化室；地广人稀、人口分散的少数民族地区、边疆地区、边远山区和农牧区要积极发展流动文化车、汽车图书馆和流动剧场等"。"要积极解决农村电影放映队伍的编制问题。""利用现代科技推动先进文化传播。要建立和完善文化信息网络服务体系，加快网络服务平台建设，提高资源共享水平。特别要从提高农民的阅读水平和质量入手，发展网络终端，普及网络应用知识。"尤其是要"推进农村文化活动方式的创新。继续发展民间艺术之乡、特色艺术之乡和民族民间文化生态保护区，继承和发展民族民间传统特色艺术。充分利用农闲时间、集市和民族民间传统节日，开展生动活泼的文化活动。努力搞好农村电影发行放映工作，力争实现每村每月放映一场电影的目标。鼓励发展庭院文化。艺术表演团体、群艺馆、文化馆、图书馆、电影公司等要在文化、科技、卫生'三下乡'活动中发挥作用，深入基层为群众送戏、送书、送电影、送文化科技知识。要充分发挥流动文化车、文化小分队的作用，积极探索灵活多样、行之有效的文化下乡新方法和新形式"。同年，共青团中央和文化部联合发出《关于切实加强农村青年文化建设的意见》，提出要"定期开展丰富多彩、群众喜闻乐见的文化活动，推出一批富有传统特色和时代特征、积极向上的农村青年文化项目，培育一批个人素质好、示范带动强的农村青年文化带头人，创建一批辐射范围广、富有生机活力的农村青年文化阵地，逐步形成以文化活动

为途径，以文化项目为载体，以文化阵地为依托，以文化人才为骨干，以繁荣农村青年文化生活、提高农村青年综合素质、促进农村经济社会发展为根本目的农村青年文化建设新格局。"

2003年，文化部、财政部印发《送书下乡工程实施方案的通知》，明确提出，自2003年至2005年，在全国贫困地区实施送书下乡工程，向300个国家级扶贫开发重点县和3 000个乡镇，赠送农村适用图书390万册。2004年，文化部办公厅印发了《关于开展农村文化建设和农民自办文化调研工作的通知》。调研的主要内容包括农村文化建设的基本情况、各地推动农村文化建设的好经验、好做法，当前农村文化建设的主要困难和问题，以期通过此次调研，提出加强农村文化建设和推动农民自办文化的具体政策性建议和措施。

2003年，全国基层文化工作以推进"四基"建设，贯彻全国基层文化工作会议和国办7号文件精神为中心任务，围绕农村乡镇和城市社区文化建设两个重点，继续在基本建设上下功夫，加强了对西部地区、少数民族地区文化建设的扶持力度，县级图书馆、文化馆两馆建设项目顺利实施。

2005年12月，中共中央、国务院发出《关于进一步加强农村文化建设的意见》，强调指出，要大力推进广播电视进村入户，积极发展农村电影放映，开展农村数字化信息服务，推动服务"三农"的出版物出版发行，加强乡村文化设施建设。提出到2010年实现县有文化馆、图书馆，乡镇有综合文化站，行政村有文化室。同时，加大文化资源向农村的倾斜，丰富农民群众精神文化生活，创新农村文化建设的体制和机制，动员社会力量支持农村文化建设，大力发展农村民办文化，加强对农村文化建设的组织领导，规范农村文化市场。2006年的中央一号文件提出要进一步繁荣农村文化建设，要求各级财政要增加对农村文化发展的投入，加强县文化馆、图书馆和乡镇文化站、村文化室等公共文化设施建设，继续实施广播电视"村村通"和农村电影放映工程，发展文化信息资源共享工程农村基层服务点，构建农村公共文化服务体系。此后，中央一号文件连续多年强调要加强农村文化建设。在"十一五"期间，农村文化建设政策的主要着力点在于推进农村文化建设的五项重点工程。①

（一）广播电视"村村通"工程

2006年1月，国家广播电影电视总局召开了广播电视村村通工作现场会，会上中

---

① 唐园结编：《黄金十年——党的十六大以来强农惠农富农政策轨迹》，北京，中国农业出版社，2012。

共中央政治局常委李长春指出,村村通工程是一项把党和政府的声音传入农村千家万户的政治工程,是最现实、最有效地把文化活动室办到农民群众家中的文化工程,是农村社会主义精神文明建设的基础工程,是深受广大农民群众欢迎的民心工程。2006年4月,国家发展和改革委员会办公厅、财政部办公厅、国家广电总局办公厅联合下发了关于编制"十一五"期间20户以上已通电自然村广播电视村村通建设规划的通知。截至2006年6月底,全国共投入资金36.4亿元,完成了11.7万个已通电行政村和10万个50户以上已通电自然村的村村通建设,修复了1.5万个"返盲"行政村,有效地解决了近亿农民群众收听收看广播电视难的问题。在全面完成"十一五"农村中央广播电视节目无线覆盖工程建设任务的基础上,为完善覆盖效果,2008年,中央财政安排专项资金进行农村中央广播电视节目无线覆盖补点工程建设。在各级广电部门的共同努力下,2009年年底前,工程建设已完成逾80%,新开设448部电视、调频和中波发射机。

(二)农村电影放映工程

2006年,为进一步推进"农村电影放映工程",中宣部、广电总局、文化部制定了《农村电影改革发展试点工作方案》,动员安排农村电影改革发展暨数字化放映试点工作。方案确定在浙江、广东、河南、江西、陕西、湖南、吉林、宁夏8个省(区)的16个市,按照"企业经营、市场运作、政府买服务"的思路进行农村电影改革发展试点,目的是为了改变农村群众看电影难的问题,旨在从改善农村电影放映基础设施条件入手,以数字化放映为先导,以改革旧的放映体制、组建新的农村电影数字院线为重点,努力到2010年实现一村一月放映一场电影的目标。截至2010年2月,国家向中、西部地区资助近6亿元的电影放映设备,共计1.7万多套;下发场次补贴资金近10亿元。截至2010年年底,全国组建农村电影数字院线218条,有数字放映队28 730支,基本完成16毫米胶片放映向数字放映的过渡。

(三)乡镇综合文化站建设

为促进全国乡镇综合文化站建设,国家发展和改革委员会、文化部根据《国民经济和社会发展第十一个五年规划纲要》《国家"十一五"文化发展规划纲要》和中办、国办《关于进一步加强农村文化建设的意见》要求,在总结新中国成立以来中国农村乡镇文化设施建设和发展经验的基础上,制定了"十一五"全国乡镇综合文化站建设规划。按照《"十一五"全国乡镇综合文化站建设规划》的有关要求,为进一步加强乡镇综合文化站建设,改善农村地区基层公共文化服务条件,促进文化事业的持续、健康发展,国家发展和改革委员会安排中央预算内投资,用于支持乡镇综合文化站建设。2007年全国共规划建设534个乡镇综合文化站，总投资15 320万元。其中，安排中央投资10 000万元，地方配套5 320万元。截至2010年年初，中央财政共投入资金21亿元，完成规划总投资的53%，新建、改扩建1.2万个乡镇综合文化站。此外，中央财政还投入专项资金4.83亿元，为已建成的3 586个乡镇综合文化站配备了文化共享工程设备和开展文化活动必需的设备器材，并新增加0.41亿元资金，为西部地区484个街道文化站和3 112个乡镇综合文化站赠送电脑21 200台，有效解决文化站"空壳"问题，提高服务群众的能力。

（四）文化信息资源共享工程

全国文化信息资源共享工程（以下简称"文化共享工程"）是2002年起文化部、财政部组织实施的一项社会主义文化建设标志性工程。2005年1月，文化部和教育部联合印发了《教育部、文化部关于在农村中小学实施全国文化信息资源共享工程的通知》，部署农村中小学现代远程教育与文化共享工程共建共享工作。2006年12月，全国农村党员干部现代远程教育试点工作领导协调小组办公室与全国文化信息资源共享工程领导小组办公室联合印发了《关于做好农村党员干部现代远程教育工程与全国文化信息资源共享工程资源整合工作的通知》，要求做好农村党员干部现代远程教育工程与全国文化信息资源共享工程的资源整合工作。2008年10月，中共十七届三中全会通过的《中共中央关于推进农村改革发展若干重大问题的决定》强调，要推进文化共享工程建设等重点文化惠民工程，尽快形成完备的农村公共文化服务体系。2009年2月，由文化部全国文化信息资源建设管理中心组织的2009年度全国文化信息资源共享工程资源建设与培训工作会议在北京召开。会上对2009年全国文化共享工程资源建设和培训工作进行全面部署。农村文化共享工程的目标是到2010年，实现县县建有支中心，乡乡建有基层服务点，努力实现"村村通"。重点支持边远贫穷地区乡镇、村基层服务点建设，计划建设833个县分中心，使县分中心总计达到2 010个，基本覆盖所有县；建设3.8万多个乡镇基层中心，建成覆盖所有乡镇的工程基层网络；行政村的基层服务点达到32万个，覆盖50%的行政村。

（五）农家书屋

农家书屋工程是农村文化建设的基础性工程，是主要由政府投入建设的公益性文化事业，是社会主义新农村建设的重要组成部分，是保障人民群众基本文化权益、满足人民群众基本文化需求的重要途径之一。十届全国人大五次会议审议通过的《政府工作报告》指出，要着眼于满足人民群众文化需求，保障人民文化权益，逐步建立覆盖全社会的公共文化服务体系,突出抓好农家书屋工程。《国家"十一五"时期文化发展规划纲要》亦对实施农家书屋工程提出了明确的要求。① 为了有效整合资源,避免重复建设,最大限度发挥各部门的作用,惠及广大农村群众,2007年上半年,新闻出版总署、中央文明办、国家发展和改革委员会、科技部、民政部、财政部、农业部、国家人口计生委联合下发了《农家书屋工程实施意见》,对实施农家书屋工程的原则、目标和任务等进行了具体部署。国家规划"十一五"时期在全国建成农家书屋20万个,2015年基本覆盖每个行政村。2008年,中央财政拨付农家书屋工程专项资金6.128亿元,各地也加大了投入,辽宁、上海、江苏、福建、北京等省市提出要提前完成农家书屋工程全部建设任务。2009年,中央财政安排13.954亿元专项资金,以确保提前完成农家书屋工程"十一五"规划。农家书屋工程建设从无到有、由点及面、从最初试点到快速发展的历程,开创了新闻出版业走出城市、面向农村、服务社会主义新农村建设的新路子。

第四节　农村社会福利事业

农村社会福利事业是指对农村生活能力较弱的儿童、老人、母子家庭、残疾人、慢性精神病人等的社会照顾和社会服务。社会福利包括的内容十分广泛,不仅包括生活、教育、医疗方面的福利待遇,而且包括交通、文娱、体育、欣赏等方面的待遇。农村社会福利事业是一种服务政策和服务措施,其目的在于提高广大农村弱势群体的物质和精神生活水平,使之得到更多的享受;同时,也是一种职责,是在社会保障的基础上保护和延续有机体生命力的一种社会功能。

一、农村"五保"户供养

农村社会福利事业发展的成就主要集中在农村"五保"户供养问题上。我国政府历来重视农村社会福利事业,早在农业合作化时期,中国就建立了农村"五保"户供

---

① 按照政府资助建设、鼓励社会捐助、农民自我管理的要求,与农村基层组织活动场所建设等相结合,稳步推进农家书屋工程建设。每个书屋要拥有一定数量的党报党刊和适合农民阅读的经济、科技、法律、卫生、文化类图书、期刊和音像制品,做到内容丰富、服务规范、农民满意。到2010年建成农家书屋20万个,2015年基本覆盖每个行政村。

养制度，长期坚持对无劳动能力、无生活来源、无法定扶养义务人的老年人、残疾人和未成年人在衣、食、住、医、葬（教）等方面给予保障。这一政策在保障农村困难群众生存权益、维护农村社会稳定中发挥了作用。中共十一届三中全会以来，随着农村各项方针政策的落实，农村经济有了很大的发展，农民生活有了较大的改善，为做好"五保"户供养工作创造了有利条件。1981年，民政部发出关于检查对"五保"户生活安排情况的通知，要求各地对所属社队的"五保"户，要组织力量，逐户探访。1982年，民政部开展了农村"五保"户普查，初步摸清了农村"五保"户的底数，并完成了"五保"户的评定。同时明确规定，普查评定后，要逐户落实供给措施。不论实行什么样的责任制都要强调集体统筹供养，发给"五保"供给证。在"五保"对象同意的情况下，经过批准，也可以采取其他供养形式。1983年，中共中央关于当前农村经济政策的若干问题指出，要开展多种经营，以工代赈，改变单纯救济做法。1988年和1991年两年的春节前夕，民政部发专文，要求县以上各级民政部门要邀请当地党政领导和有关部门，有重点地深入群众生活困难和"五保"户工作问题较多的地区，走访"五保"户和特困户，广泛开展为"五保"户和特困户做好事、送温暖活动，动员社会力量关心帮助他们。

对于农村"五保"户的供养问题，民政部在"八五"期间民政工作的基本任务中也有专条规定，提出农村要继续推广以乡镇统筹为主的多种形式的"五保"供养制度，建立以敬老院为依托的"五保"服务中心，开展创建文明敬老院活动。1993年，民政部《关于春节期间走访慰问五保户、特困户的通知》中指出，通过走访慰问，重点检查"五保"供养、特困户救济补助和城市"三无"孤老残幼定期定量救济的落实情况。尤其要检查《农民承担费用和劳务管理条例》中关于公益金和乡统筹费用于"五保"户供养、特别困难户补助的落实情况。1994年，国务院颁发了《农村五保供养工作条例》（国务院令第141号），强调指出"五保"供养是农村集体福利事业，农村集体经济组织负责提供"五保"供养所需的经费和实物，乡、民族乡和镇人民政府负责"五保"供养工作的实施。重新明确了"五保"供养的对象、"五保"供养的内容和形式，对农村"五保"供养工作提供了政策保障。

2002年第十次全国民政工作会议提出新时期的民政工作，"要以城市社区和农村乡镇为重点""建立以城市居民最低生活保障和农村'五保'供养制度为基础，临时社会救济为补充、各项政策优惠相配套的社会救济体系"。农村税费改革试点全面推开后，"五保"供养出现了一些新情况、新问题。对此，中共中央国务院给予高度关注。

2003年，民政部《关于进一步做好农村特困户救济工作的通知》中强调指出，对"五保户"，要按照国务院《农村五保供养工作条例》规定，符合条件的及时纳入"五保"供养范围，在税费改革中要进一步落实"五保"供养资金，确保"五保"人员的供养标准不低于当地的一般生活水平。2004年，政府工作报告明确提出"完善农村'五保户'生活保障制度，确保供养资金"。同年，民政部、财政部、国家发展和改革委员会会员会发出《关于进一步做好农村五保供养工作的通知》，要求各地民政部门要规范"五保"管理，实现"应保尽保"，要进一步加强敬老院建设，发动社会力量，支持"五保"供养工作。

二、农村社会福利设施的发展

农村福利设施主要是县、乡、村各级兴办的敬老院、福利院、光荣院等。1997年，民政部制定并发布了《农村敬老院管理暂行办法》，使中国农村敬老院管理工作进入制度化、规范化的管理阶段，对促进农村社会保障制度的建立与完善，弘扬中华民族尊老爱幼、扶助鳏寡孤独的传统美德，促进农村经济发展和社会稳定，加强社会主义精神文明建设，起到了重要作用。

改革开放以来，农村老年收养性福利机构的发展有五个阶段：第一阶段为1983—1991年，其中1989年为顶峰，此时的农村老年收养性福利机构由7 843个发展到29 625个；第二阶段为1991—1995年，其峰顶为1993年，此时的农村老年收养性福利机构达到26 650个；第三阶段为1995—1997年，农村老年收养性福利机构数最高一年是1996年，为40 130个，成为历史最高年，其后1997年则陡降到16 498个，因此，这一阶段也成为变化最突出的一年；第三阶段为1997—2004年，农村老年收养性福利机构最高的一年是1998年，数量为39 377个，2003年达到峰谷，农村老年收养性福利机构为24 343个，2004年重新开始回升，农村老年收养性福利机构数量为26 442个，2006年进一步增加到31 373个。

三、农村社会救济

中国农村实现合作化后，农民的生、老、病、死就基本依靠集体经济力量给予保障。对无依无靠的孤寡老人、残疾人和孤儿，由集体实行"五保"供给制度，这些措施还被列入1956年的《高级农业生产合作社示范章程》中加以确认。改革开放后,尤其是20世纪80年代,中国社会救济制度改革的重点也主要放在农村,当时的农村救济工作主要有4个方面:救灾、救济、"五保"和扶贫。

对于社会救济的各方面,都有明确的方针政策。1979年,民政部指出,各地要广泛开展群众性生产自救,切实安排好灾区群众的生活。灾区群众缺钱买粮的困难,主要应当依靠生产自救解决;经过生产自救仍有困难的,要通过生活贷款、预购定金、救济款等多种渠道解决。1980年,民政部再次强调了生产自救的方针,并强调,应享受救济的户,款要随粮走,发证到户,分月领取。1981年,国务院转发民政部关于进一步加强生产救灾工作的报告提出,要着重帮助那些收入少、困难大、自救能力弱的社员解决问题,在同等情况下优先把烈属、军属和无依靠的孤寡老人的生活安排好。1983年第八次民政工作会议提出"依靠群众,依靠集体,生产自救,互助互济,辅之以国家必要的救济和扶持的救灾方针,在农村普遍建立了以救灾为目的的互助储金会、储粮会"。这时期的社会救济在农村主要是部分"五保"户。

1986年,根据"七五"计划,民政部提出建立社会保障制度,要求在贫困地区主要搞救济和优抚,首先解决"五保"户和群众的温饱;经济中等水平地区,在救济优抚的基础上,开展福利生产,兴办福利事业,开展群众性的互助储金活动;经济发达地区,应在上述基础上,引导群众开展社会保险。1988年,民政部、商业部就农村灾区群众生活问题发出专门通知明确,指出要过细安排口粮,管好用好救灾款。救济的重点是既无经济来源,又无钱买粮和无法过冬的困难灾民;对灾区"五保"户、特困户和烈军属户,应予优先照顾。

为改革农村救灾机制,根据国务院办公厅和国务院领导的指示,1989年,中国人民银行、民政部发出《关于农村救灾保险试点工作若干问题的通知》,明确规定了农村救灾保险资金来源以国家、集体、个人共同承担,以个人为主的原则,并在县一级设立救灾保险互救会。"八五"期间民政工作的主要任务是,要逐步完善农村社会保障体系。贫困地区要搞好救灾、救济;中等地区重点是发展以敬老院、福利厂和互助储金会为主体的社会保障事业;富裕地区要开展农村养老保险试点,探索建立农村养老保险制度。1993年,民政部《关于做好农村社会养老保险工作几个问题的通知》再次重申,坚持自愿原则,因势利导,不搞一刀切,不搞一个时间表。据统计,到1995年年底全国农村贫困对象由1989年的8 000多万人减少到6 500万人。在大力扶持有劳动能力的贫困对象发展生产的同时,对缺少劳动能力、不具备扶持条件的贫困对象由国家和集体给予救济和补助。从 1979 年到 1994 年的 15 年间，国家和集体用于农村社会救济和补助资金累计达 70 多亿元，共计救济 6.4 亿多人次，使农村贫困对象的基本生活得到保障，促进了农村经济和社会的持续健康发展。

大力推广农村定期救济。长期以来，国家对农村的社会救济主要是采取临时救济的方式，这种方式具有一定的随意性，而且临时救济费被挤占、挪用的现象较多。为了保证农村社会救济费的正常使用，加大对贫困对象的保障力度，一些地方开始试行对农村贫困对象扩大定期救济。这项改革到 20 世纪 80 年代初有了较大发展。推行农村定期救济，使农村临时救济费改为"人头费"固定使用，不仅有效地防止了挤占、挪用救济费的问题，也提高了对贫困对象的保障水平，促进了救济工作的规范化。

实行乡镇统筹集体困难补助费。随着改革的深入，农村集体经济迅速发展壮大。但是，一些贫困地区、灾区的集体经济发展缓慢。这些地方村集体的经济薄弱，群众的经济承受能力低。村集体的公益金无力负担集体困难补助费，仅靠国家有限的救济无法包下来，因此需要寻找新渠道解决贫困对象的生活保障问题。一些地方通过探索，采取由乡镇统筹集体困难补助费的办法，为筹集集体困难补助费开辟了新的来源，取得了较好的效果。首先，拓宽了集体困难补助费的来源。乡镇统筹改变了集体困难补助费依靠村公益金的单一渠道，较好地解决了贫困村无力筹集集体补助的困难。其次，提高了集体对贫困对象的保障能力。在贫困地区、乡镇一般比村集体具有较强的经济实力和保障能力，由乡镇统筹集体困难补助费，增强了集体的保障能力，使贫困对象的生活得到切实保障。再次，有利于平衡群众的负担，解决了群众负担畸轻畸重的问题。贫困村的贫困人口较多，单纯依靠村公益金筹集集体补助，导致群众的负担较重。实行乡镇统筹困难补助费，可以减轻贫困村群众的负担，在一定范围内缩小群众之间负担的差距。

试行建立农村最低生活保障线制度。1994 年第十次全国民政会议提出，在全国大中城市建立居民最低生活保障线制度，并作为民政工作深化改革的一项重点任务，进一步加大了城市社会救济改革的力度，推动了城市建立居民最低生活保障线工作的进展，同时也为建立农村最低生活保障线制度提供了有益的借鉴，创造了一定的条件。少数有条件的地方率先进行了建立农村最低生活保障线的试点工作，取得了初步的经验。到 1995 年年底，全国已有广东、广西、山东、山西、上海等地方的一些乡镇建立了最低生活保障制度，从试点的情况看，农村最低生活保障的对象是家庭人均收入低于最低生活保障线的村民。保障的方式是发放现金与实物救济相结合，最低生活保障线的标准是由县或乡镇人民政府制定。保障资金采取县和乡镇分级负担。救济的程序是，由救济对象向村民委员会提出申请，村民委员会审核后，报乡镇民政办事机构审批，并报县民政部门备案。农村最低生活保障线的实施和管理由县级民政部门和乡镇民政办事机构负责。如广西武鸣县于1996年2月在全县农村实施了最低生活保障线。保障线的标准是贫困对象每人每月40元，"五保"对象每人每月65元。保障资金采取县和乡镇分级负担，每年县、乡镇两级财政需增加救济经费121万元。其中，县财政负担占65%，乡镇财政负担占35%。实行最低生活保障线以后，全县农村家庭人均低于保障线的3347名贫困对象领取了救济金，生活有了切实保障。

建立农村最低生活保障制度。为贯彻落实中共十六届六中全会精神，切实解决农村贫困人口的生活困难，国务院决定，2007年在全国建立农村最低生活保障制度。农村最低生活保障对象是家庭年人均纯收入低于当地最低生活保障标准的农村居民，主要是因病残、年老体弱、丧失劳动能力以及生存条件恶劣等原因造成生活常年困难的农村居民。建立农村最低生活保障制度，实行地方人民政府负责制，按属地进行管理。农村最低生活保障标准由县级以上地方人民政府按照能够维持当地农村居民全年基本生活所必需的吃饭、穿衣、用水、用电等费用确定，并报上一级地方人民政府备案后公布执行。

四、新型农村社会养老保险

新型农村社会养老保险（简称"新农保"）是以保障农村居民年老时的基本生活为目的，建立个人缴费、集体补助、政府补贴相结合的筹资模式，养老待遇由社会统筹与个人账户相结合，与家庭养老、土地保障、社会救助等其他社会保障政策措施相配套，由政府组织实施的一项社会养老保险制度，是国家社会保险体系的重要组成部分。

根据中共十七大和十七届三中全会精神，国务院决定，从2009年起开展新型农村社会养老保险试点，覆盖面为全国10%的县（市、区、镇），以后逐步扩大试点，在全国普遍实施，2020年之前基本实现对农村适龄居民的全覆盖。

新农保的参保范围广泛，凡是年满16周岁（不含在校学生）、未参加城镇职工基本养老保险的农村居民，可以在户籍地自愿参加新农保。新农保基金由个人缴费、集体补助、政府补贴构成。在个人缴费方面，参加新农保的农村居民应当按规定缴纳养老保险费。缴费标准设为每年 100 元、200 元、300 元、400 元、500 元 5 个档次，地方可以根据实际情况增设缴费档次。参保人自主选择档次缴费，多缴多得。国家依据农村居民人均纯收入增长等情况适时调整缴费档次。在集体补助方面，有条件的村集体应当对参保人缴费给予补助，补助标准由村民委员会召开村民会议民主确定。鼓励其他经济组织、社会公益组织、个人为参保人缴费提供资助。在政府补贴方面，政府对符合领取条件的参保人全额支付新农保基础养老金，其中中央财政对中西部地区按中央确定的基础养老金标准给予全额补助，对东部地区给予 50% 的补助。地方政府应当对参保人缴费给予补贴，补贴标准不低于每人每年 30 元；对选择较高档次标准缴费的，可给予适当鼓励，具体标准和办法由省（区、市）人民政府确定。对农村重度残疾人等缴费困难群体，地方政府为其代缴部分或全部最低标准的养老保险费。

养老金待遇领取方面，年满 60 周岁、未享受城镇职工基本养老保险待遇的农村有户籍的老年人，可以按月领取养老金。新农保制度实施时，已年满 60 周岁、未享受城镇职工基本养老保险待遇的，不用缴费，可以按月领取基础养老金，但其符合参保条件的子女应当参保缴费；距领取年龄不足 15 年的，应按年缴费，也允许补缴，累计缴费不超过 15 年；距领取年龄超过 15 年的，应按年缴费，累计缴费不少于 15 年。

截至 2013 年，全国约半数省份将新农保与城镇居民社会养老保险合并，称为城乡居民社会养老保险，即不再区分城市户籍和农村户籍，只要没有参加城镇职工养老保险，符合参保条件就可以参加城乡居民养老保险，符合领取待遇条件就可以领取城乡居民养老保险待遇，而且两种户籍缴费、领取待遇的条件和规则相同。各省也同时规定了两种制度的衔接问题。①

第五节　农村生态文明建设

1978 年以来，随着城市化和工业化的发展，大气污染、水污染等逐步向农村扩散，从而在一定程度上加剧了农村生态问题。1979 年召开的五届人大十一次会议上通过《中华人民共和国环境保护法(试行)》，结束了环境保护无法可依的局面。1981 年 2 月 24 日，

---

① 宋洪远等著：《"十二五"时期农业和农村政策回顾与评价》，北京，中国农业出版社，2006。

国务院颁布的《关于在国民经济调整时期加强环境保护工作的决定》明确指出："环境和自然资源，是人民赖以生存的基本条件，是发展生产，繁荣经济的物质源泉。管理好我国的环境，合理开发和利用自然资源，是现代化建设的一项基本任务。"1980年世界保护自然联盟在世界自然基金的支持下制定发布了《世界自然保护大纲》，第一次提出可持续发展理论，随后中国根据国情也提出了可持续发展战略。

2005年10月，中共十六届五中全会通过《十一五规划纲要建议》，提出要按照"生产发展、生活宽裕、乡风文明、村容整洁、管理民主"的要求，扎实推进社会主义新农村建设。社会主义新农村建设明确提出，不仅是对农村整体建设的要求，也是农村生态文明建设的鲜明指标。自此，中国的农村生态文明建设进入一个新阶段。在这个时期，中国广大农村，尤其是东部沿海地区，农村经济得到了进一步的发展，传统的农村生产生活方式发生了翻天覆地的变化，农业的现代化、产业化，农民生活的时尚化、科技化都成了这一阶段建设农村生态文明的一个重要背景。从中央到全国各地基层农村，都在围绕建议的要求建设社会主义新农村。2012年12月召开的中共十八大把"生态文明"列入四个文明中，形成发展的"五位一体"，我国的农村生态文明建设逐渐步入正规化、科学化的轨道。

一、农村环境治理与改善

加强农村环境综合治理，建设美丽宜居乡村，是社会主义新农村建设的核心内容之一，也是推进美丽乡村建设的一项重要手段。

（一）乡村环境综合整治

已有的统计数据表明，农村污染物排放总量远大于城市和工业排放的污染物，部分农村地区污染排放总量超出农村自然生态系统的承受能力。《第一次全国污染源普查公报》（2010年2月6日）的有关数据表明2007年全国接受普查的污染源的化学需氧量、总氮、总磷排放量分别为3 028.96万吨、472.89万吨和42.32万吨，其中农业源（包括种植业、畜禽养殖业和水产养殖业）化学需氧量、总氮、总磷排放量分别为1 324.09万吨、270.46万吨和28.47万吨，分别占全国污染源排放总量的43.7%、57.2%和67.4%。在农业污染源中，种植业的总氮和总磷排放量较大，分别占农业污染源排放总量的59.1%和38.2%，占全国污染源排放总量的33.8%和25.7%；畜禽养殖业的化学需氧量、总氮和总磷排放量都较大，分别占农业污染源排放总量的95.8%、

37.9% 和 56.3%，占全国污染源排放总量的 41.9%、21.7% 和 37.9%；水产养殖业的污染物排放量相对较小，其化学需氧量排放仅占农业污染源排放量的 4.2%，仅占全国污染源排放总量的 1.8%。同时，《第一次全国污染源普查公报》的有关数据还表明，生活污染源排放的污染物总量也非常大，接受普查的生活污染源共排放化学需氧量 1 108.05 万吨、总氮 202.43 万吨、总磷 13.80 万吨，分别占污染物排放总量的 36.6%、42.8% 和 32.6%。虽然这组数据不是专门针对农村生活污染源进行的调查，但考虑农村地区的实际人口数量（7.12 亿，为《中国统计年鉴（2010）》显示的 2009 年中国农村人口数量）远大于调查覆盖的 5.69 亿人口，可以认为农村生活污染源排放的污染物总量不会低于上述调查结果，甚至还会大于上述调查结果。

中国农村环境现状的总体形势不容乐观，与农村环境密切相关的主要流域、湖泊的水质状况令人担忧。部分河流的水质污染状况十分严重。

（二）人居环境改善和农村垃圾处理

2012 年中央一号文件《中共中央国务院关于加快推进农业科技创新持续增强农产品供给保障能力的若干意见》指出，要把农村环境整治作为环保工作的重点，加快农业面源污染治理和农村污水、垃圾处理，改善农村人居环境。2014 年中央一号文件《关于全面深化农村改革加快推进农业现代化的若干意见》指出，要加快编制村庄规划，以治理垃圾、污水为重点，改善村庄人居环境。提高农村饮水安全工程建设标准，加强水源地水质监测与保护。这些文件为中国的农村人居环境建设提供了有力支持。

2012 年 11 月，中共十八大报告提出要努力建设美丽中国，实现中华民族永续发展，首次明确了"美丽中国"的表述。在随后的 2013 年中央一号文件中，第一次提出了要建设"美丽乡村"的奋斗目标，将美丽乡村建设作为实现美丽中国梦想的重要组成部分，"美丽乡村"建设成为中国社会主义新农村建设的代名词。它和 2005 年中共十六届五中全会提出的"生产发展、生活宽裕、乡风文明、村容整洁、管理民主"的社会主义新农村总要求，以及 2007 年中共十七大提出的"要统筹城乡发展，推进社会主义新农村建设"是一脉相承的。美丽乡村建设秉承发展新农村建设"生产发展、生活宽裕、村容整洁、乡风文明、管理民主"的宗旨思路，延续了相关的方针政策，丰富了它的内涵实质，集中体现在着力保障和改善民生，提高农民生活品质，发展社会主义生态文明，实现可持续发展。

由于国家政策支持，中国农村人居环境建设工作取得了令人瞩目的成就。截至 2012 年底，中央财政共安排农村环保专项资金 135 亿元，带动地方各级政府财政投入

180 多亿元，支持 2.6 万个村庄开展环境整治，6 000 多万农村人口直接受益。从 2008 年开始，住房城乡建设部联合发展和改革委员会、财政部开展农村危房改造，至 2013 年，中央累计安排 962 亿元补助资金、支持了 1 300 万贫困农户改造危房。

中共十八大报告指出，在过去的 5 年里，中国取得了生态文明建设扎实展开，资源节约和环境保护全面推进等成就。在取得这些成就的同时，中国的人居环境建设工作还有不足之处。

二、农业农村文化遗产

中国农业农村文化遗产是中华民族祖先在与其所处环境长期协同发展中所创造的，保护农业农村文化遗产在中国文化遗产保护中占有重要一席。

（一）农业文化遗产

中国具有悠久灿烂的农耕文明，加上地区间自然与人文的巨大差异，创造了种类繁多、特色明显、经济与生态价值高度统一的重要农业文化遗产。这些遗产蕴含天人合一的哲学思想，具有极高的历史文化价值与丰富的生态文明内涵。

2002 年联合国粮农组织启动"全球重要农业文化遗产"（GIAHS）行动以来，中国政府率先积极响应，在农业部、中国科学院等部门的努力下，以"青田稻鱼共生系统"为起点，申报了一批具有特色的农业文化遗产。截至 2012 年，中国共有 6 项农业文化遗产入选。2012 年，中国启动中国重要农业文化遗产发掘工作，确立了"在发掘中保护，在利用中传承"的基本思路，制定了相关标准。农业部于 2012 年 5 月启动"中国重要农业文化遗产"评选工作，中国成为世界上第一个开展国家级农业文化遗产评选与保护的国家。2012 年，中国首批认定的中国重要农业文化遗产项目就有 19 项。

（二）农村传统村落

中国拥有悠久文明发展史，各民族在长期的生产实践中创造了璀璨的华夏文明，在广袤国土上分布的形态各异、各具特色的传统村落，成为中华民族延续至今的物质载体和赖以生存的精神家园。

中国大多数传统村落始建于明清时期，有的可追溯到南宋时期。这些传统村落不仅具有浓郁的历史传统风貌、优美的自然生态环境、科学布局的人文景观，而且具有丰富多彩的民族特色。

长期以来，伴随"农业现代化、乡村城镇化、郊区城市化、新农村建设"步伐的加快，传统村落不断遭受"建设性、开发性、旅游性"破坏的现象较为普遍，传统村落大量消失。千村一面、万村一貌的"特色危机"已成为共性问题。相关调查数据表明，中国在2000年拥有363万个自然村，但到2010年只有271万个，10年共消失92万个自然村，可见自然村落消亡之快。2012年，全国传统村落调查汇总的数字表明，中国现存村庄缩减为230万个，2年多时间消失了41万个。

2006年，中国不可移动文物约有40多万处，其中近7万处各级文物保护单位中，有半数以上分布在农村乡镇；还有1 300多项国家级、7 000多项省市县级"非物质文化遗产"，大多数都在传统村落；少数民族的"非物质文化遗产"更是全部在传统村落中。尤其是中华民族文化的多样性、地域性和创造性都体现在传统村落。根据第三次全国文物普查（2007—2010年）结果，不可移动文物增量约76万处，实现了全国2 871个县级普查基本单元不漏行政村和自然村。

2012年，国家住建部等四部委联合完成了中国传统村落的摸底调查，收录了现存的1.2万个传统村落信息，基本摸清了传统村落现状，并成立多学科专业组成的保护发展专家委员会，制定了传统村落评价认定指标，先后分两批公布了1 561个传统村落，初步建立了中国传统村落保护名录。

随着中国经济发展，国家对农村地区的政策、资金倾斜度逐步增加，以各种方式支持新农村建设，农村各方面建设取得很大进展。农业现代化进程不断加快，农民收入不断增加，科学教育、文化卫生等各方面事业取得很大成就，村容村貌不断改善，农村地区组织建设不断完善。中国新农村建设取得了很大成就，农业生产发展不断向前推进，农村居民家庭生活水平不断提高，精神文明建设取得很大成就，村容村貌不断改善，农村基层组织建设不断完善。但由于中国新农村建设时间短、范围广、问题多等，新农村建设过程中存在一些问题亟待解决。这些问题主要体现在：农业现代化水平相对较低；农民收入相对较低，结构单一；农村精神文明建设依旧落后；村容村貌需要进一步改善；基层组织建设亟待加强。

第一节　扶贫的演进历程
第二节　采取的扶贫措施
第三节　取得的扶贫成就

第十二章　农村扶贫开发

消除贫困，促进发展，改善民生，实现共同富裕，是中国人民孜孜以求的理想。中国作为世界上人口最多的发展中国家，长期致力于国家经济社会的发展和人民福祉的改善。新中国成立后，中国政府在全国范围内进行了土地制度和其他社会制度的根本性改革，逐步消除了因财产分配不公导致的大规模贫困问题，人民生活水平在20世纪50年代有了明显提高。中国的大规模减贫始于1978年，通过制度改革和政策落实，积极探索出了一条中国特色的扶贫开发之路。1978—2012年，在现行标准下中国贫困人口从77 039万人减少到9 899万人，减少了6.7亿多，年均减贫1 974万人，贫困发生率降低87.3%。[①] 中国成为联合国首个实现"千年发展目标"中使贫困人口比例减半目标的发展中国家，为全球减贫事业做出了重要贡献，减贫成就得到了世界各国的普遍关注和充分肯定。

第一节　扶贫的演进历程

改革开放以来，中国的扶贫工作经历了四个阶段：1978—1985年是体制改革推动扶贫的第一阶段，中国依靠制度改革基本解决了农村温饱问题；1986—1993年是以区域为导向推进扶贫开发的第二阶段，中国开始了有计划、有组织、大规模的开发式扶贫；1994—2000年是以国家"八七扶贫攻坚计划"指导扶贫攻坚的第三阶段，由"输血式"扶贫转向"造血式"扶贫，农村贫困人口的温饱问题基本解决；2001年以来是中国形成大扶贫格局的第四阶段，中国扶贫工作取得重要进展，基本解决了贫困问题，并开始了新的脱贫攻坚战。

---

① 国家统计局：《中国农村贫困监测报告（2015）》，112页，北京，中国统计出版社，2015。

一、1978—1985 年：以制度改革消除普遍贫困

20 世纪 70 年代末期，中国政府将工作重心转移到经济建设上来，率先在农村地区实行改革。中共十一届三中全会原则通过《中共中央关于加快农业发展若干问题的决定（草案）》，明确了加快农业发展的政策措施，开启了波澜壮阔的农村改革，为消除农村普遍贫困提供了制度保障。

（一）家庭联产承包责任制赋予了农民农业生产自主权

改革开放以前，中国农村实行政社合一的人民公社体制，生产"瞎指挥"、劳动"大呼隆"、分配"大锅饭"，产品统购统销，户籍城乡隔离，形成了高度集中的计划经济模式，束缚了农民生产积极性。农业生产水平低下，农村面貌落后，农民生活困苦，有 2.5 亿人口吃不饱饭，全国近 1/4 的生产队人均分配收入在 40 元以下。① 据统计，1978 年中国农村人均收入 134 元、人均消费 116 元，以当时的标准②，贫困人口为 2.5 亿人，贫困发生率 30.7%；按 2010 年标准，贫困人口为 7.7 亿人，贫困发生率高达 97.5%③，农村处于普遍贫困状态。营养状况是评价贫困程度的重要尺度④，中国营养学会推荐的保证人体基本需要的供给量标准为热量 2 400 大卡，蛋白质 75 克，脂肪 65 克，按此标准衡量，1957—1978 年，农民摄入的蛋白质与供给量标准相差 20%，脂肪差一半以上，热量缺口在 10%~18%⑤。

实行家庭承包经营制度是 20 世纪 70 年代末至 80 年代初，农村经济体制改革的核心和突破口。家庭承包经营制是将土地的经营权承包到户，赋予农民土地经营权和一定程度的农产品自主处理权，充分调动了农民生产经营的积极性，解放和发展了农村生产力，使得中国单位耕地面积上的粮食产量不断提高，农村经济快速发展，为中国农民脱贫发挥了重要作用。

1978—1984 年，中国农业生产超常规增长，农业总产值年均增长 7.7%，以不变价格计算增长了 42.23%，据估算，其中 46.89% 得益于家庭联产承包经营制度改革带

---

① 宋洪远主编：《中国农村改革三十年》，373 页，北京，中国农业出版社，2008。
② 自 1978 年以来，中国共采用过三条贫困标准，分别是 1978 年标准、2008 年标准和 2010 年标准。1978 年标准，1978—1999 年称为农村贫困标准，2000—2007 年称为农村绝对贫困标准；2008 年标准，2000—2007 年称为农村低收入标准，2008—2010 年称为农村贫困标准；2010 年标准，新确定的扶贫标准。
③ 国家统计局：《中国农村贫困监测报告（2015）》，112 页，北京，中国统计出版社，2015。
④ 池振合、杨宜勇：《贫困线研究综述》，载《经济理论与经济管理》，2012（7），56~63 页。
⑤ 周彬彬：《人民公社时期的贫困问题》，载《经济研究参考》，1991（3），39~55 页。

来的生产率的提高。① 农民人均纯收入从 1978 年 133.6 元上升到 1984 年的 355.3 元，收入增长率连续保持两位数，最高年份达 20.9%，最低年份也有 13.6%，年均递增 17.71%，按 1978 年可比价格计算，年均实际增长率高达 16.46%，为新中国成立以来农民增收最快的时期。

（二）农产品价格逐步放开赋予农民农产品处置权

1979 年 3—10 月，中国政府陆续提高了粮食、油料、棉花、生猪、菜羊、菜牛、鲜蛋、水产品、甜菜、甘蔗、大麻、苎麻、蓖麻油、桑蚕茧、南方木材、毛竹、黄牛皮、水牛皮等 18 种农副产品的收购价格。据国家物价局计算，上述 18 种农副产品收购价格的平均提高幅度达 24.8%，约使全国农民当年增加收益 70 亿元左右。② 此后，政府逐步缩小统购派购的农产品范围。

实行家庭承包经营制度和提高农产品收购价格以后，农产品产量快速增加，1984 年，中国粮食总产量达到 40 731 万吨，比 1978 年增加了 33.6%。到 1985 年，国家取消了统购派购政策，《关于进一步活跃农村经济的十项政策》提出："从今年起，除个别品种外，国家不再向农民下达农产品统购派购任务。"中国实行了 31 年的农产品统购派购制度被打破，除少数重要农产品的价格由国家定价外，其余全部放开。国家几次大幅度提高农副产品收购价格，农民获得了借助市场自由处置农产品的权利，收入大幅提高，贫困发生率进一步降低。

（三）农用生产资料和雇工政策的突破奠定了扶贫基础

家庭承包经营制度的实施催生了农户购买大中型生产资料的需求。1982 年中央一号文件明确允许农民购买小型拖拉机和小型机动船等农业生产工具。1984 年 2 月国务院下发《关于农民个人或联户购买机动船和拖拉机经营运输业的若干规定》，明确指出："国家允许农民个人或联户用购买的机动车船和拖拉机经营运输业。"生产经营组织形式的变化引起生产要素组合的变化，生产资料的改进极大地促进了生产力的发展，经营效益显著提高。

乡镇企业的异军突起为农村扶贫增加了新动力。家庭承包经营制度实行后，农民通过分工分业发展多种经营，从事农业生产经营的效益极大提高，一部分农业剩余劳动力从农业生产领域向非农生产领域转移，为乡镇企业的发展提供了基础。1984 年发布的中央一号文件提出农村的分工分业和劳动力转移问题，认为"随着分工分业的发

---

① 宋洪远：《中国农村改革三十年历程和主要成就》，载《中国经济时报》，2008 年 4 月 24 日。
② 陈锡文等：《中国农村制度变迁 60 年》，149 页，北京，人民出版社，2009。

展,将有越来越多的人脱离耕地经营,从事林牧渔等生产,并将有较大部分转入小工业和小集镇服务业"。文件同时明确农民可以创办个体或联户办企业。1984年3月1日,中共中央、国务院转发农牧渔业部和部党组《关于开创社队企业新局面的报告》并发出通知,同意报告提出的将社队企业名称改为乡镇企业的建议,并提出发展乡镇企业的若干政策,以促进乡镇企业的迅速发展。在这一年,全面经济体制改革启动,流通政策放宽、农产品购销政策放宽、鼓励城乡之间经济交往、对外经济技术交流政策开放、税收和信贷政策开始扶持乡镇企业,发展乡镇企业被列入国家第七个五年计划和国家科委实施的"星火计划"。乡镇企业的崛起打破了农村单一的农业生产和就业格局,推进了农村经济结构的优化调整,开启了剩余劳动力向非农产业转移的进程,为农村全面减贫工作打下了良好的经济基础。

在制度改革推动扶贫的同时,中国政府开展了一些针对性的扶贫工作。1980年,国家财政设立直接与扶贫相关的"支援经济不发达地区发展资金",此项资金是中国设立最早、资金额较大、由中央财政拨款、专门用于支持"老、少、边、穷"地区经济和社会发展的专项资金。1982年,中国政府对贫瘠和干旱严重的甘肃河西地区、定西地区以及宁夏回族自治区西海固地区实施"三西"农业专项建设计划,计划用10~20年时间,每年拨款专项资金2亿元,对"三西"地区进行扶贫攻坚。同时,国务院首次在甘肃的定西、河西和宁夏的西海固(简称"三西"地区)划定了28个重点扶持贫困县。

1984年9月29日,中共中央、国务院下发《关于帮助贫困地区尽快改变面貌的通知》。这是中央首次以文件形式将扶贫工作提上议事日程,拉开了全国性扶贫攻坚工作的序幕。从中共十一届三中全会原则通过的《中共中央关于加快农业发展若干问题的决定(草案)》第一次明确提出中国有较大规模的贫困人口存在,到1984年国务院发出的《关于帮助贫困地区尽快改变面貌的通知》,中国政府真正意义上把减贫列为国家的重要任务。在这个阶段,借助于农村经济体制的改革,中国农村贫困人口大幅度减少,农民从中得到了实惠,农村贫困地区的经济状况也有了较大改善。1978—1985年,农民人均纯收入增长了2倍,绝对贫困人口减少至1.25亿人,减少了50%。

二、1986—1993年:以区域为导向推进国家扶贫和开发计划

20世纪80年代中期,绝大多数农村地区凭借自身优势推动经济快速增长,但发展相对滞后的贫困地区与全国平均水平,特别是与沿海发达地区在经济、文化、社会

等方面的差距仍逐步扩大，农村发展不平衡的问题始见端倪，相当一部分低收入人口的经济收入不能维持基本生存。

1986 年，针对相当数量的贫困人口仍未解决温饱问题的基本国情，中国政府组建了专门的扶贫开发工作机构——国务院贫困地区经济开发领导小组。当年 5 月 14 日，时任国务院副总理田纪云主持了第一次国务院贫困地区经济开发领导小组全体会议。根据会议纪要，当时全国农村人均年纯收入在 200 元以下的约有 1.02 亿人，占农村总人口的 12.2%，"部分农民的温饱问题尚未完全解决"。会议认为，此前延续多年的"平均分散使用力量，一般化的领导方式"，是贫困地区发展缓慢的重要原因。2 个月后的第二次领导小组全体会议宣布了国务院的决定：在原来用于扶持贫困地区资金数量不变的基础上，新增加 10 亿元专项贴息贷款。随后各省、自治区、直辖市分别建立了扶贫开发工作领导小组及工作机构和办公常设机构。部分国务院部委和直属机构也成立扶贫开发领导小组及工作机构，并向贫困地区派驻常年工作组，进行蹲点扶贫。各民主党派、大中城市、社会各界也参与扶贫工作。自此，中国开启了有计划、有组织、大规模的农村扶贫。

（一）从救济式扶贫转向开发式扶贫

经过了制度改革带来发展的阶段，依靠普遍经济增长带动贫困地区发展的策略很难进一步促进老少边穷地区的经济发展，必须制定针对性的政策对贫困地区进行扶持，这就需要改变过去的救济式扶贫模式，通过开发式扶贫逐步培养贫困人口的自我发展能力。所谓开发式扶贫，就是在国家必要支持下，利用贫困地区的自然资源进行开发性生产建设，逐步培育贫困地区和贫困户的自我积累和发展能力，依靠自身力量解决温饱问题，达到脱贫致富的目的。

1986 年，政府总结了 30 年"生活救济性扶贫"和近几年的扶贫工作经验得出结论，如果继续把扶贫资金用于临时性生活救济，不可能帮助贫困地区和贫困人口形成自我发展能力，甚至还会"花钱买了懒惰"。因此，必须通过实行以经济开发和自我能力开发为主的开发式扶贫方针，才能最大限度地激发蕴藏在贫困地区人民群众中摆脱贫困的强烈愿望和巨大创造性，改变贫困地区的社会经济落后面貌，从根本上解决农村贫困问题。1986 年全国人大六届四次会议将扶持老少边穷地区尽快摆脱经济文化的落后状况这一重要内容，列入国民经济"七五计划"（1986—1990）。1987 年政府发布《关于加强贫困地区经济开发工作的通知》，形成 1986—1993 年以"促进区域增长"为主要目标的扶贫开发战略，明确了扶贫资金的投入及其使用方向，确定了"经济开发是贫困地区脱贫致富的根本途径"原则。

(二)实施"区域开发式扶贫"政策

在确定以"促进区域增长"为主要目标的扶贫开发战略后,中国实施了一系列"区域开发式扶贫"政策,包括增加扶贫贷款的资金规模,执行"以工代赈""支援不发达地区发展资金"等资金投入政策以及税收减免等优惠政策。

"以工代赈"计划是20世纪80年代中期开始实施的大规模扶贫活动,主要是为了缓解区域性贫困而设计,以改善贫困地区的基础设施建设为首要目标,主要包括县乡村公路、农田水利、人畜饮水、基本农田、草场建设、小流域治理等,资金由政府资助,为当地经济增长创造条件,进而增加贫困人口的就业机会和收入水平。

以特定的贫困群体和贫困区域为对象提供发展援助。20世纪80年代中期以来,中央政府每年向贫困地区提供40亿元的资金援助,90年代初上升至每年60亿~70亿元,主要用于发展贫困地区的"生产性"基础设施和种植业、畜牧业、林果业、农产品加工业及采矿业。①

1993年国家在18个集中连片的贫困带划定了592个国家重点贫困县,对18个集中贫困区域实施连片开发,出台了一系列优惠政策,安排了一批专项资金,通过基础设施建设和特色产业培育,增强贫困地区和贫困人口的自我发展能力。

以上所有的援助政策都是针对特定贫困区域开展的,国家试图通过帮助贫困地区发展经济,改变贫困落后状况和区域发展不平衡问题,从而总体上解决农村贫困问题。这些政策的陆续实施,标志中国农村扶贫正式进入大规模的扶贫开发时期。

这一阶段,农村贫困人口由1.25亿人减少到8 000万人,平均每年减少640万人,年均递减6.2%;贫困人口占农村总人口的比重从14.8%下降到8.7%。②

三、1994—2000年:国家"八七"扶贫攻坚计划的实施和强化

国家统计局的数据表明,1986—1993年政府实施的有组织、有计划、大规模的扶贫战略,每年使640万人脱贫;1991年和1992年,每年脱贫人口减为250万人。世界银行认为20世纪80年代后半期,脱贫处于徘徊状态,甚至在末期贫困人口还略有上升。随着农村改革不断深入和贫困人口逐渐减少,贫困类型和成因也在发生变化,

---

① 王颉、樊平、陈光金:《多维视角下的农民问题》,211页,南京,江苏人民出版社,2007。
② 国务院新闻办公室:《中国农村扶贫开发白皮书》,国务院新闻办公室,2001年10月15日。

贫困人口逐渐集中到西南大石山区（缺土）、西北黄土高原区（严重缺水）、秦巴贫困山区（土地落差大、耕地少、交通恶劣、水土流失严重）以及青藏高寒山区（积温严重不足）等几类地区，体现了越来越明显的地缘性特征。在这些地区，常规的投入无法带动农民超越生存线进入发展阶段，只有通过具体的、有针对性的项目开发实现减贫。在此背景下，国务院公布了《国家八七扶贫攻坚计划（1994—2000）》。

（一）"输血式"扶贫转变为"造血式"扶贫

1994年，国务院颁布实施中国第一个有明确时间、目标、方针、政策的国家减贫战略——《国家八七扶贫攻坚计划（1994—2000）》（以下简称《八七计划》），该计划开篇第一句出自1992年邓小平南方谈话中的论断"社会主义要消灭贫穷"。《八七计划》明确提出20世纪的最后7年，基本解决8 000万农村贫困人口的温饱问题。扶贫策略从上一阶段的"输血式"扶贫方式，转变为更加侧重于提高贫困地区和贫困人口的经济发展能力和人口发展能力的"造血式"扶贫。同年，中国政府重新调整了国家重点扶持贫困县的标准。具体标准是：以县为单位，凡是1992年农民人均纯收入低于400元的县全部纳入国家重点贫困县扶持范围；凡是1992年人均纯收入高于700元的原国家重点扶持贫困县，一律退出国家扶持范围。此被称为"四进七出"标准。按照这个标准，纳入《国家八七扶贫攻坚计划》的国家重点扶持贫困县共有592个，分布在27个省、自治区、直辖市，涵盖全国72%以上的农村贫困人口。从集中连片的角度看，这些贫困县主要分布在18个贫困地区。这是中国自1986年确定贫困县之后首次调整贫困县标准。

为确保《八七计划》的目标能够实现，1996年、1998年、1999年国家三次召开全国扶贫开发工作会议，强调坚持开发式扶贫方针。1996年，中共中央、国务院在北京召开中央扶贫开发工作会议，动员全社会的力量，加大扶贫开发的力度，坚决实现国家"八七"扶贫攻坚计划。1996年9月，中共中央、国务院在北京召开了新中国成立以来规格最高、规模最大的扶贫开发工作会议，江泽民重申"今后五年扶贫任务不管多么艰巨，时间多么紧迫，也要下决心打赢这场攻坚战，啃下这块硬骨头，到本世纪末基本解决贫困人口温饱问题的目标绝不能动摇"。会后出台了《关于尽快解决农村贫困人口温饱问题的决定》，制定了一系列加快扶贫攻坚进程的政策措施，明确规定扶贫工作实行党政一把手负责制，大幅增加扶贫资金，积极推进开发式扶贫。这些具有强烈针对性的扶贫措施，加快了全国扶贫攻坚的进程。从1997年起，国家统计局开始对中国农村贫困状况进行监测，通过全国住户调查抽样数据测算全国农村贫困人口规模及分布，并每年发布《农村贫困监测报告》，作为中国农村贫困人口状况的法定统计数据。1998年10月中共十五届三中全会通过的《中共中央关于农业和农村工作若干重大问题的决定》，从十个方面对农业和农村工作进行了部署；1999年6月，国务院又发布了《关于进一步加强扶贫开发工作的决定》，强调以贫困村为基本单位，以贫困户为基本对象，动员全社会参与扶贫开发工作。

（二）资源向西部贫困县倾斜

自20世纪80年代中期以来，中央政府对沿海地区予以优先发展权，十几年的区域不平衡发展使得东西部地区的发展差距越来越大。全国贫困人口多集中在西部地区。据有关部门统计，1993年，全国农民人均收入400元以下的贫困县共有175个，而西部地区就有131个，占总数的75%。与此同时，西部地区大量人才、资金不断流入东部沿海地区，进一步削弱了西部地区的综合发展能力。区域差异拉大使得中央政府逐步意识到区域发展政策的不平衡给西部减贫带来的问题，如何平衡东西部经济发展差距并利用西部地区丰富的自然资源解决紧迫的贫困问题，成为国家制定大政方针的依据。

实施《八七计划》后，国家制定了重点扶持西部贫困地区的资金政策：中央扶贫资金向西部贫困县倾斜，调整国家扶贫资金投放的地区结构，从1994年起，用1~2年时间把中央用于广东、福建、浙江、江苏、山东、辽宁6个沿海经济比较发达省份的扶贫信贷资金调整出来，集中用于中西部贫困状况严重的省区；中央新增的财政扶贫资金只在中西部省区分配。"东部地区学校对口支援西部贫困地区学校工程"和"大中城市学校对口支援本省（自治区、直辖市）贫困地区学校工程"（简称"两个工程"）从2000年开始实施，是扶持西部贫困地区教育事业发展的重大举措。据不完全统计，2001—2003年，东部支援地区向受援地区学校无偿提供资金2.8亿多元。

1999年下半年，"西部大开发"政策正式出炉。这里的西部主要包括四川省、重庆市、贵州省、云南省、甘肃省、青海省、陕西省，以及内蒙古自治区、宁夏回族自治区、西藏自治区、新疆维吾尔自治区和广西壮族自治区12个西部省区市。2000年1月，国务院成立西部地区开发领导小组，领导小组下设办公室，承担领导小组的具体工作，在12个西部省区市还分别设立了西部开发工作联络员。2000年3月的《政府工作报告》再次阐述了西部大开发战略这一重大决策。加快西部地区的开发成为21世纪中国发展的重大战略，西部贫困地区的发展由此迈上新台阶。

《八七计划》的实施扭转了持续10年实际扶贫资金下降的局面。国家扶贫开发资金投入大幅度增加，实施的7年间，中国政府累计投入扶贫资金1 240亿元，相当于年度财政支出的5%~7%。中国政府明确了资金、任务、权利、责任"四个到省"的扶贫工作责任制，规范了机关定点扶贫制度，建立了东部沿海地区支持西部欠发达地区的扶贫协作机制，各类社会组织积极参与扶贫开发。

经过全社会的共同努力，到 2000 年年底，农村绝对贫困人口减少到 3 209 万人，年均下降速度比改革开放以来的平均减贫速度提高 3.6 个百分点，《八七计划》目标基本实现。

四、2001—2012 年：基本解决贫困问题

进入 21 世纪后，中国扶贫开发进入新阶段，东部沿海地区贫困发生率已经显著降低，贫困人口主要集中西部地区，尤其是少数民族地区、革命老区、边疆地区和特困地区，而且在中西部地区的分布也呈现分散化趋势，贫困人口分布由以前的集中在扶贫开发重点县区域向更低层次的村级社区集中，"大分散、小集中"的特点十分突出，3 000 万没有解决温饱的绝对贫困人口是特别关注、重点扶持的特困群体。已初步解决温饱的低收入人口，由于生产、生活条件还没有根本改善，抗灾能力很弱，一遇灾病，不少人又会返贫。这些没有稳定解决温饱的低收入人口，同样需要继续扶持。在贫困县内部，贫困人群和非贫困人口的分化也越来越明显，扶贫资金的使用以及区域经济的增长能否惠及真正的贫困人口成为一个突出问题。

在总结"八七扶贫攻坚"经验教训的基础上，结合新时期贫困人口的特点，中国政府于 2001 年 5 月召开中央扶贫开发会议，制定并颁布了《中国农村扶贫开发纲要（2001—2010）》。这是继《八七计划》之后又一个指导全国扶贫开发的纲领性文件，它的颁布标志中国的扶贫开发进入一个新阶段。

（一）统筹城乡发展形成"大扶贫"格局

2002 年，十六大提出了统筹城乡发展的方略，制定了"多予少取放活"和"以工促农，以城带乡"的方针，逐步形成集行业、区域和社会政策于一体的大扶贫格局。2004—2012 年，中央连续出台了 9 个中央一号文件，旨在促进农业稳定发展、农民持续增收、保障民生，一些强农惠农富农政策率先在贫困地区实行，在减轻农民负担、减轻农村贫困上有几项政策新突破。

2004 年中央一号文件首次提出在全国范围逐渐取消农业税，这一年，全国在 2003 年的基础上进一步减轻农业税负担 220 亿元，并取消除烟叶外的农业特产税，减轻了农民约 60 亿元负担，全年共减轻农民负担约 280 亿元。

2003年新型农村合作医疗制度开始试点，农民以家庭为单位自愿参加，乡镇、村集体提供资金支持，中央及地方各级财政安排专项资金予以支持。2004年民政部门开始对农村特困户、"五保"户等实行医疗救助政策。新型农村合作医疗政策与贫困人口医疗救助政策在很大程度上改善了贫困人口就医条件和因病致贫的状况。

国家开始实施"两免一补"政策，即对西部地区农村义务教育阶段学生全部免除学杂费，对其中的贫困家庭学生免费提供课本和补助寄宿生生活费。"两免一补"政策的实施，对农村贫困家庭产生深远影响，大大减轻了贫困家庭的教育负担，增加了贫困家庭子女的入学受教育机会。

中国政府积极推进农村社会保障制度建设。2007年，中共中央、国务院决定在全国农村建立最低生活保障制度，国务院发布了《关于在全国建立农村最低生活保障制度的通知》，指出中国"仍有部分贫困人口尚未解决温饱问题，需要政府给予必要的救助，以保障其基本生活，并帮助其中有劳动能力的人积极劳动脱贫致富"。这一政策实际上是对农村贫困人口的基本生活进行了兜底性制度安排。2009年国务院扶贫办与民政部等部门联合发布了《关于做好农村最低生活保障制度和扶贫开发政策有效衔接试点工作的指导意见》，目的是配合发挥二者的整体效益，既保障贫困人口基本生活，又提高贫困人口素质和自我发展能力，在提出具体衔接方案的同时，还在全国10%的地区开展新型农村养老保险制度的试点工作，包括全国11个省区所辖的340个乡(镇)、5 955个行政村。2010年试点范围进一步扩大。

（二）继续向贫困宣战

中共十七大提出逐步提高扶贫标准。2009年3月，温家宝在政府工作报告中进一步明确："今年将实行新的扶贫标准，对农村低收入人口全面实施扶贫政策。新标准提高到人均1 196元，扶贫对象覆盖4 007万人，这标志着我国扶贫开发进入一个新阶段。"2009年为了进一步巩固"三西"地区扶贫成果，全面推进"三西"地区小康社会建设，国务院决定再次延长"三西"农业专项建设补助资金使用期限，即从2009年起延续至2015年，并将资金总量从每年2亿元增加到3亿元。2011年，国家再次大幅度提高扶贫标准，将农民年人均纯收入2 300元（2010年不变价）作为新的国家扶贫标准①，比原标准提高了92%。

随着制度改革的纵深推进以及国际国内经济社会环境的变化，中国反贫困要求更

---

① 现行国家农村贫困标准按2010年价格水平每人每年2 300元。国家统计局每年根据农村贫困人口面对的物价对此标准进行更新，即用农村居民食品消费价格指数和农村居民消费价格指数进行加权更新。

高、任务更重、形势更为复杂。随着扶贫标准的提高，农村地区新增了大量贫困人口。根据扶贫新标准，2011年中国农村扶贫对象总数为1.22亿人；农村贫困人口面临的各类风险加大，返贫现象时有发生，贫困人口稳定脱贫致富面临挑战；贫困地区农村劳动力向城镇转移后，农业生产粗放化、农村空心化现象突出，农村相对贫困问题凸显。为了应对新形势下的突出问题，2011年《中国农村扶贫开发纲要（2011—2020）》印发，标志扶贫开发已经从解决温饱为主要任务转入巩固温饱成果、改善生态环境、提高发展能力、缩小发展差距的新阶段。中共中央、国务院做出重大战略决策，确定连片特困地区为新阶段扶贫攻坚主战场。按照集中连片、突出重点、全国统筹、区划完整的原则，以2007—2009年县域农民人均纯收入、县域人均财政一般预算收入和县域人均国内生产总值三项指标作为基础指标，以革命老区县、少数民族地区县和边境地区县作为调整指标，以此为依据，全国确定了14个连片特困地区，共包括680个县或县级单位，国土面积392万平方公里。中央启动实施集中连片特困地区扶贫攻坚工作，有关部门陆续出台了一系列支持片区发展的政策措施、指导意见和行业规划，国家民委主动推动武陵山片区先行先试，积极探索部委联系片区工作机制，并向武陵山片区每个县（市、区）派驻联络员。教育部出台了针对片区的农村义务教育学生营养改善计划和每年1万名贫困生定向招生专项计划，对片区中等职业学校学生实行免费教育并给予生活补助，启动实施普通高中改造计划等试点。交通运输部印发了《集中连片特困地区交通建设扶贫规划纲要（2011—2020）》，国土资源部出台了支持集中连片特困地区区域发展与扶贫攻坚的若干意见，提出了18项支持措施。卫生部和全国妇联出台了卫生扶贫的指导意见，并在吕梁山等片区的100个县启动学龄前儿童营养干预试点。科技部深入推进科技特派员农村科技创业行动。农业部出台了《关于加强农业行业扶贫工作的指导意见》。工业和信息化部、民政部在制定相关行业规划和安排资金项目时对片区给予了倾斜。

第二节　采取的扶贫措施

改革开放以来，中国扶贫政策制定理念不断更新、扶贫措施不断丰富、扶贫实施力度不断加大，形成了专项扶贫、行业扶贫、社会扶贫等多种措施共同支撑和有机结合的扶贫格局。

一、中国的扶贫政策分阶段且有针对性

中国政府针对不同阶段的贫困特点,制定扶贫纲领、更新扶贫标准、调整扶贫瞄准目标,为扶贫措施的落实和实施提供有效的制度保障。

(一)确定农村贫困的具体标准

中国从 20 世纪 80 年代开始大规模的政府扶贫,先以满足基本生存需要为目的确定农村贫困标准,致力于解决生存贫困问题。最初,中国甄别贫困户没有统一的收入标准,只凭直观印象,"食不果腹,衣不蔽体,房不蔽风雨",简称"三不户"。扶贫领导小组办公室成员周彬彬在一篇文章中称:"这是一个只讲'意图'精神,要求下面根据意图灵活掌握,以适应各地不同消费水准的典型'中国式'政策。"①

为了集中使用扶贫资金,有效地扶持贫困人口,1986 年,国家统计局农村社会经济调查总队在调查 6.7 万户农村居民家庭消费支出的基础上,得出了农村贫困的具体标准。这一标准是基本依据国际国内最低限度的营养标准,以 2 100 大卡热量作为农村贫困人口的最低营养标准,用食品贫困线(60%)和非食品贫困线(40%)相加得到的。利用这一国际通行的马丁法,计算出 1985 年的农村人均纯收入是 206 元。②

2000 年以来,随着综合国力的不断增强,政府对贫困地区和贫困人口的扶持力度不断加大,先后在 2008③ 年和 2011 年两次大幅度提高农村贫困标准,达到可满足健康生存需要的水平。因此,自 1978 年以来,中国采用过三种贫困标准,分别是 1978 年标准、2008 年标准和 2010 年标准。三条标准代表的生活水平各不相同,同一标准在年度之间的变化主要体现的是物价水平的变化,所代表的实际生活水平基本相当。

现行国家农村贫困标准为按 2010 年价格水平每人每年 2 300 元。国家统计局每年根据农村贫困人口面对的物价对此标准进行更新,即用农村居民食品消费价格指数和农村居民消费价格指数进行加权更新。

---

① 《中国扶贫三十年演进史——精准扶贫为什么》,《南方周末》。
② 王颉、樊平、陈光金:《多维视角下的农民问题》,198 页,南京,江苏人民出版社,2007。
③ 在 2008 年以前,中国实际上有两条国家贫困线:一条被称为"贫困标准",另一条被称为"低收入标准"。从测算方法和更新方法看,前一个标准相当于生存标准或极端贫困标准,即低贫困线;而后一条则相当于高贫困线,但也只是一种温饱标准。2008 年,根据中共十七大关于"逐步提高扶贫标准"的精神,中国政府正式采用低收入标准作为扶贫工作的标准,将原来的"低收入标准"设定为"国家贫困线"。

表 12-1 以当年价计算的历年中国官方农村贫困线标准　　　单位：元

年份	贫困线	年份	贫困线	年份	贫困线
1985	206	1995	530	2004	882
1986	213	1996	580	2005	924
1987	227	1997	640	2006	944
1988	236	1998	635	2007	958
1989	259	1999	625	2008	1 196
1990	300	2000	625	2009	1 196
1992	317	2001	630	2010	2 300
1993	350	2002	872	2011	2 536
1994	440	2003	869	2012	2 625

数据来源：国家统计局编：《中国农村贫困监测报告》，北京，中国统计出版社，2009。国家统计局编：《中国农村贫困监测报告》，12 页，北京，中国统计出版社，2011。

二、不断加大专项扶贫资金的投入

从扶贫行动开始，中央政府就给予资金投入，设立了专项扶贫资金。中国政府专项扶贫资金主要包括两大类：财政扶贫资金和信贷扶贫资金。财政扶贫资金又包括支援不发达地区发展资金（1980 年设立）、以工代赈资金（1984 年设立）、新增财政扶贫资金（1992 年设立）等。实施反贫困政策的重要标志，是政府支出专项资金用于扶贫政策目标，从 1986 年起，通过专门项目而开展的反贫困努力，正式成为政府的常规工作内容。

1997 年 7 月 15 日，国务院办公厅印发的《国家扶贫资金管理办法》中定义："国家扶贫资金是指中央为解决农村贫困人口温饱问题、支持贫困地区社会经济发展而专项安排的资金，包括支援经济不发达地区发展资金、'三西'农业建设专项补助资金、新增财政扶贫资金、以工代赈资金和扶贫专项贷款。"2000 年 5 月 20 日，财政部、国务院扶贫开发领导小组、国家发展计划委员会印发的《财政扶贫资金管理办法（试行）》中定义："财政扶贫资金是国家设立的用于贫困地区、经济不发达的革命老根据地、少数民族地区、边远地区改变落后面貌，改善贫困群众生产、生活条件，提高贫困农民收入水平，促进经济和社会全面发展的专项资金。"

国家通过国有银行安排了大量专项优惠贷款。扶贫贴息贷款自 1986 年开始大规模有组织地扶贫开发以来就存在。除了中央政府投入的财政扶贫资金外，国务院有关部门用于贫困地区的投入也有所增加。此外，中央政府要求各级地方政府也要有相应的专项投入。在资金使用上，中央专项扶贫资金集中投放到国家扶贫工作重点县。财政性扶贫资金主要用于改善公共服务设施和能力建设，扶贫贷款主要用于经营性项目。财政扶贫资金主要用于建设基本农田、兴修小型水利工程、解决人畜饮水困难、修建乡村道路、科技培训和推广农业实用技术等；扶贫信贷资金主要用于增加贫困户当年收入的种养业项目。

中央政府扶贫资金的投入总量从 1986 年以来在总体上呈增加的趋势。在"七五"期间（1986—1990），中央政府的扶贫投入平均每年 42 亿元，"八五"期间（1991—1995），年平均扶贫投入 80.2 亿元，较"七五"平均增加了近 1 倍，尤其是《八七扶贫攻坚计划》提出后，扶贫投资总量有了较大的增加。"九五"期间（1996—2000），年平均扶贫资金投入为 187 亿元。[1] "十五"期间（2001—2005），中央财政累计安排扶贫资金 572 亿元，年均增长 6.47%；同期，农业银行累计发放扶贫贷款 1 235.8 亿元，其中扶贫贴息贷款 787.6 亿元。[2] "十一五"期间（2006—2010），中央财政累计投入财政扶贫资金 868.37 亿元，较"十五"时期增长 51.8%。[3] 2011 年，中央财政专项扶贫资金投入达到 272 亿元，比上年增长 22%，增量达到历史最高水平；2012 年，财政专项扶贫资金投 332 亿元，比上年增长 22.1%。[4]

在确定国家扶贫开发工作重点县后，中央财政专项扶贫资金向重点县倾斜，以"十一五"期间为例，扶贫重点县获得中央财政专项扶贫资金平均比重约为 69%。

据 592 个国家扶贫重点县统计数据，2010 年国家扶贫重点县得到的与扶贫有关的资金达 606.2 亿元，无论是资金规模还是增长速度都创历史最高水平。与 2002 年相比，扶贫资金总额增加了 355.9 亿元，年均递增 11.7%（表 12-2）。

表 12-2　国家扶贫重点县扶贫投资总额和县平均资金　　　　　　　单位：元

指标名称	2002 年		2010 年		2010 年比 2002 年	
	绝对值/亿元	占比/%	绝对值/亿元	占比/%	绝对值/亿元	年均递增/%
一、扶贫资金总额	250.2	100	606.2	100	356	11.7
1. 中央扶贫贴息贷款	102.5		116.1		13.6	1.6
2. 中央财政扶贫资金	35.8		119.9		84.1	16.3
3. 以工代赈	39.9	80.26	40.4	69.22	0.5	0.2
4. 中央专项退耕还林还草工程补助	22.6		52.1		29.5	11
5. 中央拨付的低保资金	0		91.1		91.1	

[1] 国家统计局：《中国农村贫困监测报告（2000）》，53 页，北京，中国统计出版社，2000。2000 年以前，中央政府扶贫投入主要包括贴息贷款、以工代赈、发展资金。发展资金主要包括：支援不发达地区发展基金、三西资金、边境建设资金、支持不发达地区而发放的周转借贷资金 [包括预算扶贫资金（1988）、少数民族温饱基金（1990）、新增扶贫资金（1992）]。
[2] 国家统计局：《中国农村贫困监测报告（2005）》，48 页，北京，中国统计出版社，2005；国家统计局：《中国农村贫困监测报告（2006）》，57 页，北京，中国统计出版社，2006。
[3] 《评估成效提炼经验　把握形势明确思路——"十一五"财政扶贫开发工作回顾和"十二五"展望》，《农村财政与财务》，2011(1)。
[4] 中华人民共和国农业部：《中国农业发展报告（2012）》，北京，中国农业出版社，2012；中华人民共和国农业部：《中国农业发展报告（2013）》，北京，中国农业出版社，2013。

续表

指 标 名 称	2002 年		2010 年		2010 比 2002 年	
	绝对值/亿元	占比/%	绝对值/亿元	占比/%	绝对值/亿元	年均递增/%
6. 省级财政安排的扶贫资金	9.9	3.96	25.4	4.19	15.5	12.5
7. 利用外资（实际投资额）	17.6	7.03	20.1	3.32	2.5	1.7
8. 其他资金	22	8.79	141	23.26	119	26.1
二、平均每个县得到的扶贫资金	4 227		10 239		6 012.6	11.7

数据来源：国家统计局编：《中国农村贫困监测报告（2011）》，50 页，北京，中国统计出版社，2011。

2011 年 12 月 7 日，财政部部长助理胡静林在答记者问时首次提出"中央财政综合扶贫"概念。财政综合扶贫是财政支持农村扶贫开发各项政策措施的总称。2012 年，中央财政综合扶贫投入 2 996 亿元，比上年增长 31.9%。其中，财政专项扶贫资金投 332 亿元，比上年增长 22.1%。28 个省（自治区、直辖市）财政预算安排专项扶贫资金 147.8 亿，比上年增长 45%。中央定点扶贫直接投入帮扶资金（含物资折款）18.98 亿元，帮助引进各类资金 90.34 亿元，分别比上年增长 23.5% 和 78.7%。东西扶贫协作政府和社会援助投入 10.32 亿元，企业协议合作投资 4 556 亿元，分别比上年增长 9.1% 和 73.2%。据不完全统计，信贷扶贫投入 530 亿元，增长 18.5%。[①]

三、专项扶贫扎实开展

随着扶贫开发从以解决温饱为主要任务的阶段转向巩固温饱成果、加快脱贫致富、改善生态环境、提高发展能力的不同阶段，中国政府开展了以工代赈、整村推进、就业促进、产业扶贫、易地扶贫搬迁等专项扶贫。

（一）以工代赈加强小型基础设施建设

从 1984 年开始，中国政府采取以工代赈的方式，帮助贫困地区修建道路、水利工程和农业基础设施，旨在改善贫困地区基础设施。1995 年以前，以工代赈的执行方式是，贫困地区的群众利用农闲季节投入劳动修建道路和水利工程，中央以积压较多的粮食、棉花、布匹、日用工业品等实物对劳动者进行补贴。从 1996 年起，以工代

---

① 中华人民共和国农业部：《中国农业发展报告（2013）》，52 页，北京，中国农业出版社，2013。

赈列入中央财政预算,直接向劳动者支付货币。

以工代赈是一项重要的农村扶贫政策。国家投入资金在贫困地区建设基本农田、农田水利、县乡村公路、人畜饮水、小流域治理等农村小型基础设施工程,贫困农民参加以工代赈工程建设,获得劳务报酬直接增加收入。

(二)开展整村推进扶贫工作

为了瞄准扶贫目标,2001年,在确定了592个国家扶贫开发工作重点县后,又在全国各省确定了14.8万个重点贫困村,这些重点村占全国行政村总数的21%,分布在全国1 861个县(区、市),覆盖了全国80%的农村贫困人口。逐村制定包括基本农田、人畜饮水、道路建设、产业开发等内容的扶贫规划、整合各类支农惠农资金和扶贫专项资金,分年度组织实施。以村为主战场,采取分期分批、整村推进的方法予以扶持;在首批启动扶贫开发的贫困村中,又对贫困户进行了认定。这样,既抓住了扶贫工作的主战场,又保证了真正扶持贫困农户。内蒙古、广西、贵州、湖南、湖北等省、自治区决定,中央和省级财政扶贫资金、以工代赈资金80%以上用于整村推进。① 国家通过调整扶贫重心和下沉扶贫资源,据此建立以贫困村为重点的"一体两翼"扶贫治理体系,即以整村推进为"主体",以产业化扶贫和劳动力转移培训为"两翼",获得了较好的减贫效果。就整村推进而言,同一县域内,实施整村推进的贫困村农民人均纯收入比没有实施的增幅高20%以上。就整体减贫效果而言,根据2010年标准衡量,农村贫困人口从2000年年底的46 224万人减少到2010年的16 567万人,年均减少2 966万人,农村贫困发生率从49.8%下降至17.2%。②

2011年,国家启动了新一轮的整村推进。2012年9月,经国务院批准,国务院扶贫办与国家发展和改革委员会、教育部、财政部、国土资源部、住房城乡建设部、交通运输部、水利部、农业部、卫生部、国家广电总局、国家林业局联合印发了《扶贫开发整村推进"十二五"规划》(以下简称《规划》),中西部22个省(区、市)的3万个贫困村和200个贫困乡镇纳入了《规划》。这3万个贫困村主要位于六盘山地区等11个连片特困地区和已明确实施特殊政策的四省藏区、新疆南疆三地州,分布在中西部共21个省(区、市)的959个县(区、市、旗),土地总面积6 036.4万公顷,总人口5 497.9万人,其中扶贫对象2 191.8万人(按2009年各省、区、市的扶贫标准),扶贫对象占总人口的39.9%。

---

① 宋洪远主编:《中国农村改革三十年》,388页,北京,中国农业出版社,2008。
② 国家统计局:《中国农村贫困监测报告(2015)》,112页,北京,中国统计出版社,2015。

此外，由于西藏自治区以"整乡推进"的方式实施扶贫开发，《规划》在规划区概况、目标任务部分单列出了西藏"整乡推进"的有关内容。西藏自治区共有200个贫困乡镇（辖1 642个村居委会）列入本次规划实施范围，分布在自治区7个地（市）、73个县（市）中的边境地区、人口较少民族聚居区、地方病高发区、高寒退化牧区、高山峡谷区和灾害多发区。

（三）实施以劳动力转移为主要内容的培训计划

进入21世纪，中国经济结构的调整变化导致劳动力供求关系也出现了结构性短缺，东部沿海地区劳动力需求巨大，技术型人才资源严重短缺，而中西部地区的大量文化程度低、没有经过任何技能培训的农村剩余劳动力就业相当困难，其中相当一部分人属于绝对贫困人口。据统计，2004年年底中国绝对贫困人口有2 610万人，大致可分为四类：一为上初、高中子女多、家庭负担沉重者；二为家庭有病人或残疾人者；三为年龄偏大、文化程度低、生存能力低下者；四为对生活失去信心自暴自弃者。在这一背景下，国务院扶贫办决定将农村劳动力转移培训作为21世纪扶贫工作的重点工作来抓。劳动力转移培训的对象主要是国家扶贫开发重点县和重点村中年龄在18~35岁间小学文化程度以上的青年劳动力，培训内容主要围绕家政服务、酒店、餐饮、建筑、保安、电子装配、园林绿化等需求量大的技能领域。2004年起，国家组织实施农村劳动力转移培训阳光工程（简称"阳光工程"），主要由政府财政支持，在劳动力主要输出地区、革命老区和贫困地区开展转移农村劳动力到非农领域就业前的技能培训项目，旨在提高农村劳动力素质和就业技能，促进其向非农产业转移，以实现稳定就业和增加农民收入。国务院扶贫开发领导小组办公室在贫困地区实施"雨露计划"，以政府主导、社会参与为特色，以提高素质、增强就业和创业能力为宗旨，以中职（中技）学历职业教育、劳动力转移培训、创业培训、农业实用技术培训、政策业务培训为手段，以促成转移就业、自主创业为途径，帮助贫困地区青壮年农民解决在就业、创业中遇到的实际困难。2004年以来，中央政府累计安排财政扶贫资金30亿元人民币，实施"雨露计划"，到2010年，培训贫困家庭劳动力超过400万人次，其中80%以上实现转移就业。

（四）龙头企业带动实施产业化扶贫

产业化扶贫是进入21世纪后，中国政府制定的与整村推进、劳动力转移培训一起的另外一项扶贫措施。产业化扶贫的瞄准对象主要是农业龙头企业，通过信贷扶持、财政扶持、税收优惠和土地使用优惠等政策，对农业龙头企业进行扶持。同时，产业化扶贫项目也可以开展良种良法提供和指导、签订订单农业等形式扶贫。10多年来,产业化扶贫为贫困地区重点培育了马铃薯、经济林果、草地畜牧业、棉花等主导产业。其中,马铃薯产业已经成为贫困地区保障粮食安全、抗旱避灾、脱贫致富的特色优势产业。①

(五)在群众自愿的前提下实施易地扶贫搬迁

进入 21 世纪,针对生活在缺乏基本生存条件、"一方水土养不活一方人"地区的贫困人口,经国务院批准,国家发展和改革委员会安排国债投资在西部地区部分省份组织实施了易地扶贫搬迁(生态移民)试点工程。2001 年,国家发展和改革委员会印发了《关于易地扶贫搬迁试点工程的实施意见》,提出"政府引导、群众自愿、政策协调、讲求实效"的指导方针,指导这项试点工作。工程的实施范围主要是国家扶贫开发工作重点县。搬迁对象为生活在生态环境恶劣、缺乏基本生存条件地区的农村贫困人口,并兼顾生态工程建设中需要搬迁农牧民。国家投资人均补助标准不超过 5 000 元。"十五"期间,累计安排国债资金 67 亿元,搬迁贫困人口 144 万人。这项试点工程基本做到了第一年实施工程建设,第二年组织群众搬迁,第三年搬迁群众稳定下来,随后收入逐年增加,逐步走上脱贫致富和可持续发展之路。此后,易地扶贫工程始终积极稳妥推进。这项工程有效地解决了搬迁群众的脱贫与发展问题,促进了生态环境的恢复和保护,群众的生产生活条件得到了改善。

四、积极开展行业扶贫工作

中国政府从贫困地区实际情况出发,综合治理,发挥政府各相关部门优势,积极开展行业扶贫。

开展科技扶贫。从 1986 年起,国家科委先后在大别山区、井冈山区、陕北等地区开展科技扶贫,围绕解决温饱问题、培育支柱产业、建立示范基地、培养乡土人才等,创造出"大别山之路""太行山道路""陕北合力扶贫"等科技扶贫经验。以贫困地区的特色优势产业为核心,推广各类先进实用技术,提高种养业生产效率。同时,以农村青壮年劳动力为重点对象,培养种植、养殖和农牧技术员、手工艺制作人才以及企业经营管理者、农民合作组织带头人、农村经纪人和致富带头人等。

改善贫困地区交通条件。推进乡(镇)和建制村的交通建设,满足贫困群众的基

---

① 韩俊:《中国农村改革(2002—2012)》,484 页,上海,上海远东出版社,2012。

本出行需求,加强农村公路危桥改造和安保工程建设,改善农村公路网络状况,提高农村公路安全水平和整体服务能力。

加强贫困地区水利建设。水利扶贫是中央扶贫开发战略格局的重要组成部分,是加快推进贫困地区全面建成小康社会的重要保障。以解决贫困地区农村人畜饮水困难问题为目标,积极推进农村饮水安全工程建设,在有条件的地区,实施跨区域水资源调配工程,解决贫困地区干旱缺水问题。建设大中型灌区续建配套与节水改造,加大贫困地区小型农田水利基础设施建设力度,因地制宜开展小水窖、小水池、小塘坝、小泵站、小水渠等"五小水利"工程建设。

解决无电人口用电问题。推进1998年以来国家组织实施的一二期农村电网改造工程、中西部地区农网完善工程、户户通电工程、无电地区电力建设工程、农网改造升级工程和新农村电气化建设工程,提高农村电网供电可靠性和供电能力。

开展农村危房改造。2008年起,为实现"住有所居"的重大民生目标,以解决农村困难群众基本住房安全问题为原则,中央组织开展农村危房改造试点。截至2010年,中国政府对770余万贫困人口实行了扶贫搬迁,有效改善了这些群众的居住、交通、用电等生活条件。截至2011年,各级政府通过财政补助、基建投资、资金整合等渠道和方式,共安排农村危房改造补助资金641亿元,其中中央补助286亿元,占45%;地方安排355亿元,占55%。政府投入引导拉动银行贷款、农民自筹、社会捐赠等社会投资1 400多亿元。2012年,为实现"稳增长、调结构、惠民生"的目标,各地认真组织开展农村危房改造,分期分批实施。从住房最困难、最急需的群众入手,充分利用现有空闲房,优先安置无房户和整体危房户,重点扶助农村低收入危房户特别是优抚对象和农村低保户推进农村危房改造。

发展贫困地区社会事业。中国政府自2001年起对中西部地区处于农村义务教育阶段的贫困学生免除书本费,到2005年,这一政策对象扩大到全国所有接受农村义务教育阶段的贫困学生,不仅免除书本费,还免除学杂费和补助寄宿生生活费,即"两免一补"政策。2006年,全国财政共安排农村义务教育经费1 840亿元,全部免除了西部地区和部分中部地区农村义务教育阶段的5 200万名学生的学杂费,为3 730万名贫困家庭学生免费提供教科书,并补助了780万名寄宿生生活费。2007年开始,全国农村义务教育阶段的贫困家庭学生全部享受到了"两免一补"政策。2008年国家对全部农村义务教育阶段学生免费提供教科书,并提高农村义务教育阶段家庭经济困难寄宿生生活费补助标准,扩大覆盖面。实施中西部农村初中校舍改造工程、全国中小学校舍安全工程和农村义务教育薄弱学校改造计划,加强宿舍、食堂和必要的基础设施建设,改善办学条件。加强国家扶贫开发工作重点县乡镇卫生院、村卫生室建设,加大政府对参加新型农村合作医疗费用的资助力度,扩大贫困地区公共卫生服务项目覆盖面。加强农村公共文化服务体系建设,1998年开始实施广播电视"村村通"工程,对中部地区国家扶贫开发工作重点县、贫困人口集中分布地区、革命老区、少数民族地区和西部地区"村村通"工程建设给予一定资金补助,对新疆、内蒙古、宁夏和青海、甘肃、云南、四川藏区"村村通"工程维护经费给予适当补助。2003年起开展送书下乡工程,文化部、财政部向国家级扶贫开发工作重点县图书馆和乡镇图书馆(室)赠送农村适用图书。

加强贫困地区生态建设。2002年启动京津风沙源治理工程,在项目区大力发展生态特色产业,实现生态建设与经济发展有机结合。2002年,全面启动退耕还林还草工程,对实行还林还草的农民提供粮食和现金补助,当年共安排退耕还林面积264.7万公顷,天然草原保护和建设面积109.3万公顷,其中草场围栏面积80.8万公顷。[①] 2009—2010年国家在西藏自治区的5个县区开展草原生态保护机制试点。2011年起,在内蒙古、新疆(含新疆生产建设兵团)、西藏、青海、四川、甘肃、宁夏和云南8个主要草原牧区省(区),全面建立草原生态保护补助奖励机制。中央财政从2011年起,每年投入20亿元在西藏实施草原生态保护补助奖励机制,对草原禁牧、牧区牧草良种和牲畜品种改良等实行奖励补贴。实施岩溶地区石漠化综合治理工程,2008年国家安排专项资金在100个石漠化县开展试点工程,到2012年已有300个县(占总县数的2/3)正式启动,通过封山育林育草、人工植树种草、发展草食畜牧业、坡改梯、小型水利水保工程,实现石漠化综合治理与产业发展、扶贫开发结合。实施三江源生态保护和建设工程,通过退耕还草、生态移民、鼠害防治、人工增雨等措施,加强长江、黄河和澜沧江发源地的生态保护,2004—2012年,森林覆盖率由3.2%提高到了4.8%,自然保护区内湿地面积增加104.94平方公里,水源涵养量增加了28.37亿立方米,达197.6亿立方米。2002—2010年,扶贫重点县实施退耕还林还草14 923.5万亩,新增经济林22 643.4万亩。

国家加大对少数民族、妇女、残疾人的扶贫开发支持力度。1998年由国家民委倡议发起,2000年正式启动兴边富民专项行动,支持边境地区加快经济社会发展,帮助

---

① 中华人民共和国农业部:《中国农业发展报告(2003)》,北京,中国农业出版社,2013。

边境群众增收致富，2000—2010年共投入兴边富民资金22.1亿元人民币。对全国人口在10万人以下的22个人口较少民族实行专项扶持，编制并实施《扶持人口较少民族发展规划（2005—2010）》，对人口较少民族及其聚居区投入各项扶持资金37.51亿元人民币，集中力量帮助这些民族加快发展步伐。组织实施《中国妇女发展纲要（2001—2010）》，加大对贫困妇女扶持力度，鼓励、支持以妇女为主的扶贫经济实体的发展。2009年以来，还组织实施了小额担保贴息贷款项目，截至2011年7月底，累计发放贷款409.93亿元人民币，其中农村妇女获得贷款259.23亿元人民币。组织实施《农村残疾人扶贫开发计划（2001—2010）》，因地制宜选择符合残疾人特点的扶贫项目和方式，着力解决贫困残疾人温饱问题，缩小残疾人生活水平与社会平均水平的差距。

五、组织和动员社会力量积极参与扶贫开发

定点扶贫工作始于1986年，最初是由科技、农业、林业、地质矿产等10个部委分别在全国10个集中连片的贫困地区选定一个区域作为联系点开展定点扶贫。经过不断发展，定点扶贫单位和覆盖范围不断扩大，成为推进中国扶贫开发进程的重要力量。中央和国家机关各部门各单位、人民团体、参照公务员法管理的事业单位、国有控股金融机构、各民主党派中央、全国工商联、国有大型骨干企业、国家重点科研院校、军队和武警部队均参与定点扶贫工作。截至2012年年底，参与定点扶贫的中央单位达到310个，定点扶贫首次实现对592个重点县的全覆盖。

1996年5月，中央确定北京、上海、天津、辽宁、山东、江苏、浙江、福建、广东、大连、青岛、宁波、深圳9个东部省市和4个计划单列市与西部10个省区开展扶贫协作。同年10月，中央扶贫开发工作会议进一步做出部署，东西扶贫协作正式启动。协作双方根据"优势互补、互惠互利、长期合作、共同发展"的原则，在企业合作、劳务合作、项目援助、人才交流等方面开展了多层次、全方位的扶贫协作。据统计，1996—2010年，东部通过各种方式和渠道共向西部无偿援助资金78.6亿元，引导企业投资6 972.7亿元，组织劳务输出265万人次；实施了一大批包括学校、公路、水利、农田等在内的扶贫项目；派出了数以万计的扶贫挂职干部和各类专业技术人员及扶贫志愿者，支持西部培养了大量本土经营管理和技术人才。[①] 东西扶贫协作领域不断拓宽，

---

① 华中师范大学、中国国际扶贫中心：《中国反贫困发展报告（2014）——社会扶贫专题》，17页，武汉，华中科技大学出版社，2014。

协作程度不断加深，逐渐形成了合作共赢的局面。

在政府部门的大力宣传带动下，民间组织积极参与扶贫事业。1989年，共青团中央、中国青少年发展基金会以救助贫困地区失学少年儿童为目的发起"希望工程"，其宗旨是建设希望小学，资助贫困地区失学儿童重返校园，改善农村办学条件。1994年4月23日，民营企业家联名发出《让我们投身到扶贫的光彩事业中来》倡议书，"光彩事业"由此而发起，包括港澳台侨工商界人士共同参加。"光彩事业"以扶贫开发为重点，面向"老、少、边、穷"地区和中西部地区，以项目投资为中心，开发资源、兴办企业、培训人才、发展贸易，并通过包括捐赠在内的多种方式促进贫困地区的经济发展和教育、卫生、文化等社会事业的进步。1995年2月由中国人口福利基金会，中国计划生育协会和中国人口报社共同发起创立"幸福工程——救助贫困母亲行动"，主要以贫困地区计划生育家庭的贫困母亲为救助对象，帮助她们发展家庭经济，脱贫致富。

此外，20世纪90年代在国家"八七"扶贫攻坚计划的推动下，国内外非政府组织开展了广泛而深入的扶贫活动。据统计，1993—2000年，社会组织动员的资源约合人民币500亿元，占社会扶贫资金投入总量的28%。[①] 中国西南世界银行贷款项目于1995年7月开始在云南、贵州、广西三省区最贫困的35个国家重点扶持贫困县实施，2002年年底全部建成。项目覆盖210个乡中的1798个村，60万农户，280万人，项目村中95%以上的农户以各种形式参加该项目。项目总投资42.3亿元，其中利用世界银行贷款4.47亿美元，国内相应的配套资金21.8亿元。项目建设内容包括大农业、基础设施建设、二三产业开发、劳务输出、教育、卫生、机构建设和贫困监测8个方面。该项目是我国第一个跨省区、跨行业、综合性的扶贫项目。中国秦巴山区扶贫世界银行贷款项目于1997年正式在四川、陕西、宁夏三省区最为贫困的26个国家重点扶持贫困县实施，惠及27万户、232万人，2003年结束。项目总投入29.88亿元，其中利用世界银行贷款1.8亿美元。项目建设内容在西南项目的基础上增加了小额信贷试验项目。中国西部扶贫世界银行贷款项目在内蒙古自治区和甘肃省的40多个国家重点扶持贫困县实施，覆盖37.5万户、160万人，从1999年开始到2005年，项目总投资25.87亿元人民币，其中世行贷款1.5亿美元。山西扶贫项目1997年执行，20个县的300万人是扶持对象。项目投资16.6亿元人民币，其中世界银行贷款1亿美元。项目

---

① 华中师范大学、中国国际扶贫中心：《中国反贫困发展报告（2014）——社会扶贫专题》，16页，武汉，华中科技大学出版社，2014。

主要内容是通过灌溉工程和水土保持工程，扩大耕地面积和水土保持；改善农村道路；开发林果业和畜牧业，支持农产品开发。①

第三节　取得的扶贫成就

中国以政府主导实施的有计划、有组织、大规模专项扶贫开发计划，着力解决了贫困地区和贫困人口的基本素质低、生产生活条件差、增收门路少的问题，推动了其自我积累、自我发展能力的不断提高，不仅对于工业化和城镇化进程的加快、农业综合生产能力和农村社会服务发展水平的提高起到重要促进作用，而且有效促进了村民自治进程，并且在促进农村发展、社会和谐方面仍继续发挥重要作用。同时，中国的成功减贫也加速了世界减贫的进程，为世界消除贫困作出了贡献。具体而言，中国农村扶贫取得的成就主要体现在以下四个方面。

一、中国农村贫困人口数量显著下降

按当年价现行农村贫困标准衡量，1978 年农村居民贫困发生率约为 97.5%，以乡村户籍人口作为总体推算，农村贫困人口规模 7.7 亿。1978—2012 年，在现行标准下中国贫困人口从 77 039 万人减少到 9 899 万人，减少了 6.7 亿多，年均减贫 1 974 万人，贫困发生率降低 87.3%。②

21 世纪以来农村贫困人口减少规模占减贫总规模一半以上。2000 年农村贫困发生率为 49.8%，贫困人口规模为 4.6 亿。2000 年以前，农村贫困人口减少 3.1 亿，约占农村减贫总规模的 64%；贫困发生率下降 47.7 个百分点，年均下降 2.2 个百分点。2000—2012 年，农村贫困人口减少 3.6 亿，占农村减贫总规模的 54%；贫困发生率下降 39.6 个百分点，年均下降 3.3 个百分点。③

2010 年以来农村贫困人口规模减少近 7 000 万。2010 年，农村贫困发生率为 17.2%，贫困人口规模为 1.66 亿。2012 年，农村贫困发生率为 10.2%，贫困人口规模

---

① 宋洪远主编：《中国农村改革三十年》，392 页，北京，中国农业出版社，2008。
② 国家统计局：《中国农村贫困监测报告（2015）》，北京，中国统计出版社，2015。
③ 国家统计局：《中国农村贫困监测报告（2015）》，北京，中国统计出版社，2015。

为 9 899 万。2011—2012 年，农村贫困人口共减少 6 668 万人，年均减贫人口规模 3 334 万人；贫困发生率下降 7 个百分点，年均下降 3.5 个百分点。①

扶贫重点县的减贫程度低于全国水平，但也呈现持续下降态势。在 20 世纪末期下降较快，1997—1999 年，年均脱贫人口为 1 293 万人。② 2002—2010 年，贫困人口从 4 828 万人减至 1 693 万人，年均脱贫 391 万人；贫困发生率从 24.3% 降至 8.3%，下降了 16 个百分点。③ 扶贫重点县贫困人口占全国农村贫困人口的比重从 2002 年的 55.8% 提高到 2010 年的 63%，扶贫形势依然严峻，扶贫任务依然繁重。

按现行国家农村贫困标准，14 个连片特困地区 2011 年贫困人口为 6 035 万人，2012 年减少至 5 067 万人，仅 1 年就减少 968 万人；贫困发生率从 2011 年的 29% 下降至 2012 年的 24.4%，下降了 4.6 个百分点。

二、贫困地区经济全面发展

贫困地区产业结构不断优化，特色优势产业快速发展，县域经济综合实力逐步增强。实施《八七计划》期间，国家重点扶持贫困县农业增加值增长 54%，年均增长 7.5%，工业增加值增长 99.3%，年均增长 12.2%，地方财政收入增加了近 1 倍，年均增长 12.9%。

2000—2010 年，扶贫重点县国民生产总值、人均地方财政预算内收入、城乡居民储蓄存款等主要经济指标保持两位数增长速度，金融市场存贷能力增强，经济实力显著增强。2000—2010 年，地方生产总值年均递增 17.1%。其中，第一产业增加值年均递增 11%，第二产业增加值年均递增 21.3%，第三产业增加值年均递增 17.4%；地方财政一般预算收入年均递增 17.9%，人均财政收入年均递增 17%；财政支出年均递增 26.1%，逐步从以经济建设为中心转向重视民生；人均金融机构年末各项存款余额年均递增 19.1%，贷款余额年均递增 10.7%。④

1986—2012 年，国家重点扶持贫困县农民人均纯收入实现了持续增长，从 208 元增长到 4 602 元（见表 12-3）。自 2002 年以来，扶贫重点县农村居民人均纯收入年均递增 12.2%，略高于全国农村平均 11.5% 的水平。

---

① 国家统计局：《中国统计年鉴（2015）》，北京，中国统计出版社，2015。
② 国家统计局：《中国农村贫困监测报告（2000）》，67 页，北京，中国统计出版社，2000。
③ 国家统计局：《中国农村贫困监测报告（2011）》，124 页，北京，中国统计出版社，2011。
④ 国家统计局：《中国农村贫困监测报告（2011）》，22~25 页，北京，中国统计出版社，2011。

表 12-3　扶贫重点县农民人均纯收入　　　　　　　单位：元

年　份	农民人均纯收入	年　份	农民人均纯收入
1986	208	2001	1 277
1993	483	2005	1 723
1994	648	2011	3 938
2000	1 337	2012	4 602

资料来源：1986 年、1993 年数据来自《从古老的梦想到历史的壮举：中国农村反贫困历程》，载《光明日报》，2004 年 2 月 26 日。1994 年、2000 年数据来自国务院扶贫开发领导小组办公室编：《中国农村扶贫开发概要》，北京，中国财政经济出版社，2003。2001 年、2005 年数据分别来自 2002 年和 2006 年中国农村贫困监测报告。2011 年、2012 年数据来自《中国农村贫困监测报告（2015）》。

三、贫困地区生产生活条件明显改善

国家不断加大贫困地区基础设施建设投入，全面改善了这些地方的生产生活条件。1986—2000 年，中国农村贫困地区修建基本农田 9 915 万亩，解决了 7 725 万人和 8 398 万头大牲畜的饮水困难。

实施《八七计划》后，中国反贫困的步伐大大加快，沂蒙山区、大别山区、井冈山区、闽西南地区等革命老区率先整体解决温饱问题，经济社会面貌发生了深刻的变化。一些自然条件恶劣的重点贫困地区，包括偏远山区、部分少数民族地区的面貌也有了很大改变。沂蒙山区的国家重点扶贫县，在全国 18 个重点连片扶贫区中率先实现整体脱贫。1999 年，沂蒙山区农民人均纯收入已超过 2 000 元，实现了村村通车、户户通电。甘肃定西地区和宁夏西海固地区，经过多年的开发建设，基础设施和基本生产生活条件明显改善，贫困状况大为缓解。

《中国农村扶贫开发概要》显示，1994—2000 年，全国 592 个国家重点扶持贫困县累计新增公路 32 万公里。到 2000 年年底，贫困地区通电、通路、通邮、通电话的行政村分别达到 95.5%、89%、69% 和 67.7%。2002—2010 年，592 个国家扶贫开发工作重点县新增基本农田 5 245.6 万亩，新建及改扩建公路里程 95.2 万公里，新增教育卫生用房 3 506.1 万平方米，解决了 5 675.7 万人、4 999.3 万头大牲畜的饮水困难。截至 2012 年年底，通电自然村比重为 98.8%，通电话自然村比重为 93.2%，通有线电视信号的自然村比重为 69%，通宽带的自然村为 37.9%，农户使用独用厕所比重达 91.6%，百户汽车拥有量 2.4 辆，百户洗衣机拥有量 52.8 台，百户电冰箱拥有量 47 台。贫困地区农村面貌发生明显变化（见表 12-4、表 12-5）。

表 12-4　2012 年贫困地区农户生产生活条件

指　标　名　称	2012 年
一、农户生产生活条件 /%	
1. 居住竹草土坯房的农户比重	7.8
2. 使用管道供水的农户比重	56.4
3. 使用经过净化处理自来水的农户比重	33.1
4. 独用厕所的农户比重	91.0
5. 炊用柴草的农户比重	61.1
二、农户耐用消费品拥有情况	
1. 百户汽车拥有量 / 辆	2.7
2. 百户洗衣机拥有量 / 台	52.3
3. 百户电冰箱拥有量 / 台	47.5
4. 百户移动电话拥有量 / 部	158.3
5. 百户计算机拥有量 / 台	5.4

数据来源：国家统计局编：《中国农村贫困监测报告（2015）》，148 页，北京，中国统计出版社，2015。

表 12-5　2012 年贫困地区乡镇基础设施　　　　　　　　　　　%

指　标　名　称	2012 年
一、自然村情况	
1. 通电的自然村比重	98.5
2. 通电话的自然村比重	93.3
3. 通有线电视信号的自然村比重	69.0
4. 通宽带的自然村比重	38.3
二、行政村情况	
1. 有文化活动室的村比重	74.5
2. 有卫生站（室）的村比重	86.8
3. 拥有合法行医证医生 / 卫生员村的比重	83.4
4. 有幼儿园或学前班的村比重	43.2
5. 有小学且就学便利的村比重	58.1
6. 拥有畜禽集中饲养区的村比重	16.0
三、乡镇情况	
1. 有综合文化站的乡镇比重	87.0
2. 有政府卫生院的乡镇比重	92.1
3. 有全科医生的乡镇比重	69.0

数据来源：国家统计局编：《中国农村贫困监测报告（2015）》，149 页，北京，中国统计出版社，2015。

四、贫困地区社会事业的进步

伴随农村扶贫开发的推进，农村基础教育、成人教育、技术培训加强，农村义务教育得到加强，扫除青壮年文盲工作取得积极进展，贫困地区受教育农民的比例不断提高,农民综合素质特别是科技文化素质不断提高。到 2010 年年底,扶贫重点县 7~15 岁学龄儿童入学率达到 97.7%,接近全国平均水平;青壮年文盲率为 7%,比 2002 年下降 5.4 个百分点,青壮年劳动力平均受教育年限达到 8 年。扶贫重点县劳动力的文盲或半文盲比重明显降低,初中及以上文化程度比重不断上升(见表 12-6)。

表 12-6　扶贫重点县劳动力文化程度构成　　　　　　　　　%

年份	文盲或半文盲	小学	初中文化程度	高中及以上文化
1997	19.96	42.47	30.96	6.61
2002	15.3	37.8	38.8	8.0
2005	12.7	35.1	43.4	8.7
2010	10.3	32.1	45.8	11.8

数据来源:国家统计局编:《中国农村贫困监测报告(2000)》,77 页,北京,中国统计出版社,2000。国家统计局编:《中国农村贫困监测报告(2011)》,127 页,北京,中国统计出版社,2011。

新型农村合作医疗实现全覆盖,基层医疗卫生服务体系建设不断加强,到 2010 年年底,国家扶贫开发工作重点县参加新农合的农户比例达到 93.3%,有病能及时就医的比重达到 91.4%,乡乡建有卫生院,绝大多数行政村设有卫生室,缺医少药状况得到了缓解。

扶贫重点县的医院、卫生院的床位由 1994 年的 28.9 万床增加到 2010 年的 49.3 万床,技术人员由 1997 年的 39.3 万人增加到 2010 年的 48.6 万人。2000 年,扶贫重点县的行政村中,22.8% 有卫生室,69.7% 有合格的卫生员,53.1% 有合格的接生员;2010 年这三个比例分别上升到 81.5%、80.4% 和 77%。

国家低保制度的保障标准提高,覆盖面扩大也对贫困人口的减少发挥了重要作用。2010 年,扶贫重点县低保户比例为 9.9%,比开始实行低保制度的 2007 年提高了 1 倍,低保人口占 5%。由于发放低保金,扶贫重点县脱贫人口增加了 48 万人,贫困发生率下降了 0.2 个百分点。

经过近 30 多年的不懈努力,中国扶贫开发取得了巨大成就,为世界减贫事业作出了贡献。根据《中国实施千年发展目标情况报告》,无论按照中国政府的扶贫标准,还是参考国际贫困标准,中国都是最早提前实现千年发展目标中贫困人口减半目标的发展中国家。扶贫开发是贯穿于整个社会主义初级阶段的长期而艰巨的历史任务,是全面建设小康社会、构建社会主义和谐社会的重要内容。在思想解放的推动下,中国政府根据国民经济发展水平和农村贫困主要特征的变化,分阶段提出扶贫开发的奋斗目标和主要任务，不断创新体制、完善政策、强化手段，建立了消除农村贫困的制度和框架。在长期实践中，中国成功走出了一条以经济发展为带动力量、以增强扶贫对象自我发展能力为根本途径，政府主导、社会帮扶与农民主体作用相结合，普惠性政策与特惠性政策相配套，扶贫开发与发挥社会保障相衔接的中国特色扶贫开发道路，让7亿多人摆脱了贫困，成功地探索出了一条符合中国国情的扶贫开发道路。

第一节 农村工业化
第二节 农村城镇化
第三节 城乡发展一体化

第十三章 农村现代化

改革开放后,中国经济体制发生变革,工农业协调发展成为经济结构调整优化的重要内容,城乡分割的二元经济结构逐渐被打破,为农村工业化和农村城镇化发展创造了良好条件。作为农村现代化的两个重要内容,农村工业化和城镇化发展为当代农村发展变迁提供了资金、人力资本等要素,推动了农业现代化发展,促进了农村产业结构优化升级和农民增收致富,也为农村人口城镇化发展提供了契机,为农村现代化准备了条件。21世纪以来,城乡一体化的提出更进一步在建立新型工农城乡关系方面迈出了坚实步伐,推动新型农村工业化和城镇化向更高水平迈进。

第一节 农村工业化

工业化是一个国家或地区由以农业经济为主向以工业经济为主过渡的现代化进程中不可逾越的发展过程。[①] 新中国成立之前,现代工业成分极少。1953年,第一个五年计划开始实施,中国开始实施国家工业化战略。中国农村工业化进程发端于计划经济体制时期,蓬勃发展于市场经济体制时期。中国农村工业化的进程是农村市场化推进的结果。

一、异军突起的乡镇企业及其改革

改革开放后,中国开始加强轻工业发展,促进经济结构调整。乡镇企业在政策鼓励和市场推动下,跻身技术要求不高的轻工业生产部门,借助廉价的土地成本和劳动

---

① 张培刚、张建华、罗勇等:《新型工业化道路的工业结构优化升级研究》,载《华中科技大学学报(社会科学版)》,2007(2),83页。

力成本，实现快速崛起，农村工业化的发展肇始于社队企业、崛起于乡镇企业，最终成熟于现代企业，乡镇企业归于现代市场经济的历史洪流。改革开放后乡镇企业的发展主要分四个阶段：1978—1988 年的兴起和腾飞阶段、1989—1991 年的治理整顿阶段、1992—1996 年的全面发展阶段和 1997 年以后的改制和转变发展方式阶段。

（一）1978—1988 年：乡镇企业的腾飞阶段

改革开放以后，针对城乡居民基本生活需求得不到满足，农村工业品价格不断上涨、农村富余劳动力就业难、农民增收难等问题，国家放宽了对乡镇企业的限制，承认乡镇企业的合法地位，鼓励开展多种经营，加大对乡镇企业在政策、资金、科技和人才等方面的支持力度。在一系列政策的鼓励和支持下，乡镇企业异军突起，农村工业化迅速发展。具体有以下方面的政策措施：

（1）承认私营经济地位，承认乡镇企业的合法性和合理性。1983 年中共中央出台《关于当前农村经济政策的若干问题》，指明"农村的个体工商户和种养能手，可参照《国务院关于城镇非农业个体经济若干政策性规定》雇用帮工和带学徒，对于超过上述规定雇请较多帮工的，不应提倡，不要公开宣传，也不要急于取缔，应因势利导，使之向不同形式的合作经济发展"。1984 年，中国将社队企业更名为乡镇企业。1987 年中共中央颁布《关于把农村改革引向深入》的报告，提出"允许存在，加强管理，兴利抑弊，逐步引导"的私营企业发展方针。同年召开的中共十三大报告中明确承认私营经济在经济发展中的地位，认为"私营经济一定程度的发展有利于促进生产，活跃市场，扩大就业，更好地满足人民多方面的生活需求，是公有制经济必要的和有益的补充"。1988 年 6 月，《中华人民共和国私营企业暂行条例》颁布，私营企业被正式纳入法律体系。①

（2）鼓励农村发展多种经营。1979 年和 1981 年国务院颁发了《关于发展社队企业若干问题的规定》（试行草案）和《关于社队企业贯彻国民经济调整方针的若干规定》，鼓励农村发展多种经营，全面发展农林牧副渔业、加工业、建筑业和各种服务行业。

（3）允许农户联办或户办乡镇企业。中共中央《1984 年农村工作的通知》指明："鼓励农民向各种企业投资入股。鼓励集体和农民本着自愿互利的原则，将资金集中企业，联合去办各种企业。"1984 年中央一号文件也鼓励农民个人兴办或联办各类企业。同年 3 月中共中央、国务院转发农牧渔业部和部党组的《关于开创社队企业新局面的报告》，肯定了乡镇企业在转移农村富余劳动力、实现农村富裕中的作用，认为它是多

---

① 董辅礽：《中华人民共和国经济史》，下卷，417 页，北京，经济科学出版社，1999。

种经营的重要组成部分。文件明确乡镇企业由2轮驱动（社办和队办）改为4轮驱动（乡办、村办、联户办、户办），突破行业限制由农副产品加工拓展为农业、工业、商业、建筑业、运输业和服务业六大产业，并鼓励乡镇企业外引内联，突破"三就地"①的限制。在政策鼓励下，1988年年底，"联户办和户办企业发展到1 729.2万个，从业人员4 651.5万人，拥有固定资产原值514.4亿元，实现产值2 133亿元（按1980年不变价），实现产品销售收入及各项劳务收入2 387.5亿元，实现利税总额377.7亿元（按1980年不变价）"。②

（4）提供金融、科技和人才支持。1984年中央四号文件及1985年、1986年两个中央一号文件和1987年中央五号文件，都要求各地为乡镇企业发展提供宽松的政策环境。在金融上，将一半以上的国家支援人民公社投资用于扶持社队企业，由农业银行提供一定数量的低息贷款，并实行部分减免税政策。1985年起国务院将乡镇企业纳入"星火计划"，明确提出"开发100类适合于乡镇企业的成套技术装备，并组织大批量生产；为农村和乡镇培训100万知识青年和基层干部"。③

（5）建立乡镇企业试验区。1987年起中央政府在浙江温州、安徽阜阳和山东周村开启了乡镇企业试验区。浙江温州试验区主要探索私营企业发展的合理制度和规范。安徽阜阳试验区探索传统农业生产区乡镇企业的内部制度建设、市场制度建设及政府行为规范建设。山东周村试验区成立于1988年4月，主要探索乡镇企业股份合作制的发展前景。④

（6）抓住国有企业改革契机。乡镇企业利用国有企业"放权让利"政策下的承包制改革契机，从国有企业低价收购机器设备和生产工艺，提高本身技术水平；利用更加宽松的薪酬制度，以市场化的薪酬标准，从国有企业挖掘技术人员和管理人才；直接承包国营企业业务，建立外包制业务关系；参股或合股国有企业等。⑤

1986年，全国乡镇企业总数达到1 515万家，吸纳劳动力近8 000万人，向国家交纳税金170亿元，实现总产值3 300亿元，占全国工业总产值的20%。⑥全国乡镇企业非农产业产值达3 472亿元，超过全国农业总产值15.3%，到1988年以乡镇企业为

---

① "三就地"是指就地取材、就地加工和就地销售。
② 董辅礽：《中华人民共和国经济史》，下卷，8页，北京，经济科学出版社，1999。
③ 董辅礽：《中华人民共和国经济史》，下卷，7页，北京，经济科学出版社，1999。
④ 农业部乡镇企业局等编：《中国乡镇企业30年》，8、9页，北京，中国农业大学出版社，2008。
⑤ 农业部乡镇企业局等编：《中国乡镇企业30年》，107~108页，北京，中国农业大学出版社，2008。
⑥ 梁敬东、傅春晖、闻翔：《组织变革和体制治理：企业中的劳动关系》，108~110页，北京，中国社会出版社，2015。

主的农村非农产业产值为 6 669.42 亿元，占当年农村社会总产值的 53.2%①，农业占农村社会产值的比重由 1980 年的 68.9% 和 1985 年的 57.1% 降至 1988 年的 46.8%，农村经济结构改善，农村二、三产业从业人员近 1 亿人②。这标志着乡镇企业已经占据农村经济半壁江山。此外，规模以上乡镇企业大幅度涌现，以乡镇企业为经济主导的专业区、专业乡和专业村层出不穷。沿海地区的乡镇企业利用区位优势，通过"三来一补"③ 经济模式发展外向型经济，成为出口创汇的重要主体，出口产品以化工、纺织、轻工、服装、工艺品等为主。

（二）1989—1991 年：乡镇企业的治理整顿阶段

1988 年，中国通货膨胀率居高不下，国企改革不畅，经济运行不稳定。④1988 年 9 月，中共十三届三中全会决定把 1989 年、1990 年两年改革和建设的重点突出地放在治理经济环境和整顿经济秩序上来，提出全面深化改革的方针。⑤从 1989 年起，国家压缩基础设施建设投资，全面调整和优化产业、行业和产品结构，进行了 3 年治理整顿，对个体私营经济的管理加强，对乡镇企业减少税收、信贷方面的支持，明确乡镇企业发展应立足农副产品和当地原料加工并主要由农民集资筹措资金。在此背景下，各地关停并转了一批能源和原材料消耗大、污染严重且管理不善的亏损企业，私营企业、乡镇企业数量和就业人数连续下降。⑥1989 年，京津冀、浙苏粤等 19 个省区市的乡镇企业总产值达 6 315 亿元，比上年增长 14.8%，大大低于 1985—1988 年年均 33.5% 的增长速度，与上年的增速相比回落 22.1 个百分点。天津、山东、浙江、北京、江苏等地速度回落明显。19 个省、区、市当年约减少企业 52 万个，比上年下降 3.6%。⑦

在治理整顿的同时，中央对乡镇企业在农村经济发展中的主要地位的认识没有改变。1990 年国务院颁布《中华人民共和国乡村集体所有制企业条例》，表明党和国家对发展乡镇企业的方针和政策具有一贯性、坚定性和稳定性。⑧1991 年中共十三届八中全会通过的《中共中央关于进一步加强农业和农村工作的决定》指出："积极发展乡

---

① 肖翔：《中国工业化中政府作用研究（1949—2010）》，107~108 页，中共中央党校博士学位论文，2012。
② 农业部乡镇企业局等编：《中国乡镇企业 30 年》，3 页，北京，中国农业大学出版社，2008。
③ "三来一补"是我国在 20 世纪 80 年代初在沿海地区试行的一种中外合资企业经营模式，指来料加工、来样加工、来件装配和补偿贸易。
④ 宋洪远等编著：《改革开放以来中国农业和农村经济政策的演变》，304 页，北京，中国经济出版社，2000。
⑤ 农业部乡镇企业局等编：《中国乡镇企业 30 年》，10 页，北京，中国农业大学出版社，2008。
⑥ 董辅礽：《中华人民共和国经济史》，下卷，147 页，北京，经济科学出版社，1999。
⑦ 肖翔：《中国工业化中政府作用研究（1949—2010）》，99 页，中共中央党校博士学位论文，2012。
⑧ 农业部乡镇企业局等编：《中国乡镇企业 30 年》，10 页，北京，中国农业大学出版社，2008。

镇企业是繁荣农村经济、增加农民收入、促进农业现代化和国民经济发展的必由之路。要继续贯彻'积极扶持、合理规划、正确引导、加强管理'的方针，坚持不懈地办好乡镇业……发挥其积极作用，限制其消极作用。"同时指出鼓励和支持乡镇企业出口创汇，赋予符合条件的外向型企业外贸出口权，发展外向型经济。中共十三届七中全会也明确提出"要进一步发挥中小企业特别是乡镇企业在出口贸易中的重要作用"。乡镇企业虽然发展速度放缓，但外向型经济得到长足发展。在这一时期，为了规避风险，部分私营企业、个体工商户转为挂户经营①，或者将个体资产上交集体，个人以企业主要经营者和控制方掌舵集体企业。②

（三）1992—1997 年：乡镇企业的改革与全面发展阶段

1992 年，以邓小平南方谈话为标志，中国的市场化改革进入新阶段。1992 年中共十四大会议明确了中国经济体制改革的目标是建立中国特色社会主义市场经济体制。十四大正式肯定了发展乡镇企业的地位和意义，认为乡镇企业是"中国农民的又一个伟大创造"，是转移农村剩余劳动力、实现农村富裕和农业现代化，促进工业和国民经济改革和发展的新路径，要继续大力发展乡镇企业。同年国务院下发国发〔1992〕19 号文件，要求各级政府和有关部门把发展乡镇企业作为一项战略任务，切实加强领导，坚持不懈地抓下去，认真贯彻落实党和国家对乡镇企业的一系列政策法规，采取更加有力的措施，促进乡镇企业发展。此后，农村改革速度加快，乡镇企业迎来新的发展契机。

1993 年中共十四届三中全会上，现代企业制度被首次提出，其基本特征被概括为"产权清晰、权责明确、政企分开、管理科学"。中国政府开始放松对市场价格的管制。非国有经济抓住契机迅速发展，成为工业化进程的主要力量。1994 年国家工商局抽样调查发现，乡镇企业中 83% 是民营企业。③ 到 1996 年年底，中国乡镇企业发展到 2 336 万个，是 1991 年的 1.2 倍；解决农村劳动力就业 1.35 亿人，是 1991 年的 1.4 倍；在乡镇企业就业的劳动力占劳动力总数的 29.8%，比 1991 年上升 7.8%；农民人均纯收入来自乡镇企业部分占 29.9%，比 1991 年上升 11.4%；完成增加值 17 659 亿元，是 1991 年的 5.9 倍；1992—1996 年，乡镇企业增加值年均增长速度为 42.8%，而国内

---

① 改革初期，许多私营企业挂靠在公有制企业或政府机构名下，这种经营方式被称为挂户经营或"戴红帽子"。引自曹正汉：《国家与市场关系的政治逻辑——当代中国国家与市场关系的演变（1949—2008）》，144~146 页，北京，中国社会科学出版社，2014。
② 曹正汉：《从借红帽子到建立党委：温州民营大企业的成长道路及组织结构之演变》，载《中国制度变迁的案例研究（浙江卷）》，10~16 页，2006。
③ 戴园晨：《红帽子企业的迂回发展之路》，载《市场经济研究》，2004（5）。

生产总值增长速度为 25.7%。① 乡镇企业已经成为促进农村经济发展、增加农民收入、推动工业经济发展的重要支柱。

1994 年,农业部出台《乡镇企业产权制度改革意见》,明确提出乡镇企业要开展产权界定、流转、管理和监督为主要内容的产权制度建设,并鼓励和引导乡镇企业向股份制和股份合作制方向发展。1996 年,乡镇企业发展的一项重要内容是推行股份制和股份合作制,改革乡镇企业产权制度,完善经营机制。1997 年,全国股份合作制企业达 400 多万家。1998 年,企业产权改革得到中央政府的肯定,公有企业民营化浪潮席卷全国,各个地方政府基本上都从竞争性市场抽身而出。②

(四)1997 年以后乡镇企业的改制和调整发展方式阶段

1997 年,亚洲金融危机影响中国对外贸易。③ 以外向型发展模式著称的乡镇企业的发展速度放缓,出现亏损。1997 年以后,乡镇企业发展的主要内容是改革产权制度和转变发展方式,通过科技进步和加强管理,进一步为农村经济发展和建设现代农业发挥作用。1997 年 1 月 1 日,《中华人民共和国乡镇企业法》正式施行,标志乡镇企业从此进入依法经营、依法管理的新阶段。④ 同年中共中央和国务院批转了农业部《关于我国乡镇企业情况和今后改革与发展意见的报告》,明确经济体制改革和经济增长方式转变,努力提高经济运行的质量和效益,采取多种形式深化企业改革,明晰产权关系,完善经营机制,提高企业的经济效益和竞争能力。⑤ 中共十五届三中全会通过的《关于农业和农村工作若干重大问题的决定》,高度肯定了乡镇企业的作用,明确乡镇企业是推动国民经济新高涨的一种重要力量。

通过产权制度改革,一部分乡镇企业转为了股份制和股份合作制企业,部分转成了个体私营企业,还有一部分转为集体企业。⑥ 通过转制,乡镇企业焕发了新的活力,支农能力也大幅度提高。1978—2007 年,乡镇企业用于支农、补农、建农的资金达 4 012 亿元,显著改善了农业生产条件,增加了农业技术设备。1978—2012 年,中国乡镇企业总产值由 493 亿元增加到 666 047 亿元,增加了 1 350 倍。其中,工业总产

---

① 宋洪远等编著:《改革开放以来中国农业和农村经济政策的演变》,326、327 页,北京,中国经济出版社,2000。
② 曹正汉:《国家与市场关系的政治逻辑——当代中国国家与市场关系的演变(1949—2008)》,54、55 页,北京,中国社会科学出版社,2014。
③ 宋洪远等编著:《改革开放以来中国农业和农村经济政策的演变》,326~331 页,北京,中国经济出版社,2000。
④ 宋洪远等编著:《改革开放以来中国农业和农村经济政策的演变》,326~325 页,北京,中国经济出版社,2000。
⑤ 农业部乡镇企业局等编:《中国乡镇企业 30 年》,12 页,北京,中国农业大学出版社,2008。
⑥ 农业部乡镇企业局等编:《中国乡镇企业 30 年》,13 页,北京,中国农业大学出版社,2008。

值由 385 亿元增加到 414 244 亿元,增加了 1 075 倍,占全国工业总产值的比重由 9%增加到 39%,提高了 30 个百分点;农林牧渔业总产值由 36.19 亿元增加到 7 313 亿元,增加了 202 倍;第三产业总产值由 37 亿元增加到 29 253 亿元,增加了 794 倍。[①] 乡镇企业发展,为解决大量农村劳动力就业,增加农民收入作出重大贡献。

二、乡镇企业布局与工业园区兴起

随着乡镇企业迅猛发展和市场经济体制逐步建立,中国乡镇企业高度分散的布局特点带来的不经济问题越来越突出。1984 年《中共中央关于一九八四年农村工作的通知》提出要引导乡镇企业向集镇适当集中。20 世纪 90 年代之后,加快建设小城镇和乡镇企业小区,逐渐成为解决乡镇企业分散布局问题的重要思路。1993 年中共十四届三中全会提出要加强乡镇企业规划,引导其适当集中。同年,《国务院关于加快发展中西部地区乡镇企业的决定》提出鼓励乡镇企业连片发展,到条件较好的地方集中发展乡镇企业,做到因地制宜,建设乡镇企业工业小区。明确反对乡镇企业"遍地开花",建议在有乡镇企业或小城镇建设基础的地方聚集。1996 年,农业部制定《关于引导乡镇企业集中连片发展和加快乡镇企业小区建设的若干意见》,再次强调小城镇建设和乡镇企业建设对乡镇企业发展的重要性,认为这是乡镇企业转变增长方式,加快农村工业化和城镇化协调发展的重要战略。文件强调要妥善处理乡镇企业的集中布局和分散布局的关系,合理规划乡镇企业工业小区,政府要提高相应硬件和软件的管理和服务水平,创造乡镇企业小区发展的良好环境。到 20 世纪 90 年代后期,乡镇企业小区建设已经初具规模,并产生了明显成效。1998 年全国已建成或在建各类乡镇工业小区 4 万多个,聚集的乡镇企业有 100 多万个。[②] 各地逐渐出现产品加工带、产业集群和工业园区。乡镇企业工业小区的大量涌现,促进了新技术、新知识的扩散,降低了企业的生产和经营成本,除了形成特色鲜明的产业集群,对形成产业发展、人口聚集、市场扩张、城镇扩大的良性互动局面也有积极作用。[③]

20 世纪 90 年代初,中国开始分税制改革和加强对商业银行的风险控制和管理,给地方政府发展经济带来重大影响。1990 年国务院颁布《中华人民共和国城镇国有

[①] 根据历年《中国农产品加工业年鉴》和《中国工业经济统计年鉴》相关数据计算。
[②] 宋洪远等编著:《改革开放以来中国农业和农村经济政策的演变》,325 页,北京,中国经济出版社,2000。
[③] 农业部乡镇企业局等编:《中国乡镇企业 30 年》,13 页、14 页,北京,中国农业大学出版社,2008。

土地使用权出让和转让暂行条例》和《外商投资开发经营成片土地暂行管理办法》，地方政府获得区域内土地开发和出让的中央授权，为建设工业园区提供了政策支持。1998年出台的《中华人民共和国土地管理法实施条例》明确规定投资者（包括外商）若有意开发和使用土地，需要首先取得土地所在的市、县政府同意，向市、县政府提出申请，经批准后由市、县政府颁发建设用地批准书，并由市、县政府的土地管理部门与土地使用者签订国有土地有偿使用合同。2001年国务院下发《关于加强国有土地资产管理的通知》，肯定了上海和杭州自20世纪90年代末期通过建立土地收购储备制度加强地方政府对土地供给的调控和垄断做法，并向有条件的地方政府推广。至此，土地成为地方政府的主要经济资源。地方政府越来越倾向于通过建设工业园区招商引资发展地方经济。在建立工业园区招商引资的浪潮下，各地政府先后设立自己的工业开发区，一些有条件的村庄也利用集体土地进行土地开发。①

三、农业产业化经营发展成为农村工业化的重要组成

乡镇企业发展初期，主要涉足农村第二产业，对农业的拉动和服务都不明显。1989年，国务院《关于依靠科技进步振兴农业，加强农业科技成果推广工作的决定》指出："通过发展多种有偿技术服务和兴办技农（工）贸一体化的技术经济实体，扩大经费来源，增加资金积累，增强技术服务和自我发展能力，使之逐步向技术经济服务实体发展。国家对这类实体，要给予减免税照顾。"1991年国务院《关于加强农业社会化服务体系建设的通知》中指出："农业社会化服务的内容，是为农民提供产前、产中和产后的全过程综合配套服务。各地涌现的贸工农一体化、产加销一条龙的系列化综合服务组织，很受农民欢迎，应鼓励发展。"在适应农业市场化的过程中，农业产业化经营对农业有直接和明显带动作用，得到了政府的大力宣传和支持。从发展历程看，农业产业化经营主要经历了三个阶段。

（一）1992—1996年：正式提出和推进的阶段

1992年，山东省潍坊市首次使用"农业产业化"，并提出"确立主导产业，实行区域布局，依靠龙头带动，发展规模经营"的农业发展新战略。1993年，山东省政府把实施农业产业化经营战略作为发展社会主义市场经济的重要途径，在全省各地市进

---

① 曹正汉：《国家与市场关系的政治逻辑——当代中国国家与市场关系的演变（1949—2008）》，97页，北京，中国社会科学出版社，2014。

行推广。1995年12月,《人民日报》发表社论《论农业产业化》,连续刊登文章介绍潍坊市发展农业产业化的经验。① 中央政府随后总结各地实践经验并充分肯定农业产业化经营的重要意义,逐步将农业产业化经营提升到政策高度,并陆续出台各项支持和鼓励政策。1993年,江泽民在中央农村工作会议上指出,要"围绕农村专业性的商品生产,继续推行和完善贸工农一体化、产加销一条龙的经营形式,以加工或经营企业为龙头,带动农村基层和农户,形成经济协调组织"。同年《中共中央关于建立社会主义市场经济体制若干问题的决定》鼓励和提倡农业产业化经营,指明要"逐步全面放开农产品经营,改变部门分割、产销脱节的状况,发展各种形式的贸工农一体化经营,把生产、加工、销售环节紧密结合起来"。《中共中央国务院关于当前农业和农村经济发展的若干政策措施》明确提出,要安排专项贷款,扶持龙头企业的发展。1995年《中共中央国务院关于做好1995年农业和农村工作的意见》指出:"发展一体化的经济组织,在所有制和经营形式上要坚持多样化,在生产经营上坚持以市场需求为导向,在分配体制上要坚持保障农民的利益,真正达到发展农村经济、增加农产品供给和农民收入的目的。"1996年《中共中央国务院关于"九五"时期和几年农村工作的主要任务和政策措施》明确提出:"大力发展贸工农一体化经营,加速农村经济向商品化、产业化、现代化的转变。推进农业产业化、发展贸工农一体化经营,把农户生产与国内外市场连接起来,实现农产品生产、加工、销售的紧密结合,是我国农业在家庭承包经营基础上扩大规模,向商品化、现代化和专业化转变的重要途径。要以市场为导向,立足本地优势,积极兴办以农产品加工为主的龙头企业,发展具有本地特色和竞争力的拳头产品,带动千家万户发展商品生产,带动适度规模经营的生产基地建设和区域经济的发展。国有和集体的农产品加工企业,也要转变经营方式,与农民结成经济利益共同体,实行贸工农一体化经营,促进农业发展和农民致富。"

(二)1997—2008年:以支持龙头企业为主的发展阶段

这一时期,中共中央、国务院对农业产业化经营在调整和优化农村经济结构中的作用给予高度重视。这一阶段出台的各项政策对农业产业化经营做了全面部署,并将其提升到了推进农业和农村实现两个根本性转变的有效途径的战略高度,尤其重视龙头企业在农业产业化经营中的带动作用,各类主体发展农业龙头企业并享受政策优惠。1997年2月,《中共中央国务院关于做好1997年农业和农村工作的意见》指出:

---

① 宋洪远等编著:《改革开放以来中国农业和农村经济政策的演变》,64页,北京,中国经济出版社,2000。

"发展农业产业化经营,关键是培育具有市场开拓能力、能进行农产品深度加工、为农民提供系列化服务和带动千家万户发展商品生产的龙头企业……要鼓励和引导农村集体经济组织带动农民联合兴办农产品加工和销售实体,实行农工商综合经营。鼓励大中型工商企业和外商投资农业开发,兴办龙头企业。所有带动农民发展农业产业化经营的龙头企业,都可以享受国家对现有农业企业的优惠政策。农业银行要把发展农业企业化经营、建设龙头企业作为资金投放的重点,其他商业银行也要积极扶持龙头企业的发展。"1998年《中共中央国务院关于1998年农业和农村工作的意见》对农业产业化经营的规划、龙头企业和农户之间的利益关系等方面提出了要求,并鼓励乡镇企业、国内外大型企业、国有农垦企业参与农业产业化经营,鼓励农民采取合作制和股份合作制的办法自办龙头企业。同年中共十五届三中全会通过的《关于农业和农村工作若干重大问题的决定》再次强调指出:"发展农业产业化经营,关键是培育具有市场开拓能力、能进行农产品深度加工、为农民提供服务和带动农户发展商品生产的龙头企业。要引导龙头企业同农民形成合理的利益关系,让农民得到实惠,实现共同发展。要充分利用现有的农产品加工、销售企业,不要盲目上新项目,避免重复建设。"这是中共中央首次在有关农业和农村工作的重大决定中全面肯定和支持农业产业化经营。2003年中共十六届三中全会指出,要"鼓励工商企业投资发展农产品加工和营销,积极推进农业产业化经营,形成科研、生产、加工、销售一体化的产业链"。2004—2008年的中央一号文件对发展农业产业化经营尤其是龙头企业发展给予支持和鼓励,并在信贷、税收、担保、保险、技术、资金、品牌培育等方面提出明确扶持措施,对农业产业化经营的发展起到了良好的指导作用。

(三)2009年以后:多种农业产业化经营模式共同发展的阶段

2007年《中华人民共和国农民专业合作社法》实施以后,农业专业合作社发展迅猛,在农业市场化、商品化、专业化、现代化等方面起到越来越大的作用。2008年以后,中国也开始重视农业专业合作社在农业产业化经营中的作用,鼓励农民专业合作社兴办农产品加工企业或参股龙头企业。在对农业产业化经营发展提出更具体的支持措施基础上,重视农业产业化经营示范区建设和"一村一品"建设。2009年中央一号文件明确提出,要"扶持农民专业合作社和龙头企业发展。扶持农业产业化经营,鼓励发展农产品加工,让农民更多分享加工流通增值收益。中央和地方财政增加农业产业化专项资金规模,重点支持对农户带动力强的龙头企业开展技术研发、基地建设、质量检测。鼓励龙头企业在财政支持下参与担保体系建设。采取有效措施帮助龙头企业解决贷款难问题"。2010

年中央一号文件提出:"着力提高农业生产经营组织化程度。大力发展农民专业合作社,深入推进示范社建设行动,对服务能力强、民主管理好的合作社给予补助。各级政府扶持的贷款担保公司要把农民专业合作社纳入服务范围,支持有条件的合作社兴办农村资金互助社。扶持农民专业合作社自办农产品加工企业。支持龙头企业提高辐射带动能力,增加农业产业化专项资金,扶持建设标准化生产基地,建立农业产业化示范区。推进'一村一品'强村富民工程和专业示范村镇建设。"至2012年,中国形成一支以1 253家国家重点龙头企业为核心[①],1万多家省级龙头企业为骨干,10万多家中小型龙头企业为基础的农业产业化龙头企业队伍,全国农民专业合作社数量高达68.9万个。

通过农业产业化经营,小规模分散农户实现了与大市场的有效对接,推动了农村工业化向纵深发展。一是农业产业化经营主体将工商资本、社会力量等引入农村,增加了他们对农业农村的投入。二是农业产业一体化经营促进农业转变生产方式,向着专业化、规模化和集约化方向发展,延长了农业产业链条,促进了农产品加工业的发展和农产品市场化运营,实现了农民增收、企业增效和财政增源。三是农业产业化经营优化了农村经济结构,促进农村工业快速增长和第三产业稳步发展。

第二节　农村城镇化

在农村工业化推动和城乡二元体制松动的影响下,中国城镇化水平不断提高。一方面,农村工业化加快了农村二、三产业的发展和农村经济结构调整,二、三产业的更高收益吸引农村剩余劳动力就业转移,并实现就地城镇化;另一方面,国家通过实施小城镇发展战略等,逐步拓展了城镇化规模,推动农村人口城镇化进程。

一、农村城镇化发展轨迹

新中国成立以后,中国走的是一条优先发展重工业的发展道路,与之相应,城镇化也走了一条优先发展少数大城市的发展道路,并形成了城市发展工业、农村发展农

[①] 根据农业部农业产业化办公室统计,截至2012年,共认定五批国家级重点龙头企业。第一批151家(2000年),第二批235家(2002年),第三批210家(2004年),第四批313家(2008年),第五批359家(2012年)。

业的基本产业格局。改革开放后乡镇企业的发展改变了这一格局。1987年6月12日,邓小平在会见外宾时说:"农村改革中,我们完全没有预料到的最大收获,就是乡镇企业发展起来了。突然冒出搞多种行业,搞商品经济,搞各种小企业,异军突起。"①他指出:"大量农业劳动力转到新兴的城镇和新兴的中小企业。这恐怕是必由之路。"②在总结经验后他创造性地提出:"农民不往城市跑,而是建设大批小型新型乡镇。"③中共十五届三中全会把发展小城镇确立为"带动农村经济和社会发展的一个大战略"。按照中国的城市建制,小城镇是空间规模最小和行政级别最低的非农业聚集区,分为县政府所在地(县城镇)和普通镇(独立镇)两类。④江泽民指出,要"坚持大中小城市和小城镇协调发展,走中国特色的城镇化道路"。⑤胡锦涛进一步指出,要"走中国特色城镇化道路,按照统筹城乡、布局合理、节约土地、功能完善、以大带小的原则,促进大中小城市和小城镇协调发展"。⑥

(一)1978年到20世纪90年代初:小城镇快速发展

随着农村经济的发展,尤其是乡镇企业的突飞猛进带来的农村工业化进程加快,加快小城镇建设成为这一时期国家城镇化建设的主要内容。1978年十一届三中全会原则通过《中共中央关于加快农业发展若干问题的决定(草案)》,提出"有计划地发展小城镇和加强城镇对农村的支援"。1980年,国务院颁布《批转全国城市规划工作会议纪要》,明确提出"严格控制大城市规模,合理发展中等城市,积极发展小城市","依托小城镇发展经济,有利于生产力的合理布局,有利于就地吸收农业剩余劳动力,有利于支援农业和促进当地经济文化的发展,有利于控制大城市规模",进一步肯定了发展中小城市的意义。1984年,国务院发布《城市规划条例》,提出"控制大城市规模,合理发展中等城市,积极发展小城市"的城市发展方针。同年国务院下发《批转民政府关于调整建镇标准的报告的通知》,规定"总人口在20 000以下的乡,乡政府驻地非农业人口超过2 000的,可以建镇;总人口在20 000以上的乡,乡政府驻地非农业人口占全乡人口10%以上的,也可以建镇",放宽了建镇标准。1989年全国人大常委会通过了《中华人民共和国城市规划法》,将城镇发展方针改为"严格控制大城

---

① 《邓小平文选》,第三卷,238页,北京,人民出版社,2001。
② 《邓小平文选》,第三卷,214页,北京,人民出版社,1993。
③ 《邓小平文选》,第三卷,238页,北京,人民出版社,1993。
④ 陈炎兵、姚永玲:《特色小镇——中国城镇化创新之路》,11页,北京,人民出版社、致公出版社,2017。
⑤ 《中共十三届四中全会以来历次全国代表大会中央全会重要文献选编》,669页,北京,中央文献出版社,2002。
⑥ 《胡锦涛文选》,第二卷,632页,北京,人民出版社,2016。

市规模、合理发展中等城市和小城市"。在城镇化政策、乡镇企业快速发展、户籍制度逐步放松（如允许自带口粮进城兴办第三产业）的综合影响下，这一时期小城镇发展很快。1978—1992 年，全国城镇人口从 18 495 万增加到 32 175 万，城镇化水平总体上提高了 8.5%；城镇数量迅速增加，城市数量由 216 个增加到 517 个，建制镇数量由 1979 年的 2 851 个增加到 1992 年的 11 895 个。①

（二）20 世纪 90 年代初到 1998 年：大城市快速发展

1992 年国家明确社会主义市场经济体制的发展方向后，经济发展加速，城市发展也进入扩张阶段。1993 年中共十四届三中全会提出要加强小城镇建设，除了利用和改造已有小城镇，还要非常重视新的小城镇建设，并在全国范围内进行小城镇开发建设试点。1994 年，国家 11 个部委联合印发了《小城镇综合试点改革指导意见》，对健全小城镇政府职能、推行"统一规划、合理布局、综合开发、配套建设"的集中建设方式、促进小城镇建设和发展的多元化投资机制、改革户籍管理制度、建立和完善试点小城镇的新型社会保障体制、探索和完善试点小城镇的新型社会保障体制等方面进行了改革试点。这一时期，农村小城镇建设规模小、布局分散、土地资源浪费等问题已经显现，小城镇建设开始进入调整阶段。"九五"计划提出："逐渐形成大中小城镇和城镇规模适度，布局和结构合理的城镇体系。"20 世纪 90 年代后期，中央政府的城镇化发展方针一改以往重视小城镇发展和控制大城市规模的态度，鼓励大中小城市和小城镇协调发展以及建设辐射带动能力强的城市群。以此为契机，城镇化进入以大城市为主题的快速扩张期：平面式或摊大饼式的城市扩张越来越快，城市界线逐步伸展至乡村；大中城市兴起开发区建设热潮，为吸引外商投资，发展地方经济，一些地方大面积圈地建园；一大批中等城市通过成建制地并入周边中小城市，形成人口超过数百万的大城市；一些大中城市通过撤县建区、变更户籍身份等方式人为地加大城市人口的比例。② 在大城市和中小城镇并进发展时，国家对小城镇发展依然保持积极鼓励的态度。1998 年十五届三中全会通过《中共中央关于农业和农村工作若干重大问题的决定》，指出"发展小城镇，是带动农村经济和社会发展的一个大战略"，肯定了发展小城镇的意义和作用。2000 年，《中共中央国务院关于促进小城镇健康发展的若干意见》指出，加快城镇化进程的时机和条件已经成熟。

---

① 国务院发展研究中心课题组：《中国城镇化：前景、战略与政策》，145 页，北京，中国发展出版社，2010。
② 国务院发展研究中心课题组：《中国城镇化：前景、战略与政策》，146 页，北京，中国发展出版社，2010。

（三）进入 21 世纪以来：城镇化建设进入全面协调发展

中国农村中滞留了大量的剩余劳动力，要实现现代化和城乡统筹发展，必须通过推进农村城镇化，加快农民市民化进程。只注重发展大中城市，是无法转移庞大的农村人口的，因此要重视小城镇建设。①2001 年国家"十五"计划指出："推进城镇化要遵循客观规律，与经济发展水平和市场发育程度相适应，循序渐进，走符合我国国情、大中小城市和小城镇协调发展的多样化城镇化道路，逐步形成合理的城镇体系。""注意发展城市间的经济联系，发挥中小城市对小城镇发展的带动作用，着重发展小城镇的同时，积极发展中小城市，完善区域性中心城市功能，发挥大城市的辐射带动作用，引导城镇密集区有序发展。"2002 年中共十六大报告明确"要逐步提高城镇化水平，坚持大中小城市和小城镇协调发展，走中国特色的城镇化道路"。②"十一五"计划首次明确提出："增强城市群的集体竞争力……要把城市群作为推进城镇化的主体形态……有条件的区域，以特大城市和大城市为龙头，通过统筹规划，形成若干用地少、就业多、要素集聚能力强、人口合理分布的新城市群。"2007 年中共十七大指出："走中国特色城镇化道路，按照统筹城乡、布局合理、节约土地、功能完善、以大代小的原则，促进大中小城市和小城镇协调发展。以增强综合承载力为重点，以特大城市为依托，形成辐射作用大的城市群，培育新的经济增长极。"中共十七届三中全会以及 2011 年的"十二五"规划进一步明确了以大带小，促进大中小城市和小城镇协调发展的城镇化战略。至此，中国城镇化建设进入全面协调发展阶段。

总体上，中国的城镇化发展主要有两种模式：一是自下而上"内发型"的本地城镇化路径，即乡村中心演变为镇并逐步扩大而发生的城镇化；二是由于城市扩大而产生的"自上而下"的迁移城镇化。③通过推进城镇化，2008—2012 年，中国转移农村人口 8 463 万人，城镇化率由 45.9% 提高到 52.6%，城乡结构发生了历史性变化。

二、农村工业化推动下的农村城镇化

中国农村工业化与农村城镇化在发展中相互促进。

首先，乡镇企业发展推动了中国农村工业化进程，实现大量农村富余劳动力的安

---

① 《江泽民论有中国特色社会主义（专题摘编）》，135~136 页，北京，中央文献出版社，2002。
② 《全面建设小康社会，开创中国特色社会主义事业新局面——在中国共产党第十六次全国代表大会上的报告》，2002 年 11 月 8 日。
③ 国务院发展研究中心课题组：《中国城镇化：前景、战略与政策》，145 页、146 页，中国发展出版社，2010。

置就业，为城镇化创造了新路。据农业部统计，2011年年底，有近1.6亿的劳动力在乡镇企业部门就业。① 为解决企业生产和职工生活服务问题，乡镇企业辐射周边地区逐渐形成了聚居区，大量人口成为城镇居民。其次，随着乡镇企业的繁荣发展，尤其是20世纪90年代以后，各地逐渐出现了产品加工带、产业集群和工业园区，产业集聚进一步带动了人口集中，有力推动了小城镇建设。② 到1990年年初，中国80%以上的建制镇是改革开放后组建的，城镇发展成为农村工业中心、流通中心、交通中心、经济信息中心和金融中心，进而对其周边地区产生较强的辐射功能。③ 到2002年，全国各地建立了许多各具特色的工业小区和小城镇，约有4万家乡镇企业小区，5万个小城镇。④ 此外，在激烈的市场竞争中，乡镇企业为了降低经营成本，逐渐向消费者集中地聚集，进一步促进了小城镇的发展。通过这三种方式，乡镇企业为小城镇建设创造了条件，成为小城镇建设的主要依托。

城镇发展反过来为农村工业化发展提供了便利的外部环境：一是城镇的高工资、便利的交通和生活服务设施、高质量的医疗和教育条件等，对农村人口产生了集聚作用，为工业化发展带来了人口、人才、资金、技术等要素和市场；二是城镇规模的扩大，为乡镇企业提供更多的市场机会；三是城镇的发展，为乡镇企业提供更多、更及时的各种社会化服务；四是城镇产业的集中，为乡镇企业提供提高管理水平的交流平台。⑤ 一些企业将总部搬到大中城市，工厂在小区和小城镇，乡村工业向城镇的集中和城镇工业的进一步扩散，促使城乡工业化和城市化"合二为一"。⑥

在城镇化建设过程中，道路、建筑等建设都需要大量的廉价劳动力，城镇化的可持续发展也必须依靠良性发展的二、三产业做支撑，产业发展带来的就业岗位和财政收入，进一步推动了城镇化的拓展。城镇在基础设施、公共服务、生产资料和生活资料市场等方面具有集聚优势，选择所在地区的小城镇建厂，对于乡镇企业来说可以节约经营成本、交易成本和信息搜寻成本，因此，小城镇逐渐成为中国农村工业化的载体。农村工业虽然在农村地区，但它必然向小城镇集中，这是由乡镇企业的性质特点和

---

① 中国乡镇企业及农产品加工业年鉴编辑部：《中国乡镇企业及农产品加工业年鉴》，北京，中国农业出版社，2011。
② 郑有贵：《中国农村工业化主要制约因素研究》，38页，2002。
③ 郑有贵：《中国农村工业化主要制约因素研究》，59~60页，2002。
④ 国务院发展研究中心课题组：《中国城镇化：前景、战略与政策》，59页，北京，中国发展出版社，2010。
⑤ 申茂向、祝华军、田志宏：《推进农村工业化与城镇化的协调互动发展》，载《中国科技论坛》，2015（6），3页。
⑥ 郑有贵：《中国农村工业化主要制约因素研究》，38页，2002。

小城镇的功能特点决定的。因为乡镇企业同样要求要具备现代工业发展的基本条件：有足够的劳动力，有一定的资金、技术基础，有一定的满足生产要求的厂房和机器设备，有较为便捷的交通运输条件，有能够提供生产和生活需要的公共服务为基础的第三产业。

三、县域行政体制改革和县域经济发展

县域经济发展与国家小城镇建设互为呼应，也是农村城镇化的重要载体。改革开放后，中国县级行政体制经历了"市管县（市）"到"省直管县"的改革，这一方面加快了城镇化发展速度，同时扩大了县级政府发展经济的自主权和调控权，县域经济发展环境得到进一步改善，县域经济实现了跨越式发展。

20世纪80年代，为了更好地发挥中心城市对农村发展的带动作用，中央在辽宁省等经济相对发达地区的市领导县改革试点基础上，出于促进城乡一体化、提高行政效率等考虑，在全国范围内推广了"市管县（市）"行政体制。1982年中共中央出台《改革地区体制，实行市领导县体制的通知》，要求实行地市合并，促进城市对农村发展的带动作用。1983年中共中央、国务院出台《关于地市州党政机关机构改革若干问题的通知》，进一步提出要积极实行地市合并，要求"以经济发达的城市为中心，以广大农村为基础，逐步实行市领导县的体制，使城市和农村紧密地结合起来，充分发挥两方面的优势，互相依存，互相支援，统一领导，全面规划，促进城乡经济、文化事业的发展，这是我们改革的基本目的和要求。主要办法是，实行地、市合并，由市领导县"。在此文件影响下，地级市建制在全国范围内推广。1999年中共中央、国务院发布的《关于地方政府机构改革的意见》指出："要调整地区建制，减少行政层次，避免重复设置。与地级市并存一地的地区，实行地市合并；与县级市并存一地的地区、所在市（县）达到设立地级市标准的，撤销地区建制，设立地级市，实行市领导县体制；其余地区建制也要逐步撤销，原地区所辖县改由附近地级市领导或由省直辖，县级市由省委托地级市代管。各自治区调整派出机构—地区的建制，要结合民族自治的特点区别对待。"此后的国家城镇化战略开始着重发展小城镇，增加了建制镇的数量，设市工作基本冻结，而大城市周边的大量"撤县设区"使大城市规模迅速扩大。到2004年，全国334个地级行政区划单位中，已有269个"市管县"形成的地级市，"市管县"体制下的地级市所领导的县占全国总数的80%以上。[①] 行政体制上的"市

---

① 李铁、乔润令等：《城镇化改革的地方实践》，143页，北京，中国发展出版社，2013。

管县（市）"和"撤县设区"体制的实施进一步推动了城市在区域经济发展中的辐射作用。

随着行政体制改革的深入，市和县利益在某些方面不一致甚至相互竞争的弊端逐渐凸显，"统一领导，全面规划，促进城乡经济、文化事业的发展"的初衷逐渐演变成县域经济发展让渡于市辖区利益的局面。2002年起，浙江、湖北、河南、广东等省先后实施了"强县扩权"改革，旨在通过下放某些经济管理权限扩大县级财政权限，把市一级的部分政府经济管理权限下放到一些重点县。后来安徽、湖北、吉林等地开展了进一步扩大县级财政权限、减少财政管理层级的"省直管县"的财政体制改革。2009年，财政部出台《关于推进省直接管理县财政改革的意见》，要求到2012年年底前，"力争全国除民族自治地区外全面推进省直接管理县财政改革"。2010年，中央编办在全国选取了8个省（区）的30个县（市）作为行政"省直管县"体制改革试点，并取得明显成效，县域经济发展和行政体制改革进入到"省直管县"阶段。据国家统计局数据，至2012年年底全国共有县级区划数2 852个，其中市辖区860个、县级市368个、行政县1 453个和自治县117个[①]。

行政体制改革促进了县域经济快速发展，县域经济成为国民经济发展的重要基础。根据2012年2月第十二届全国县域经济基本竞争力与县域科学发展评价报告，全国百强县（市）的平均规模是：人口87.93万人，地区生产总值578.34亿元，地方财政一般预算收入39.36亿元，人均地区生产总值约69 390元，城镇居民人均可支配收入约25 110元，农民人均纯收入约12 320元。2012年年底，全国县级行政区域土地面积为821万平方公里，占国土总面积的85.52%；全国县级行政区域总人口为9.98亿人，占全国总人口的73.71%，其中乡村人口8.05亿人，乡村从业人员为4.50亿人；全国县域经济第一产业增加值为43 276.33亿元，占全国第一产业增加值的85.02%；全国县域经济第二产业增加值为158 988.03亿元，占全国第二产业增加值的64.99%；全国县域经济地方财政一般预算收入为18 340.91亿元，占全国地方财政一般预算收入的30.03%；全国县域内规模以上工业企业个数为21.78万个，规模以上工业总产值为478 273.65亿元，分别占全国规模以上工业企业单位数和产值的63.34%和52.57%。[②]

---

① 还有一些财政收支和市政建设相对独立并能够提供完整的社会经济统计资料的区。
② 县域数据根据《中国县域统计年鉴（2013）》相关数据整理计算，全国数据依据国家统计局网站数据。

第三节　城乡发展一体化

改革开放后，中国市场化改革启动，经济实力不断增强，为工农城乡关系的调整提供了经济条件。随着改革的深入，城乡严格隔绝的坚冰逐步被融化。[①] 进入21世纪以后，国家对调整工农关系和城乡关系的认识不断深化，对农业农村的支持迅速增加，工农城乡关系在市场和政府的双重作用下开始发生重要转变，城乡二元结构发生显著变化，城乡公共服务的均等化水平不断提高，城乡关系朝着一体化方向迈进。

一、城乡一体化的历程

从"统筹城乡发展"到"城乡一体化"成为正式的政策性语言，中国政府对城乡关系变化的认识经历了一个较长的时期，说明城乡一体化思想是随实践发展和认识深化而逐步形成。

（一）改革开放初期到十六大之前

中国经济体制改革肇始于农村。随着农村改革开放推进，中国农村经营体制发生了变化，赋权、放活、尊重农民选择成为一股不可逆转的历史潮流。伴随农业的发展、市场化步伐的加快，农民逐步摆脱了传统的社会分工，成为农业现代化、工业化和城镇化的主力军。但另一方面，农业发展和农民增收也多次遇到市场瓶颈，供求矛盾问题反复出现，说明农产品供求关系和供求格局需要调整。打破计划经济体制下形成的农产品供求关系和供求格局，放开农产品购销价格，改变城乡二元人口结构和就业结构，实现劳动力和其他资源在城乡之间的自由流动，变多数人为少数人生产农产品为少数人为多数人生产农产品，成为市场化方向改革的首要的制度创新。

改革开放后，中国劳动力流动政策和户籍政策松动，城乡关系发生了变化。1982—1986年，连续出台五个关于"三农"发展的一号文件，对中国城乡关系进行了有益的探索。1983年中央一号文件提出"允许劳动力一定程度地流动"。1984年国务

---

① 宋洪远主编：《中国农村改革三十年》，31页，北京，中国农业出版社，2008。

院发布《关于农民进入集镇落户问题的通知》，允许有经营能力和有技术专长的农民进集镇落户，这些农民被统计为非农业人口，口粮自理。公安部同年制定了针对进城农民的管理办法《关于城镇暂住人口的暂行规定》，"对暂住时间拟超过3个月的16周岁以上的人，须申领《暂住证》"。1985年中央一号文件规定"在各级政府统一管理下，允许农民进城开店设坊，兴办服务业，提供各种劳务"。这些政策为工业发展和城市建设提供了大量农村青壮年劳动力，促进了劳动力流动，使中国人口城市化水平逐年提高。总体上，这一阶段的主要工作是改革农村经济，开展多种经营，促进农村经济发展。1985年中央一号文件指出，十二届三中全会以后，城市经济体制改革，会促使城乡互动，实现协调发展；对乡镇企业实行税收和信贷优惠，运用经济杠杆促使城乡交往与发展。1986年中央一号文件指出，面对城乡改革汇合，继续坚持以农业为基础，为保持工业和农业发展均衡，从"七五"计划开始，增加农业基本建设和农业事业的投资，乡镇企业所得税一部分用于扶持农业。从中可以看出，这一时期中国开始有意识地调整工农关系和城乡关系，但这种调整只是初步的。

随着市场经济体制的建立，劳动力的自由流动需求越来越迫切。为优化劳动力资源配置，中国政府出台了各种政策，进行了渐进式户籍制度改革，逐渐放松了户籍制度的严格控制。20世纪80年代中后期，部分城市为收取城市增容费和促进本地房地产市场发育，开始卖户口或实行"蓝印户口"，部分解决了已向城镇迁居的农民的户口问题。[①] 1994年，国家11个部委联合印发《小城镇综合试点改革指导意见》，进一步放松了户籍制度控制。1997年，国务院批准了公安部的《小城镇户籍管理制度改革试点方案和关于完善农村户籍管理制度的意见》，明确指出农民可以向小城镇和县级市等小城市转移。文件表明："允许已经在小城镇就业、住居并符合一定条件的乡村人口办理城镇常住户口，以促进农村剩余劳动力就近、有序地向小城镇转移。……同时继续严格控制大中城市特别是北京、天津、上海等特大城市人口的机械增长。……改革的范围限制在县（县级市）城里的建成区和建制镇建成区。"1998年，国务院又批转了《公安部关于解决当前户口管理工作中几个突出问题的意见》，进一步为北京、上海等特大城市、大城市的人口转移和落户放开了条件。文件表明："在城市投资、兴办实业、购买商品房的公民及随其共同住居的直系亲属，凡在城市有合法住所、合法稳定的职业或者生活来源，已住居一定年限并符合当地政府有关规定的，可准予在该城

---

① 周维富：《中国工业化与城市化协调发展论》，54，55页，中国社会科学院博士学位论文，2002。

市落户。"2001年，国务院批转了公安部《关于推进小城镇户籍管理制度改革的意见》，取消了县级及以下行政单位的"农转非"指标限制，明确"把蓝印户口、地方城镇居民户口、自理口粮户口等统一登记为城镇常住户口；对于已取得城镇户口的人口，其原来承包经营的土地，可以继续保留经营权，也可依法有偿转让"。2003年，《城市流浪乞讨人员收容遣送办法》废除。2012年，教育部门等联合颁布《关于做好进城务工人员随迁子女接受义务教育后在当地参加升学考试工作的意见》，提出"根据城市功能定位、产业结构布局和城市资源承载能力，根据进城务工人员在当地的合法稳定职业、合法稳定住所和按照国家规定参加社会保险年限，以及随迁子女在当地连续就学年限等情况，确定随迁子女在当地参加升学考试的具体条件，制定具体办法"，进一步解决了部分进城务工人员在子女教育方面的后顾之忧。①

但是，绝大部分进城务工的农民仍属于城镇隐性人口，不能享受城市户口带来的社会福利，他们在工资薪酬等方面无法与城镇职工相比，做不到同工同酬，不能获得城市建设和发展的认同感和归属感，属于城市边缘人口。由此，改革开放后的劳动力市场是二元的，即被分割为城市市民劳动力市场和农民工劳动力市场。在二元劳动力市场上，城乡劳动力的劳动报酬和福利待遇存在差别，而且这种差别不是由劳动力素质差别引起的，而是由城乡的不同身份带来的。有学者曾指出，全国农民工的工资福利待遇与城市职工的工资福利待遇的差别大致为1:5。②

改革开放后，随着农村经济发展，城乡经济差距和社会事业发展差距问题开始引起有关研究部门的关注。1988年，农业部"农村工业化、城市化课题组"在《二元社会结构——城乡关系：工业化、城市化》的调研报告中首先提出二元社会结构概念，指出二元社会结构包括户籍、住宅、粮食供给、副食品供给、燃料供应、教育、医疗、就业、保险、劳动保护、婚姻、征兵等十余种制度，认为农民与市民阶层在政治、经济以及社会利益诸方面"都存在比较尖锐的矛盾"，呼吁走出二元，进而走向现代的工业化和城市化。③自此，城乡二元社会关系引起社会的广泛关注与研究。

（二）中共十六大到2012年

"城乡一体化的提出与我国改革开放后乡镇企业的兴起、小城镇的发展、城乡经

---

① 周维富：《中国工业化与城市化协调发展论》，54、55页，中国社会科学院博士学位论文，2002。
② 许经勇：《中国农村经济制度变迁十年研究》，200页，厦门，厦门大学出版社，2009。
③ 农业部"农村工业化、城市化课题组"：《二元社会结构——城乡关系：工业化、城市化》，载《经济研究参考资料》，1988（90）。

济关系日趋紧张是密不可分的。"①20世纪90年代后期,中国经济快速发展,但城乡差距越来越大,城乡发展不平衡已经成为建设全面小康社会和构建社会主义和谐社会路上的最大羁绊。20世纪90年代后,学术界在城市化研究中,从协调城乡发展关系的角度涉及城乡一体化,研究框架主要是城乡一体化的内涵、目标、动力和标志等基本理论问题。②为了解决城市和农村协调发展问题,理论界提出"城乡互动"思想,城乡一体化理论框架和理论体系开始建立,研究内容日臻完善。王景新认为,城乡一体化是城乡现代化的交汇融合,既是城镇化的最高境界,也是乡村现代化的最高境界。③顾益康、邵峰提出,城乡一体化就是要改变计划经济体制下形成的城乡差距发展战略,建立地位平等、开放互通、互补互促、共同进步的城乡社会经济发展的新格局。④朱纲、张军认为,城乡一体化包括四个方面,即城乡经济、社会、生活、生态环境一体化。⑤为此,中共十六大提出实施城乡统筹发展的战略要求,将工农业发展和城乡发展通盘考虑,推动中国城乡关系发展迈入新的历史阶段。

2002年11月17日,江泽民在中共十六大报告中提出:"统筹城乡经济发展,全面建设小康社会是党带领全国人民在21世纪头二十年的奋斗目标,这个奋斗目标的实现,重点和难点都在农村。因此,统筹城乡发展的主要内容就是发展现代化农业,提高农民的收入,繁荣农村经济。"中共十六大以来,统筹城乡发展成为中国共产党和政府高度重视的问题,十六大以来的历次中央经济工作会议均涉及城乡一体化问题。2001年和2002年中央经济工作会议提出"促进城乡、区域、经济社会的协调发展",2003年提出"必须牢固确立和认真落实全面、协调、可持续的发展观,统筹城乡发展,统筹区域发展,统筹经济社会发展,统筹人与自然和谐发展,统筹国内发展和对外开放,这既是经济工作必须长期坚持的重要指导思想,也是解决当前经济社会发展中诸多矛盾必须遵循的基本原则",2004—2006年提出"城镇化健康发展",2007年提出"城乡统筹,形成城乡经济社会发展一体化的格局",2008年提出"推进城镇化和促进城乡经济社会发展一体化为重点,把统筹城乡区域协调发展与推进城镇化结合起来",2009—2010年提出"稳妥推进城镇化"。2010年中央经济工作会议提出要合理增加城乡居民特别是低收入群众收入,加强城乡市场流通体系建设。2011年中央经济工作会

---

① 景普秋、张复明:《城乡一体化研究的进展与动态》,载《城市规划》,2003(6),30~35页。
② 杨兵:《对中国城乡一体化问题的反思》,载《经济纵横》,2002(6),8页。
③ 王景新、李长江、曹荣庆:《明日中国:走向城乡一体化》,北京,中国经济出版社,2005。
④ 顾益康、邵峰:《全面推进城乡一体化改革》,载《中国农村经济》,2003(1)。
⑤ 朱纲、张军等编著:《中国城乡发展一体化指数》,北京,社会科学文献出版社,2013。

议提出要毫不放松抓好"三农"工作,推动城乡一体化发展。2012年中央经济工作会议提出要积极稳妥推进城镇化,着力提高城镇化质量。2012年12月1日中国开始实施城乡一体化住户调查制度。

2011—2012年,中央正式提出城乡一体化。这些政策性文件对中国城乡一体化建设起到了引领作用。在2003年10月中共十六届三中全会上,"五个统筹"的科学发展理念首次被提出,统筹城乡发展是"五个统筹"之一。2004年9月在中共十六届四中全会上,胡锦涛提出了"两个趋向"的重要论断:"综观一些工业化国家的发展历程,在工业化初始阶段,农业支持工业、为工业提供积累是带有普遍性的趋向;但在工业化达到相当程度以后,工业反哺农业、城市支持农村,实现工业与农业、城市与农村协调发展,也是带有普遍性的趋向。""两个趋向"论断指明了"统筹城乡发展"的基本内容和要求,标志中国共产党对工农关系和城乡关系的思想认识进一步提升,是指导中国城乡统筹发展的重要思想。2005年10月召开的中共十六届五中全会提出"积极推进城乡统筹发展"是建设新农村的首要任务。2006年10月中共十六届六中全会提出加快建立有利于改变城乡二元结构的体制机制、逐步扭转城乡发展差距扩大的趋势、建立覆盖城乡居民的社会保障体系、逐步形成城乡统一的人才市场和劳动力市场、统筹城乡环境建设。至此,城乡一体化的战略思想和工作思路逐步明晰。

2004—2010年,中央涉农文件都对城乡统筹发展有表述。2004年中央一号文件提出,农民增收难,城乡居民收入差距在不断扩大,这是城乡二元结构积累的深层矛盾的集中体现,要"深化农村改革,增加农民收入,强化对农业支持保护,力争实现农民收入较快增长,尽快扭转城乡居民收入差距不断扩大的趋势"。[①] 2005年中央一号文件提出:"全面落实科学发展观,坚持统筹城乡发展的方略。"[②] 2006年中央一号文件指出:"解决好'三农'问题仍然是工业化、城镇化进程中重大而艰巨的历史任务。"[③] 2007年10月召开的中共十七大提出:"形成城乡经济社会一体化发展新格局。"[④] 这一崭新论断和宏伟目标的提出,是对改革开放以来特别是十六大以来统筹城乡发展的理论和实践成果的高度概括和深刻总结。2007年中央一号文件指出:"坚持把解决

[①] 2013年中央一号文件《中共中央国务院关于加快发展现代农业 进一步增强农村发展活力的若干意见》(2012年12月31日),中国共产党新闻网。
[②] 2005年中央一号文件《中共中央国务院关于进一步加强农村工作提高农业综合生产能力若干政策的意见》(2004年12月31日),中国农业新闻网。
[③] 2006年中央一号文件《中共中央国务院关于推进社会主义新农村建设的若干意见》(2005年12月31日),中国共产党新闻网。
[④] 胡锦涛:《高举中国特色社会主义伟大旗帜 为夺取全面建设小康社会新胜利而奋斗——在中国共产党第十七次全国代表大会上的报告》,载《人民日报》,2007年10月25日1版。

好'三农'问题作为全党工作的重中之重,统筹城乡经济社会发展。"①2008 年中央一号文件指出,在工业化、城镇化、信息化、市场化的影响下,"农村生产要素外流加剧,缩小城乡差距难度加大,要求加大统筹城乡发展力度"。②2008 年中共十七届三中全会提出"我国进入了着力破除城乡二元结构、形成城乡经济社会发展一体化新格局的重要时期"这一重大科学判断,首次提出"城乡一体化",此后各地的城乡一体化实践进入广泛开展和大力推进的阶段。2009 年中央一号文件指出,建设农村全面小康。③2010 年中央一号文件指出:"破除城乡二元结构的任务越来越重,努力形成城乡经济社会发展一体化新格局。"④2010 年 10 月中共十七届五中全会提出,在"十二五"时期,要"按照推进城乡经济社会发展一体化的要求,搞好社会主义新农村建设规划,加快改善农村生产生活条件"。这就把推进城乡一体化发展提到了一个新的高度,即要以城乡一体化理念统筹考虑中国的城镇化和新农村建设,实现城镇化和新农村建设对协调处理好城乡关系的"双轮驱动"作用。

2012 年 11 月,党的十八大召开。十八大报告指出,推动城乡发展一体化是解决"三农"问题的根本途径。要加大统筹城乡发展力度,增强农村发展活力,逐步缩小城乡差距,促进城乡共同繁荣。加快完善城乡发展一体化体制机制,着力在城乡规划、基础设施、公共服务等方面推进一体化,促进城乡要素平等交换和公共资源均衡配置,形成以工促农、以城带乡、工农互惠、城乡一体的新型工农、城乡关系。⑤党的十八大关于推进城乡发展一体化战略和总布局的提出表明,我国城乡关系开始由政策性调整阶段转入布局性、制度性建设阶段,由解决城乡关系矛盾阶段转入以全面建成小康社会为目标,主动、正确地实现城乡一体化的新阶段。⑥在这个阶段,国家明确了以工支农、以城带乡的基本方针,以公共财政覆盖农村为支撑,以建设社会主义新农村为统领,以加强农业支持保护、加快农村基础设施建设、推动城乡基本公共服务、加强农民工权益保护为重点,城乡二元结构体制不断突破。

---

① 2007 年中央一号文件《中共中央国务院关于积极发展现代农业扎实推进社会主义新农村建设的若干意见》(2007 年 1 月 29 日),中国共产党新闻网。
② 2008 年中央一号文件:《中共中央国务院关于切实加强农业基础建设进一步促进农业发展农民增收的若干意见》(2007 年 12 月 31 日),中国共产党新闻网。
③ 2009 年中央一号文件《中共中央国务院关于促进农业稳定发展农民持续增收若干意见》(2008 年 12 月 31 日),人民网 - 人民日报。
④ 2010 年中央一号文件《中共中央国务院关于加大统筹城乡发展力度 进一步夯实农业农村发展基础的若干意见》(2009 年 12 月 31 日),中华人民共和国农业农村部官方网站。
⑤ 《中国共产党第十八次全国代表大会报告》,中国共产党新闻网。
⑥ 十八大报告指出,城乡发展一体化是解决"三农"问题根本途径,2012 年 11 月 26 日。

二、城乡一体化的做法和经验

中共十六大召开以后,全国各地开始全面探索城乡一体化建设道路。2005年10月11日,中共十六届五中全会通过的《中共中央关于制定国民经济和社会发展第十一个五年规划的建议》,对中国城乡一体化区域规划进行分类与整合,开启了城乡一体化全面建设和发展道路。各地在城乡一体化的实践探索中,不断增加对农村地区的基础设施和公共服务投入力度。城乡一体化的主要实践做法是:

(一)基础设施建设投资由城市向农村延伸

2008—2012年,加强农村水电路气等基础设施建设。

1. 加快实施农村饮水安全工程

"十一五"期间,国家累计安排农村饮水安全工程建设中央投资590亿元,解决了2.15亿农村居民及农村学校师生的饮水安全问题。到2012年,解决了3亿多农村人口的饮水安全。

2. 启动实施新一轮农村电网改造工程,加快无电地区电力和农村小水电建设

通过建设,促进城乡电力管理和服务一体化,使农村电力率先成为实现城乡公共服务均等化的领域,有效改善了农村用电条件,农村电价大幅度降低,实施农网改造的地区均已实现城乡生活用电同价目标,减轻了农民用电成本。北京、江苏等19个省区、市已实现城乡各类用电同价,一些地区实现了分价区各类用电同价。电力条件的改善直接拉动了农村电力消费,家用电器快速进入农村家庭,农产品加工和农业生产用电量大幅增加。到2012年,已经解决无电区445万人的用电问题。

3. 继续支持农村公路建设

着力改善中西部地区和老少边穷地区农村交通运输设施条件,新建改建农村公路146.5万公里,实现东中部地区所有具备条件的行政村、西部地区80%以上的行政村通沥青(水泥)路;通过桥梁新改建工程、安保工程、县乡道改造、连通工程等,提高农村公路的抗灾能力、安全水平、网络化水平和整体服务能力。

4. 积极发展农村沼气

2003—2010年中央共安排投资242亿元,在全国支持建设了1 591万户农村户用沼气、2万处养殖小区和联户沼气、3 119处大中型沼气工程,7.7万个乡村服务网点、50个县级服务站、4个农村沼气科技支撑项目。发展沼气,解决了农民生活用能,有效防止了乱砍滥伐，保护了生态环境，改善了农村环境卫生状况。此外，根据《2009—2015年全国小水电代燃料工程规划》，中国小水电代燃料建设由试点进入全面实施阶段，这也是有效解决农民用能问题，巩固国家林业生态建设成果的重要举措。

5. 改造农村危房

2009年以来，中国政府把满足困难群众基本住房需要，列为政府提供基本公共服务的重要内容，大规模实施保障性安居工程，加快推进住房保障工作。保障性安居工程，包括城镇地区的保障性住房建设、棚户区改造以及农村地区的危房改造、游牧民定居工程。2010年，中央安排75亿元用于支持全国陆地边境县、西部地区县、国家扶贫开发工作重点县、国务院确定享受西部大开发政策的县和新疆生产建设兵团团场改造120万户农村危房。2011年5月，中央安排扩大农村危房改造试点补助资金166亿元，支持完成265万农村贫困户危房改造。"十二五"期间完成农村困难家庭危房改造800万户。基本解决国有垦区、林区和林场职工住房困难问题，基本实现全国游牧民定居目标。①2012年年底，城镇和农村人均住房面积分别为32.9平方米和37.1平方米，分别比2007年增加2.8平方米和5.5平方米。②截至2012年，改造农村危房1 033万户。③

（二）城乡基本公共服务的均等化

实现城乡一体化必须建立城乡基本公共服务均等化的制度。总体上，中国已经构建农村基本公共服务和社会保障的制度框架和网络体系，农村社会事业农民办的格局彻底改观。统筹安排城乡社会事业发展投入，使较多的资金投向农村教育、科技、文化、卫生等领域，使城乡居民的教育、医疗保健和文化生活等方面条件更加平等。

1. 在农村教育方面，大幅度改善农村教育硬件条件和提高农村教育服务水平

2003年国务院《关于进一步加强农村教育工作的决定》和2005年国务院《关于深化农村义务教育经费保障机制改革的通知》要求"将农村义务教育全面纳入公共财政保障范围"。④2010年以来，政府新增教育经费主要用于农村，相继实施了全国中小学校舍安全工程、农村义务教育薄弱学校改造计划等项目，建立了家庭经济困难学生资助体系，实现从学前教育到研究生阶段各个阶段全覆盖。到2012年，约有1.2亿农村义务教育学生享受免除学杂费和免费教科书政策，1 300多万农村家庭经济困难寄宿生享受生活补助。全面实现城乡九年免费义务教育，惠及1.6亿学生。初步解决

---

① 国家发展与改革委员会农村经济司：《农村基础设施建设发展报告（2011）》，72页。
② 《2012年中国人权事业的进展》白皮书（全文）。
③ 《2013年政府工作报告（摘要）》，《科技日报》，2013年3月7日。
④ 国务院：《关于深化农村义务教育经费保障机制改革的通知》，2005年12月24日。

进城务工人员随迁子女在城市接受义务教育问题，1 393.87 万进城务工人员随迁子女在城市接受义务教育，占义务教育阶段学生总数的 9.7%，其中 80.2% 在公办学校就读。国家在发展农村职业技术教育、普通高中教育、农村学前教育方面出台政策，加强农村教师队伍建设、支持贫困家庭学生上大学等。实施中等职业教育免学费政策，覆盖范围包括所有农村学生、城市涉农专业学生和家庭经济困难学生。实施惠及 3 000 多万农村义务教育阶段学生的营养改善计划。①

2. 在农村医疗卫生方面，农村居民健康权利进一步得到保障

2002 年中共中央、国务院《关于进一步加强农村卫生工作的决定》和 2003 年国务院办公厅转发卫生部、财政部、农业部《关于建立新型农村合作医疗制度的意见》共同构建了中国新型农村合作医疗制度的框架。2012 年，中国农村常住人口已全部参加了新型农村合作医疗制度，新型农村合作医疗和城镇居民基本医疗保险政府补助标准分别从最初的年人均 20 元、40 元提高到 2012 年的 240 元，最高支付限额均不低于 6 万元，保障范围由住院延伸到门诊，全民基本医保体系已初步形成，各项医疗保险参保超过 13 亿人。加强城乡基层医疗卫生服务体系建设，建立基本药物制度并在基层医疗机构实施，公立医院改革试点稳步推进。②中国已建立覆盖城乡的医疗卫生体系，包括公共卫生服务体系、医疗服务体系、医疗保障体系和药品供应保障体系，基本公共卫生服务均等化水平明显提高。中国人均基本公共卫生服务经费标准从 2009 年的 15 元提高到 2012 年的 25 元。国家免费向全体居民提供 10 类 41 项国家基本公共卫生服务。2011 年，国家免疫规划疫苗接种率总体达到 90% 以上，全国住院分娩率达到 98.7%。2012 年，全国基层医疗卫生机构达 91.2 万个，其中乡镇卫生院 3.7 万所，村卫生室 65.3 万个。国家实施万名医师支援农村卫生工程，2009—2011 年，1 100 余家城市三级医院支援了 955 个县级医院，中西部地区城市二级以上医疗卫生机构每年支援 3 600 多所乡镇卫生院。截至 2012 年年底，基本药物制度实现基层全覆盖，所有政府办基层医疗卫生机构全部配备使用基本药物，实行零差率销售，并向村卫生室和非政府办基层医疗卫生机构延伸。

3. 普遍建立最低生活保障制度

2007 年全国普遍建立了最低生活保障制度。2012 年，中央财政共安排城乡低保补助资金 875 亿元，比 2011 年增长 16.8%。到 2012 年年底，全国共有城市低保对象

---

① 《2013 年国务院政府工作报告》，中华人民共和国中央政府网。
② 《2013 年国务院政府工作报告》，中华人民共和国中央政府网。

2 142.5万人，农村低保对象5 341万人；城市、农村平均低保标准分别为每人每月330元、每人每年2 068元，较2010年分别增长31.5%和47.3%。

4. 实现农村新型社会养老保险制度全覆盖

2012年全国建立农村新型社会养老保险制度，城乡居民基本养老保险实现了制度全覆盖，各项养老保险参保达到7.9亿人。社会保险覆盖面不断扩大。国家制定了《社会保险法》，修改了《工伤保险条例》。中国从制度上实现了基本养老和基本医疗保障对城乡居民的全覆盖。2012年，各项养老保险参保达到7.9亿人，13 075万城乡老年居民按月领取养老金，企业退休人员基本养老金从2004年人均每月700元提高到1 721元。各项医疗保险参保超过13亿人，其中，参加新型农村合作医疗保险人数超过8亿人。参加全国工伤保险的人数达18 993万人，比2011年增加了1 297万人，其中农民工参保人数达7 173万人。参加失业保险的人数为15 225万人，比2011年增加908万人。参加生育保险的人数为15 445万人，比2011年增加1 553万人。中国全面建立了养老保险省级统筹制度，实施基本养老保险关系跨省转移接续办法，总体实现了包括农民工在内的参保职工养老保险关系的有序转移。失业保险金标准和物价上涨挂钩联动机制也已建立。

5. 改革完善孤儿保障、流浪儿童救助保护、农村"五保"供养制度

据2005年民政部和北京师范大学社会发展与公共政策研究所组织的首次全国性孤儿等级排查结果，中国的孤儿总数为57.3万人，其中具有农村户口的孤儿为49.5万人，占孤儿总数的86.3%。[①] 民政部发布的《2012年社会服务发展统计公报》显示，截至2012年年底，全国共有孤儿57.0万人，其中，集中供养孤儿9.5万人，社会散居孤儿47.5万人，各类社会福利机构收养儿童10.4万人。2006年3月，民政部会同国家发展和改革委员会、财政部等14个部门联合印发了《关于加强孤儿救助工作的意见》，这是新中国成立以来对孤儿生活救助和服务保障第一个综合性的福利性的制度安排，在中国儿童福利事业发展史上具有里程碑意义。2010年国务院发布《关于加强孤儿保障工作的意见》，要求在全国范围内建立孤儿保障制度，从基本生活、医疗、教育、就业、住房等方面对成年前孤儿进行保障。其中，建立基本生活保障是该意见的核心。国务院要求各地要按照不低于当地平均生活水平的原则，合理确定孤儿基本生活最低养育标准，并向全体孤儿发放基本生活费。要"建立孤儿基本生

---

① 尚晓援、程建鹏：《中国孤儿状况分析》，载《中国青年研究》，2006（10），8页。

活最低养育标准自然增长机制"。民政部、财政部联合下发《关于发放孤儿基本生活费的通知》,中央财政下拨资金,对2010年地方发放孤儿基本生活费进行补助,标准为东部地区每人每月180元、中部地区每人每月270元、西部地区每人每月360元。2011年,东部地区每人每月200元、中部地区每人每月300元、西部地区每人每月400元,标准提高幅度超过了10%。全国有27个省份确定了当地的最低孤儿养育标准。

2011年3月2日,全国人大代表黄细花提出《关于严厉打击拐卖妇女儿童的建议》,受到国务院高度重视。截至2012年年底,全国共有儿童收养救助服务机构724个,其中流浪儿童救助保护中心261个,全年救助生活无着流浪乞讨未成年人15.2万人次。①

2012年,全国共有农村五保供养对象545.9万人,平均供养标准为集中供养年人均4 061元,分散供养年人均3 008元,较2010年分别增长37.6%和43.1%。

残疾人社会保障体系和服务体系不断完善。2012年,中国239.1万和36.3万符合条件的城乡残疾人分别享受稳定的生活补贴和护理补贴。截至2012年年底,城乡1 070.5万残疾人纳入最低生活保障范围,残疾人低保家庭救助水平得到提高。2012年,1 770.3万农村残疾人实现稳定就业。

6. 大力加强农村文化建设,推进公共文化服务均等化

覆盖城乡的公共文化设施网络体系初步建成,博物馆、图书馆、文化馆(站)全面实现免费开放。基本实现了"县有图书馆、文化馆,乡有综合文化站"的目标。至2012年年底,全国乡镇综合文化站有34 139个。文化信息资源共享工程覆盖城乡的服务网络基本建成。国家通过广播电视"村村通"工程和农家书屋工程,不断满足生活在农村和偏远地区人们的文化需求。中国所有行政村和95%的20户以上自然村通上电话,所有乡镇基本具备互联网接入能力,所有乡镇和88%的行政村通宽带。截至2012年8月,建成达到统一规定标准的农家书屋60多万家,配备图书9.4亿册、报刊5.4亿份、音像制品和电子出版物光盘1.2亿张、影视放映设备和阅读设施60多万套。建成"农民体育健身工程"34.8万个、"全民健身路径"26.1万条。文化下乡活动持续深入开展。加强对进城务工人员、老年人、未成年人、低收入人群、残障人群文化权益的保障。实施公共电子阅览室建设计划,已建设乡镇、街道、社区等各级站点28 612个,重点向未成年人、老年人、农村进城务工人员等群体提供服务。2011年,

---

① 民政部:《2012年共救助流浪乞讨未成年人15.2万人次》,环球网新闻。

国家有关部门联合下发《关于进一步加强农民工文化工作的意见》,提出以公共文化服务体系为支撑,逐步形成"政府主导、企业共建、社会参与"的农民工文化工作机制的总体思路。

7. 加强农村环境保护

2008—2012 年,中央财政安排设立农村环保专项资金 135 亿元,支持 2.6 万个村镇开展环境综合整治和生态示范建设,5 700 多万农村人口直接受益。

(三)城乡一体化的实践经验

在丰富的城乡一体化实践中,通过不断总结经验和发现问题,党和政府及时完善政策和制度,为建设和谐的城乡关系做了大量工作,有一些好的做法,初步形成了一些实践经验。

1. 将城乡发展纳入统一规划

2008 年 1 月 1 日中国《城乡规划法》正式实施,标志着中国打破原有的城乡规划模式,进入城乡统筹规划时期。上海市按照城乡一体化发展要求,在明确中心城区和郊区的功能定位以后,把农村经济和社会发展纳入建设上海国际化大都市,将经济发展重心、工业发展和基础设施建设重点从中心城区向郊区转变。浙江省把统筹城乡发展、推进城乡一体化作为全省经济社会发展的主线,做出整体推进城乡产业结构战略性调整、城乡就业结构战略性调整、城乡规划建设与生态环境建设、城乡社会保障与公共服务体系建设、城乡配套改革、发达地区加快发展与欠发达地区跨越式发展的"六个整体推进"的总体部署,并起草了《浙江省统筹城乡发展推进城乡一体化纲要》。成都市在"全域成都"发展理念指导下,把城乡一体化规划引入公共服务体系建设,建立城乡一体化的公共服务规划体系,并相应编制教育、医疗卫生等专项发展规划,明确各项公共服务事业发展的目标任务,形成覆盖全区域的城乡公共服务规划体系,逐步打破城乡分割的公共服务资源配置格局。

2. 建立健全城乡一体化建设和管理体系

无论是推进城乡要素平等交换和公共资源均衡配置,还是采取激励措施通过市场机制配置资源,都需要政府的介入。浙江省嘉兴市专门成立了城乡一体化工作领导小组,部分地区成立新的城乡一体化局,负责城乡一体化的各项具体协调工作;部分地区改革乡镇行政管理制度,使乡镇行政管理体制逐渐顺应城乡一体化发展要求;部分地区撤销乡镇人民政府,建立具有城市特色的街道办事处;还有的地区积极推进乡镇行政区划调整,做大中心镇,强化对拟建设开发区、旅游区的行政管理统筹,降低行政管理成本。① 浙江省余姚市实行了撤村建居、村社分离、政企分开,将公共事务融入社区管理,统一筹划村级管理向社区管理的成本开支,纳入财政转移支付范围,以城市管理取代农村管理。② 成都市结合规范化服务型政府建设和推进"大部制"政府机构改革试点,构建城乡一体化的组织制度,在对农业、规划、交通、水务等多个部门机构改革基础上,2007年组建了统筹城乡工作委员会,下设社会处,成为统一承担全市城乡教育、医疗卫生、社会保障和文化等农村公共服务事业改革的组织机构。③ 成都以村(社区)为重点,构建城乡统一的公共服务制度,从2008年起,将每年新增的公共事业和公共投资建设的政府投资主要用于农村公共事业和公共设施建设,直到城乡公共服务均等化的最终实现。

3. 加大户籍制度改革力度

中国城市化面临的最大难题,不是如何把农民转化为农民工,而是如何把农民工转化为市民,使其有可能在城市安居乐业。④ 2009年中央经济工作会议明确提出,放宽中小城市和城镇户籍限制。2010年《国家中长期人才发展规划纲要(2010—2020年)》提出"逐步建立城乡统一的户口登记制度"。2012年2月23日,《国务院办公厅关于积极稳妥推进户籍管理制度改革的通知》要求积极稳妥推进户籍管理制度改革。2013年《国务院关于城镇化建设工作情况的报告》中称,中国将全面放开小城镇和小城市落户限制。户籍制度的改革,为城乡居民公共服务均等化打开了大门。部分地区已经把农村户口改为居民户口,只是将从事职业一栏写为"以农业劳动为主";部分地区"撤村建居",建立了以居住地划分城镇人口、农村人口的管理制度。上海规定2001年以后出生的农民子女,均可登记为城镇常住户口;同时,还将逐步剥离附着于户籍上的"待遇",推动户籍管理向居住地服务管理转变。⑤ 还有些地方推进基本公共服务对常住人口的全覆盖,把进城落户农民完全纳入城镇住房和社会保障体系,把在农村参加的养老保险和医疗保险规范接入城镇社保体系。

4. 推进城乡劳动力就业和社会保障一体化

21世纪以来,为改善农民务工经商环境,国家连续出台了一系列文件。从2003年开始,国家要求各地区、各有关部门要继续清理对企业使用农民工的行政审批,取

---

① 嘉兴市发展和改革委员会:《嘉兴市统筹城乡发展加快推进城乡一体化的创新实践》,2009年3月9日,中国嘉兴。
② 全国统筹城乡综合配套改革试验区。
③ 全国统筹城乡综合配套改革试验区。
④ 许经勇:《中国农村经济制度变迁十年研究》,197页,厦门,厦门大学出版社,2009。
⑤ 易居研究院、中国房地产协会:《上海城乡一体化发展的模式与对策》,2012年9月25日。

消对农民进城就业的职业工种限制,不得干涉企业自主合法使用农民工。2004年中央一号文件做出重大判断:"进城就业的农民工已经成为产业工人的重要组成部分。"2006年国务院专门发出《关于解决农民工问题的若干意见》,明确提出:"逐步实行城乡平等的就业制度",标志着农民工就业环境的全面改善和权益保护力度的全面加强。上海市城乡社会保障制度正在趋向整合。上海养老保险、失业保险和医疗保险等基本保险的社会化,人寿保险等补充保险的市场化,残疾人、困难户保障等社会救助的制度化进程正在加快,城乡多层次社会保障体系逐步健全。① 浙江省实行就业政策、失业登记、劳动力市场、就业服务和劳动用工管理的城乡"五统一"制度。嘉兴市建立了全市统一的养老基本生活保障金增长机制,启动建立了新型城乡居民合作医疗保险制度,在全省率先推出普及型合作医疗保险,把在本地就业或就业并办理暂住证的非本地户籍的中、小学生和农村企业职工纳入参保对象,实行了弱势群体由政府出资参加的办法,完善合作医疗保障的补偿机制。绍兴县为使被征地农民"有保障、有股份、有技能"和实现"农村社区化",专门推行"四个改",即改现金为社保,创新被征地农民社会保障机制;改资产为股份,创新集体资产管理体制和运行机制;改失地为有业,创新被征地农民职业技能的培训机制;改村落为社区,创新农村社区化管理机制。

5. 建立健全城乡一体化的基础设施和公共服务体系

在城乡一体化的基础设施建设方面,上海市加大了郊区高速公路网、轨道交通网和信息网络的构建,扩大上海对内对外吸引和辐射空间,推动上海城乡经济合作和跨区域发展。② 浙江省2003年以来深入实施"千村示范万村整治"工程,对现有村庄分类改造、拆建和整治,优化县域村庄布局,推进农村新社区建设;全面整合部门力量,把交通道路、河道清理、供水供电、土地整理、平原绿化、垃圾收集等基础设施建设与"千村示范万村整治"有机结合,农村面貌和生产生活条件有了很大改善。2003—2013年,该省完成2.6万个村的环境综合整治,村庄整治率达89%,农村生活垃圾集中收集处理行政村覆盖率达93%,生活污水治理行政村覆盖率达62.5%,解决农民安全饮用水人数超过1 860万人;全部农村通上等级公路,城乡拥有同样的自来水网、公共卫生服务网络、垃圾处理系统、购物超市和互联网络。③④

---

① 易居研究院、中国房地产协会:《上海城乡一体化发展的模式与对策》,2012年9月25日。
② 易居研究院、中国房地产协会:《上海城乡一体化发展的模式与对策》,2012年9月25日。
③ 《浙江:深入实施"千村示范万村整治"工程》,浙江文明网,2013年10月28日。
④ 《"千村示范万村整治"工程:书写美丽中国浙江篇》,载《浙江日报》,2013年10月10日。

三、社会主义新农村建设

1982—1984年,中共中央发出的关于指导农业农村工作的一号文件都对新农村建设提出了要求,但受当时的时代背景和客观条件制约,社会主义新农村还是一种美好的憧憬和向往,没有被赋予明确和具体的政策内涵。1999年,林毅夫从启动国内农村内需的角度提出新农村建设运动,提出"在全国范围内发起一场以实现农村自来水化、电气化、道路网为核心的新农村运动,加快农村基础设施建设",目的是解决工业产品,如洗衣机、电视机、电冰箱等的供给过剩问题。① 一时间,国内掀起了一场新农村建设运动的大讨论。2005年,宏观经济面临通缩预期,拉动内需变得紧迫而直接,林毅夫再次提出启动农村内需的问题,主要观点是以积极的财政政策拉动投资需求,加大对农村上水、下水、电、道路等的投资。他指出"新农村建设运动"能创造需求,消化过剩的产能,帮助经济度过通缩期。②

2005年,中共十六届五中全会首次提出建设社会主义新农村的重大任务,要求从各地实际出发,尊重农民意愿,促进生产发展、生活宽裕、乡风文明、村容整洁、管理民主。与以往不同,这次明确建设社会主义新农村是中国现代化进程中的重大历史任务,是在全面建设小康社会的关键时期,为落实统筹城乡发展的基本方略而提出的重大方略。建设社会主义新农村不仅是一个目标方向,更是改变城乡二元结构的一个总抓手。2006年中央一号文件《中共中央国务院关于推进社会主义新农村建设的若干意见》对这一重大历史任务进行全面和具体部署,提出了八项具体举措:"一、统筹城乡经济社会发展,扎实推进社会主义新农村建设;二、推进现代农业建设,强化社会主义新农村建设的产业支撑;三、促进农民持续增收,夯实社会主义新农村建设的经济基础;四、加强农村基础设施建设,改善社会主义新农村建设的物质条件;五、加快发展农村社会事业,培养推进社会主义新农村建设的新型农民;六、全面深化农村改革,健全社会主义新农村建设的体制保障;七、加强农村民主政治建设,完善建设社会主义新农村的乡村治理机制;八、切实加强领导,动员全党全社会关心、支持和

---

① 林毅夫:《新农村运动与启动内需》,载《中国物资流通》,1999(10);《新农村运动》,载《今日中国》(中文版),2000(3)。
② 《林毅夫再提新农村建设运动 用9亿农民拉动内需》,人民网,2005年8月3日。

参与社会主义新农村建设。① 为确保社会主义新农村建设健康稳步推进，中央随后在2006年专门举办省部级主要领导干部建设社会主义新农村专题研讨班。胡锦涛在培训班上强调：一定要从党和国家工作全局的高度，深刻认识建设社会主义新农村的重要性和紧迫性，增强做好工作的自觉性和主动性，切实担负起建设社会主义新农村的历史重任""新农村建设将伴随我国现代化建设的全过程。"② 此后中共中央、国务院发出的指导农业农村工作的文件都根据当时的情况提出了具体要求。学界认为，《中共中央国务院关于推进社会主义新农村建设的若干意见》标志城乡关系的转变进入一个新的历史时期。③

新农村建设提出后，各地按照中央要求，扣紧农民最关心、最迫切需要解决的实际困难，加大对农村基础设施建设的投入力度，农村的生产生活条件得到迅速改善。中国农村的道路、电网、饮水设施、沼气等方面的建设投资增加。2005—2010年，全国农村饮水安全工程共完成投资1 093亿元，其中中央投资610亿元，地方和群众投资483亿元，新建农村集中式供水工程23万处、分散式供水工程68万处。

到2012年，全国87%的行政村通达客运班车；除了西藏地区，其他地区都已经在电网覆盖范围内，大电网的电可以直接进村入户，农村电网改造后农村的电价基本上做到同网同价；2004年调查核定3.23亿农村饮水不安全人口，到2010年年底累计解决了2.21亿人的饮水问题④；"十一五"期间，通过集中式和分散式供水工程建设、城镇供水管网向农村延伸等方式，人口较少民族、水库移民、华侨农场的饮水安全问题全部得到解决，砷病区、血吸虫疫区等涉水重大病区的饮水安全问题全部得到解决，中重度氟病区的饮水安全问题基本得到解决，解决了4.5万所农村学校1 870万农村学校师生的饮水安全问题，农村集中式供水人口比例由40%提高到58%，供水质量和水平显著提高。2011年，全国又解决了5 560万农村居民和838万农村学校师生的饮水安全问题⑤；农村电网普遍得到改造；农村沼气设施建设取得显著进展；农村住房质量和安全性大为提高，农村人居环境明显改善。

---

① 2006年中央一号文件（全文）《中共中央国务院关于推进社会主义新农村建设的若干意见》（2005年12月31日），新华网。
② 《胡锦涛文选》，第二卷，413页，北京，人民出版社，2016。
③ 蔡昉、王德文、都阳：《中国农村改革与变迁：30年历程和经验分析》，上海，格致出版社、上海人民出版社，2008。
④ "十一五"时期农村饮水不安全人口减少2.21亿，十一届全国人大常委会第二十七次会议：《国务院关于保障饮用水安全工作情况的报告》，2012年6月27日。
⑤ "十一五"时期农村饮水不安全人口减少2.21亿，十一届全国人大常委会第二十七次会议：《国务院关于保障饮用水安全工作情况的报告》，2012年6月27日。

第一节　农民收入大幅度提高
第二节　农民就业充分放活
第三节　农民生活条件明显改善
第四节　农民权益受到保护
第五节　农民获得全面发展

第十四章　农民的全面发展

改革开放以来,中国社会实现了从基本解决温饱向全面建设小康社会的重大跨越,农民生活水平极大提升,农民的生存权、发展权得到改善,政治、经济、社会权益等全面发展。1978—2012年,中国农民发展呈现多方面特征。经济权益上,农民就业和增收渠道拓宽,收入快速增长,生活水平大幅提高,消费结构明显改善,农民的生活方式也发生显著变化;政治权益上,农民享有民主权利,选举权、村民自治权利等更有保障,参与农村政治生活的程度提高;社会权益上,农村社会事业快速发展,农民全面发展的基础条件大大改善,教育、培训、医疗、卫生公共事业全面进步;农民被纳入社会保障安全网、保障程度逐渐提高;在农民发展政策上,实现从"农民的事情农民办"、重城市轻农村,到确立城市"反哺"农村、城乡统筹发展、农民开始享受一系列强农惠农富农的政策福利的转变,农民的思想观念、精神面貌、生产生活方式和发展需求均发生变化,具备了实现全面发展的基本条件。

第一节 农民收入大幅度提高

1978—2012年,中国经济高速增长,城市化进程稳步推进,经济结构和就业结构加快调整,农村经济社会快速发展,给农民带来了新的发展机遇,农民收入大幅度提高并保持较快增速。21世纪,特别是2004年以来促农增收的政策力度持续加强,农民收入保持持续较快增长。

一、农民收入变化的历史阶段

改革开放以来,农民收入大幅提高,从1978年的133.57元增至2012年的7 917元,年均增长12.4%。农民收入增长呈现明显的阶段性特征。

---

① 如无特别说明,本节数据来源于历年《中国统计年鉴》。

（一）农村改革开放推动农民收入快速增长（1978—1984年）

1978—1984年是农民收入增长最快的时期。农村居民人均纯收入从1978年的133.57元增至1984年的355元，年均增长17.69%，扣除物价因素，年均增长15.2%，远远高于农业总产值7.6%的年均增长速度。这个时期的一系列改革措施让广大农村焕发出巨大活力。首先，全面推行家庭联产承包责任制是这一时期农民收入快速增长最主要的原因。家庭联产承包责任制使农户成为独立的生产经营单位，劳动者与生产资料紧密结合，农民成为了土地生产产品的直接剩余占有者①，打破了以往平均主义的"大锅饭"，农民的生产积极性被调动起来，长期受到压制的农村生产力得以释放。其次，农产品收购价格的提高是农民增收的主要动力。1984年全国农副产品收购价格指数为153.6（1978年为100），其中粮食收购价格指数为198.1（1978年为100）。农产品价格特别是粮食价格的提高，使农民从农业中获得的收入进一步增加。这一时期，中国粮食产量由1978年的6 095.3亿斤增至1984年的8 146.1亿斤，年均增长4.9%。1978—1984年，农民人均纯收入按可比价格计算增长了1.7倍，农民人均纯收入因农业生产而增长的收入占56%，因收购价格而增加的收入占23.1%。② 第三，兼业就业的机会增加带动农民非农收入增加。随着改革的推进，农民重新获得了就业的自由，为劳务经济发展奠定了劳动力基础。③ 中国乡村两级企业数量由1978年的152.4万个增至1984年的165万个，从业人数由2 826.5万人增至3 848.1万人，年均增长率分别为1.33%和5.28%。乡镇企业的兴起为农民非农就业提供新空间。农村多种经营的发展，增加了农民收入来源，保障非农收入的快速增长。

（二）农民收入增速减缓、农民负担加重（1985—1991年）

1985—1991年，农民人均纯收入从397.6元增加到708.55元，年均增长10.11%，扣除物价因素，年均增长2.7%。这期间农民收入总量增加、增速减缓。多种因素导致这一时期农民收入的波动变化。具体原因包括：第一，农村改革的边际效应递减④，对农民收入的带动作用有所减弱。第二，农产品出现"卖难"，统销政策调整使粮食产量和农民收入徘徊不前。1984年和1989年中国农产品出现了两次"卖难"。粮食产量增加了，需要流通领域的改革予以跟进。1985年国家取消统购统销政策，主要农产品改为合同定额收购，实际上粮棉收购价格降低；由于国家农副产品收购资金不足，一些地

---

① 李实：《中国农村农民收入及其收入差距》，人民网。
② 关锐捷：《国家政策调整对中国农民收入与消费影响的研究》，求是理论网。
③ 段庆林：《中国农民收入增长的影响因素研究》，载《广东社会科学》，2002（6）。
④ 蔡昉：《中国农村改革三十年——制度经济学的分析》，载《中国社会科学》，2008（6）。

方收购部门向农民"打白条",挫伤了农民生产积极性。① 第三,通货膨胀带来的生产资料价格暴涨抵消了农产品提价带来的收益。② 这一时期,农副产品收购价格提高幅度较大,1991年比1985年提高了60.9%;但同期农用生产资料价格上涨58%,农村消费价格上涨61%,基本抵消了提价对农民收入增加效应。③ 第四,国家宏观经济形势与调控政策影响了乡镇企业发展。为了治理通货膨胀,1989年国家实行宏观调控,紧缩银根,控制需求,乡镇企业发展受到冲击。1991年乡村两级企业数量较1985年减少8.1%。乡镇企业发展停滞使农民非农收入出现波动。这时期农民负担加重。家庭联产承包责任制实行后,农业农村负担也由集体转移到农民身上,农民负担显性化和直观化。1985年以后,农民负担逐渐加重,不仅要缴纳农业税、村提留、乡统筹,还要承担其他社会负担。中央层面意识到农民负担加重的问题。1985年10月,中共中央、国务院发出《关于制止向农民乱派款、乱收费的通知》,提到"农民依法纳税和合理上缴集体提留是必要的,现在的问题是,除此以外,还要交纳各种摊派款项。有些地方摊派项目达几十种,人均负担十几元、几十元。同时还有各种名目的乱收费、乱罚款、乱集资,远远超过农民的负担能力"。虽然国家反复强调减轻农民负担,但农民负担越来越重的现象并未得到有效控制,有的地方农民的实际负担占了农民纯收入的15%~20%,而且,越是贫困的地区,越是以农业为主的地区,农民负担就越重。④

(三)经济活力提升、非农收入增加(1992—1996年)

这一时期农民收入进入反弹增长阶段,农民人均纯收入从1992年的784元增加到1996年的1 926元,年均增长25.1%;扣除物价因素,年均增长5.6%。这个阶段,中国国民经济发展较快,宏观经济发展为农村经济增长创造了较为有利的环境,为农村非农产业发展和农村劳动力就业创造了机遇和条件。1992年邓小平南方谈话后,农产品市场进一步放开、农村经济活力进一步提升。这一时期中国粮食连年丰收,1996年粮食产量首次突破万亿斤,其他农产品产量也大幅度增长。为抵消通货膨胀的影响,提高农民收入,国家先后在1994年和1996年两次提高农副产品收购价格,提价幅度分别为39.9%和22.2%,这期间农业增加值年均增长4.5%。⑤ 1993年中国城乡人口管制松动⑥,开始出现"民工潮",非农就业和外出就业快速发展。1992—1996年,乡镇

---

① 刘斌:《中国三农问题报告》,北京,中国发展出版社,2004。
② 刘斌:《中国三农问题报告》,北京,中国发展出版社,2004。
③ 刘斌:《中国三农问题报告》,北京,中国发展出版社,2004。
④ 陆学艺:《农民真苦,农村真穷》,载《读书》,2001(1)。
⑤ 潘盛洲:《农民收入问题:现状、原因及对策研究》,载《经济研究参考》,2003(6)。
⑥ 温铁军:《告别百年激进:温铁军演讲录(上)》,北京,东方出版社,2016。

企业总产值从 17 659.7 亿元增加到 68 343 亿元，年均增长率为 41.86%。农民收入中来自非农产业的收入不断增长。

（四）"三农"问题叠加凸显，农民收入增长减缓（1997—2001 年）

这一阶段中国国民经济经历了一个从通货膨胀到通货紧缩的急剧变化。1998—2000 年，农民来自农业的收入连续 3 年负增长。[①] 1997—2001 年农民人均纯收入从 2 090.1 元增至 2 366.4 元，年均增长率仅为 3.15%。1996—2000 年的 5 年间，农民人均纯收入的增幅分别为 9%、4.6%、4.3%、3.8% 和 2.1%，农民收入增速连续下滑，这是改革开放以来所未有。1998 年亚洲金融危机导致中国外贸出口增长趋缓，城乡劳动力需求有所减少，农民进城务工难度加大，乡镇企业吸纳劳动力能力减弱，因此农民的劳务收入亦有降低。与此同时，随着农业连年丰收，农产品供大于求的格局形成，价格持续下跌，1999 年收购价格指数比 1996 年降低 24%，增产不增收的矛盾再次显露。在农民收入面临下降压力的同时，因普及九年制义务教育、发展乡镇企业和税费负担加重等引发的乡村债务问题凸显，农民负担明显加重，一些地方农民扎堆外出、出现土地撂荒的情况。2000 年，湖北省监利县棋盘乡党委书记李昌平给时任总理朱镕基写信，反映"农民真苦、农村真穷、农业真危险"的问题，引起了中央层面的高度关注，以农业农村税费为起点的新一轮农村改革呼之欲出。

（五）政策推动农民收入增长（2002—2012 年）

进入 21 世纪，中共中央对新时期"三农"工作提出"多予少取放活"方针，制定了一系列强农惠农富农政策，彻底取消农业税，实行农业"四补贴"，农村改革全面推进，对发展农村经济和带动农民增收起到决定性作用。农民人均纯收入从 2002 年的 2 475.63 元增至 2012 年的 7 917 元，年均增长 12.3%，扣除物价因素，实际增长 8.4%。2002 年，中共十六大报告把增加农民收入作为全面建设小康社会的重大任务之一。2004 年 2 月 8 日，针对农民人均纯收入连续增长缓慢的情况，中共中央、国务院出台《关于促进农民增加收入若干政策的意见》，要求调整农业结构，扩大农民就业，加快科技进步，深化农村改革，增加农业投入，强化对农业支持保护，力争实现农民收入较快增长，尽快扭转城乡居民收入差距不断扩大的趋势。这一时期，国家以粮食增产和农民增收为目标，采取减免农业税费、取消农业税、实行农业补贴、提高水稻和小麦最低收购价、对油菜籽和玉米实施临时收储价、加大农业基础设施和农村公共

[①] 党国英：《希望所在：相信和依靠农民》，载《中国改革（农村版）》，2002（1），16 页。

服务投入力度等措施,极大调动了农民的生产积极性,使得农业连获丰收,农民收入持续增长。到 2012 年,农民增收实现了改革开放以来的"九连快"。农民外出务工数量继续增加,工资水平稳步提高。2012 年,中国农民工总数达到 26 261 万人,外出农民工月均收入 2 290 元[①],工资性收入成为农民增收的主要因素。

二、农民收入呈现新特点

改革开放以来是农村经济社会发展最迅速、农民得到实惠最多的时期。农民收入增长和收入结构受政策因素、宏观经济及农民自身禀赋等影响,呈现新的特征。农民增收由主要依靠家庭经营性收入特别是农业生产收入转变为多轮驱动的格局,收入结构不断优化,增收渠道进一步拓宽。

(一)农民增收呈现"多轮驱动"格局

农民工资性收入、家庭经营纯收入、财产性收入和转移性收入的绝对数量均有增加。其中,家庭经营收入和工资性收入是农民收入的主体部分。国家持续加大对农民的补助扶持力度。财产性收入和转移性收入从 21 世纪起有所增长,成为农民增收的新亮点。改革的深化是农民增收的重要推动力,增收潜力得到极大释放,主要农产品产量增、价格好,农民外出务工人数增、工资涨,强农惠农富农政策力度大、含金量高,"多元驱动"促多元增收,农民切实得到实惠,极大地调动了广大农民的发展生产的积极性。

(二)农民家庭经营收入占比由增转降

改革开放以来,家庭经营收入占农民纯收入的比例经历了一个从快速增长到稳定再到缓慢下降的过程。农民人均家庭经营收入由 1978 年的 35.79 元增至 2012 年的 3 533 元,年均增长 14.61%。1978 年,农民人均家庭经营收入占农民纯收入的比例为 26.79%,此后快速增长,到 1983 年比重已经达到 73.51%,此后直到 20 世纪 90 年代初期,一直保持在 70% 左右,之后比例开始下降,到 2000 年降低到 63.3%,到了 2012 年降至 44.6%。家庭经营收入的增幅在 20 世纪 90 年代以后开始低于其他各项收入,但依然是农民收入构成的主体部分。进入 21 世纪以后,中国农业连年增产,国家对农产品的价格支持保护力度加大,粮食最低收购价不断提高,油菜籽、大豆、棉花等进行

---

① 《2012 年全国农民工监测调查报告》,载《中国信息报》,2013 年 5 月 28 日 1 版。

临时收储，这些政策增强了农民应对市场风险的能力，带动了农民家庭经营收入的较快增长。农民家庭经营性收入在农民收入中的占比下降已成趋势，说明摆脱了传统经济模式下农业生产收入格局，收入结构不断优化。以家庭为单位的生产经营将长期存在，农民家庭收入的增长潜力和难度并存。

（三）工资性收入成为农民增收的重要增长点

1978年，农民工资性收入为88.26元，2012年达到3 447元，年均增长11.4%。工资性收入在农民纯收入构成中的比重不断提高，由1985年的18.2%增至2012年的43.5%。工资性收入是农民收入的重要增长点。农民外出务工数量规模扩大，结构逐步优化，工资水平稳步提高，工资性收入对农民增收的贡献率高达50%。工资性收入的增长对农民增收的持续性起到关键作用。

（四）财产性收入和转移性收入增长潜力显现

进入21世纪后，农民转移性收入进入快速增长时期。1978—2012年，农民转移性收入由1978年的9.52元增至2012年的686元，年均增长13.4%；2002年起农民转移性收入增速加快，2002—2012年的年均增长率超过20%；财产性收入由1993年的7.02元增至2012年的249元，2002—2012年的年均增长率为20.7%。财产及转移性收入基数偏小，占纯收入比重较低，但呈现增长快、来源多元化的趋势。21世纪以来的多个中央一号文件提出，要进一步明确农民家庭财产的法律地位，保障农民对集体财产的收益权，创造条件让更多农民获得财产性收入。随着农村土地流转、城镇化步伐加快、农村集体经济不断发展壮大、农民专业合作社快速发展、农村产权制度改革不断深入、征地补偿标准逐步提高等，农民的财产性收入稳步增长。此外，强农惠农富农政策出台和农村社会保障制度建设力度不断加大，给农民带来了更多实惠，对农民转移性收入的拉动作用明显。

第二节 农民就业充分放活

从实行家庭联产承包责任制，到发展农村市场经济，再到农业经营和组织结构变革，农业农村经济的每次重大改革，都深刻影响农民的就业机会与形式。改革开放以来，农民就业的市场化、非农化、城镇化趋向明显，就业渠道多元化发展，就业环境渐趋改善，就业结构呈现新特点。有关部门为农民就业提供必要的支持政策和公共服务,创造了有利的就业环境。农民就业自主选择、充分放活,农业产业内部就业形式多元,乡镇企业异军突起,个体经营蓬勃发展,农村劳动力大规模转移就业,形成了中国特有的"民工潮"现象,进城就业的农村劳动力成为中国产业工人的重要组成部分。

一、农民就业渠道拓宽

改革开放之初,针对农民从事非农行业、个体经营、承包土地和雇工等行为,社会上有过不同的声音和争论。邓小平曾在1980年、1984年和1992年三个改革开放的重要时间节点谈到"傻子瓜子"①,肯定了个体私营经济发展,解决了个体户雇工问题。破除了对农民从业和流动的限制,农民被赋予自主经营地位,允许搞多种经营破除了进城、就业、经商的限制。此后,农民就业逐步放活,农民的就业机会不断增加,就业结构加速转型。

(一)农民的农业内部就业门路扩大

农村经济社会的改革深刻影响了农民的就业安排,农业结构调整带动农业内部就业的变化。农村联产承包责任制的普遍推行,调整了农民在农业领域的就业方式。原来以集体为单位的就业变为以家庭为单位,农民获得了更大的就业自由,农民可以根据具体情况安排生产,农村分工分业进一步发展,使个体就业能力得到充分发挥,农业效率大大提高,农民收入也出现了有史以来的大幅度增长②。农业种养结构调整促进农业内部就业多元化。随着农产品供给实现由长期短缺到总量大体平衡、丰年有余的历史性转变,1998年中共中央及时提出对农业和农村经济结构进行战略性调整的重大决策,根据市场导向和需求变化,以经济效益为中心,优化农产品品种和品质结构,积极调整农业内部产业结构。种植业的基本格局由以粮食为核心向粮食作物、经济作物和饲料饲草作物的"三元结构"转变,蔬菜、水果、蚕桑、茶叶、花卉、中药材等园艺产品发展起来,成为促进农民就业增收的亮点。同时,适应养殖市场需求快速增长的形势,畜牧业和水产业快速发展,农民积极从事畜牧水产养殖③。种养业的全面发展,挖掘了农业内部的就业潜力,农业产业结构和就业结构从单一向多元化发展。

---

① 《邓小平在武昌、深圳、珠海、上海等地的谈话要点》,见《邓小平文选》,第三卷,北京,人民出版社,1993。
② 刘尚希:《农民"就业状态":中国改革发展成败的决定性力量》,载《中国经济时报》,2006年6月29日。
③ 《农业结构调整的原则、重点和措施》,中国网。

（二）农民在二三产业的就业机会增加

中共十一届三中全会以后，农村经济政策逐渐放宽，农村二、三产业快速发展，成为农民就业的重要出路。① 首先，乡镇企业发展是农民就业的重要载体。② 邓小平曾评价，农村改革中，我们完全没有料到的最大收获，就是乡镇企业发展起来了，突然冒出搞多种行业，搞商品经济，搞各种小型企业，异军突起。③ 乡镇企业的大发展为农村富余劳动力提供了非农就业机会，扩大了就业容量。其次，农业产业化经营拓宽农民就业领域。以农业龙头企业、农民专业合作社、专业大户等为代表的新型农业经营主体快速发展，形成"龙头企业+合作社+农户""合作社+农户"等经营模式，吸引农民就地就近转移就业。④ 农村第三产业发展则催生了更多的就业机会和形式，让农民分享产业发展的增值收益。⑤ 自20世纪90年代以来，来自第三产业的农民家庭经营纯收入和从乡镇企业第三产业获得的劳动报酬持续增长，农村第三产业在吸收农村劳动力就业方面的重要性不断增强。以乡村旅游业为例，截至2012年年底，中国共有8.5万个村开展了休闲农业与乡村旅游活动，休闲农业与乡村旅游经营主体达到170万家，其中农家乐150万家；从业人员2 800万人，占全国农村劳动力的6.9%；年接待游客8亿人次，实现营业收入超过2 400亿元。⑥

（三）农民转移就业空间拓宽

改革开放以来，农民转移就业始终伴随两种趋势，一种是非农化趋势，一种是城镇化趋势，并且这两种趋势交织在一起。⑦ 工业化和城市化的快速扩张拉动了农村剩余劳动力的转移，形成了数量庞大的"农民工"群体。农民外出务工或转移就业数量扩大的同时，就业层次亦有所提高。1978—1983年，中国的农民工人数约为3 000万人，其中，流动的农民工约200万~300万人。⑧ 据1982年第三次全国人口普查，全国共有1年以上流动人口657万人，到1990年第四次全国人口普查时，全国1年以上流动人口数量为2 135万人。20世纪90年代，大量农民工纷纷流入城市和沿海发达地区。1999年国家宏观经济紧缩，对外出务工农民进行整顿治理，农民外出务工规模有

---

① 彭俊：《发展农村二、三产业　拓宽农民增收渠道——访国务院研究室农村经济研究司司长李炳坤》，载《人民日报》，2004年2月12日。
② 邓小平：《改革的步子要加快》，见《邓小平文选》，第三卷，北京，人民出版社，1993。
③ 新华社：《纪念改革开放30周年：30年中国农民三次"大突围"》，中央政府门户网站。
④ 《农业结构调整的原则、重点和措施》，中国网。
⑤ 杜洋洋：《小组织撬动大市场》，载《天津日报》，2012年11月12日。
⑥ 新华社：《休闲农业与乡村旅游成我国农民就业增收重要途径》，中央政府门户网站。
⑦ 焦作统计局：《城镇化进程中的农民转移就业问题研究》，河南统计局网站。
⑧ 杨聪敏：《改革开放以来农民工流动规模考察》，载《探索》，2009（4）。

所减少。21世纪以来,农民工的数量稳步增加,2012年全国农民工总量达到2.62亿人,其中外出农民工1.63亿人。[①] 在行业分布上,农民工就业以第二产业为主,第三产业为辅,2012年农民工从事制造业的比重为35.7%,建筑业18.4%,服务业12.2%,批发零售业9.8%,交通运输仓储和邮政业6.6%,住宿餐饮业5.2%[②],转移就业非农化趋势明显。此外,就近转移和返乡创业是农民工就业的重要转变和新趋势。随着东部沿海发达地区的产业结构升级加快,劳动力成本不断上升,一些劳动密集型产业开始从长三角、珠三角地区逐渐向中西部地区转移。安徽、四川等劳动力输出大省的经济发展加速,劳动力资源优势显著,成为农民工吸纳地,中西部地区就地转移加快。一部分进城农民工经过一段时间外出就业,又返回家乡,利用打工增长的见识和本领、获得的资金和信息,在乡村、小城镇创办企业,发展工商服务业,开展农业规模种养,形成农民工返乡创业热潮。[③]

二、农民就业环境改善

农民就业限制、不合理收费和歧视性规定在很长一段时间存在,农民工外出务工经历了"允许流动—控制盲目流动—规范流动"发展阶段。2003年"孙志刚事件"引发全国关注和讨论,收容遣送制度被废止。也是在2003年,时任总理温家宝为普通农妇熊德明讨薪,引发全国关注。改革发展中,有关农民就业的法律法规、政策趋于完善,相关公共服务和法律保障水平不断提高。中共中央、国务院先后下发《关于做好农民进城务工就业管理和服务工作的通知》和《关于进一步做好改善农民进城就业环境工作的通知》等文件,各地区、各有关部门做了大量工作,农民就业环境不断改善。

(一)法律保障农民就业权利

国家颁布和实施的《劳动合同法》《就业促进法》《失业保险条例》《残疾人保障法》《妇女权益保护法》等是保障公民平等就业权利的基础。21世纪以来,政府加强了对农民就业权益保护的工作力度。依据《就业促进法》和《劳动合同法》的精神,农村劳动者进城就业的,享有与城镇劳动者平等的劳动权利,包括自由选择职业、依法签订劳动合同、同工同酬、免费获得公共就业服务机构的职业指导和职业介绍等服务、

---

① 《2012年全国农民工监测调查报告》,载《中国信息报》,2013年5月28日1版。
② 《2012年全国农民工监测调查报告》,载《中国信息报》,2013年5月28日1版。
③ 《把握劳动力转移新变化开创农村发展新局面》,载《人民日报》,2008年12月15日。

按照规定享受职业培训和职业技能鉴定补贴、法律法规规章规定的其他权利。改革开放以来，尊重、实现和维护农民工就业权利的法律导向逐渐强化并形成社会共识，针对农民工就业的法律援助体系逐渐完善。

（二）政策引导农民公平就业

农民就业不公平的问题主要表现在就业歧视和不合理收费，就业质量比较低，工作、加班时间长，就业权益得不到保障等。为了解决上述问题，政府采取了一系列政策措施为农民就业营造良好环境。2001年11月召开的中央经济工作会议明确提出，农村劳动力到城镇就业和跨区域流动是沟通城乡经济和发育要素市场的必然要求，各地要顺应这一趋势，加强引导和管理，不能简单封堵，更不能采取歧视性限制政策。2002年年初，中央提出对农民进城就业的12字方针："公平对待，合理引导，完善管理，搞好服务"。2003年1月，国务院办公厅《关于做好农民进城务工就业管理和服务工作的通知》要求，取消对农民进城务工就业的不合理限制，取消对企业使用农民工的行政审批，取消对农民进城务工就业的职业工种限制，不得干涉企业自主合法使用农民工；取消专为农民工设置的登记项目，取消对农民工办证工本费以外的收费，各行业和工种尤其是特殊行业和工种要求的技术资格、健康等条件，对农民工和城镇居民应一视同仁。2003年《城市生活无着的流浪乞讨人员救助管理办法》施行，《城市流浪乞讨人员收容遣送办法》废止。2004年中央一号文件要求进一步清理和取消针对农民进城就业的歧视性规定和不合理收费。2004年发布的《关于进一步清理和取消针对农民跨地区就业和进程务工歧视性规定和不合理收费的通知》，要求各地区、各部门进一步清理和取消针对农民跨地区就业和进城务工的歧视性规定和不合理收费。这标志着国家对农民进城就业的政策发生了根本性转变。2007年，劳动和社会保障部颁布《就业服务与就业管理规定》，明确农村劳动者进城就业享有与城镇劳动者平等的就业权利，不得对农村劳动者进城就业设置歧视性限制。为促进农村劳动力就地就近转移就业，2006年《国务院关于解决农民工问题的若干意见》提出要大力发展乡镇企业和县域经济，扩大当地转移就业容量。引导相关产业向中西部转移，增加农民在当地就业机会。积极稳妥地发展小城镇，提高产业集聚和人口吸纳能力。2008年劳动与社会保障部颁布《就业服务与就业管理规定》明确，农村劳动者进城就业享有与城镇劳动者平等的就业权利，不得对农村劳动者进城就业设置歧视性限制，并提出：建立健全覆盖城乡的公共就业服务体系，保障农民工合法权益，加大劳动监察执法力度，完善农民工劳动合同管理制度，落实最低工资制度，严厉查处拖欠克扣工资、随意延长工时、使用童工和劳动环境恶劣损害人身健康等问题。保障平等就业制度体系建立起来。

(三) 公共服务向农民工延伸

长期以来,中国公共就业服务主要针对城镇劳动者。在21世纪,这一局面开始打破,农民的就业问题得到了更多重视。2006年《关于解决农民工问题的若干意见》提出,要把农民工纳入城市服务体系,让农民工在就业服务、培训、子女教育、居住、疫病防治等方面共享城市公共服务。一方面,开展农民工就业服务和培训。城市公共职业介绍机构要向农民工开放,免费提供政策咨询、就业信息、职业指导和职业介绍。"十五"期间,农业部、劳动保障部、教育部、科技部、建设部、财政部就联合制定了《2003—2010全国农民工培训规划》,并实施了"阳光工程"等农民工培训项目。《国务院办公厅关于进一步做好农民工培训工作的指导意见(2010)》明确了加强农民工的就业服务和培训工作,在投入力度和培训方式等方面均有所加强。另一方面,严格劳动合同管理,保障合法权益。2007年6月《劳动合同法》通过,对劳动合同的订立进行了规范,建立劳动用工备案制度,开展农民工劳动合同签订"春暖行动",以农民工为重点人群,将非公有制企业作为重点单位,将餐饮和建筑业作为重点,大力推进劳动合同签订工作。大力解决农民工工资拖欠问题,以工资保障金制度为基础,强化最低工资制度,并在劳动监察和仲裁司法等方面加大落实力度。

(四) 农民就业能力增强

在建设社会主义新农村和推进新型城镇化的过程中,通过一系列的培训和帮扶工作,农民的就业能力显著增强。体现在:一是农民工从低层次的简单体力劳动逐渐向更高层次的技术工人和产业工人转型,行业分布从简单、繁重、辛苦、低薪的行业领域向计算机、数控、建筑等技术含量高的领域转变;二是新型农民培育初见成效,农村涌现一大批技能型农村人才,各类种养大户、科技示范户不断涌现,农民整体素质和致富能力明显提高;三是农民工工资显著提升,自2003年以来,农民工工资以年均10.2%的速度显著提高,农民工将终结"低工资"时代。[①] 沿海地区陆续出现了不同程度的"民工荒"。2011年中国社科院发布的《经济蓝皮书》提出,民工荒的出现标志着劳动力无限供给特征消失;就业的主要矛盾正从总量性向结构性转变,普通劳动者工资上涨已成必然。

---

① 《中国农民工工资年增长10.2%,"低工资"时代终结》,人民网,2010年12月7日。

第三节　农民生活条件明显改善

改革开放 30 多年来，农村面貌发生了巨大变化，生活基础设施日益完善，生存环境得到极大改善。农民的消费水平逐步提高、消费结构优化升级，在满足基本生存需要的"一吃二穿三住"基础上，其他更高层次的享受性支出大幅度提高①，生活方式向着现代化方向转变。

一、农村生活基础设施改善

很长一段时间，中国农村的生活基础设施数量少、质量差，农民行路难、用电难、吃水难。改革开放特别是 21 世纪以来，农村基础设施建设扎实推进，农村饮水条件、农村电网、道路和信息化建设取得了长足发展，为农民生活改善打下坚实基础。

（一）农民居住条件提升

以前农民住房条件很差，住房以土坯房、茅草屋为主，砖瓦房很少，人畜共处、卫生条件差、拥挤杂乱、垮塌漏雨。改革开放后，随着收入增加，中国农村经历了三次建房热潮。第一次是在 20 世纪 80 年代中期，一部分有了余钱的农民开始改善居住条件，农民自主用房数量大幅增加，以砖木、砖瓦房替代原来的草房、土房。第二次是在 20 世纪 90 年代中后期，这一时期农民生活水平快速提高，农民把土坯房变成砖瓦房、平房换成楼房、单层换成多层，房屋质量迅速提高，居住条件明显改善。第三次是新农村建设以来，这一阶段农民收入明显提高，随着城镇化步伐加快，新农村建设带动新型农村社区发展，国家以农村危房改造为重点，支持农民建房、改善农村居住条件，除了对各地因自然灾害倒损农房重建的补贴外，还实施"五保"户集中供养、异地扶贫搬迁试点工程、生态移民工程等②，改善了部分地区特别是贫困人口的住房条件，一些地区农村住房水平开始与城市接近。根据中国统计年鉴数据，1978 年中国农

---

① 国家统计局：《新中国 50 年系列分析报告之十六：农村居民摆脱贫困　生活质量明显改善》，国家统计局网站，1999 年 9 月 28 日。
② 黄玉玺、李军：《"安得广厦千万间"——中国农村住房的历史与现状》，见农业部农村经济研究中心当代农史研究室内部资料：《共和国农业史料征集与研究报告》，2014 年。

村新建住宅面积为1亿平方米,人均居住面积为8.1平方米;到2012年农村新建住宅面积增至9.51亿平方米,人均居住面积达到37.1平方米。农民住房在布局结构上更加科学合理,更好地满足了会客、居住、存储等功能需求。材质也有了升级,开始注重室内装修装饰,一些农村的住房已向楼房式、庭院式、花园式发展,房屋内部系列配套设施逐步趋于现代化;绝大部分农村实现了通水通电,手机普及率和网络普及率大幅度提高,农民也过上了现代化的生活。部分新型农村社区里还配有物业、商业、文化等设施,生活品质得以提升。

(二)饮水安全得到保障

改革开放前,资源性缺水、工程性缺水和水质性缺水三类"吃水难"问题困扰农村居民。广大农民靠天吃水,从"房檐上"来水,靠人担畜驮取水,给农民用水造成不便。井水枯竭、水质污染等问题成为饮水安全隐患。改革开放后,农村用水条件逐步改善。农村饮水事业经历了20世纪70年代的农村改水、八九十年代的乡镇供水、21世纪初的人畜饮水解困以及饮水安全工程[1],取得了突破性发展。20世纪80年代中期,在各级政府支持下,逐步以手压井代替大口井,针对高氟低碘地区,采取改水降氟补碘措施。20世纪90年代各地把饮水安全问题作为民生承诺纳入政府工作,开始实施集中式供水。21世纪以来,改水步伐明显加快,特别是新农村建设以来,农村饮水事业得到较快发展。2005年,国家启动农村饮水安全工程建设项目。"十一五"期间,累计投资1 053亿元,解决了2.1亿农村人口的饮水安全问题,全国农村集中式供水人口比例提高到58%。2012年《全国农村饮水安全工程"十二五"规划》提出,"十二五"期间,要在持续巩固已建工程成果基础上,进一步加快建设步伐,全面解决2.98亿农村人口和11.4万所农村学校的饮水安全问题,使全国农村集中式供水人口比例提高到80%左右。农村集中供水工程受益人口比例由2004年的38%提高到2011年的63%[2]。2011年中央一号文件明确指出,2015年前基本解决农村饮水不安全问题。农村饮水的基础设施和服务网络建设进一步健全,各地因地制宜采取集中供水、分散供水和城镇供水管网向农村延伸的方式逐步解决农村人口饮用水安全问题。

(三)厨卫设施加快改造

以前,农村炊事能源以烧柴为主,柴火垛、大灶台,做饭时烟熏火燎。改革开放后,特别是进入21世纪后,农村厨房卫生和设施条件改善明显,燃气灶、电冰箱、

---

[1] 陈子年、徐建求、曾国栋:《改善民生实施农村饮水工程》,载《湖南水利水电》,2008(5)。
[2] 《"十二五"中国将解决3亿农村居民饮水安全问题》,载《人民日报(海外版)》,2016年1月12日。

电磁炉走进了农家,使用取暖设备和清洁能源的农户持续增多。在不少农村,沼气成为农家厨房的清洁能源。以前,臭气熏天的农村厕所使很多人对农村生活望而却步。随着农民居住条件的改善,农村厕所也有了较大的改进。改革开放以后,中国农村卫生厕所建设取得显著成绩,"连茅圈"、路边厕、旱厕减少,无害化卫生厕所加速推广。根据卫计委数据,全国农村卫生厕所普及率从1993年全国第一次农村环境卫生调查时的7.5%提高到2012年的72%,中西部农村地区基本卫生条件明显改善,有效控制了疾病发生和流行,明显提升了农民生活质量。农村改厕向现代化的生活方式靠近了一步。

(四)农村道路畅通

1978年,全国农村公路里程只有58.6万公里,等级低,大量乡镇和村庄不通公路,当时农村公路建设的主要任务是重点解决"通"的问题;1979—2002年,中国加大农村公路建设投入力度,农村公路得到了较快发展,到2002年年底,全国农村公路达到133.7万公里,等级公路占总里程的74.4%;2003年以后是农村公路大投入、大发展阶段,交通运输部提出了"修好农村路,服务城镇化,让农民兄弟走上油路和水泥路"的工作目标,对投资结构进行重大调整,实施了"东部地区通村、中部地区通乡、西部地区通县"工程,启动"农村渡口改造"和"农村客运站点"建设,各级政府都加大了农村公路资金投入,全国农村公路建设步入一个快速发展的新时期。①"路通财通",农村道路的畅通带来了可喜变化:首先,农村交通条件改善,拉近了农村和市场的距离,有效解决了农产品运输难、销售难、货损大、成本高、价格低的问题。其次,农村交通条件的显著改善,解决了农村"进出难"问题,为中国农民这个最具消费潜力的群体扩大消费提供了必要条件,各类家用电器进入农家,摩托车和农用车的销售呈明显上升趋势,不少农村家庭购买了小汽车。第三,促进生活方式现代化。整洁通畅的农村公路拉近了城乡之间的时空距离,城乡交流日益频繁,城市文明向乡村延伸,农村公路的畅通为传统乡村生活向现代化方向转变提供了基础条件。

(五)电力通信设施逐渐普及

农村改革发展的过程中,农村电力、通信设施建设滞后的问题得到解决,农村电力通信设施逐渐普及。1998年以来,国家陆续实施了一、二期农网改造、县城农网改造、中西部地区农网完善、无电地区电力建设,以及农网改造升级工程,特别是"十二五"

---

① 《张德华介绍中国农村公路的发展历程和成就》,中国公路网,2010年10月27日。

时期实施农网改造升级，使农村供电能力和供电可靠性得到明显提高。[①] 电力设施的普及完善促使农村电气化建设得到发展，空调、冰箱、洗衣机等家用电器进入农家，方便了农民生活。部分村庄道路、广场安装了路灯，"点亮"了农村的夜生活。改革发展过程中，城乡之间"数字鸿沟"愈发凸显，农村地区尤其是老、少、边、山、穷地区通信发展很不平衡。2004年以来，信息产业部、现工业和信息化部组织通信行业实施农村通信"村村通工程"，全国实现村村通电话、乡乡通宽带，信息下乡活动深入开展，取得了历史性的成就[②]。邮政服务网络覆盖农村，给农村现代化发展开辟了重要渠道，为农民全面发展提供了基础环境。

二、农民消费水平提高

改革开放前，农民收入水平低，农产品紧缺，农村工业品供应不足，农村消费市场发育滞缓，农村消费受到抑制。[③] 节衣缩食是农家生活常态。农村改革促进了农村经济的发展，推动农民收入持续增长，优化了农民的消费环境，农民消费水平不断提高。1978—2012年，中国农村居民生活消费支出由116.1元增至5 414.5元，年均增速为12.0%[④]。分阶段来看，1978—1984年，农民消费水平快速提高。1978—1984年，农民的生活消费支出增长了1.4倍，食品支出和住房支出增长的幅度较大。这一时期，农民消费增长率高于城镇居民消费增长率，城乡收入、消费水平的差距也在缩小。[⑤] 1985—1992年，农民消费处于低速增长期，消费增速波动较频繁。这一时期农村消费趋缓主要源于农产品卖难、生产资料价格上涨过猛、出现较为严重的通货膨胀等问题，农民收入出现徘徊，农民消费增长发生逆转，低于城镇居民消费增速。1992年起，向社会主义市场经济体制转轨，农民消费开始恢复性增长。[⑥] 粮食购销体制改革保护了农民种粮积极性，提高了农民收入，带动农民生活消费的大幅上涨。到20世纪90年代中后期，中国农业农村进入新的发展阶段，实现了农产品供给由长期短缺到总量基本平衡、丰年有余的历史性转变，农民生活总体上开始进入小康。进入21世纪，一

---

① 倪旻：《农网是农村经济发展的重要支撑——访国家能源局新能源和可再生能源司司长朱明》，载《国家电网》，2016（9），26~27页。
② 苗圩：《缩小城乡"数字鸿沟" 服务农村经济社会发展》，载《人民论坛》，2014（33）。
③ 关锐捷：《国家政策调整对中国农民收入与消费影响的研究》，求是理论网，2012年5月30日。
④ 历年《中国统计年鉴》。
⑤ 李玉举：《扩大农村居民消费需求的政策建议》，载《宏观经济管理》，2009（7）。
⑥ 李玉举：《扩大农民消费需求的着力点研究——基于1978—2008年的数据》，载《消费经济》，2010（2）。

系列强农惠农富农政策出台,农民收入、生活消费支出较快增长,农村消费发展较稳定;农民消费不仅有了量的增加,而且发生了质的改变,消费层次提升,消费结构优化。农民消费由温饱型向小康型转变,由生存型向发展型、享受型转变。①

三、农民消费结构优化

改革开放以来,特别是在新的历史时期,农民的消费观念、消费方式和消费内容都发生了巨大的变化。② 农村居民的各类消费增长中,增速最快的是交通通信支出和医疗保障支出,再次是家庭设备及用品支出,衣着、食品和居住类的支出增长速度慢于总体消费支出的增长速度。消费观念升级,休闲消费、个性消费趋势明显,消费观念从单一的实惠、耐用转向多功能、高质量、超时尚等综合考虑转变。

表 14-1　1978—2012 年农村居民生活现金消费支出情况　　单位:元

年份	生活消费支出	食品	衣着	居住	家庭设备及用品	交通和通信支出	文教娱乐	医疗保障	其他支出
1978	116.10	78.6	14.7	12.0	—	—	—	—	—
1980	162.20	100.2	20.0	22.5	4.1	0.6	8.3	3.4	3.2
1985	317.40	183.4	30.8	57.9	16.2	5.6	12.4	7.7	3.6
1990	584.60	343.8	45.4	101.4	30.9	8.4	31.4	19.0	4.3
1995	1 310.40	768.2	89.8	182.2	68.5	33.8	102.4	42.5	23.1
2000	1 670.10	820.5	96.0	258.4	75.5	93.1	186.7	87.6	52.5
2005	2 555.40	1 162.2	148.6	370.2	111.4	245.0	295.5	168.1	54.5
2010	4 381.80	1 800.7	264.0	835.2	234.1	461.1	366.7	326.0	94.0
2011	5 221.10	2 107.3	341.3	961.5	308.9	547.0	396.4	436.8	122.0
2012	5 414.50	1 863.1	396.1	1 054.2	341.4	652.8	445.5	513.8	147.5

数据来源:历年《中国统计年鉴》。

(一)膳食结构逐渐升级,从吃得饱到吃得好

随着消费水平逐步提高,农村居民的食品消费逐步从追求数量满足为主转向数量与质量并重的阶段。农村居民的膳食结构发生了变化,植物性食物消费量明显下降,动物性食物的消费量快速增加。根据中国统计年鉴数据,1978—2012 年,农村居民粮食(原粮)的消费量由 247.38 公斤降至 164.27 公斤,蔬菜的消费量由 141.50 公斤降

---

① 陈文超:《从社会学视角看农民生活消费的现状与特点——以湖北省某村庄为例》,载《调研世界》,2005(1)。
② 杨茹、宋国凯:《新型农民的生活方式》,北京,中国社会出版社,2012。

至84.72公斤，年均下降1.2%和1.5%；肉禽及制品的消费量则由6.01公斤增至23.45公斤，蛋及制品的消费量由0.80公斤和5.87公斤，水产品的消费量由0.84公斤增至5.36公斤，肉、蛋、水产品的年均增幅分别为4.1%、6.0%和5.6%。农民的膳食结构更加合理，营养状况得到改善。①

（二）家庭耐用品逐步普及并成为消费热点

20世纪80年代中期后，自行车、缝纫机、收录机等"三大件"家庭用品已经在农村普及。进入20世纪90年代以后，新型家庭耐用品如组合音响、电视、洗衣机等开始进入农村家庭。此后，随着收入水平提高，以电视机为代表的家庭耐用品不断更新换代，摩托车、空调等耐用品也逐步进入农家，农民生活现代化进程加快。2008年中国首次实行"家电下乡"政策，生产和销售适合农村居民消费特点、物美价廉的家电产品，农民购买彩电、冰箱（冰柜）和手机等家电产品，由财政部门以直补方式给予销售价格13%的补贴。这项政策顺应了农民消费升级的新趋势，一定程度上激活了农民购买力，扩大了农村居民耐用品消费量，促进了农村消费结构升级。

表14-2 农村居民家庭平均每百户耐用消费品拥有量

种类＼年份	1990	1995	2000	2005	2010	2011	2012
洗衣机/台	9.12	16.90	28.58	40.20	57.32	62.57	67.22
电冰箱/台	1.22	5.15	12.31	20.10	45.19	61.54	67.32
空调/台		0.18	1.32	6.40	16.00	22.58	25.36
抽油烟机/台		0.61	2.75	5.98	11.11	13.23	14.69
自行车/辆	118.33	147.02	120.48	98.37	95.98	77.11	78.97
摩托车/辆	0.89	4.91	21.94	40.7	59.02	60.85	62.20
固定电话/部			26.38	58.37	60.76	43.11	42.24
移动电话/部			4.32	50.24	136.54	179.74	197.80
黑白电视机/台	39.72	63.81	52.97	21.77	6.38	1.66	1.44
彩色电视机/台	4.72	16.92	48.74	84.08	111.79	115.46	116.90
照相机/台	0.7	1.42	3.12	4.05	5.17	4.55	5.18
计算机/台			0.47	2.1	10.37	17.96	21.36

数据来源：历年《中国统计年鉴》。

（三）衣着多样化、时尚化

改革开放后，商品逐渐丰富，服装变得丰富多彩，经历了家庭制作向成衣化的转变。农民在穿衣方面也开始追求花色、面料、款式和个性化。到了20世纪90年代，人民

---

① 唐平：《近10年全国及低收入农民食物消费和膳食结构的变化特征及差异》，载《消费经济》，2001（1）。

生活向小康过渡，思想观念更为开放，服饰潮流急速变化，穿衣打扮多变，农村居民衣着向城市看齐，更加追求品质品牌。城乡的交流也推动了衣着时尚的趋同。很多人穿戴时尚，丝毫不逊色于城市居民①。

第四节 农民权益受到保护

1998年《中共中央关于农业和农村工作若干重大问题的决定》强调，农民始终是中国革命、建设和改革的基本依靠力量。调动农民的积极性，核心是保障农民的物质利益，尊重农民的民主权利。改革开放后，党和政府高度重视保护农民的权益，充分发挥农民的主体作用和首创精神，加快有关方面的立法，出台保护农民利益的政策，强化执行和监督力度，城乡公共服务一体化步伐加快，农民的各项权益得到加强。特别是在提出坚持以人为本，构建和谐社会的科学发展观之后，对农民权益的重视程度和保护力度不断增强，2004年《中华人民共和国宪法修正案》把公民的合法私有财产不受侵犯等保障人权的内容写进了宪法。人权入宪，强化了对人权的保护，②对农民权益保障程度相应提高，农民进入全面发展的新阶段。

一、重视保护农民经济权益

维护农民经济利益，是关系中国农村改革、发展和稳定大局的重大课题。改革开放后，农民经济权益的实现主要源于政策上的"放活""赋权"，农民自主参与市场经济，获得劳动和经营报酬；新时期以来，惠农支农的政策陆续出台，维护和实现农民的经济权益得到了更多政策助力，"多予"与"放活"并行，将农民经济权益的保护落到实处。

（一）保障农民的土地承包经营权

土地是农民的"命根子"，土地权利是农民最主要的财产权利。改革开放以来，国家赋予农民长期而有保障的土地承包经营权，农民的土地承包期从"15年不变"到"30

---

① 陈文超：《从社会学视角看农民生活消费的现状与特点——以湖北省某村庄为例》，载《调研世界》，2005（1）。
② 李步云：《宪法与人权保障》，载《浙江人大》，2004（5）。

年不变"。2002年8月29日全国人大颁布了《中华人民共和国农村土地承包法》，首次将农村土地承包经营以专门法的形式固定下来，依法赋予农民长期而有保障的土地承包经营权。土地承包经营关系保持稳定并长久不变，使农民有了更加充分而有保障的土地权利。法律强调在农村土地流转中依法保障农民权益，提出依法自愿有偿原则，且不得不改变土地所有权的性质和土地的农业用途。依法保护农民的财产收益与处置权，让农民合理、合法地分享土地增值收益，不能以牺牲农业发展和农民利益而流转等。农村土地确权登记颁证和农村产权制度改革加快推进，让农民土地财产权利有了"定心丸"。2010年，中央一号文件首次明确提出，加快农村集体土地所有权、宅基地使用权、集体建设用地使用权等确权登记颁证工作，力争用3年时间把农村集体土地所有权证确认到每个具有所有权的农民集体经济组织。同时，宅基地使用权和集体建设用地使用权确权登记发证工作有序推进。①

（二）赋予农民更多财产权利

2013年，《中共中央关于全面深化改革若干重大问题的决定》提出，赋予农民更多财产权利。农民的财产权利，包括农民的土地承包经营权、宅基地使用权、集体收益分配权等。赋予农民更多的财产权利里的"更多"，就是权利要更加充分、更有保障，就是要保证农民在拥有耕地和宅基地的基础上，也要有其他收益，使农民感觉到真正成为土地的主人。赋予农民更多财产权利在内涵上就是要保障农民集体经济组织成员权利，积极发展农民股份合作，赋予农民对集体资产股份占有、收益、有偿退出及抵押、担保、继承权，使农民依法获得集体资产股份分红收益；充实农民土地使用权权能，赋予农民对承包地占有、使用、收益、流转及承包经营权抵押、担保权能，允许农民以承包经营权入股发展农业产业化经营，使农民依法获得土地股权投资收益；鼓励承包经营权向专业大户、家庭农场、农民合作社、农业企业流转，使农民依法获得土地流转收益；保障农户宅基地用益物权，改革完善农村宅基地制度，通过试点慎重稳妥推进农民住房财产权抵押、担保、转让，使农民依法获得宅基地和房产转让收益；允许农村集体经营性建设用地出让、租赁、入股，实行与国有土地同等入市、同权同价，建立兼顾国家、集体、个人的土地增值收益分配机制，合理提高个人收益，使农民公平分享土地增值收益，推动财产真正成为农民发展和致富的重要手段。②

---

① 张军：《加快土地确权登记，切实维护农民权益》，载《国土资源》，2013（7）。
② 《为什么要赋予农民更多财产权利》，新华网，2013年12月31日。

(三)赋予农民市场主体权利

农民的市场主体权利即农民作为市场主体参与市场生产、交换、分配和消费环节的权益。改革开放后,农民获得了自主经营权,农民的市场主体意识觉醒,市场经济意识和市场参与能力大为增强。家庭承包经营制度的确立和农产品市场流通制度改革后,农民充分发挥自主经营权,种什么、种多少、卖什么价、卖给谁,都由农民自己判断和做出选择,"不找市长找市场"成为农民的生产经营行为导向。农民在农业结构调整过程中,自觉地追求和运用自主权,其范围从农产品生产安排开始,逐步扩大到土地流转、二三产业、资本经营、经济组织建设等各个经济层面。① 在与大市场打交道的过程中,农民自发成立了协会、农民合作组织等以提高进入市场的组织化程度,提升市场谈判地位,促进了生产要素合理配置,增强了抗风险能力,也提高了农业竞争力水平。

二、农民政治权益得到法律保障

(一)实行村民自治

村民自治是中国农民政治发展最显著的成就,也是农民政治发展最主要的领域。② 改革开放以来,随着家庭承包经营制度的实施和人民公社体制的改革,党和国家及时地选择了村民自治作为现代中国村庄治理体制,并做出了具体的制度建构。③ 家庭承包经营制推行后,"三级所有、队为基础"的人民公社制度失去其存在的物质基础和组织依托,社队基层组织处于涣散状态。④ 为改变农村无序的社会管理状况,1980年12月广西壮族自治区的宜山、罗城两县的村民以无记名投票的方式选举建立了全国第一批村民委员会,取代了人民公社体制下的生产大队,并在实际工作中发挥了较好的作用。随后,山东、四川、河南等地区也纷纷效仿,先后组建了类似的乡村自治组织。村民委员会这种农民自己创造的自主管理方式引起了中央的关注,主管中央政府工作的彭真同志高度重视,指示全国人大常委会法工委和民政部派人调查研究,总结推广⑤。村民委员会的管理形式填补了改革过程中农村地区的权力真空问题,还大大增强

---

① 王全兴、汪敏:《浅论中国农民的市场主体地位》,载《中国经济时报》,2004年8月26日。
② 顾益康、金佩华:《改革开放35年中国农民发展报告》,北京,中国农业出版社,2013。
③ 顾益康、潘伟光、沈月琴:《历史应该铭记他们》,载《农民日报》,2013年12月14日。
④ 赵楠:《中国村民自治的实效分析和路径选择》,载《理论研究》,2013(3)。
⑤ 白益华、彭真与:《〈村民委员会组织法〉的制定》,载《百年潮》,2006(1)。

了村民政治生活的自主性，农民的政治权利得以确立和保障。1982年的《中华人民共和国宪法》把村民委员会写入法律条文中，首次肯定了村民委员会的法律地位，同时也为制定《村民委员会组织法》提供了依据。1983年，中共中央、国务院发布《关于实行政社分开建立乡政府的通知》，进一步明确了"村民委员会是基层群众性自治组织"的性质，对"村民自治"的合法性给予充分肯定。建立村民委员会的工作在全国各地正式全面展开。1987年《村民委员会组织法（试行）》经全国人大常委会通过。自此，村民自治活动从农民自发状态转为国家积极推动，村民自治工作在全国推进。1998年，第九届全国人民代表大会常务委员会第五次会议通过《村民委员会组织法》，将村民自治确立为中国农村基层民主的一项基本制度，标志中国村民自治进入一个国家整体谋划和深入推进的全新阶段。[①] 2002年《中共中央办公厅国务院办公厅关于进一步做好村民委员会换届选举工作的通知》提出，由村民直接选举村民委员会，是法律赋予村民的一项基本民主权利，是基层民主的重要体现。2006年，胡锦涛在"建设社会主义新农村"专题研讨会上再次明确，建设社会主义新农村的一项重要任务就是"扩大农村基层民主，搞好村民自治，健全村务公开制度，开展普法教育，确保广大农民群众依法行使当家做主的权利"。2010年10月，全国人大常委会修订《中华人民共和国村民委员会组织法》。全国31个省、自治区、直辖市按照新的村委会组织法的要求，组织进行了新一轮村委会换届选举工作，涉及70多万个村委会和近6亿农村选民，选举的民主化、规范化程度不断提高。全国80%以上的村民委员会建立了村民会议、村民代表会议和村务公开制度，制定了村民自治章程和村规民约[②]。通过实行村民自治，农民民主选举、民主决策、民主监督、民主管理、民主监督的权利得到保障，农民的政治素质和政治参与能力有效提升，农民利益表达渠道得以拓宽，农民群众的民主权利有了坚实的制度保障。村民自治制度还带动了城市居民社区的民主自治进程[③]，为中国基层民主政治建设打下扎实基础。

（二）享有城乡平等的选举权

选择权上存在城乡差别，农村人大代表的比例长期低于城市。1982年，中国城乡人口比例基本达到1∶4，但《选举法》的相关规定没有做出修改。直到1995年八届全国人大常委会第十二次会议通过的《关于修改〈中华人民共和国全国人民代表大

---

① 顾益康、金佩华：《改革开放35年中国农民发展报告》，北京，中国农业出版社，2013。
② 蔚力：《什么是村民自治？》，中国网，2014年7月4日。
③ 《历史应该铭记他们——改革开放以来农民对中国发展的十大贡献》，载《农民日报》，2013年12月5日。

会和地方各级人民代表大会选举法〉的决定》才有所改变，规定省、自治区的人民代表大会代表的名额以及应选全国人民代表大会代表的名额按照每一名农村人大代表代表的人口数4倍于城市人大代表。这种城乡人大代表的分配格局在2004年10月的十届全国人民代表大会常委会第十二次会议通过的《关于修改〈中华人民共和国全国人民代表大会和地方各级人民代表大会选举法〉的决定》中保留。实际上，历届全国人民代表大会中农民代表的比例比法定的比例还要低[①]，在选举权上构成了对农民的不平等。中共十七大建议逐步实行城乡按相同人口比例选举人大代表。为贯彻落实中共十七大的要求，国家启动城乡按相同人口比例选举人大代表的修法程序。2010年，第十一届全国人民代表大会第三次会议通过《全国人民代表大会关于修改〈中华人民共和国全国人民代表大会和地方人民代表选举法〉的决定》，规定全国人民代表大会代表名额，由全国人民代表大会常务委员会根据各省、自治区、直辖市的人口数，按照每一代表所代表的城乡人口数相同的原则以及保证各地区、各民族、各方面都有适量数量代表的要求进行分配。地方各级人民代表大会也实行城乡按相同比例选举代表，实现了"同票同权"，中国农民的平等选举权有了法律保障。

三、夯实农民受教育权

改革开放以来，中国的教育事业有了长足的发展，农民的受教育权得到充分保障。为了完善教育体制，使教育事业健康、有序、快速地发展，国家颁布和修订了一系列和教育相关的法律法规，教育经费有保障，大力发展职业教育、民办教育和继续教育，基本建立了以奖学金、学生贷款、勤工助学、特殊困难补助和学费减免为主体的多元化资助贫困家庭学生的政策体系。[②] 然而，不可否认的是，农村教育基础设施薄弱，农民占有教育资源的数量明显少于城镇居民，农村学生的升学机会也不如城镇学生。进入21世纪，党和政府注重推进义务教育均衡发展，进一步促进教育公平。2005年教育部印发了《关于进一步推进义务教育均衡发展的若干意见》，要求有效遏制城乡之间、地区之间和校际之间教育差距扩大的势头，逐步实现义务教育均衡发展。把提高农村学校教育质量和改造城镇薄弱学校放在更加重要的位置。加大对农村教育的投入和扶持力度，教育资源适当向农村倾斜。对农村义务教育阶段家庭经济困难学

---

① 顾益康、金佩华：《改革开放35年中国农民发展报告》，北京，中国农业出版社，2013。
② 《〈中国青年权益状况报告〉发布》，载《光明日报》，2008年10月22日。

生提供生活补助,增加财政投入,扩大师范学费减免范围,实施农业院校农科专业学费减免政策,使更多教育资源惠及农村、边远、贫困、民族地区的农家子弟。此外,针对农村的多项工程如农村营养餐工程、中西部农村初中校舍改造工程、农村义务教育薄弱学校改造计划和特岗计划等都旨在促进教育资源向农村倾斜。值得一提的是,农民工子女的教育权开始受到重视。2001年,《国务院关于基础教育改革与发展的决定》强调指出:"要重视解决流动儿童少年接受义务教育的问题,以流入地区政府管理、全日制公办中小学为主,采取多种形式,依法保障流动儿童少年接受义务教育的权利。"2003年9月国务院办公厅转发的教育部等6部门《关于进一步做好进城务工就业农民子女义务教育工作的意见》明确提出,地方各级政府特别是教育行政部门和全日制公办中小学要建立完善保障进城务工就业农民子女接受义务教育的工作制度和机制,使进城务工就业农民子女受教育环境得到明显改善,九年义务教育普及程度达到当地水平。

四、保障农民工劳动就业权

农民工是中国经济社会转型时期的特殊群体,由于现实与历史的原因,农民工群体一直处于城市的边缘,受到一定的歧视,基本权益得不到充分保障。进入新世纪,中共中央、国务院高度重视农民工问题,制定了一系列保障农民工权益和改善农民工就业环境的政策措施,取得了明显成效。2003年温家宝总理亲自为熊德明追讨欠薪引起舆论关注,引发有关部门对农民工工资拖欠问题的高度重视和解决的决心。2004年的"两会"上,温家宝表示,国务院决定用3年时间基本解决建设领域拖欠工程款和农民工工资问题,为保护农民工的合法权益提出了明确要求,为广大农民工撑了腰。2004年《国务院办公厅关于进一步做好改善农民进城就业环境工作的通知》要求,加强工程建设等行业农民工劳动合同管理,维护农民工的合法权益,通过劳动合同确立用人单位与农民工的劳动关系。根据劳动保障部、建设部、全国总工会2005年《关于加强建设等行业农民工劳动合同管理的通知》的规定,用人单位使用农民工,应当依法与农民工签订书面劳动合同。签订劳动合同应当遵循平等自愿、协商一致的原则,用人单位不得采取欺骗、威胁等手段与农民工签订劳动合同,不得在签订劳动合同时收取抵押金、风险金或扣留居民身份证等证件。建筑领域工程项目部、项目经理、施工作业班组、包工头等不具备用工主体资格,不能作为用工主体与农民工签订劳动合同。加大劳动保障监察执法和劳动争议处理工作力度，保护了农民工的劳动权益。2006年3月，《国务院关于解决农民工问题的若干意见》出台，提出农民工工资、就业、技能培训、劳动保护、社会保障、公共管理和服务、户籍管理制度改革、土地承包权益等各个方面的政策措施。特别是预防和解决农民工工资拖欠问题逐渐形成工作机制。2010年《国务院办公厅关于切实解决企业拖欠农民工工资问题的紧急通知》规定，建立健全企业劳动保障守法诚信制度、工资支付监控制度，完善工资保证金制度，强化劳动保障监察执法，开展农民工工资支付情况专项检查，切实保障农民工工资按月足额支付，从源头上防止发生拖欠工程款导致拖欠农民工工资问题。

五、建立农民社会保障权

改革开放以来，农民的社会保障经历了由家庭保障、集体保障到社会保障的转变。20世纪80年代开始，中国开始重建农村基本医疗、养老保障体系，并开始了大规模的扶贫开发行动①，取得了一定成效，也经历了一些曲折。由于社会保障体系建设侧重城市，相对忽略了农村，农村地区社会保障事业发展较为缓慢，农民在基本公共服务上与城镇居民差距逐渐扩大。2002年以后，中国加快了农村公共服务体系建设的步伐。中共十六大报告指出："有条件的地方，探索建立农村养老、医疗保险和最低生活保障制度。""加快建立覆盖城乡居民的社会保障体系，保障人民基本生活。"中共十七大报告将"加快建立覆盖城乡居民的社会保障体系"列为以改善民生为重点的社会建设的一项重要任务。中共十七届三中全会《关于推进农村改革发展若干重大问题的决定》指出："要贯彻广覆盖、保基本、多层次、可持续原则，加快健全农村社会保障体系。"政府采取一系列政策措施建设农村社会保障体系，2007年，中国农村最低生活保障制度在全国范围普遍建立，城乡居民最低生活保障制度实现均等覆盖，全面建立了覆盖城乡的社会救助制度体系。2008年农村新型合作医疗制度实现了全覆盖，2012年新型农村养老保险制度实现了全覆盖。覆盖城乡的社会救助制度体系逐步建立起来，农民的社会权益得到全面保障。

中国针对失地农民和农民工做出了社会保障的相关安排。《物权法》《土地管理法实施条例》等规定了被征地农民社会保障的费用安排。2004年《国务院关于深化改革

---

① 关信平：《改革开放以来我国农村社会保障制度的重建与发展》，载《民主》，2009（3）。

严格土地管理的决定》提出尽快建立适合被征地农民特点与需求的社会保障制度，并强调社会保障费用不落实的不得批准征地。2006年《国务院办公厅转发劳动保障部关于做好被征地农民就业培训和社会保障工作指导意见的通知》，2007年劳动与社会保障部、国土资源部《关于切实做好被征地农民社会保障工作有关问题的通知》等一系列政策文件，保障被征地农民的生活。

随着中国社会保障制度的完善，农民工被逐渐纳入城市公共服务体系，农民工及其随迁家属享受发展权益的范围不断扩大、水平有所提高。2006年《国务院关于解决农民工问题的若干意见》提出，高度重视农民工社会保障工作。根据农民工最紧迫的社会保障需求，坚持分类指导、稳步推进，优先解决工伤保险和大病医疗保障问题，逐步解决养老保障问题。逐步健全覆盖农民工的城市公共服务体系。在农民工子女教育方面，随着2006年新修订的《义务教育法》将农民工子女公平接受义务教育问题提升到了法律层面，随迁子女进入城镇公办学校的比重逐步上升。[①]

第五节　农民获得全面发展

农民的素质决定了农村社会发展的速度和质量。改革开放以来，农村社会事业快速发展，农村文化教育事业全面进步，农民素质不断提高。农民发展能力明显增强，发展的主体地位得到强化。改革实现了农民全面发展，农民群众有了更多的获得感。

一、农民健康水平提高

长期以来，农民健康水平低、健康意识薄弱，"小病拖大病扛"的问题较为普遍。农村公共卫生和健康事业与城镇差距明显，农村的疾病预防、健康教育、计划免疫等服务不能有效开展，一些地方传染病、地方病危害严重[②]。随着农村医疗卫生事业改革发展和全面建设小康社会的步伐不断加快，农民获取健康知识的渠道日益多元，科学

---

① 《农民工市民化报告：公共服务等三大指标两降一升》，人民网，2014年3月11日。
② 王淑军：《解决农民"小病拖大病扛"的可贵探索》，载《人民日报》，2005年8月25日。

的生活和卫生习惯建立起来,科学饮食、养生保健、防病防疫的意识加强,农民健康水平不断提升。饮食方面,"菜篮子"产品逐渐丰富,食品消费中主食支出比重下降,肉、禽、蛋、奶等消费支出增速加快,农民的膳食结构正在由实现温饱向追求营养健康转变,由"吃得饱"向"吃得好"转变,重点人群如农村孕妇、儿童的营养健康得到重视。食品安全上,农村是食品安全的重灾区,各种故意仿冒名牌食品的山寨货占据农村市场,农业上过量施用化肥农药、过分追求产量的生产行为较为普遍。有关部门加大了对农村食品安全的监管力度,农业生产上控制化肥农药使用量也逐渐得到农民的理解和认可,农民的食品质量安全意识提升。疾病防治上,2003年"非典"疫情之后,农村传染病的防控得到重视,农民防病防疫的意识提高。农村公共卫生服务体系不断完善,新农合政策惠及千家万户,各级各部门组织开展的农村医疗服务活动越来越多,广大农村群众接触更多的健康教育,健康意识较以前大有提升,人畜分离、改厨改厕、食物储存保鲜、养生锻炼等科学的生活方式开始普及。但同时伴随农村老龄化的发展,高血压、心脏病、糖尿病也呈蔓延之势,"富贵病"在农村变得常见。

农村体育活动逐渐发展。1988年中国农民体育协会创办,同年10月第一届全国农民运动会在北京举办,国家领导人出席了开幕式。而后全国农民运动会每隔4年举办一次,是仅次于全运会的大型运动会,是五大国家级综合体育赛事之一。全国31个省市区都成立了农民体育协会,同年体育组织机构形成网络[1]。但是,受农村体育资源的限制,农村体育活动远不如城市普及。在大多数农民的日常生活中,闲暇会选择打麻将、喝茶闲聊或看电视,很少有人对体育锻炼感兴趣[2]。1995年国家颁布《全民健身纲要》,倡导发展群众体育健康事业。新农村建设开展以来,国家开始重视开展农村体育活动对于增强体质、丰富生活、促进社会和谐的重要作用。2006年国家体育总局制定《关于实施农民体育健身工程的意见》,提出到2010年,争取占全国1/6的行政村建有标准的公共体育场地设施,惠及约1.5亿农民。自2008年北京成功举办奥运会之后,国务院将每年的8月8日定为"全民健身日"。2008年8月30日,国务院第七十七次常务会议通过《全民健身条例》,为农民体育发展带来新的机遇。2009年,国家在乡镇试点建设"乡镇农民体育健身工程",给广大农村乡镇增加了体育活动场地,农村体育设施的配套程度和安全程度提升。球类运动、体操和广场舞走进农村,成为农村发展的靓丽风景。

---

[1] 顾益康、金佩华:《改革开放35年中国农民发展报告》,北京,中国农业出版社,2013。
[2] 万忠玉:《农村全民健身活动现状调查》,载《人民论坛》,2010(23)。

二、农民文化素质普遍提高

（一）农民素质的进步首先体现在教育水平的提高

改革开放以来，农村教育事业蓬勃发展，教育基础设施建设得到显著改善，教学质量不断提高，农民文化程度显著提升。一是全面推进"普及九年义务教育制"（简称"普九"）。1992年中共十四大指出，到20世纪末，全国要基本普及九年义务教育、基本扫除青壮年文盲。1993年《中国教育改革和发展纲要》正式提出到2000年实现基本普及九年义务教育和基本扫除青壮年文盲"两基"（简称"两基"）的奋斗目标。到2000年，目标如期实现，"普九"的人口覆盖率达到85%，青壮年文盲率下降到5%以下。对于中国这样一个人口众多的发展中国家来说，这是一项不起的成就，受到了国际社会的高度赞扬。[①] 二是中等职业教育迅速崛起，改变了教育结构相对单一的格局。2012年开始，国家提高了对农村职业教育的重视程度，加大了农村职业教育的改革力度，21世纪以来，农村职业教育在重点领域和关键环节上取得了新的突破，面向农村的职业教育日益受到重视。[②]

（二）进入21世纪后教育公共服务均等化逐步推进

2012年国家启动连片特困地区农村义务教育学生营养改善计划，按照每生每天3元的标准，为约2 600万在校生提供营养膳食补助。此后相继出台了国务院办公厅《关于做好进城务工人员随迁子女接受义务教育后在当地参加升学考试的意见》和教育部等五部门《关于加强义务教育阶段农村留守儿童关爱和教育工作的意见》。《中共中央关于全面深化改革若干重大问题的决定》进一步强调"大力促进教育公平，健全家庭经济困难学生资助体系"，注重教育公平成为关注民生、促进农村教育的重要组成部分。教育部、财政部从2010年开始在中西部地区和东部的辽宁、山东、福建三省实施农村义务教育薄弱学校改造计划，截至2013年年底，中央财政已投入校舍改造资金399亿元，逐步配套了农村学校教育教学仪器设备、器材和图书等，完善了寄宿制学校宿舍、食堂等生活设施，城乡学校、区域内学校之间的办学条件差距明显缩小。

---

① 《十三届四中全会以来中国教育改革与发展的历史性成就》，载《教育部政报》，2002年11月4日。
② 《〈中国农村教育发展报告（2011）〉发布》，载《中国教育报》，2012年12月29日。

（三）经营素质和职业素质显著增强

党和政府高度重视广大农民的科学技术教育。1978年3月，邓小平在全国科学技术大会上谈到，劳动者只有具备较高的科学文化水平、丰富的生产经验、先进的劳动技能，才能在现代化的生产中发挥更大作用。20世纪80年代出现了农民学科学、用科学热潮，农民技术教育有了较大、较快的发展。[①] 杜润生在1982年总结道，今天的农民热烈地要求学科学、用科学，而且要求利用国家社会主义建设所提供的新的技术条件，所形成的新的生产力，如水利、化肥、机械这些东西去发展生产。1991年11月，《中共中央关于进一步加强农业和农村工作的决定》明确提出抓紧实施科技教育兴农的发展战略，强调进一步推动"星火""燎原""丰收"等计划的实施，使科技成果尽快转化为现实生产力，同时提出要重视推动民间专业技术协会、研究会和科技服务机构发展，注意培养农民技术员和科技示范户、示范村。进入21世纪，国家提升农民科技文化素质的力度进一步加大，先后开展和实施了多种实用型技术人才、知识型管理人才、市场需求型人才培养和农民职业技能、农民工技能等培训工程，使农民科技素质明显提高。中国农民生产技能素质正在由掌握传统生产技能向掌握现代生产技能转变[②]。2002年，科技部、人事部总结了福建南平的科技特派员经验和宁夏的农村科技创业模式，出台了《关于开展科技特派员基层创业行动试点工作的若干意见》，此后科技特派员基层创业行动逐步展开。2003年农业部出台《2003—2010全国新型农民科技培训规划》，开始实施"绿色证书工程""跨世纪青年农民科技培训工程""新型农民创业配置工程""农村富余劳动力转移就业培训工程"和"农业远程培训工程"，构建了农民科技教育培训体系，新型农民科技培训工作全面推进。2006年6月，农业部、中国科协会同有关部门研究制定了《农民科学素质行动实施工作方案》，大力开展农民科学技术教育培训和科普宣传，努力培养有文化、懂科技、会经营的新型农民，全面提高农民的科学文化素质。在原有系列工程的基础上，农业部还增加实施了"农业科技入户示范工程"，实施"农村实用人才培养百万中专生计划"，建设农民科技书屋，同时编制建设社会主义新农村系列宣传挂图和培训新型农民系列读本。在政策带动下，种粮大户、养殖大户不断涌现，农民积极参加各类合作社。一些有资金、懂管理、有技术的外出务工人员利用掌握的技术和管理知识返乡创业，带动了当地经济社会发展。

---

① 张思华：《建设现代农业要靠科技导航教育奠基》，湖北省农业信息网，2010年9月29日。
② 陈剑：《新农村建设中的农民素质培养》，载《人民论坛》，2011（2）。

三、农民文明程度日益提升

改革开放后,农民物质生活极大改善,精神面貌焕然一新。随着农村经济社会的发展变化和城乡交流的增多,农民的思想观念和行为方式也发生变化。但是,农村精神文明建设还存在不少问题。比如农村空心化现象突出,农村社会风气有待改善,一些地方诚信缺失、厚葬薄养、铺张攀比等现象突出,封建迷信、黄赌毒、非法宗教活动有所滋长。①

针对一段时间以来农村思想文化中存在的攀比、铺张、浪费等不良风气,各地开展了类型多样的乡村文明行动。以党员干部带头、完善村规民约、加强红白理事会等措施为抓手,开展移风易俗活动,消除农村陋习和不健康活动,用"乡村文明行动"补齐农村发展短板。②各地大力推进社会主义核心价值观建设,弘扬传统美德,推进移风易俗,建立科学健康的生活方式。加强农民群众思想道德建设,建好用好道德讲堂,开展"文明农户""道德模范""好媳妇""好邻里"等评选活动,大力弘扬尊老爱幼、邻里团结的良好风尚。发挥村民自治组织和农村社团作用,修订完善乡规民约,治理不良风气和行为陋习。农村精神文明建设取得明显成效,农村道德风尚、民主管理、环境卫生等取得突破性进展,农村文明程度日益提高,农民文化素质和文明意识有新的提升。

四、农民精神文化生活丰富

1978年以来,随着物质生活的逐步改善,广大农民群众对精神文化生活的要求日益增长。农村精神文明建设和文化建设扎实推进,多种农村文化形式遍地开花,提高了农民文明素质和农村社会文明程度,对农民实现全面小康,建成乡风文明的新农村具有十分重要的意义。

农村文化建设稳步推进。1980年,中共中央宣传部制定了《关于活跃农村文化生活的几点意见》,对农村文化建设和农民文化生活提出具体要求,通过"以文补文、多业助文"使一批电影队、文化站活跃起来。一批优秀影片如《早春二月》《洪湖赤

---

① 刘奇葆:《以美丽乡村建设为主题 深化农村精神文明建设》,载《党建》,2015(9)。
② 《"乡村文明行动"补齐农村发展短板》,载《光明日报》,2016年7月5日。

卫队》等在农村放映，增添了农村文化的新形式和新内容。① 农民自发组建的文体团队或组织涌现，开展多种文艺演出和活动，受到农民群众的欢迎。20世纪80年代中后期，农民生活极大改善，但农村集体文化设施和服务能力缺失，与广大农民群众的文化需求不相适应。1992年，江泽民在《高度重视农业、农村、农民问题》中提出，农村的思想文化阵地，先进正确的思想和优良社会风尚不去占领，落后的、错误的思想和不良风气就会占领。此后国家在农村集中进行了社会主义思想教育，提高农民科学文化水平，农村社会主义文化阵地得到巩固。农村开展了健康有益的文娱、体育活动，农村广播电视进一步丰富。1996年中共十四届六中全会通过《中共中央关于加强社会主义精神文明建设若干重要问题的决议》，提出了文化事业发展和改革的任务方针，为农村文化事业发展指明方向。1996年12月，中宣部、国家科委、农业部、文化部等十部委联合下发了《关于开展文化科技卫生"三下乡"活动的通知》，1997年开始正式实施"三下乡"活动，成为农村文化建设和精神文明建设的重要抓手。1998年11月文化部提出《关于进一步加强农村文化建设的意见》，就农村文化建设和农民文化发展进行系统论述和完整部署。两馆一站一室（县级图书馆、文化馆，乡镇文化站及村文化室）农村基层文化服务网络逐渐完善，"广播电视村村通工程"和"农村电影放映2131工程"开始实施，广播电视基本实现村村通，基本解决农村看电影、电视难的问题。2005年11月，中共中央办公厅、国务院办公厅制定了《关于进一步加强农村文化建设的意见》，针对农村文化建设滞后、文化活动相对贫乏和城乡文化发展差距较大等问题，对农村文化建设做出全面部署。2007年3月，新闻出版总署会同中央文明办、国家发展和改革委员会、科技部、民政部、财政部、农业部、国家人口计生委联合发出了《关于印发〈农家书屋工程实施意见〉的通知》，开始在全国范围内实施"农家书屋"工程。"农家书屋"更好地满足了农民文化需要，提升了农村文化建设水平。②

此外，中国传统农村文化形式多样、内容丰富，是中华民族精神文化财富的重要组成部分，农村还是许多非物质文化遗产和农业文化遗产的发源地、传承地，改革开放之后，一些重要的农村传统文化、习俗、技术，如年俗、剪纸、年画等得以保存，各类农村文化艺术形式和农民文化团体发展起来。但是农村传统文化的发展仍存在问

---

① 文化部：《新中国成立60年文化建设与发展》，中央政府门户网站，2012年4月11日。
② 李韵：《农家书屋工程——学习贯彻六中全会精神·文化建设辞典》，载《光明日报》，2011年10月27日。

题，许多乡村文化正在衰退，乡村文化遗产受到破坏，乡村文化遗产的传承者和保护者逐渐消失，许多带有乡村文化特色的建筑物被拆除。[①] 对此，2005年国务院出台了《关于加强我国非物质文化遗产保护工作的意见》和《关于加强文化遗产保护的通知》，确立了加强文化遗产保护的指导思想、基本方针和总体目标，提出积极推进文化遗产保护的措施。财政部逐年加大对非遗保护资金的投入，一些地方也制定了保护条例，有针对性地开展保护，农村传统文化正在获得重视、保护和传承[②]。

五、农民民主法律意识增强

改革开放以来，农民的公民意识强化，主体意识、权利意识、民主意识、参与意识、规则意识有所提高。以"民主选举、民主决策、民主管理、民主监督"为核心的村民自治制度的实施，使村民能够依法行使民主权利，推动了乡村基层民主的发展[③]。

无论是农业产业结构的调整，农村改革的深化，农村公共事业的发展，还是农村社会关系的调节，都离不开法律的规范和保障。多年来，在农村持续开展普法教育，广大农民群体依法行使权利和履行公民义务，运用法律手段解决矛盾纷争，维护自身合法利益，法律素质有了长足发展。建设社会主义新农村提出了管理民主的目标，农村民主法制建设不断走向深化。农民的法律知识水平有了一定的提高，法律意识增强。农民对法律的认同、接受、应用等方面有较大的飞跃[④]。农民希望知法、懂法、依法办事，期待公正、和谐的社会秩序。但是，农民在产品消费、劳动就业、土地流转、征地补偿等方面，权益容易受损。传统上，农民自我维权意识较弱，维权能力不高，权利被侵犯时往往忍气吞声或采用不理智的办法。农民依法维权意识逐渐觉醒，维权的方式由被动表达向积极主张转变。新生代农民工比上一代有更强的平等意识和维权意识，对获得平等的就业权、劳动和社会保障权、教育和发展权、政治参与权、话语表达权，以及基本公共服务权等，都有更高的期待，并表现出更为积极的维权态度和做法[⑤]。

---

① 贾云飞：《乡村文化遗产保护的三大困境》，载《人民论坛》，2017（8）。
② 《非物质文化遗产保护：立法才是根本》，载《中国青年报》，2014年7月12日。
③ 笪剑森：《农民发展的现代困境：农民意识向公民意识的转换》，载《当代世界与社会主义》，2013（2）。
④ 刘希祥：《提升农民法律素质奠定社会主义新农村法治基础》，中国普法网普法依法治理通讯，2006年12月30日。
⑤ 全国总工会新生代农民工问题课题组：《关于新生代农民工问题的研究报告》，载《中国职工教育》，2010（8）。

第一节　农村变迁的重要成果
第二节　农村变迁的深远影响

余　论

《近代以来中国农村变迁史论（1978—2012）》卷，对中共十一届三中全会至中共十八大召开前的34年间的中国农村发展变迁历史进行研究。这一时期，伴随中国特色社会主义道路的形成和完善，通过农村改革开放，解放和发展农村社会生产力，中国农村实现了历史性巨变。农村变迁波澜壮阔，气象万千。从国情、农情出发，从"摸着石头过河"到顶层设计，中国逐步走出了一条中国特色的"三农"发展道路，开创了改革开放以来中国农民、农业和农村发展变迁的全新道路。

第一节 农村变迁的重要成果

1978年以来，中国农村改革不断扩充内涵并逐步走向深化，建立了农村基本经营制度、确立了农村改革的市场化方向、税费改革取得重要突破、在构建强农惠农富农政策体系和统筹城乡发展制度框架上迈出重要步伐，农村经济社会发展在各个方面都取得了巨大成就。回顾这段农村发展变迁的历史，有八个方面的改革发展成果被广为认同：①以家庭承包经营制和市场机制引入为核心的农村改革取得突破性进展，土地承包关系得到长久确认，农民获得生产经营自主权，为农村发展变迁提供了制度保障；②建立了消除农村贫困的制度框架，成功地探索出了一条符合中国国情的扶贫开发道路；③取消农业税赋，"三农"政策从以农哺工向以工补农转变，国家与农民关系发生重大转折；④从城乡分治走向城乡统筹，农村发展和城市发展向着和谐方向迈进；⑤通过改善农业生产条件，显著提高了农业综合生产能力，农业生产方式发生重大转变，农业现代化水平得到明显提高；⑥农村基础设施条件全面改善，路、水、电、气、房等基础设施条件全面改善，新农村建设蓬勃发展；⑦农村社会事业加快发展，农村基本公共服务水平大幅度提高，城乡基本公共服务均等化成效显著；⑧乡村治理机制不断完善，农村社会治理进入新的阶段。

一、农村改革取得突破性进展，土地承包关系得到长久确认，农村基本经营制度不断完善，为农村发展变迁提供了制度保障

在34年的农村发展变迁历史中，制度变迁的引领作用十分显著。20世纪70年代末期，以家庭承包经营为主的农村改革，承认了家庭经营是农业生产经营的基本单位，使农户重新成为农业和农村经济发展的基础性微观经济主体，农业生产经营自主权再一次回归于普通农户。在市场化改革推进方面，允许农户私人购置拖拉机，并可从事长途贩运，打破了生产资料只能公有，农户不准拥有生产资料的禁区；以水产品、水果及蔬菜等农产品的价格放开为突破口，改革农产品价格形成机制，打破封闭式的农产品流通体制，构建多渠道、少环节、开放式、覆盖几乎所有农副产品和粮食品种的流通体制，改变了长期以来农产品价格严重背离价值的状况，激发了生产者和经营者的积极性。随着农产品供给的日渐充裕，国家取消统购统销制度，从计划经济和市场经济并存的双轨制逐步过渡到市场经济，从而实现农产品购销的市场化转型，到20世纪90年代初，中国基本完成了农产品由计划经济体制向市场经济体制的转轨。总体上看，农村改革的基本脉络是不断给农民赋权，通过赋予农民土地使用权、生产经营自主权和收益权，提高农民发展生产从事经营的积极性，激发农村的内部活力。这些举措解放了农村生产力，农业生产获得巨大进步，城乡收入差距也在这一时期明显缩小。

家庭承包经营制度全面推行后，中共第十三届八中全会将"统分结合的双层经营体制"确立为农村的基本经营制度和农业政策的根基，随后纳入1993年版《宪法》和《农业法》，将政策上升为法律。中共十七届三中全会决定提出："赋予农民更加充分而有保障的土地承包经营权，现有土地承包关系要保持稳定并长久不变。" 34年间，国家通过农业产业化经营、培育新型农民合作组织、构建新型农业经营体系等方式不断完善基本经营制度。到2011年年底，中国经营耕地面积在30亩以上的种植专业大户达到900多万户，土地种植规模超过5亿亩；其中100亩以上的种植专业大户达到80多万户；至2012年年底，农民专业合作社实有68.9万户。[①] 新型农业经营主体的发展和农业社会化服务体系的建立，为促进农业、农村现代化探索了路径。通过持续不断

---

① 工商总局：《农民专业合作社已达68.9万家》，2013年1月10日。

的改革创新，农民成为独立的市场主体，再造了农村市场经济的微观基础，农村劳动力的经济活动空间和择业自由度大大扩展，农村改革促使农村经济释放制度红利，农村财富增长迅速。

二、建立了消除农村贫困的制度框架，成功地探索了一条符合中国国情的扶贫开发道路，实现了由温饱向小康的跨越

1978 年以来，根据国民经济发展水平和农村贫困主要特征的变化，中国政府分阶段提出扶贫开发的奋斗目标和主要任务，不断创新体制、完善政策、强化手段，建立了消除农村贫困的制度和框架，成功地探索了一条符合中国国情的扶贫开发道路。

农村改革开放调动了农户生产积极性，促进了农业生产发展，中国粮食安全水平大幅度提高，农村温饱问题基本解决，农村贫困人口大幅度减少，农民收入大幅度提高。随后，国家开始实施有计划、有组织、大规模的开发式扶贫，进入以区域为导向推进扶贫开发的阶段。在以国家"八七扶贫攻坚计划"为指针的扶贫攻坚阶段，由"输血式"扶贫转向"造血式"扶贫,基本解决农村贫困人口生存和温饱问题。1978—2012 年，在现行标准下中国贫困人口从 77 039 万人减少到 9 899 万人，贫困人口减少了 6.7 亿多人，年均实现减贫人口为 1 974 万人，贫困发生率降低 87.3%，为促进中国经济发展、政治稳定、民族团结、边疆巩固、社会和谐发挥了重要作用。中国成为联合国首个实现"千年发展目标"使贫困人口比例减半的发展中国家，为全球减贫事业作出了重要贡献。

中国的扶贫开发成绩斐然，得益于全方位的扶贫开发和农村综合发展，通过改善贫困人口的生产生活条件，不断完善贫困地区基础设施，提高社会事业发展水平，实现了农村贫困地区由温饱向小康的跨越。进入21世纪,《中国农村扶贫开发纲要(2001—2010)》实施，农村贫困人口由 2000 年的 9 422 万人减少到 2010 年的 2 688 万人，贫困发生率相应地由 10.2% 下降到 2.8%。2001 年以来，中国已经形成大扶贫格局，基本解决了贫困问题，并开始新的脱贫攻坚战。2002—2010 年，中国 592 个国家扶贫开发工作重点县新增基本农田 5 245.6 万亩，新建及改扩建公路里程95.2 万公里，新增教育卫生用房 3 506.1 万平方米，解决了 5 675.7 万人、4 999.3 万头大牲畜的饮水问题。到 2010 年年底，国家扶贫开发工作重点县农村饮用自来水、深水井农户达到 60.9%，自然村通公路比例为 88.1%、通电比例为 98%、通电话比例为 92.9%，农户人均住房面积 24.9 平方米，农户使用旱厕和水冲式厕所比重达 88.4%。2011 年，国家将农村扶

余论

贫标准提高到年人均纯收入2 300元（2010年不变价），按照新标准，年末农村扶贫对象为12 238万人。① 扶贫开发已纳入国家发展战略，并开展了针对特定人群的专项扶贫行动。到2012年，贫困地区的各项社会事业得到长足发展，公共文化服务体系建设继续得到加强，教育、医疗卫生等方面的指标已达到或接近全国平均水平，最低生活保障制度全面建立，贫困地区生态恶化趋势也初步得到遏制，贫困地区实现了由解决温饱向实现小康生活迈进。这些扶贫成果为下一步到2020年实现全面脱贫打下了工作基础。

三、取消农业税赋，"三农"政策从以农哺工向以工补农转变，国家与农民关系发生重大转折

农业税自古有之。对中国这样一个农业大国来说，农业税是个重要税种。新中国成立后，通过征收农业税，国家集中了巨量资金用来维持基层政权运转和支持工业化建设和城镇发展。新中国成立后的经济恢复时期，农业各税为69.8亿元，曾占到国家税收总收入的30.6%。农业税对新中国建设所起的作用不可忽视。但随着农民负担加重，特别是20世纪90年代中期以后，因征收农业税和其他农村税费引起了不少社会矛盾，干群关系受到影响。在种粮效益低下、农民增收困难的情况下，税费成为农民的重要负担，在一些地方甚至影响基层政权的稳定。在这个背景下，免除农业税和其他农村税费的呼声日渐高涨。1999年，中国开始在安徽省进行农村税费改革试点并取得明显进展。此后，改革的方向越来越明确——从最初减轻、规范和稳定农业税费转向最终取消农业税。2006年1月1日，中国废除了1958年通过的《农业税条例》。从此，中国农民结束了种地就必须缴纳皇粮国税的历史，国家与农民之间的关系发生了重大转折。

与之相应，中国"三农"政策实现了历史性突破：基于中国形成了独立的工业体系和国民经济体系，并在世纪之交进入工业化中期阶段及工农城乡发展失衡的问题，国家提出了统筹城乡经济社会发展的方略，做出了"两个趋向"的重大论断，做出了中国已进入工业支持农业、城市支持农村阶段的重大判断，由此，中国探索出了破解"三农"短板问题的思路，实现了从农业养育工业向工业反哺农业、城乡分割到城乡一体化发展的政策取向的历史性大转变，增加"三农"投入、实行农业补贴、公共财

---

① 《2011年国民经济和社会发展统计公报》。

政覆盖农村等强农富农惠农政策纷纷密集出台。

进入21世纪，中国粮食生产实现"十连增"、农民收入增长实现"十连快"，从根本上说，这些成就的取得与中共中央持续加强强农惠农政策有着密不可分的关系。中共十六大以来，国家适时推出了新型农业支持政策，持续大幅度增加农业补贴规模、扩大补贴范围、提高补贴标准，对促进粮食等农产品生产供给发挥了重要作用。农业生产补贴政策、农业科技政策、农业组织化建设政策、农产品流通政策、保护耕地和提升耕地质量的政策等连续出台，给农民吃了"定心丸"，给现代农业发展注入了活力，为新农村建设奠定了基础。

四、从城乡分治走向城乡统筹，农村发展与城市发展逐步向着协调方向迈进

邓小平说："中国有80%的人口住在农村，中国稳定不稳定首先要看这80%稳定不稳定。城市搞得再漂亮，没有农村这一稳定的基础是不行的。"[①] 在计划经济体制下，中国建立城乡隔离的户籍制度，城乡分割严重，农村劳动力被禁锢于农村，无法合法进入城镇就业和取得收入。城镇的就业机会、完善的生产生活服务体系和更高的生活质量，使农民对城镇生活充满向往。市场化改革启动后，曾被牢牢禁锢在土地和农村的农村劳动力"离土离乡"进入城镇务工经商。到20世纪80年代末期，中国外出务工的农民工数量超过3 000万人，形成引人瞩目的"民工潮"。到2003年年底，农民外出就业人数达到11 390万人，跨省流动的劳动力为5 620万人，其中，举家外出的达到2 430万人，占外出就业人数比重的21.3%。农村劳动力的大规模流动，冲破了城乡二元结构的藩篱，为工业化发展、城市经济和整个国民经济发展奠定了坚实的人力资源基础，农村经济结构发生根本性变化，非农产业成为农村经济的支柱。但是，在改革开放后的相当长的时间里，城乡差距在发展的过程中不仅没有缩小反有扩大趋势。进入21世纪，中国总体上达到小康发展水平，但发展不全面、不平衡、不协调的问题非常明显。与中国工业化、城镇化发展相比，农业和农村发展仍然滞后，成为"四化同步"发展的短板。

中共十六大提出："统筹城乡经济社会发展，建立有利于逐步改变城乡二元结构的体制和机制，逐步扭转工农差别和城乡差别扩大的趋势。""统筹城乡经济社会发展，

---

① 《邓小平文选》，第三卷，65页，北京，人民出版社，1993。

建设现代农业,发展农村经济,增加农民收入,是全面建设小康社会的重大任务。"中共十六届三中全会决定提出"统筹城乡发展、统筹区域发展、统筹经济社会发展、统筹人与自然和谐发展、统筹国内发展和对外开放"。中共十七届三中全会决定中指出,"我国总体上已进入以工促农、以城带乡的发展阶段,进入加快改造传统农业、走中国特色农业现代化道路的关键时刻,进入着力破除城乡二元结构、形成城乡经济社会发展一体化新格局的重要时期",要求"必须统筹城乡经济社会发展,始终把着力构建新型工农、城乡关系作为加快推进现代化的重大战略"。中共十六大以后,中共中央、国务院对"三农"问题的认识不断深化,明确了"多予少取放活"和"以工促农、以城带乡"的方针,实施了统筹城乡发展方略,积极稳妥地推进社会主义新农村建设和推进城镇化,连续密集出台了重大强农惠农富农政策,城乡关系发生新的历史性变化,开辟了从以农村支持城市为主开始向城市支持农村发展为主的历史性转变,城乡经济社会融合互动发展的格局开始显现。

五、农业生产条件显著改善,农业综合生产能力明显提高,农业生产方式发生重大转变,现代农业建设取得明显进展

改革开放以来,制度变革、技术变迁和农业生产条件的改善推动了农业的跨越式发展。进入21世纪以来,政府不断加大农业投入力度,改善农业生产条件,提高农业综合生产能力,为现代农业的持续发展提供了基础。

(1)农业基础设施不断加强。国家大力加强以农田水利设施为重点的农业基础设施建设,小型农田水利设施建设全面展开,大中型灌区改造、病险水库除险加固明显加快,农业基础设施条件明显改善。

(2)农业装备条件持续改善。全国农机装备总量持续增长、农机作业水平不断提高,设施农业加快发展,农业生产实现了由以人畜力为主向以机械作业为主的重大转变。

(3)农业科学技术水平显著提高。2012年中国农业科技贡献率达到57%,超过土地、劳动力和物质要素投入的贡献份额,标志着中国农业发展进入新阶段,意味着中国农业增长方式已由土地、劳动力和物质要素推动为主进入以科技推动为主的阶段。中国人均耕地1.38亩,仅为世界平均水平的40%,人均淡水占有量为2 240立方米,是世界人均水平的1/4;退化耕地已占40%,土壤有机质平均含量不足1%,农业生产受资源环境的约束日益趋紧,转变农业发展方式,着眼于提高劳动生产率、土地产出

率和资源利用率，发挥科技的支撑作用，加大对农业科技、教育和推广的支持力度，全面提升创新能力，提高科技成果转化率，已经成为中国农业发展的必然选择。

农业生产条件显著改善为提高农业综合生产能力和现代农业建设奠定了基础。到 2012 年，全国农田有效灌溉面积达 9.05 亿亩，占耕地面积的一半，旱涝保收高标准农田比重不断提高，增强了农业抗御自然灾害的能力。2012 年，全国农机总动力达到 10.2 亿千瓦，耕种收综合机械化水平达到 57%，装备结构和布局不断优化，重点作物关键环节机械大型化、复式化、配套化趋势明显，丘陵山区农机装备发展提速；设施园艺面积 5 790 余万亩，设施园艺产业净产值为 5 800 多亿元，仅设施蔬菜瓜类产量就占蔬菜瓜类总产量的 34%[①]；粮食生产实现"十连增"，油、棉、糖、蔬菜、水果产量都呈现出大幅增加的态势，林产品产量大幅度提高，畜牧水产业迅速发展；2003—2011 年，中国农林牧渔总产值从 29 691.8 亿元增加到 81 303.9 亿元，增幅为 173.83%。

进入 21 世纪之后，中国农业的组织化、规模化、区域化趋势明显。农业产业化组织不断发展壮大，已经成为推进现代农业建设的重要主体。2012 年全国各类农业产业化经营组织达到 28 万个，辐射带动农户 1.1 亿户，农户年户均增收 2 400 多元。2012 年，农民专业合作社达 55 万多家，覆盖全国 91.2% 的行政村；实有入社成员 4 300 多万，覆盖全国 17.2% 的农户。[②] 2002 年以来，龙头企业投入原料生产基地建设资金年均递增 23.8%，2011 年达到 3 034 亿元。农业产业链建设步伐加快，逐步完善了现代农业产业体系。各类产业化组织辐射带动种植业生产基地占全国 60% 以上，带动畜禽饲养量占全国 70% 以上，带动养殖水面占全国 80% 以上。龙头企业不断加大研发力度，推进了农业科技进步。2011 年，国家重点龙头企业投入科研经费超过 200 亿元，90% 以上的国家重点龙头企业建立了研发中心，60% 的企业科研成果获得省级以上科技成果认定或奖励。龙头企业通过建设高标准的原料生产基地，加大新品种、新技术、新工艺的试验示范和推广应用，为农业科技成果转化提供了有效平台。[③] 截至 2012 年 12 月底，全国土地流转面积约 2.7 亿亩，占家庭承包耕地面积的 21.5%，经营面积在 100 亩以上的专业大户、家庭农场超过 270 多万户。通过土地流转，实现了集中连片种植和集约化、规模化经营，节约了生产成本，促进了农业发展和农民增收。[④]

---

① 《2012 年我国设施园艺面积达 5 790 余万亩》，新华网北京频道。
② 《回良玉在全国农民专业合作社经验交流会上的讲话》，中国粮食信息网，2012 年 7 月 9 日。
③ 《全国农业产业化组织达 28 万个》，载《中国财经报》，2012 年 9 月 27 日。
④ 顾阳阳：《至 2012 年底全国土地流转面积 2.7 亿亩 占家庭承包耕地面积的 21.5%》，载《人民日报》，2013 年 3 月 5 日。

2012年，中国畜禽养殖规模化率达49%，畜牧业生产实现了由分散养殖为主向规模养殖为主的历史性跨越。2012年，中国农产品优势区域基本形成。粮食作物九大优势产业带初步形成，经济作物优势区域在全国地位稳步上升，养殖业优势区域加快发展，优势出口水产品区域基本形成。优势农产品区域集中度稳步提高，为优化农业生产力布局奠定了良好的基础。

六、农村基础设施条件全面改善，新农村建设蓬勃发展

随着经济社会发展，中国城乡发展步调趋于协调，国家逐步增加对农村的各项公共投入，改善了农村基础设施条件、提高了农村基本公共服务水平，使农村面貌发生很大改变。

（一）安全饮水规划提前完成

截至2010年年底，农村饮水安全人口已达6.7亿人，农村自来水普及率达54.7%，提前1年完成了"十一五"饮水安全规划任务，提前6年实现了联合国"千年宣言"提出的到2015年将饮水不安全人口比例降低一半的目标。农村饮水安全工程建设项目的实施，提高了农民健康水平，改善了农村生产生活条件。

（二）农村水电持续发展

截至2010年末，全国共建成农村水电站44 815座，装机容量5 924万千瓦，占全国水电装机容量的28%。全国农村水电年发电量达到2 044亿千瓦时，占全国水电发电量的30%。小水电代燃料建设规模持续扩大。2009—2011年建设项目达到204个、装机51万千瓦，可解决45万户、170多万农民的生活燃料问题，保护森林面积42万多公顷，建设范围扩大到全国22个省(区、市)和新疆生产建设兵团的193个县(市、区)。据国家发展和改革委员会测算，2012年中国无电地区电力建设的户均投资超过3万元，是2006年的4倍。

自1983年年底中国农村水电初级电气化县建设序幕拉开后，到"九五"期末，全国共建成653个初级电气化县。"十五"和"十一五"期间，为加快农村水能资源开发，提高农村用电水平，在农村水电初级电气化县建设的基础上，分别滚动建设了400个水电农村电气化县。"十一五"期间，建成水电农村电气化县432个。规划到"十二五"期末，建成300个水电新农村电气化县。2011—2012年，通过实施新一轮农网改造升级工程，全国农村电力建设成效显著。一是农村电网供电能力和供电可靠性显著提升，

2012 年，农网供电可靠率超过 99.4%，农村电压合格率超过 95%。二是农业生产用电条件显著改善，2011—2012 年共安排 6 省（区）农田机井通电工程投资，受益农田 1 130 多万亩。三是大力支持西部偏远少数民族地区农网改造升级。四是加快城乡用电同网同价，进一步减轻农民用电负担。五是推进无电地区电力建设，无电人口数量进一步减少。工程实施完成后，无电人口数量从 2010 年底的 530 万人减少到 2012 年年底的 265 万人。

（三）农村公路建设快速发展

进入 21 世纪，国家对农村公路的投资力度不断加大，向西部地区、"老少边穷"地区倾斜力度不断加大，基本实现全国所有具备条件的乡（镇）通沥青（水泥）路，东、中部地区所有具备条件的建制村通沥青（水泥）路，西部地区基本实现所有具备条件的建制村通公路的目标。高速公路、国道和乡村公路一起形成连接城乡的公路网，农村公路实现"村村通"。截至 2011 年年底，全国农村公路通车里程已达 353.7 万公里，农村公路列养里程已占总里程的 96.1%，乡镇通公路率达到 99.98%，建制村通公路率达到 99.39%。全国乡镇、建制村通客运班车率分别达到 98.12% 和 91.47%。

（四）农村沼气建设成绩显著

截至 2010 年年底，全国沼气用户已达 4 000 万户，受益人口 1.55 亿人，形成了户用沼气、小型沼气、大中型沼气共同发展的新格局。沼气建设在改善农村生产生活条件，促进农业发展方式转变，推进农业农村节能减排以及保护生态环境等方面发挥了重要作用。

（五）农民住房条件获得改善

（1）居住面积增加。2011 年农村居民人均居住面积 36.2 平方米，比 2002 年增长 36.6%。其中 69.7% 的农户人均居住面积大于 25 平方米，比 2002 年提高 21.5 个百分点。

（2）住房质量提高。2010 年农村居民人均钢筋混凝土结构住房面积 15.1 平方米，比 2004 年增长 64.1%。人均砖木结构住房面积 15.2 平方米，比 2004 年增长 7.8%。

（3）居住条件和环境明显改善。2011 年有 94.1% 的农户居住的住房拥有卫生设备，其中住房有水冲式卫生厕所的农户占 22.9%。43.5% 的农户住房拥有取暖设备，其中使用空调和暖气的农户占 20.9%；使用清洁燃料的农户占 38.2%；79% 的农户饮用安全卫生水，其中饮用自来水的农户占 55.1%；52.9% 的农户住宅外有水泥或柏油路面；住宅外有石头或石板等硬质路面的农户占 22.4%；住宅外为土路等非硬质路面的农户占 24.7%。2009 年开始，扩大农村危房改造试点工作正式启动。到 2011 年，中央共投入资金281亿元，累计完成了465万户农村贫困户危房改造。2011年的中央补助标准为平均每户6 000元，比2009年增加了1 000元。

（六）农村流通基础设施得到明显加强

进入21世纪以来，随着"万村千乡市场工程""双百市场工程""农村商务信息服务工程"等重点工程的加快推进，农村流通基础设施得到明显加强，农产品市场主体更加多元，农村现代流通网络框架初步确立，基本形成了包括消费品和生产资料、批发市场和集贸市场、有形市场和无形市场的农村市场体系。"万村千乡市场工程"实施以来，全国累计建设改造农家店约60万家，覆盖75%的行政村，以连锁经营、物流配送为代表的现代流通方式在我国农村市场快速发展。中国第二次农业普查结果显示，2006年年末，68.4%的乡镇有综合市场，34.4%的村地域内有50平方米以上的综合商店或超市。① 中国农产品批发市场设施不断完善，服务功能得到提升。2003—2012年国家发展和改革委员会连续10年共安排中央预算内投资31亿元，支持全国980个大型农产品批发市场进行升级改造。国家重视粮食仓储设施建设，2009—2012年，国家发展和改革委员会已安排中央预算内投资62.6亿元，支持建设粮食收储仓容460亿斤、食用油罐225万吨，使得粮油仓储条件明显完善，国家对粮食市场的调控能力增强。2007年8月，国家发展和改革委员会正式印发了《粮食现代物流发展规划》，提出加强产销区粮食物流设施建设，形成六大跨省散粮物流通道，实现散粮流出通道与散粮流入通道的对接。2009—2012年，国家发展和改革委员会共安排中央预算内投资19亿元，支持700多个农产品冷链物流项目建设。

七、农村社会事业加快发展，农村基本公共服务水平大幅度提高，城乡基本公共服务均等化成效显著

（一）农村教育实现跨越式发展

三十四年来，农村教育制度改革发展的最大变化就是颁布了《义务教育法》《教师法》《中国教育改革和发展纲要》等法律法规，建立了农村义务教育体制，强调了义务教育的国家行为和各级政府的责任，明确了义务教育的免费原则；将解决教师工资和教育投入的责任逐步上移，把政府对农村义务教育的责任从以乡镇为主转到以县

---

① 《改革开放30年我国农业和农村经济取得了辉煌成就》，国家统计局网站。

为主，将义务教育纳入公共财政保障范围；提高了农村义务教育阶段中小学公用经费保障水平，建立农村义务教育阶段中小学校舍维修改造长效机制；农村教育思想从"发展当地经济"转变到"提高人的基本素质与创新能力"上来；重视农民工子女教育，规定流入地政府要对进城务工就业的流动人口子女教育负责等；对中西部贫困地区农村教育的支持力度加大；实行"两免一补"政策（免除国家扶贫开发工作重点县农村义务教育阶段贫困家庭学生的书本费、杂费，补助寄宿学生生活费）。截至2011年年底，全国31个省（区、市）全部实现普及九年义务教育目标。农村地区适龄少年儿童"上学难、上学贵"的问题基本得到解决。2011年，全国约1.3亿名农村学生全部享受"两免一补"政策，约3 000多万名农村寄宿制学生免除住宿费，中西部地区约1 228万家庭经济困难寄宿生获得生活费补助，2 600万名学生得到营养膳食补助。加强农民专业技术培训，农村教育和农村劳动力培训的投入力度不断加大。中小学危房改造和校舍建设进展加快，农村学校条件大为改善。聘用特岗教师49 870人，覆盖21个省份16 536所农村学校，吸引优秀人才到农村任教。农村职业教育迅速发展，从2012年秋季学期开始，实施农村免费中等职业教育，将中等职业教育免学费政策范围扩大到所有农村学生、城市涉农专业学生和家庭经济困难学生。这是中国政府继城乡免费九年义务教育全面实现之后的又一重大举措，是中国职业教育发展史上的一个里程碑。

（二）医疗卫生水平不断提高

2003年起中国开展新型农村合作医疗制度试点并逐步在全国推广，参合人口从2003年的0.8亿人增至2011年的8.32亿人，参合率超过97%。新农合筹资力度逐年加大，医疗保障水平大幅提升。新农合重大疾病保障机制初步建立，2012年上半年有超过34万人次获得补偿。超过2/3的省（区、市）实现新农合省市级定点医疗机构即时结报，参合农民工异地就医也可享受服务。通过实施基本药物制度，农村居民可以获得安全、有效、低廉的药品。2011年，基本药物零差率销售在政府办乡镇卫生院实现全面覆盖。农村三级医疗卫生服务网络初步建立，基本实现每个乡镇有1所政府设立的卫生院，村村都有卫生室。乡村医疗卫生机构综合改革稳步推进，农村卫生服务体系进一步健全，农村医疗卫生服务能力持续提升，有效缓解了农村居民看病难、看病贵问题。新增多项惠及农村居民的医疗项目。实施农村儿童先天性心脏病、急性白血病等试点工作及终末期肾病等6类疾病试点。农村婴儿死亡率从2003年的28.7‰下降到2011年的12.1‰，农村孕产妇死亡率从2003年65.4/10万下降到2011年的26.1/10万。

(三)农村文化体育事业蓬勃发展

2011年10月中共十七届六中全会通过了推动社会主义文化大发展大繁荣的决定。"十一五"期间,全国农村文化事业费总计369.76亿元,是"十五"时期的2.75倍,年均增幅超过20%。农村文体基础设施逐步完善,广播电视村村通、文化信息资源共享、乡镇综合文化站和村文化室建设、农村电影放映、农家书屋等重点文化惠民工程加快建设,农村公共文体服务体系初步形成,农民生活日渐丰富。农村基本上家家有电视、手机,很多地方建立了图书室、放映队和文艺团体。20户以上已通电自然村基本实现村村通;农村无线网络覆盖水平大幅提升;全国广播、电视人口综合覆盖率接近100%;组建了农村数字电影院线、数字电影放映队等。农村文体场地设施匮乏的局面得到改善。公共文化资源逐步向农民、进城务工人员等群体倾斜。

(四)农村社会保障制度框架基本形成

2003年以来,中国加快农村社会保障建设步伐,以农村最低生活保障制度、农村"五保"供养制度、农村养老保险制度、自然灾害生活救助制度等为主要内容的农村社会保障体系初步形成,被征地农民、农民工社会保障工作取得长足进展。农村居民最低生活保障制度向"应保尽保"迈进。所有涉农县全部建立农村低保制度。各地还根据物价变化情况多次调整保障标准。2009年,新型农村社会养老保险制度试点。2011年,新农保试点覆盖面提高到60%,并且向民族自治地区、贫困地区、陆地边境县、革命老区倾斜。进一步完善新、老农保制度衔接,新农保与"五保"供养、最低生活保障、优抚对象等保障制度衔接,以及新农保与职工基本养老保险转移接续等政策。2012年,农村新型社会养老保险制度全覆盖。失地农民、农民工逐步被纳入国家社会保障体系。

八、乡村治理机制不断完善,农村社会治理进入新阶段

农村改革开放以来,中国确立了村民自治的法律制度。作为中国一项基本政治制度,村民自治制度对农村社会稳定持续发展具有积极意义。中共十六大以来,全国29个省(区、市)制定了村委会组织法实施办法,31个省(区、市)制定了村委会选举的地方性法规,为切实保障农民群众的选举权、知情权、决策权、参与权和监督权发挥了重要作用。各地农村基本上建立了村民会议或者村民代表会议制度,按照法律法规的要求进行民主选举,公平、公开、公正的竞选机制不断完善。村民委员会换届选举中,村民有推选权、选举权、直接提名权、投票权、罢免权;在农村事务管理中,

村民有知情权、决策权、参与权和监督权。绝大多数村每年至少召开一次民主议事会议。在法律制度框架下，充满活力的村民自治机制日趋健全，村务监督委员会普遍建立，基层自治组织形式更加灵活多样。合作社、专业技术协会、村民议事组织、理财小组、红白理事会以及各类社会组织等，在农村治理中发挥越来越重要的作用。广大农民参与村级民主选举、民主决策、民主管理、民主监督实践，活跃了农村基层民主生活，调动了村民参与公共事务决策、民主管理和民主监督的积极性。以健全和完善村民自治制度为核心内容的农村民主政治建设，保证了广大村民实现当家做主的权利。

第二节 农村变迁的深远影响

三十四年的国家工业化、城镇化和农业现代化发展，使中国对农村经济社会发展的引领推动作用更加明显，使中国发展现代农业的条件更加成熟，为下一步实现"两个一百年"目标打下了坚实的基础。

一、现代农业发展基础更加坚实，发展条件更加成熟

改革开放以后，党和政府对中国农业现代化道路进行了努力探索，在制度变革、科技进步等的作用下，现代农业发展走上了"快车道"，实现了粮食多年连续增产，主要农产品生产呈现供需两旺局面，农业基础设施装备和科技支撑能力有了很大提高，农业综合生产能力稳步提高。这一阶段农业发展取得的巨大成就，为国民经济发展作出了重要贡献，为下一阶段我国农业现代化发展打下了坚实基础。

（一）确保了粮食安全

历史上中国粮食安全面临的基本挑战是生产能力不足。在进出口极为有限的情况下，提高供给能力是中国粮食安全问题的基本出发点。经过新中国成立以来60多年的长期建设、改革开放以来30余年的体制机制创新、21世纪以来强农惠农政策不断健全完善之后，中国的粮食产量已经踏上6亿吨的台阶。这个成就标志着中国这样一个人口大国已经具备养活自己的能力，这不仅是中国经济发展史上的巨大成就，也是世界粮食生产史上的重要成就。到2012年，中国粮食总产量居于世界首位，水

稻、小麦的单产超过世界平均水平50%以上，人均粮食占有水平超过世界平均水平约10%，中国粮食安全状况发生重大转折。立足国内土地资源、科技进步、基础设施建设等条件，中国谷物基本上实现了自给自足，实现了粮食供求关系基本平衡。十几年来的粮食供求格局已经发生历史性变化，并将成为长期趋势，为现代农业建设提供基础性条件。

（二）生产方式加快转变，为农业结构调整奠定了基础

中国人均耕地、特别是优质耕地少，水资源短缺。在现有资源条件下，提高农业产量，不能再靠扩大平面垦殖和提高复种指数，只能依靠科技支撑。工业化和城镇化的发展促进了中国农村劳动力流动，促进了农村土地流转与规模经营，为高效农业、集约农业和现代农业发展创造了客观条件。首先，中国农业具备了较为成熟的节地、节水、节肥、节种、节能、省工的技术水平，为农业发展方式的转变奠定了基础。其次，科技支撑力度逐步强化，绿色、低碳、新型的高新技术正广泛应用于农业生产的各个领域，科技创新和技术进步日益凸显其对现代农业发展的内生驱动作用。第三，农业科技进步的基础越来越坚实，农业科技应用广度和深度不断拓宽，新品种、生物技术、人工智能等现代要素在农业生产中的地位越来越重要。第四，农业基础设施水平不断提高。进入21世纪以来，中国加快解决农业水利建设中的薄弱环节，突出"三小工程"（小型农田水利建设、中小河流治理和小型水库除险加固）；加快了高标准农田建设，计划到2020年确保建成8亿亩、力争建成10亿亩高标准农田；提出了建设"粮食生产功能区""重要农产品保护区"和"特色农业优势区"的建设计划，要求将永久基本农田划定到具体地块。

中国食物消费已经进入结构转型期，消费能力不断增长，需求结构逐渐升级，具体表现为口粮的消费量下降，而肉、蛋、奶和水产品的消费量稳定增加。2020年之前，是中国全面实现小康社会的关键时期，城乡居民的消费结构和膳食结构都将发生根本性转变。在这个变化过程中，人们的消费需求从低层次转向高层次，更加重视健康和营养，追求品种丰富和多样化，对加工产品和高附加值产品的需求增加，这将继续促进现代农业增长和结构优化，使农业朝着高产、优质、高效方向发展。

（三）积极探索了中国现代农业发展模式

三十四年的农村发展变迁过程中，中国探索了多种现代农业发展模式，既有拥有先进的农田水利设施和现代化的节水排灌设施、精良的农业现代化物质装备、在统一经营、统一管理、统一服务的大农场管理体制下发展的现代化大农业，也有发挥经济、科技、人才等优势，高投入、高产出、高科技和适度规模经营的集约化农业，还有以生态绿色农业、观光休闲农业、市场创汇农业、高科技现代农业为标志，以农业高科技武装的园艺化、设施化、工厂化生产为主要手段，以大都市市场需求为导向，融生产性、生活性和生态性于一体，高质高效和可持续发展相结合的都市型现代农业。随着中国特色农业现代化道路的理论研究和实践探索不断深入，以发展多种形式的农业适度规模经营为核心，以构建现代农业经营体系、生产体系和产业体系为重点，着力转变农业经营方式、生产方式、资源利用方式和管理方式，产出高效、产品安全、资源节约、环境友好的现代农业发展道路已基本形成。中国现代农业发展模式的诸多成功做法，为下一步继续推进中国现代农业发展提供了实践探索的经验。

（四）建立了相对完善的农业支持政策体系

进入新世纪以来，中国现代农业发展面临全新的内外部环境和条件，农业现代化进入一个新阶段。不失时机地改变从农业提取积累支持工业、实施工业反哺农业的战略是中国推进现代化建设过程中不可缺少的战略步骤。中共十六大以来，国家适时出台了新型农业支持政策体系，持续大幅增加农业补贴的规模、扩大补贴范围、提高补贴标准，对促进粮食等农产品生产供给发挥了重要作用。中国农业支持政策框架已经基本形成，主要包括：农业生产补贴政策、农业科技政策、农业组织化建设政策、农产品流通政策、保护资源和提升耕地质量的政策等，这些是中国现代农业发展的重要制度保障。

二、为实现两个"百年奋斗目标"夯实基础

中共十八大提出两个"百年奋斗目标"：一个是在中国共产党成立一百周年时全面建成小康社会，一个是在新中国成立一百周年时建成富强、民主、文明、和谐的社会主义现代化国家。三十四年的农村发展变迁已经为实现两个"百年奋斗目标"夯实了基础。

（一）进入工业化中期阶段之后，中国农业农村与国民经济的关系已经发生重大转折，为城乡协调发展、建成全面小康社会奠定了基础

长期以来，偏向城市的国民收入分配政策，使农村在道路交通、饮用水供应、污水垃圾处理、电视、电信、义务教育、医疗卫生、文化生活等基础设施和公共服务上与城市存在很大差距，农民不仅收入水平低，在享受公共物品方面也与城市居民存在

相当大的差别。这种资源配置不合理的状况已经影响到中国经济的持续、健康、快速发展，背离了党和政府提出的全面建设惠及十几亿人口的小康社会，建设一个经济发展、政治民主、文化繁荣的和谐社会的目标。2002年召开的中共十六大，是中国工农城乡关系的一个历史转折点。这次会议首次明确提出，要"统筹城乡经济社会发展，建立有利于逐步改变城乡二元结构的体制和机制，逐步扭转工农差别和城乡差别扩大的趋势"。在2003年1月召开的中央农村工作会议上，胡锦涛指出："要统筹城乡经济社会发展，充分发挥城市对农村的带动作用和农村对城市的促进作用，实现城乡经济社会一体化发展。要把解决好农业、农村和农民问题作为全党工作的重中之重，放在更加突出的位置。"2004年年底，胡锦涛在中央经济工作会议上明确指出："我国总体上已经进入了以工促农、以城带乡的发展阶段。"温家宝强调，要下决心调整国民收入分配格局，实行"工业反哺农业、城市支持农村"方针。这些判断统一了全党进一步加大力度解决好"三农"问题的思想认识。2005年10月中共十六届五中全会通过《中共中央关于制定国民经济和社会发展第十一个五年规划的建议》，强调要"统筹城乡区域发展"，"实行工业反哺农业、城市支持农村，推进社会主义新农村建设，促进城镇化健康发展"。2007年中共十七大报告进一步指出："建立以工促农、以城带乡长效机制，形成城乡经济社会发展一体化新格局。"2008年，在农村改革30年之际，中共十七届三中全会隆重召开，全会着重研究了新形势下农村改革发展的若干重大问题，通过了《中共中央关于推进农村改革发展若干重大问题的决定》这一新时期指导农村改革与发展的纲领性文件。这次全会对农村改革发展的形势做出了重要判断：中国总体上已进入以工促农、以城带乡的发展阶段，进入加快改造传统农业、走中国特色农业现代化道路的关键时期，进入着力破除城乡二元结构、形成城乡经济社会发展一体化新格局的重要时期，要求"必须统筹城乡经济社会发展，始终把着力构建新型工农、城乡关系作为加快推进现代化的重大战略"。这个决定的通过，意味着中国统筹城乡发展的方略已经比较成熟。中共十六届三中全会通过的《中共中央关于完善社会主义市场经济体制若干问题的决定》首次提出了科学发展观和"五个统筹"的要求，并将统筹城乡发展放在了"五个统筹"之首，将"建立有利于改变城乡二元经济结构的体制"作为完善社会主义市场经济体制的一大重要任务，这说明中国发展战略和"三农政策"取向开始进行重大调整。"十五""十一五"和"十二五"期间，国家在乡村道路建设、农村电网改造、农村广播电视设施、农村沼气设施建设等方面投入了大量的资金，公共财政的阳光普照农村。农业农村与国民经济的关系实现从以农哺工、城乡分割向以工补农和以城带乡的转变，农民与国家的关系实现从以限制农民流动、让农民为国家作贡献为主开始向支持农民流动和鼓励农民发展为主的历史性转变，这些巨大转折意味着国家治理思想和体系中已经把农村发展、农村小康社会的建成摆在了全面小康社会建设和国家现代化的重要位置，为"两个百年目标"的实现打下了思想理论基石。

（二）明确了社会主义新农村建设的战略任务

20世纪80年代，社会主义新农村还是一种美好的憧憬，并没有赋予明确和具体的内涵。世纪之交，中国已经实现了总体小康，并向全面建设小康社会迈进。实现了总体小康，意味着中国经济社会已经登上接近中等发达水平的新台阶，具备了实施一些重大战略的能力。但中国的小康仍然是低水平的、不平衡的，其中农业基础薄弱、农村发展滞后是突出体现。建设社会主义新农村，是解决发展不平衡、实现全面小康、达到更高水平的必经步骤。2005年10月，中共十六届五中全会审议通过《中共中央关于制定国民经济和社会发展第十一个五年规划的建议》，提出："建设社会主义新农村是我国现代化进程中的重大历史任务，要按照生产发展、生活宽裕、乡风文明、村容整洁、管理民主的要求，扎实稳步地加以推进。"文件对社会主义新农村建设提出了五个方面的要求。2006年中央一号文件《中共中央国务院关于推进社会主义新农村建设的若干意见》，从统筹城乡经济社会发展，推进现代农业建设，促进农民持续增收，加强农村基础设施建设，加快发展农村社会事业，全面深化农村改革，加强农村民主政治建设，动员全党全社会关心、支持和参与社会主义新农村建设8个方面对建设社会主义新农村进行了全面部署，提出社会主义新农村建设的五个方面是一个整体，不可偏废。中共十七届三中全会在全面总结农村改革发展成就的基础上，提出了"以什么为指导、围绕什么任务、沿着什么方向、按照什么要求、达到什么目标"等一系列重大问题，提出"把建设社会主义新农村作为战略任务，把走中国特色农业现代化道路作为基本方向，把加快形成城乡经济社会发展一体化新格局作为根本要求"三位一体的指导思想，这是对中国农村改革发展的高度理论概括。将建设社会主义新农村作为战略任务，为国家建设和投资指明了方向，说明社会主义新农村建设是一个长期的历史过程，将伴随中国现代化建设的全过程。

（三）为实现农业、农村和农民的现代化打下基石

探索农业、农村和农民现代化一直是中国建设富强、民主、文明、和谐的社会主义现代化国家的重要内容之一。农村现代化是农村面貌改善，农民收入提高，素质提高，农村治理水平提高，剩余劳动力转移和城乡统筹的一个漫长过程。农村现代化进程与

中国的城市化进程并行不悖。农村现代化建设需要更多的社会服务设施：农民生活实现现代化，需要改善居住、交通、教育、医疗等条件；农业现代化需要以先进的现代化生产方式取代传统农业生产方式；农民现代化需要的不仅是收入提高，更重要的是农村人口的文化素质、民主文明意识的全面提高。城乡人口的比例多少反映的只是人口城市化的进程，而现代化的要求和标准则远远要高于单纯的城乡人口比例数字。农村内部的差异、地域间的差异依然存在，从少部分人先富起来到全体人民的共富还有很长一段路要走。三十四年的农村发展，已经为中国农村的经济社会发展带来了巨大的改变，为现代化建设开辟了良好的路径，贯彻落实好分阶段实施目标，补齐"三农""短板"，在现有发展基础上致力于"两个百年目标"，使"三农"工作与国家的长期战略协调一致，才能确保农业、农村和农民现代化的实现。

参 考 文 献

历史文献和统计资料

毛泽东选集（第一卷）.北京：人民出版社，1991.
毛泽东文集（第七卷）.北京：人民出版社，1999.
毛泽东文集（第八卷）.北京：人民出版社，1999.
邓小平文选（第二卷）.北京：人民出版社，1994.
邓小平文选（第三卷）.北京：人民出版社，1993.
江泽民文选（第一卷）.北京：人民出版社，2006.
江泽民文选（第二卷）.北京：人民出版社，2006.
江泽民文选（第三卷）.北京：人民出版社，2006.
江泽民论有中国特色社会主义：专题摘编.北京：中央文献出版社，2002.
胡锦涛文选（第二卷）.北京：人民出版社，2016.
《当代中国》丛书编辑部.当代中国的农业.北京：当代中国出版社，1992.
1958—1965中华人民共和国经济档案资料选编·商业卷.北京：中国财政经济出版社，2011.
2013中国粮食年鉴.北京：经济管理出版社，2013.
财政部编.中国农民负担史（第四卷）.北京：中国财政经济出版社，1994.
国家统计局.中国农村贫困监测报告（2000）.北京：中国统计出版社，2000.
国家统计局.中国农村贫困监测报告（2005）.北京：中国统计出版社，2005.
国家统计局.中国农村贫困监测报告（2006）.北京：中国统计出版社，2006.
国家统计局.中国农村贫困监测报告（2011）.北京：中国统计出版社，2011.
国家统计局.中国统计摘要（1999）.北京：中国统计出版社，1999.
国家统计局国民经济综合统计司.新中国六十年统计资料汇编.北京：中国统计出版社，2010.
国家统计局贸易外经统计司.中国贸易外经统计年鉴.北京：中国统计出版社，2003—2006.
国务院法制办公室编.中华人民共和国三农法典（农业·农村·农民）.北京：中国法制出版社，2012.
农业部.新中国农业60年统计资料.北京：中国农业出版社，2009.
农业部.中国农业发展报告（1995）.北京：中国农业出版社，1995.

农业部.中国农业发展报告（2007）.北京：中国农业出版社，2007.
农业部.中国农业发展报告（2013）.北京：中国农业出版社，2013.
农业部.中国农业年鉴（2000）.北京：中国农业出版社，2000.
农业部.中国农业统计年鉴.北京：中国农业出版社，2013.
农业部计划司编.中国农村经济统计大全（1949—1986）.北京：中国农业出版社，1989.
农业部农产品加工局编.中国乡镇企业统计年鉴.北京：中国农业出版社，2011.
农业部乡镇企业局等编.中国乡镇企业30年.北京：中国农业大学出版社，2008.
中共十三届四中全会以来历次全国代表大会中央全会重要文献选编.北京：中央文献出版社，2002.
中共中央党史研究室，中共中央政策研究室，中华人民共和国农业部编.中国新时期农村的变革·中央卷（中）.北京：中共党史出版社，1998.
中共中央关于农业和农村工作若干重大问题的决定.北京：人民出版社，1998.
中共中央文献研究室、国务院发展研究中心编.新时期农业和农村工作重要文献选编.北京：中央文献出版社，1992.
中共中央文献研究室编.三中全会以来重要文献选编（上）.北京：中央文献出版社，2011.
中共中央文献研究室编.十二大以来重要文献选编（中）.北京：中央文献出版社，2011.
中共中央文献研究室编.十六大以来重要文献选编（上）.北京：中央文献出版社，2005.
中共中央文献研究室编.十六大以来重要文献选编（中）.北京：中央文献出版社，2006.
中共中央文献研究室编.十七大以来重要文献选编（上）.北京：中央文献出版社，2009.
中共中央文献研究室编.十四大以来重要文献选编（中）.北京：中央文献出版社，2011.
中共中央文献研究室编.十五大以来重要文献选编（上）.北京：中央文献出版社，2011.
中共中央文献研究室编.十一届三中全会以来重要文献选读（下册）.北京：人民出版社，1987.
中共中央文献研究室编.新时期经济体制改革重要文献选编（下）.北京：中央文献出版社，1998.
中共中央宣传部理论局编.纪念中国共产党成立90周年理论研讨会文集（上）.北京:学习出版社，2011.
中国供销合作社史料丛书编辑室编.中国供销合作社大事记与发展概况（1949—1985）.北京：中国财经出版社，1988.
中国海关统计数据（2001—2012）.北京：中国海关统计出版社，2001-2012.
中国农村统计年鉴（1995）.北京：中国统计出版社，1995.
中国农村统计年鉴（2003）.北京：中国统计出版社，2003.
中国农村统计年鉴（2013）.北京：中国统计出版社，2013.
中国商品交易市场统计年鉴（2013）.北京：中国统计出版社，2013.
中国社会科学院、中央档案馆编.1949-1952年中华人民共和国经济档案资料选编·财政卷.北京：经济管理出版社，1995.
中国物流年鉴（2004上册）.北京：中国社会出版社，2004.
中国物流年鉴（2009）.北京：中国物资出版社，2009.
中国物流年鉴（2011上册）.北京：中国物资出版社，2011.
中国物流年鉴（2013上册）.北京：中国财富出版社，2013.
中华人民共和国国家农业委员会办公厅编.农业集体化重要文件汇编（下1958-1981）.北京：中共中央党校出版社，1981.

著作文集

蔡昉等.中国农村改革与变迁:30年历程和经验分析.上海:格致出版社、上海人民出版社,2008.

曹正汉.国家与市场关系的政治逻辑——当代中国国家与市场关系的演变(1949—2008).北京:中国社会科学出版社,2014.

常远.中国期货史(1921—2010).天津:天津古籍出版社,2011.

陈佳贵主编.中国农村改革30年研究.北京:经济管理出版社,2008.

陈锡文.中国农村改革:回顾与展望.天津:天津人民出版社,1993.

陈锡文等.中国农村制度变迁60年.北京:人民出版社,2009.

陈锡文主编.中国政府支农资金使用与管理体制改革研究.太原:山西经济出版社,2004.

董辅礽.中华人民共和国经济史(下卷),北京:经济科学出版社,1999.

杜润生.杜润生文集(1980—1998)(上),太原:山西经济出版社,1998.

杜润生.杜润生自述:中国农村体制变革重大决策纪实.北京:人民出版社,2005.

杜鹰等.中国农村人口变动对土地制度改革的影响.北京:中国财政经济出版社,2002.

高洁.基于农民权益保护的集体土地征收与流转研究.武汉:湖北人民出版社,2013.

高培勇等.中国公共财政建设指标体系研究.北京:社会科学文献出版社,2012.

顾益康,金佩华.改革开放35年中国农民发展报告.北京:中国农业出版社,2013.

国务院发展研究中心农村经济研究部课题组.中国特色农业现代化道路研究.北京:中国发展出版社,2012.

国务院研究室课题组.农产品流通体制改革与政策保障.北京:红旗出版社,1991.

韩长赋.改革创新促发展 兴农富民稳供给——农村经济十年发展的辉煌成就(2002—2012).北京:人民出版社,2012.

韩俊.中国经济改革30年·农村经济卷(1978—2008).重庆:重庆大学出版社,2008.

韩俊.中国农村改革(2002—2012).上海:上海远东出版社,2012.

何忠伟.中国农业补贴政策效果与体系研究.北京:中国农业出版社,2005.

黄季焜等.制度变迁和可持续发展:30年中国农业与农村.上海:格致出版社;北京:人民出版社,2008.

姜明安主编.行政法与行政诉讼法(第五版),北京:北京大学出版社、高等教育出版社,2011.

蒋省三等.中国土地政策改革——政策演进与地方实践.上海:上海三联书店,2010.

林毅夫.制度、技术与中国农业发展.上海:上海三联书店、上海人民出版社,1992.

刘向东.对外开放启示录.北京:经济管理出版社,2008.

马国贤等.后农业税时代的"三农"问题及涉农税收研究.上海:上海财经大学出版社,2007.

马戎等.中国乡镇组织变迁研究.北京:华夏出版社,2000.

倪洪兴.开放条件下的农业贸易政策选择——入世10年思考与回望.北京:中国农业出版社,2011.

农业部农村经济研究中心.中国农村政策执行报告:2009—2013.北京:中国农业出版社,2014.

农业部农村经济研究中心当代农业史研究室.当代中国农业变革与发展研究.北京:中国农业出版社,1998.

全国城市农贸中心联合会编著.中国农产品批发行业发展报告(2009年).武汉:武汉出版社,2010.

宋洪远等."十二五"时期农业和农村政策回顾与评价.北京:中国农业出版社,2006.

宋洪远等.“十五”时期农业和农村政策回顾与评价.北京：中国农业出版社，2007.
宋洪远等.“十一五”时期农业和农村政策回顾与评价.北京：中国农业出版社，2010.
宋洪远等.改革以来中国农业和农村经济政策的演变.北京：中国经济出版社，2000.
宋洪远等.中国"三农"重要政策执行情况及实施机制研究.北京：科学出版社，2016.
宋洪远等.中国农村改革三十年.北京：中国农业出版社，2008.
宋士昌，郑贵斌主编.中国共产党关于"三农"问题的理论与实践.郑州：黄河出版社，2006.
庹国柱主编.中国农业保险发展报告（2013）.北京：中国农业出版社，2013.
汪晖.中国征地制度改革——理论、事实与政策组合.杭州：浙江大学出版社，2013.
王朝才、傅志华."三农"问题：财税政策与国际经验借鉴.北京：经济科学出版社，2004.
王武德.创建村级财富积累机制探索与实践.北京：中国铁道出版社、中国农业出版社，2012.
王先进.土地法全书.长春：吉林教育出版社，1990.
王郁昭.往事回眸与思考.北京：中国文史出版社，2012.
王子先.中国对外开放与对外经贸30年.北京：经济管理出版社，2008.
王作富主编.刑法（第五版）.北京：中国人民大学出版社，2011.
温锐.劳动力的流动与农村社会经济变迁——20世纪赣闽粤三边地区实证研究.北京：中国社会科学出版社，2001.
温铁军."三农"问题与制度变迁.北京：中国经济出版社，2009.
吴远来.农村宅基地产权制度研究.长沙：湖南人民出版社，2010.
武拉平编.惠农政策简明读本.北京：中国农业出版社，2011.
武力主编.中华人民共和国经济史.北京：中国时代经济出版社，2011.
信乃诠.科技创新与现代农业.北京：中国农业出版社，2013.
徐勇.中国农村村民自治.武汉：华中师范大学出版社，1998.
许崇德主编.宪法（第五版）.北京：中国人民大学出版社，2014.
许经勇.中国农村经济制度变迁十年研究.厦门：厦门大学出版社，2009.
杨紫烜主编.经济法（第五版）.北京：北京大学出版社、高等教育出版社，2014.
于建嵘.岳村政治——转型期中国乡村政治结构的变迁.北京：商务印书馆，2001.
张红宇，赵长保.中国农业政策的基本框架.北京：中国财政经济出版社，2009.
张静.基础政权——乡村制度诸问题.杭州：浙江人民出版社，2000.
张清勇.中国农用地转用开发问题研究.北京：商务印书馆，2013.
张芮.中国农业水利工程历史与生态文明建设研究.北京：中国水利水电出版社，2013.
张文显主编.法理学（第四版）.北京：高等教育出版社、北京大学出版社，2011.
郑有贵，李成贵主编.一号文件与中国农村改革.合肥：安徽人民出版社，2008.
郑有贵.目标与路径：中国共产党"三农"理论与实践60年.长沙：湖南人民出版社，2009.
中共中央研究室，农业部农村固定观察点办公室.完善中的农村双层经营体制——对274个村庄的跟踪调查.北京：中共中央党校出版社，1992.
中国保险学会.中国保险史.北京：中国金融出版社，1998.
中国人民银行农村金融服务研究小组.中国农村金融服务报告（2012）.北京：中国金融出版社，2013.
周晖.农村社会事业管理.北京：中国农业科学技术出版社，2011.
邹东涛.中国改革开放30年（1978—2008）.北京：社会科学文献出版社，2008.
祖国补.农村土地承包期十五年政策的出台经过.中国农村改革决策纪事.北京:中央文献出版社，1999.

期刊论文

蔡昉.中国农村改革三十年——制度经济学的分析.中国社会科学,2008(6).
柴涛修等.新中国征地制度变迁评述与展望.中国土地科学,2008(2).
陈利根,龙开胜.我国农村集体建设用地流转的发展历程及改革方向.中国农史,2008(2).
陈锡文,韩俊.如何推进农民土地使用权合理流转.中国改革·农村版,2002(9).
戴均良.农村社会管理问题与农村基层政权建设.社会学研究,1988(5).
党国英.论村民自治与社区管理.农业经济问题,2006(2).
冯昌中.我国征地制度变迁.中国土地,2001(9).
冯广志.回顾总结60年历程认识农田水利发展规律.中国水利,2009(19).
冯石岗.现代化进程中的中国农村地区宗教管理.河北学刊,2012(1).
顾益康,邵峰.全面推进城乡一体化改革.中国农村经济,2003(1).
黄小虎.征地制度改革的历史回顾与思考.上海国土资源,2011(2).
姜爱林.改革开放以来中国土地政策的发展变迁.中州学刊,2003(5).
李瑾,崔利国.我国农业信息化发展阶段研究.广东农业科学,2014(20).
林毅夫.新农村运动与启动内需.中国物资流通,1999(10).
刘涛、王震.中国乡村治理中国家—社会的研究路径——新时期国家介入乡村治理的必要性分析.中国农村观察,2007(5).
刘振伟.对我国农业立法工作的几点思考.农业经济问题,2014(12).
卢文.我国沿海经济发达区农业和农村发展的几个问题.中国农村观察,1997(2).
陆学艺.农民真苦,农村真穷.读书,2001(1).
牛若峰.中国农业产业化经营的发展特点与方向.中国农村经济,2002(5).
农业部经管司,经管总站研究组.推进农村产权制度改革培育发展多元化服务主体——"中国农村经营体制机制改革创新问题"之三.毛泽东邓小平理论研究,2013(8).
农业部农村经济研究中心"农村工业化、城市化课题组".二元社会结构——城乡关系:工业化、城市化调研报告.经济研究参考资料,1988(9).
潘盛洲.农民收入问题:现状、原因及对策研究.经济研究参考,2003(6).
秦富等.中国农业利用外资研究.农业经济问题,2002(1).
任正晓."十五"时期国有粮食企业改革成效明显.中国粮食经济,2006(6).
申涤尘.我国农业产业结构调整的历史现状与发展对策.沈阳农业大学学报(社会科学版),2002(4).
申茂向、祝华军、田志宏.推进农村工业化与城镇化的协调互动发展.中国科技论坛,2015(6).
唐晓清,姚桓.完善党领导农村工作体制机制的若干思考.北京行政学院学报.2009(3).
王曙光、王丹莉.边际改革、制度创新与现代农村金融制度构建(1978—2008).财贸经济,2008(12).
吴海峰,陈明星.中国共产党维护农民经济利益的探索历程及当代启迪.毛泽东邓小平理论研究,2011(7).
项继权."后税改时代"的村务公开与民主管理——对湖北及若干省市的调查分析.中国农村观察,2006(2).
杨聪敏.改革开放以来农民工流动规模考察.探索,2009(4).
杨帅等.农村基础设施长效投入的问题、经验与对策.中州学刊,2014(4).
叶兴庆."米袋子"省长负责制:政策含义、出台背景及完善对策.农业经济问题,1996(1).
张红宇、黄其正、颜榕."米袋子"省长负责制评述.中国农村经济,1996(5).

张培刚等.新型工业化道路的工业结构优化升级研究.华中科技大学学报(社会科学版),2007(2).
张培刚、方齐云.工业化进程中的中国农业.求是学刊,1996(1).
赵美玲、滕翠华.中国共产党领导农村工作的体制机制:模式、特点及建议.中共天津市委党校学报,2012(6).
郑风田.我国农田水利建设的反思:问题、困境及出路.湖南农业科学,2011(2).
中国农药工业协会.中国农药工业六十年回顾.中国农药,2009(8).
钟宜.我国农村社会组织发展与乡村治理方式的变革和完善.探索,2005(6).
周立群、曹利群.农村经济组织形态的演变与创新——山东省莱阳市农业产业化调查报告.经济研究.2001(1).
周其仁.中国农村改革:国家与所有权关系的变化.中国社会科学(季刊),1995(6).